瓮安年鉴

WENG AN NIAN JIAN

2016

瓮安县地方志编纂委员会办公室　编

方志出版社
Publishing House of Local Records

图书在版编目（CIP）数据

瓮安年鉴.2016/瓮安县地方志编纂委员会办公室编.
—北京：方志出版社，2017.12
ISBN 978-7-5144-2853-7

Ⅰ.①瓮… Ⅱ.①瓮… Ⅲ.①瓮安县—2016—年鉴
Ⅳ.①Z527.34

中国版本图书馆CIP数据核字（2017）第321711号

瓮安年鉴·2016

编　　者	瓮安县地方志编纂委员会办公室　编
责任编辑	张　昊
装帧设计	舒菊丽
出 版 人	冀祥德
出 版 者	方志出版社
	地址　北京市朝阳区潘家园东里9号（国家方志馆4层）
	邮编　100732
	网址　http：//www.fzph.org
发　　行	方志出版社发行中心
	电话（010）67110500
经　　销	各地新华书店
印　　刷	昆明鹰达印刷有限公司
开　　本	889×1194mm　1/16
印　　张	27
字　　数	670千字
版　　次	2017年12月第1版　2017年12月第1次印刷
印　　数	1～500册

ISBN　978-7-5144-2853-7　　　定价：288.00元

《瓮安年鉴（2016）》编纂委员会

《瓮安年鉴（2016）》编辑部

编辑说明

一、指导思想。以马列主义、毛泽东思想、邓小平理论、“三个代表”重要思想、科学发展观和习近平新时代中国特色社会主义思想为指导。坚持以人民为中心的发展理念，坚持历史唯物主义和辩证唯物主义的观点和方法，坚持求实存真原则。

二、记述内容。全面、真实地记述和反映瓮安县2016年经济、社会、文化、生态发展和党的建设成就及经验。

三、记述时限。上限起于2016年1月1日,下限止于2016年12月31日，个别特殊事项上延或下延。

四、组成结构。由述、记、志、图（照片）、表、录组成。以文字为主体，辅以图片插入相关类目。重要工作、重要活动图片设为彩页。结构按“大事记”“总述”“国民经济和社会发展”“政治”“社会团体”“军事·法治”“经济综合管理”“财政·税务”“金融·保险”“农业”“工业”“供销合作·两烟·盐业”“城建·城管·环保”“交通·邮政·通讯”“教育·卫生·科技”“文化·体育·旅游”“社会生活”“乡镇·街道”“领导名录”“附录”分类立目。

五、纪年与名称称谓。采用公元纪年，企业以全称设目，机构和地名冠全称或规范简称。

六、资料来源。涉及行业、乡镇（街道）的资料来源于供稿单位，法定数据来源于统计局。

七、文字与法定计量。一律采用现代语记述体，执行《地方志书质量标准》、《贵州省地方综合年鉴编纂质量规范》和《中华人民共和国国家通用语文字法》（2001年）、《出版物汉字使用管理规定》（1992年）、《简化汉字总表》（1986年）、《现代汉字通用表》（1988年）、《中华人民共和国国家标准标点符号用法》（GB/T15834-2011）、《出版物上数字用法的规定》（GB/T15835-2011）、《中华人民共和国国家标准国际单位制及其应用》（GB 3100-93）等规定。

八、附录。摘录年度重要工作报告、文件。

九、其他。大事记中，当日、当月、当年有多件事记入，第一件写明时间，第二件分别用“是日、是月、是年”表述，第三件及以上则用“▲”表述。

4月26日，省长孙志刚（前排左二）在瓮安金正大诺泰尔化学有限公司考察

7月8日，文化部部长雒树刚（左三）在瓮安调研考察

3月1日，副省长慕德贵（左二）在瓮安调研瓮安河流域环境综合整治工作

5月22日，州委书记龙长春（左二）率领黔南州2016年第一次项目现场观摩会第一组代表到瓮安经济开发区观摩

7月14日，中央组织部“两学一做”督导组在瓮安雍阳街道河滨社区督导“两学一做”学习教育

6月21日，国务院参事、农业部农村经济研究中心研究员刘志仁率调研组在瓮安调研化肥行业去产能及新型肥料使用现状

11月23日，水利部珠江委到瓮安开展中小河流治理检查指导工作

4月28日，文化部到瓮安考察调研中央转移支付资金使用和监督情况

4月11日，2016中国·瓮安洲际青年女篮巅峰争霸赛在瓮安全民健身活动中心体育馆隆重举行

5月9日，召开2016（瓮安）第九届国际精细磷化工技术交流大会暨全国磷产业专家委员会成立大会

9月19日，举行2016中国瓮安国际山地户外运动开幕式

8月14日，举办第五届中国创新创业大赛贵州赛区（复赛）暨首届中国（瓮安）创新创业大赛

12月3日，举办2016年贵州省第十五届冬泳锦标赛

8月16日，全省户籍制度改革工作现场推进会观摩团到瓮安猴场镇观摩

6月17日，黔南州2016年全民健身活动在瓮安启动

1月27日，贵州源翼矿业集团磷系阻燃剂项目在花都产业园开工

11月4日，在瓮安经济开发区飞练湖湿地公园举行瓮安2016年第四批重大工程项目集中开工仪式

9月5日，召开瓮（安）马（场坪）铁路建设顺利推进

瓮安宝坚运动鞋有限公司车间一角

岚关乡朱家山迎宾大道一期工程

返乡农民工创业园一角

银盏产业园区北部片区

12月18日，在雍阳街道云星社区举行瓮安县城朵云拓展区基础设施建设项目开工仪式

9月13日，举办瓮安“红色瓮安·和谐宜居”（2016）第二届房交会

4月29日，黔南州2016年第二批重大项目集中开工暨瓮安县智能停车场项目开工

建成的县图书馆立体车库

3月28日，召开棚户区改造建设项目安置方案听证会

8月14日，经济开发区举行农业人口转移人口市民化项目入住选房大会

财富星城房地产开发项目（一期）商住区

摩尔城风情园

江界河镇城镇建设一角

3月24日，召开黔南州第二批国家公共文化服务体系示范项目——瓮水长歌验收会

2月25日，县委党史研究室（右一）获人力资源和社会保障部、中央党史研究室表彰

9月6日，瓮安第九中学举行成立暨开学典礼

2月26日，县地方志办公室主任范祖贵在北京向中国地方志指导小组秘书长兼办公室主任冀祥德（左）汇报工作

建中镇茶叶——黄金芽加工车间一角

中坪镇艾州村地坪烤烟基地一角

江界河镇黑毛香猪养殖一角

8月6日，县内食品家企业参加黔南州成立60周年名特优商品展

2月15日，举办2016年春风招聘会

11月28日，平定营镇三合村召开第十届村民委员会换届选举大会

湖心岛一角

清涟湖风景一

清涟湖风景二

建设中的猴场镇兴隆湖湿地公园

猴场镇荷花池一角

猴场镇樱花山一角

草塘古邑区夜景一角

建中茶旅小镇景区一角

2月9日，草塘古邑区龙狮文化活动

石林欢乐谷游乐场一角

脱贫攻坚

2016年，设立乡镇（街道办事处）13个扶贫工作站，为乡镇（街道）管理的股级公益一类事业单位。搭建贵州省扶贫云指挥平台并与国办系统接轨运行。成立82支脱贫攻坚作战队。全年实施各类扶贫项目156个，争取各类扶贫资金4089万元，投资3.21亿元新建猴场镇、玉山镇、江界河镇、珠藏镇易地扶贫搬迁安置点，搬迁1253户5351人；整合交通、水利等涉农资金4.65亿元推动农村基础设施建设。设立500万元县级“风险补偿资金”，对6377户贫困户发放“特惠贷”3.17亿元，贴息486万元。实现46个贫困村出列，减少农村贫困人口2.67万人，贫困发生率下降到2.42%，成功退出滇桂黔石漠化片区县。

9月18日，召开全县扶贫开发领导小组扩大会议

4月25日，召开全县2015年驻村工作总结表彰会暨2016年驻村工作启动会

2月18日，召开全县贫困退出、资金项目管理、扶贫云展示培训会

11月11日，举办"聚焦精准扶贫·确保同步小康"专题讲座

10月17日，举行"扶贫日"慈善一日捐活动

4月26日，在渡江广场召开志愿者联盟助力脱贫攻坚动员大会

2月3日，县扶贫开发局组织全体职工学习省领导批示精神

9月22日，珠藏镇召开精准扶贫金融扶贫“特惠贷”工作推进会

11月14日，雍阳街道办事处召开扶贫对象动态调整和建档立卡信息采集录入工作部署会

9月12日，州委常委、县委书记张文强（左前一）在珠藏镇调研精准扶贫产业发展——肉兔养殖

3月11日，县委副书记、县长黄桂林（左二）在猴场镇调研精准扶贫产业发展——猕猴桃种植

1月5日，县委副书记钟旻（右三）带领农业、招商、发改等扶贫工作相关部门负责人和部分村干部到山东省梁山县考察肉兔养殖

2月18日，国务院扶贫办党组成员、副主任洪天云（左三）一行在瓮安调研承办中央和国家机关选派第一书记示范培训班筹备情况，并到扶贫示范点考察

12月30日，省脱贫攻坚督查组在珠藏镇查阅贫困村退出资料及国办系统运行情况

11月1日，全县亮点观摩会与会代表参观珠藏肉兔产业扶贫项目点

12月30日，县委党史研究室和珠藏镇党委与荣院村“两委”研究脱贫攻坚工作
（左起：谢兴贵、严俊、王兴奎、范祖贵、刘尚泊）

中梁农业集团建成的珠藏镇肉兔养殖周转场

珠藏镇肉兔养殖场一角

猴场镇木瓜河移民安置房全景

猴场镇木瓜河移民安置房一角

珠藏镇易地扶贫搬迁生态移民房

江界河镇易地扶贫搬迁安置房

11月27日，玉山镇举行易地扶贫搬迁抽签选房大会

10月15日，新疆考察团在瓮安猴场考察易地扶贫搬迁工程——木瓜河安置房

11月23日，全省易地扶贫搬迁现场观摩会参会人员在猴场木瓜河安置房观摩

2月2日，岚关乡联合县公安局，开展“创一流风情小镇·建嘉岚生态茶谷·唱响扶贫开发号角·加快全面小康步伐”文艺演出宣传活动

7月29日，县人武部联合县水务局到天文镇乌江村泥思沟村民组开展人饮工程管网改造

岚关乡灵芝种植基地

6月9日，县移民局组织移民群众开展茶叶种植、管理、采摘、加工技能技术培训

改造后的珠藏镇荣院村大南头通组道路

11月26日，县委党史研究室资助建设中的珠藏镇荣院村花院墙群众活动场所

烟草扶贫天文镇新村建设项目——房屋立面改造

建设中的天文镇乌江村产业扶贫项目——中华鲟养殖基地

建设中的平定营镇产业扶贫项目——花卉基地

1月20日，技术人员对银盏镇木老坪通组路硬化项目进行验收

12月8日，平定营镇精准贫困户“特惠贷”入股树康食品有限公司分红及签约仪式

目　录

大事记

总　述

政　治

社会团体

军事·法治

经济综合管理

金融·保险

农　业

工　业

教育・卫生・科技

文化・体育・旅游

社会生活

乡镇·街道

领导名录

附　录

大事记

1月

1日 州委书记龙长春到瓮安调研脱贫攻坚工作和草塘十二塘建设情况。州委常委、县委书记张文强，州委秘书长瓦标龙，县领导黄桂林、陈博、钟旻、张宗良、韩小忠及县四家班子其他领导陪同调研。龙长春一行到贵州省苗岭雾海生态有机茶园有限公司了解瓮安县建中镇打造茶旅一体化建设情况，要求瓮安按照中央、省、州扶贫工作会议精神和精准扶贫“1+10”和“1+9”文件精神，全力推进精准扶贫工作，大力实施产业扶贫，推进茶企业整合，重组建龙头企业，推动茶产业与旅游业深度融合，助农增收。在猴场镇草塘十二塘建设施工现场，龙长春要求在草塘十二塘打造过程中要科学规划，充分挖掘草塘十二塘文化内涵，优化盈利模式，整合草塘核心区景区资源，提升景区品牌和效益，促进草塘千年古邑旅游区发展。

是日 瓮安县欧力文奥特莱斯购物公园在大地商业广场举办招商推介会暨品牌商家签约仪式，副县长曾明康参加活动。大地商业广场是瓮安县的重点招商引资项目，地处新老城区结合处，是县首家集团国际国内一线品牌。

2日 “传千年古邑·唱红色瓮安”群星演唱会暨“千年古邑”新歌发布会在县全民健身活动中心举行。歌手腾格尔、贾春江、龙梅子、祁隆、马健涛、东方依依、亚东、欢子、龙帝等到场演唱，歌手龙帝演唱瓮安新歌《千年古邑》，《千年古邑》歌曲是贵州本土歌手龙帝根据瓮安元素来谱写的，歌曲反映了千年古邑区、朱家山、石林、江界河等景区景点的风貌。

4日 中国妇女发展基金会女性健康公益联盟健康巡讲暨导乐分娩关爱服务项目启动仪式在瓮安举行。中国妇女发展基金会妇幼服务能力建设办公室项目督导主任匡建明，县妇联、县中医院及县中医院妇产科医务人员、导乐师、乡镇妇联主席、部分妇女群众100人参加启动仪式。匡建明从女性健康方面作了详细分析与讲解。导乐分娩是通过导乐师采取拥抱、安慰、水疗、导乐球等多种措施以及导乐镇痛仪等非药物帮助孕妈妈缓解疼痛的分娩经历。

5日 2016贵州邮政首届“黔货出山‘邮’惠到家”年货节启动仪式与2016《丙申年》特种邮票首发式在瓮安举行。省商务厅副巡视员章淼青，州委常委、宣传部部长刘良，中国邮政集团邮票发行部处长夏燕萍，州邮政管理局局长彭江，县委副书记、县长黄桂林及县领导曾薇、韩小忠、金正祥、夏吉友参加启动仪式和首发式。刘良与中国邮政速递物流股份有限公司、中国邮政储蓄银行贵州省分行有关领导共同启动2016年贵州邮政首届“黔货出山‘邮’惠到家”年货节水晶球。夏燕萍、彭江与中国邮政集团公司黔南州分公司有关领导共同为2016年《丙申年》特种邮票发行揭牌。

是日 县委常委、副县长杨胜雁组织县精准扶贫开发领导小组办公室成员召开第一次工作会。就整合精准扶贫开发领导小组成员单位力量，布局、指导全县精准扶贫开发工作作安排部署。

▲ 召开2016年城乡低保提标核查调整工作会。县人大常委会副主任张远军，县人民政府副县长杨昌勇，县政协副主席王华参加会议。县民政民宗局相关负责人对参会人员进行了业务培

训。从2016年1月起，农村低保保障标准从2015年的每人每年2580元提高到每人每年的3060元，城市低保保障标准从2015年的每人每年440元提高到每人每年484元。

▲ 县委副书记钟旻、县人大常委会副主任李丰祥组织县农工局、县扶贫开发局、县投资促进局、珠藏镇有关负责人到山东省梁山县考察畜牧业发展工作。钟旻一行到山东省富仕达畜牧业有限公司，分别实地考察种兔养殖基地及商品兔周转场，听取该公司相关负责人的详细介绍，并就土地租用、资金统筹、利益分配等方面进行座谈交流。

6日 省编委办主任柳晓东率调研组到瓮安调研乡镇行政管理体制改革工作。州委常委、县委书记张文强，州编委办主任朱劲松，县委副书记、县长黄桂林，县委常委、副县长韩小忠参加调研或座谈。柳晓东一行到玉山镇、珠藏镇实地考察瓮安小城镇建设情况和乡镇综合城市执法平台建设情况，详细了解瓮安县推行乡镇行政管理体制改革工作后的社会成效。柳晓东一行充分肯定瓮安县自开展乡镇行政管理体制试点工作以来所取得的成绩，并对下步工作提出要求：进一步深化乡镇行政管理体制改革，进一步强化管理体制机制，进一步推进乡镇综合执法力度。

是日 上海复星集团星景生态建设投资有限公司执行总裁陈栋率考察组到瓮安考察，商讨草塘“十二塘”建设相关事业。县政协主席、草塘古镇暨草塘“十二塘”建设指挥部指挥长陈博，县领导张宗良、韩小忠、符合、陈廷高参加会议。

▲ 县人武部组织全县专职武装干部及民兵骨干分队队员70人进行紧急拉动演练。县委常委、县人武部部长孟先锋，县人武部政委阮顺坤参加演练。

7日 贵州省级示范性普通高中评估专家组第二组组长李植率队到瓮安对瓮安二中申创省级示范性高中进行第一次评估。州委常委、县委书记张文强，县委副书记、县长黄桂林及县领导曾薇、张远军、夏吉友、郑毅参加汇报会。张文强对二中基本情况进行介绍，黄桂林简要介绍了瓮安县情。省评估专家组赞扬瓮安县委、县政府对瓮安二中申创省级示范性高中工作的重视。专家组一行到瓮安二中新校区施工现场进行了实地查看。此次评估工作持续三天，专家组采取查阅资料、实地评估、特别访谈、开展座谈等方式对瓮安二中学硬件设施、软件设施及课堂授课等进行全面评估。

是日 召开瓮马铁路征地拆迁对接工作会，安排部署相关工作。州县领导张文强、黄桂林、张远军、杨昌勇，瓮马铁路有限责任公司董事长隋福金参加会议。黄桂林对征地拆迁工作作了要求。张远军介绍了瓮马铁路前期征地拆迁工作进展情况。隋福金就瓮马铁路设计规划、工程进度安排等相关情况进行了介绍。瓮马铁路项目是一条开发地方资源，服务沿线工业园区大中型企业，以货运为主兼顾客运的自营自管的地方铁路。南端接湘黔线福泉站，西接老渝黔线，北至江界河，线路建筑长度77.183公里，投资估算总额44亿多元。铁路等级为国铁Ⅱ级，设计行车速度为120公里每小时，共设6个车站及1个线路所，自南向北分别为福泉、新庄线路所、福泉东、龙昌、牛场、平定营、瓮安，规划工业园区有马场坪工业园区、龙昌工业园区、双龙工业园区及瓮安经济开发区。

7日 盾安新能源西南地区首个风电场——瓮安县花竹山96兆瓦风电项目成功实现首台机组并网发电，标志着该风电场正式投产运行。

8日 县正式启动医疗责任保险工作。在医患纠纷发生后由保险公司负责赔偿。县、乡医疗机构从2016年1月1日起全面实施医疗责任保险投保工作。该保险内容包括主险和附加险。主险即必保项目，含因发生医疗事故、医疗差错及医疗意外等造成患者人身损害，由被保险人承担的经济赔偿责任；附加险可选项目，含医务人员遭受伤害责任保险、法定传染病责任保险等。全省将执行统一的保险方案、统一的理赔程序，医疗机构根据自身实际情况选择适宜的保险组合。中国人保财险瓮安支公司有关负责人现场对医疗责任保险的基本内容，医疗责任保险索赔指引，报案立案、理赔处理、索赔所需材料等方面向全县350余家医疗机构相关负责人进行了讲解。

13日 上海复星集团星景生态建设投资有限公司到瓮安就草塘十二塘规划设计事宜进行洽谈对接。县委常委、常务副县长张宗良，县委常委、副县长韩小忠，县政协副主席符合参加洽谈。上海复星集团星景生态投资总监田昂峰就草塘十二塘规划设计地方参与单位、部门及公司，ppp咨询服务的介入以及ppp合作等方面与瓮安县进行了洽谈。

是日 县委副书记、县长黄桂林带领第二考核组对县住建局2015年度落实党风廉政建设主体责任和监督责任情况进行考核。

是日 瓮马铁路有限责任公司与光大银行贵阳分行到瓮安考察瓮马铁路建设投资环境。瓮马铁路有限责任公司董事长隋福金、光大银行贵阳分行行长罗蜀章，县委常委、常务副县长张宗良，县人大常委会副主任张远军，副县长杨昌勇参加考察。张宗良向考察组详细介绍了瓮安整体概况和交通格局。双方就瓮安产能规模、市场需求、资源储量、企业运营等相关情况进行深入交流。

15日 恒盛鑫网络科技有限公司贵阳分公司携四川网商联盟联合主办电子商务（淘宝）高峰论坛会在瓮安举行。活动由四川恒盛鑫网络科技有限公司以及重庆、北京、甘肃、浙江、贵州等数十家知名企业共同联合承办。会议在新浪、网易、腾讯、财经、搜狐等多家主流媒体网站进行报道。

15日 瓮安县满姐食品有限责任公司在深圳前海股权交易中心挂牌上市，标志着满姐食品正式进军资本市场。

18日 由州委、州人民政府主办的“2016广州·黔南布依族苗族自治州建州60周年成就展招商引资推介会”在广州市越秀区流花馆举行。瓮安在推介会上成功签约资金31亿元。州委常委、县委书记张文强，县委副书记、县长黄桂林，副县长曾明康参加推介会。推介会上，黄桂林分别从生态气候、资源、交通、人文、产业基础、政策环境等方面详细介绍了瓮安的投资环境和大健康养生产业发展趋势，并向各界嘉宾推介了草塘“十二塘”项目、果果坪温泉开发项目和朱家山文化旅游度假区项目等。县人民政府与贵阳花溪碧桂园物业发展有限公司签约，项目总投资31亿元，规划用地面积约460亩，拟建设高品质住宅及商业小区，共分两期进行建设。

20日 县招商引资项目推介会在广州市越秀区流花馆举行。花都区人大常委会副主任汤浩昌、花都区商务局局长蓝海滨、花都区科技工业和信息化局局长何东升，县委副书记、县长黄桂林、副县长曾明康参加推介会。黄桂林从自然生态、气候、资源、交通区位等方面介绍了瓮安基本情况。推介会上瓮安分别与鑫能车之城汽车服务有限公司、贵州源翼矿业集团、贵州黔芝灵实业有限公司、贵州华亚环保建材有限公司、贵州天一矿业有限公司、泉州市迎荣商贸有限责任公司进行签约，签约资金92.2亿元，项目涉及酒店、磷化工、环保建材、种植加工等。

是日 县召开政府工作报告征求意见会，征求党代表、人大代表、政协委员、民主党派及无党派人士、工商联（民营经济代表）对2016年县政府工作报告的意见和建议。县委常委、常务副县长张宗良参加会议。

21日 “千年古邑·红色瓮安”旅游推介会在广州国际服装展览中心举行。通过文字、图片、视频等形式将瓮安独特的旅游资源和丰富多彩的文化进行展示。

22日 碧桂园瓮安项目正式启动。县领导黄桂林、钟旻、韩小忠、黄成等县四家班子其他领导及麒龙集团董事长刘耘，碧桂园贵州区域副总裁侯晋参加启动仪式。县委副书记、县长黄桂林等领导与房开企业负责人共同启动水晶球，启动碧桂园瓮安项目。碧桂园瓮安项目工程总投资23亿元，分瓮安县城区体育馆东侧和瓮安县南部清涟湖东面两个地块建设，总占地面积为464.3亩，属高品质住宅及商业区。

是日 召开2016年房地产业工作会议。县委常委、副县长韩小忠参加会议。会议回顾总结了2015年度房地产业工作情况，并对2016年房地产业工作进行安排部署。

23日 珠藏镇与山东富士达畜牧有限公司成功签约精准扶贫肉兔养殖试验示范项目。县人大常委会副主任李丰祥参加签约仪式。经过前期的实地考察和交流商洽，双方就珠藏镇发展肉兔养殖事宜正式签订《瓮安县肉兔产业发展项目投资合作框架协议》。根据协议规定，山东富士达畜牧有限公司在珠藏镇建设规模占地100亩以上的养殖周转场，珠藏镇种兔饲养规模在2016年达到2万只以上。

25日 由省交通运输厅安监处处长冉志龙带

队的督导组到瓮安检查老楼危楼安全排查整治情况。县政协副主席王建军陪同检查。县住建局相关负责人汇报了瓮安县老楼危楼安全隐患排查和加固工作情况。督导组到瓮水街道环西路、河西电厂棚改项目老旧房屋拆除点，详细了解了工程建设进展情况、信息公开、政策落实等情况。

27日　贵州源翼矿业集团磷系阻燃剂项目在瓮安开工。州县领导张文强、张远军、曾明康、郑毅及上海盛源集团董事长黄平，中科院宁波材料工程研究所博士姚强参加开工仪式。州委常委、县委书记张文强宣布项目正式开工。出席开工仪式的领导为项目开工培土奠基。

28日　县委宣传部、县文联、团县委组织开展"中国辞赋之乡"——贵州·瓮安第二届"盛览故里·辞赋论坛"。论坛上瓮安青年辞赋爱好者就辞赋创作感悟、创作基地建设、青年辞赋责任感等话题作交流发言，县赋学会顾问肖开茂作《对联——辞赋创作的基础》主题讲座。县委常委、宣传部部长、统战部部长曾薇及县文联、团县委、县赋学会、青年文学社、大学生联合会等老中青辞赋爱好者90人参加论坛。

2月

1日　州委书记龙长春到瓮安督导党风廉政建设和反腐败工作。州委常委、县委书记张文强汇报县委2015年度开展党风廉政建设和反腐败工作情况。龙长春对瓮安党组织深入推进党风廉政建设和反腐败工作提出要求，一要坚定不移增强反腐倡廉的自信，二要坚定不移落实主体责任，三要坚定不移加强纪律建设，四要坚定不移保持反腐高压态势，五要坚定不移争做廉政表率。州政协党组成员、州委秘书长瓦标龙，州纪委副书记刘国富，州纪委第一纪检监察室主任李立，县领导黄桂林、潘玉华、陈博、钟旻、张宗良、曾薇、王华（纪委）、孟先锋、屈芳、韩小忠、黄成、张杰、杨胜雁、姜雷、吴雪嫩及县四家班子其他领导出席会议，县直各部门、乡镇党委、街道党工委主要负责同志参加会议。

是日　州委书记龙长春全程指导瓮安县委常委班子"三严三实"专题民主生活会。龙长春强调要深入学习贯彻习近平总书记在中央政治局"三严三实"专题民主生活会上的重要讲话精神，增强"四种意识"，坚持把理想信念举过头顶，坚持把问题整改抓在手上，坚持把责任担当扛在肩上，坚持把作风建设放在心上，推动领导干部践行"三严三实"常态化、长效化、制度化。州委常委、县委书记张文强作发言。州政协党组成员、州委秘书长瓦标龙，州纪委副书记刘国富，州委组织部常务副部长朱奉余及瓮安县委常委班子出席会议。县人大常委会主任潘玉华、县政协主席陈博列席会议，部分县直部门主要负责人及党组织负责人列席会议。

是日　瓮安县智能电子警察抓拍系统已经正式上线运行，首日抓拍违章记录133条。

2日　召开全县经济工作会议。会议学习领会、全面贯彻党的十八大和十八届三中、四中、五中全会及中央和省委、州委经济工作会议精神，落实县委十一届六次全会精神，总结2015年经济工作，分析2016年经济形势，研究部署2016年经济工作。州县领导张文强、黄桂林、潘玉华、陈博、钟旻、张宗良、曾薇、王华（纪委）、孟先锋、屈芳、韩小忠、杨胜雁、吴雪嫩及县四家班子其他领导出席会议。黄桂林主持第一次全体会议。会议书面传达了中央经济工作会议、全省经济工作会议、州委十届八次全会精神。

5日　州委常委、县委书记张文强走访慰问离退休老干部。张宗良、杨昌勇及老干部门负责人参加慰问。

6日　县委副书记、县长黄桂林到县社会福利院开展春节慰问活动，和老人孩子们共进午餐。副县长杨昌勇参加慰问。

是日　州委常委、县委书记张文强到珠藏镇指导镇党委班子专题民主生活会。珠藏镇党委班子书面报告2015年度专题民主生活会整改方案落实情况，镇党委班子及成员紧密联系自身思想、工作、生活和作风实际，逐一进行对照检查，并开展相互批评。张文强对专题民主生活会作了指示。

8—13日　由县文化和旅游局主办的"翰墨飘香·和美瓮安"迎春书画、摄影展在猴场镇旗山书院举行。书画展主要围绕同步小康创建活动和“文化兴县”战略目标，展出反映瓮安经济社会发展成就的书画作品200余幅，摄影作品100余幅。

14日　州委、州政府以视频会议的形式召开“绿色黔南”建设三年行动计划推进大会，深入贯彻习近平总书记系列重要讲话特别是去年视察贵州时的重要讲话精神，认真落实全省造林绿化推进大会精神，安排部署下步工作。州县领导张文强、黄桂林、潘玉华、陈博、钟旻及县四家班子其他领导在主会场参加会议。

15日　在群众工作中心举行2016年“春风行动”大型现场招聘会。县领导黄桂林、韩小忠、张远军、郑毅参加招聘会启动仪式。招聘活动吸引了贵州金正大、贵州芭田、瓮安大地奥特莱斯购物公园等80余家大中型企业提供岗位4000多个和瓮安经济开发区、瓮安县创业园科技孵化中心等16个创业孵化平台提供创业点1000余个，涉及工矿企业、食品加工、物管、建筑等10多个行业，涵盖教师、财会、统计、机修、电工、焊工、钳工、营销、采矿等30多个专业和工种，7000余名返乡农民工、大中专毕业生等各类求职人员前来咨询、应聘，是日达成就业意向3296人。

16日　由省委办公厅副主任孙拥辉带队的调研组到瓮安调研公务用车制度改革及机关食堂整改工作情况，州纪委第二纪工委书记田应森，县委常委、常务副县长张宗良陪同调研。张宗良汇报瓮安县公务用车制度改革及机关食堂整改工作情况。调研组充分肯定瓮安县公务用车制度改革及机关食堂整改工作所取得的成绩。

17日　省经信委机关党委书记丁军生率检查组到瓮安开展节后复工复产情况。检查组到贵州芭田生态工程有限公司、金正大诺泰尔化学有限公司、成功磷化、龙马磷业等企业进行走访调研，实地察看了各企业的复工复产情况，并就如何抓好企业节后复工复产、加强要素保障、做好协调服务等工作提出了要求。

18日　国务院扶贫办副主任洪天云率调研组到瓮安调研承办中央和国家机关选派第一书记示范培训班筹备情况，并对相关工作提出指导意见。省扶贫办副主任吴坦，副州长陈有德，州扶贫开发局局长欧天彪，县领导钟旻、屈芳、杨胜雁、姚明凤陪同调研。洪天云一行到县委党校综合教学楼、学员宿舍楼、学员食堂、瓮安县廉政教育基地等地详细了解学校的软硬件设施建设及培训工作开展情况。钟旻介绍了瓮安县承办中央和国家机关选派第一书记示范培训班（第二期）的建议方案，并对培训日程中涉及的猴场镇下司村生态扶贫点、建中镇果水村的茶叶种植产业扶贫点和银盏镇农业转移人口市民化安置点三个现场教学点的扶贫方式及特色进行详细说明。洪天云对瓮安县承办中央和国家机关选派第一书记示范培训班筹备工作给予肯定。调研组到猴场会议纪念馆、猴场会议会址、下司社区，建中镇果水村产业扶贫示范点实地考察。

19日　中国美术家协会会员、中国民间文艺家协会会员丁朝北个人画展在县会展中心举办。县领导钟旻、曾薇，张远军、夏吉友、郑毅参加画展开幕式。丁朝北，字平川，瓮安人，自幼酷爱美术，擅长国画人物、山水、连环画、雕塑、剪纸等，文化部社文局曾授予其民间工艺美术工作开拓者称号。

是日　州委常委、县委书记张文强率领草塘“十二塘”建设指挥部成员，针对项目建设中土地征收及房屋拆迁等问题进行调研。县政协主席、草塘“十二塘”建设指挥部指挥长陈博及县领导韩小忠、张远军、夏吉友、陈廷高陪同调研。张文强到建设工地实地察看了工程建设进度、土地征收、安置点情况，考察了猴场至岚关扩建公路猴场段的下司水库，听取了“十二塘”建设指挥部相关人员对安置点的情况简介和安置建议，以及公路改道下司水库的原因。

20日　省发改委项目处处长龙进松到瓮安督查全省重大工程和重点项目复工复产情况。县委常委、常务副县长张宗良陪同督查。督查组到金正大诺泰尔化学有限公司和贵州芭田生态工程有限公司查看项目复工复产情况，了解项目推进过程中需要解决的困难和问题。

22日　在人民广场举办主题为“金猴迎春”的猜灯谜闹元宵活动。

26日　召开全县公安工作会议，安排部署2016年公安工作。县领导黄桂林、黄成、郭豫、杨昌勇、王建军参加会议。与会领导为获得表彰先进单位和先进个人进行颁奖。黄成主持会议并对下步公安工作进行安排部署，与全县各乡镇（街道）派出所等签订责任书。

26日　召开打击传销规范直销工作联席会议，副县长曾明康参加会议。会议传达了瓮安县打击传销联席会议办公室关于创建“无传销县”的相关文件精神，并对打击传销规范直销相关工作进行了安排部署。

是日　瓮水街道开展“电商进万家商家”交流会，向辖区内企业、银行、医院、学校等普及电商知识。活动邀请贵州柒速贸易电子商务有限公司有关技术人员作现场培训。

27日　草塘“十二塘”项目一期建设房屋土地征收工作启动。县人大常委会副主任、县草塘“十二塘”建设指挥部副指挥长张远军参加启动会。启动会传达了瓮安县草塘“十二塘”项目建设土地房屋征收安置补偿方案，并就房屋土地征收范围、征收补偿安置、房屋征收及地上构筑物补偿、过渡期间补偿、土地征收补偿及社会保障政策、房屋建筑占地使用权的处置等问题作了说明。

29日　瓮安与黔南州同步进行2016年第一批重大项目集中开工，涉及清莲湖湿地公园及周边基础设施、草塘“十二塘”、麒龙城市广场建设等6个项目，总投资31.7亿元。

3月

1日　省委常委、副省长慕德贵率队到瓮安调研瓮安河流域环境综合整治工作。州委常委、县委书记张文强，副州长胡晓剑等领导的陪同调研。调研组到瓮安河流域沿河企业，现场调研了瓮安大信北斗山磷矿废水排放情况、瓮安磷矿矿坑废水处理情况，贵州金正大诺泰尔化学有限公司土壤改良剂与水泥生产线、污水处理厂、中转渣场建设运行情况，贵州芭田生态工程有限公司废水处理设施建设情况，查看了岩根河水体环境质量和天文自动监测站水质监测情况及江界河码头水质情况。调研中，慕德贵详细了解了黔南州及瓮安县、福泉市有关河流域环境保护与污染治理工作。

是日　中共瓮安县第十一届纪律检查委员会召开第六次全体会议，会议回顾总结了全县2015年党风廉政建设和反腐败工作，安排部署2016年工作。州县领导张文强、黄桂林、潘玉华、陈博、钟旻、张宗良、曾薇、王华（纪委）、孟先锋、屈芳、韩小忠、黄成、杨胜雁、姜雷、吴雪嫩及县四家班子其他领导出席会议。县委常委、县纪委书记王华主持会议。州委常委、县委书记张文强作讲话并与县政协党组、县人民检察院党组、建中镇党委、天文镇党委以及相关部门主要负责人签订了党风廉政建设主体责任书。县委常委、县纪委书记王华代表县纪委常委会作工作报告并与雍阳街道纪工委、江界河纪委、教育局纪检组、文化和旅游局纪检组签订党风廉政建设监督责任书。县政府党组、县检察院党组，珠藏镇党委、县农工局党组分别向大会述责述廉述德。

2日　政协第十届瓮安县委员会第五次会议在会议中心开幕。会议应到委员190名，因事因病请假22名，实到168名，符合《政协章程》规定。州县领导张文强、黄桂林、潘玉华、陈博、钟旻、郑毅、王华（政协）、符合、王建军、喻松、余江、陈廷高、张宗良、曾薇、王华（纪委）、孟先锋、屈芳、韩小忠、黄成、张杰、杨胜雁、吴雪嫩、阮顺坤、罗惠平、郭豫、李丰祥、金正祥、刘奉贤、张远军、曾明康、夏吉友、姚明凤、杨昌勇，县退休老领导张光伦、梁隆平、姚中贞等在主席台就座。陈博主持会议。

县政协副主席郑毅代表政协瓮安县第十届委员会常务委员会向大会作工作报告，县政协副主席王建军向大会作政协瓮安县十届四次会议以来提案工作情况的报告。州委常委、县委书记张文强作题为《群策群力 同心攻坚 携手推动瓮安实现后发赶超全面小康》的讲话，并就进一步做好新形势下政协工作提出要求：一要在助推发展上展现更大作为，二要在协商民主上展现更大作为，三要在凝心聚力上展现更大作为，四要在提升履职能力上展现更大作为。应邀列席会议有县直党政群部门、政府组成部门中没有政协委员的单位负责人，省州驻县政协委员，县政协退休干部及机关人员。

3日　瓮安县第十六届人民代表大会第五次会议在行政新区会议中心隆重开幕。州县领导张文强、黄桂林、潘玉华、陈博、钟旻、张宗良、曾薇、王华（纪委）、孟先锋、屈芳、罗惠平、郭豫、李丰祥、金正祥、刘奉贤、张远军、韩小忠、黄成、张杰、杨胜雁、吴雪嫩、曾明康、夏吉友、姚明凤、郑毅、王华、符合、王建军、喻松、余江及县人武部政委阮顺坤，县人民法院院长祝夜明，县人民检察院检察长谭必刚，部分县退休老领导、大会主席团其他成员和其他特邀人员主席就座。潘玉华主持会议。会议应到代表207名，因事因病请假12名，实到195名。

黄桂林代表县人民政府向大会作政府工作报告，报告分“十二五”时期工作回顾和“十三五”时期主要目标任务两个部分。县人民政府将《瓮安县2015年国民经济和社会发展计划执行情况及2016年国民经济和社会发展计划报告（草案）》《瓮安县2015年财政预算执行情况及2016年财政预算报告（草案）》以书面形式印发，提交大会审议。特邀参加大会的有：不是本届县人大代表的县委、县人大、县政府、县政协领导；不是本届县人大代表的离任县人大、县政府、县政协部分老领导、老同志；部分企业代表。列席会议的有：不是本届县人大代表的县政府副县长、政府组成部门负责人，县人大常委会委室副主任，县直党群机关，县直企事业单位负责人，省州驻瓮单位负责人，驻军代表；不是本届县人大代表的乡镇党委书记、人大主席、乡镇长。出席政协第十届瓮安县委员会第五次会议的全体政协委员和列席政协会议人员列席会议。

是日　县市场监督管理局正式发放第一张食品经营许可证，实现了餐饮服务许可证和食品流通许可证的“两证合一”，标志着食品经营许可证在瓮安正式启用。

8日　省政府副秘书长、省统计局局长任湘生率调研组到瓮安调研2016年1—2月经济运行情况和基层基础统计工作情况。副州长张全毅，州统计局局长吴定伟，县领导黄桂林、张宗良陪同调研。调研组到金正大诺泰尔化学有限公司，在建的新瓮安二中和永和镇统计服务中心等地了解经济运行和基层基础统计工作开展情况。任湘生对瓮安工业经济平稳健康发展的态势给予肯定。

是日　由湖北省委常委、纪委书记侯长安带领的考察组到瓮安考察红色文化开发和保护情况。省纪委副书记、省监察厅厅长黄文胜，州委常委、州纪委书记魏明禄，州委常委、县委书记张文强，县委常委、县纪委书记王华陪同考察。考察组到猴场陈列馆和猴场会议会址了解红军在瓮安的历史故事、红军长征四过瓮安和红军强渡乌江的历史史实。

10日　贵州大学爱国主义教育基地授牌挂牌仪式在冷少农烈士故居举行。贵州大学副校长金道超，县委常委、宣传部部长、统战部部长曾薇参加挂牌仪式。

12日　6辆全新的新能源公交车从县公交总站驶入新区大道，结束了瓮安没有新能源公交车的历史。新能源公交车起点站为瓮安县大地商业广场，终点为瓮安监测站，每隔6分钟一班，最远单程运行时间30分钟。

14日　国务院地名普查办业务指导处处长李诗洋率督查组到瓮安督查第二次全国地名普查工作。省民政厅机关党委书记杨亚军，州、县领导张文强、廖小明、黄桂林、张远军、杨昌勇、王华（政协）参加汇报会或陪同督查。李诗洋一行听取州和县第二次全国地名普查工作开展情况。李诗洋要求按照国务院关于开展第二次全国地名普查工作方案的时间安排和要求推进地名普查工作。杨亚军就如何更好地做好全国第二次地名普查工作及撤县建市工作提出了具体的意见和建议。

15日　省人民医院院长孙兆林一行到瓮安开展医疗帮扶工作。州委常委、县委书记张文强，副县长夏吉友，政协副主席王华参加座谈。

是日　中国殡葬协会《中国殡葬》新闻周刊编委会常务副主任王光华带队到瓮安开展绿色殡葬调研。州民政局副局长谢正军、副县长杨昌勇、政协副主席王华陪同调研。调研组到太平山殡仪馆，九龙园公墓，猴场镇龙宝山公墓进行实地调研。杨昌勇介绍瓮安推进绿色殡葬改革工作的基本情况。调研组对瓮安殡葬改革工作取得的成绩表示肯定，同时就瓮安殡葬改革的精细化和规范化工作提出了意见和建议，并观看瓮安殡葬改革宣传片和殡葬执法演练专题片。

16日　省经济和信息化委员会主任马宁宇率调研组到瓮安调研以磷化工为重点的化工企业生产经营情况。州委常委、县委书记张文强，州工业和信息化委员会主任黄淮，县领导姜雷、曾明康陪同调研。调研组到贵州芭田生态工程有限公司和金正大诺泰尔化学有限公司了解企业的生产经营情况。马宁宇对瓮安县积极发展磷化工产业取得的成绩表示肯定并对下步工作提出意见。

是日 召开“十三五”交通专项规划研讨会。州委常委、县委书记张文强，州交通运输局局长文永生，县领导黄桂林、潘玉华、钟旻、张宗良、王华、张杰、金正祥、曾明康、杨昌勇参加会议。会议听取了瓮安县“十三五”交通专项规划编制情况汇报，并研究部署了瓮安县“十三五”交通规划编制主要工作。

18日 瓮安县道路交通事故快处快赔服务中心正式启动。省公安厅交警总队事故处处长韩玮，县委常委、政法委书记、公安局局长黄成，副县长杨昌勇参加启动仪式。

是日 召开2016年“3·18”科技活动日表彰大会，对在全县各行业做出突出贡献的一批优秀人才和推动科技进步的先进集体进行表彰。县领导黄桂林、潘玉华、陈博、钟旻、张宗良、屈芳、韩小忠 、罗惠平、喻松参加会议。县委副书记钟旻主持会议。县委常委、组织部部长屈芳宣读了《中共瓮安县委瓮安县人民政府关于表彰优秀人才和推动科技进步先进集体的决定》。与会领导现场为受表彰的十佳科技人才、十佳乡土人才、优秀科技人才、优秀乡土人才、推动科技进步先进集体等65名优秀人才和先进集体进行现场颁奖；部分受表彰的优秀个人和集体在会上作了交流发言。

19日 十六届县人民政府召开第六次全体会议暨第五次廉政工作会议，贯彻落实县委十一届六次全会精神和县“两会”精神，全面安排部署政府系统2016年工作。县领导黄桂林、张宗良、王华（纪委）、韩小忠、黄成、杨胜雁、姜雷、吴雪嫩、阮顺坤、罗惠平、曾明康、夏吉友、姚明凤、杨昌勇、郑毅出席或列席会议。县委常委、常务副县长张宗良主持会议。县委副书记、县长黄桂林讲话。黄桂林与各副县长及各乡镇（街道）主要负责人签订了廉政工作责任书，各副县长分别与分管部门签订廉政工作责任书。县委常委、纪委书记王华对党风廉政建设工作作了相关要求。县财政、金融、工信、住建等部门围绕2016年工作目标任务及落实党风廉政建设作了发言，银盏镇围绕产城一体化，猴场镇围绕文旅融合、珠藏镇围绕农业产业化作交流发言。

22日 省科技厅副厅长林浩率调研组到瓮安调研众创空间建设、贯彻落实《关于加快众创空间发展服务实体经济转型升级的指导意见》文件、瓮安科技创新平台建设、大学生创新创业情况等工作开展情况。州科技产权局局长逄焕东，县委常委、副县长姜雷，副县长夏吉友陪同调研。调研组到贵州芭田生态工程有限公司和金正大诺泰尔化学有限公司了解公司建设、生产、经营及生产工艺等科技创新方面总体情况，到众创空间、安青创业社、孵化器武江隆塑业有限公司、信达高温电缆等地了解创业平台建设、创客入驻、团队服务能力等情况。

是日 省残联、省体育局考察组到瓮安考察2016年全省残疾人锦标赛场馆设施。考察组在州残联党组书记胡建伟、理事长陈义龙，州体育局领导的陪同下考察了瓮安县体育馆游泳、羽毛球、篮球等场馆设施和后勤保障设施。考察组充分肯定了瓮安县体育文化基础设施建设取得的成就。原则上同意2016年全省残疾人锦标赛9—10月在瓮安县举行。

▲ 由国家安全监管总局监管二司副司长赵瑞华率队的督查组到瓮安督查企业安全生产情况，副州长吴俊、副县长曾明康陪同督查。督查组到金正大诺泰尔化学有限责任公司查看液氨灌区和生产调度中心运行情况，了解企业在重点环节和重点部位采取的安全防范措施，并针对企业在安全生产中存在的隐患和问题提出整改要求和指导性意见。

▲ 省经信委党组成员、离退休工作办公室主任王兴权率督查组对瓮安县2016年城镇建设保障性安居工程进行督查，县政协副主席王建军陪同督查。督查组到张家坡公租房、冷家堡公租房、老南寨安置房、龙坑公园安置房等地实地查看全县保障性住房建设项目推进情况。督查组对瓮安县2016年城镇建设保障性安居工程建设的顺利推进表示肯定，要求在下步工作中建立健全督查机制、严格资金管理、提高工程质量。

▲ 县召开瓮安八小建设项目土地房屋征拆工作推进会，县委常委、副县长、县城镇建设指挥部指挥长韩小忠，副县长夏吉友参加会议。县

住建局、国土资源局有关人员针对群众提出的门面赔偿、拆迁安置等问题进行政策解答。县公安局、县法院相关负责人就维护项目建设秩序问题作了宣传解释。韩小忠要求，要转变工作作风，充分尊重群众的合理诉求，逐户走访，面对面约谈做好拆迁工作。坚持情、理、法三管齐下，统筹推进征地拆迁工作。瓮安八小位于瓮水街道广场社区龙水坝，总占地面积54.7亩，是贵州省2016年城镇义务教育学校建设项目和瓮安县十大民生项目之一，2016年4月开工建设。建成后可容纳学生2800人。

23日　以省扶贫办副主任覃儒方为组长的省脱贫攻坚督导组到瓮安督导精准扶贫工作。县政府副县长姚明凤陪同督导。督查组通过精准扶贫云平台了解瓮安县易地扶贫及精准扶贫工作开展情况。

是日　召开高速公路建设“三年会战”总结表彰暨瓮马铁路建设启动会，总结高速公路建设“三年会战”工作经验，动员和组织全县各级各部门全力做好瓮马铁路项目建设工作。州县领导张文强、潘玉华、钟旻、张宗良、王华（纪委）、孟先锋、屈芳、黄成以及县四家班子其他领导参加会议，县委副书记钟旻主持会议。州委常委、县委书记张文强作讲话并对瓮马铁路建设工作作安排。县委常委、常务副县长张宗良宣读《中共瓮安县委 瓮安县人民政府关于表彰瓮安县高速公路建设“三年会战”先进集体和先进个人的决定》，与会领导为受表彰的个人和集体进行了现场颁奖。县人大常委会副主任、县高速公路（铁路）建设指挥部副指挥长张远军介绍瓮马铁路项目情况，副县长、县高速公路（铁路）建设指挥部指挥长杨昌勇作了高速公路建设“三年会战”工作报告，县政协副主席、县高速公路（铁路）建设指挥部副指挥长余江就瓮马铁路建设征地拆迁工作进行安排部署，县交通运输局、瓮水街道、贵州瓮马铁路有限责任公司分别在会上作了表态发言。瓮安至马场坪铁路位于贵州省东南部的福泉和瓮安县境内，西邻川黔铁路、南邻沪昆铁路，经过福泉市、龙昌镇、牛场镇、平定营镇，北止于瓮安县经济开发区银盏工业园区，线路长约72.913公里，设5个车站，为地方货运铁路，估算总投资49.93亿元。

24日　贵州银行与瓮安县进行政银合作座谈，双方就加大政银合作力度、拓展合作领域、提高合作实效交流互动。县委常委、常务副县长张宗良，县政协副主席陈廷高参加座谈。

是日　省人大常委会副主任周忠良一行到瓮安开展乡镇人大工作条例立法调研，并召开《贵州省乡镇人民代表大会工作条例(草案)》立法座谈会，征求立法建议和意见。州县领导张文强、潘玉华、罗惠平陪同调研或参加座谈。周忠良一行到雍阳街道详细了解了瓮安县乡镇人大工作开展情况。通过实地调研和听取汇报，周忠良对瓮安县人大工作开展情况给予了充分肯定。潘玉华汇报了瓮安县乡人大及主席团工作情况。与会人员就乡镇人大工作开展中存在的困难和问题及下步工作打算进行座谈交流，对条例的体系逻辑、可操作性和体制机制如何完善方面提出了意见和建议。

▲　由省文化厅社会文化处副处长虞奇勇率队的验收组对瓮安县国家公共文化服务体系示范项目“幸福进万家·瓮水长歌文化精品乡村行”进行省级验收。州文化广电新闻出版局副局长汪洋，副县长夏吉友参加验收。验收组到县文化馆、图书馆和草塘综合文化站进行深入了解，并观看了“幸福进万家·瓮水长歌文化精品乡村行”公共文化服务项目专题片。验收组对创建工作给予肯定。

25日　县委副书记钟旻率队到遵义市新浦新区、余庆县和湄潭县考察新农村建设及村级产业发展和现代高效生态农业旅游景区建设。

26日　“碧桂园·瓮安首府”城市展厅正式对外开放。

是日　第四届中国贵州人才博览会在贵阳国际会议展览中心举行，瓮安县采取现场面谈的方式，对硕士研究生以上高层次人才直接面谈引进。县委常委、组织部部长屈芳到场指导。此次人才引进吸引了113位高层次人才报名，行业范围涵盖教育、水利、农业、医疗等发展领域。通过面谈，屈芳代表县人民政府与3位硕士研究生当场签订了《意向性引进协议》。

是日　教育专家、北京师范大学贵阳附属小学副校长赵国华一行到建中镇中心学校讲学，为老师和学生们带来了一堂写作示范课。

28日　召开龙水路、安南大道暨小河边片

区棚户区改造建设项目安置方案听证会。县委常委、副县长韩小忠参加听证会。

29日　猴场会议会址被省直机关工委授予“省直机关党员教育基地”。省直机关工委副书记郭焱、宣传部部长涂红卫，州直机关工委书记张传华及瓮安县委副书记钟旻参加授牌仪式。

是日　黔南州老年人门球比赛在县全民健身活动中心举行。州政协原主席、州老年人体育协会主席杨启义，原副州长、州老年人体育协会顾问刘廷福，州体育局党组书记，州老年人体育协会常务副主席兰昌福，县政府副县长夏吉友参加开场仪式。杨启义宣布比赛开幕，兰昌福主持开场仪式。本次比赛共有11支队伍90名运动员参加，比赛时间为3月29日到31日。

4月

1日　贵州省2016年“缅怀先烈·凝心聚力·同步小康”集中示范活动在瓮安隆重举行。省文明办专职副主任朱文东，州委常委、县委书记张文强，州人大常委会副主任、州文明委副主任张仕雄出席活动；瓮安县领导潘玉华、曾薇、孟先锋、黄成、吴雪嫩及县四家班子其他领导，各乡镇、各部门主要负责人和全州13县（市、区）文明办、整治办主任等参加活动。朱文东、张文强分别作了讲话。张仕雄主持活动。青少年代表向全省青少年宣读《“缅怀革命先烈·传承红色文化”清明祭英烈倡议书》，瓮安县100多名中小学生分别表演了情景朗诵《猴场会议赋》、大合唱《红色足迹·金色家园》和朗诵《瓮安赋》。参加活动的全体人员参观了猴场会议纪念馆，聆听了革命先烈先进事迹的介绍，接受爱国主义教育。

2日　省委组织部决定追授龙增刚为“全省优秀共产党员”称号。

3日　县地方志办公室在珠藏镇荣院小学举行《瓮水犹氏文化志》首发式。贵州、重庆、四川、河南等省犹氏族人代表3000余人参加首发式。

7日　省直机关工委组织20名离退休老干部到猴场会议会址开展主题为“党性和革命传统教育”的党员教育活动。省直机关工委副书记康勇，州直机关工委书记张传华，县委常委、组织部长屈芳参加活动。

7—8日　省户籍制度改革领导小组办公室副主任、省公安厅治安总队副总队长陈启荣一行到瓮安调研指导户籍制度改革工作。县领导黄成、王建军陪同调研。调研中，陈启荣一行先后到猴场镇木瓜河生态移民小区、高速公路城北回迁安置房小区、摩尔城生态移民小区及瓮水街道茅坡社区，实地了解瓮安县户籍制度改革工作开展情况。

11—15日　由县商务局牵头，组织部分电子商务领导小组成员单位、乡镇分管领导、企业负责人到杭州考察学习电子商务产业发展工作。考察组到杭州颐高集团有限公司总部、楼友会创业咖啡、众创空间等地进行实地考察，详细企业电商发展情况。

13日　中国作协“重走长征路”采风活动在瓮安举行。中国作协副主席、上海市文联、作协副主席叶辛，州委宣传部副部长、州文联主席黄光兴，州文化广电新闻出版局副局长、州作家协会主席葛明义，县领导曾薇、张远军参加采风活动。采风团到猴场会议会址纪念馆、猴场会议会址、毛泽东行居和红军干部团修养连旧址等地，详细了解红军经过瓮安的历史。

是日　省卫计委副主任黄平率队到瓮安检查指导公立医院综合改革工作。州卫计委主任赵智、副主任李俊，县领导黄桂林、夏吉友参加汇报会。

14日　省发展研究中心副主任张绍新率队到瓮安调研扩权强镇工作，县委常委、常务副县长张宗良参加调研座谈会。张绍新一行听取了瓮安县扩权强镇改革试点工作推进情况汇报。

是日　县召开新增出租汽车经营权投放改革听证会。县领导曾薇、杨昌勇及87名听证代表参加听证。县道路交通运输管理局有关负责人陈述了《瓮安县新增出租汽车经营权投放改革实施方案》。应邀参加听证的县人大代表、政协委员、消费者代表、部分出租汽车经营者代表作了发言。

15—16日　“千年古邑·红色瓮安”旅游推介会在重庆市举行。重庆市渝中区旅游局行业管理科科长姜云，县领导杨胜雁、夏吉友参加推介会。室内推介会通过视频播放、ppt讲解、趣味问答等多种形式，向参会人员图文并茂地介绍了瓮安县旅游资源、旅游产品、精品线路。室外推介会分别在重庆市解放碑和观音桥广场举行，推介文艺演出由舞蹈《银铃声声》《古韵仙桥》，快板《说瓮安》，歌伴舞《天堂鸟落脚的地方》等。推介会共接受咨询约2000人次，发放宣传单5000余份。

15日　贵州城市职业学院瓮安校区举办首个开学仪式。贵州城市职业学院是贵安新区管委会和贵州万好教育投资集团有限公司合作的一所新兴综合性城市大学，通过招商引资引进入驻在瓮安设立分校区的一所大学专科院校。贵州城市职业学院瓮安校区位于瓮安职校内，有专兼职教师49人，开办有建筑工程管理、会计和审计、护理、工程造价四个专业。

是日　交通运输部水运科学研究院副总工程师、物流工程技术研究中心主任邓延洁率专家组到瓮安调研水运建设项目，州地方海事局副局长谢祥恩，县领导张远军、杨昌勇陪同调研。调研组到瓮安云中港区项目建设地和江界河客货运综合码头进行实地调研，听取了瓮安水运工作及瓮安港航运建设及发展情况。

16日　召开安平大道暨棚户区改造项目推进会。县委常委、副县长、县城镇建设指挥部指挥长韩小忠参加会议。县住建局、县城镇建设指挥部等相关负责人现场讲解了《国有土地上房屋征收与补偿条例》《瓮安县城规划区内房屋拆迁安置补偿方案》等相关政策，现场接受群众的咨询。安平大道位于瓮安县南部花桥一带，起点位于瓮水街道花桥社区丁耙寨，终点位于盛世彩虹拱青路，长1177米、宽36米，总投资8500万元，为县城东西向，是县城南部路网工程的重要环节。

19日　全国爱民拥警座谈会在瓮安召开。全国公安文联、省公安厅的领导及部分公安作家在瓮安开展爱民拥警座谈会，与公安民警、干部群众代表等共话警民融合，共建和谐警民关系。全国公安文联主席祝春林、秘书长张策，副省长、省公安厅厅长孙立成，省公安厅党委委员、副厅长、政治部主任温贵钦，省公安文联主席王兴正，中国文联全国委员会委员蒋巍，南京森林警察学院党委副书记林平，黔南州委副书记、州长向红琼，州委常委、县委书记张文强参加座谈。州公安局局长王治军，省公安厅政治部副主任刘志远，县领导黄桂林、曾薇、黄成、郭豫，部分人大代表、政协委员，离退休老干部代表，乡镇干部代表，社区干部代表，群众代表以及公安民警代表参加座谈会。张策主持座谈会。来自一线的公安民警代表，返乡农民工代表，教师代表，人大代表、政协委员，社区干部代表以及离退休老干部代表分别结合各自的工作实际和亲身经历，围绕瓮安经济社会发展和瓮安公安服务经济社会发展，社会治理“5531”模式等，通过辞赋、民歌等多种形式，谈感受、说变化。

是日　中国社会科学院考古研究所研究员、汉唐研究室副主任陈良伟率调研组到瓮安调研文化旅游产业发展情况。省社会科学院文化研究所所长、研究员王路平，县政协副主席郑毅陪同调研。调研组到猴场镇、朱家山国家森林公园等地了解多彩贵州小镇的历史文化元素和旅游发展情况。陈良伟和王路平等专家分别作了《文化景观在现代景区中的应用与评估》《王阳明龙场悟道》的专题讲座。

20日　全州检察机关政治工作暨检察官文联筹备会在瓮安召开，州人民检察院副检察长潘凤敏、政治部主任刘雪红及全州各县市检察机关代表参加会议。福泉市、都匀市、罗甸县及瓮安检察院分别作干部、宣传、教育培训、法警工作交流发言。对瓮安、贵定、罗甸三个检察院文化建设先进集体和17名先进个人予以通报表彰，对筹备黔南州检察官文联筹备工作进行了安排部署。

是日　中国民主促进会黔南州委员会瓮安县支部成立大会召开。民进贵州省委副主任、贵州医科大学附属医院副院长、博士生导师陆洪光，黔南州政协副主席、民进黔南州委主委杨俊，中共黔南州委统战部常务副部长陈良海，县领导陈博、钟旻、曾薇、符合出席成立大会。会议选举产生中国民主促进会黔南州委员会瓮安县支部第一届主任委员、副主任委员、委员，县政协副主席符合当选为第一届民进瓮安县支部主任委员。大会宣读了民进黔南州委关于成立瓮安县支部的决定和对瓮安支部选举结果的批复；州政协副主席、民进黔南州委主委杨俊向瓮安县支部进行了授牌；新当选的民进瓮安支部主任委员符合接牌，并代表民进瓮安县支部作了表态发言。

25日　中国交通建设股份有限公司贵州总部副总经理张明武率队到瓮安考察水运交通建设。县领导黄桂林、杨昌勇陪同考察。杨昌勇及各部门负责人向考察团介绍了瓮安县水运建设、交通路网建设、旅游开发等具体情况，围绕相关重点工程和重大项目进行了深谈。

26日　省委副书记，省长孙志刚在瓮安金正大诺泰尔化学有限公司考察。

是日　由州委宣传部、州文明办、州委讲师团组织的“当代女愚公”邓迎香先进事迹巡回宣讲报告会在瓮安举行。县领导潘玉华、陈博、张宗良、曾薇、孟先锋、黄成、姜雷及县四家班子其他领导听取报告。

▲　省政府法制办主任唐林率队到瓮安调研相对集中行政许可权、乡镇行政管理体制改革等工作开展情况。州政府法制办主任吴文进，县领导黄桂林、张宗良、王建军参加调研。唐林一行到永和镇了解了瓮安县乡镇行政管理体制改革工作开展情况。黄桂林向调研组汇报了瓮安县相对集中行政许可权试点、乡镇行政管理体制改革等工作开展情况。唐林对瓮安县开展相对集中行政许可权、乡镇行政管理体制改革等工作情况表示肯定。与会部门负责人就改革工作中存在的困难和问题以及经验进行汇报交流。

26—27日　中国社会科学院农村发展研究所研究员、组织与制度研究室主任、教授崔红志率调研组到瓮安调研稳定和完善农村基本经营制度及农村改革试验工作开展情况。省委政研室农改试验办主任赵雪峰，县委副书记钟旻，县人民政府副县长姚明凤陪同调研。崔红志一行先后到天文镇油橄榄种植基地、建中镇苗岭雾海有限公司、猴场镇千亩花海、岚关乡茶海蔬菜专业合作社等地了解瓮安县稳定和完善农村基本经营制度及农村改革试验工作开展情况。参加调研人员还就如何完善农村基本经营制度和农村改革试验工作进行了讨论交流。

27—28日　省妇联巡视员吴爱平率督查组到瓮安县督查农村土地承包经营权确权登记颁证工作。州政协副主席黎燕萍，县委副书记钟旻，县政协副主席符合陪同督查。督查组到岚关乡和天文镇了解瓮安县农村土地承包经营权确权登记颁证情况。督查组对瓮安县农村土地承包经营权确权登记颁证工作取得的成绩表示肯定。

28日　以“开展‘两学一做’学习先进典型”为主题，举办“全省优秀共产党员”龙增刚同志先进事迹报告会。县领导潘玉华、陈博、钟旻、曾薇、孟先锋、黄成、姜雷及县四家班子其他领导参加报告会。县直各部门领导、乡镇（街道）领导、村支两委以及政法系统、财税系统、卫生系统、教育系统、驻瓮部队、企业代表等700余人到场聆听报告。

是日　文化部财务司监督检查处副处长贺怡和预算管理处副处长于爱国等到瓮安考察调研。县领导张远军、夏吉友陪同调研和座谈。调研工作由文化部财务司、第三方中介机构和外省文化厅财务处组成，调研组通过到县图书馆、文化馆、猴场综合文化站等实地考察及座谈交流的形式，了解瓮安文化部门和具体使用单位对中央转移支付资金的使用管理，存在的问题，监督管理的方式和需求、职责和分工等情况。

是日　省文明办专职副主任朱文东率督查组到瓮安督查“文明在行动·满意在贵州”工作开展情况。州委宣传部副部长、州文联主席黄光兴，县委常委、宣传部部长、统战部部长曾薇陪同督查。督查组到县图书馆附近的智能立体停车场、县汽车站、猴场古镇游客接待中心、旗山书院等地了解车库库容、设备安装、景区环境卫生、旅游服务、扩容住宿接待等情况。

是日　召开2016年4月经济运行调度会。县委副书记、县长黄桂林，县委常委、常务副县长张宗良参加会议。会议通报了瓮安县2016年一季度经济运行情况，对经济运行所面临的新常态、新机遇进行分析，提出下步工作建议和意见。

是日　州委常委、县委书记张文强到珠藏镇开展“两学一做”学习教育专题党课。县委常委、组织部部长屈芳参加党课学习。张文强在作专题党课中结合瓮安县情和珠藏镇情实际，阐释了开展“两学一做”学习教育的重大意义、根本目的和具体做法。

29日　省国土资源厅服务黔南经济社会发

展专题党组会在瓮安召开。省国土资源厅党组书记、厅长朱立军，副厅长周从启、王赤兵、闫海山、肖才忠、郭强，总规划师董晓峰，州委书记龙长春，州委常委、县委书记张文强，州政府副州长胡晓剑，州政协副主席，州委秘书长瓦标龙，县委副书记、县长黄桂林及县领导韩小忠、曾明康，黔南州各县（市）国土资源局负责人参加会议。

在听取黔南州国土资源工作情况汇报后，朱立军要求黔南州国土资源部门要增强底线意识、民生意识和创新意识，提升国土资源工作服务大局能力、精准管理能力和拒腐倡廉能力，注重对耕地的保护和矿山环境综合整治，用好“增减挂钩”助力易地扶贫搬迁和为贫困人口整治优质耕地等政策，着力解决在脱贫攻坚中“做什么”“怎么做”的问题，牢牢守住廉洁自律底线。龙长春表示，黔南州将以这次党组会为新的起点、新的契机，加强国土资源管理，本着节约集约用地的原则，认真抓好基本农田改造和矿石治理等工作。省国土资源厅还就如何解决黔南州国土资源工作中存在的困难和问题提出了意见和建议。朱立军一行到猴场镇、银盏镇等地实地调研，详细了解土地增减挂钩、土地整治等国土资源工作服务地方经济社会发展的情况。

是日　瓮安与省、州同步举行黔南州2016年第二批重大项目集中开工暨瓮安县智能停车场项目开工仪式，全面启动2016年第二批重大项目建设推进工作。县政协副主席陈廷高参加开工仪式。县第二批重大项目包括瓮安县智能停车场（总投资5.62亿元）、瓮安县城镇供水一体化（一期总投资4.34亿元）、瓮安县客运站（总投资1亿元）建设。

5月

4日　在瓮安中学举行主题为“中国梦·家乡情·青年志”的传统文化成人礼仪活动。1000多名高三的学子身着汉服，依国学古礼，面朝孔子画像，举行了“三鞠躬”礼。在司仪的带领下，青年学子们高声齐诵《大学》《中庸》《论语》《孟子》等四书五经中的经典名句。县政协副主席郑毅参加活动。

5日　贵州双龙航空港经济区社会事业发展局局长赵福康率考察组到瓮安考察就业与社会保障工作，县委常委、副县长姜雷参加座谈。姜雷介绍了瓮安县就业与社会保障工作情况。贵州双龙航空港经济区考察组对瓮安就业与社会保障工作表示肯定。

6日　交通运输部公路科学研究院研究员、副主任解晓玲率调研组到瓮安调研城乡公交一体化及出租汽车行业改革情况，副县长杨昌勇参加调研座谈会。并汇报城乡公交一体化及出租汽车行业改革的基本情况，参会人员围绕瓮安城乡公交一体化及出租汽车行业改革过程、运营管理、遇到的问题等进行广泛交流。

7日　由县文化和旅游局主办、县体育发展中心承办的2016年瓮安县“迎州庆”跆拳道比赛暨黔南州第五届运动会优秀后备人才选拔赛在瓮安县全民健身活动中心开幕。州体育局副局长徐文到场观看比赛并指导赛事工作。县领导长曾薇、夏吉友参加开幕式。

9日　2016（瓮安）第九届国际精细磷化工技术交流大会暨全国磷产业专家委员会成立大会在瓮安召开，来自全国各地的业内专家、学者和企业家们围绕用科学技术推进循环生产、清洁生产、资源综合利用等方面进行研讨和交流。省政协副主席班程农，州委书记龙长春，省国资委党委书记、主任黄秋斌，中国化工信息中心副主任、中国化工情报信息协会理事长揭玉斌，州委常委、县委书记张文强，瓮福集团有限责任公司总经理杨三可，州人民政府副州长张全毅，州政协副主席、州委秘书长瓦标龙，省经信委总工程师周仕飞，中国化工信息中心HSE事业部主任王武，四川大学教授钟本和，县委副书记、县长黄桂林，县人大常委会主任潘玉华，县政协主席陈博及县四家班子其他领导参加会议。来自中国化工信息中心、昆明理工大学化学工程学院、四川大学的专家学者分别作了《我国磷化工行业发展现状及未来发展趋势分析》《磷化工技术现状和发展》《磷化工在高端领域的发展》《磷矿伴生稀土分离提取》的报告。中国化工信息中心专家在会上从瓮安县发展磷化工的硬环境和软环境条件出发，推荐瓮安发展的磷化工产业，并重点介绍了湿法磷酸精致及深加工、黄磷及深加工等项目。贵州金正大诺泰尔化学有限公司负责人作了肥料产业转型升级暨磷资源综合利用工作汇报。中国石油和化学工业规划院专家作了题为“瓮安磷化工产业发展及相关空间布局探讨”的交流发言。会议成立了全国磷产业专家委员会，揭玉斌为全国磷产业专家委员会授牌。班程农针对贵州省磷化工产业的发展提出建设规模领先、技术先进、效益显著、特色鲜明的特色产业要求。发挥优势，在转型跨越上实现新突破，在发展中守住“两条底线”；在开发开放上实现新突破，加强与兄弟省、市（区）、县，特别是东部发达地区的交流合作；实施“开放带动”战略，通过多种招商形式，引进新型磷化工企业、精细磷化工企业促进贵州磷化工企业转型升级；健全以企业为主体、市场为导向、产学研相结合的技术创新体系。加强企业技术中心建设，积极承接和实施一批重大科技专项；加快发展高新技术孵化器，鼓励开展科技融资和风险投资。会议中全体与会人员到贵州金正大诺泰尔化学有限公司、贵州芭田生态工程有限公司进行实地参观。

10日　在贵州医科大学附属医院与全省各县市共建医联体大会上，瓮安县中医院与贵州医科大学附属医院正式签订战略医联体合作协议，标志着瓮安老百姓在本县就可以享受到三甲医院的医疗卫生服务。

是日　省水利厅副厅长涂集一行到瓮安检查指导最严格水资源管理工作。州政府副秘书长雷良兵，州水务局副局长徐光信，县政府副县长姚明凤陪同检查。涂集一行先后到马塘水库县城集中供水饮用水源地、芦花河道、花桥湿地公园等地，采取民意调查和听取汇报等方式对瓮安最严格水资源管理制度建设、保障措施、有关指标完成等情况进行检查。

12日　召开启动旅游资源大普查工作培训会。县旅游资源大普查领导小组及成员参加培训会。培训会传达学习了省、州、县各级政府领导对旅游资源大普查工作的指示精神，就《瓮安县旅游资源大普查实施方案》做了解读。负责瓮安旅游资源大普查业务承担单位的省有色地勘局相关人员围绕旅游大普查的目的和任务、旅游普查的工作程序及怎样开展旅游资源问卷调查等进行技术培训。

13日　“贵州动起来”2016中国·瓮安全国六省（区）游泳邀请赛在瓮安开幕。省体育局游泳运动管理中心主任向恩友，中国水球游泳国家级裁判、成都体育学院教授樊维，州体育局党组书记兰昌福，县领导黄桂林、陈博、钟旻及县四家班子其他领导出席开幕式。黄桂林致辞，对嘉宾和运动员表示欢迎。省游泳运动管理中心主任向恩友向瓮安县授牌“贵州省游泳训练基地”。此次游泳邀请赛有来自贵州、四川、云南、山东、广西、广东六省（区）代表队的60名游泳健儿参加11个大项22个小项的比赛。

是日　举行全国退休干部先进个人赖兆铭事迹报告会，号召全县离退休干部学习赖兆铭精神，以学习先进典型的方式扎实开展“两学一做”学习教育活动。赖兆铭于1939年出生于浙江省兰溪市，1985年进入黔南州长顺县民族高级中学任教，1999年退休。在2014年11月26日举行的全国离退休干部先进集体和先进个人表彰大会上，赖兆铭被授予“全国离退休干部先进个人”荣誉称号，是黔南州唯一获此殊荣者。

是日　瓮安县天一矿业新型磷化工循环经济产业园项目签约仪式暨项目推进会召开。县领导黄桂林、曾明康参加会议。天一矿业相关负责人介绍了天一矿业新型磷化工循环经济产业园项目建设的基本情况和当前项目建设过程中存在的困难和问题。黄桂林对天一矿业新型磷化工循环经济产业园项目建设进行安排部署。曾明康主持会议，并代表瓮安县人民政府与天一矿业签订了投资协议。

14日　成都体育学院为瓮安游泳爱好者进行游泳培训，中国水球游泳国家级裁判、成都体育学院教授樊维，县政府副县长夏吉友到场指导。

15日　“贵州动起来”2016中国·瓮安全国六省（区）游泳邀请赛圆满完成各项赛事闭幕。省体育局游泳运动管理中心主任向恩友、中国水球游泳国家级裁判、成都体育学院教授樊维，省游泳运动管理中心副主任王玉萍、县委副书记钟旻及县领导李丰祥、夏吉友、符合、余江参加闭幕式。参加闭幕式的领导为比赛中获得男子团体和女子团体第一名的贵州队颁奖。

是日　举行2016年“国际博物馆日”和“中

国旅游日”主题活动。活动采取展台宣传和文艺表演相结合的方式进行。县旅游产业发展委员会、县文化和旅游局以及县内各大旅行社、星级饭店、本土食品生产企业等相关单位分别设立窗口参加宣传活动。

16日 省民政厅副厅长杨春兴率队到瓮安督查《贵州省困难残疾人生活补贴和重度残疾人护理补贴制度实施办法》落实情况。州民政局局长廖小明，县政府副县长夏吉友陪同督查。杨春兴一行到瓮水街道和猴场镇，随机抽查走访了2户困难残疾人家庭，详细了解瓮安县对《贵州省困难残疾人生活补贴和重度残疾人护理补贴制度实施办法》政策宣传工作开展情况和补贴发放情况。杨春兴一行对瓮安县贯彻落实《贵州省困难残疾人生活补贴和重度残疾人护理补贴制度实施办法》所开展的工作表示肯定。

17日 由县财政局、发改局、水务局等单位组成的验收组对2015年小型农田水利重点县建设项目进行验收。验收组通过实地查看和听取汇报，详细了解瓮安县2015年小型农田水利重点县建设项目完成情况。验收组同意工程通过县级验收。

18日 县委副书记、县长黄桂林对瓮安经济开发区至猴场镇工业大道沿线景观带规划设计进行实地踏勘。县领导陈博、韩小忠、范祖林陪同踏勘。

19日 县委副书记、县长黄桂林带领县住建、林业、环保、城管等部门负责人到草塘千年古邑旅游区调研并现场办公，研究解决草塘千年古邑旅游区产业发展等相关事宜。县领导曾薇、韩小忠、黄成、符合、陈廷高参加调研。

20日 省安全监管局副局长叶文邦率立法调研组到瓮安，就《贵州省安全生产条例》修订工作开展立法调研。省人大法工委法规一处处长李明德，省政府法制办法规二处处长李勇，省安全监管局政策法规处处长李彬，州安监局局长王泉松陪同调研，副县长曾明康参加调研座谈会。省立法调研组听取了瓮安各乡镇、各部门、企业代表对《贵州省安全生产条例》修订稿草案的意见和建议。

是日 开展2016年特殊教育宣传周文艺会演暨义卖活动。活动由县委、县政府主办，县教育局、县残疾人联合会承办，县特殊教育学校协办。县领导曾薇、郑毅参加启动仪式。

21日 上海医疗专家团队到瓮安开展“心怀仁术·福泽瓮安”义诊活动。普外科、眼科、神经外科、小儿神经外科、肾病风湿病科、烧伤整形科、骨外科、口腔科等专家组到瓮安开展义诊活动。

是日 省文联下基层文艺慰问演出暨瓮安县百名文艺志愿者“深入生活、扎根人民”赴党建扶贫点白水河村文艺采风创作活动在悦来小学正式启动。省文联副主席王信山，州委宣传部副部长、州文联主席黄光兴，以及县文联9个协会、县老年书画摄影研究会、县公安文联、永和镇相关部门及白水河村村民、师生400余人参加活动。

22日 “万鸿微易购”网络商城上线新闻发布会在瓮安举行，标志着瓮安县在发展大数据背景下又一网络运营商诞生。县人大常委会副主任李丰祥参加新闻发布会。“万鸿微易购”平台是一家以消费增值、打造循环经济为目的的全新互联网+跨界整合的第三方异业联盟销售平台。

是日 州委书记龙长春率领黔南州2016年第一次项目现场观摩会第一组代表到瓮安观摩。县领导黄桂林、潘玉华、陈博及县四家班子其他领导参加观摩。观摩中，龙长春一行到贵州芭田生态工程有限公司，现场观摩了芭田公司污水处理厂项目和到金正大诺泰尔化学有限公司磷石膏综合利用项目。观摩组代表到返乡农民工创业园武江隆塑业有限公司项目 、瓮安弘辉五金钢材市场（众创空间·安青创业社）项目和贵州（瓮安）国际电子商务产业园项目进行现场观摩。

24日 举行第四届中小学生（幼儿）文艺会演，喜迎“六一”国际儿童节。县领导曾薇、张远军、郑毅参加开幕式。本届中小学生幼儿文艺会演分中学组、小学组、幼儿组，全县各中小学和幼儿园共78支参赛队参加。

25日 由省环保厅、省公安厅、省人民检察院等组成的省督查组到瓮安督查2016年贵州省第一批挂牌督办环境违法案件工作开展情况。副县长曾明康陪同督查。督查组到企业通过现场查看、查看资料，听取汇报的方式，对瓮安县环保工作取得的成绩表示认可，并对存在的问题提出整改意见和建议。

26日 召开全县领导干部大会，传达学习省委常委会专题研究黔南州工作会议精神和龙长春书记在听取瓮安县工作汇报时的讲话精神，研究瓮安县贯彻落实意见。县委副书记、县政府县长黄桂林主持会议并讲话。县领导潘玉华、陈博、钟旻、张宗良、曾薇、王华（纪委）、屈芳、韩小忠、黄成、吴雪嫩、唐邦水及县四家班子其他领导出席会议。各乡镇（街道）和县直有关部门负责人参加会议。

是日 省政府教育督导室办公室主任黄玲、州教育局义务教育质量监测中心主任罗时荣带领巡视组到瓮安巡查指导工作。巡视组到瓮安一小、二小、三中、四中等小学、初级中学实地查看2016年国家基础教育质量监测工作开展情况，并对瓮安县工作开展情况表示肯定。

30日 由州发改委党组成员、州铁建办常务副主席韩尚平，州发改委党组成员、州民航局局长王东一行组成的调研组到瓮安调研通用机场项目前期工作情况。县领导张宗良、张远军参加调研座谈会。张宗良向调研组汇报了瓮安通用机场项目前期准备情况。洪都通用航空公司就瓮安机场规划，功能用途，项目融资渠道等机场建设事宜与瓮安县进行洽谈。

31日 县委副书记、县长黄桂林到瓮安二小开展"六一"走访慰问，县领导曾薇、夏吉友参加慰问。

6月

3日 瓮安县鑫产园茶叶有限公司选送参加的"黔南州第三届都匀毛尖斗茶大赛"的白茶荣获"都匀白茶金奖"，贵山茶叶有限公司选送的毛尖茶参赛产品获得了"优质奖"。州委副书记吴胜华为企业代表颁发了奖牌和证书。

4日 中共上海市委党史研究室采访组至瓮安开展"长征路上看今昔"采访活动。为纪念长征胜利80周年，中共上海市委党史研究室主办的《党史信息报·镜周刊》开展"长征路上看今昔"采访活动，采访组在县委党史研究室干部陪同下至猴场会议会址、猴场会议陈列馆和毛泽东行居、强渡乌江江界河战斗遗址等红色遗址遗迹以及瓮安县城、经济开发区开展采访活动。

5日 省气排球教练员、裁判员培训班在瓮安开班，省老年体育工作管理办公室主任吴梅君，省老年体协副秘书长章亮，县委常委、宣传部部长、统战部部长曾薇参加开班仪式。培训主要采取理论与实战相结合的方式进行，主要内容包括气排球运动概述、气排球竞赛规则和气排球比赛裁判手势、编排方法介绍。

6日 2016年贵州省老年人气、排球交流活动在瓮安开赛。贵州铁路、贵州大学和全省8个市州的22支老年人气排球代表队参加。中国老年体协副主席、省老年体协主席、省人大常委会原副主任刘思培，州老年体协主席、州政协原主席杨启义，州老年体协顾问、州政府原副州长刘廷福，省老年体育工作管理办公室主任吴梅君，州体育局党组书记、州老年体协常务副主席兰昌福，县领导黄桂林、潘玉华、陈博及县四家班子其他领导参加开赛仪式。

是日 成都市新津中学外国语实验学校携手新津县人民医院到瓮安天文小学，为学生们赠送篮球、书包、书籍、医疗用品等爱心物资。

7日 黔南州四项污染减排工作推进会暨生活污水一体化处理和河长制工作现场观摩会在瓮安召开。副州长胡晓剑，州政府副秘书长仲成鹏，州环保局局长孙志清出席会议。县领导黄桂林、曾明康及全州各县（市）分管副县长，州、县两级环保、住建、水利、新农村办等部门负责人参加观摩会。与会人员现场观摩了瓮安县平定营镇生活污水一体化处理设施、瓮安县生活污水处理厂二期建设、贵州芭田生产废水处理设施以及清莲湖湿地公园、湖心岛等县城区主要河流环境整治工程。胡晓剑对相关工作作了安排部署。黄桂林介绍了瓮安污染减排情况。孙志清通报了"十二五"期间及全州四项污染减排暨生活污水一体化处理、河长制工作推进情况，并就下一步工作作了安排和部署；州工业信息化委、州水务局、州农委、州交警支队分别针对水泥脱硝、水污染防治、畜禽养殖污染、黄标车和老旧车淘汰等工作作了表态发言，并安排了下步工作；瓮安县、福泉市分别就生活污水一体化处理、主要河流污染整治和河长制工作作了经验交流发言；都匀经济开发区管委会、平塘县、惠水县在会上作检讨表态发言。

是日 县召开2016年上半年经济运行调度会，分析总结上半年全县经济运行情况，研究当前经济形势，安排部署下一步经济工作。县领导黄桂林、张宗良、韩小忠、吴雪嫩、曾明康、夏吉友、姚明凤、陈廷高出席会议。

8日 2016年贵州省老年人气、排球交流活动顺利完成各项赛事闭幕。州老年体协主席、州政协原主席杨启义，州老年体协顾问、原副州长刘廷福，省老年体育工作管理办公室主任吴梅君，州体育局党组书记、州老年体协常务副主席兰昌福，省老年体育工作管理办公室副主任、省老年体协副秘书长章亮，县领导张宗良、张远军、郑毅参加闭幕式。贵州铁路代表队获得男子组第一名，黔东南代表队和黔南代表队分别获得第二名和第三名；女子组第一名由黔东南代表队获得，黔南州代表队和贵阳市代表队分别获得第二名和第三名；体育道德风尚奖男子组由瓮安县代表队获得，体育道德风尚奖女子组由六盘水市代表队获得。参加闭幕式的领导和嘉宾分别为获奖参赛队颁奖。

9日 县委副书记、县长黄桂林率队调研塔坡公园项目及棚户区改造工程推进情况。县委常委、副县长韩小忠参加调研。塔坡公园总面积433002.7平方米，建筑占地面积3709.4平方米，设计规划建设魅力瓮安展示区、红色文化展示区、彩色森林观赏区、公园中心活动区，森林氧吧体验区、生态林地涵养区六大功能区域。

10日 州委常委、县委书记张文强到瓮安经济开发区和猴场镇调研全省第二次项目建设现场观摩会瓮安项目点建设情况。县领导陈博、曾明康、夏吉友、陈廷高陪同调研。张文强一行先后到贵州（瓮安）国际电子商务产业园、返乡农民工创业园、花都产业园区和草塘“十二塘”等项目施工现场进行实地调研，分别查看各项目建设进度，详细了解各项目点建设过程中遇到的问题和困难。

11日 省地方志编纂委员会办公室副主任梁贵钢到瓮安调研地方志工作，县地方志办公室负责人范祖贵陪同调研。范祖贵从第二轮县志编纂，乡（镇、街道）、部门志编修，年鉴编辑、党史方志馆建设、历史文化开发利用等方面向梁贵钢作了汇报。

是日 召开猴场镇镇区建设专题会议，研究探讨猴场镇镇区发展、景区功能分区规划等问题。县领导黄桂林、曾薇、韩小忠、黄成参加会议。猴场镇及有关部门情况汇报工作开展情况。

13日 2016年“幸福进万家·瓮水长歌文化精品乡村行”公益文艺演出公开遴选在县行政新区会展中心进行。全县各乡镇（街道）15支文艺代表队，带着自编自导的舞蹈、快板、歌剧、戏曲等节目参与竞标。省政府参事、省文化厅正厅级干部、省非物质文化保护专家委员会副主任谢彬如，县委常委、宣传部部长、统战部部长曾薇到场指导。活动邀请省文化厅、省文化馆、省曲艺家协会、州文化馆等有关专家和领导担任遴选专家评委。

15日 中共党史学会艺术专业委员会秘书长郑义带领纪念红军长征胜利80周年美术作品创作团到瓮安开展采风活动。创作团人员先后到江界河国家风景名胜区红军突破乌江天险的渡口、猴场会议会址及草塘千年古邑区等地开展美术作品采风创作。

是日 瓮安县与绿地环保科技股份有限公司举行合作座谈会，并签订《瓮安县乡镇污水处理厂建设项目合作框架协议》。县委常委、副县长韩小忠参加签约仪式。此次合作项目涉及建中、江界河、天文、永和、玉山镇和岚关乡污水处理厂建设，工程概算投资5190.35万元，建设工期90天。

▲ 州人民政府防汛抗旱指挥部在瓮安县天邦水库举行防洪抢险应急演练。州防汛办副主任冉中环，县人武部政委阮顺坤，县政府副县长姚明凤及相关部门负责人到现场观摩。

16—17日 州水务局、州财政局等单位组成的验收组，对瓮安2014和2015年度小型农田水利重点县建设项目进行州级验收。省水利厅工程灌溉处主任王兴茂、州水务局副总工程师陆龙池参加验收。

17日 黔南州2016年“发展体育运动·增强人民体质·同心共筑中国梦”全民健身活动在瓮安举行。州体育局局长刘远卓，县领导黄桂林、陈博、钟旻、曾薇、黄成及县四家班子其他领导出席启动仪式。出席活动的领导，县直各单位、企事业团体代表等2000多人，从渡江广场出发健步走到猴场会议陈列馆，总长16公里。

18日　“碧桂园·瓮安首府”实景示范区开放。展示奢华钻石墅、双拼花园美墅、精装电梯洋房等样板房。碧桂园瓮安项目工程总投资23亿元，分瓮安县城区体育馆东侧和瓮安县南部清涟湖东面两个地块建设，总占地面积为464.3亩，属高品质住宅及商业区。“碧桂园·瓮安首府”位于县城区体育馆东侧，是瓮安县城市规划的未来核心区域，总占地面积约为88.25亩。

是日　大唐贵州发电有限公司机关党委50余人到瓮安猴场会议会址开展党日主题活动。

是日　中央电视台大型文献纪录片《长征》摄制组到瓮安取景拍摄。摄制组到猴场会议会址和红军抢渡乌江战斗遗址等地，探寻红军在瓮安的历史足迹。大型文献电视纪录片《长征》，由中宣部、广电总局联合指导，中央电视台负责摄制，共8集，每集50分钟，拍摄时间2月。

19日　在人民广场举行2016年安全生产月咨询日暨老年廉政文化下乡活动，县公安消防大队、供电局、市场监管局等部门，通过设立咨询台、摆放宣传展板、发放宣传资料，邀请县老年大学进行安全文化文艺会演等方式开展安全生产宣传。副县长曾明康参加活动。

20日　举办“牢记党的宗旨·讴歌幸福黔南·建设五个瓮安”歌唱大赛，纪念中国共产党成立95周年，庆祝黔南布依族苗族自治州建州60周年。全县各系统、各部门的19支参赛队伍演唱了《好花红》《团结就是力量》《歌唱祖国》《迎风飘扬的旗》《走向复兴》《共筑中国梦》等歌曲。教育系统代表队摘得桂冠，水利、林业系统与党群、政府系统获得二等奖，瓮安职中、瓮安中学、瓮安二中获得三等奖。县领导潘玉华、陈博、钟旻、吴雪嫩、阮顺坤、罗惠平、刘奉贤、张远军、夏吉友、姚明凤、杨昌勇、郑毅、余江出席活动。出席活动的县领导为获奖代表队颁奖。

21日　国务院参事、农业部农村经济研究中心研究员刘志仁率调研组到瓮安调研化肥行业去产能及新型肥料使用现状，省政府参事瞿丽雅，州工信委总工程师姜雷，县政府副县长曾明康、姚明凤陪同调研或参加座谈。刘志仁一行到金正大诺泰尔化学有限公司，实地参观了展厅、厂房及中央控制室，详细了解公司建设、生产、经营及生产工艺等方面的情况。

22日　省委副秘书长、办公厅主任李刚一行赴瓮安调研生态文明建设工作。州委常务副秘书长、州委办公室主任罗丕，县领导黄桂林、陈博、钟旻及县领导曾明康、姚明凤陪同调研或参加座谈。调研组到平定营镇三合村瓮安西门河流域上游详细了解西门河流域治理情况和当地居民生产生活状况。随后到清涟湖湿地公园，龙坑公园、贵州瓮安颐高电商馆、贵州芭田、草塘“十二塘”等地调研瓮安县生态文明建设工作。详细了解瓮安生态文明建设的投入成本、运行成本、生态效益，企业生产工艺、三废处理、环保装置、市场状况以及瓮安在促进就业创业、增加失地农民经济收入等方面的情况。

22日　开展以“无毒青春·健康生活”为主题的禁毒日宣传活动和走访活动。黔南州社科联秘书长杨胜雁，县委常委、政法委书记、公安局局长黄成参加宣传走访活动。

23日　举办“文旅大融合”专题讲座，深化“两学一做”学习教育，贵州大学旅游与文化产业学院院长、旅游经济研究中心主任、智慧旅游研究所所长李锦宏受邀作《全域旅游理念与文旅融合创新》的专题讲座。县领导潘玉华、陈博、钟旻、曾薇、王华、吴雪嫩，县人武部政委阮顺坤及县四家班子其他领导到场聆听讲座。

24日　2016瓮安县“迎州庆”职工篮球比赛在热烈欢快的氛围中拉开帷幕。瓮安县人大常委会主任潘玉华，县委常委张宗良、曾薇、孟先锋、黄成、吴雪嫩及“县四家班子”其他领导出席开幕式。

是日　省工商行政管理局到瓮安开展“两学一做”学习教育正反面典型教育主题活动。省工商行政管理局局长王彬，县委常委、副县长吴雪嫩以及省工商行政管理局全体党员干部参加活动。王彬一行到“瓮安事件”警示教育基地、猴场会议纪念馆、猴场会议会址开展教育活动。

是日　省旅发委到猴场会议会址开展“两学一做”学习教育，省旅发委副主任郑旭，县政府副县长、县旅发委主任夏吉友以及省旅发委、县旅发委党员干部共同参加学习教育。学习教育中，省旅发委和县旅发委的党员干部在猴场会议会址重温了入党誓词、到草塘千年古邑旅游区实地参观。

是日 县召开全县社区服刑人员集中警示教育大会。县委常委、副县长韩小忠，县政协副主席王建军出席会议。

25日 由州委党建办、州委党校主办的“两学一做”学习教育基层党务骨干培训活动在州委党校举行，龙增刚先进事迹报告团受邀为全州13县（市、区）的100余名基层党务骨干作宣讲报告。

27日 举办主题为“忠诚可靠、为民服务、勤政务实、敢于担当、清正廉洁”的“两学一做”演讲比赛。县领导黄桂林、潘玉华、曾薇、王华（纪委）、孟先锋、屈芳、黄成观看比赛。

是日 县委副书记、县长黄桂林主持召开县委中心学习组2016年第二次集中学习暨“两学一做”学习教育专题研讨会。县领导潘玉华、陈博、钟旻、曾薇、王华（纪委）、孟先锋、屈芳、韩小忠、黄成、唐邦水以及县四家班子其他领导参加学习讨论。

28日 由贵州师范大学附属中学校长王丽萍带队的评估专家组对瓮安二中申创省级示范性普通高中进行第二次评估。州人大常委会原副主任王圣强，县领导黄桂林、钟旻、张远军、夏吉友、郑毅参加汇报会。专家组将对瓮安二中办学方向、学校管理、教学质量、办学条件和申示特色五个A级指标，52个C级指标进行逐项的考察。

是日 瓮安县领导干部保密专题研修班在南京大学国家保密学院开班。县委保密委成员单位、全县重点涉密单位以及各乡镇（街道）主要负责同志和部分保密专、兼职干部共53人参加培训。培训班学习内容主要有大数据与保密管理、涉密信息界定与保密信息公开审查、网络环境下保密与反情报、信息安全与保密相关法规、计算机系统及其网络保密的防范、泄密途径与保密制度建设。

29日 召开基本农田划定和土地利用总体规划调整完善工作会议，县委常委、副县长韩小忠，县政协副主席郑毅参加会议。会议传达了《黔南州国土资源局关于基本农田划定和土地利用总体规划调整完善工作的指导性意见》《黔南州国土资源局关于报送“两减一增”报告及有关支撑材料的通知》，并就相关工作进行安排部署。

是日 召开纪念建党95周年暨“七一”表彰大会。县领导黄桂林、潘玉华、陈博、张宗良、曾薇、王华（纪委）、孟先锋、屈芳、韩小忠、黄成、吴雪嫩、贾青鸿及四家班子其他领导参加会议。

7月

1日 举行“美丽乡村·记住乡愁”旅游宣传活动暨“千年古邑·红色瓮安欢迎你·我是文明小导游”风采大赛。县领导曾薇、夏吉友到场指导。

4日 召开2016年卫生计生工作半年形势分析会，总结前期卫生计生工作进展情况，研究全县卫生计生发展形势，安排部署下步工作。县领导黄桂林、钟旻、张远军、夏吉友参加会议。

6日 瓮安县与黔南州同步进行2016年第三批重大项目集中开工，项目涉及房地产、高效农业产业和基础设施建设。第三批集中开工项目3个，总投资8.94亿元。其中，绿城公园王府建设项目4亿元，建中镇高效农业园区茶旅一体化建设项目3.94亿元，河道治理及沿河景观打造项目二期工程1亿元。县领导黄桂林、张宗良、韩小忠、王建军参加开工仪式。

7日 由省编委办主任刘朝容带队的调研组到瓮安调研乡镇行政管理体制改革、相对集中行政许可权改革试点工作情况。州编委办主任朱劲松，县领导黄桂林、钟旻、张宗良、屈芳陪同调研或参加座谈。调研组在猴场镇实地调研了瓮安小城镇建设情况和乡镇综合城市执法平台建设情况，了解乡镇行政管理体制改革工作取得的社会成效以及工作中遇到的困难和问题。到县政务服务中心调研相对集中行政许可试点工作筹备情况，了解了项目审批情况和行政审批模式。黄桂林向调研组介绍了瓮安县相对集中行政许可权和乡镇行政管理体制改革试点工作情况。刘朝容肯定了瓮安县相对集中行政许可权改革、乡镇行政管理体制改革等工作所取得的成绩，并对下一步工作提出要求。

是日 省人社厅劳动监察局局长代建伟率队到瓮安，对涉嫌拒不支付劳动报酬犯罪案件移送和查处工作进行检查。县委常委，副县长韩小忠参加座谈会。韩小忠向检查组介绍了瓮安县关于打击涉嫌拒不支付劳动报酬犯罪案件移送和查处情况。

▲ 县人大常委会组织省、州、县人大代表到岚关乡和建中镇，对茶产业和生态旅游融合发展规划、实施情况进行视察调研。县领导潘玉华、罗惠平、郭豫、李丰祥、金正祥、张远军、姚明凤，州人大常委会法制委副主任委员龙木义参加视察或出席座谈会。座谈会上，各级人大代表结合视察调研纷纷发言，对瓮安推进茶旅一体化发展建言献策。

8日 文化部党组书记、部长雒树刚一行到瓮安调研。文化部党组成员、部长助理于群，国家文物局副局长顾玉才随同调研。省委常委、宣传部部长张广智，省文化厅厅长徐静，州委书记龙长春，州委副书记、州长向红琼以及省文化厅副厅长王红光、副州长胡晓剑，州政协副主席、州委秘书长瓦标龙等陪同调研。

文化部一行在猴场会议会址、毛泽东行居、红军干部团休养连旧址、猴场镇综合文化站、红军强渡乌江战斗遗址等地实地调研。雒树刚强调，瓮安红色文化资源丰富，文化价值大，要认真佐证相关，尽最大努力还原历史真相。要加强对红色文化的保护，一些保存较好还处于县级保护的文物单位，要尽快升级为国家级保护。文物修缮与保护、开发与利用方面要加大投入，更好的传承红色文化、弘扬长征精神，惠及当地百姓，全面提升地方文化“软实力”，促进革命老区发展。陪同调研的还有省、州有关部门负责人，县领导黄桂林、潘玉华、陈博以及县四家班子其他领导。

是日 召开乡镇党委换届和党代表选举工作培训会，安排部署相关工作。县政协副主席、县换届领导小组副组长喻松参加会议。会议传达学习了中央、省委、州委关于县乡换届选举工作有关精神，并观看了警示教育短片《镜鉴》。

▲ 县召开公务用车制度改革工作会，贯彻落实公务用车制度改革政策，推进公务用车制度改革。县委副书记、县长黄桂林，县委常委、常务副县长张宗良参加会议。会议传达了《黔南州公务用车制度改革领导小组关于瓮安县公务用车制度改革实施方案的批复》，通报了全县公务用车制度改革工作开展情况。此次公务用车制度改革涉及全县71个行政单位，涉及人员核定编制2025人，行政公务用车共计471辆。

12—13日 中国文联文艺研修院常务副院长傅亦轩带领的“永远的长征”贵州创作组到瓮安开展实地创作采风活动。省文联副主席、省剧协主席汪信山及州、县文联相关负责人参加活动。创作组先后到瓮安经济开发区、草塘千年古邑区、红军突破乌江战斗遗址、桐梓坡农会旧址等地，进行实地创作采风。

12日 县召开全县脱贫攻坚工作会议。县领导黄桂林、张宗良、王华、李丰祥、姚明凤、符合参加会议。黄桂林对脱贫攻坚工作进行安排部署。会议学习了《贵州省脱贫攻坚年问责暂行办法》《从丹寨县入户摸底调查看全省精准扶贫》调研报告。

13日 县国动委开展2016年联训联演活动。县委副书记、县长黄桂林，县委常委、常务副县长张宗良，县人武部政委阮顺坤参加动员筹划会，并观看演练。

14—15日 中央电视台记者到瓮安开展采访活动，采访组在强渡乌江战斗遗址、猴场会议会址等地进行实地采访。

14日 州委书记龙长春到建中镇调研道路施工、茶旅一体化等项目建设进展情况。县政府副县长杨昌勇陪同调研。龙长春一行到道路施工、茶旅一体化项目建设施工现场，详细了解项目建设进度以及项目建设过程中存在的困难和问题。

15—16日 由省地方志办公室主任田洪带领的调研组到瓮安调研地方志和档案工作。县委副书记钟旻陪同调研。州县史志办和档案局相关负责人汇报相关工作开展情况。

15日 召开第三次天主教代表大会。县委常委、宣传部部长、统战部部长曾薇出席会议。会议总结了瓮安县天主教七年来的工作，并选举新一届领导班子，共商瓮安县天主教未来发展情况。

15日 中央组织部组织二局局长石军一行莅临雍阳街道河滨社区开展“两学一做”工作

调研，县委副书记、县长黄桂林，县委副书记钟旻，县委常委、组织部长屈芳等县领导陪同调研。河滨社区以“两学一做”学习教育为契机，搭建“2113”服务平台，构建“便、安、富、乐”四民社区，推动基层党组织建设，提升居民幸福指数，构建和谐社会，调研组一行对河滨社区做法给予充分肯定，并就“两学一做”下步工作作出指示。

17日 州委常委、县委书记张文强到建中镇调研茶旅一体化项目建设情况。县领导钟旻、黄成陪同调研。在茶旅一体化项目施工现场，详细了解项目施工进度、施工细节以及施工中存在的困难和问题，听取项目建设有关情况汇报。

18日 瓮安县2016年“迎州庆”职工篮球赛在全民健身活动中心落下帷幕。此次比赛为期24天，来自机关部门、乡镇、企业的55支男队，29支女队参加比赛。县公安局男子代表队、瓮安中学女子代表队、永和镇男子代表队、中坪镇女子代表队、贵州省瓮安县瓮福黄磷有限公司男子代表队、贵州中交贵瓮高速有限公司女子代表队分别获得所在组别的第一名。县领导曾薇、金正祥出席闭幕式，并为获奖的代表队颁奖。

19日 平定营生态旅游文化活动暨第一届春晖艺术节在平定营镇三合村举行，全县各地的书画家、艺术爱好者汇聚一堂，用歌声和书画庆祝属于瓮安本土的艺术节。

是日 召开落实民贸民品优惠政策推进会，回顾总结全县民贸民品优惠政策落实情况，对相关政策及工作流程进行讲解，安排部署下步工作。副县长杨昌勇出席会议。

▲ “一带一路”投资基金董事李天意带领考察组到瓮安考察旅游投资环境。县领导黄桂林、张宗良、陈廷高参加考察座谈。

20日 贵州省汽车客运站安全标准化示范点（二级）创建验收会上瓮安县汽车客运站（二级）安全标准化示范点创建工作验收通过。省道路运输局副局长罗卫华，省交通运输厅、黔南州、遵义市、黔东南州等相关专家参加验收。瓮安县汽车站作为全省（二级）客运站中唯一一家（二级）安全标准化示范点，验收会上，省道路运输管理局城乡客运管理科就安全标准化示范点创建情况做了介绍。专家组深入车站的售票厅、进出站口、驾驶员休息室等地进行实地考核并通过验收。

21日 省交通厅党委副书记、机关党委书记李程率队到瓮安，对“文明在行动·满意在贵州”活动暨“多彩贵州文明行动”整脏治乱专项行动进行督促检查。州交通运输局党委委员、副局长、邮政管理局局长彭江，县委副书记钟旻，县政协副主席喻松陪同检查。

22日 北京电影学院党委书记侯光明一行到猴场镇大金星村开展实训基地签约及党建授牌活动。州文联副主席兼秘书长、州作协主席孟学祥，县政府副县长夏吉友参加活动。北京电影学院摄影学院与猴场镇大金星村签订教学实践创作基地协议，北京电影学院党支部为猴场镇大金星村党支部授牌，共建“手拉手”党支部。

24日 贵州瓮安颐高电商馆正式开馆，标志着瓮安从传统销售模式向网络销售转型迈出了新的步伐。州委常委、县委书记张文强，颐高集团董事长翁南道，科技部专家、中国电子商务基地联盟秘书长邵明，中国电子商务协会副会长卢建新，中国电子商务产业园联盟主席张铁柱，县委副书记、县长黄桂林，省农村综合经济信息中心副主任袁琳，州供销社主任周英明，县人大主任潘玉华，县政协主席陈博，州商务和粮食局副局长王泽华，州科技局副局长李室权，县委副书记钟旻以及县四家班子其他领导参加启动仪式。钟旻主持开馆仪式。张文强、翁南道、邵明、卢建新、张铁柱、黄桂林等领导和贵州麒龙置业有限公司、颐高集团负责人共同为贵州瓮安颐高电商馆启动开馆拉杆，为贵州瓮安颐高电商馆开馆。州供销社主任周英明及县领导潘玉华、陈博、曾明康分别为贵州瓮安颐高电商馆授牌，颐高电商馆正式成为“瓮安县农村经济组织培训中心”“瓮安县中等职业学校电子商务专业实习基地”“瓮安县双创示范基地”“瓮安县青年电商创业孵化基地”。翁南道、邵明、张铁柱分别就《电商发展与县域经济》《打造中国电商根据地——谈县域电商发展》《创业改变未来》发表主题演讲。参会的成功企业家和行业协会围绕《新产业 新媒体 新思路——县域电商的新未来》为主题，就有关问题进行现场解答，并发表意见。

贵州瓮安颐高电商馆是贵州瓮安国际电子商务产业园的重要组成部分，总面积5000平方米，主要涵盖电子商务体验展示中心、颐居草塘、瓮安旅游服务与城市资源展示中心、众创空间四大板块，共设立了企业展示、媒体文化展示、大学生实践基地、创业培训基地等9大功能区块，致力于打造贵州地区首个集特色产业、电子商务、商贸物流、农村电商、众创空间为一体的大型O2O产业园区，是瓮安城市电子商务产业规划、旅游展示中心，城市居民新生活时尚中心和一站式城市文化体验中心。

26日 2016中国·瓮安“雍江商城杯”国际男篮巅峰争霸赛在瓮安县全民健身中心隆重开幕。省体育局群众体育处处长朱宝林，县领导黄桂林、钟旻、曾薇、王华、屈芳、阮顺坤、吴雪嫩、唐邦水及县四家班子其他领导参加开幕式。此次比赛由国家体育总局、中国篮球协会主办，瓮安县人民政府承办，是2016国际男篮巅峰争霸赛的第一站。来自意大利、立陶宛、美国、中国的运动员参赛。乐视体育将在乐视网全程直播中国国奥男篮参加的3场比赛，腾讯、新浪、搜狐、网易、虎扑网以及20余家中央驻黔、省州主流媒体对本次四国赛进行报道。

是日 贵州银行瓮安支行开业。县领导黄桂林、潘玉华，钟旻、张宗良、吴雪嫩、金正祥，贵州银行总行营销总监兼黔南分行行长王向东，州金融办副主任徐明干，中国人民银行黔南州支行副行长张开宇出席开业仪式。黄桂林与王向东共同为贵州银行瓮安支行揭牌。出席开业仪式的领导共同为贵州银行瓮安支行开业启动水晶球。贵州银行瓮安支行位于瓮安县会展中心对面。贵州银行是省委、省政府决策成立，以遵义市商业银行、六盘水市商业银行、安顺市商业银行为基础合并重组，按照现代企业制度设立的省级地方法人金融机构，是贵州省委、省政府直接领导下的国有大型企业。2012年10月11日正式挂牌开业，注册地、总部设在贵州省贵阳市。

是日 召开“千年古邑·红色瓮安”旅游推介会。县政府副县长、县旅发委主任夏吉友，全县各景区、酒店以及省内90多家旅行社参加推介会。夏吉友介绍瓮安旅游发展和精品旅游线路打造情况。贵州海外畅游天下旅行社、中国旅行社瓮安分社等多家旅行社，就如何更好地展示瓮安红色旅游资源，优化旅游路线等进行交流。贵州海外畅游天下旅行社与瓮安县旅发委签订战略合作协议。推介会后，受邀参加旅游推介会多家旅行社到草塘千年古邑旅游区等景区，实地了解瓮安旅游景区景点建设以及旅游线路等情况。

28日 2016中国·瓮安“雍江商城杯”国际男篮巅峰争霸赛顺利完成各项赛程，在瓮安县全民中心篮球馆圆满闭幕。国家体育总局篮球运动管理中心竞赛部负责人肖红安，省体育局群众体育处处长朱宝林，县领导黄桂林、钟旻、张宗良、曾薇、阮顺坤及县四家班子其他领导、冠名单位、协助单位有关负责人出席闭幕式。立陶宛队获得此次篮球争霸赛的第一名，美国队获得第二名，中国队获第三名，意大利队获得优胜奖。出席闭幕式的领导及嘉宾分别为获奖参赛队颁奖并合影留念。

是日 黔南农信第二期金融精准扶贫特训营闭营典礼在瓮安举行。省联社黔南审计中心党工委副书记、审计中心负责人况丛林，县委常委、常务副县长张宗良，省联社驻黔南党工委委员、黔南审计中心副主任潘荣熙出席闭营典礼。黔南州12家农信社负责人，部分县直部门、村支两委、企业、农户代表，各行社优秀青年干部，审计中心部门负责人及特训营学员共计200余人参加了闭营典礼。

是日 瓮安县城市管理综合行政执法局举行揭牌仪式。县委常委、副县长韩小忠，县政协副主席喻松出席仪式并揭牌。县委宣传部、县编委办、县委组织部、县住建局等职能部门有关领导及部分乡镇主要负责人参加揭牌仪式。经县人民政府批准，设立瓮安县城市管理综合执法局，挂瓮安县城市管理局牌子，为县政府工作部门。

是日 参加2016中国·瓮安“雍江商城杯”国际男篮巅峰争霸赛的中国国奥队队员到猴场会议纪念馆参观，了解瓮安红色文化，接受爱国主义教育。

29日 召开庆祝建军节89周年座谈会。县领导阮顺坤、张远军、杨昌勇、王华（政协）出席座谈会。

31日 举行2016年保障性住房分配抽签仪式。分配保障性住房位于小春湾旁，共272套，单套建筑面积50平方米左右。

是日 2016青春少年联欢会瓮安赛区选拔赛在文化馆举行。全县25名小选手参与选拔。2016“青春少年联欢晚会”由星空影视主办，湖南国际频道、金鹰卡通卫视、芒果TV等协办播出，是一档整合多方优势资源重磅推出的青少年电视综艺节目。

8月

1日 经瓮安县直机关工委批准，中共瓮安县胜土水库项目临时党支部正式成立，这是瓮安县在工程项目点成立临时党支部的第一家。

是日 州委常委、县委书记张文强率队调研全县骨干路网规划建设情况，县领导韩小忠、张远军、杨昌勇陪同调研。调研组先后到永和镇、银盏镇对全县骨干路网规划建设进行实地调研，查看了环东路和C2路建设进度，并听取了情况汇报，详细了解路网规划建设中的困难和问题，并就问题和困难进行现场研究和探讨。

2日 省国土资源厅副厅长郭强率队到瓮安督查国土资源工作。州国土资源局长刘晓勇，县领导黄桂林、韩小忠陪同督查。督查组先后到珠藏镇、玉山镇、银盏镇，实地查看珠藏镇对香坪易地扶贫搬迁复垦实施情况，玉山镇龙蟠村土地整治项目情况，银盏镇玉华村地质灾害隐患点安置情况。

3日 省安全监管局纪检组长廖永涛带领省安委办安全生产督查组到瓮安督查指导汛期安全生产工作。州安全监管局局长王泉松，副县长曾明康陪同督查。

是日 苏州工业园区映山红助学联合会会长金斌带领园区中新集团股份有限公司的爱心人士到瓮安开展捐资助学活动。助学活动中向珠藏小学捐赠了价值4.9万的100套床上生活用品，向木引槽中学捐赠价值6万元的图书及生活用品。

是日 召开全县农村土地确权、经营权流转管理暨农村“三变”改革工作推进会，对全县农村土地确权登记颁证、土地流转管理试点暨农村“三变”改革工作进行再动员、再部署。县领导黄桂林、钟旻、李丰祥、姚明凤参加会议。

是日 召开全县城供水阶梯水价听证会。县政府相关部门负责人、人大代表、政协委员、专家学者、社区负责人、消费者代表及自来水经营者参加听证会。

4日 2016年全省烟叶专业化采烤现场推进会在瓮安召开。省烟草专卖局（公司）副总经理沈宏，州烟草专卖局局长杨秀祥，县委副书记钟旻参加会议并致辞。县烟草专卖局、遵义市烟草专卖局、黔西南州烟草专卖局的相关负责人就2016年烟叶专业化采烤工作推进情况作了经验交流发言。与会人员到乌江烟叶烘烤工场半托专业化烘烤现场和金龙井烟叶烘烤工场采烤一体化烘烤现场进行实地参观。沈宏肯定瓮安在烟叶专业化烘烤工作中做出的努力，并对烟叶专业化采烤作了要求。

是日 召开2016年上半年经济社会发展情况通报会，向离退休老干部征求促进瓮安经济社会发展的意见和建议。县委常委、常务副县长张宗良参加会议。

是日 “母亲健康快车”超早期宫颈癌筛查公益项目启动仪式在瓮安县中医院举行。标志着中国妇女发展基金会“母亲健康快车”超早期宫颈癌筛查公益项目正式落户瓮安，成为黔南州首个项目实施单位。中国妇女发展基金会妇幼服务能力建设项目办主任匡建铭，副县长夏吉友出席启动仪式。中国妇女发展基金会向县中医院捐赠了超早期宫颈癌筛查项目、妇科疾病无创ATP治疗项目、导乐分娩关爱服务项目资金及设备，总价值200多万元。中国妇女发展基金会还把瓮安县中医院指定为中国妇女发展基金会女性健康公益联盟医院，并为县中医院授牌。

中国妇女发展基金会“母亲健康快车”超早期宫颈癌筛查项目利用细胞DNA倍体定量分析技术，对宫颈癌及癌前病变进行诊断，比常规细胞学检查，比现有宫颈癌筛查方式提前3至5年发现宫颈癌及癌前病变情况，检出率达95%以上。

5日 瓮水街道在中心社区举行“和谐瓮水·幸福社区”群众文化活动启动仪式。县关工委、县委组织部、县文化和旅游局、县老年大学等县直部门主要负责人参加启动仪式。县直部门和瓮水街道办事处相关负责人为20名留守儿童发放了爱心书包。瓮水街道在中心社区开设老年人日间照料中心、留守（困境）儿童关爱中心、文化活动中心等活动场所，包括视频通话室、妇女之家、书报刊阅览室、舞蹈室、书画室、棋牌室等活动室，开放时间为每周一至周日上午8：50～11：50；下午14：50～17：00。

5日　经济开发区组织园区企业开展以“守护生命”为主题的安全知识竞赛活动，瓮福磷矿、金正大、芭田等8家企业的代表参加比赛。

6日　黔南州布依苗族自治州成立60周年名特优商品展销会在州体育场开展。瓮安县组织22家企业参展。

7日　香港铜锣湾集团董事局主席陈智一行到瓮安考察。州县领导张文强、陈博、韩小忠、曾明康陪同考察。陈智一行先后到猴场镇和草塘千年古邑区实地参观了猴场会议会址及古邑区建设，了解瓮安历史文化和旅游资源。在诺贝尔金正大化学有限公司、清莲湖湿地公园，了解城市规划、产业发展等经济社会发展情况。

8日　举办庆祝建州60周年书、画、影展暨瓮安歌曲大家唱活动，以多元化文艺形式，喜庆黔南布依苗族自治州建州60周年。县领导唐邦水、张远军、余江参加活动。

9日　庆祝全国第九个全民健身日暨“贵州动起来”2016年“迎州庆”篮球比赛圆满落幕。麒龙摩尔城、老公社火锅、古镇饭庄代表队分别获得男子甲、乙、丙组第一名，瓮安中学代表队获女子组第一名。

11日　贵阳市花溪区委常委、副区长赵代刚率考察团到瓮安考察城乡建设用地增减挂钩工作。县领导张宗良、韩小忠陪同考察。

是日　瓮马铁路建设推进会在瓮安县召开。州人大常委会副主任、州铁路建设领导小组组长逄焕华，福泉市委常委、常务副市长郑绍峰，瓮安县委常委、常务副县长张宗良以及瓮安、福泉两县市四家班子其他领导出席会议。瓮安、福泉两县市分别介绍了各自境内的瓮马铁路建设工作开展情况，以及在工作中遇到的问题和困难。瓮安、福泉两县市及设计、施工单位也分别作了表态发言。

瓮马铁路是经省政府批准建设的，位于福泉和瓮安境内，西邻川黔铁路、南邻沪昆铁路，经过福泉市、龙昌镇、牛场镇、平定营镇，北止于瓮安县经济开发区银盏工业园区。项目线路全长72.595公里，估算投资50.42亿元，已于2015年9月开工，建设工期为3.5年。

12日　省旅发委副主任汪文学带领涉旅安全联合检查组来到瓮安检查指导旅游安全工作。检查组到草塘千年古邑区游客接待中心、猴场会议会址纪念馆等实地检查。

13日　州委常委、县委书记张文强主持召开会议，专题研究草塘千年古邑“十二塘”旅游区旅游总体规划设计方案。县领导黄桂林、潘玉华、陈博、钟旻、张宗良、曾薇、王华、韩小忠以及县四家班子其他领导参加会议。会议听取了草塘千年古邑“十二塘”旅游区旅游发展总体规划、马露塘景观设计以及樱花山汉唐文化景区规划与建设设计方案的汇报。张文强对景区规划建设作了具体要求，与会人员就旅游区的总体定位、文化特色、项目建设、营销战略、内涵挖掘、产品开发和效益分析等内容进行了商讨。

15日　第五届中国创新创业大赛贵州赛区（复赛）暨首届中国（瓮安）创新创业大赛在瓮安安青创业社拉开帷幕，全省各县市的20支参赛队伍参加比赛。

大赛由省科技厅（省知识产权局）主办，贵安新区管委会、贵阳国家高新区管委会协办，贵州省生产力促进中心、州科技产权局、县人民政府、贵州众创联盟、贵安新区大学城管委会、贵阳高新区创业服务中心、安青创业社具体承办。5月25日开始报名以来，有250支队伍参加贵州赛区的比赛，参赛队伍涉及互联网与移动互联网、生物医药、新能源及节能环保、电子信息、文化创意、先进制造、新材料等六大行业。经初评90家企业和30个团队进入复赛。

16日　全省户籍制度改革工作现场推进会观摩团到瓮安观摩。省政府副秘书长周乐职，州委常委、县委书记张文强，县委副书记、县长黄桂林，县委常委、副县长韩小忠及全省各州县市相关领导参加观摩。观摩团先后到瓮安县瓮水街道茅坡村改居示范点，瓮安县摩尔城高速路城北回迁安置点、猴场镇木瓜河移民安置点和猴场镇派出所户改示范点，详细了解瓮安县户籍制度改革工作推进情况。观摩团对瓮安户籍制度改革工作的做法和取得的成绩表示肯定。

17日 “贵州动起来——体育彩票杯”2016年贵州省青少年（儿童）游泳锦标赛在瓮安开幕。省游泳运动管理中心党委书记李献仁，省体育局竞技体育处副处长赵力，省游泳运动管理中心副主任王玉萍，州体育局副局长徐文，县政府副县长夏吉友，县政协副主席郑毅出席开幕式。此次赛事有来自贵阳、铜仁、遵义、毕节、六盘水、黔东南、黔西南、黔南共8支代表队的235名游泳健儿参赛，比赛时间为4天。比赛项目有50米和100米蛙泳、仰泳、蝶泳、自由泳，200米混合泳，400米自由泳等。

是日 “贵州动起来——体育彩票杯”2016年贵州省青少年（儿童）游泳锦标赛在瓮安精彩开赛。比赛首日共进行了男子甲组50米仰泳、女子甲组50米仰泳、男子丙组50米蝶泳、女子丙组50米蝶泳、男子乙组100米蛙泳、男子乙组200米个人混合泳、女子乙组400米自由泳等13个项目的决赛。其中，贵阳市代表队收获冠亚季军共21个名次，黔南代表队收获冠亚季军共6个名次。省游泳运动管理中心党委书记李献仁，州体育局副局长徐文，县政协副主席郑毅出席颁奖仪式并为13个项目的获奖选手颁奖。

是日 云南省国土资源厅副厅长李连举率调研组到瓮安开展增减挂钩等用地政策支持易地扶贫工作调研。县政协副主席郑毅陪同调研。李连举一行先后到猴场镇和银盏镇，实地察看了木瓜河安置点和瓮安2015年农业转移人口市民化安置点的建设管理和入住情况。座谈会上，李连举对瓮安增减挂钩等用地政策支持易地扶贫工作开展情况给予了充分的肯定。双方就如何开展增减挂钩等用地政策支持易地扶贫工作进行了交流发言。

是日 州委常委、县委书记张文强到建中镇调研茶旅一体化项目推进情况，县领导钟旻、李丰祥、夏吉友陪同调研。调研中，张文强对相关部门及施工方提出工作要求。

19日 召开推广省电子政务网培训会，各乡镇、政府各部门办公室负责人与网站系统操作员参加会议。省电子商务处工程师刘飞就门户系统及管理操作方法、省安全移动政务平台、公文处理系统操作方法、电子政务网系统、设备安装及操作方法对参会人员进行了介绍和培训。

是日 县总工会召开第八届委员会第十一次会议，县人大常务委员会副主任、县总工会主席金正祥出席会议。会议表决通过了邱兴兰辞去瓮安县总工会第八届委员会副主席、常务委员、委员职务，补选县总工会第八届委员会委员、常务委员及副主席；补选出席黔南州总工会第十一次代表大会代表。新当选的县总工会副主席石毅同志作表态性发言。

20日 “贵州动起来——体育彩票杯”2016年贵州省青少年（儿童）游泳锦标赛在瓮安圆满闭幕。省游泳运动管理中心党委书记李献仁，省游泳运动管理中心副主任王玉萍，州体育局纪检组长黄承瑞，县政府副县长夏吉友出席闭幕式。闭幕式对本次比赛团体总分前三名以及本次比赛体育道德风尚奖获得者颁奖。贵阳代表队、毕节代表队、黔南代表队分获团体总分前三名。

21日 中共瓮安县十一届八次全体会议在行政新区会议中心4号会议室召开。出席全会的有县委委员33名。州县领导张文强、黄桂林、潘玉华、陈博、钟旻、曾薇、屈芳、韩小忠、黄成、阮顺坤、吴雪嫩、唐邦水出席会议并主席台就座。县纪委委员，不是县委委员、候补委员、县纪委委员的县级领导；县政府党组成员；各乡镇（街道）党政主要领导；党群部门、县人大各委室、县政协各委室、武装、驻军、政府系列、垂管部门主要负责人；部分学校、医院负责人列席会议。省、州党代表，部分县党代表特邀参加会议。黄桂林主持会议。会上，张文强代表县委常委会向全会作工作报告。报告回顾了县委十一届六次全会以来的工作，分析当前面临的形势，并安排部署了今后一段时期的工作。

22日 县委副书记、县长黄桂林到贵州股权金融资产交易中心有限公司瓮安分中心、瓮安贵股互联网金融服务有限责任公司调研。县领导张宗良、陈廷高参加调研。黄桂林详细了解了公司机构组建、产品类型、平台运行、客服群体、信息安全等方面的情况。

23日 由省广电传媒集团党委委员、纪委书记宋霖带队的考察组一行到瓮安，考察洽谈瓮安物资供应有限公司非公开发行公司债项目和县人民医院融资项目。县领导黄桂林、夏吉友、陈廷高参加洽谈。考察组详细了解了县人民医院经营状况和发展规划情况以及县国资公司资金保障措施等融资项目的具体情况。

24日 县委副书记、县长黄桂林到中坪镇、天文镇等地烟叶收购点实地调研烤烟收购情况。

是日 召开2016青少年及各类人才成才奖表彰大会。州县领导张文强、潘玉华、陈博、钟旻、张宗良、张远军、夏吉友、郑毅参加表彰大会。2016年，瓮安中考平均分470.73分，名列全州第一；高考二本及以上上线人数突破2213人，居全州之首。在省九运会、州四运会上有54名青少年勇夺冠军，在各类文体艺术比赛、职业技能大赛、各级青少年科技创新大赛中，分别有156人次、50人次、74人次青少年获奖。表彰大会分别对瓮安2016年高考文、理科前十名及一本上线的考生和获得全国、全省、全州技能创新大赛表彰的各类人才1065人次进行表彰，奖金125余万元。2016年高考理科状元作为受表彰代表进行了发言。张文强对受到表彰的青少年及各类人才表示衷心的祝贺，并对下步人才成才工作作了要求。

是日 州委常委、县委书记张文强到县财税系统和花竹山置业集团调研。县委常委、常务副县长张宗良陪同调研。

25日 由绿色中国行组委会秘书长、绿色中国杂志社社长缪宏带队的绿色中国行组委会一行到瓮安考察对接绿色中国行走进美丽瓮安大型系列主题公益活动筹备工作。县领导黄桂林、曾薇、夏吉友、姚明凤参加座谈。

26日 举行2016年“四在农家·美丽乡村”村级文化活动室文化设备发放仪式。县领导曾薇、郑毅参加发放仪式。出席发放仪式上分别为瓮水街道鼓楼社区综合文化服务中心、平定营镇细沙村综合文化服务中心授牌并发放了液晶电视、便携式音响、大鼓、腰鼓、锣鼓、舞狮、二胡等各种文化设备器材。

是日 县总工会举行“金秋助学”金发放仪式。县总工会安排专项资金18.4万元，按每人2000元的标准，为92名困难职工、困难农民工的子女发放救助资金。

28日 以中国曲协副主席崔凯为团长的中国文联老艺术家采风团一行到瓮安采风调研。省文联办公室主任张荣斌，县委常委、宣传部部长、统战部部长曾薇参加活动。采风团参观了猴场会议会址、草塘千年古邑区，实地感受瓮安红色文化和地方传统文化魅力。座谈会上，县文联各协会的基层文艺工作者与中国文联老艺术家们围绕文艺门类、文学创作、文艺评论、文化产业发展、文艺工作者培训等内容，相互探讨和交流。

29日 召开金融精准扶贫工作推进会。县领导吴雪嫩、符合、陈廷高参加会议。

30日 县卫生和计划生育局、县计划生育协会、县人民医院、县中医院联合开展以“竞技练兵·展我风采”为主题的2016年基层卫生岗位练兵和技能竞赛。全县各乡镇（街道）卫生院的65名卫生技术人员参加，比赛采取理念知识考试和技术操作考核相结合的方式进行。

31日 召开2016年度就业及城乡居民养老保险调度会，县委常委、副县长韩小忠参加会议。会议总结2016年1至8月城乡居民社会养老保险目标任务完成情况，分析面临的形势和存在的问题，安排部署了下一步工作。

是日 举行2016年“助力大扶贫·共圆小康梦”助学金发放仪式，县领导吴雪嫩、张远军、郑毅参加活动。按照资助条件，全县有101考取二本以上、家庭贫困学生受助，共发放助学金46.4万元，其中，获春晖助学金的学生33名，每人获一次性助学金4000元，获“国酒茅台·国之栋梁”助学金的学生60名，每人获一次性助学金5000元，获“习酒·我的大学”助学金的学生8名，每人获一次性助学金4000元。

是日 以“弘扬长征精神、彰显英雄文化、熔铸青春梦想”为宗旨的中美大学生联合体验长征之旅走进瓮安，体验瓮安历史、人文和革命老区的发展变化。中国著名作家、中国作家协会副主席叶辛作为嘉宾和主持参加活动。中美大学生在猴场会议纪念馆和古邑区参加了体验活动。

是日 瓮安县龙坑公园市政工程建设第三期（淮海路东段）暨棚户区改造工程项目征收启动会在河滨社区五楼会议室召开。县人大常委会副主任刘奉贤、县国土局征收中心、住建局、拆迁指挥部等领导和龙坑公园拆迁户（26户40人，征收房屋4500平方米）参加会议，各相关负责人分别就县政府关于龙坑公园市政工程建设第三期（淮海路东段）暨棚户区改造工程项目的决定、公告以及征收补偿安置方案、规划设计等作了详细的解读。

9月

1日　坐落于西门河畔的瓮安二中新校区迎来首届1477名高一新生。新校区投资约2.58亿，按省级二类示范性高中的相关标准进行建设。新校区环境优美，教学用房、电教设备、教学仪器等设施设备齐全。县政协副主席郑毅参加瓮安二中开学典礼。

2日　黔南州基层医院康复医学诊疗技术新进展培训会暨江苏省康复医学会对口支援瓮安县人民医院签约授牌仪式举行。江苏省康复医学会与瓮安县人民医院签署合作协议并举行揭牌仪式，启动“两家”新一轮的帮扶合作。县委常委、副县长唐邦水参加签约授牌仪式。

是日　召开瓮安县慈善总会第二届会员代表大会。会议审议并通过了瓮安县慈善总会章程、瓮安县慈善总会资金管理办法、瓮安县慈善总会选举办法；听取瓮安县慈善总会第一届理事会所作的工作报告。选举产生了瓮安县慈善总会第二届理事会理事、常务理事、会长、常务副会长、副会长、秘书长。副县长杨昌勇当选新一届理事会会长。

4日　召开瓮安县第十届村（社区）“两委”换届工作会议，对新一届村（社区）“两委”换届工作进行安排部署，传达学习省、州有关会议精神，并就换届工作纪律提出明确要求。县领导屈芳、杨昌勇、喻松参加会议。县委组织部对第十届村级党组换届工作进行了业务培训。

5日　贵州省监狱系统2016篮球比赛在瓮安激情开赛。贵州省毕节监狱、贵州省海子监狱、贵州省金西监狱、贵州省凯里监狱等全省六个片区监狱单位共组织18支代表队参加，其中男子代表队14支、女子代表队4支，比赛时间持续至9月10日。贵州省监狱管理局党委副书记、政委刘建平出席比赛开幕式并致辞，贵州省监狱管理局工会工委主任王红及县政府副县长夏吉友出席开幕式并观看比赛。

是日　瓮安思源实验学校（瓮安六中）正式投入使用，1100多名学生在新学校开始了新学期的学习生活。瓮安县思源实验学校是2016年县投资5228万元新建成的初级中学，学校集中整合原来银盏学校、玉华中学、鱼河中学、木老坪中学的教学资源和初中阶段适龄学生。

是日　召开瓮马铁路建设推进会，明确目标任务，商讨解决工程建设、征地拆迁、服务保障等一系列问题。县领导金正祥、张远军、杨昌勇、余江及瓮马公司总经理李夏阳参加会议。瓮马铁路项目建设3个标段项目部已全部入驻，施工单位人员及设备已进场。

瓮安至马场坪铁路南与沪昆铁路福泉站连接，经过福泉市、龙昌镇、牛场镇、平定营镇，北止于瓮安县经济开发区银盏工业园区，线路长约73.595公里，设5个车站，为地方货运铁路。项目估算总投资50.4亿元，由贵州铁路投资有限责任公司、中铁二十局集团公司、中交路桥建设有限公司、贵州交建集团等出资修建。该铁路建设是贵州省铁路规划网中开阳永温至瓮安至马场坪铁路的一段，是省委、省政府为瓮（安）福(泉)磷煤电一体化千亿元级循环经济工业园区重点打造的铁路运输通道。

6日　举行2016年瓮安县“统一战线泛海助学行动”助学金发放仪式，向符合受助条件的80名学生发放了助学金银行卡。县委常委、宣传部部长、统战部部长曾薇出席发放仪式并讲话。泛海助学行动是由全国政协常委、中国民间商会副会长、泛海集团董事长卢志强发起的，此次“泛海助学”活动筹集助学金累计40万元，按照每人一次性发放5000元的标准，瓮安县共有考取二本以上院校的80名贫困家庭学生获得资助。

是日　龙里县委副书记、县长陈曦等考察团一行到瓮安考察城乡建设用地增减挂钩及易地扶贫搬迁工作。县领导黄桂林、陈博陪同考察。考察团一行到清莲湖湿地公园、瓮安二中、颐高电商馆、猴场镇木瓜河生态移民安置房等地，了解瓮安县城乡建设用地增减挂钩及易地扶贫搬迁工作开展情况。

是日　县人武部在映山红训练基地召开2016年度新兵适应性训练开训动员大会。对经体检和政治考核双合格的136名优秀青年，开展入伍前适应性训练。县委常委、人武部政委阮顺坤出席动员大会。

是日 位于河西大道旁（原瓮安二中校址）的瓮安县第九中学正式成立，2000多名师生参加瓮安九中成立暨新学期开学典礼活动。瓮安九中是在原瓮安二中校舍及相关基础设施上，追加资金170多万元，对学生宿舍、学生食堂、教师办公室、学校大门通道、学生课桌椅等教育教学设施进行新建和维护而建成的。学校开设教学班35个，有教师101人。新学年迎来首批新生1900余名。县人大常委会副主任张远军出席学校开学典礼。

7日 由省移民局副局长耿杰带队的调研组到瓮安调研易地扶贫搬迁工程项目资金拨付及使用情况，并听取情况介绍，全面了解瓮安2016年易地扶贫搬迁工程项目推进实施、工程项目资金拨付、使用管理情况，以及资金拨付管理存在的困难问题、对策措施和意见建议。

是日 “长征路上奔小康”网络媒体“走转改”大型主题采访活动走进瓮安。来自新华网、人民网、中国网、国际在线、中国日报网、中国青年网、中国经济网、中国台湾网、中国西藏网、光明网、央视网、腾讯、百度、搜狐、网易、新浪等国内50余家网络媒体聚焦瓮安，走进猴场、工业园区聚焦老区巨变。县委副书记、县长黄桂林为媒体记者讲述瓮安嬗变故事。此次“长征路上奔小康”网络媒体“走转改”大型主题采访活动由中央网信办主办，旨在纪念红军长征胜利80周年，深入践行长征精神，弘扬红色传统。县委常委、宣传部部长、统战部部长曾薇参加活动。

8日 苏州工业园区映山红助学联合会代表、贵州宏元富科技有限公司王志刚总经理向天文中学现场捐款万余元。表彰奖励天文中学上一学年为学校发展做出突出贡献的教职员工。县领导张远军参加捐款仪式。

是日 《中国黔菜大典》编撰委员会主编吴茂钊率美食考察专家组到瓮安进行“寻味黔菜”考察宣传活动，寻找瓮安特色美食。考察组一行走进瓮安大街小巷，品尝了瓮安辣鸡粉、豌豆凉粉、酸大肠、血灌粑等特色美食，一一给美食留下美照，详细记录其做法、特征等。此次“寻味黔菜”考察宣传活动是省委、省政府为弘扬黔菜文化，振兴黔菜经济，宣传地方特色美食，吸引更多的省内外游客来黔旅游和感受贵州特色美食的一次大型宣传活动。活动特邀省内外美食专家对地方美食进行评鉴。此次考察的美食待专家评审后将编入《中国黔菜大典》。《中国黔菜大典》分为三卷一志，菜品卷将于2017年6月底出版，《名店卷》《产业卷》将会在年底出版。

▲ 州委常委、县委书记张文强，州政府副州长胡晓剑及州直有关部门领导对瓮安县城市发展战略和总体设计进行指导。县领导黄桂林、潘玉华、陈博、张宗良、韩小忠、喻松参加座谈。与会人员认真听取了瓮安县城市发展战略规划与总体城市设计情况汇报，并围绕城市形象定位、功能布局、空间布局、基础设施建设等内容进行探讨，提出了可行性建议。

9日 召开2016年都匀毛尖（国际）茶人会瓮安茶旅活动推进会。县委副书记、县长黄桂林参加会议并安排部署相关工作。会上，县委常委、宣传部部长、统战部部长曾薇传达了《关于成立迎接黔南州茶人会活动筹备工作领导小组的通知》《2016年都匀毛尖（国际）茶人会瓮安茶旅活动实施方案》，并就相关工作进行安排部署。会议还听取了各工作组工作推进情况汇报。县领导张宗良、李丰祥、曾明康、夏吉友、姚明凤参加会议。

10日 “星火燎原·红耀中国”重走长征路大型主题采访团走进瓮安，采访团到红军强渡乌江现场，并与当地村民、渔民进行交流，了解红军四过瓮安的故事、红军战士抢渡乌江的传奇和老区人民生活的发展变化。

“星火燎原·红耀中国”主题采访活动是由贵州、广西、云南、四川、湖北、陕西等全国8家省级电视媒体联合发起的，采访团从湖北武汉出发，沿红军长征路线，经江西、湖南、广西、贵州、云南、四川，最后到达陕西延安。此次活动无论从规模、参与人数、影响区域、时间空间跨度来说都是全国首创。活动旨在通过这段长征路的行程，用脚步去丈量革命前辈所走过路途，去体验他们所经过的历史，传承他们革命精神，感受革命道路艰辛的同时，用新闻人的角度和视角，重点挖掘红军长征路途中播种下的光辉。

12日 瓮安建中镇果水村发生一起非道路运

输车辆路外事故。一辆轿车在在建公路上行驶时冲下40米高坎，致4人死亡1人受伤。

是日　州委常委、县委书记张文强深入珠藏镇新兴村、江界河镇沿江村调研指导精准扶贫工作。张文强先后来到珠藏镇新兴村、江界河镇沿江村，与镇村干部座谈，详细了解各村贫困人口状况、村集体经济发展、村级精准扶贫规划等情况。听取大家扶贫攻坚的意见和建议，与大家共谋精准扶贫、精准脱贫的方法和路径。在珠藏镇肉兔产业扶贫建设项目点，详细了解该项目建设情况，并就肉兔养殖的产品定位、产业链的形成提出指导性要求。副县长姚明凤参加调研。

13日　2016年贵州省土壤肥料学术研讨暨工作交流会在瓮安召开。会议以“新型肥料与化肥零增长”为主题，与会人员针对全省作物高效施肥、新型肥料研发与应用等热点问题进行了前瞻性的学术研讨和交流。来自贵州大学和贵州省土壤肥料研究所及金正大诺泰尔化学有限公司的相关教授专家分别以《生态农业与化肥施用》《贵州马铃薯钾肥高效施用与代替技术研究进展》《新型肥料在贵州黄壤区化肥减施增效中的应用》《贵州省耕地集约利用时空变化研究》《不同供养条件下火龙果生长及产量响应》《金正大新型肥料及应用效果介绍》《化学肥料减施增效调控途径》为题的作了学术报告。副县长曾明康参加会议。

是日　2016年全省烟叶精准收购管理现场推进会在瓮安召开。贵州省烟草专卖局局长陈卫东参加现场推进会。参会人员到瓮安县烟草分公司天文镇平坝烟叶收购站和猴场镇马场坪烟叶收购站参观标准化、规范化的收购现场，详细了解烟叶从分选、定级、称重、打捆等操作的全过程。会议听取了黔南州精准收购管理经验和各产区烟叶收购销售工作汇报。陈卫东对烟叶收购和安全管理工作作了要求。副县长姚明凤以及全省各市、州、县的烟叶收购负责人参加推进会。

是日　瓮安县第二届秋季房交会暨家居建材、汽车、美食跨界营销交易会在渡江广场开幕。展会共设展位60个、美食大连廊1个、汽车站位4个、参展楼盘共计21个，包括17家房开企业、20家建材企业参展。活动为期6天，期间有大型晚会、美食啤酒节、购房购物免费抽汽车、家电、钻石首饰、数码产品等精彩节目。县人大副主任金正祥、县政协副主席王建军出席活动开幕式。

是日　县人民检察院开展民生资金保护联络员暨犯罪预防志愿者培训活动，100名志愿者和50名联络员共同学习了2016年全州检察机关民生资金保护专项工作考评办法及相关考评指标。

14日　县图书馆、文化馆在县人民广场宣传推广普通话。

是日　星景生态建设投资有限公司、中建四局四公司、中越市政工程有限公司、盛安房开有限公司联合对猴场镇103名环卫工人进行慰问，为其送去水果和月饼。

是日　县中医院组织骨伤科、外科、内科、肛肠皮肤科、儿科、妇产科、康复科等科室专家团队到珠藏镇开展以“服务百姓健康行动”为主题的大型义诊活动，免费为当地老百姓送医、送药。

18日　举行2016中国·瓮安国际山地户外运动挑战赛媒体见面会，向来自新华社、中央电视台五套、《国际商报》《中国旅游报》等21家媒体记者通报了2016年中国瓮安国际山地户外运动挑战赛赛事筹备情况以及本次比赛的线路、项目和精彩看点。

19日　贵阳市瓮安商会成立大会暨第一次会员大会在贵阳举行。原省人大党组书记、常务副主任肖永安，省委副秘书长张仕福，州县领导张文强、潘玉华、陈博等参加会议。

是日　2016中国·瓮安国际山地户外运动挑战赛正式开始比赛，来自世界各地的23支专业队伍参与此次国际性赛事。第一天的比赛起点渡江广场，终点永和镇政府，总赛程58.4公里，共设置越野跑、越野技能（挑担）、逃生墙、山地自行车4个项目。原始探险队（Raw Adventure）获得首日比赛冠军，拓乐探险队（Thule Adventure）和02B分别获得二三名。国家体育总局登山运动管理中心户外运动部主任张志坚等领导分别为获奖队伍颁奖。

20日　由团省委副书记刘锐带领的调研组一行到瓮安调研社区建设和青年创业环境建设情况。调研中，刘锐一行先后到瓮水社区青年之家、瓮安颐高电商馆和众创空间安青创业社，实地查看企业创新创业情况，详细询问了创业扶持优惠政策，调研组对瓮安团县委工作表示肯定。

是日　县召开2016年农机推广（水稻机收）现场会，推广演示山区适用水稻机械收割技术。

▲　2016中国·瓮安国际山地户外运动挑战赛进入第二天比赛。比赛起点建中茶海，终点珠藏镇政府，总里程73.2公里。比赛共设山地自行车、跑骑交替、皮划艇、越野跑4个项目。原始探险队（Raw Adventure）、拓乐探险队（Thule Adventure）和02B队分别斩获一二三名。国家体育总局登山运动管理中心党委书记续川，黔南州体育局党组书记兰昌福等领导分别为获奖运动员颁奖。

21日　2016中国·瓮安国际山地户外运动挑战赛进入最后一个比赛日。县政协主席陈博为比赛鸣枪发令。比赛起点江界河码头，终点下司石林，总赛程58公里，共设置游泳、皮划艇、越野跑、山地车、导航越野、越野技能（拼图）6个项目。Raw Adventure(原始探险队）、Thule Adventure（拓乐探险队）和02B队包揽第三赛段的前三名。州体育局党组书记兰昌福等领导分别为获奖队颁奖。

是日　历时3天的2016年中国·瓮安国际山地户外运动挑战赛圆满完成各项赛程在新区广场举行闭幕式，最终Raw Adventure（原始探险队）获得本次挑战赛总成绩第一名，Thule Adventure（拓乐探险队）和02B分别获得本次挑战赛总成绩的二三名。哥伦布户外队、遵义医学院森地客户外队、北京酷赛队获得本次挑战赛中国境内前三名。闭幕式对获得本次挑战赛总成绩前十二名参赛队和中国境内前三名参赛队进行颁奖。国家体育总局登山运动管理中心户外运动部主任张志坚，州体育局党组书记兰昌福，县领导黄桂林、潘玉华、陈博，国家体育总局登山运动管理中心户外运动部副主任薛云等领导参加闭幕式。黄桂林在致辞中代表瓮安县向取得优异成绩的参赛队伍表示热烈的祝贺，向全体运动员、裁判员致以崇高的敬意。同时，向所有为本次赛事付出努力、做出贡献的工作人员和各界朋友表示衷心的感谢。还向大家发出邀约，瓮安永远欢迎世界各国朋友，期待与大家再次相约瓮安。

是日　“沿着红军足迹 穿越多彩贵州——纪念长征胜利80周年大型骑行推广活动”到达第三站——瓮安。启动仪式上，省委宣传部外宣办事业发展处处长张建军讲话并提出殷切希望。县委副书记钟旻在致辞中对大家的到来表示欢迎。此次“沿着红军足迹穿越多彩贵州——纪念长征胜利80周年大型骑行推广活动”从黎平出发，途径镇远、瓮安、红花岗区、赤水、习水、播州区，到仁怀市结束，路线设置贯穿了红军长征重大事件的发生地。

22日　召开乌江瓮安港总体规划汇报会。州委常委，县委书记张文强参加会议并对瓮安港建设提出要求。县水务、规划、交通、工信、天文等部门和乡镇有关负责人围绕总体规划纷纷发表意见，提出建议。

是日　举行瓮安县2016年公交出行宣传周活动。

24日　中央组织部老干部局副局长赵庆、老干部局三处处长刘政文、办公室副主任徐运喜到瓮安调研红色文化和老干部工作。

25日　纪念红军长征胜利八十周年绿色中国行——走进美丽瓮安启动仪式暨“万人猴场听党课”学习教育在瓮安县猴场镇举行。这是绿色中国行活动开展7年以来首次进入贵州。启动仪式上，中央农村工作领导小组原副组长、原林业部部长、中国绿化基金会顾问徐有芳为瓮安县授予“绿色中国行”旗帜。国家林业局经济发展研究中心主任、国家林业局生态安全研究中心主任李金华讲话。晚间，由全国绿化委员会、国家林业局、中国绿化基金会主办的纪念红军长征胜利八十周年“绿色中国行——走进美丽瓮安”大型公益晚会在瓮安县全民健身活动中心开幕。晚会还给相关人士颁发了“红色茶人”、绿色茶仙子、2016年中国公益大使、2016绿色中国行推广大使等奖项。其中，国家林业局还为瓮安县人民政府颁发“2016绿色中国特别贡献奖”；为协办企业颁发“绿色中国行——走进美丽瓮安特别贡献奖”。

是日　“两山”路上看变迁，绿色中国十人谈大型系列电视访谈节目在瓮安举行。来自绿色中国行的领导、专家纷纷为红色圣地瓮安的绿色发展之路把脉会诊，提建议。由中华全国新闻工作者协会党组书记、常务副主席翟惠生，清华大学哲学系主任、生态文明研究中心主任卢风，国家林业局经济发展研究中心主任李金华，中国生态文明研究与促进会常务理事、绿色财富论坛组委会副主任黎祖交，国家发改委综合运输所副所长、研究员王东明，中国演员工作委员会副会长、中央军委政治工作部话剧团著名影视演员、周恩来同志扮演者刘劲，中共黔南州委副书记吴胜华，中国生态文明研究与促进会研究部主任胡勘平等8位领导专家组成的嘉宾团队，与瓮安县委副书记、县长、本期节目主讲人黄桂林和担任现场主持的金话筒奖获得者、北京电视台主持人罗旭就“红色瓮安 绿色发展”进行了现场讨论，共同聚焦这座红色之城的绿色转变，解读瓮安对“两山”理论的生动实践。人民网、绿色中国网络电视进行了全球网络直播。

24日　2016年都匀毛尖（国际）茶人会瓮安茶旅活动第一站走进黔中茶旅小镇——瓮安建中镇，开启生态茶园风光体验之旅。建中茶旅小镇迎来了以国际茶业委员会执行主席马努扎·佩雷斯为代表的中外茶业界知名人士等第一批客人。州县领导张文强、范勇、张仕雄、黄桂林、潘玉华、陈博及县四家班子其他领导和嘉宾参加体验了瓮安茶旅系列活动。借2016年都匀毛尖（国际）茶人会瓮安茶旅活动举办的契机，瓮安推出建中茶旅小镇 “欧标茶”品牌，促进“茶旅”融合发展。

25日　2016都匀毛尖（国际）茶人会瓮安茶旅活动招商推介会在县会议中心召开。共有11家企业与瓮安县签约，签约资金53亿元。州委常委、县委书记张文强出席招商推介会并致辞。州投资促进局局长张蓉，县领导潘玉华、陈博及来自上海、江苏、深圳、重庆、湖北等省内外的100多家商家相关负责人参加推介会。

27日　州委常委、县委书记张文强率党政考察团到湄潭县，就生态文明建设、城乡规划建设和全域旅游发展等进行考察。遵义市委常委、市委组织部部长吴刚平，湄潭县委副书记、县长李䶮陪同考察。

是日　2016贵州省残疾人（18周岁以下）游泳锦标赛在瓮安县全民健身活动中心游泳馆开幕。省残疾人联合会副理事长陈健，省体育局副局长肖俊，州人民政府州长助理赵院，州体育局局长刘远卓等领导出席开幕式。陈健作讲话。此次比赛有来自贵阳、铜仁、安顺、遵义、毕节、六盘水、黔东南、黔西南、黔南共8支代表队的137名少年儿童参加比赛，赛事设50米和100米的蛙泳、仰泳、蝶泳、自由泳，200米混合泳，400米自由泳等项目。此次比赛由贵州省残疾人联合会、贵州省体育局共同主办，黔南州残疾人联合会、黔南州体育局、瓮安县人民政府共同承办。

28日　2016年贵州省残疾人（18周岁以下）游泳锦标赛在瓮安圆满落幕。省残疾人联合会理事长杨云，副州长杨从明，县委副书记钟旻出席闭幕式。闭幕式对本次比赛获得体育道德风尚奖以及获得组织奖的获得者颁奖。黔南州代表队、黔东南州代表队、毕节市代表队、铜仁市代表队、六盘水市代表队获得组织奖。本次比赛总共产生奖牌173枚，其中金牌73枚，银牌55枚，铜牌45枚。

是日　国家天文台副台长、副书记郑晓年带领学习组到猴场镇开展“两学一做”学习教育系列活动，州原副州长、FAST项目副经理彭勃等领导参加活动。

是日　州人大常委会调研组到瓮安开展《黔南州城市执法管理条例》立法调研。

是日　贵州铁路投资有限责任公司副总经理隋金福、方廷伟带领党委学习组到猴场镇开展“两学一做”学习教育相关活动。

29日　由中共瓮安县委宣传部主办，共青团瓮安县委等多家部门承办的“生态家园·幸福和谐”瓮安县第二届集体婚礼在渡江广场举行，16对新人在众人的祝福声中喜结连理。

30日　县在塔坡烈士陵园举行烈士纪念日公祭活动，缅怀烈士功绩，弘扬烈士精神。

10月

1日　来自人民日报、新华社、中央电视台、《光明日报》《中国青年报》、香港卫视、凤凰网等30余家全国重点新闻单位的媒体记者来到瓮安参加多彩贵州“绿色中国行——走进美丽瓮安”文化传播活动的媒体聚集“黔中茶旅小镇”建中，亲临感受建中茶旅小镇的独特风情，领略生态茶园风光。

8日　召开2016年群众安全感满意度“双提升”工作推进会，安排部署相关工作。

9日 州委常委、县委书记张文强主持召开草塘十二塘“盛唐记忆”规划设计研讨会，县领导黄桂林、陈博等领导参加会议。张文强、黄桂林为中国社科院陈良伟等四名专家颁发了聘任证书，聘任其为草塘十二塘“盛唐记忆”规划设计的文化顾问。

是日 省交通设计院副院长王明山一行率队到瓮安，就贵州省江口至六盘水高速公路瓮安至开阳段工程规划设计召开方案汇报会并征求意见。州委常委、县委书记张文强参加会议。

是日 由县老年大学、县离退休干部工作局主办的2016年“情满九月九·爱携夕阳红”文艺演出在瓮安县会展中心举行。老人们表演了合唱、太极、舞蹈等自编自演的节目。

10日 县人民医院迎接“二级甲等”综合医院复核评审检查，州卫计委副主任李俊，县委副书记钟旻出席评审工作汇报会。

是日 县公安局“百姓家门口的警务室”警务车到江界河镇为当地老百姓上门办理摩托车驾驶证等业务。

11日 数字图书馆推广工程2016年贵州省市、县级图书馆馆长培训班在瓮安县开班。省文化厅副厅长黎盛翔，州文广新局纪检组长陆俊萍，县委副书记钟旻参加开班仪式。

是日 省公共文化服务专题组到瓮安调研。省文化厅副厅长黎盛翔，省公共文化服务专家、省文化馆社会活动部主任沈与、州文广新局纪检组长陆俊萍参加调研。调研会上，县相关部门向专题组汇报了基层公共文化服务体系建设基本情况、工作开展情况及存在的问题和下一步工作打算。

是日 州国税系统绩效管理工作推进会在瓮安召开，总结、通报全州绩效管理工作，交流绩效管理经验，安排部署全系统绩效管理工作。县委副书记、县长黄桂林参加会议。

是日 由州卫计委副主任李俊带队的专家组一行对瓮安县人民医院开展“二级甲等”综合医院复核评审。评审专家组组长宣读了瓮安县人民医院顺利通过二级甲等综合医院复核评审的决定。

12日 由中央编委办副主任何建中率队的调研组一行到瓮安调研乡镇行政体制改革工作。省编委办主任刘朝容，州县领导张文强、罗桂荣、朱劲松、黄桂林陪同调研。调研组先到猴场镇，实地参观了猴场镇政务服务中心，详细了解了乡镇综合执法和机构组建、人员编制情况。何建中肯定了瓮安乡镇行政管理体制试点工作取得的成绩，认为瓮安县在行政体制改革组织架构、人权管理和打破行政、事业人员身份限制调度使用工作上非常具有特色，并对下步工作提出要求。

15日 第十三届全国健身交谊舞锦标赛暨2016年全国健身舞大赛在瓮安县全民健身活动中心篮球馆隆重开幕。州委副书记、州政府党组书记吴胜华，国家体育总局社会体育指导中心副主任刘北剑，省体育局党委委员、副局长肖俊，中国体育舞蹈联合会秘书长、亚洲体育舞蹈联合会副主席苏洁，中国体育舞蹈联合会健身交谊舞委员会主任顾自立，州县领导张文强、吴俊、刘远卓、黄桂林、潘玉华、陈博及县四家班子其他领导出席开幕式。张文强致辞。刘北剑、肖俊分别为承办单位黔南州体育局、瓮安县人民政府颁发本次赛事突出贡献奖。与会领导为是日全能精英公开赛等决赛胜出的运动员颁奖，并欣赏了藏族舞蹈和团体舞精品集锦的展示。此项赛事为期两天，来自全国各地的76支参赛代表队，2700多人参加102个项目的比赛。这是全国健身交谊舞大赛举办以来，首次将比赛落户在县级城市。

16日 第十三届全国健身交谊舞锦标赛暨2016年全国健身舞大赛在瓮安圆满落幕。瓮安有6支代表队参加比赛，瓮安远东国际舞协会代表队荣获三大奖项。由协会队员表演的《小苹果》健身舞荣获全国健身舞大赛的团体三等奖，协会成员获社会成人新人组三步踩二等奖和社会成人慢三单项三等奖。

17日 州委常委、县委书记张文强主持召开瓮安县第十二次党代会报告征求意见座谈会，听取离退休老干部代表、各民主党派和工商联及无党派人士代表的意见和建议。

是日 是国家第三个扶贫日，也是第二十四个国际消除贫困日。县在河西行政新区礼仪广场举行“慈善一日捐”暨“扶贫日”募捐活动。州县领导、张文强、黄桂林、潘玉华、陈博、曾薇及县四家班子其他领导出席活动并带头捐款。共收到捐款478600元。

▲ 县召开省州驻瓮企事业单位安全感满意

度“双提升”工作推进会，对下半年即将测评的安全感满意度“双提升”工作进行再动员、再部署。县委副书记、县长黄桂林参加会议。

▲ 纪念红军长征胜利80周年大型电视直播活动《青春的乌江》出征仪式在瓮安县猴场镇举行。共青团贵州省委城青部部长聂蔚琳，贵州广播电视台大众生活频道总监徐卫东，县委常委、宣传部部长夏吉友参加活动。此次活动由共青团贵州省委、贵州广播电视台、中共瓮安县委、瓮安县人民政府主办。活动中，志愿者们分为4个队，从猴场出发，分别沿着红军长征时曾走过的老路到江界河、擦耳岩、孙家渡和棉花渡，在重走长征路的过程，通过手机、航拍器等记录所见所闻、表达所思所想。

▲ 贵州省名校长黔南分中心成立大会暨省级名校长陈友华工作室建设推进会在瓮安五中召开。并举行了贵州省名校长研究中心黔南分中心、贵州省初中名校长陈友华工作室揭牌仪式。州教育局副局长韦快，县领导张远军、郑毅参加活动。

18日 广东省开平市地税局中层干部知识提升培训班在瓮安县委党校开班。此次培训为期三天，广东省开平市地税局中层干部30多人参加培训。

是日 黔南州法院2016年下半年巡回观摩会走进瓮安，实地观摩瓮安县人民法院相关工作情况。黔南州中级人民法院院长王亮海参加观摩。

19日 县委副书记、县长黄桂林到玉山镇调研督导计划生育工作，安排部署相关工作。

是日 省文化馆调研组到瓮安调研公共文化服务体系建设等工作。调研组一行参观了瓮安县文化馆建设情况，听取了瓮安县数字文化馆建设、总分馆制建设的基本情况介绍，对瓮安县文化馆免费开放、数字文化馆建设、总分馆制建设等工作给予充分肯定。

20日 金融惠民媒体采访活动走进瓮安，开展金融惠民政策落实情况座谈以及“蒲公英”金融夜校活动。人民银行总行宣传部巡视员汪洋，人民银行黔南州中心支行副行长潘尚荣以及《经济日报》《中国经济导报》《金融时报》等媒体记者参加。活动中，媒体采访团一行到建中镇鑫产园茶业有限公司，参观茶园规划建设等情况，与企业、地方政府以及相关金融机构负责人座谈，详细了解金融机构金融惠民政策落实、地方政府借助金融惠民政策引导群众增收致富的情况，并听取企业关于运用金融惠民政策发展茶产业的情况介绍。

19—21日 由省人大常委会副主任袁周率队，省环保厅、省水利厅、省林业厅、省农委等组成的“生态优先·绿色乌江”省人大环资委2016年贵州环保行到瓮安开展活动。州县领导罗毅、张文强、陈忆秋、胡晓剑、黄桂林、潘玉华及县四家班子其他领导陪同调研。袁周一行先后视察了瓮安县生活污水处理厂、乌江江界河河段水质情况、建中镇生态茶旅基地游客接待中心、西门河生态治理工程等项目，详细了解近年来乌江流域的水生态治理情况。对保护乌江取得的成绩表示肯定，提出总磷超标、网箱养鱼、面源污染、生活污水、联动机制不全面等问题。在“生态优先·绿色乌江”2016年贵州环保行工作座谈会上，袁周听取黔南州、遵义市、贵阳市政府关于乌江保护情况的汇报后，充分肯定了各地在乌江保护工作中所取得的成绩，并强调，各地区要认真组织实施好《贵州省乌江流域水环境保护规划（2015—2020）》，按时保质完成辖区内流域环境保护目标任务。

21日 召开矿电化一体化项目建设座谈会，研究商讨瓮安县天一矿业有限公司“天一矿业新型磷化工循环经济产业园”项目建设相关工作。州委常委、县委书记张文强，四川省蜀裕矿业投资有限责任公司总经理彭建华参加座谈。

是日 召开2016年卫生计生工作座谈会，通报各乡镇卫生计生工作开展情况，安排部署下阶段工作。县领导黄桂林、曾薇出席会议。

是日 中宣部舆情信息局社会舆情处处长吴玉荣带领的调研组到瓮安调研意识形态工作。省委宣传部研究室调研员蒋坤尧陪同调研。

是日 湖南省涟源市委书记谢学龙率党政考察团到瓮安考察城镇建设和旅游资源开发等情况。县领导陈博、曾薇陪同考察。考察团先后到猴场会议纪念馆、猴场会议会址、草塘千年古邑区、全民健身活动中心、瓮安二中、青莲湖湿地公园、渡江广场等地实地参观。

是日 贵州文驰律师事务所开业揭牌仪式在瓮安县新区河滨安置房举行，贵州文驰律师事务所是瓮安县引进成立的首家个人律师事务所，由赖成文律师创办。

22日 由共青团贵州省委、贵州广播电视台、中共瓮安县委、瓮安县人民政府主办的纪念红军长征胜利80周年大型电视直播活动——《青春的乌江》在猴场会议纪念馆前举行。共青团贵州省委副书记、机关党委书记徐锡广、贵州广播电视台副台长陈海宇、团省委城市青年部部长聂蔚琳、贵州大众生活频道总监徐卫东及县委副书记曾薇参加活动。

是日 县召开2016年脱贫攻坚工作推进会，对相关工作进行安排部署。州县领导张文强、黄桂林、潘玉华、陈博、曾薇出席会议。

25日 中国共产党瓮安县第十二次代表大会隆重开幕，州委常委、县委书记张文强，县委副书记，县长黄桂林，县人大常委会主任潘玉华、县政协主席陈博，县委副书记曾薇等州县领导在主席台前排就座。张文强代表中共瓮安县第十一届委员会作了题为《争当黔中腹地协调发展排兵，勠力同心为夺取全面小康新胜利而奋斗》的工作报告。报告共分两个部分，一是过去五年工作的回顾，二是今后五年的奋斗目标和主要工作。县委常委、纪委书记陈刚代表中共瓮安县第十一届纪律检查委员会作了题为《坚持全面从严治党 强化监督执纪问责 为全面建设“五个瓮安”提供坚强纪律保证》的工作报告。会议还邀请了党组织关系不在瓮安的中央、省、州驻县单位主要负责人；县人大、县政府、县政协领导班子成员中的非中共党员领导干部；非中共党员的乡镇长及县直工作部门主要负责人；部分非公有制经济代表；部分招商引资企业代表列席本次代表大会。

26日 中国共产党瓮安县第十二次代表大会举行第二次全体会议。州县领导张文强、黄桂林、潘玉华、陈博、曾薇等在主席台就座。会议由州委常委、县委书记张文强主持。大会应到代表257人，因事因病请假2名，实到代表255名。会议以举手表决的方式，通过了大会《选举办法》；通过了监票人、总监票人名单，宣布计票工作人员名单，并对各团分团预选工作进行了安排。

27日 历时3天的中国共产党瓮安县第十二次代表大会圆满完成各项议程，胜利闭幕。州委常委、县委书记张文强，县委副书记、县长黄桂林，县人大常委会主任潘玉华，县政协主席陈博，县委副书记曾薇等州县领导在主席台前排就座。州委常委、县委书记张文强主持闭幕式。大会应到代表257人，因事因病请假3人，实到代表254人，符合规定人数。张文强作了题为《把心思和精力集中到干事创业上来》的讲话。

是日 中共瓮安县第十二次代表大会举行第三次全体会议，投票选举中共瓮安县第十二届县委委员、候补委员和县纪委委员。

是日 中共瓮安县第十二届委员会举行第一次全体会议。州县领导、张文强、黄桂林、潘玉华、陈博、曾薇等出席会议。出席会议的县委委员应到42名，实到42名；候补委员应到8名，实到5名，符合规定人数。会议通过了《中国共产党瓮安县第十二届委员会第一次全体会议选举办法》及监票人名单，中共瓮安县第十二届委员会常务委员会委员、书记和副书记建议名单和中共瓮安县第十二届纪律检查委员会第一次全体会议选举结果的报告。会议以无记名投票的方式，选举产生了中国共产党瓮安县第十二届委员会常务委员会委员及书记、副书记。会议还审议通过了《关于加强县委自身建设的决定》和《中共瓮安县第十二届全委会议事决策规则》。

是日 中共瓮安县第十二次代表大会举行第四次全体会议。张文强、黄桂林、潘玉华、陈博、曾薇等州县领导在主席台前排就座。会议由州委常委、县委书记张文强主持。大会应到代表257人，因事因病请假3人，实到代表254人。会议宣布了中共瓮安县第十二届委员会第一次全体会议和中共瓮安县第十二届纪律检查委员会第一次全体会议选举结果的报告。会议以举手表决的方式通过了关于第十一届县委工作报告的决议；通过了关于县纪委工作报告的决议。

是日 中共瓮安县第十二届纪律检查委员会举行第一次会议，选举产生新一届县纪委领导班子。陈刚受县第十二次党代会主席团的委托主持会议。会议应到委员23人，实到23人，符合规定人数。会议审议通过了中共瓮安县第十二届纪律检查委员会第一次全体会议选举办法及监票人名单，通过了中共瓮安县第十二届纪律检查委员会常务委员会委员、书记、副书记建议名单。并以无记名投票的方式选举产生了中共瓮安县第十二届纪律检查委员会常务委员会委员，常务委员会选举产生了书记、副书记。

是日　县委副书记、县长黄桂林率相关部门负责人深入城区，就路网建设、棚户区改造项目等工作进行重点调研。黄桂林一行先后到安平大道、瓮南路、塔坡棚户区改造项目、五里街棚户区改造项目和共和路棚户区改造项目施工现场进行实地调研。

28日　县第十六届人民政府召开第七次全体会议暨第六次廉政工作会议，贯彻落实“五大发展理念”和中央、省、州系列重要会议、重大决策部署，以及州政府第六次全体会议暨廉政工作会议、县第十二次党代会精神，总结县政府2016年前10个月各项工作，安排部署最后2个月各项工作。

是日　县召开会议安排部署货车非法改装和超限超载运输治理工作。

是日　县人民医院组织神经外科、儿科、康复医学科、体检中心和专家组在门诊三楼体检中心为脑瘫儿童开展康复治疗义诊筛查。

30日　组织收听收看全省脱贫攻坚产业发展暨脱贫攻坚基金启动工作电视电话会议。

31日　由州人大常委会主任罗毅带领的调研组一行到瓮安调研瓮马铁路推进工作。州县领导魏明禄、张文强、罗桂荣、逄焕华、黄桂林陪同调研。

11月

1日　州委常委、县委书记张文强主持召开十二届县委常委会第2次（扩大）会议，专题传达学习中国共产党十八届六中全会精神，并就贯彻落实全会精神进行安排部署。县领导黄桂林、潘玉华、陈博、曾薇参加会议。

是日　召开2016年度第二轮项目“看、听、查、评”总结会，对第二轮项目“看、听、查、评”会的精品工作推进情况进行测评和总结。州、县领导张文强、黄桂林、潘玉华、陈博、曾薇及县四家班子其他领导参加总结会。

▲　国家安监总局交叉督查检查组到瓮安检查烟花爆竹安全监管工作。县委副书记、县长黄桂林参加汇报会。

▲　贵州省第六届中学数学优质课评选活动在瓮安二中启动。来自全省各州、市、县的19名数学讲课教师参赛。

2日　召开第三次全国农业普查工作推进会，贯彻落实国务院和省州关于开展第三次全国农业普查工作的有关精神，全面部署全县第三次全国农业普查工作。县委副书记、县长黄桂林参加会议并就第三次全国农业普查工作提出要求，并与各乡镇（街道）签订《瓮安县人民政府第三次全国农业普查目标责任状》。

是日　召开2016年森林防火暨新一轮退耕还林还草工作会，贯彻落实省州森林防火工作紧急视频会议及退耕还林还草工作会议精神，研究部署全县2016年森林防火暨新一轮退耕还林还草工作。

3日　由国家卫生和计划生育委员会副主任王贺胜带领考察组到瓮安考察红色文化保护与发展情况。副省长何力，省卫生和计划生育委员会主任王忠、副主任黄平，州、县领导张文强、黄桂林陪同考察。

是日　举行第五届中小学生田径运动会暨学生素质展示活动，州教育局常务副局长韦快，县领导曾薇、夏吉友等领导参加开幕式。

是日　州督查督办局到瓮安督查中小学人事制度改革工作。

4日　召开2016年“空壳村”清零工作推进会，对下步工作进行再安排、再部署。

是日　省安全生产监督管理局局长李尚宽率队到县开展煤矿安全生产督查检查工作。州县领导张文强、张全毅、黄桂林陪同督查。李尚宽一行到打石冲煤矿进行实地督查，与企业、安监部门负责人交谈，听取安全生产工作情况汇报并对安全生产工作提出要求。

是日　2016年贵州省大生态项目暨第四批重大项目集中开工仪式在黔南州龙里县举行，瓮安县与省州同步在经济开发区飞练湖湿地公园举行开工仪式。县委副书记、县长黄桂林参加开工仪式并宣布项目开工。瓮安此次集中开工项目3个，总投资10.7亿元。分别为经济开发区飞练湖湿地公园建设项目，用地面积40万平方米，总投资3.2亿元；清莲湖湿地水街建设项目，用地面积2.29万平方米，建设主题商业街，总投资2.5亿元；瓮安县香榭水岸建设项目，用地面积16.98万平方米，总投资5亿元。

▲ “爽爽阳光”大型爱心捐赠公益活动走进猴场镇桃子冲民族小学，为留守儿童送去书包等学习用品。

8日 县全媒体中心（县广播电视台）组织全体新闻工作者重走长征路，以庆祝第十七个记者节。

是日 州委常委、县委书记张文强到珠藏镇和江界河镇调研精准扶贫工作，听取了珠藏镇精准扶贫肉兔养殖试验示范项目第一期工程实施的相关情况。

▲ 瓮水街道中心社区组织全体党员干部收看由中央组织部、中央电视台联合录制的“两优一先”“两学一做”特别节目《榜样》。

▲ 县召开脱贫攻坚工作调度会，贯彻学习全省扶贫开发工作会议精神，安排部署全县精准脱贫百日攻坚工作。县领导黄桂林、曾薇参加会议。

▲ 瓮安县中等职业学校与贵州苗岭雾海生态有机茶园有限公司校企合作共建实训基地揭牌仪式在瓮安建中茶旅小镇举行。县委副书记曾薇参加揭牌仪式并为实训基地揭牌。

▲ 县组织召开煤矿安全生产工作专题会，通报全县煤矿安全生产工作开展情况，安排部署下一阶段煤矿安全生产工作。

11日 省委农工委原副书记、研究员李昌来率督查组到瓮安督查“三变”（资源变资产、资金变股金、农民变股东）改革试点工作开展情况。

是日 人力资源和社会保障部、国务院扶贫办召开全国电视电话会议，追授姜仕坤同志“全国脱贫攻坚模范”荣誉称号，并举行姜仕坤同志先进事迹报告会。县领导潘玉华、陈博及县四家班子其他领导在瓮安分会场聆听了报告会。

是日 邀请贵州省委政研室主任、研究员、硕士生导师罗凌作“聚焦精准扶贫，确保同步小康”到瓮安作专题讲座。

是日 瓮安县82户孤、老、病、残的困难户和拆迁户通过现场抽签的方式，优先分配到小春湾保障性住房。

13日 瓮安县果水村获得由人民日报社贵州分社、人民网等共同主办，人民网贵州频道承办的“寻找2016贵州十佳美丽乡村、2016贵州美丽乡村形象大使评选暨2016贵州美丽乡村博览会”活动2016年贵州十佳美丽乡村“最具商业价值乡村”荣誉称号。

是日 瓮安二中开展2016—2017年度高一年级家校互动活动，共有1500余名家长参加。在学校报告厅，学校还特邀了全国模范教师、全国巾帼建功标兵、山东省十大创新班主任周育玲老师与家长交流，共探与孩子沟通和教育。

14日 由州政协党组书记魏明禄率队对瓮安经济和社会事业项目进展情况进行督导。胡晓剑、胡智勇参加督导，陈博、曾薇陪同督导。

是日 贵州省首届“茅台王子杯”广场健身操舞大赛瓮安赛区海选赛在瓮安全民健身活动中心篮球馆举行，海选吸引7支参赛队，140余人参加。海选中瓮水街道代表队获得冠军，县老年大学军鼓班舞蹈代表队获得亚军、玉山镇健身操代表队获得季军。

15日 瓮安县2016年中青年干部培训班开班典礼在县委党校举行。全县各乡镇（街道）及机关、事业单位的50名中青年干部参加培训学习。

15—16日 由省调查总队副队长王渝率队的督查组一行到瓮安督查第三次全国农业普查工作。州、县领导雷良兵、黄桂林陪同督查或参加座谈。

16日 住房城乡建设部风景园林专家委员会委员周日良率队对瓮安江界河国家级风景名胜区整改工作进行检查验收。县委副书记、县长黄桂林陪同检查。

17日 黔南州2016年高速公路凝冻天气道路交通安全事故应急处置演练在瓮安举行。州委常委、副州长刘建民亲临现场观摩指导

是日 县委副书记、县长黄桂林先后到建中镇白沙村、江界河镇，调研指导精准扶贫及小城镇建设工作。

是日 县政府副县长曾明康组织县环保局长、监察局长、公安局长、检察长组成“五长”约谈金正大、芭田2家重点企业，督办相关环保问题。

18日 县召开2016年土地增减挂钩工作推进会。县委副书记、县长黄桂林参加会议。

是日 贵州股权金融资产交易中心瓮安分中心、瓮安贵股互联网金融服务有限责任公司在瓮安县新闻中心大楼举行揭牌仪式。贵州股权金融交易中心总经理宋登江，贵州兴黔财富资本管理

公司副总经理王欣化，县委副书记、县长黄桂林，分别为贵州股权金融资产交易中心瓮安分中心、瓮安贵股互联网金融服务有限责任公司揭牌。

19日 州委书记龙长春到瓮安调研易地扶贫搬迁工作，详细了解瓮安迎接2016年全省第三次项目建设暨易地扶贫搬迁现场观摩督查会筹备情况。州、县领导张文强、陈有德、覃克信、黄桂林、曾薇陪同调研。龙长春先后到猴场镇木瓜河移民安置点、瓮安县返乡农民工创业园进行实地调研，听取瓮安易地扶贫搬迁工作相关情况汇报，了解各项目工程进度、产业配套和群众就业保障等情况。

是日 县召开全省易地扶贫搬迁观摩检查现场会筹备工作会，安排部署有关事宜。县领导黄桂林、曾薇参加会议。

是日 县第一座数字化变电站110千伏银盏变电站成功投运。该变电站建设工期3年，占地面积5800平方米，地震设防裂度为六度。全站大量采用光纤、智能终端等新技术和新设备，能够自动完成信息采集、测量、控制、保护、监测等。

是日 县召开全县党员代表会议，会议选举产生县出席中国共产党黔南州第十一次代表大会代表。州、县领导张文强、黄桂林、潘玉华、陈博、曾薇参加会议。

20日 州委副书记、代州长吴胜华率督导组到瓮安督导全省第三次项目建设暨易地扶贫搬迁现场观摩督查会筹备情况。州、县领导王芳、黄桂林、曾薇陪同督导。

21日 州委常委、县委书记张文强主持召开十二届县委常委会第五次会议，县领导黄桂林、潘玉华、陈博、曾薇参加会议。张文强指出，朵云扩展区作为疏解老城区压力的重要区域。要按照主城区的布局要求，根据十三五规划公共服务项目来配套完善公共设施，实现与现有城区公共服务设施相互衔接、相互补充，空间布局要科学合理，注重加强水系工程建设，提升城市公共服务水平，提高城市品位。

是日 瓮安县汽车城区域失地门面安置抽签会在富水桥经济适用房举行，73户农户成功抽取了安置门面序号。

▲ 县市场监督管理局在局办公楼三楼会议室召开“双随机、一公开”摇号仪式。县发改局、县法制办和县市场主体代表到会现场监督摇号过程。摇号后选取45户市场主体作为检查对象，选派10组执法人员共计20人分别对抽中的企业进行检查。

是日 州教育督导考核组到瓮安检查指导“两项督导考核”和“普及十五年教育”工作。县委副书记曾薇参加座谈。

22日 中国社会科学院数量经济与技术经济研究所原所长、研究员、博士研究生导师汪同三率调研组到瓮安开展适应高速路网助推县域经济发展调研。省发展改革委地区经济处处长陈勇，县委常委、常务副县长张宗良陪同调研。

是日 州督查组到瓮安县督查村（居）“两委”换届选举工作。

是日 由贵州省委常委、贵阳市委书记陈刚和省政协副主席班程农率队的2016年全省第三次项目建设暨易地扶贫搬迁现场观摩督查会第三组走进瓮安。州政协党组书记魏明禄，州委常委、县委书记张文强，州委常委、常务副州长、州政法委书记罗桂荣，州委常委、福泉市委书记黄伟，州委常委、都匀市委书记吴丹，副州长陈有德，县政协主席陈博，县委副书记曾薇陪同观摩。观摩团一行首先来到猴场镇木瓜河安置点，听取瓮安易地扶迁工作情况介绍，了解搬迁入住、服务配套、搬迁户就业及其他经济来源、群众满意度等情况。随后，观摩团一行到瓮安县返乡农民工创业园，实地参观了贵州宝坚运动制品有限公司，在企业成品展示厅和制作厂房，观摩团详细了解企业生产经营状况和吸纳当地贫困户就业情况。督查组对瓮安县易地扶贫搬迁及后续就业安置工作给予充分肯定。

23日 省督查组到瓮安督查农村土地承包经营权确权登记颁证工作。

是日 交通运输部科学研究院调研组到瓮安调研城乡公交一体化工作。调研组听取了瓮安县城乡公交一体化工作情况汇报，并就城乡公交一体化工作中的运营管理中存在的困难和问题进行探讨。

是日 黔南州2016年外资外贸实操业务培训会在瓮安举行，来自都匀、福泉、龙里、瓮安、贵定、都匀经济开发区的16家企业单位30余人参加培训。

23—24日 安徽省国土资源厅副厅长李世蕴率调研组一行到瓮安调研城乡建设用地增减挂钩工作。调研组一行听取了县国土资源局关于瓮安城乡建设用地增减挂钩工作开展情况的汇报，随后调研组一行到猴场镇木瓜河易地扶贫搬迁安置点进行了实地查看。省国土资源厅副总工程师、规划处处长吴月平，县政府副县长龚传海，县国土资源局局长吴广文等领导陪同调研。

是日 水利部珠江委副总工陈枫带领检查组到瓮安检查中小河流治理工作。检查组到平定营镇瓮安河芦花段，对工程设计、建设管理、质量监管、施工、资金使用等进行检查。对瓮安中小河流治理的前期工作、计划下达、建设管理及工程进展情况给予肯定。

24日 贵定县委常委、组织部部长马登宏率贵定县直属机关工委考察组到瓮安县考察党建工作。

是日 省司法厅“司法行政基层行”采访组到瓮安县司法局采访法律援助工作，新闻采访组一行首先观看了县司法局拍摄录制的微电影《一路同行》，随后与局班子成员、相关科室负责人进行了座谈。

25日 瓮安县朵云拓展区基础设施建设项目举行签约仪式，瓮安县与中国核工业第二二建设有限公司、贵州省中核水利水电建设有限责任公司签订了瓮安县朵云拓展区基础设施项目PPP模式建设框架协议。中国核工业第二二建设有限公司董事长郑晓军，贵州省中核水利水电建设有限责任公司董事长冯波，瓮安县委副书记、县长黄桂林参加会议，县委常委、常务副县长张宗良，县人大党组成员洪湖，县政协党组成员王天国参加签约仪式。黄桂林介绍了瓮安基本情况，中国核工业第二二建设有限公司和贵州省中核水利水电建设有限责任公司负责人分别详细介绍了公司发展情况。瓮安县朵云拓展区基础设施建设项目总投资约50亿元，包括朵云拓展区主干道路、安置房建设、公园绿化等基础设施项目，建设工期为3年。

27日 全国安全生产电视电话会议召开，县委副书记、县长黄桂林在瓮安分会场参加会议。

是日 云南省丘北县文联到瓮安开展文艺采风创作交流活动。活动中，云南省丘北县文联一行参观猴场会议会址、双面大戏楼、黔山进士楼、祥祠楼等景区景点，详细了解红军“四过瓮安”历史故事。

28日 州残联理事长陈义龙带领的检查组到瓮安检查2016年残疾人事业工作开展情况。县委副书记曾薇出席汇报会。

是日 州验收小组对瓮安县多彩贵州“广电云”村村通工程建设进行州级复验并通过州级复验。

28—29日 省环保厅环境监察局局长田获率省委环境保护督查组进驻瓮安，重点督查瓮安县委、县政府贯彻落实国家和省委、省政府环境保护决策部署、解决突出环境问题、落实环境保护主体责任等情况。州、县领导张文强、黄桂林参加汇报会或陪同督查。

29日 县公安局、商务局等多部门组成联合执法组在全县范围内开展集中打击非法经营成品油专项整治行动。

30日 举办“坚守两条底线 推进工业与生态协调发展”专题讲座。省经济和信息化委员会副巡视员徐荣受邀作主讲。

12月

1日 省委宣讲团成员、省政府参事吴祖平到瓮安宣讲党的十八届六中全会精神。县委副书记曾薇主持报告会。

是日 瓮安县第十六届人大常委会召开第三十七次会议，听取和审议相关议题，通过有关人事任免。县人大常委会主任潘玉华等领导出席或列席会议。

▲ 在第29个“世界艾滋病日”，县疾病预防控制中心在县人民广场举行“携手抗艾，重在预防”的主题宣传活动。

2日 县委副书记、县长黄桂林一行深入银盏镇银堂煤矿、中心烟花爆竹厂等企业检查了解煤矿、易燃易爆物品等重点企业的安全生产情况。

3日 县委副书记、县长黄桂林率相关部门负责人就城区棚户区改造项目、教育基础设施建设和路网建设等重点民生项目进行调研。黄桂林先后来到五里街棚户区改造项目、塔坡棚户区改造项目、安平大道、瓮南路、清涟湖湿地公园、飞练湖湿地公园和瓮安三小、八小项目。

是日　2016年贵州省第十五届冬泳锦标赛在县全民健身活动中心开幕，省游泳运动管理中心主任向恩友，省游泳运动管理中心党委书记范民，县人大常委会副主任张远军，县人民政府副县长桂国全，县政协副主席王华出席开幕式。此次比赛分为男、女青年组，中年组，老年组，参赛运动员年龄为20～69岁，来自全省的15支代表队、349名运动员参加蝶泳、仰泳、蛙泳、自由泳、混合泳等共计14个大项56个小项的比赛。

4日　2016年贵州省第十五届冬泳锦标赛顺利落幕。省游泳运动管理中心主任向恩友、省游泳运动管理中心党委书记范民、省游泳运动管理中心副主任王玉萍、县人民政府副县长桂国全、县政协副主席王华出席闭幕式。遵义市播州区代表队荣获本次比赛团体总分第一名，赤水县代表队，金沙县代表队分列团体总分二、三名。瓮安县代表队，仁怀市代表队，惠水县代表队、习水县代表队获得本次比赛的优秀组织奖。

是日　在人民广场举行以“大力弘扬法治精神，协调推进‘四个全面’战略布局”为主题的2016年“12·4”国家宪法日暨全国法治宣传日系列活动。

5日　第九中学举行以“铭记历史，传唱经典”为主题的纪念“一二·九”运动81周年活动。

是日　省人民政府督导评估考核验收组进驻瓮安，对瓮安县“两项督导”和“普十五”工作进行督导评估。国家中小学督导评估专家、省人民政府督学周学文，省人民政府督学何锐及省人民政府督导评估考核验收组其他成员出席督导评估汇报会。县领导黄桂林、潘玉华、陈博参加汇报会。

▲　县委副书记、县长黄桂林到县中医院新址、县人民医院、县老年养护楼等地调研，了解相关项目推进和工作开展情况。

6日　州委常委、县委书记张文强等瓮安代表团参加中国共产党黔南布依族苗族自治州第十一次代表大会。

是日　县文联举行三届五次全委（扩大）会暨学习习近平总书记在中国文联第十次全国代表大会、中国作协第九次全国代表大会在开幕式上的讲话精神座谈会。

是日　位于瓮水街道茅坡村高速连线处的瓮安农副产品水果市场正式开业，标志着瓮安水果蔬菜批发有了一个正规、统一的经营场所。瓮安农副产品批发市场总占地面积100余亩地，市场总投资8000万。第一期蔬菜市场2500平方米，水果批发门面40个。第二期的蔬菜市场2800平方米，水果批发门面50个，包括物流、仓库、冷库的功能，完工后将进行电子商务平台管理。

6—7日　由州人大常委会原副主任屈景德带领的州重大工作督查组对瓮安2016年旅游及易地扶贫搬迁工作推进情况进行专项督查。

7日　省政府对瓮安县“两项督导”和“普十五”督导评估验收反馈会召开。省教育厅正厅级纪检员、正厅级监察专员罗润生，国家中小学督导评估专家、省人民政府督学周学文，省人民政府督学何锐及省人民政府督导评估考核验收组其他成员出席反馈会。县领导黄桂林、潘玉华、陈博，州教育局副局长侯卫东参加反馈会。

是日　省人力资源和社会保障厅副厅长、省农民工工作领导小组办公室主任徐海涛率督查组到瓮安督查农民工工作情况。督查组一行先后到瓮安县返乡农民工创业园和猴场镇木瓜河移民安置点，详细了解农民工就业创业、政策落实及农民工培训等情况。

▲　县委宣讲团先后到平定营镇、江界河镇、珠藏镇宣讲党的十八届六中全会精神和县第十二次党代会精神。

8日　国家开发银行董事会审计委员会委员黄维佳率考察团到瓮安考察红色旅游项目。考察团一行先后到草塘千年古邑区游客接待中心、猴场会议会址、草塘大戏楼、黔山进士楼、旗山书院等文化景点进行参观考察

是日　由国家旅游局主办的“重走长征路”红色旅游主题采访活动走进瓮安。中央电视台、《人民日报》、新华社、《光明日报》《经济日报》、新华网等主流媒体及《贵州日报》、贵州广播电视台、当代贵州、贵州新闻图片社、多彩贵州网、省旅发委政务网等近30家主流媒体记者随行采访了瓮安红色文化。

8日　平定营镇举行脱贫攻坚特惠贷入股分红签约仪式。4户贫困户将瓮安农商行平定营支行发放的“特惠贷”资金入股地方企业，依靠分红

获取稳定收益。

12日　州扶贫开发局局长欧天彪率州评估组进驻瓮安，对瓮安2016年脱贫目标进行预评估，并组织召开黔南州对瓮安县2016年度脱贫目标评估动员会。县委副书记、县长黄桂林，州扶贫开发局副局长莫利红，县委副书记曾薇出席动员会。

12日　召开2016年度增比进位综合测评工作部署会，安排部署相关工作。县委副书记、县长黄桂林参加会议。

13日　全省党史系统学习贯彻党的十八届六中全会精神理论研讨会在瓮安召开。州委常委、县委书记张文强致辞，省委党史研究室主任杜丹、副主任余雄、覃爱华，省社会科学院原党委书记肖先治，省委党校马克思主义学院和党的建设研究院院长王宏，州史志办主任陈元贵参加研讨会。研讨会上，与会人员围绕党的十八届六中全会精神的重大议题和中心内容进行了深入探讨研究。

是日　州委常委、县委书记、瓮安经济开发区党工委书记张文强带队来到瓮安经济开发区、天文镇等地，实地调研重大项目建设推进情况。

是日　省公安厅禁毒总队副总队长蒋文武率督查组到瓮安督查禁毒重点整治工作。州公安局禁毒支队政委杨昌吉，县委副书记曾薇陪同督查。督查组到瓮水街道中心社区、瓮安县中等职业学校、阳光企业贵州省宝坚运动制品有限公司进行实地督查。

是日　以“学习科学，体验科学，提升素质，推动创新”为主题的中国科协流动科技馆巡展活动在瓮安二中举行。启动仪式上，县委副书记曾薇宣布中国科协流动科技馆瓮安巡展活动正式启动对外开放，县委常委、宣传部部长夏吉友致辞。参加仪式的领导嘉宾、学校师生走进展厅参观，在专职讲解员的讲解示范、亲自动手实践操作的过程中，切身感受了科普实验、科普表演等互动科普展品。此次流动科技馆巡展活动由中国科学技术协会主办，贵州科学技术馆、贵州省科学技术协会承办，展期为40天，巡展馆设置了声光体验、电磁探秘、运动旋律、数学魅力、健康生活、安全生活、数字生活等多个主题展区，展示内容包括50余件经典的科普互动展品与科学表演、科学实验及科普影视等。

是日　省人力资源社会保障厅组织专家考察组赴贵州金正大诺泰尔化学有限公司对2015年度“百人领军人才”“千人创新创业人才”推荐人选进行考察。

14日　黔南州对瓮安2016年脱贫目标评估反馈会召开，通报评估验收结果。县委副书记、县长黄桂林，州政府副秘书长雷良兵，州扶贫开发局副局长莫利红、县委副书记曾薇参加反馈会。会上，州脱贫目标评估小组通报了对瓮安13个乡镇（街道）的评估验收结果，并对评估验收中发现的问题提出建议和意见。

是日　由省住房和城乡建设厅巡视员宋丽丽带队的调研组到瓮安调研第七届全省小城镇建设发展大会筹备工作暨猴场小城镇建设情况。调研组先后到猴场镇草塘“十二塘”、木瓜河安置点、草塘中维温泉度假酒店等详细了解猴场镇规划设计、风格风貌定位、基础设施建设以及当前各项目推进情况，并现场指导相关工作。

15日　州委副书记、代州长吴胜华率队到瓮安检查指导煤矿生产、建筑施工、危化企业等安全生产相关工作。州委常委、县委书记张文强陪同检查。

是日　州县领导张文强、黄桂林、潘玉华、陈博率县四家班子考察团到贵阳高新区考察学习工业与环境协调发展、工业发展亮点以及配套设施建设等情况。考察团到贵阳大数据综合试验区展示中心、贵阳朗玛信息技术股份有限公司、启林创客小镇、贵州黎阳展厅和世纪恒通呼叫中心等地考察。

是日　瓮安县2016年退伍士兵专场招聘会在县群众工作中心举行，有40家企业参加招聘会，提供了116个招聘岗位。

15—16日　县委中心学习组举行第四次集中学习暨“两学一做”学习教育专题研讨会，学习习近平总书记系列重要讲话精神、党章党规、党内重要条例，贯彻落实中央和省、州相关会议精神和决策部署。州、县领导张文强、黄桂林、潘玉华、陈博、曾薇及县四家班子其他领导参加学习讨论。

16日　全省举行2017年棚户区改造项目集中动工仪式。瓮安在县城2017年雍阳片区城市棚户区改造七星项目点同步举行开工仪式。

是日　召开“扫黄打非”进基层工作及文物保护工作会议，安排部署全县“扫黄打非”及文物保护工作。

▲　州委常委、县委书记张文强主持召开十二届县委常委会第6次（扩大）会议，传达学习2016年全省第三次项目建设暨易地扶贫搬迁现场观摩督查总结会议精神，研究审定有关事宜。县领导黄桂林、潘玉华、陈博、曾薇参加会议。

▲　县劳动保障执法监察大队召开农民工工资兑现会议，当场为220名农民工兑现了承建瓮安县新华星源国际文化综合体的江西龙马集团建设有限公司所拖欠的农民工工资款655.32万元。

16—18日　黔南州党校、行政学院系统“忠于理想·坚定信念”现场教学观摩会在瓮安进行。县委副书记曾薇参加现场教学观摩会。

18日　瓮安县朵云拓展区基础设施建设项目开工仪式在雍阳街道云星社区榜上组举行。副县长龚传海主持开工仪，中国核工业第二二建设有限公司党委书记、董事长郑晓军，州县领导张文强、黄桂林、潘玉华、陈博、曾薇及县四家班子领导出席。朵云拓展区基础设施建设项目距瓮安县城1.5公里，总用地面积10平方公里，承载人口8万人。项目涉及朵云拓展区主干道路、安置房建设、公园绿化等基础设施建设，建设工期为3年，总投资金额约50亿元。

是日　贵州省瓮安县黔商商会成立大会在银盏镇摩尔城颐高电商馆举行。县委常委、统战部部长孟先锋出席成立大会并为黔商商会授牌。会议宣读了《贵州省瓮安县黔商商会管理办法》，并选举产生了黔商商会第一届会长、副会长及理事人员。

▲　州委书记龙长春到瓮安调研瓮马铁路建设情况。州、县领导吴胜华、张文强、瓦标龙、逄焕华、黄桂林等领导陪同调研。龙长春一行到瓮马铁路项目平定营站和瓮安站，详细了解项目规划设计、工程进度、征地拆迁、资金筹措、安全质量等情况，以及施工过程中存在的困难和问题。瓮马铁路经过福泉市、龙昌镇、牛场镇、平定营镇，北止于瓮安县经济开发区银盏工业园区，线路长73.595公里，设5个车站，为地方货运铁路。项目估算总投资50.4亿元。

19日　召开大数据党建信息化管理平台启动会，安排部署下步“大数据党建平台”工作。

20日　县交警大队召开瓮安县城出租车交通秩序专项整治工作会议，安排部署城区出租车交通秩序专项整治工作。

21日　州委常委、县委书记张文强主持召开中共瓮安县委员会全体会议，县人大常委会主任潘玉华，县政协主席陈博参加会议。会议听取了瓮安推荐省第十二次党代会代表候选人初步人选及党的十九大代表候选人初步人选情况的报告，并以举手表决的方式通过了报告。

是日　召开朵云拓展区建设指挥部成立大会，动员和组织全县各级各部门做好朵云拓展区建设工作，州委常委、县委书记张文强出席会议。

22日　召开2017年政府工作报告征求意见会，征求老干部、各单位、部门及乡镇对2017年政府工作报告的意见。

23日　县十六届人大常委会第三十八次会议召开，审议相关事项。

是日　省交叉评估组对瓮安扶贫开发成效进行考核反馈。考核期间，考核评估工作组到珠藏镇、永和镇、江界河镇等对扶贫开发工作成效进行考核评估。存在精准扶贫档案信息不全不实现象、错登漏登、帮扶人对贫困户家庭信息不了解、部分贫困户对帮扶措施不清楚、扶贫资金使用不高效等问题。

▲　召开2017年城乡低保提标核查调整工作安排部署会。会议传达了瓮安县2017年城乡低保提标核查调整工作方案。2017年农村低保由2016年的3060元/年·人，提高到3528元/年·人；城市低保由2016年的484元/月·人，提高到532元/月·人，从2017年1月起实施。

▲　猴场镇文学艺术界联合会成立暨第一次代表大会举行。大会通过了《猴场镇文学艺术界联合会章程》，并投票选举产生了猴场镇第一届文联领导班子，其中主席1人、副主席1人、秘书长1人。猴场镇文联是瓮安县第一家乡镇文联，由猴场镇文艺家协会、学会、研究会和镇所辖各行业文艺协会、群众团体等组成。

24日　由省委党校常务副校长袁惠民带队的考察组到县委党校考察，县委常委、统战部部长孟先锋陪同考察。袁惠民一行实地察看了瓮安县委党校基础设施建设情况，听取县委党校相关教学工作开展情况的汇报。考察组到瓮安县警示教育基地参观。

24日 贞丰县委宣传部组织相关文产企业负责人及文化旅游骨干到瓮安考察文化产业发展、文化旅游等方面的工作。县委常委、宣传部部长夏吉友陪同考察。考察组到县全民健身活动中心、颐高电商馆、草塘千年古邑区和猴场会议会址进行实地参观，详细了解了瓮安县文化产业、文化旅游发展情况。

25日 县委副书记、县长黄桂林主持召开十六届县人民政府第65次常务会议，研究朵云拓展区建设、清莲湖湿地公园治理、生态走廊建设工程以及瓮安县农村学前教育儿童营养改善计划、全民健身实施计划等工作。

27日 县总工会和瓮安第二中学共同举办教师技能比赛，省教育科学院副所长杨永明，州教育局教科所副所长王荣芳，州教育科学研究所兰成坤等有关专家受邀作评委。大赛共有来自瓮安二中的15名选手参与。比赛结束，评委老师对参赛教师进行了点评并为获得一、二、三等奖的选手予以表彰。

28日 猴场镇获得住建部全国第四批“美丽宜居小镇”示范荣誉称号。

29日 民政部巡视员、中民养老规划院院长王来柱和普天信息技术有限公司等调研组一行到瓮安开展《黔南州养老大健康产业发展“十三五”规划》课题调研。

30日 省督查组对瓮安扶贫开发工作成效进行督查，县委副书记曾薇陪同督查。督查组到县银盏和猴场等乡镇对瓮安扶贫开发工作进行督查。

是日 组织开展“新春徒步走—青春健康行”千名志愿者寻访党的光辉历史徒步走活动。瓮安县委常委、宣传部部长夏吉友出席启动仪式。

31日 “红色乌江渡·画廊江界河”文学摄影采风活动在江界河镇举行，瓮安县委常委、宣传部部长夏吉友出席启动仪式。

12月 县人民法院、县司法局与有关银行就司法拍卖按揭贷款达成共识，通过金融机构为竞拍人提供按揭贷款服务，解决竞拍人一次性付款的经济难题，提高涉案财产处置变现率，构建申请人、竞拍人、法院和银行四方共赢的格局。

总　述

基本情况

【地理位置】　瓮安县位于贵州省中部，黔南州北部，乌江中游，北纬26° 53′ —27° 29′ ，东经107° 07′ —107° 42′ 东邻黄平县、南连福泉市、西接开阳县、西北抵遵义市、北交湄潭县、东北靠余庆县。东西宽51千米，南北长56千米，国土面积1962.74平方千米。

【行政区划】　2014年瓮安县辖2街道、10镇、1乡：瓮水街道、雍阳街道、银盏镇、江界河镇、猴场镇、珠藏镇、中坪镇、平定营镇、永和镇、玉山镇、天文镇、建中镇、岚关乡。全县设82个村，15个社区，2个居委会。县人民政府驻雍阳街道半月山。

【历史沿革】　瓮安在元代置旧州草塘等处长官司，隶四川布政司播州宣慰司。明代置草塘安抚司、瓮水安抚司。明万历二十九年（1601年）由瓮水长官司、草塘安抚司及平越卫右所15堡地合置瓮安县，隶贵州布政司平越军民府。清顺治十六年（1659年）瓮安县隶平越府、平越直隶州。中华民国时期，瓮安县先后隶黔中道、省直辖和第7、第5行政督察区，专员公署先后驻平越、镇远、遵义。1949年12月11日瓮安解放，先后隶贵阳、贵定、安顺专区。1958年12月撤福泉县（1961年8月恢复）并入瓮安县，隶黔南布依族苗族自治州至今，州人民政府驻都匀市。

【人口民族】　2016年，全县总户数为194946户，总人口488415人，男254942人，0—17周岁108360人，60周岁以上71578人。其中城镇人口207269人，少数民族人口35069人（占总人口的7.18%）。

【自然资源】　瓮安属亚热带湿润季风气候，四季分明，春迟夏短，秋早冬长，热量充足，水热同季，年平均气温14.7℃，年降水量1319毫米。属黔中北部溶丘洼地高原区，地势东南高、西北低、中部平缓，最高点花竹山海拔1567米，最低处乌江沿江渡海拔479米，平均海拔1028米。地貌有山地、丘陵、山区平坝等基本类型。已探明矿产有磷、煤、铁、锌、钼、钒、汞、铀、硫铁矿、铝土矿、含钾岩石、石灰岩、高岭土、石膏、大理石等20余种。其中磷矿储量36.15亿吨、煤储量10.6亿吨。森林覆盖率52%；瓮安地处长江流域，系乌江、沅江水系，流域面积20千米以上的河流38条，主要河流有乌江和瓮安河，水资源总储量9.54亿立方米，过境客水212亿立方米。

国民经济和社会发展

全年县内生产总值115.09亿元，比上年增长13.7%。其中，第一产业增加值22.93亿元，增长6.5%；第二产业增加值40.10亿元，增长13.5%；第三产业增加值52.06亿元，增长17.0%。三次产业分别占县内生产总值的比重为19.9%、34.8%、45.3%，第一、三产业分别比上年提升1.0、1.5个百分点，第二产业比上年下降2.6个百分点。全年人均县内生产总值29453元，比上年增长13.1%。

图1　2012—2016年全县生产总值及其增长速度

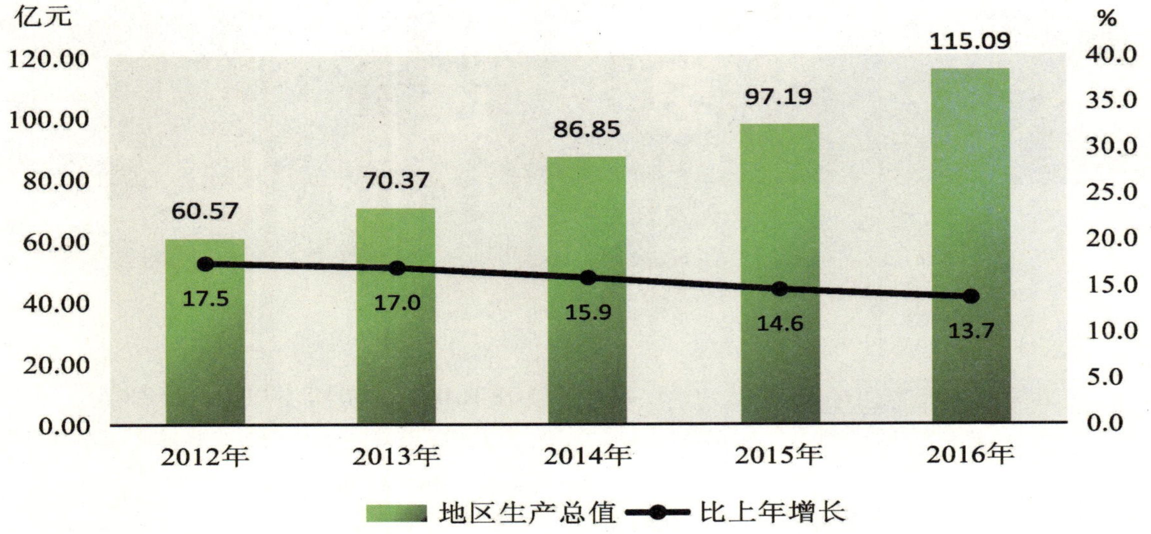

图2 三次产业增加值占地区生产总值比重

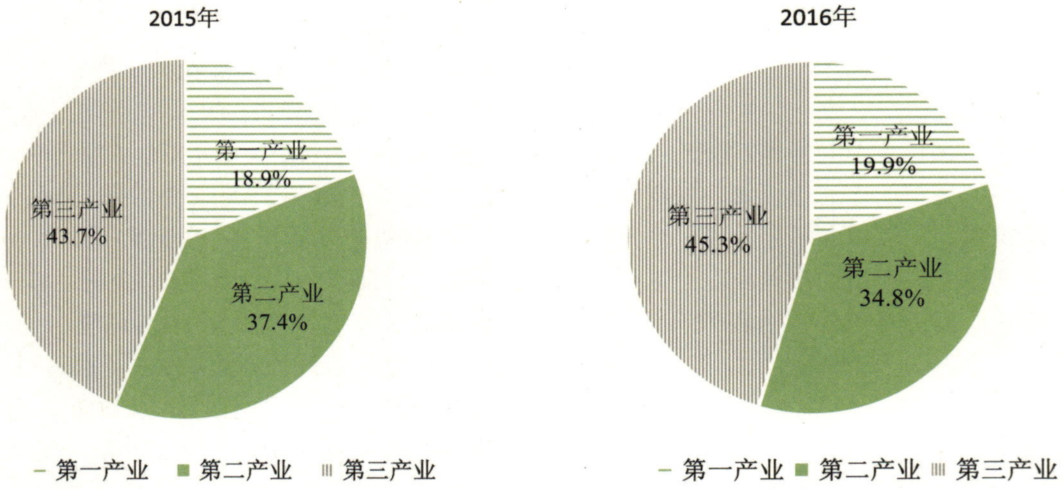

年末，全县户籍总人口48.84万人，比上年末增加0.74万人；年末常住人口（常住半年以上）39.21万人，比上年末增加0.27万人；年平均常住人口39.08万人，比上年增加0.2万人；常住人口城镇化率为50.09%，比上年末提高3.6个百分点；户籍人口城镇化率为43.42%，比上年末提高6.16个百分点。

表1

2016年年末人口数及构成

指标名称	年末数（人）	比重（%）
全县总人口	488415	100
其中：男性	254942	52.2
女性	233473	47.8

年末全社会从业人员22.99万人，其中第一产业14.35万人；第二产业3.83万人；第三产业4.81万人。全年城镇新增就业5448人，农村劳动力转移就业9051人，失业人员再就业906人。年末全县城镇人口登记失业人数892人，年末城镇登记失业率为3.9%。全年全员劳动生产率为50062元/人。

农业 全年实现农业总产值41.14亿元，比上年增长8.2%；实现农业增加值23.97亿元，比上年增长6.5%。

全年粮食作物种植面积45379公顷（68.07万亩），比上年减少207公顷（0.31万亩）；油料种植面积11396公顷（17.09万亩），比上年增加235公顷（0.35万亩）；蔬菜种植面积16550公顷（24.83万亩），比上年增加1666公顷（2.5万亩）。年末，果园面积2134公顷（3.2万亩），比上年增加235公顷（0.35万亩）；茶园面积12361公顷（18.54万亩），比上年增加139公顷（0.2万亩）。

全年粮食总产量185629吨，比上年增加811吨，增产0.4%。其中，夏粮产量46616吨，增产0.3%；秋粮产量139013吨，增产0.5%。主要粮食品种中，稻谷产量71330吨，减产0.7%；玉米产量54818吨，增产2.2%；小麦产量4380吨，减产4.2%。油料18890吨，增产1.5%。

表2 2016年主要农产品产量及其增长速度

产品名称	单位	绝对数	比上年增长（%）
粮食	吨	185629	0.4
其中：稻谷	吨	71330	—0.7
玉米	吨	54818	2.2
小麦	吨	4380	—4.2
马铃薯	吨	41341	0.8
红薯	吨	10210	1.5
油料	吨	18890	1.5
其中：花生	吨	790	0.5
油菜籽	吨	18100	1.6
烤烟	吨	5880	—9.3
蔬菜	万吨	34.06	10.8
茶叶	吨	4381	18.1
水果	吨	26305	20.8

全年实现林业增加值0.43亿元，比上年增长6.0%。主要林产品油桐籽、五倍子、棕片、花椒产量分别为7吨、20吨、40吨、11吨。

表3

2016年主要林产品产量及其增长速度

产品名称	产量（吨）	比上年增长（%）
油桐籽	7	—12.5
五倍子	20	5.3
棕　片	40	2.6
核　桃	75	11.9
板　栗	70	4.5
花　椒	11	10

全年畜牧业实现增加值6.47亿元，比上年增长3.6%。肉类总产量38746吨，比上年减少1364吨，减少3.4%。

表4

2016年主要畜产品产量及牲畜存栏、出栏情况

指标名称	计量单位	绝对数	比上年增长（%）
肉类总产量	吨	38746	—3.4
其中：猪肉	吨	32488	—6.9
牛肉	吨	2232	10.1
羊肉	吨	375	持平
禽肉	吨	2331	4.0
禽蛋产量	吨	1676	3.3
猪存栏数	万头	27.84	—8.1
牛存栏数	万头	5.75	—3.5
羊存栏数	万只	3.18	—0.3
家禽存栏数	万只	129	1.4
猪出栏数	万头	39.94	—6.1
牛出栏数	万头	1.89	10.0
羊出栏数	万只	2.32	持平
家禽出栏数	万只	142.06	3.8

全年渔业实现增加值0.96亿元，比上年增长5.6%。

年末有效灌溉面积26120公顷（39.18万亩）。农用机械总动力达41.42万千瓦，比上年增长1.0%。

工业和建筑业 全年工业增加值35.15亿元，比上年增长13.2%。规模以上工业总产值162.10亿元，比上年增长14.9%。其中，轻工业总产值8.69亿元，比上年增长34.5%；重工业总产值153.41亿元，比上年增长14.0%。

图3 2012—2016年工业增加值及其增长速度

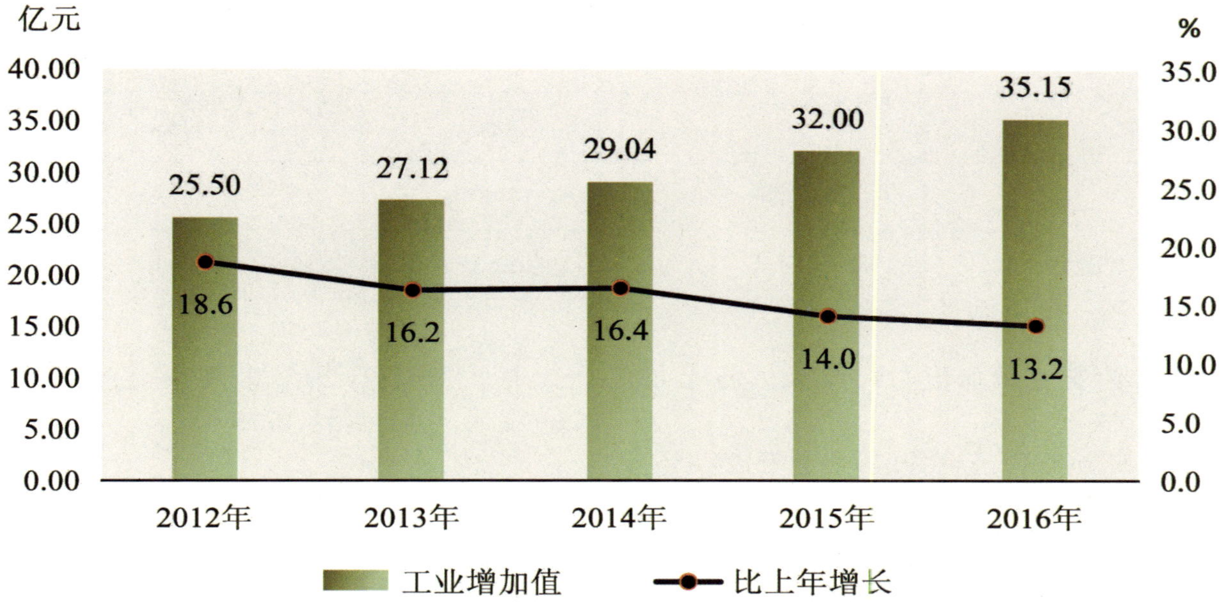

在规模工业总产值中，按经济类型分，国有企业工业总产值24.15亿元，比上年下降7.8%；股份制企业总产值115.21亿元，比上年增长25.0%；其他经济类型企业总产值9.55元，比上年下降10.2%。

表5 2016年规模以上工业分行业总产值及其增长速度

指标名称	绝对数（亿元）	比上年增长（%）
规模以上工业总产值	162.10	14.9
其中：国有控股企业	27.94	—4.7
其中：国有企业	24.15	—7.8
股份制企业	115.21	25.0
外商及港澳台商投资企业	13.19	8.9
其他经济类型企业	9.55	—10.2
其中：重工业	153.41	14.0
轻工业	8.69	34.7
其中：非公有工业	134.16	20.1
其中：大中型工业企业	110.85	16.3

在规模工业产品产量中,原煤342.65万吨，比上年下降3.9%；焦炭19.03万吨，比上年下降20.0%；磷矿石1446.70万吨，比上年增长15.6%；水泥127.35万吨，比上年增长14.0%。

表6　2016年规模以上工业产品产量及其增长速度

产品名称	计量单位	绝对数	比上年增长（%）
原煤	万吨	342.65	—3.9
焦炭	万吨	19.03	—20.0
化肥折纯	万吨	1.80	15.4
磷矿石	万吨	1446.70	15.6
水泥	万吨	127.35	14.0

全年建筑业增加值4.95亿元，比上年增长15.7%。

固定资产投资　全年固定资产投资124.85亿元，比上年增长21.2%。其中：房地产开发投资22.99亿元，比上年增长16.7%。

表7　2016年固定资产投资情况

指标名称	绝对数（万元）	比上年增长（%）
固定资产投资	1248501	21.2
其中：房地产开发	229871	16.7

图4　2012—2016年固定资产投资额及其增长速度

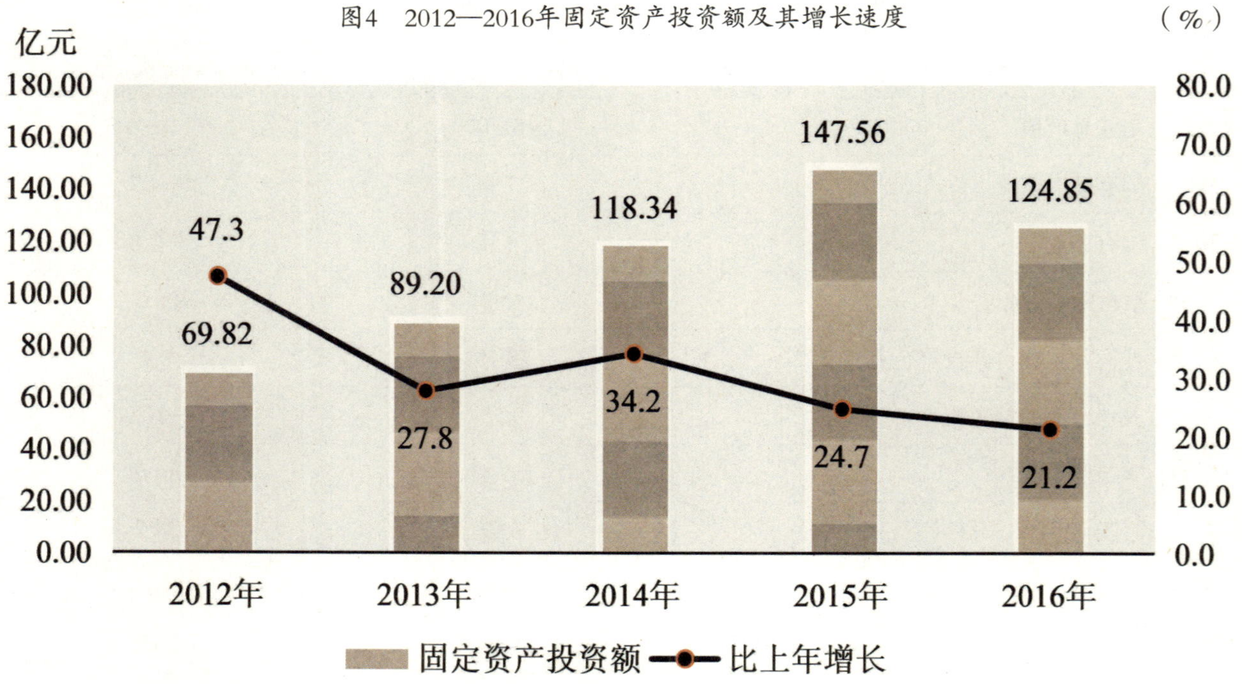

商贸、旅游和招商引资 全年实现社会消费品零售总额21.42亿元，比上年增长13.7%。

分地域统计，城镇15.91亿元，比上年增长13.2%；乡村5.51亿元，比上年增长15.1%。

表8 2016年城乡消费品市场情况

指标名称	绝对数（万元）	比上年增长（%）
社会消费品零售总额	214208.9	13.7
其中：城镇	159077.7	13.2
乡村	55131.2	15.1

图5 2012—2016年社会消费品零售总额及其增长速度

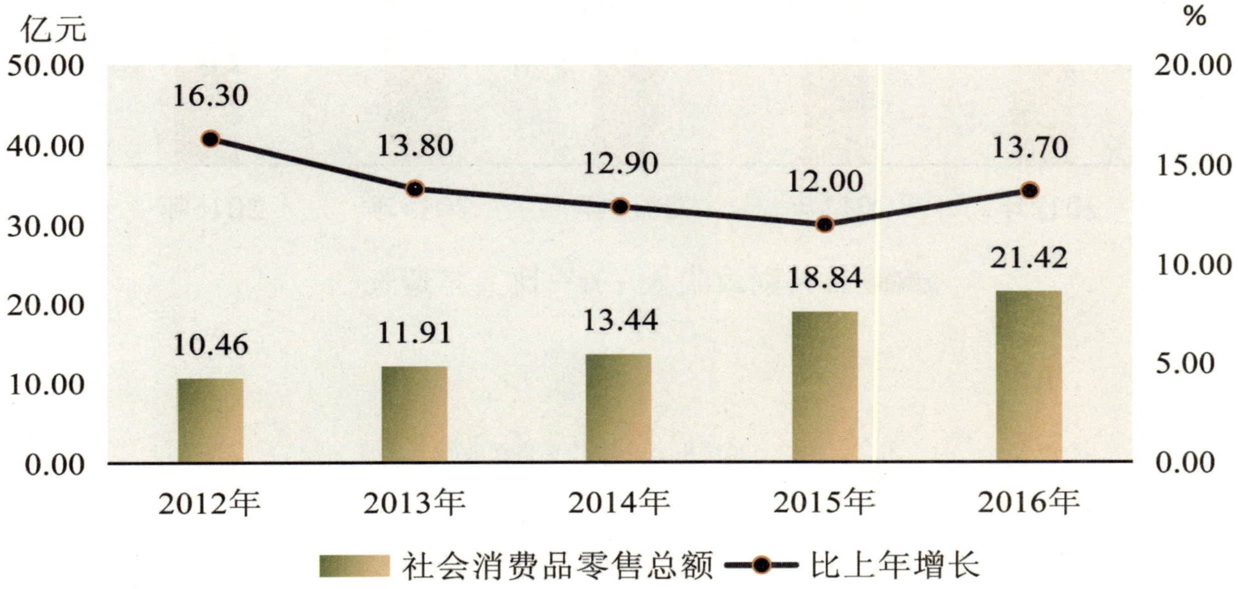

全年接待旅游总人数406.96万人次，比上年增长51.3%。全年旅游总收入35.7亿元，比上年增长59.0%。全县共有国家AAAA级景区1个、国家AAA级景区1个、国家A A级景区 1 个。

全年引进招商引资到位资金176.60亿元，增长12.1%。其中，省外3000万元到位资金91.6亿元。

交通运输和邮政通信 年末全县拥有客运车343辆，比上年增长28.5%；营运货车2308辆，比上年下降16.3%。

全县境内公路线路总里程1443.77公里，其中高速公路115.38公里；养护里程166.92公里；公路里程1116.47公里。全年公路完成旅客周转量470849万人公里，比上年增长33.8%；货物周转量538515万吨公里，比上年增长30.0%。

全县邮路总长度564公里，全年邮政业务总量1892.88万元，邮政业务收入352.3万元。全年电信业务总量47234.28万元。其中：电信公司3993.28万元，移动公司40787万元，联通公司2454万元。

财政和金融 全年财政总收入21.35亿元，比上年增长5.96%。其中，公共财政收入12.50亿元，比上年增长7.59%。全年公共财政支出30.02亿元，比上年下降7.45%。

图6　2012—2016年公共财政收入及其增长速度

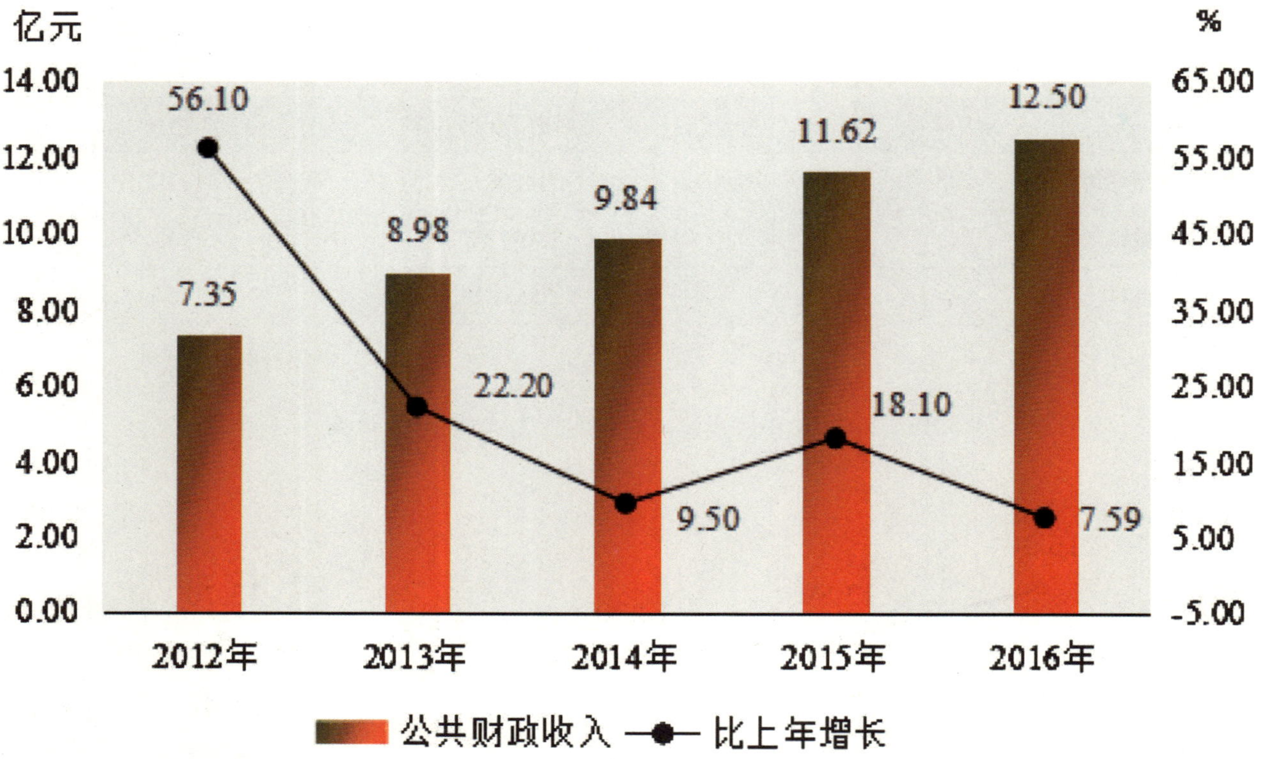

图7　2012—2016年公共财政支出及其增长速度

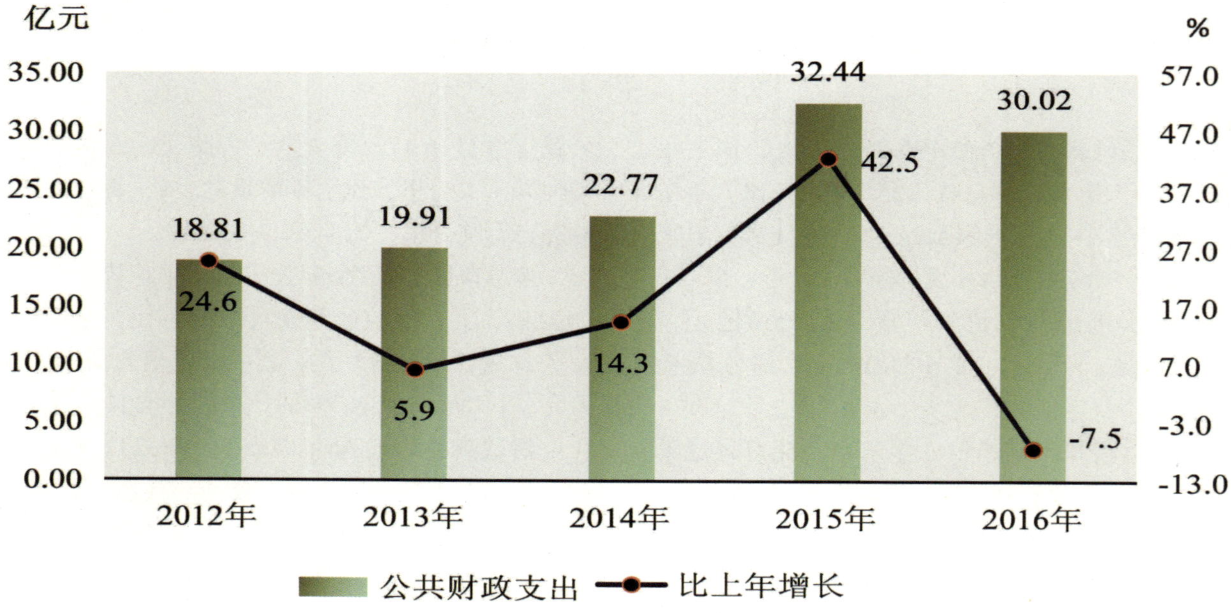

表9

2016年财政收支情况

指标名称	绝对数（万元）	比上年增长（%）
财政总收入	213470	5.95
其中：公共财政收入	125008	7.59
其中：税收收入	86148	3.47
其中：增值税	12718	124.22
营业税	12759	—21.65
企业所得税	3814	—5.41
个人所得税	1219	29.27
城市维护建设税	3256	6.93
非税收入	38860	18.00
公共财政支出	300228	—7.45
其中：一般公共服务	36191	1.86
教育	76311	6.18
科学技术	8156	22.13
社会保障和就业	18626	—25.59
医疗卫生	37271	6.42
节能环保	9799	—6.12
农林水事务	41438	—1.51
交通运输	3237	1.12
住房保障	18626	—58.83

年末，全县金融机构人民币各项存款余额148.21元，比上年增长24.5%，比年初增加29.18亿元。各项贷款余额112.67亿元，比上年增长29.1%，比年初增加25.37亿元。

表10

2016年金融机构信贷收支情况

指标名称	年末数（万元）	比年初增加（万元）
各项存款余额	1482085	291834
其中：住户存款	891084	180706
非金融企业存款	355469	63187
机关团体存款	212377	37375
各项贷款余额	1126664	253719
其中：境内贷款	1125812	253821
其中：住户贷款	524343	87605
非金融企业及机关团体贷款	601469	166216

教育和科学技术 全年各级各类学校185所，比上年减少15所。各级各类学校在校学生85112人，比上年增长6.33%，各级各类学校专职教师4510人，比上年增长7.43%。大专以上院校录取4143人。其中：一本613人，二本1509人，三本4人（美术），专科2017人。全县学前三年儿童入园率87.3%；小学适龄儿童入学率达99.84%；初中适龄少年入学率95.6%；高中阶段毛入学率91.2%。教育支出8.25亿元，比上年增长3%。

表11

2016年教育事业情况

指标名称	计量单位	绝对数	比上年增长（%）
全县各级各类学校	所	185	—7.50
其中：在校学生（含幼儿园）	人	85112	6.33
教职工	人	5298	12.65
其中：专职教师	人	4510	7.4
中等职业教育学校	所	1	—50.0
招生数	人	2478	—22.0
在校生	人	6113	—6.7
毕业生	人	1692	—8.7
普通中学	所	23	—17.9
其中：完全中学	所	1	—66.7
高级中学	所	2	0.0
初级中学	所	16	0.0

续表

指标名称	计量单位	绝对数	比上年增长（%）
九年一贯制学校	所	4	—42.9
高中	—		
招生数	人	3606	—0.01
在校生	人	10532	—5.2
毕业生	人	3911	7.5
初中	—		
招生数	人	5171	—0.9
在校生	人	15717	—5.1
毕业生	人	5772	—5.5
普通小学	所	79	—16.8
招生数	人	6677	3.7
在校生	人	34999	6.2
毕业生	人	4999	0.7
适龄儿童入学率	%	99.84	—
幼儿园	所	81	9.5
在园幼儿数	人	17680	38.1
特殊教育学校	所	1	0.0
在校学生	人	71	—4.1
高考参考人数	人	4615	6.14
录取情况			
一本	人	613	34.43
二本	人	1509	43.99
三本	人	4	—98.51
专科（高职）	人	2017	—1.75
录取率	%	93.43	8.29

文化、卫生和体育 年末，全县拥有县级一级文化馆1个，县级一级图书馆1个（纸质馆藏30万册、电子图书20万册），猴场会议纪念馆1个，名人故居有4处，艺术表演场所50个，村级文化活动室97个，乡镇级群众文化舞台10个，农家书屋97个（每个拥有纸质图书3000～5000册，共计40余万册），艺术表演团体46个（已作行政注册登记21个）。实行"幸福进万家·瓮水长歌乡村行"公益演出活动行政村全覆盖，演出共计100场（次）；"书画、摄影作品进乡村、进校园、进企业、进监狱巡回展"活动和新春系列活动——"灯谜竞猜活动""义务书写春联活动"覆盖13个乡镇（街道）；开展文艺支教活动2期，文企联动、辞赋论坛、文艺培训等活动21期。全年各类文学艺术获奖达39人（次），其中国家级3人（次），省级10次，州级15人（次）。

年末，各级各类医疗卫生机构380个、综合医院17个（含15个民营医院）、乡镇卫生院22个、社区卫生服务中心2个、诊所（卫生所、医务室）24个、村卫生室307个（含7个社区卫生服务站）、疾病预防控制中心1个、卫生监督所（中心）1个、妇幼保健院1个、精神病院1个、监狱医院2个、监所医院1个、美沙酮门诊1个。卫生技术人员2500人。其中执业医师和执业助理医师共914人。注册护士1089人。医疗卫生机构床位2501张。其中：医院1895张，乡镇卫生院606张。

年末，拥有全省一流的全民健身活动中心（"一场三馆"：体育场、体育馆、游泳馆、训练馆）。2016年推动全民健身工程建设，全县农体工程项目实施数量乡镇级累计达10个，覆盖率为83.3%；村级农民体育健身工程累计80个，覆盖率为80.8%；全民健身路径工程实施完成18条。成功举办中国·瓮安国际山地户外运动挑战赛，洲际男篮、女篮巅峰争霸赛，全国游泳锦标赛等重要赛事共23项。2016年黔南州运动会夺得金、银、铜牌共计90余枚。

人民生活和社会保障 全年城镇居民人均可支配收入26343元，比上年增长9.2%。城镇居民人均消费性支出18237.59元。按支出类别分，食品支出4307.93元，衣着支出1415.28元，居住支出3031.49元，生活用品及服务支出1469.55元，医疗保健支出956.58元，交通和通信支出4746.35元，教育文化娱乐服务支出2026.73元。城镇居民家庭恩格尔系数23.62%。城镇居民人均住房建筑面积达到41.73平方米。

图8 2012—2016年城镇居民人均可支配收入及其增长速度

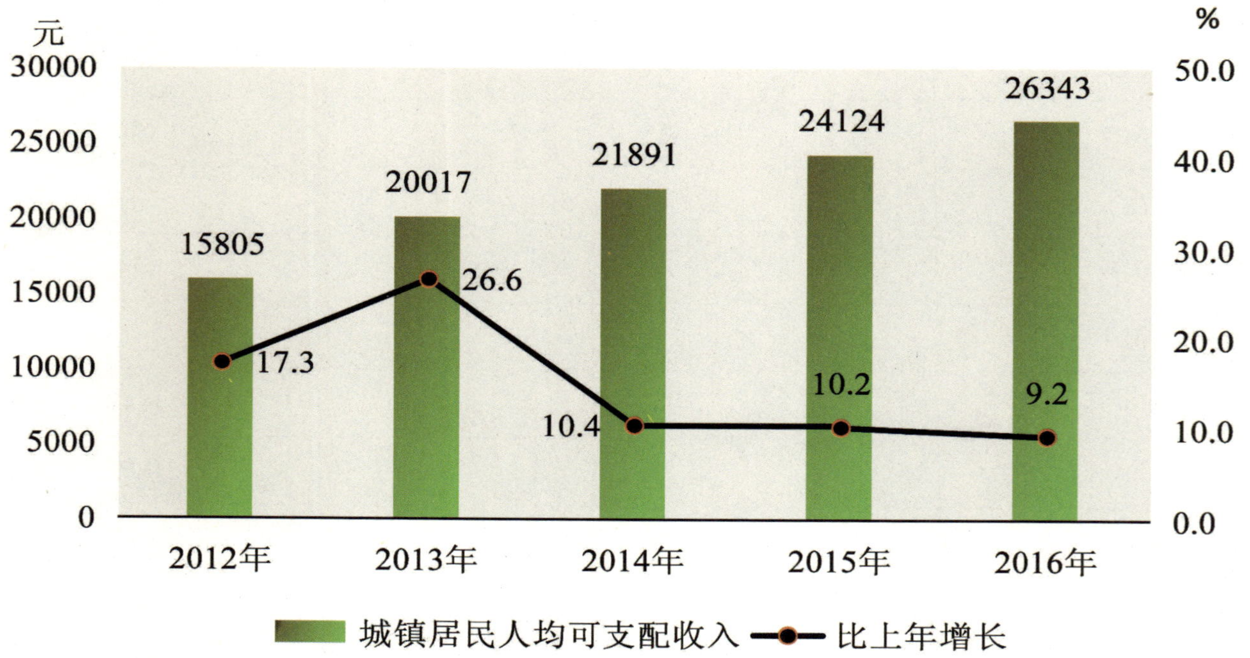

表12　2016年末每百户城镇居民耐用消费品拥有量

指标名称	计量单位	数 量
热水器	台	80.98
洗衣机	台	97.55
计算机	台	49.42
移动电话	部	265.82
彩色电视机	台	99.20
电冰箱	台	89.70
摩托车	辆	8.25
家用汽车	辆	27.01

全年农村居民人均可支配收入9156元，比上年增长10.0%。人均生活消费支出10466.50元。按支出类别分，食品支出2681.33元，衣着支出457.48元，居住支出2433.85元，生活用品及服务支出567.92元，医疗保健支出1175.35元，交通和通信支出1587.52元，教育文化娱乐服务支出1465.69元。农村居民家庭恩格尔系数25.60%。农村居民人均住房面积53.19平方米。

图9　2012—2016年农村居民人均可支配收入及其增长速度

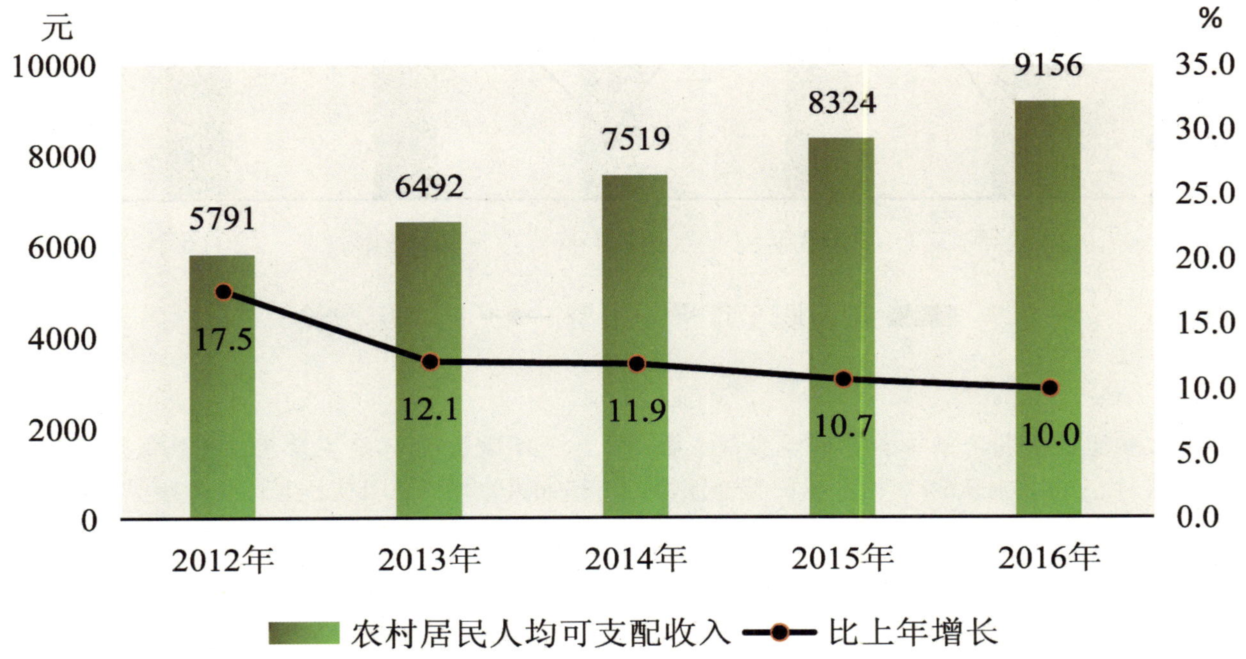

表13

2016年每百户农村居民家庭耐用消费品拥有量

指标名称	计量单位	数量
计算机	台	11.21
摩托车	辆	60.86
彩色电视机	台	98.98
移动电话	部	266.35
电冰箱	台	79.59
家用汽车	台	9.60
洗衣机	台	97.45

年末在岗职工21900人。在岗职工年平均工资63756元，比上年增长13.2%。其中：机关单位75150元，增长20.5%；事业单位79658元，增长20.1%；企业单位47364元，比上年下降0.6%。

图10　2012—2016年在岗职工年平均工资及其增长速度

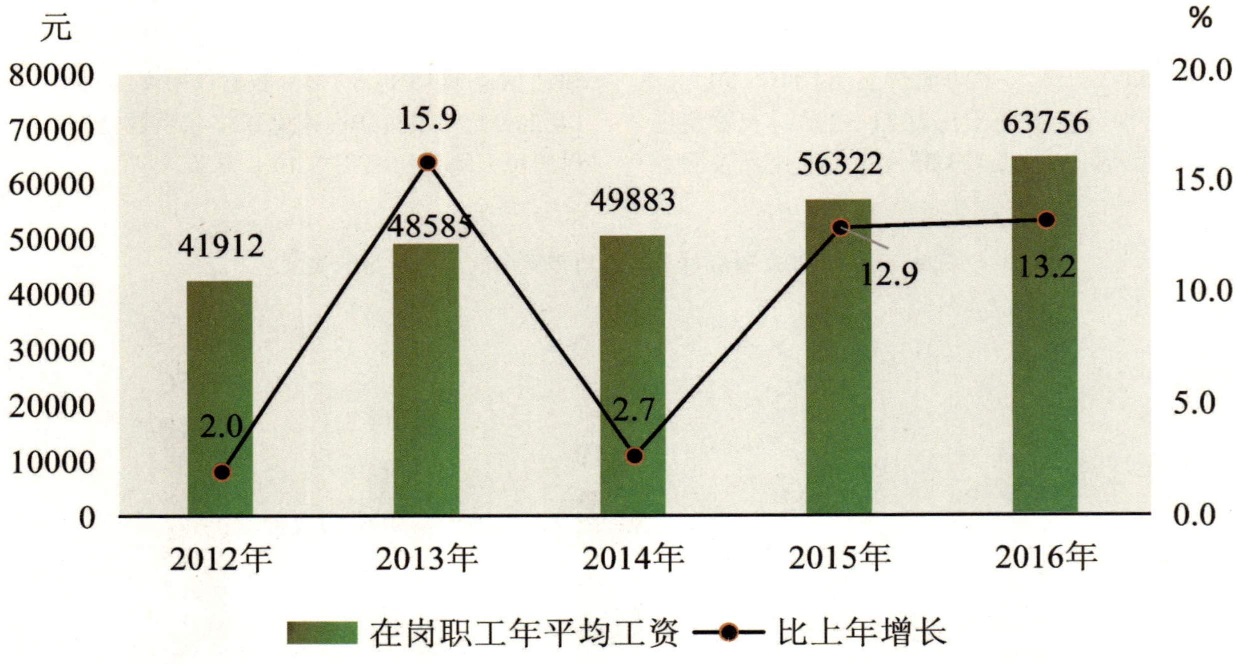

年末参加城镇职工基本养老保险参保人数47926人，比上年增长9.6%。城乡居民养老保险参保人数247765人，比上年增长1.2%。城镇职工及城镇居民基本医疗保险参保人数66023人，比上年增长3.7%。工伤保险参保人数34081人，比上年增长10.8%，其中参加工伤保险的农民工8596人，增长0.01%。生育保险参保人数26552人，比上年增长9.2%。失业保险参保人数26812人，比上年增长9.2%。

表14

2016年社会保险情况

指标名称	绝对数（人）	比上年增长（%）
基本养老保险参保人数	47926	9.6
基本医疗保险参保人数	66023	3.7
工伤保险参保人数	34081	10.8
生育保险参保人数	26552	9.2
失业保险参保人数	26812	9.2

全年农村居民最低生活保障人数14390人，比上年增加72.2%。累计发放农村低保金2910.96万元，比上年增加67.9%。城市居民最低生活保障人数2251人，比上年增加4.2%，累计发放城市低保金1133万元，比上年下降36.5%。

全年以村组为单位新农合覆盖率达100%，应参合389528人，实际参合389146人，参合率达98.96%，比2015年净增参合人数3893人。至2016年12月止，到位资金19022.70万元，到位率100%。

政　治

中共瓮安县委

综　述

【经济发展】　2016年，全县经济发展综合测评名列全省县域经济第一方阵第11名，全面小康实现程度95%以上。实现地区生产总值115.09亿元，增长13.7%；固定资产投资124.85亿元，增长21.2%；规模以上工业增加值35.15亿元，增长13.2%；财政总收入21.35亿元，增长5.95%，其中一般公共预算收入12.5亿元，增长7.59%；金融机构存贷款余额148.21亿元、112.67亿元，分别增长24.5%、29.1%；社会销售品零售总额21.42亿元，增长13.7%；城镇和农村常住居民人均可支配收入分别达26343元、9156元，分别增长9.2%、10%；招商引资到位资金176.6亿元，增长12.13%。

【新型工业化建设】　优化工业布局。坚持“规划先行、多规融合、高位对接”，围绕“大工业经济带”规划布局，坚持“突出优势、创新求进、以磷为主、多元发展”的思路，构建“矿山开采区、基础工业区、精细化工区、配套产业区、仓储物流区、产城互动区”的多元化、专业化、高端化、绿色化的工业立体空间布局，围绕磷化工主线，突出要素保障，延长产业链，拓展产业幅，将关联产业、衍生产业、共生耦合产业、配套产业规模化、集聚化发展，成功打造一批具有竞争优势的优强龙头企业、“百亿级”企业。夯实服务平台。通过积极承办全国及国际性磷化工产业发展大会、精细磷化工技术交流大会等契机，着力搭建论坛平台和基础设施平台，吸引高新尖科研人才、管理人才、技术骨干集聚瓮安。成功举办2016（瓮安）第九届国际精细磷化工技术交流大会，全国磷产业专家委员会在瓮安成立。帮助企业降低运营成本，与福泉、纳雍等15家电厂签约电量13.76亿千瓦时，享受优惠电价9000余万元。推进转型升级。按照全省“百企引进”工程行动计划，“聚焦大数据电子信息、大健康医药、高端装备制造、新能源和新材料、节能环保等领域，高端引进100户国内外500强企业，落地生成一批重大项目，引领支撑产业转型升级”的要求，着力培育金正大磷资源循环经济产业项目、贵州芭田磷化工循环经济产业园项目、湖北兴发（龙马磷业）精细磷化工项目和盾安风电花竹山96兆瓦风电场项目等4家行业500强工业企业项目，推动天一矿业新型磷化工产业园项目、贵阳能源集团煤电磷（锰）一体化项目、源翼集团磷系新材料产业园项目、瓮福黄磷磷电化一体化项目、文真铝业煤电铝一体化项目等一批重大项目的建设；催生深圳彩印包装、贵州国际电子商务产业园、鑫源环保建材、巨鑫建材等一大批配套产业同步发展，引领产业转型升级。有工业企业586家，其中规模工业企业80家，完成规模工业总产值160亿元。园区新入驻企业39家，共入驻企业187家，其中规模企业60家，实现工业总产值139亿元，税收3.76亿元。凸显园区载体功能。完成返乡农民工创业园标准化厂房11.87万平方米，引进项目4个，共28个；花都产业园入驻企业3户，新建厂房2万余平方米。全长39.75公里的港口大道、D3路等9条道路快速推进，完成12.4公里。壮大商贸物流业。依托水陆互济交通枢纽格局，加快推进园区配套和企业专用的铁路站场、专用线、水运码头、危化管罐、散货堆场、成品仓储等物流基础设施建设，畅通产业物流通道，有效降低物流成本。培育发展17家限额以上企业，建成麒龙城市综合体、经济开发区钢材市场、金龙商业街等一批专业市场和商贸街区。电子商务业逐渐走向行业化与专业化。获批省级电子商务进农村综合示范县，成功举办2016瓮安电子商务高峰论坛，引进中国百强电子商务企业颐高集团打造了贵州瓮安国际电子商务产业园，入驻企业200余家；建成淘宝特色中国瓮安馆、贵州电子商务云瓮安馆、供销E家等5个县级电子商务运营中心；培育电子商务企业及个人100余家，建成农村电子商务服务站58个，村覆盖率60%，“四通一达”快递在13乡镇（街道）开设网点，乡镇物流配送率100%。

【农业现代化】　做大做强主导产业。按照“特色化、品牌化、集约化”现代农业发展要求，着力打造无公害绿色有机农产品大县，着力做大做强以茶叶、辣椒种植为主的主导产业，同时积极发展肉兔、畜禽养殖等特色产业。种植茶叶20.16万亩，成为“都匀毛尖茶核心基地、珍稀名贵茶优质产地”，成功创建“欧标茶”品牌，产品远销欧盟、日本等国家和地区；辣椒种植20.09万亩；肉兔、禽类等特色养殖加快发展，形成以珠藏镇为重点的肉兔特色养殖产业，安装兔笼2.14万套，引进种兔2.14万只；出栏生猪39.94万头，牛1.89万头，羊2.32万头，禽142.06万羽。实现农业总产值34.59亿元，粮食总产量18.56万吨。产业化经营快速发展。加快引进农业龙头企业，补齐技术、市场两大短板，带动农民专业合作社、家庭农场、种养大户等新型农业经营主体，促进农业与工业、商贸物流业、旅游业等融合发展，促进农业“接二连三”。新增龙头企业28家，总量89家；新增农民专业合作社69个、家庭农场24个、专业大户53个，各类农民专业合作社321个、家庭农场56个、专业大户317个。农业园区建设有序推进。按照产业园区化、基地园林化的要求，引入标准化厂房、风貌整治、景区打造理念，高标准推进农业园区建设，建成一批以特色农业种植、农产品加工、商贸物流、观光旅游等于一体的现代高效农业园区。有省、州级农业园区7个，其中，瓮安县现代高效农业示范园区、岚关休闲农业园区被评为全州“十佳休闲农业园区”。园区入驻企业86家，龙头企业在园区内建有核心示范基地3.8万亩，辐射带动8.6万亩，带动农户3.6万户增收。

【城镇化建设】　县城综合承载能力不断提升。严格落实《瓮安县城市总体规划（2012—2030）》，科学编制梅花堰、朵云片区城市副中心发展规划，启动东部拓展区基础设施建设，有序拓展城市发展空间，县城建成区面积增扩至22平方公里。投资11.4亿元建设安南大道中段、龙水路东段等16条市政道路；基本形成“四纵十八横”城市路网，建成清莲湖湿地公园等一批城市公共空间，建成西门河文体中心至三号桥段河道治理及景观打造工程、七星农贸市场、南部农贸市场，完成城镇建设区新增绿地面积110公顷，完成零星城市棚户区改造1500户、小康房建设299户，改造农村危房206户；荣获“全省人防先进城市”。小城镇建设快速推进。有序推进猴场文旅融合型、建中茶旅休闲型、珠藏商贸集散型、平定营生态田园型等一批山地特色小城镇建设，珠藏、江界河等小城镇新区道路建设及镇区扩容和旧城改造初见成效，建成一批乡镇文化活动场所、农贸市场，城镇化率达50.09%，城镇化进程指数为79.9%，荣获全国“2016魅力生态旅游城市”称号。美丽乡村建设成效初显。深入实施“四在农家·美丽乡村”六项行动计划（小康房、小康寨、小康水、小康电、小康讯、小康路），着力提高农村基础设施建设和管理水平，重点解决农村人居环境、饮水安全、道路交通、环境整治等问题，基本实现“道路通畅，结构合理，功能完善，安全便捷；人畜饮水安全，农灌保障有力；农民住房经济美观，安全适用；用电安全可靠，智能绿色；宽带融合，普遍服务，邮件接收快捷；村寨功能齐全，设施完善，环境优美”的目标。完成高速公路沿线立面改造村寨15个，打造美丽乡村示范点16个，覆盖集中居住30户以上自然村寨215个，受益农户16521户66613人。建中镇果水村获贵州十佳美丽乡村“最具商业价值乡村”称号、猴场镇下司社区获“推荐旅游目的地”称号。

【交通、水利设施建设】 交通建设突飞猛进。完成交通固定资产投资16.1亿元，编制完成《乌江瓮安港总体规划》《瓮安县干线公路网规划（2016—2020年）》；启动瓮安至遵义铁路，瓮安至开阳、瓮安至黄平高速公路前期工作；开工建设瓮马铁路、瓮安云中港至岚关一级收费公路；S205瓮安银坑水至茅坡公路改造基本完工，完成农村公路改造60公里。瓮安南汽车站和城乡公交专用车站建成投入使用，并成功接入省级联网售票平台。瓮安北汽车站完成整体工程形象进度的80%，建成城乡公交候车亭26个，投入运营公交车28辆，县城与乡镇所在地通公交车率达77%。水利建设步伐加快。实施水利三年会战，加快推进“五库五厂两管线”（五库即车地、罗马塘、胜土、桐木、擦耳岩水库；五厂即西郊、西坡、南部、北郊、水冲河水厂；两管线即车地引水至西坡水厂、擦耳岩引水至北郊水厂两条长距离输水管线）联供工程建设，杜仲河水库下闸蓄水，塘坎上、擦耳岩、胜土水库等水库工程建设有序推进，全县总蓄水量达到0.61亿立方米。完成西坡水厂一体化水处理设备安装及清水池建设，水冲河水厂进行调试。推进小型农田水利重点县等项目建设，完成全县36座病险水库除险加固，完成河道治理20.92公里。整修山塘18座，新建、改造排涝渠6.245公里、干支渠43.97公里，涉及5.1万人的农村人饮安全巩固提升工程完工。信息和能源保障能力显著增强。完成“十三五”新一轮农村电网改造升级规划，建成投运110千伏银盏输变电、35千伏三支岩变电站扩建工程项目，实现10千伏线路配网电压检测仪全覆盖，配网联络率达93.62%，配网智能化率达81.16%，有2G、3G、4G基站850个，实现县城及乡镇4G网络全覆盖，宽带（含无线宽带）、无线语音电话全覆盖，城乡广播、电视全覆盖。

【文旅产业】 以规划引领全域旅游。按照《瓮安县全域旅游专项规划》《瓮安县温泉产业发展规划》等旅游发展规划思路，以“文旅、体旅、农旅、康旅”大融合为抓手，初步编制完成《瓮安县旅游产业发展总体规划》《瓮安县草塘千年古邑（十二塘）旅游区旅游发展总体规划》，重点围绕打造江界河休闲度假区、朱家山国家森林公园休闲度假区及草塘千年古邑旅游区三大景区，着力打造国际山地户外运动基地、全省文化旅游创新示范区、黔中文化旅游度假基地和国家中医药健康旅游示范区。以精品带动多元融合。重点推进以“十二塘”为核心的草塘千年古邑旅游区建设，突出“千年古邑·记忆草塘”定位，以其为龙头，带动创建朱家山国际山地休闲AAAA级旅游景区、江界河AAAA级旅游景区，点、线、面相结合，以“旅游+”推进全产业融合发展，着力打造文旅结合、茶旅结合、体旅结合、康旅结合的多元精品旅游景点。完成十二塘景区总体规划评审，完成天心塘、瀑布景观工程建设，有序推进龙见塘、草塘温泉酒店、长征文化园等项目建设；开展樱花园、桃花园、荷塘的种植，种植樱花3万株、桃花1.4万株、荷花22万株；建成建中茶旅小镇，成功打造茶旅一体化示范区，成功举办都匀毛尖（国际）茶人会瓮安分会。投资2.2亿元建成清涟湖湿地公园。成功开发“黄果树—荔波小七孔—西江千户苗寨—草塘千年古邑旅游区”“瓮安—思南—凤岗”2条县内外精品旅游线路，与60余家媒体和韩国威姿旅行社建立战略合作关系，全年共接待游客406.96万人次，实现旅游收入35.7亿元，同比增长59%。以文脉为魂彰显特色。依托中国辞赋之乡、全国文化先进县、全国民间文化艺术之乡、贵州省龙狮文化艺术之乡等名片，深入挖掘民俗文化、节庆文化、历史文化和非物质文化内涵，推进旅游与辞赋文化、茶文化、农耕文化、传统文化、体育文化、戏曲文化融合发展，彰显瓮安旅游的独特魅力。

【生态文明建设】 认真贯彻落实“五大新发展理念”和全省推动绿色发展建设生态文明意见，实施好“一城两带三组”（一城即县城区；两带即“基础工业区—开发区—港口物流区”工业经济带和“草塘古邑区—永和—朱家山国家森林公园”文农旅产业经济带；三组团即岚关—平定营—建中绿色生态组团、建中—中坪—玉山茶旅为龙头的现代山地观光农业组团、珠藏—江界河—天文生态特色养殖组团）主体功能区战略，坚持生态优先，绿色发展，让瓮安山更绿、水更清、天更蓝、地更洁，实现百姓富和生态美的有机统一。

全面实施生态建设工程。深入实施“绿色瓮安”和水生态文明建设行动计划，推进环城林带和城镇生态建设，推动25度以上的陡坡耕地以及重要水源地15～25度坡耕地退耕还林工作，实施重要生态区、脆弱区合理退出人口和产业，保护好湖泊、湿地、溪流等生态细胞，着力构建生态安全战略格局。新增营造林面积5.68万亩，完成新一轮退耕还林还草工程5万亩，治理水土流失面积16平方公里，森林覆盖率53.36%。建成清涟湖湿地公园，建设龙坑公园、飞练湖湿地公园和芭田至猴场生态走廊。全面推进循环高效节约发展。大力发展循环经济，以节能节水节材节地为重点，强化新上项目节能评估审查和环境影响评价，加快淘汰落后产能，积极推进清洁生产，杜绝引进污染企业，杜绝上马污染项目。大力弘扬生态文化，鼓励低碳出行、绿色消费，推动生产生活方式绿色化。严格控制农村集体建设用地规模，鼓励人口向村镇城集中，鼓励宅基地复垦复耕，推进工矿废弃地复垦。启动国家级循环经济示范县的申报工作，积极推进“双百工程”示范基地建设。改造升级县城污水管网，加快建中镇、江界河镇等6个污水处理厂项目建设，推进10个村垃圾收运系统建设。工业固体废物磷渣、磷石膏基本实现全部利用，万元GDP能耗控制在5.7%以内，城乡生活垃圾无害化处理率达73.38%。全面加强环境治理和保护。坚持“治、建、改、管”四措并举，打好治水、治气、治土“三大战役”。加强集中式饮用水水源地环境整治，河道及水源地污染监测防治、源头垃圾治理、畜禽养殖污染治理等重点工作。实行党政一把手分段负责的河长制，防治保护好母亲河——瓮安河。加强大气污染物协同控制，稳定提高全县空气质量。加强土壤污染防治和耕地质量保护，加强农业面源污染防治，改善土地资源质量。全面推进环境监管“六个一律”（指建设项目未经环评审批以及未按环评要求落实污染防治设施的，一律停建、停产；对环保设施不正常运行、污染物超标排放、私设暗管等环境违法行为，一律依法从重处罚；对直接向环境排放污染物的单位，一律依法足额征收排污费；排污单位严重违法导致较大以上突发环境事件和造成严重后果且社会影响恶劣，负有监管职责的国家公职人员存在失职、渎职行为的，一律追究行政责任；对污染饮用水水源，非法排放、倾倒、处置危险废物，非法排放含重金属、持久性有机污染物等严重危害环境、损害人体健康，私设暗管排放、倾倒、处置有放射性的废物、含传染病病原体的废物、有毒物质等严重污染环境违法行为，构成犯罪的，一律移交司法机关追究刑事责任；对排污企业环境违法行为，一律向社会公开）和森林保护“六个严禁”（严禁盗伐林木、严禁掘根剥皮等毁林活动、严禁非法采集野生植物、严禁烧荒野炊等容易引发林区火灾行为、严禁擅自破坏植被从事采石采砂取土等活动、严禁擅自改变林地用途造成生态系统逆向演替）执法专项行动，大力整治“六黑”（黑废水、黑烟囱、黑废油、黑废渣、黑数据、黑名单）六类环境违法行为，严禁商品林木采伐，严禁开山毁林乱采砂石，严格执行工矿采空区生态补偿，依法严厉打击破坏生态和污染环境违法行为。关闭企业3家，行政处罚企业12家，挂牌督办企业5家，3名企业负责人受到法律制裁，强化环境监管能力建设，建成环境监测站业务用房。集中式饮用水源地水质达标率100%，县城空气质量优良率100%。

【民生事业】 脱贫攻坚扎实有力。科学编制《瓮安县2016年易地扶贫搬迁工程实施方案》等脱贫攻坚实施方案，建立“一对一”包保帮扶机制，实现对贫困户结对帮扶全覆盖。实施各类扶贫项目156个，新建猴场镇、玉山镇、江界河镇、珠藏镇易地扶贫搬迁安置点，搬迁1253户5351人；整合交通、水利等涉农资金4.65亿元，推动农村基础设施建设；设立500万元县级“风险补偿资金”，对6377户贫困户发放“特惠贷”3.17亿元；发展贫困村专业合作社27个，转移就业劳动力3000人；社会保障兜底“两无”贫困人口5820名；实现46个贫困村出列，减少农村贫困人口2.67万人，成功退出滇桂黔石漠化片区县。教育事业全面发展。新建和改造4所农村幼儿园，完成4所薄弱学校改造，建成11个标准化“留守儿童之家”，推进瓮安八小新建工程及瓮安三小、实验学校、瓮安三中改扩建工程。完成草塘中学、珠藏中学高中部撤并工作；完成瓮安二中整体搬迁并成功申创为省级三类示范性普通高中。九年义务教育巩固率、学前三年毛入园率、高中阶段毛入学率分别为98.32%、87.32%、91.28%。高考二本以上上线2122人，上线总数全州第一；中考平均分排名全州第一。医疗卫生普惠于民。加快完善县乡村三级医疗服务网络，完成中医院、县妇幼保健院主体工程建设，改扩建乡镇卫生院6个，实现村级卫生室全覆盖。有公办医院29家、民营医院15家、诊所24家、厂矿医院2家、村级卫生室300家，每千人口拥有医师1.9人，千人床位5.27张。社会保障日益完善。实现城镇新增就业6523人，农村劳动力转移就业9051人，城镇登记失业率为3.85%；城镇职工基本养老保险参保47926人，城乡居民社会养老保险参保247765人；提高城乡低保保障标准，实现应保尽保，发放城乡低保金4043.96万元，医疗救助金416.4万元，救助城乡困难群众1294人次。文体事业欣欣向荣。充分挖掘瓮安历史文化，举办龙狮文化艺术节、戏曲展演节和中国樱花文化艺术节，“瓮水长歌乡村行”项目顺利通过国家文化部验收。充分利用全省一流现代化综合性体育场馆等基础设施优势，成功承办2016中国·瓮安国际山地户外运动锦标赛、2016中国·瓮安国际男（女）篮争霸赛、第十三届全国健身交谊舞锦标赛暨2016全国健身舞大赛、“绿色中国行·走进美丽瓮安”等一系列国际（国家）级重大活动，提升了瓮安的知名度和美誉度。

【全面深化改革】 重点改革成果丰硕。相对集中行政许可权获得国家级试点，乡镇行政管理体制改革获得全省唯一整县推进试点，城乡建设用地增减挂钩、旅游改革、农村集体土地确权登记颁证、土地经营权流转管理对比试验、农村“三变”改革等12项改革被纳入省级试点，全省户籍制度改革工作现场推进会在瓮安召开，将瓮安“五个三”（三策驱动、三房融合、三保衔接、三权同步、三业协同）政策叠加推进户籍制度改革在全省推广，实现农业转移人口落户城镇19893人，城镇化率提高到51.6%。制定并出台《瓮安县出租汽车行业改革实施方案》，在全省率先实施出租汽车行业市场化改革，实行经营权许可给公司或个体经营者无偿有限期使用，打破行业垄断，放开数量管控，提高资源使用效率。创业创新活力迸发。大力推进“大众创业、万众创新”；落实推进“先照后证”“五证合一”“一照一码”各项改革举措，新版电子营业执照发放和全程电子化登记改革稳步实施。新发展企业897户，个体工商户2731户，农民专业合作社90户，发放“一照一码”版营业执照1758份。瓮安安青创业社被评为国家级众创空间；瓮安县工业园区增量配电业务被国家发改委、国家能源局确定为试点项目；成立全省县级第一家互联网金融公司，拓宽了民间投资理财渠道。

【依法治县】 全面加强民主政治建设。认真落实地方党委工作条例和党组工作条例（试行），坚持民主集中制，健全党委议事制度和决策机制，大力支持人大及其常委会依法行使职权，充分发挥人民政协作为协商民主重要渠道和专门协商机构作用，提高协商民主制度化、规范化、程序化水平。加强国防动员和后备力量建设，扎实推进优抚安置和“双拥”工作，促进军民融合发展。认真做好民族、宗教、对台、侨务、老龄老干和关心下一代等工作，充分发挥工会、共青团、妇联等群团组织的桥梁和纽带作用，凝聚了广泛的智慧和合力。加速推进法治瓮安进程。建立健全社会矛盾化解经费保障机制，继续将信访调处资金和“4个100万”专项经费纳入财政预算。采取“法律诊所”效仿医疗机构运作模式和引入第三方调解平台参与调解矛盾纠纷，提高矛盾纠纷化解成功率，调解各类矛盾纠纷4819件。继续深化“5531”社会治理模式，探索城市管理综合行政执法新机制，组建瓮安县城市管理综合行政执法局，实现“一个领域一支队伍管执法”，率先在全省成立政府专职消防队，实现政府专职消防队乡镇（街道）全覆盖。

【宣传思想工作和精神文明建设】 以学习为引领，夯实干部群众思想道德基础。以“宣传部长上讲堂”活动为引领，开展宣传干部上讲堂、领导干部上讲堂、道德模范上讲堂、德师队伍上讲堂、专家学者上讲堂、乡贤寨老上讲堂“六上讲堂”活动900余场次；通过宣传干部引领讲、专家学者示范讲、志愿者队伍巡回讲、百姓宣讲团通俗讲、媒体宣传联动讲、调频广播定点讲、舞台+

讲台形象讲“七个讲”的方式，开展党的形势政策教育1200余场次，《瓮安：用这“五件事”深化党员干部队伍教育》在省委宣传部微学习平台上登载并在全省得以推广；掀起学习“全省优秀共产党员”龙增刚先进事迹热潮，县内外3万余名党员干部聆听了事迹专场报告。以权威解读为支撑，展现瓮安新形象。主动与新华社、中央党校对接，将“瓮安经验”搬上中央和地方各级党校及高校课堂，中央党校党建部将《“瓮安之乱”到“瓮安之变”的经验与启示》作为经典案例教学；承办红军长征80周年系列纪念活动，中央电视台、人民日报、新华社等100余家主流媒体600余人到瓮安进行采访报道；邀请新华社、贵州电视台等省内外媒体前到县进行实地采访，推出了一批有深度的报道。国家级媒体刊播稿件312条（篇），省级媒体刊播稿件730篇（条），州级媒体刊播稿件2693篇（条）。以文化底蕴为依托，构筑精神高地。建立“文企联动”长效机制，瓮安文企联动的做法获得了中国文联肯定并在全国加以推广；成立红色文化研究会，完成了伟大转折系列丛书之二《一路向北——承上启下的猴场会议》的编撰工作；全方位打造黔中红色旅游、古邑旅游品牌，瓮安县荣获了“2016魅力生态典范城市”称号。

【从严治党】 突出“两学一做”学习教育，抓好思想政治建设。采取领导干部“引领学”，交流讨论“互动学”，实地教育“体验学”，骨干培训“重点学”，丰富载体“形象学”，新闻舆论“引导学”等“六学”模式，开展“党的声音进万家、总书记话儿记心上”主题宣讲120余次，9000余名党员受到了教育。以“三强化（强化支部的政治功能、发展功能、服务功能）、五带头（带头学习党的方针政策、遵纪守法依规办事、扶贫助困脱贫攻坚、服务发展助力小康、奉献争做道德模范）”为载体抓实学习教育，通过“六个一”助推“四进四送（送教育、送技术、送培训、送岗位、进企业、进农村、进社区、进学校）”，组织党员领导干部上党课600余次，到户送党章和学习读本2万余册，送应知应会手册14000余份，举办基层党组织书记和党务骨干培训32期827人。加强基层组织建设，构筑坚强有力战斗堡垒。不断强化“党建+”理念，深入实施基层党建“六化工程”（群众化、社会化、行业化、区域化、项目化、信息化），扎实推进农村、机关、社区、学校、非公和社会组织各领域党建工作。强化各级党组织书记党建工作责任落实，动态整顿软弱涣散基层党组织，打通联系服务群众“最后一公里”。发展党员186人，规范组织管理及组织处置21人，整顿软弱涣散党组织9个，调整村级“两委”班子2人，落实活动场所8个。强化干部人才队伍建设，锻造加快发展中坚力量。坚持“好干部”标准，进一步完善干部选拔任用考核评价办法，加大优秀年轻干部的培养力度，注重对干部的能力培养和实践锻炼，大力选拔具有基层工作经历、实绩突出、群众口碑好的干部充实到领导干部队伍。大力实施“百千万人才引进计划”和高层次创新人才培养工程，着力造就一支素质优良、结构优化的多层次创新型科技人才队伍。引进各类人才342人，对各类人才发放慰问金、津贴、补贴等94万余元。深入推进党风廉政建设，营造风清气正政治生态。坚持把纪律和规矩挺在前面，严格落实主体责任，坚持把主体责任扛在肩上，一把手带头履责，班子成员共同负责，层层传导责任压力，严肃责任追究，让全面从严治党向纵深推进。用好监督执纪“四种形态”，充分发挥县级巡察机构作用，推动巡察监督向基层延伸，对党员干部苗头性、倾向性问题，及时棒喝、对症下药、精准治疗，努力从源头上堵塞滋生腐败的制度漏洞。坚持高悬惩治腐败利剑，无禁区、全覆盖、零容忍查处违纪违法案件，着力营造风清气正的良好政治生态。立案144件，涉及乡科级干部15人；结案145件，党政纪处分151人，收缴违纪款230余万元。

重要文件

瓮党发文件

文　号	标　题
瓮党发〔2016〕1号	关于制定瓮安县国民经济和社会发展第十三个五年规划的建议
瓮党发〔2016〕2号	关于2016年卫生和计划生育工作的意见
瓮党发〔2016〕3号	中共瓮安县委常委会2016年工作要点
瓮党发〔2016〕4号	关于进一步加强乡镇（街道）协商民主建设的指导意见
瓮党发〔2016〕5号	关于认真做好县乡领导班子换届工作的通知
瓮党发〔2016〕6号	转发《中共瓮安县人大常委会党组关于做好县乡人民代表大会换届选举工作的实施意见》的通知
瓮党发〔2016〕7号	关于向中共瓮安县第十二届委员会提名推荐第十二届县委委员、候补委员，中共瓮安县第十二届纪律检查委员会委员候选人建议人选的推荐书
瓮党发〔2016〕8号	中共瓮安十二届县委委员、书记、副书记候选人和中共瓮安县十二届纪律检查委员会委员、书记、副书记候选人推荐书
瓮党发〔2016〕9号	关于向中共瓮安县第十二届纪律检查委员会提名推荐县委常务委员会委员，书记、副书记候选人的推荐
瓮党发〔2016〕10号	转发《政协瓮安县第十一届委员会换届工作的实施意见》的通知
瓮党发〔2016〕11号	关于加强县委常委会自身建设的决定
瓮党发〔2016〕12号	中共瓮安县委全体会议议事决策规则
瓮党发〔2016〕13号	关于印发《中共瓮安县委常委会“三严三实”民主生活会整改落实方案》的通知
瓮党发〔2016〕14号	关于扎实做好易地扶贫搬迁后续扶持工作的实施意见

瓮委文件

文　号	标　题
瓮委〔2016〕1号	关于印发《瓮安县2016年度党风廉政建设党委主体责任和纪委监督责任工作计划》的通知
瓮委〔2016〕2号	关于表彰瓮安县民营经济发展先进集体及个人的决定
瓮委〔2016〕3号	关于表彰优秀人才和推动科技进步先进集体的决定
瓮委〔2016〕4号	关于表彰瓮安县高速公路建设“三年会战”先进集体和先进个人的决定
瓮委〔2016〕5号	关于调整县委常委分工的通知
瓮委〔2016〕6号	关于成立瓮安县换届工作领导小组的通知
瓮委〔2016〕7号	关于何杰等同志晋升职级的通知
瓮委〔2016〕9号	关于表彰全县优秀共产党员优秀党务工作者和先进基层党组织的决定

续表

文 号	标 题
瓮委〔2016〕10号	关于做好2016年乡镇党委换届选举工作的指导意见
瓮委〔2016〕12号	关于同意召开中国共产党猴场镇第十四次代表大会的批复
瓮委〔2016〕13号	关于同意召开中国共产党平定营镇第八次代表大会的批复
瓮委〔2016〕14号	关于同意召开中国共产党玉山镇第八次代表大会的批复
瓮委〔2016〕15号	关于同意召开中国共产党岚关乡第十七次代表大会的批复
瓮委〔2016〕16号	关于同意召开中国共产党银盏镇第十五次代表大会的批复
瓮委〔2016〕17号	关于同意召开中国共产党江界河镇第二次代表大会的批复
瓮委〔2016〕18号	关于同意召开中国共产党建中镇第五次代表大会的批复
瓮委〔2016〕19号	关于同意召开中国共产党中坪镇第八次代表大会的批复
瓮委〔2016〕20号	关于同意召开中国共产党天文镇第八次代表大会的批复
瓮委〔2016〕21号	关于同意召开中国共产党永和镇第八次代表大会的批复
瓮委〔2016〕22号	关于同意召开中国共产党珠藏镇第八次代表大会的批复
瓮委〔2016〕23号	关于成立中共瓮安县教育纪律检查工作委员会的通知
瓮委〔2016〕24号	关于调整县委常委分工的通知
瓮委〔2016〕25号	关于成立中国共产党瓮安县第十二次代表大会筹备工作领导机构和工作机构的通知
瓮委〔2016〕26号	关于做好中国共产党瓮安县第十二次代表大会代表选举工作通知
瓮委〔2016〕27号	关于同意县工商联（商会）2016年换届工作的批复
瓮委〔2016〕28号	关于邱兴兰等同志晋升职级的通知
瓮委〔2016〕29号	关于做好出席中国共产党黔南州第十一次代表大会代表选举工作的通知
瓮委〔2016〕32号	关于印发中共瓮安县第十二届委员会常委工作分工的通知

常委会议纪要

文 号	标 题
十一届〔2016〕1号	1月10日县委常委会第116次会议
十一届〔2016〕2号	2月1日县委常委会第117次会议
十一届〔2016〕3号	2月23日县委常委会第119次会议
十一届〔2016〕4号	3月8日县委常委会第120次会议
十一届〔2016〕5号	3月24日县委常委会第121次会议
十一届〔2016〕6号	4月11日县委常委会第122次会议
十一届〔2016〕7号	4月22日县委常委会第123次会议

续表

文　号	标　题
十一届〔2016〕8号	4月24日县委常委会第124次会议
十一届〔2016〕9号	5月27日县委常委会第125次会议
十一届〔2016〕10号	6月12日县委常委会第126次会议
十一届〔2016〕11号	6月21日县委常委会第127次会议
十一届〔2016〕12号	7月25日县委常委议军（警）会议纪要
十一届〔2016〕13号	7月30日县委常委会第129次会议
十一届〔2016〕14号	8月1日县委常委会第130次会议
十一届〔2016〕15号	8月15日县委常委会第132次会议
十一届〔2016〕16号	8月7日县委常委会第131次会议
十一届〔2016〕17号	9月9日县委常委会第134次会议
十一届〔2016〕18号	9月27日县委常委会第135次会议
十一届〔2016〕19号	10月13日县委常委会第137次会议
十一届〔2016〕20号	10月21日县委常委会第140次会议

重要会议（活动）

【瓮安县经济工作会议】　2月2日，县召开经济工作会议，认真学习领会、全面贯彻党的十八大和十八届三中、四中、五中全会，中央和省委、州委经济工作会议精神，认真落实县委十一届六次全会精神，总结2015年经济工作，分析当前经济形势，研究部署2016年经济工作。州、县领导张文强、黄桂林、潘玉华、陈博、钟旻、张宗良、曾薇、王华（纪委）、孟先锋、屈芳、韩小忠、杨胜雁、吴雪嫩及县四家班子其他领导出席会议。

【瓮安县纪委全会】　3月1日，中共瓮安县第十一届纪律检查委员会召开第六次全体会议，会议回顾总结了全县2015年党风廉政建设和反腐败工作，安排部署2016年工作。州委常委、县委书记张文强出席会议并讲话，县领导黄桂林、潘玉华、陈博、钟旻、张宗良、曾薇、王华（纪委）、孟先锋、屈芳、韩小忠、黄成、杨胜雁、姜雷、吴雪嫩及县四家班子其他领导出席会议。县委常委、县纪委书记王华主持会议。

【县“两会”召开】　3月2日至5日，政协第十届瓮安县委员会第5次会议、瓮安县第十六届人民代表大会第五次会议在瓮安县城召开。

【高速公路建设“三年会战”总结表彰暨瓮马铁路建设启动会】　3月23日，县召开高速公路建设“三年会战”总结表彰暨瓮马铁路建设启动会，总结高速公路建设“三年会战”工作经验，动员和组织全县各级各部门全力做好瓮马铁路项目建设工作，确保项目早日建成。州、县领导张文强、潘玉华，县委副书记钟旻、张宗良、王华（纪委）、孟先锋、屈芳、黄成以及县四家班子其他领导参加会议。

【2016中国·瓮安洲际青年女篮巅峰争霸赛在瓮安举行】　4月11日至13日，2016中国·瓮安洲际青年女篮巅峰争霸赛在瓮安举行。

【黔南州委召开常委会议专题听取瓮安县工作情况汇报】 5月6日，州委召开常委会议，专题听取瓮安县工作情况汇报，研究指导瓮安经济社会发展工作。会议强调，要牢固树立和切实践行五大发展新理念，厚植发展优势、补齐发展短板，以开放促开发，以共享促和谐，争当黔中腹地协调发展排头兵。州委书记龙长春主持会议并讲话。州委副书记、州长向红琼，州委常委、州纪委书记魏明禄，州委常委、瓮安县委书记张文强，州委常委罗桂荣、吴丹、胡志峰、闫光锋、郭青、范勇，州政府副州长、州政协党组副书记及联系瓮安县的州领导出席会议。县领导黄桂林、潘玉华、陈博及县四家班子其他领导参加会议。张文强代表瓮安县委、县政府作工作汇报。

【2016（瓮安）第九届国际精细磷化工技术交流大会州瓮安召开】 5月9日，在2016（瓮安）第九届国际精细磷化工技术交流大会上，来自全国各地的业内专家、学者和企业家们就瓮安磷化工发展方向、地方产业情况以及行业的引领作用进行技术交流，展开高峰论坛。中国化工信息中心副主任、中国化工情报信息协会理事长揭玉斌，黔南州委常委、瓮安县委书记张文强，昆明理工大学化学工程学院院长梅毅，广西越洋化工实业集团有限公司董事长林明，四川大学教授、钟本和，中国化工信息中心HSE事业部主任王武，黔南州化学分工协会理事长宋锡高及瓮安县领导金正祥、曾明康、郑毅参加研讨交流会。

【省委副秘书长、办公厅主任李刚一行赴瓮安调研生态文明建设工作】 6月22日，省委副秘书长、办公厅主任李刚一行赴瓮安调研生态文明建设工作。州委常务副秘书长、州委办公室主任罗丕，县领导黄桂林、陈博、钟旻、曾明康、姚明凤陪同调研或参加座谈。

【瓮安县召开2016年度议军（警）会暨国动委会议】 7月25日，县召开2016年度议军（警）会暨国动委会议，安排部署相关工作。州委常委、县委书记、县人武部党委第一书记张文强，县委副书记、县长、县国动委主任黄桂林，县人大常委会主任潘玉华，县委副书记钟旻，县委常委张宗良、曾薇、王华、屈芳、韩小忠、阮顺坤、吴雪嫩、唐邦水、贾青鸿出席会议。

【全省户籍制度改革现场推进会瓮安召开】 8月16日，省人民政府在瓮安县召开全省户籍制度改革现场推进会。副省长陈鸣明，省政府党组成员、省公安厅厅长郭瑞民，黔南州委副书记、州人民政府州长向红琼出席会议。会议由省政府副秘书长周乐职主持。会议总结了2015年以来全省户籍制度改革工作取得的成绩，查找了全省户籍制度改革中存在的问题，推广瓮安稳步推进户籍制度改革、积极推动农业转移人口及其他常住人口市民化的经验，就加快推进贵州省户籍制度改革、加快提高户籍人口城镇化率进行研究部署。

【中共瓮安县委十一届八次全体会议召开】 8月21日，中共瓮安县委十一届八次全体会议召开，州委常委、县委书记张文强，县委副书记、县长黄桂林，县人大常委会主任潘玉华，县政协主席陈博，县委副书记钟旻，县委常委曾薇、屈芳、韩小忠、黄成、阮顺坤、吴雪嫩、唐邦水出席会议并在主席台就座。会上，张文强代表县委常委会向全会作工作报告。报告回顾了县委十一届六次全会以来的工作，分析当前面临的形势，并安排部署了今后一段时期的工作。

【“沿着红军足迹·穿越多彩贵州——纪念长征胜利80周年大型骑行推广活动”到达瓮安】 9月21日，“沿着红军足迹·穿越多彩贵州——纪念长征胜利80周年大型骑行推广活动”到达第三站——瓮安。启动仪式上，省委宣传部外宣办事业发展处处长张建军讲话并提出殷切希望。县委副书记钟旻在致辞中对大家的到来表示欢迎，希望来宾们在骑行途中多看、多听、多拍、多写、多宣传瓮安的旅游文化资源。县委常委、宣传部部长、统战部部长曾薇主持启动仪式。

【2016年中国·瓮安国际山地户外运动挑战赛在瓮安举行】 9月19日至21日，2016年中国·瓮安国际山地户外运动挑战赛在瓮安举行。

【“绿色中国行——走进美丽瓮安”大型公益晚会隆重举行】 9月25日晚，由全国绿化委员会、国家林业局、中国绿化基金会主办的纪念红军长征胜利八十周年“绿色中国行——走进美丽瓮安”大型公益晚会在瓮安县全民健身活动中心开幕。中共中央农村工作小组原副组长、林业部原部长、中国绿化基金会顾问徐有芳宣布晚会开幕。瓮安县委副书记、县长黄桂林在晚会上致辞。到场观看晚会的嘉宾和领导还有经济日报社原常务副总编、重走长征路第一人罗开富，清华大学哲学系主任、生态文明研究中心主任教授、博士生导师卢风，国家林业局经济发展研究中心主任、国家林业局生态安全研究中心主任李金华，中华文化交流与合作促进会秘书长、朱德孙媳妇高崎，中国生态文明研究与促进会常务理事、《党政领导干部生态文明建设读本》主编、教授黎祖交，国家发改委综合运输所副所长、研究员王东明，国家林业局经济发展研究中心党委副书记菅宁红，中国绿化基金会副秘书长陈英歌，贵州省林业厅副巡视员李明晶，黔南州委常委、瓮安县委书记张文强，瓮安县领导潘玉华、陈博、钟旻以及县四家班子其他领导。

【“两山”路上看变迁，绿色中国十人谈大型系列电视访谈节目在瓮安举行】 9月25日，“两山”路上看变迁，“绿色中国十人谈”大型系列电视访谈节目在瓮安举行。来自绿色中国行的领导、专家纷纷为红色圣地瓮安的绿色发展之路把脉会诊，提建议。由中华全国新闻工作者协会党组书记、常务副主席翟惠生，清华大学哲学系主任、生态文明研究中心主任卢风，国家林业局经济发展研究中心主任李金华，中国生态文明研究与促进会常务理事、绿色财富论坛组委会副主任黎祖交，国家发改委综合运输所副所长、研究员王东明，中国演员工作委员会副会长、中央军委政治工作部话剧团著名影视演员、周恩来同志扮演者刘劲，中共黔南州委副书记吴胜华，中国生态文明研究与促进会研究部主任胡勘平等8位领导专家组成的嘉宾团队，与县委副书记、县长、本期节目主讲人黄桂林和担任现场主持的金话筒奖获得者、北京电视台主持人罗旭就“红色瓮安绿色发展”进行了现场讨论，共同聚焦这座红色之城的绿色转变，解读瓮安对“两山”理论的生动实践。

【中央编委办到瓮安调研乡镇行政体制改革工作】 10月12日，由中央编委办副主任何建中率队的调研组一行到瓮安调研乡镇行政体制改革工作。贵州省编委办主任刘朝容，州委常委、县委书记张文强，州委常委、常务副州长罗桂荣，州编委办主任朱劲松，县委副书记、县长黄桂林，县委常委、常务副县长张宗良陪同调研。

【第十三届全国健身交谊舞锦标赛暨2016全国健身舞大赛在瓮安县举行】 10月15日，第十三届全国健身交谊舞锦标赛暨2016全国健身舞大赛在瓮安县全民健身活动中心篮球馆隆重开幕。州委副书记、州人民政府党组书记吴胜华宣布本次大赛开幕，州委常委、瓮安县委书记张文强致欢迎辞。

【瓮安县开展“慈善一日捐”暨“扶贫日”募捐活动】 10月17日，县在河西行政新区礼仪广场举行“慈善一日捐”暨“扶贫日”募捐活动。州、县领导张文强、黄桂林、潘玉华、陈博、曾薇及县四家班子其他领导出席活动并带头捐款。来自全县各级各部门、各爱心企业、社会团体代表也积极捐款，是日共收到捐款47.86万元。

【贵州省人大环资委2016年贵州环保行走进瓮安】 10月19日至21日，由省人大常委会副主任袁周率队，省环保厅、省水利厅、省林业厅、省农委等组成的“生态优先·绿色乌江”省人大环资委2016年贵州环保行到瓮安开展活动。州人大常委会主任罗毅，黔南州委常委、县委书记张文强，州人大常委会副主任陈忆副州长胡晓剑，县委副书记、县长黄桂林，县人大常委会主任潘玉华及县四家班子其他领导陪同调研。

【中国共产党瓮安县第十二次代表大会召开】 10月25日，中国共产党瓮安县第十二次代表大会开幕，来自全县的255名党代表出席会议。张文强、黄桂林、潘玉华、陈博、曾薇、张宗良、孟先锋、陈刚、黄成、夏吉友、喻正斌、符清和、吴雪嫩、唐邦水、贾青鸿在主席台就座。在主席台就座的还有大会主席团其他成员。黄桂林主持会议。会上，州委常委、县委书记张文强代表中共瓮安县第十一届委员会作了题为《争当黔中腹地协调发展排头兵戮力同心为夺取全面小康新胜利而奋斗》的工作报告。县委常委、纪委书记陈刚代表中共瓮安县第十一届纪律检查委员会作了题为《坚持全面从严治党 强化监督执纪问责 为全面建设“五个瓮安”提供坚强纪律保证》的工作报告。

【州调研组到瓮安调研瓮马铁路推进工作】 10月31日，由黔南州人大常委会主任罗毅带领的调研组一行到瓮安调研瓮马铁路推进工作。黔南州领导魏明禄、张文强、罗桂荣、逄焕华，瓮安县领导黄桂林、符清和及县四家班子其他领导参加调研。

【国家卫计委考察组到瓮安考察红色文化保护与发展情况】 11月3日，由国家卫生和计划生育委员会副主任王贺胜带领的考察组到瓮安考察红色文化保护与发展情况。省人民政府副省长何力，省卫生和计划生育委员会主任王忠、副主任黄平，州委常委、县委书记张文强，县委副书记、县长黄桂林陪同考察。

【国家验收组对瓮安江界河国家级风景名胜区整改工作进行检查验收】 11月16日，国家住房城乡建设部风景园林专家委员会委员周日良率队对瓮安江界河国家级风景名胜区整改工作进行检查验收。县委副书记、县长黄桂林陪同检查。州住建局副局长陆世英，县委常委、宣传部部长夏吉友，县人民政府副县长龚传海陪同检查或参加座谈。

【龙长春到瓮安调研易地扶贫搬迁工作】 11月19日，州委书记龙长春到瓮安调研易地扶贫搬迁工作，详细了解瓮安迎接2016年全省第三次项目建设暨易地扶贫搬迁现场观摩督查会筹备情况。州、县领导张文强、陈有德、覃克信、黄桂林、曾薇陪同调研。

【瓮安县朵云拓展区基础设施建设项目举行签约仪式】 11月25日，瓮安县朵云拓展区基础设施建设项目举行签约仪式，瓮安县与中国核工业第二二建设有限公司、贵州省中核水利水电建设有限责任公司就该项目进行正式签约。中国核工业第二二建设有限公司董事长郑晓军，省中核水利水电建设有限责任公司董事长冯波，县领导瓮黄桂林、张宗良等参加签约仪式。

【省委第五巡视组进驻瓮安开展巡视工作】 省委第五巡视组组长张杰，副组长张燕，省委巡视办正处长级巡视专员张肖勤率省委第五巡视组对瓮安县开展“回头看”巡视工作。12月2日，省委第五巡视组在瓮安召开巡视工作动员大会。州委常委、县委书记张文强主持会议并作表态讲话。县委副书记、县长黄桂林，县人大常委会主任潘玉华，县政协主席陈博及县四家班子其他领导等参加动员会。

【中国科协流动科技馆巡展活动在瓮安举行】 12月13日，以“学习科学，体验科学，提升素质，推动创新”为主题的中国科协流动科技馆巡展活动在瓮安二中举行。启动仪式上，县委副书记曾薇宣布中国科协流动科技馆瓮安巡展活动正式启动对外开放。县委常委、宣传部部长夏吉友致辞，县人大常委会副主任张远军，县政协副主席符合出席启动仪式。

【贵州省党史系统学习贯彻党的十八届六中全会精神理论研讨会在瓮安召开】 12月13日，贵州省党史系统学习贯彻党的十八届六中全会精神理论研讨会在瓮安召开。省委党史研究室主任杜丹，州委常委、县委书记张文强，省委党史研究室副主任余雄、覃爱华，省社会科学院原党委书记肖先治，省委党校马克思主义学院和党的建设研究院院长王宏，全省9个市（州）及贵安新区党史研究室负责人和部分县（市）党史专家学者参加研讨会。

【中共瓮安县委员会全体会议召开】 12月21日，州委常委、县委书记张文强主持召开中共瓮安县委员会全体会议，县人大常委会主任潘玉华，县政协主席陈博参加会议。会议听取瓮安县推荐省第十二次党代会代表候选人初步人选及党的十九大代表候选人初步人选情况的报告，并以举手表决的方式通过了报告。县委常委张宗良、孟先锋、陈刚、黄成、夏吉友、喻正斌、符清和、吴雪嫩、唐邦水、贾青鸿及县四家班子其他领导参加会议。

【瓮安县召开脱贫攻坚推进会暨“四送一助”遍访贫困户动员大会】 12月28日，瓮安县召开脱贫攻坚推进会暨“四送一助”遍访贫困户动员大会。

（王善涛）

县委办公室

【概况】 2016年，中共瓮安县委办公室内设秘书一科、秘书二科、信息科、行政科、县委督查室、县委政研室（县委改革办、县委依法治县办）、县委机要局、县国家保密局，下设事业单位县电子政务管理中心、县保密技术检查服务中心、县小康办，领导班子：主任1名，常务副主任1名，副主任5名（县信访局局长、县督查考核局局长兼任办公室副主任）。

【办文办会】 高质量、高标准地完成全县经济工作会、“两会”、县委十一届七次全会、县第十二次党代会工作报告等重要文稿的撰写工作。共接处各类公文904份，其中上级来文618份，各单位和部门来文286份；全年共制发文件276份，同比减少12份。服务以县委名义召开的全县性会议共27次，同比减少4次；服务县委常委会28次，服务县委书记主持召开的各类会议70次，服务县委专职副书记主持召开的各类专题会议50余次，服务县委办公室工作会15次。成功参与或筹办2016中国瓮安国际山地户外运动挑战赛开幕式、2016年都匀毛尖（国际）茶人会瓮安茶旅活动和《绿色中国行》大型公益活动、中国共产党瓮安县第十二次代表大会等各类会议120余场。

【信息宣传】 向省州上报信息320余条，调研信息6篇，被州委办公室《黔南信息》采用26篇。编辑刊发《瓮安信息》24期、信息通报12期，编辑《领导参阅》14期、《社情民意》6期、《一周要情》6期。党委信息被新华网等省、州各类党政媒体采用11篇。发现涉及全县负面舆情10余条，接访群众72余次，编辑《要情专报》14期，获县委领导批示6次。办理“人民网·地方领导人留言板”4件，“金黔在线·省委书记”群众留言2件。全年未发生紧急事件误报、迟报、漏报事件。

【督查督办】 下发《督办通知》24期，撰写《书记办公周例会议定事项落实情况报告》24期，汇报重点工作落实推进情况70余次，汇报重点项目推进情况300余个，下发《督查通报》10期。对上级下发的《督查通知》及时办结，按时上报，按时办结率100%。上报《督查专报》34期，撰写调研报告4篇；收编《政情要览》3期，协助完成课题研究2个。

【调研工作】 完成2016年州委重大调研课题——《瓮安县建设国家循环经济示范县对策研究》《优化国土空间布局促进县域经济健康持续发展研究》。与州委政研室、州小康办联合调研，开展园区经济推进县域经济发展、扶贫生态移民、示范小城镇建设等10篇调研报告，通过深入调研，及时总结全面小康建设的新思路、新举措、新动向，形成可推广的典型经验。编辑上报州委政研室政研简报10期，被黔南州委政研室主办的《黔南政研动态》采用2期；认真开展经验总结，《推进扩权强镇统筹城乡发展研究》《决策参考》2016（11）采用。按要求向《今日黔南》刊物勤政在线提供稿件，展示书记、县长勤政廉政良好形象，向《今日黔南》组稿瓮安经济社会发展成效稿件10条，采用2条。

【改革工作】 申报创新电子商务发展模式、农村土地承包经营权流转管理试验改革、建设“大数据”党建信息化管理平台等十大州级重点改革任务，强化统筹兼顾，加大自主创新和积极作为。研究制定《瓮安县全面深化改革领导小组2016年工作要点》和《瓮安县全面深化改革2016年工作要点分解落实方案》。2016年，中央会议审议涉及瓮安的改革事项37项，承接国家级改革试点2项，省级改革试点10项，州级改革试点1项，各项改革任务都得到推进落实，其中相对集中行政许可权获得国家级试点，乡镇行政管理体制改革获得全省唯一整县推进试点，城乡建设用地增减挂钩、旅游改革、农村集体土地确权登记颁证、土地经营权流转管理对比试验、农村“三变”改革等12项改革被纳入省级试点，全年共召开全面深化改革领导小组会议4次，专项专题会议30余次，及时审议改革方案共21个，并及时印发实施。推进户籍制度改革，出租汽车经营权投放改革，县级公立医院综合改革，干部人事制度改革，农村体制改革等一系列卓有成效的改革举措，为全县经济社会的健康发展做出了积极贡献。编报省改革信息36期，被《贵州改革情况交流》选用1篇、《贵州改革动态》选用4篇。

【小康创建】　2016年，全县小康实现程度为95%，比2015年提升了2.3个百分点。完成2015年度和2016年各季度以县为单位全面建设小康社会监测指标分析、同步小康创建“六大工程”推进情况分析、短板指标分析研判工作。利用各级媒体，广泛宣传小康建设工作，营造小康创建良好氛围，全年各级媒体刊登小康创建新闻150余条，向省、州小康办报送信息123期，被《省小康简报》采用7期，被《州小康简报》采用31期。编辑下发《瓮安小康信息》24期。与县委宣传部、县文联联合开展“我歌我快乐”小康民间歌谣征集工作，收集民歌民谣200余首，向省州推荐20余首，其中《小康之歌情满怀》获省级优秀奖。做好全省同步小康示范创建最佳示范县、示范乡镇（街道）、示范村（社区）推选展示活动的统筹、组织、协调工作，瓮水街道获最佳乡镇（街道）命名、猴场镇下司社区获专家推荐示范村。

【机要保密工作】　全年共收发电报820份（明传收发290份，密码电报收发53份），实现“零中断、零差错、零事故”。紧紧围绕县委、县政府中心工作，服务改革发展稳定大局，求真务实，开拓创新，不断促进保密工作标准化管理、规范化服务、制度化建设，扎实开展保密技术检查和保密宣传教育，全年无失泄密事件发生，确保了党和国家秘密安全，充分发挥保密工作“保安全、保发展”的重要作用。

（王善涛）

纪检监察

【概况】　2016年，瓮安县纪委监察局设办公室、党风政风监督室、宣传教育室、第一纪检监察室、第二纪检监察室、第三纪检监察室、案件审理室（案件申诉复查复议室）、信访室、干部室、案件监督管理室10个内设机构；另有属县纪委监察局管理的行政投诉中心（副科级）、电子监察信息中心（股级）。根据《中共瓮安县委办公室瓮安县人民政府办公室关于进一步规范瓮安县纪检监察派驻机构的通知》（瓮委办字〔2016〕52号），设置瓮安县第一至第五5个纪工委监察分局（正科级）。年末有干部职工47人，其中女性19人，少数民族8人，全日制大学本科以上学历17人（硕士研究生学历2人）。乡镇和街道纪检监察编制39名。

【重要会议】　3月1日，中共瓮安县第十一届纪律检查委员会召开第六次全体会议，县委常委、县纪委书记王华主持会议。会议回顾总结了全县2015年党风廉政建设和反腐败工作，安排部署2016年工作。州委常委、县委书记张文强出席会议并讲话，县委副书记、县长黄桂林，县人大常委会主任潘玉华，县政协主席陈博，县委副书记钟旻，县委常委张宗良、曾薇、王华、孟先锋、屈芳、韩小忠、黄成、杨胜雁、姜雷、吴雪嫩及县四家班子其他领导出席会议。会上，张文强代表县委与县政协党组、县人民检察院党组、建中镇党委、天文镇党委以及相关部门主要负责人签订了党风廉政建设主体责任书。县委常委、县纪委书记王华代表县纪委常委会作工作报告并与雍阳街道办事处纪工委、江界河纪委、教育局纪检组、文化和旅游局纪检组签订党风廉政建设监督责任书。县政府党组、县检察院党组，珠藏镇党委、县农工局党组分别向大会述责述廉述德。

4月7日，县纪委开展培育“勤廉和美”家风家庭助廉活动，全县各乡镇、街道及县直部门党政主要领导干部的80余名家属参观瓮安县反腐倡廉警示教育基地、观看两部警示教育片、宣读《家庭助廉活动倡议书》，活动发放《家庭助廉宣传册》80余册，领导干部家属在“廉洁的你·幸福的家”条幅上签名。

4月8日，县在玉山镇召开城乡居民养老保险基金管理情况专项监察工作推进会，各乡镇（街道）党（工）委书记及纪（工）委书记共30人参会。县委常委、纪委书记王华强调养老保险专项监察工作的重要性，要求各乡（镇、街道）务必做到：坚持四个注重，落实主体责任，抓好专项调查；坚持四个重点，强化监督落实，做好专项监察；坚持四个精准，梳理问题分类，问人问事问责；坚持四个环节，整改完善提高，保障资金安全。

5月10日，在县委党校举办首期村级纪检员专题培训班，118名村级纪检员接受为期2天的集中封闭培训。培训围绕村级纪检员工作职责、监督职责、工作权利、工作义务和如何进行廉政宣传、村务监督、民生监督、协作办案、处理信访举报等进行了全面培训和考试，让纪检员明白了为什么监督，监督什么、怎样监督三个问题。

7月7日，县召开全县民生监督工作推进会，县委副书记钟旻，副县长姚明凤、杨昌勇出席会议。县委常委、纪委书记王华主持会议。县县委办、县人大办、县政府办、县政协办公室主任，公检法部门负责人、各乡镇和街道党委（党工委）书记、纪委（纪工委）书记，分管民政工作的负责人、社会事务办主任，涉农惠农部门的主要负责人、纪检组长，县纪委监察局中层以上干部参加会议。会议要求全县各级各部门要深刻认识党委（党工委、党组）、政府肩负民生民心的责任要求，以“法不留情”的狠劲和韧劲，切实解决侵害群众利益的不正之风和腐败问题，增强群众获得感。

8月17日，州委常委、纪委书记魏明禄，州纪委副书记、监察局局长吴应忠到岚关乡暗访民生监督工作，魏明禄、吴应忠检查了岚关乡教育谈话室建设情况，魏明禄仔细察看了谈话室管理使用上墙制度，查阅谈话室使用记录等表册。随后与岚关乡党委、纪委负责人、县监察局有关同志进行座谈，听取民生监督工作情况汇报。

8月31日，县委常委、县纪委书记王华以集中提醒约谈的方式约谈教育局干部职工、全县中小学校长。王华以警示案例说教的方式，通报2014年至2016年教育系统违规违纪典型案件，要求参加会议的人员要引以为戒。县教育局局长谢静就履行主体责任作表态性发言。

9月13日，县纪委监察局在猴场镇松坪场村委会会议室召开民生资金清退会，向松坪场村委会移交追缴的“农民文化家园”建设资金。猴场镇政府和猴场镇纪委有关工作人员、松坪场村两委干部、松坪场村部分党员、群众代表共计40人参加清退会。

10月25日至27日，中国共产党瓮安县第十二次代表大会在瓮安县行政新区会展中心召开。在第一次全体会议上，县委常委、县纪委书记陈刚向大会作《坚持全面从严治党强化监督执纪问责为全面建设“五个瓮安”提供坚强纪律保证》工作报告。陈刚当选为县委常委、县纪委书记，郑南兵、冉丽娟当选为县纪委副书记，冷国辉、赵启安、黄枭勇、徐艳红当选为县纪委常委。

10月26日，召开中国共产党瓮安县第十二届纪律检查委员会第一次全体会议

12月23日，县纪委在县委党校举办瓮安县党风廉洁建设主体责任暨“增强廉洁自律意识，提高拒腐防变能力”专题讲座，州纪委常委、第二纪工委书记田应森应邀担任主讲。全县副科级及以上领导干部，县委办、县政府办、县政协办、人大办、县纪委监察局、县委组织部、县委宣传部的干部职工430余人参会听讲座。

【“三转”工作】 围绕转职能、转方式、转作风（简称“三转”），切实抓好自身建设。会同县委组织部制定纪检监察系统《瓮安县乡镇（街道）纪（工）委书记、副书记、监察室主任提名考察办法（试行）》《瓮安县派驻纪检组长、监察室主任提名考察办法（试行）》两个提名考察办法。结合乡镇换届，13个乡镇（街道）配齐了纪委（纪工委）书记、副书记、监察室主任，异地交流2人到都匀市、龙里县任县纪委副书记；在99个村（社区）配备99名民生监督员，建立13个教育谈话室。制定下发《关于深入推进“三转”实行量化考核的实施意见》，细化履职考核指标管理，分门别类进行季度考核，推动“三转”落地。2016年，因履行监督责任不力，3名部门纪检组长、1名街道纪工委书记被全县通报批评并进行提醒谈话。

【纪律检查体制改革】 两个责任。调整充实“两个责任”与干部正风监督网络平台内容，把县委9项主体责任细化为33个专项、70条标准，县纪委7项监督责任细化为14个专项具体内容，各单位结合实际制定主体责任个性目标399条，形成一级抓一级、层层抓落实的责任体系和工作机制，各单位上报“两个责任”与干部正风监督网络平台责任目标1.33万条，上报问题线索272条。先后成立教育纪工委、县委主体责任办公室、县委巡察办公室，增设瓮安县第五纪工委（监察分局）。把约谈常态化作为实践“四种形态”的重要抓手，开展预防提醒约谈924人、询问警示约谈173人、纠错诫勉16人、问责处分约谈11人，函询6件（次）。

12月23日，举办党风廉洁建设主体责任暨“增强廉洁自律意识，提高拒腐防变能力”专题讲座

【廉政教育】 结合“两学一做”学习教育，组织干部原原本本学习《准则》《条例》《问责条例》，以学促廉、以考促学，组织对4528名党员干部集中进行党章党规党纪封闭考试，初试及格率97.3%；任前廉政考试107人，1人因考试不合格暂缓任用；以县党风廉政警示教育基地为平台开展警示教育，5C00余名党员干部到基地接受警示教育。强化“廉”文化浸润，开展“廉洁文化六进六增”活动，创建县级廉洁文化示范点9个；举办党风廉洁建设主体责任暨“增强廉洁自律意识，提高拒腐防变能力”专题讲座1期，全县副科级及以上领导干部430人接受教育。勤政廉政约谈党政“一把手”86人，领导班子成员、中层干部、村（居、社区）干部1256人，108名拟提拔人选进行了个人财产公示，任前廉政谈话207人，47名干部因上年度振告个人事项漏报被询问警示约谈。结合“县、乡、村”三级换届，组织、党员干部观看《镜鉴》《永远在路上》专题片10000余人次。

【作风建设】 把监督执行中央八项、省委十项、州委九项和县委八项规定精神作为一项经常性工作来抓，从严整治“四风”。采取暗访检查、随机抽查、交叉联查和个别约谈相结合的方式，强化巡视整改，重点整治公款吃喝、公款旅游、公车私用、公务接待、食堂管理、违规滥发津补贴和福利以及违规收送礼品礼金等行为，追缴清退违规津补贴330余万元，发现违反中央八项规定问题线索17个，立案审查22人，党纪处分12人，通报典型问题2起。通报曝光节日期间公车私用等行为10人和13个单位，立案4人。

9月13日，县纪委向松坪场村委会负责人（右）移交清缴的民生资金

【民生监督】 开展“整治铸廉”三年行动，查处发生在群众身边的腐败行为。构建片区纪工委具体负责、民生监督组主抓落实、村组社区延伸监督的三级监督网络，出台《民生案一周查结

工作制度》《民生监督一周一调度工作制度》，快查快结民生案件。坚持问题导向，强化民生宣传，在县城主干道、高速路口设立宣传牌4块，制作宣传标语2700余条，发放民生监督卡2.6万张、宣传折页5000份、宣传海报500份、印制“四要五严禁”宣传资料1万余份。开展城乡居民社会养老保险基金、信贷扶贫资金管理和使用、农村饮水安全项目资金、财政扶贫（发展）项目资金、公益林生态效益补偿资金、农村合作医疗审核、一类贫困乡（镇）精准脱贫建档立卡和脱贫项目资金等9项专项监察，发现问题174个，立案64件，结案61件，党政纪处分63人，挽回民生资金51万余元。开展全县国家公职人员、村、社区干部享受非普惠制惠民政策申报8483份，发现问题14个，立案4件，党纪处分4人。开展纪检干部“访村寨、重监督、助攻坚”专项行动，走访农户633户，梳理疑似问题40个。

【案件查办】 制定《瓮安县反腐败协调配合办法》，健全信息共享、情况通报、线索移送机制，召开反腐败协调会议2次，协调催办各类线索36件次，向司法机关移送线索29件。规范线索处置，受理信访举报109件（次），同比上升18.48%。立案144件，同比增长40.4%，涉及乡科级干部15人。结案145件，同比增长36.84%，党纪政纪处分151人，其中党政纪轻处分140人，党政纪重处分16人。移送司法机关处理3人。

【队伍建设】 以约谈压实监督执纪主责主业，1月12日，县纪委主要领导集中约谈13个乡镇（街道）纪（工）委书记。3月28日，全县140名纪检干部接受“两学一做”集中封闭考试。4月10至4月23日，县纪委分别在扬州市委党校和上海同济大学举办两期纪检监察干部“监督责任”专题培训班，121名纪检监察干部分期参加培训。

【“两学一做”学习教育】 4月25日启动“两学一做”学习教育，以“严守政治纪律和规矩，做忠诚、干净、担当的纪检干部”等为主题开展集中学习活动8次，纪委主要领导上专题党课2次，10名科级以上干部在集中学习会上做交流发言。党支部协调资金60万元帮助小开洲村发展养殖规模2000只以上的养鸡场1个、面积200亩的桃园1个，协调项目资金200万元完成了小开洲至桐梓园6公里通组公路改造。9月12日，党支部组织开展献爱心捐款活动，向玉山镇小开洲村高上元组被毒蛇咬伤的精准扶贫对象黄胜平捐款5750元。

（张显勋）

组织建设

【概况】 2016年，中共瓮安县委组织部内设办公室、组织科、干部科、公务员管理科、干部教育科、干部监督科、政研室。所辖事业单位：非公有制企业和社会组织党建工作办公室、干部信息管理中心。归口管理单位：县委基层组织局（与县直机关工委合署办公），内设综合科、农村党建科、综合党建科、信息科，下属管理事业单位：瓮安县党员服务中心。领导班子：部长1名，副部长2名，部务委员2名，2016年有干部职工36人。

2016年，瓮安党建工作荣获中组部《党建研究》宣传工作二等奖；受邀参加第四届全国县级机关党建工作研讨会，并在会上作题为《党员在身边，扶贫到一线——瓮安县机关党建“365+”模式助力脱贫攻坚》的书面发言；优秀组工干部龙增刚同志被追授为“全省优秀共产党员”、被评为“黔南骄傲”十大年度人物；“两学一做”学习教育顺利通过了中组部“两学一做”学习教育督导组的督导检查。

【“两学一做”学习教育】 全县“两学一做”学习教育以“三强化、五带头”为引领，以县委书记带头上党课、召开学习龙增刚和邓迎香两个先进事迹报告会的形式，全面启动学习教育。采取领导干部“引领学”，交流讨论“互动学”，实地教育“体验学”，骨干培训“重点学”，丰富载体“形象学”，新闻舆论“引导学”等“六学”模式，丰富“学”的形式。在全县开展全省优秀共产党员龙增刚先进事迹巡回宣讲报告会16场次，开展“党的声音进万家、总书记话儿记心上”主题宣讲120余次，开展向邓迎香、文朝荣、姜仕坤及《榜样》等先进典型的学习150余次，组织党员干部接受红色教育280余次，接受警示教育158次；通过“六个一”助推“四进四送”活动，共组织党员领导干部上党课600余次，到户送党章和学习读本2万余册，送应知应会手册14000余份，全县各级举办基层党组织书记和党务骨干培训36期，培训1125人，全县党员走访群众20.3万余户，办理实事1.2万余件；对机关党组织存在的“五化”问题和农村（社区）党组织存在的“八不”问题进行全面梳理，并列出负面清单，制定措施加以整改。2016年，县委班子和成员查摆问题25个，制定整改措施26条，带动全县各级党组织和党员查摆问题，查摆支部和党员问题15351个，制定整改措施15351条。“两学一做”学习教育顺利通过中组部“两学一做”学习教育督导组的督导检查，受到中组部组织二局副局长石军好评和肯定。

7月14日，中组部在瓮安人民医院督导“两学一做”学习教育

【干部队伍建设】 根据中央、省、州换届工作精神，按照县委统一安排，于2016年2—3月对县直各部门、各乡（镇、街道）领导班子运行情况和领导干部履职情况进行专项调研。结合调研成果，制定县乡领导班子换届人事安排，分4个批次对乡镇和部门领导班子进行联动调整，选拔12名优秀乡镇“四类人员”进入乡镇领导班子，提前将乡镇领导班子换届人选安排到位。成立以州委常委、县委书记张文强同志为组长的换届工作领导小组，印发《中共瓮安县委关于做好县乡领导班子换届的通知》等一系列文件，组建4个换届工作组、11个换届工作指导组和4个换届纪律巡回督导组，为县、乡、村三级换届工作保驾护航。严格执行“凡提四必”要求，防止干部“带病提拔”。突出政治标准，严格工作程序，选出了高素质的代表委员，开出了高质量的选举会议，圆满完成县、乡、村三级换届工作，组织提名人选均高票或满票当选。完成州党代表、州委委员、州纪委委员、州人大代表、州政协委员和省党代表的推选和协商提名工作。完成全县1114卷档案的专项审核任务。

11月14日，县委组织部领导在瓮水街道中心社区调研社区党建工作

【干部教育培训】 落实200万元专项经费开展干部教育培训。制定出台《瓮安县2016年干部教育培训计划》等文件，推进《2013年—2017年瓮安县干部教育培训规划》的实施，狠抓县级“主训”，选派“调训”、组团“外训”、基层“普训”，推广个性化、差别化培训。采取“请进来”和“走出去”的方式，邀请专家学者到县开展主题为“聚焦精准扶贫确保同步小康”“创新·选择·要求推进供给侧结构性改革”等专题讲座14期，培训干部4000余人次；组织干部赴贵州大学、井冈山干部学院等地开展“年轻干部综合素质提升”“红色资源开发与利用”等培训班12期，培训干部1500余人次。选派23名干部到州以上机关挂职，选派4名干部赴花都区学习锻炼。充分利用全县“红色文化”和“5531”改革发展典型教育优势资源，争取20期省内外干部培训班到县办班，培训干部1800余人。

【干部选拔任用监督】 把中央八项规定、省委十项规定、州委九项规定、九个严禁以及新修订的《党政领导干部选拔任用工作条例》作为各级各部门学习的重要内容。运用报纸、电视等媒体进行广泛宣传，提高广大干部群众对《规定》《条例》和换届工作的知晓率。对超编制、超职数、超规格配备干部等“五项清理”和“带病提拔干部”以及“州管领导干部在社团兼（任）职情况”进行清理；全面完成38名州管干部、897名科级干部和8000余名科级以下干部个人有关事项报告工作；对1283名科级以上干部、涉密国家工作人员、退休的县处级干部和近三年退休的科级干部的出国（境）情况进行登记备案；利用“12380”举报受理平台，及时监测了解和受理查处违反换届纪律问题举报，2016年接到信访举报件5件，办结5件。

【人才工作】 结合《瓮安县中长期人才发展规划纲要（2013—2020年）》，起草《瓮安县科技人才发展第十三个五年规划（草案）》；制定《瓮安县关于鼓励机关事业单位在职人员攻读硕士以上学历学位的实施办法（暂行）》，为各类人才的发展规划、开发、培养、使用等方面提供政策保障。2016年，共引进各类人才342人，其中急需紧缺人才96人（硕士研究生学历55人）；成熟型人才43人；面向社会公开招聘事业单位工作人员151人、公务员（含选调生）52人。建设人才公寓176套，全部装修完毕，已安排96名高层次人才入住。发放各类人才慰问金、津贴、补贴等共计94万余元。开展人才资源统计监测工作，人才发展综合指数为69.26，在全省22个县域第一方阵中排名第六，圆满完成县的目标任务。

【基层组织建设】 深入实施“六化工程”，破解基层党建系列难题，不断推进全县基层党建工作科学化水平。2016年，全县共发展党员186人，开展“四项清理排查”，对全县“失联”党员、“口袋”党员和“流动”党员进行重点核查；清理排查2008年4月至2016年党费收缴情况，已补缴党费70余万元。排查出9个“软弱涣散”基层党组织并整改完毕；在村（社区）干部的管理上，制定《瓮安县村、社区干部职业化管理办法（试行）》，规范建立村（社区）干部个人档案，实行在任村级干部个人有关事项报告制度；投入400余万元开发了“一中心七平台”的“大

12月19日，召开瓮安县大数据党建信息化管理平台启动会现场观摩

数据”党建信息化管理系统，实现工作模式由封闭向开放、传统向现代、单向向互动的三个转变。选派45名党员干部到企业担任驻企特派员，督促联企（社）干部深入非公企业和社会组织联系服务1308次。开展非公企业和社会组织党组织集中组建工作“百日攻坚”行动，新组建党组织144个。全县党的组织覆盖非公企业268家，覆盖率74.86%；党的组织覆盖社会组织37个，覆盖率86%，超省、州目标要求的24.86个百分点和6个百分点；组建志愿者服务联盟助力脱贫攻坚，为贫困群众办理实事好事8500余件次，助推全县46个贫困村出列，农村贫困人口减少2.67万人。

（杨江红）

宣传思想

【概况】 2016年，中共瓮安县委宣传部内设办公室、理论教育科、对外宣传办公室（政府新闻办公室）、新闻宣传科4个科室，下设文化产业发展办公室、整脏治乱办公室、互联网舆情研究中心、道德讲堂办公室4个事业单位，瓮安县精神文明建设委员会办公室挂靠中共瓮安县委宣传部。领导班子：部长1名，常务副部长1名，副部长3名（1名兼文联主席、1名兼文化和旅游局局长），13个乡（镇、街道）全部配备了宣传委员。

2016年，瓮安县荣获“2016魅力生态典范城市”称号。

【理论学习】 以“六学模式”和“七个讲”活

动为引领，夯实干部群众思想道德基础。开展党的形势政策教育1200余场次。龙增刚先进事迹报告走入黔南州委党校课堂，来自全州13县（市、经开区）的12000名基层党员聆听报告。4月，《瓮安：用这“五件事”深化党员干部队伍教育》在省委宣传部微学习平台上得以推广。

5月25日，举办“两学一做”“党的声音进万家”“总书记话儿记心上”专题讲座

【舆论引导】 组建县、乡镇、村、组四级舆情信息工作网络，设了91个舆情信息联系点，将党员、青少年、网络文明、网吧义务监督员纳入舆情工作队伍。成立互联网舆情研究中心，明确舆情监测员密切关注网络上有关当地的动态，组织300名网络文明传播者适时关注、分析和研判热点难点问题，主动发表评论，积极传播正能量。完善舆情信息奖惩、把关审核上报、通报学习制度，鼓励信息员积极撰写舆情信息。2016年，上报舆情信息1553期，其中中宣部采用108条，省州宣传部门采用950条。瓮安舆情信息上报数量及采用量位居全省前列。5月，在贵州省舆情信息工作会议上，瓮安被评为全省舆情信息工作先进单位，并在会上作经验交流发言。10月，中宣部社会舆情处处长吴玉荣一行到瓮安进行专题调研，高度肯定瓮安舆情信息工作。

【对外宣传】 以整合一股外宣力量、办好一批网络阵地、制作一批外宣精品、策划一批外宣主题、利用一批新兴媒体的“五个一”为抓手，构建多层次宽领域“大外宣”格局。邀请新华社、中央电视台、贵州日报等省内外媒体实地采访，推出一批有深度的报道，全年国家级媒体刊播稿件312篇（条），省级媒体刊播稿件730篇（条），州级媒体刊播稿件2693篇（条），瓮安在中央主流媒体发稿位居全州第二。来自中央电视台、《人民日报》、新华社、中国新闻网、北京电视台、香港《文汇报》、吉林省委新长征杂志社等100余家主流核心媒体600余人到瓮安采访宣传报道瓮安红色文化，增强瓮安红色文化在全国的影响力和知名度。搭建高规格宣传平台展示瓮安亮点。大型革命战争题材电影《强渡乌江之对岸》在中央电视台电影频道首播，《纪念长征胜利80周年——隐蔽战线先驱冷少农》在CCTV—13新闻频道播出，《走近红军强渡乌江所在地——贵州瓮安》在央视英语频道播出，《长征纪事》在中央电视台第九频道播出。联合贵州广播电视台“多彩贵州旅游季”《这里是贵州》瓮安段拍摄工作。在《黔南日报》“辉煌黔南60年”专栏刊载专版展示瓮安经济社会辉煌成就。参与承办“绿色中国行——走进美丽瓮安”大型系列主题活动，30余家主流媒体聚焦瓮安绿色生态产业发展。

10月21日，中宣部社会舆情处在瓮安调研

【纪念长征胜利80周年系列活动】 以“沿着红军足迹·聆听红军故事·展示红色文化”为主题，积极参与承办红军长征80周年系列纪念活动。包括中央电视台大型系列文献纪录片《丰碑与记忆——长征中的会议》、央视文献纪录片《为了胜利的彼岸》、中央电视台《长征路上新观察》、中央新闻电影制片厂文献纪录片《大会师》、长征胜利80周年美术作品创作采风活动、“寻找长征遗迹·挖掘长征故事”大型主题采访活动、纪念红军长征胜利80周年大型骑行活动、“体验长征·中国母亲之旅”采访、纪念红军长征胜利80周年《青春的乌江》大型电视主题直播

5月4日，州委常委、县委书记张文强（右一）向中央电视台《永远的长征》摄制组总编导徐海鹰（右二）介绍瓮安情况

活动。完成省委党研室出版的伟大转折系列丛书之《一路向北——承上启下的猴场会议》的编写。中共中央党史研究室、中央电视台《永远的长征》摄制组一行到瓮安拍摄《永远的长征》之《伟大转折》专题纪录片。

【大型精品活动】 利用全民健身中心能承办国家级重大赛事的资源优势，承办中国瓮安国际山地户外运动挑战赛、洲际四国（美国、波兰、新西兰、中国）青年女篮巅峰争霸赛，中国·瓮安国际（美国、意大利、立陶宛、中国）男篮巅峰争霸赛、全国六省（区）游泳邀请赛、第十三届全国健身交谊舞锦标赛暨2016全国健身舞大赛等活动。承办2016贵州邮政首届“黔货出山‘邮’惠到家”年货节启动仪式暨《丙申年》特种邮票首发式。以“千年古邑·梦幻茶旅”为主题，举办“2016中国毛尖茶（国际）茶人会”瓮安分会场的活动。整个茶旅文化活动通过“欧标之旅·国茶飘香”“古邑之旅·梦幻茶韵”“转折之旅·红色茶人”“牂牁之旅·禅茶一味”四个板块展示瓮安茶旅文化；参与承办“绿色中国行——走进美丽瓮安”大型系列主题公益活动，开展“‘两山’路上看变迁绿色中国十人谈”主题对话、绿色中国行—走进美丽瓮安公益晚会、中央媒体绿色中国瓮安行等一系列内涵丰富的活动项目。中央电视台，《中国旅游报》《中国体育报》、新华社贵州分社《贵州画报》、黔南电视台等中央、省、州主流媒体以及100余家网络媒体对这些活动跟踪报道。

4月6日，中坪镇开展道德讲堂活动

【精神文明建设】 举办中国辞赋之乡——瓮安第二届“盛览故里”辞赋论坛，加强辞赋文化交流、培育青年文化兴乡的责任感；举办“我们的节日春节”系列文化活动，营造团结奋进、欢乐祥和的节日氛围；举办“巾帼展风采共筑中国梦”大型诗歌朗诵会；承办贵州省2016年“缅怀先烈·凝心聚力·同步小康”清明集中示范活动；举办“中国梦·家乡情·青年志”传统文化

5月13日，2016年瓮安全国六区游泳邀请赛

成人礼暨团旗宣誓仪式，让学生接受国学洗礼和传统文化熏陶；举办“祖国好·家乡美——梦想起航”中小学生幼儿园大型文艺展演大赛，培养中小学生的美育观念；借助猴场会议会址、冷少农烈士故居、塔坡烈士陵园等爱国主义教育基地，深入开展爱国主义教育100余场次；推出“道德讲堂+”宣讲模式，打破枯燥严肃、内容单一的授课宣讲模式，“动”“静”结合，增强听众的参与积极性，2016年，共开展道德讲堂活动800余

场次；开展“国学在身边”手机摄影大赛，引导大众自我培养守法律守公德意识、爱祖国爱家乡情怀。

2016年10月，龙增刚同志获得黔南州第三届“黔南骄傲”十大年度人物。在全省、全州“宣传干部上讲堂”观摩推进会上，瓮安县均作交流发言。在全省宣传干部上讲堂展示大赛中，瓮安获二等奖。

4月1日，瓮安二中开展“继中华文化·承传统美德”活动

【未成年人思想道德建设】　开展“祖国好·家乡美”主题活动。以学校为单位举办“文明校园·道德讲堂我来讲”社会主义核心价值观主题演讲比赛20余场；开展“明礼知耻崇德向善在校园”活动；开展“做有道德的人”网上签名寄语活动，在清明、“六一”“十一”期间，开展“网上祭英烈”、做一个有道德的人网上签名寄语”“向国旗敬礼网上签名寄语”等活动。举办第四届“祖国好·家乡美”中小学生（幼儿园）大型文艺演出比赛活动，全县近80所中小学（幼儿园）的80个文艺节目参赛，1600余人参演，乡村学校参加比例75%，活动历时2天。开展“继中华文化·承传统美德”主题系列活动。在学校建立“国学社”，开展国学经典晨读和吟诵活动；以班级为单位，开展“全民阅读行动计划”主题系列活动，举行“我阅读·我快乐”读书沙龙、经典诵读、读书讲坛等多种形式的读书交流活动，并在校园内开展好书推荐、一句话微书摘、一句话微书评活动；开展“我们的节日”主题系列活动传承传统文化。组织学校在植树节开展植树活动；在清明节开展缅怀先烈系列活动；在端午节开展传统文化吟诵，举办“祖国好·家乡美——梦想起航”中小学生幼儿园大型文艺展演大赛；在“六一”儿童节开展“祖国好·家乡美”等主题系列活动。

【公共文化服务建设】　推进广播电视“村村通”“户户通”、文化精品乡村行、农村公益电影放映、“百姓大舞台”等惠民工程建设，满足群众精神文化需求。出版《新社会治理观》《瓮安画册》《瓮水长歌音乐集》等作品。成立红色文化研究会，完成伟大转折系列丛书之《一路向北承上启下的猴议会议》的编撰工作。开展精准扶贫主题诗歌征集大赛，《赞小康》《赞精准扶贫》等作品先后在《贵州宣传》登载。“幸福进万家·瓮水长歌乡村行”项目顺利通过国家文化部验收。2016年，深入各乡镇（街道）、村（社区）开展“幸福进万家·瓮水长歌乡村行”活动100余场次，受益群众10余万人。全方位打造黔中红色旅游、古邑旅游品牌，11月建中镇果水村获得十佳美丽乡村“最具商业价值乡村”。

【文企联动】　主动走出机关，走进企业，广泛征求企业如何发展文艺事业的意见和建议，紧密结合企业所需、所盼、所想，探寻“文企联动”构筑“精神高地”的长效机制。“文企联动”案例分别在《中国艺术报》《贵州政协报》《今日黔南》等报纸杂志上宣传报道，并入编由中国文联出版社公开发行的《新思路、新举措、新成效——全国地县级文联负责人研修班典型案例》一书。瓮安积极探索“文企联动、文化统战”长效机制的做法，获中国文联肯定并在全国进行推广。

【文化产业发展】　2016年，瓮安县文化产业增加值为5.6亿元，在全省88个县市中排名18位，文化产业增加值占GDP比重为5.76%，在全省88个县

2月12日，《贵阳晚报》头版登载瓮安龙狮闹元宵盛况

市中排名第5位。

【“四在农家·美丽乡村”建设】 实施“四在农家·美丽乡村”六项行动计划，建成81个美丽乡村示范点，建中镇果水村获贵州十佳美丽乡村“最具商业价值乡村”、猴场下司社区获“推荐旅游目的地”。猴场镇入列最具年味贵州小镇，《贵阳晚报》头版登载了瓮安龙狮闹元宵盛况。

【文明单位创建】 组织开展黔南州2014—2016年届州级文明单位、文明村、文明乡镇、文明窗口申报工作，共向黔南州推荐申报文明单位（社区）15个、文明乡镇（街道）3个、文明窗口35个、文明村5个。

【文化惠民工程建设】 农村综合文化服务中心建设。投入99.83万元分别在玉山镇百花村、猴场镇宋家寨村、永和镇红岩村、天文镇乌江村、平定营镇三合村建成五个农村综合文化服务中心。推进“美丽乡村”创建活动深入开展。2016年投入资金175895万元创建示范村16个，建设项目113个，涉及自然村寨167个，受益农户14629户58802人。

（宋碧勇）

政　法

【概况】 2016年，瓮安县委政法委内设办公室（研究室）、政工科、执法监督科、社会治安综合治理工作科、维护社会稳定工作科、国安办，下属事业单位禁毒办、帮教办、康复中心、政法新闻宣传中心。领导班子：书记1名（县委常委，兼任县公安局局长），常务副书记1名（兼任县综治办主任、县禁毒办主任），专职副书记1名（兼任国安办专职副主任）；兼职副书记4名（1名任县法院院长、1名任县检察院检察长、1名任县公安局政委、1名任县司法局局长）。实有干部职工37人，在岗22人，县法院、县公安局等政法部门借用14人，留职带薪1人。

2016年人民群众安全感和满意度测评县政法机关综合满意度为99.01%，排名全省第六；人民群众安全感98.7%，排名全省第十二。全县政法系统获得省部级先进表彰先进集体3个，州级先进表彰先进集体8个、先进个人7人。县委政法委、县法院、县检察院、县公安局、县司法局均获年度县级目标管理考核一等奖。

【维护国家安全及防处邪教工作】 按照县委的工作部署，及时调整由县委书记任组长，县长、副书记、常务副县长、宣传部长、政法委书记等任副组长的县国家安全人民防线领导小组，健全完善县国安工作领导小组职责制度、国家安全信息联络员工作职责制度、反恐应急处突机制等，基本构建覆盖全县的信息网络和情报收集网络。联合县统战、国保、教育等部门对香港慈恩基金会等境外非政府组织在瓮安境内的捐资助学等活动的服务管理，严格因公（私）出国（境）审查、审批制度；全年围绕“境外公司参与我县建设”“邪教活动对我基层群众意识形态领域造成影响”“境内外宗教组织在我体制内人员中进行渗透”等方面开展调研工作。利用广播、橱窗、横幅、公开栏等宣传形式，在学校、机关单位、街道设立国家安全知识宣传专栏，广泛宣传国家安全知识。全年共印发反间谍、反渗透、反邪教等宣传资料5万余份。

【维护社会稳定工作】 建立完善矛盾纠纷和信访问题经常性滚动式排查工作制度，督促指导全县各级各部门开展矛盾问题阶段性全面排查工作，对排查出的问题分类建立台账，及时发现可能引发突发性事件和群体性上访的苗头，做到早发现、早报告、早控制、早疏导、早化解。全年全县共排查矛盾纠纷4808件，调处成功率99%。办理法律援助案件649件，受援群众2000余名；兑现基层矛盾化解奖补资金41万元。

建立瓮安县重大不稳定问题清单制度，内容涵盖国家安全、经济、社会治理、特殊利益诉求群体等领域重大不稳定问题。全年共列入重大不稳定清单突出矛盾问题8件，重点人员11人。

按照第一时间、第一现场、第一责任“三个第一”原则，及时处置各类群体性纠纷，妥善处置突发性事件。全年共成功处置因交通事故等各种非正常死亡事件130余起；妥善处置瓮安诚信小额贷款股份有限公司部分投资受损人规模性聚集到县上访、瓮安出租车既得利益业主群体性聚集到县上访等群体性突发矛盾问题8件。

全年共开展“两节两会”、G20杭州峰会、世界反法西斯战争暨中国抗日战争胜利70周年纪念大会等各重大节庆、重要会议和重大政治活动敏感期信访维稳安保工作30次，实现各敏感期重大政治事件、重大群体性事件、大规模赴省进京上访事件、暴力恐怖事件和重大个人极端事件、重大公共安全事件、有政治影响的网络舆情事件六个方面“零发生”及维稳各项工作零失误工作目标。

9月1日，省督查组听取瓮安汇报G20杭州峰会期间信访维稳工作

全年共督促指导完成重大工程项目社会稳定风险评估工作27个，在线受理工程建设项目稳评监督197个。

【社会治安综合治理】 全年先后开展“冬季攻势”“夏季严打”等专项行动，公安机关全年共侦破刑事案件752件，打掉各类犯罪团伙18个；县检察院共批准逮捕153件217人，受理审查起诉案件232件321人，提起公诉162件222人；县法院受理各类案件8000件，审结6319件，同比上升89.9%，收结案数均排名全州第一。

全年共查破赌博案件29起，查处旅店业违法行为351家次，查处治安案件2443起，行政处罚1389人。全年未发生重大道路交通、安全生产、消防火灾事故。投入资金580万元，建设“天网工程”二期工程，全县“天网工程”建设已安装视频监控摄像头1200个，实现对重点区域全天候监控；投入750余万元建成“瓮安县城区电子违停抓拍系统”。对在册335名社区服刑人员开展全县性大型集中教育2次，社区矫正工作受到省州肯定。先后投入50余万元打造县城2个（瓮水街道中心社区、雍阳街道河滨社区）社区网格化服务管理示范点。县公安短信平台共发送“平安短信”55万余条；县司法局开展大型法治宣传活动30场次，官方微信推送治治信息及法律知识570条，在线解答法律咨询180次。

【执法监督及涉法涉诉信访工作】 全年共筛选出重点涉法涉诉信访案件3件，均分别组成案件评查组完成评查工作。将执法办案“五严禁”举报电话向社会公布，安排专人值守。制定出台《瓮安县国家司法救助实施办法（试行）》《瓮安县县级国家司法救助资金使用管理暂行办法》，规范司法救助工作，全年共审批通过司法救助案件21件，救助31人，发放司法救助金27.2万元。县委政法委制定印发《深入推进黔南州涉法涉诉信访“二三四五”工作模式的实施方案》，县政法各部门分别结合本部门工作实际制定出台相关机制，引导涉法涉诉信访问题在法治轨道内妥善解决。

【禁毒工作】 加强禁毒宣传教育，开展无毒创建工作，查缉毒品原植物种植，全年完成13个乡镇（街道）无毒创建9个，创建率77%，达到省州2016年创建要求。开展“禁毒雷霆打零专项行动”“公开查缉毒品专项行动”“打击毒品犯罪攻坚会战”“大排查大收戒大管控”等一系列禁毒专项行动，全年共收戒吸毒人员421人，破获毒品案件38起，抓获犯罪嫌疑人43人，缴获毒品2.27千克。10月，对全县53所中小学幼儿园284名县级

5月31日，省禁毒委督查瓮安县禁毒重点整治工作

骨干禁毒专任教师进行集中培训，此后，全县各中小学校县级骨干部教师再次对本校教师进行乡镇（校级）二级禁毒干部教师开展培训，4200人参加培训。将社区康复“阳光工程”建设同瓮安县拾柴微公益促进会创建紧密联系，帮助吸毒人员解决实际困难，全年跟踪帮扶救助特困戒毒康复人员及家属96名，帮助戒毒康复人员协调处理好家庭关系29户，资助和协调特困戒毒康复人员子女就学23人，帮助戒毒康复人员协调民政医疗救助2万余元，发放各类帮扶救助资金18.36万元。打造和整合社区戒毒社区康复阳光企业6家，为戒毒康复人员提供就业岗位150个，安置65人。

【青少年帮教】 为无监护人失足未成年人作为到场合适成年人参与询问、开庭6人（次）。累计输送50名不良或严重不良行为未成年人到黔南州启航学校接受育新教育。按照《瓮安县违法犯罪未成年人犯罪记录封存暂行办法》，全年累计封存违法犯罪未成年人犯罪记录22名。

5月27日，召开未成年人犯罪记录封存工作会议

【政法干部队伍建设工作】 深入开展“两学一做”学习“三强三铁”主题教育实践活动。先后组织政法系统干部120人到西南政法大学学习、组织60名基层政法干部在县委党校进行业务培训，全县政法干部累计受教育培训20余批次，达1000余人次。

（朱廷刚）

统　　战

【概况】 2016年，中共瓮安县委统战部内设综合科、党外干部科、外事侨务和台港澳科。中共瓮安县委统战部（中共瓮安县委外事侨务和台港澳工作办公室、瓮安县人民政府外事侨务和台港澳事务办公室）年末干部职工7名，其中部长1名（县委常委兼任），常务副部长1名，副部长2名（1名兼任民政与民族宗教事务管理局局长、1名任台办主任）。

2016年末全县有台属125户328人，归侨1人，侨眷51人。

【非公经济建设】 3月10日召开全县加快民营经济发展大会，对优秀民营企业和先进个人进行表彰。会议听取民营企业和商会意见建议，针对梳理出来的问题，分解到部门和乡镇。对存在的问题实行精准调度，“销号”管理。

开展“助推民企发展工程”。开展服务大行动，为企业维权20件，挽回经济损失上百万元。开展“民企特派员”帮扶民营企业活动，特派员协调解决各类问题200余件。加强同银行、融资公司、会员企业三方联动，将融资洽谈会开进园区、企业，提供融资服务，帮助金正大、芭田等10家民营企业融资6000万元。

组织开展“同心·百企帮百村”精准扶贫行动。动员全县21家民营企业结对帮扶21个贫困村，以签约结对、村企共建、互利合作为主要形式，开展“一对一”精准扶贫工作，实施帮扶项目7个，投入资金近3000万元，受益2281户、8573人，解决一批农产品产销一体化建设、农村基础设施建设、农村特色种养殖业发展、扶贫济困、捐资助学、社会公益等问题。

引导和鼓励全县非公企业和非公经济人士关爱和扶助弱势群体，全年向贫困户、孤寡老人、留守儿童、贫困学生、残疾儿童等弱势群体捐款捐物达100万元；组织中国泛海控股集团董事长卢志强实施2016年度贵州省统一战线“泛海助学行动”，完成80名贫困大学生的精准识别，每人获资助5000元。

开展“企业党建工程”。对符合组建党组

9月19日，成立贵阳市瓮安商会

织条件的产业组织，对应采用单建、联建、挂靠方式建立70个党组织，覆盖559个企业，覆盖率45.8%；对暂时无党员的产业组织，派联企（社）干部指导，推优发展党员，逐一组建完善。

开展民营企业家“守法诚信”教育活动，评选10家县级守法诚信民营企业。开展非公有制经济代表人士综合评价，全县通过综合评价163人。推动建立异地瓮安商会，搭建招商引资引才引智新平台，精心联络在筑瓮安籍商人，于9月19日成立了贵阳市瓮安商会。

【民族、宗教政策与帮扶】　深入开展民族团结进步示范点创建活动，以“五个认同”活动为载体，促进民族关系和谐。向上级争取民族资金和县级匹配资金27万元，用于改善民族地方生产生活和推动民族地区经济社会发展。建设项目5个，命名第四批全县民族团结进步创建示范点5个，其中玉山镇白花村被省评为最具魅力少数民族村寨。落实民贸民品企业扶持政策，为13家民贸民品企业办理流动资金优惠贷款160万元。以开展创建和谐寺观教堂活动为载体，引导宗教界学习宣传十八大、十八届五中、六中全会精神，7月17日举办了宗教界代表人士培训班，开展“宗教政策法规学习月”活动，及时组织有关部门开展“6·19”宗教节日维稳活动等。7月18日完成瓮安县天主教爱国会的换届选举工作。

【对台及海外统战工作】　春节期间，慰问台胞台属15名，归侨侨眷15名、2名港澳眷属，发放慰问物资及慰问金共计16000元；中秋节期间，慰问台胞台属归侨侨眷32名，发放慰问金共计9600元。

3月21日至22日，22个来自加拿大、美国、冰岛、韩国等国家的孩子在SDC全球蓝丝带助残基金会主席王钦，中国侨联青委会副会长、中国华侨公益蓝丝带基金会主席庞燕率领下到县特殊学校考察调研。全年共获港澳台同胞及海外侨胞捐资助学助医项目3个，资金100多万元。通过海外联谊会联系，全县有4个高中、168名贫困大学生高中生获香港慈恩基金会、香港陈登基金会助学资助80万元。与省州侨联联系，创办浙江新华爱心教育基金会在瓮安中学合作的2016级“新华珍珠班”，招收50名“家庭特困、成绩特优”瓮安学生。

8月14日至21日组织农业交流团12人赴台湾交流学习，开展两地农业合作。

7月18日，召开天主教爱国会换届选举会

【党外代表人士工作】　摸底、调查，有计划、有针对性建立了500余人各类型、各层次党外代表人士信息库，实现党外代表人士队伍信息实时、动态的管理和人才信息资源共享。2016年，提拔

9月24日，组织党外干部在井冈山培训

副科级以上党外干部5名。

9月24日至30日县委组织部、县委统战部在江西省红色文化研究会井冈山培训中心联合举办2016年瓮安县党外干部暨统战委员培训班。全县副科级以上年轻党外领导干部及部分统战委员63人参加一周的培训，通过互动教学、专题讲座、实地参观等学习方式，对参训人员政治把握能力、参政议政能力、合作共事能力、开拓创新能力和拒腐防变能力等进行培训。

（艾　红）

机构编制

【概况】　2016年，瓮安县机构编制委员会办公室内设综合科、业务科，下设县事业单位登记管理局。下设2个事业单位：县政务和公益机构域名注册管理中心、县政务信息管理中心。领导班子：主任1名，副主任1名。县事业单位登记管理局局长1名。年末干部职工10人。

7月28日，瓮安县城市管理综合行政执法局挂牌成立

2016年，县编委办获全省机构编制系统信息报送先进单位，黔南州2014—2015年届文明单位，全县人口和计划生育工作目标管理考核先进单位，全县目标管理考核一等奖。

【城市管理综合行政执法体制改革】　3月，县政府召开专题会议研究组建县城市管理综合行政执法局事宜。6月，县政府办印发《瓮安县城市管理综合行政执法局主要职责内设机构和人员编制规定》，组建瓮安县城市管理综合行政执法局，加挂瓮安县城市管理局牌子，为县政府工作部门。整合县建设执法大队、县水政执法大队、县市场监督管理综合执法大队等执法队伍力量，新组建3个副科级城市管理综合执法大队，并按照“编随事转、人随编走”的原则对编制和人员进行了划转。

【相对集中行政许可权改革】　2月，根据州政府办《关于瓮安县开展相对集中行政许可权试点工作方案的审查意见的批示》意见，参与拟定《瓮安县开展相对集中行政许可权试点工作方案》。4月，县政府向州政府呈报《关于开展相对集中行政许可权试点工作的请示》。6月，根据十三届州人民政府第66次常务会议的审议意见，会同县政府法制办进一步修改完善《工作方案》，将相对集中的形式和范围由10个部门41项行政许可调整为15个部门75项行政许可。9月，县编委将《瓮安县机构编制委员会关于瓮安县行政审批局相关机构编制事宜的请示》报州编委办审批。年末，《工作方案》已经省政府常务会议研究并经省委常委审阅同意后组织实施。

【乡镇行政管理体制改革】　瓮安县作为全省唯一整体推进乡镇行政管理体制改革试点县，通过2014年、2015年的改革实践，2016年2月，在全省机构编制工作会上，瓮安县代表试点县作《创新体制机制、激发乡镇活力、助推瓮安经济社会更好更快发展》的交流发言。4月，新增出台《瓮

10月12日，中央编办副主任何建中（右三）、省编办主任刘朝容（左一）一行在猴场镇政务服务中心调研

安县推进户籍制度改革实施方案》等配套优惠措施。5—6月，会同县委办、县政府法制办等单位到乡镇开展专题调研，通过召开座谈会、听取乡镇领导、服务中心、村组干部代表、群众的意见建议等，撰写《关于乡镇行政体制和农村“三变”改革工作的调研报告》供县委、县政府决策参考。时任省编委办主任柳晓东、省编委办主任刘朝容、中央编办副主任何建中等领导分别于1月、7月、10月先后到瓮安调研指导改革试点工作，对瓮安经验做法给予了高度认可和评价。州委政策研究室《决策参考》第11期刊发《推进扩权强镇统筹城乡发展研究——以瓮安县乡镇行政管理体制改革试点为例》供领导参阅。11月，州编委办评估组对瓮安改革试点工作进行了逐项检查评估。平坝、雷山、罗甸、平塘、湄潭等县相继赴瓮安交流改革试点工作。

【其他领域行政管理体制改革】 1月，将县园林绿化管理局由县林业局管理调整为县城市管理局管理，人员按照“人随编制走”的原则进行划转；4月，探索政府专职消防队伍建设新模式、新机制，在全州率先设立政府专职消防队，明确为公益一类事业单位，纳入事业单位管理范畴，由财政全额预算管理；5月，根据州编委办《关于规范县（市）不动产登记机构设置等有关事项的通知》精神，明确县不动产登记局设在县国土资源局，与县国土资源局内设机构地籍管理科合署办公，局长由县国土资源局分管副局长兼任，下设县不动产登记事务中心由股级升格为副科级；6月，整合广电资源促进融合发展，将瓮安县广播电视台（瓮安县新闻中心）更名为瓮安县全媒体中心，加挂瓮安县广播电视台牌子，实行“两块牌子，一套人员”管理体制，为县文化和旅游局管理的正科级公益一类事业单位；在县委全面依法治县工作领导小组下设办公室，作为常设性机构，设在县委政策研究室，与县委改革办合署办公，确保依法治县工作落地生根；7月，抓好党风廉政建设“两个责任”落实，将主体办设在县委办，确保主体责任落地生根；8月，加强扶贫开发工作力量，在13个乡镇（街道办事处）设立扶贫工作站，按照8名事业编制实配8人标准进行调整；优化教育资源配置，收回中小学校空余编制220名，设立贵州省瓮安第九中学和瓮安第四幼儿园；9月，健全和完善党内监督体制，填补县以下的巡视监督空白，将县纪委监察局内设机构第三纪检监察室更名为县委巡察办；10月，加强政府投资管理力度，规范投资评审行为，设立瓮安县财政投资评审中心。

【机构编制管理】 2016年，提请召开编委会1次，研究机构编制事项14项，报州审批事项6项，印发机构编制事项通知文件43个，优化调整部分单位的机构编制和内设机构事宜，在13个乡镇（街道办事处）设立扶贫工作站，对部分中小学教职工编制进行调整；新设立政府专职消防队等事业单位6个（股级2个、副科级2个、其他2个）；提高机构规格事业单位4个；消化超编人员11名；按程序报批2016年用编计划380名，配合组织、人社部门做好人才引进工作，2016年全县机关事业单位公开招录（招聘）310人，其中公务员（含参公人员）52人，社会招聘事业人员151人，高校引进紧缺人才45人，引进研究生55人，其他7人；注重加强编制人员结构性审核，从严审核办理用编手续229人次（县外引进成熟型人才43人）。利用实名制管理系统和“财政统发工资平台”开展动态监测，加强财政供养人员监管。每月对全县86个独立核发工资单位12232人的工资进行审核，涉及资金5782万余元。对各目标考核单位和公务用车补贴单位进行审核。会同县人社部门制定《瓮安县机关事业单位临时聘用人员“吃空饷”问题集中治理工作方案》对全县临时聘用人员、公益性岗位人员进行集中整治。

【事业单位改革】 2016年，新设立18个事业单位，明确公益一类事业单位17个，公益二类事业单位1个。初步完成事业单位法人治理结构建设试点工作，组建瓮安县公立医院管理委员会作为试点单位的决策层并履行监督职能，组建瓮安县人民医院理事会作为执行层，推荐县编委办副主任杨润发为瓮安县人民医院第一理事会成员人选，指导县人民医院制定《瓮安县人民医院理事会章程（草案）》，2月，召开县人民医院党政领导班子联席会，选举产生自然理事8名，理事2名。3月，县医管委印发《关于成立贵州省瓮安县人民医院第一届理事会的通知》，正式组建县人民医院第一届理事会。4月，指导县人民医院理事会召开第一届理事大会，按程序选举产生县人民医院理事会理事长、副理事长。县医管委对当选的理事长、副理事长颁发聘书。县人民医院已建立完善绩效工资分配制度、院长年度任期目标及考核办法、理事会议事规则、理事会决策失误责任追究制度等内部管理制度，并建立引入第三方参与对县级公立医院进行考核评估制度，切实加强运行成效评估。

【事业单位登记管理】 1月印发《关于开展全县事业单位法人统一社会信用代码赋码工作和年度报告工作的通知》，3月，全面完成339个事业单位法人统一社会信用代码赋码换证和335个事业单位法人年度报告公示工作。全年共办理事业单位法人变更登记131件、设立登记8件、注销登记3件。11月，印发《关于开展2016年部分事业单位法人公示信息实地检查工作的通知》，结合各事业单位自查情况和平时掌握的情况，抽取30家事业单位法人进行实地检查，规范事业单位法人行为。

4月7日，县人民医院召开第一届第一次理事会

【统一社会信用代码工作】 根据省编委办《关于开展机关、编委办直接管理机构编制的群众团体统一社会信用代码赋码工作的通知》精神，4月下发《瓮安县机构编制委员会办公室关于开展机关、编委办直接管理机构编制的群众团体统一社会信用代码赋码工作的通知》，正式启动机关、群团统一社会信用代码赋码发证工作。6月，全面完成机关、群团统一社会信用代码赋码申领证书69件、变更统一社会信用代码证书信息13件。

【中文域名注册管理】 2016年，完成5个新注册中文域名单位的缴费和101个到期中文域名单位的续费工作。全面清理中文域名626家，完成挂标626家，实现100%，指导各单位启用网络红页561家，自建网站单位65家。

【自身建设】 围绕“两学一做”学习教育，多形式提升履职能力，坚持高标准、严要求，层层传导压力，全面落实党风廉政建设主体责任。围绕“精编促改、服务发展”打造党建工作特色亮点，培养预备党员按期转正1名，入党积极分子1名，选派驻村第一书记1人；6名党员助力脱贫攻坚，出资1000元到马场坪小学圆梦微心愿45人次；“七一”期间，重点走访慰问困难党员、特困群众、留守儿童、计生户等12人，送去慰问金及物资共计3600元；围绕“四送一助”开展精准扶贫工作，遍访贫困户24户，送去慰问金及物资共计15200元。报送信息被省委门户网站采用1条，贵州机构网采用8条，贵资讯网采用2条，贵州督促与检查1条；州机构编制网采用13条；瓮安信息采用1条，瓮安督促与检查1条，县政府网站采用28条，瓮安手机报3条。

县编委办党员干部在猴场镇马场坪村慰问贫困户

（郑凤学）

离退休干部工作

【概况】 2016年，瓮安县离退休干部局内设老干部服务中心。2016年服务管理离退休干部71人，其中离休干部15人、副县级以上退休干部56人，新中国成立初期参加革命工作的干部23人。年内无新增人员，病故12人（离休干部4人、副县级以上退休干部4人、新中国成立初期参加革命工作退休干部4人）。8月15日，瓮安县“雍江之声”合唱团成立。

【理论学习】 不定期组织老干部参加集中学习。为离退休老同志征订《人民日报》《贵州日报》《当代贵州》《黔南日报》《老同志之友》《晚晴》等十余种报刊杂志，副县级以上退休干部和离休干部人手1册。组织离退休老干部学习十八届五中、六中全会精神。组织县老年书画摄影研究会全体会员重点学习习近平总书记2016年11月30日在中国文联十大、中国作协九大开幕式上的讲话精神。组织离退休老干部30人学习中共中央办公厅、国务院办公厅联合下发的《关于进一步加强和改进离退休干部工作的意见》。

2月29日，组织离退休干部学习中央文件和习近平总书记系列重要讲话

【思想宣传】 2016年，全县参加思想道德宣讲“五老”人员（含乡镇、学校）120人，宣讲5场，受教育师生1600余人。参加法治教育“五老”人员（含乡镇、学校）89人，开展“守法至上、守法光荣”和“关爱明天·普法先行”宣讲共5场，受益学生2.8万人，开展帮教活动2场（不含乡镇），受帮教人数2000人。

对姜仕坤先进事迹进行学习，县关工委思想道德宣讲团成员冷启忠在瓮安五中举行“清明祭英烈·共铸中华魂”主题宣传教育实践活动作宣讲报告。县离退干部姚中贞、李德华、李庆忠等到瓮安监狱向服刑人员作形势政策宣讲和法制教育。邀请长顺县全国离退休干部先进个人赖兆铭为瓮安部分离退休干部、县离退干局和县老年大学全体干部职工，以及全县离退休干部党支部书记，副书记、委员等150人作先进事迹报告。邀请贵阳中医学院原宣传部长、校关工委常务副主任严发祥分别为瓮安中学、瓮安二中教师700余人作社会主义核心价值观讲座。邀请县人民医院心内科主任宋香静给离退休老干部讲解老年健康保健知识。

9月28日，组织老干部到瓮安监狱向服刑人员作形势政策宣讲和法制教育

【参政议政】 1月10日，州委常委、县委书记张文强主持召开县委常委会第116次（扩大）会议。县关工委常务副主任张永祥、办公室主任陈志华列席会议，张永祥代表县关工委向县委汇报2015工作情况。2月4日，组织离退休老干部参加瓮安

8月4日，召开县2016年上半年经济社会发展情况通报会

县2015年经济社会发展情况和组织工作情况通报会。州委常委、县委书记张文强到会并作讲话。与会老领导围绕瓮安经济社会发展、文化教育、城市管理、城市供水等各项事业发展提出意见和建议。8月4日，在县老干活动中心召开离退休干部座谈会，县委常委、常务副县长张宗良出席会议，并向老干部们通报瓮安县2016年上半年经济社会发展情况，老干部们积极为瓮安经济社会发展建言献策。

【调研活动】 4月11日至12日，州开发研究促进会副会长王代文带领州开发研究促进会、州森林公安局、州森林防火中心相关人员到瓮安就森林防火“村为主”管理模式推行情况进行专题调研。县委副书记钟旻，县政府副县长姚明凤，县开发研究促进会会长梁隆平等陪同调研。4月19日，州开发研究促进会会长张宪民带领州开发研究促进会名誉会长、常务副会长、副会长、秘书长、理事及一、二、三各产业组领导一行22人，到瓮安考察调研农业转移人口市民化工作。县委副书记钟旻、县开发研究促进会会长梁隆平等陪同调研。7月，县开发研究促进会会长梁隆平等一行对平定营镇梭罗大坝粮田荒废实地调研，调研后向县委、县政府提交相关参考意见和建议且得到县领导重视并予解决。9月，省委老干部局副局长、省委老年大学校长王小乐到瓮安调研红色文化和老干部工作。11月，省老教办副主任、省老年大学副校长陈祖云一行3人，州委组织部副部长、州委离退休干部工作局局长、州老年大学校长陈云霞一行3人到瓮安调研指导老年教育工作。县领导杨昌勇、王华，县离退干局局长金正安、县老年大学校长邓仁智陪同调研。11月14日，县开发研究促进会对猴场会议会址建碑林情况进行调研。调研组亲临建碑林施工现场，听取建碑林的选址、设计、施工进度等情况汇报。

7月20日，县开发研究促进会对平定营镇梭罗大坝粮田荒废进行实地调研

【重要会议】 1月12日，县开发研究促进会梁隆平会长组织召开第二届三次理事大会，总结县促进会2015年的工作。4月15日，全县离退干、关心下一代暨老年教育工作会议在老干活动中心召开。县领导屈芳、罗惠平，县关工委全体成员，

4月20日，举办法治副校长培训会

各乡镇（街道）和部门分管领导、离退干支部书记，各乡镇（街道）关工委常务副主任，部分离退休干部代表和各中小学校长200人参加会议。4月20日在会展中心4号会议室举办法治副校长培训会。全国青少年普法活动办公室副主任、全国青少年普法教育贵州讲师团团长赵敏刚主讲。县关工委主任姚中贞和副县长杨昌勇出席会议并讲话。县司法局、县综治办、县教育局相关领导，全县76名法治副校长，各学校分管德育工作校领导以及县关工委法治辅导团部分老同志100余人参加培训。10月11日，邀请贵州省政安消防中心讲师杜小平现场进行主题为“参与社区消防，共建平安家园”的消防安全知识宣讲。县离退休干部工作局、县老年大学全体干部职工及老年大学部分学员代表在老年活动中心参加培训。

【帮扶工作】 “六一”期间到永和镇开坪小学、洗马塘小学开展节慰问活动，向46名留守儿

童送去慰问品和慰问金。全局干部职工到小康驻村联系点——永和镇洗马塘村开展精准扶贫入户走访和慰问工作，为困难群众送去大米、棉被、食用油、书包、床单等生活用品。5月，县关工委投入关爱资金24万元，帮助瓮水中心社区、渡江小学、猴场下司社区、瓮安六小打造4个升级版留守儿童之家，同时购买11.5万物资帮助草塘中学、中坪新土村、玉山镇玉山村、玉山镇深溪村4个单位建立留守儿童之家。11月，县关工委在老坟嘴学校举行2016年奖（助）学金发放仪式，给学校10名优秀学生、30名贫困学生发放13000元资助金。

【关心下一代工作】 2016年，对县关工委门户网站进行改版。3月30日，在全国关心下一代宣传工作电视电话会议上，省关工委副主任吴嘉甫在发言中对瓮安各级关工委形成“一会一特”格局给予充分肯定。年度中，县关工委先后组织关工委干部33人次到福建省厦门市思明区关工委、铜仁市思南县和石阡县关工委、贵阳中医学院关工委、黔南州启航学校学习考察培训。县关工委与贵阳中医学院建立的共促共建关系，在青年培训、关爱活动等多个领域开展的共促共建活动。思南县、印江县、龙里县、三都县、贵阳中医学院关工委到瓮安考察学习关工委工作。12月12日至15日，对全县13个基层关工委进行验收，三年创优工作结束，全县“五优五好”基层关工委达到90%，完成三年行动计划。在瓮安第四中学举行第三届“关爱明天·普法先行”——青少年普法教育活动，全国青少年普法活动办公室副主任、全国青少年普法教育宣讲团贵州省讲师团团长赵敏刚为四中师生作法制教育宣讲。举办以“弘扬爱国精神·践行爱国理想”为主题的瓮安二中2016文体艺术节暨纪念“一二·九”运动文艺会演。

3月22日，举办第三届“关爱明天·普法先行”——青少年普法教育活动

（金正安　李德龙）

老年教育

【概况】 2016年，瓮安县老年大学下设总务室、教务室、老教办3个行政股室，干部职工7人、党员6人、女干部4人、领导班子3人、任课教师8人、学员1056人。有教室5间，办公室7间，开设9个专业、10个教学班，有电脑、音响、多媒体教室、排练厅等教学设备和教学场地。办学效果学员满意度98%以上，学员参加各项活动获奖10次。2016年末，全县共有基层老年学校16所，学员1400余人。年内组建电脑班、雍江合唱团等特色班级。11月10日，永和镇洗马塘村老年学校正式挂牌成立。

11月10日，永和镇洗马塘村老年学校正式挂牌成立

【教学工作】 规范第一课堂，拓展第二课堂。学校按教学计划于3月、9月按时开展报名招生工作。学校开设中国传统书法、绘画、声乐、军乐、舞蹈、太极、时事政治、计算机、气排球等9个学科，全年各班级开展第二课堂活动20余次。2016年元旦，与金正大诺泰尔化学有限公司联合举办主题为“岁月舞动·相约未来”元旦联欢晚会；4月，组织200余名学员参加“瓮安县老年人

6月28日，组织合唱班、军鼓班与雍阳街道云星社区党支部开展庆祝建党95周年活动

健步走”活动；5月31日，组织军鼓班学员与城关二小师生共庆“六一”儿童节；6月16日，组织气排球班参加2016年贵州省老年人气排球比赛交流活动；6月17日，组织学员参加黔南州2016年“发展体育运动·增强人民体质·同心共筑中国梦”全民健身活动；6月28日，组织合唱班、军鼓班与雍阳街道云星社区党支部开展庆祝中国共产党建党95周年活动；11月15日，军鼓班学员到银盏镇开展学习汇报演出。10月9日，主办的2016年“情满九月九·爱携夕阳红”文艺演出在瓮安县会展中心1号会议室举行，县委副书记钟旻、县人大常委会副主任罗惠平等领导到场观看文艺演出，与学员共庆“重阳节”共享老年教育成果。

将雍阳街道河滨社区老年学校作为基层示范校打造，创建工作于9月完成，学校有3个教学班，设舞蹈、计算机、书画、棋牌、法制讲座等课程。调整干部职工挂任班主任，制定完善班级管理制度。开辟班级文化墙及学习园地，展示学员学习心得体会、学习成果。

调研、论证、起草、修改《瓮安县老年教育发展“十三五”规划》，7月中共瓮安县委办〔2016〕42号文件印发《瓮安县老年教育发展“十三五”规划》，全县贯彻执行。

【校园文化】 送文化下乡活动。2016年独立或与基层老年学校联合开展送文化下乡活动5次。5月26日组织音乐一班学员到平定营镇开展送文化下乡活动，与平定营灯夹戏协会的会员共同为当地群众送去文化生活；6月19号，在县人民广场举办“瓮安县2016年安全生产月咨询日暨老年廉政文化下乡活动”为主题的送文化下乡活动，将老年廉政文化送到人民群众中去；7月19日，组织太极书画班参加平定营政府主办的主题为“平定营生态旅游文化活动暨瓮安县第一届春晖艺术节”，为在场观众奉献文化生活；8月22日，组织太极书画班到中心社区开展书法送教下乡活动，与社区老年学员共同切磋书法绘画技巧；11月5日，组织音乐一班到玉山镇与玉山老年协会联合开展送文化下乡活动，玉山镇赶集的数百名群众观看文艺演出。5月17日，邀请瓮安县老年书画研究会名誉会长王国荣参加书画交流活动，现场为人民群众和学员书写多幅书法作品，并与书画班教师及学员们探讨基础的书法知识和创作心得。

11月5日，在玉山镇开展送文化下乡活动

【服务社会】 9月19日，组织军鼓班学员，参加2016中国·瓮安国际山地户外运动挑战赛开幕式；9月3日，太极书画班在工业园区开展“大手牵小手”献爱心活动，为困难儿童捐款550元；12月8日，学校干部职工及太极书画班全体学员，到县社会福利院，开展关爱孤寡老人、奉献爱心公益慰问演出活动，为县福利院老人发放慰问品，同时为老人们表演文艺节目。

【调研工作】 11月4日，省老教办副主任、省老年大学副校长陈祖云，州委组织部副部长、州离退休干部工作局局长、州老年大学校长陈云霞一行到瓮安调研指导老年教育工作。调研指导组先后参观雍阳街道河滨社区老年学校、县老干活动中心、县老年大学教学场地等，在县老年大学召开调研座谈会，县老年大学校长邓仁智汇报全县老教工作。调研指导组肯定瓮安老年教育工作。10月—11月，学校领导班子分别到中心社区、河滨社区、洗马塘村老年学校开展调研，了解基层老年学校办学情况，帮助解决实际问题。

11月4日，省、州老教办领导到瓮安调研老年教育工作

【基层组织建设】 开展“两学一做”学习教育，争做合格党员；开展党建品牌活动，成立学员临时党支部；履行党风廉政建设主体责任；组织干部职工到廉政教育基地接受廉政警示教育；学校6名干部职工结对帮扶永和镇垛丁村16户贫困户，2016年已脱贫14户；10月17日，组织干部职工开展“扶贫一日捐”活动共捐款1700元。

（安贵友）

党　校

【概况】 2016年，县委党校内设办公室、总务科、教务科、干部培训科、科研办公室、综合教研室。领导班子：校长1名（县委副书记兼任）、县行政学校校长1名（常务副县长兼任）、常务副校长1名。2016年在职干部职工20人，其中专职教师13人（高级职称2人、中级职称3人、研究生3人）。2016年获全州党校系统目标考核一等奖、全县综合目标考核二等奖。

【“五个一流”标准】 8月22日，州委常委、县委书记张文强到瓮安党校开展专题调研，提出按照设施设备一流、主体班次一流、培训特色一流、职工队伍一流、协作渠道一流“五个一流”

12月24日　省委党校常务副校长袁惠民在瓮安党校考察调研

的标准创建全省一流县级党校。12月24日，省委党校袁惠民常务副校长一行到党校调研，对瓮安党校按照“五个一流”标准创建全省一流县级党校的目标给予肯定。

【承办全州党校系统观摩会】 12月15日至18日，“全州党校系统‘忠于理想·坚定信念’现场教学观摩会”在瓮安党校举行，州委党校常务副校长、副校长及中层干部和相关教师，全州12各县（市）党校常务副校长、分管教学工作副校长及相关教师共计69人参会。瓮安党校利用县内优势资源打造的现场教学在观摩会向全州党校系统进行展示。同时召开“全州党校系统常务副校长工作会”和“全州党校系统2016年度工作总结会”，对全州党校工作进行总结，安排部署下步党校系统工作。

12月16日，全州党校系统现场教学观摩会——毛泽东行居

【创新教学工作】 2016年，党校利用瓮安优秀文化资源，挖掘特色教学内容，打造以“红色文化”“社会治理”“工业生态”为主的三张名片，塑造品牌课程。加大课程开发，优化课程设置，每名教师每年开发1—2个新课程。2016年共开发《弘扬传统文化，增强党性修养》《传承红色基因，增强执政能力》《瓮安县“5531”社会治理经验介绍》《瓮安县千亿级循环经济产业园发展分析》等专题教学课程19个。

【宣传教育】 随着近年来大力宣传，2016年，共有省内23家兄弟党校230余人次到校考察学习。同时，依托瓮安县反腐倡廉警示教育基地，开展反腐倡廉警示教育，2016年共接待来自县内外110余家单位共4700多人次参观（县外30多家980人次）。

2016年，先后组织教师26人次赴中央党校、省委党校、州委党校及井冈山红色文化培训中心、贵州省组织人事干部学院及部分高校参加培训，30人次到兄弟党校学习和观摩，40人次参加专题讲座等。

全年，举办和承接各级各类干部培训61个班次，共计培训5200人次。其中县内班次有：瓮安县基层党组书记“两学一做”专题培训班、瓮安县2016年公务员培训班、瓮安县2016年事业单位新进人员初聘培训班、瓮安县2016年中青年干部培训班等21个班次，共计培训2596人次；县外班次有：省委党校民干班、施秉第一书记及驻村干部培训班、中共贵州省委组织部组织人事干部学院云南省保山市隆阳“两学一做”“实现跨越、争当排头兵”专题培训班（共8期）、贵州省委组织部组织人事干部学院河北霸州市创新社会管理专题培训班、龙里县2016年入党积极分子和党员发展对象培训班等40个班次，共计培训2604人次。

11月18日，中青班学员参加军训

【科研工作】 2016年，在各级各类公开刊物上发表科研论文共18篇，均可在中国知网、龙源期刊网、万方数据网等重要网站上查询。组织全体教师积极参与省、州党校系统、省委组织部、社科联等各级各类课题研究的申报工作，共完成省委党校校级课题研究2个（1个重点）；参与各级各类课题申报9个，共有5个课题获得立项，其中省委党校2个（1个重点），省委组织部2个，州委党校1个一般课题。对教师的优秀文章和结题的课题进行收集、整理，编辑《中共瓮安县委党校校刊》2期（1期为课题专刊）。由党校教师编撰的《历史与传承》《实践探索与理论创新》进入出版程序。完成图书室图书分类、上架摆放，启动图书管理系统和电子图书阅览室的网络连接，已全部正常使用。11月，教师罗廷莲获全省党校系统首届“优秀科研管理工作者”奖。

【基层组织建设】 2016年，严格按照县委的统一安排部署和工作安排，依托精准扶贫工作开展，结对帮扶26户精准扶贫户，帮助理清发展思路，解决发展困难问题；派驻1名年轻教师驻村担任“第一书记”，帮助解决经费和办公设备。2016来，党校共投入工作经费财、物折合现金1.5万元。2016年“七一”表彰时，党校支部荣获“先进基层党组织”称号。

（熊国洪）

党史与地方志

【概况】 2016年，中共瓮安县委党史研究室（瓮安县地方志编纂委员会办公室）内设综合科、党史科、方志科、年鉴科、资料管理科，下属瓮安县党史方志馆。领导班子主任1名，副主任2名，年末有干部职工16人。11月2日，县委办公室、政府办公室印发了《瓮安县2016—2020年党史和地方志事业发展规划》，绘制了“十三五”期间全县史志工作蓝图，为全省史志系统第一个县（市、区）以党委政府文件出台的史志工作规划。

2月25日，县委党史研究室被人力资源和社会保障部、中共中央党史研究室评为“全国党史系统2011—2015先进集体”，这是贵州省唯一获此殊荣的先进集体，主任范祖贵代表先进集体在北京出席表彰会。党史研究室编纂的《中共瓮安县委执政纪要（2014）》被中共中央党史研究室评为全国党史部门党史优秀成果奖资政成果类一等奖，获此殊荣的作品全国仅8部（篇）。表彰会

2月25日，县委党史研究室获人力资源和社会保障部、中央党史研究室表彰

议结束后，主任范祖贵专门到中共中央党史研究室汇报工作，受到中共中央党史研究室主任曲青山、副主任高永中的亲切接见。曲青山对瓮安县委、县政府高度重视党史事业表示感谢，瓮安在党史工作上所取得的成绩表示祝贺，并对瓮安下步党史工作提出要求。12月13日至14日，由省委党史研究室主办，瓮安县委、黔南州史志办承办的“全省党史系统学习贯彻十八届六中全会精神理论研讨会”在瓮安召开，全省党史系统专家学者、省委党史研究室领导、全省各地州党史系统领导、瓮安县委领导共90余人出席会议。

【党史读本编撰】 组织编撰党员干部和青少年党史教育读本系列丛书《伟大转折》之《一路向北——承上启下的猴场会议》已进入出版程序。历时半年组织编撰的《南京雨花台烈士丛书》之《冷少农传》，已经由江苏人民出版社出版发行5000册，6月28日，该书作者范祖贵、谢崇禄应

9月9日，南京雨花台烈士纪念馆在瓮安采访《冷少农传》作者

邀到南京参加首发式；由县委党史研究室提供相关资料并协助编纂，反映冷少农烈士事迹的纪实性文学作品《残酷的美丽》，已经由凤凰出版集团出版发行。面向全国搜集怀念瓮安籍红军陈靖作品，编纂《怀念苗族红军陈靖文集》，该书25万字，图片38幅，已由中共党史出版社出版2000册。《中共瓮安县委执政纪要（2015）》已进入出版程序。

【红色文化宣传】 2016年，先后接待中共江苏省委党史工作办公室、江苏电视台摄制组一行到瓮安拍摄反映雨花台崇高精神和风范的大型文献纪录片《致未来书》；中央电视台《大会师》摄制组到瓮安拍摄红色遗址遗迹，并采访部分红色家属；中共中央党史研究室、中央电视台《永远的长征》摄制组一行到瓮安拍摄《永远的长征》之《伟大转折》专题纪录片，该片在10月22日晚10:20中央电视台第一频道播出；中共上海市委党史研究室采访组赴瓮安开展“长征路上看今昔”采访活动，采访成果已经在《党史信息报》《劳动报》专版刊发；贵州广播电视台“多彩贵州旅游季”《这里是贵州》摄制组到瓮安拍摄相关内容；遵义师范学院调研组一行到瓮安调研“红军长征在贵州”瓮安部分内容；贵州卫视《百姓关注》《长征大转折》摄影组一行到猴场镇拍摄红色主题专题片；南京市雨花台烈士纪念馆到县委党史研究室开展雨花台烈士传丛书访谈活动，采访《冷少农传》一书的作者；国家安全部、中央

电视台一行至瓮安开展《隐蔽上线上的老前辈》之《冷少农烈士专题片》拍摄，该片已于10月24日在中央电视台新闻联播栏目播出；先后协助完成《北京日报》《海南日报》，安徽电视台等报社及电视台记者寻访长征足迹；贵州电视，瓮安县委、县政府组织的大型直播节目“青春的乌江”在猴场会议纪念馆举行，县委党史工作者全程参与直播活动。

【史志文化阵地建设及活动】 强化以党史方志馆为主的史志文化阵地建设。2016年党史研究室组织人员到井冈山、长沙、湘潭、福建等地党史馆、方志馆就馆藏布置、设计进行考察学习。省委党史研究室主任杜丹、副主任余雄率文献编研处、决策咨询处、科研管理和基层工作处25人两次到瓮安调研党史馆建设情况。省地方志办公室主任田洪，副主任梁贵刚专程到瓮安调研方志馆建设。县党史方志馆二次装修和布展设计工作于2月启动，结合县实际，设计单位中国普天公司按县政府专题会议意见对装修布展方案进行修改和完善。

11月4日，县召开党史方志馆布展专题会议

年内台江、三都县党委史研究室，平塘县档案史志局等分别组队到瓮安考察学习史志工作。3月，县委党史研究室组织4人分2次分别到井冈山考察学习红色文化和党史工作，6人分3次到福建革命历史纪念馆、湘潭党史馆、韶山纪念馆、南京方志馆、南京档案馆、中国第二历史档案馆考察学习。

在“六进”活动中，发放10余种史志书籍1625册，召开史志工作座谈会10次。与北京、山东、浙江、重庆等省市及周边县市交换党史、方志、历史文化书籍318册；参与相关部门编纂乡土教材，承担瓮安县地名普查核查工作。

【地方志编修】 2月26日，县地方志办主任范祖贵到中国地方志指导小组汇报工作，受到中国地方志指导小组秘书长兼办公室主任冀祥德亲切接见。冀祥德对瓮安县委、县政府高度重视地方志事业表示充分认可，对全县地方志工作长足进展给予高度评价。根据中国地方志指导小组办公室《关于召开第一次全国地方志工作经验交流会暨2017年全国地方志机构主任工作会议的通知》（中指办〔2016〕212号）及省方志办领导签批要求，瓮安县地方志办公室主任范祖贵于12月5日至8日到广州参会作并作经验交流发言，这是贵州唯一代表县（市、区）方志工作的先进典型，其经验交流材料已用于全省地方志工作推进会议。谢崇禄被省人社厅、省地方志办公室评为“贵州省2011—2015年全省地方志编修先进个人”。范祖贵、谢崇禄、刘德权被州政府聘为州史志编研专家，副州长刘建民为各位专家颁发《聘书》。

乡镇（街道）志、部门志编纂。先后到县纪委、档案局、银盏镇、中坪镇、玉山镇、瓮安中学、投资促进局、组织部等乡镇（街道）、部门志指导二级志书编纂工作，《瓮安县离退休干部志》《银盏镇志》《瓮安中学志》已编纂出初稿。猴场镇、中坪镇、玉山镇、银盏镇、移民局、组织部、宣传部、信用社、水务局、农工局、工信局等30多个单位已经启动志书编纂。

《瓮安县国土资源志》4月底送审，该志18

6月2日，县地方志办在县国土资源召开《国土资源志》终审会

章，70节，56万字；《瓮安县审判志》共10章，43节，30.96万字；《瓮安县档案志》共志15章，8节，18.5万字。同意《瓮安县国土资源志》《瓮安县审判志》《瓮安县档案志》《瓮安中学志》通过终审。

启动编纂《瓮安城市建设图志（2008—2015）》。根据瓮党办〔2016〕15号文件精神，县政府组织召开《瓮安城市建设图志（2008—2015）》编纂工作启动会。会后，组织编辑人员先后10余次到相关单位指导工作，年末该志书进入审稿程序。《瓮安年鉴（2015）》已进入出版程序。

【历史文化挖掘】 组织人员从国家图书馆搜集到清乾嘉年间黔人两大诗宗之瓮安籍人士犹法贤作品《西樵山房文集》原稿。经专家点校、注释，编辑成简体本，已于3月由云南人民出版社出版发行。3月，历时两年编纂时间，县地方志编纂委员会、瓮水犹氏文化志编纂委员会联合编纂的《瓮水犹氏文化志》，由方志出版社出版发行，全志由11章组成，2441千字。在珠藏镇荣院小学召开《瓮水犹氏文化志》编修工作总结会举行首发式，县地方志办，珠藏镇党委、政府，犹氏族人3000余人参加总结会议暨首发式。

【脱贫攻坚同步小康工作】 年初，委派专人到珠藏镇荣院村开展率先小康驻村工作。驻村工作围绕“一宣四帮”，做好“四下乡”、植树造林、法制宣传等工作。参与“33668”扶贫攻坚行动计划、帮助建档立卡，助推“四在农家·美丽乡村”建设、整治人畜混居、建设垃圾处理设施，开展综治、计划生育等宣传工作。深入包保村开展调研工作，协助制定消除“空壳村”壮大集体经济方案，开展精准扶贫工作、协助26户农户办理特惠贷手续，落实生态移民搬迁6户，解决资金23万元，实施易地扶贫搬迁4户，解决资金35万元。全额出资3.8万元对花院墙村民组集体闲置空地560平方米进行硬化，建成村民活动中心，受益群众有花园墙、塆子、传撮箕、苦鱼井等村民组186户568人；出资0.5万元改造荣院小学饮水工程，解决师生饮水困难。慰问空巢老人、五保户、困难党员、困难计生户、困难群众30户，发放慰问金6000元。走访荣院小学、小院子小学留守儿童16人，赠送书包等学习用品16套。开展“金秋惠民·国庆齐欢”主题活动，为10户困难群众送去月饼、油、水果，折合现金3000元。春节组织全体干部职工到荣院村石街子、田坎、小院子等8个村民组开展“四送一助”慰问活动，为44户精准扶贫户送去油、米、酒、糖、肉生活用品，折合现金13000余元。在“慈善一日捐”活动中，单位和个人共捐款2100元。2016年实现35户124人脱贫，分别占包保一般户的79.5%和82.1%。

（谢兴贵　王明江）

11月23日，启动花园墙农民活动场所硬化工程

瓮安县人民代表大会及其常务委员会

综　述

2016年，瓮安县人大常委会内设办公室、选举任免与代表联络工作委员会、财政经济与环境资源工作委员会、农业与农村工作委员会、内务司法工作委员会、教育科学文化卫生与民族宗教侨务工作委员会、信访督察室，各工委（室）分别核定行政编制2名，设主任1名（正科长级）、副主任1名（副科长级）。4月16日，瓮安县人大常委会办公室下设瓮安县人大代表服中心（副科级事业单位），核定事业编制2名，设主任1名（副科长级）。领导班子：主任1名，副主任6名，年末干部职工33人。年内召开常委会议9次，主任会议9次，听取和审议“一府两院”工作报告12个，提出审议意见60项，开展执法检查2次，专题调研3次，共依法任免“一府两院”工作人员43

人（次），免职21人，接受辞职2人。

【监督工作】 紧扣重点，强化监督。2016年度听取和审议县人民政府关于2015年财政预算执行和其他财政收支审计情况、2016年1—6月财政预算执行情况、2016年1—6月国民经济和社会发展计划执行情况、殡葬改革工作推进情况、农村土地承包经营权确权颁证工作开展情况、精准扶贫工作开展情况、《中华人民共和国城乡规划法》贯彻执行情况等12个方面的工作。同时，对工业用地改为商业用地情况、房开楼盘设计规划执行及超期过渡费发放情况、磷化工发展情况（中盟专题履行合同情况）等专题进行调研。引导广大市民积极参与社会监督，制作"县城人行道地砖破损""农贸市场资本闲置"等"人大监督面对面"栏目4期。

围绕热点，开展执法检查。全年针对群众普遍关心的热点难点问题，对新《中华人民共和国环保法》《中华人民共和国人民防空法》贯彻执行情况进行执法检查。同时配合省、州人大对瓮安贯彻执行《黔南布依族苗族自治州促进茶产业发展条例》开展执法检查，协助和配合省、州人大做好《贵州省乡镇人民代表大会工作条例》等法规立法调研和征求意见工作。

5月5日，州人大常委会副主任杨筑萍（前排右二）率队到建中茶旅小镇开展《黔南州茶产业发展条例》执法检查

完善机制，规范备案审查。继续推进规范性文件备案审查制度，对事关全县改革发展稳定大局和群众切身利益的规范性文件进行重点审查，进一步完善规范性文件备案审查机制，规范备案审查工作流程，完善相关工作制度，提升备案审查能力，着力解决目前存在的备案审查主动性不高、监督力度不大、监督权威性欠缺等问题，进一步提高规范性文件质量，规范行政部门的用权行为，强化备案审查监督工作实效，2016年完成备案审查规范性文件1份。

保障权益，来信来访办理。规范行政执法行为、司法行为，推进依法行政和公正司法，把接待好代表和群众来信来访作为畅通民意、反映民情、维护稳定的一项重要工作常抓不懈，坚持依法监督与处理信访案件相结合，建立信访接待制度，完善督办机制，认真做好信访督察工作，围绕全县中心工作，带头主动深入到基层调研解决实际问题，变上访为下访，把信访关口前移，努力把矛盾化解在基层。全年共受理人民群众来信30余件次，100余人（次）。

【代表工作】 开展县、乡两级人大代表选举工作。组织召开全县换届选举工作动员培训会，组织做好选民登记、提名推荐初步代表候选人、组织考察、协商确定正式代表候选人、投票选举等各个阶段工作。联系指导乡镇开展乡镇人大换届选举工作，县、乡人大换届选举各项工作依法有序进行，选举产生新一届县乡两级人大代表931名。

代表培训。外出培训，6月组织常委会组成人员、各街（街道）人大工委负责人、部分人大机关工作人员到青岛市人大培训中心开展人大干部履职能力提升专题培训。实战培训，利用代表建议督办、组织代表开展视察调研、召开座谈会等形式对代表进行集中培训。理论培训，为代表订阅《中国人大》《黔南人大信息》《人大论坛》等刊物和学习资料。阵地建设，按"七有"（接待有场所、工作有制度、活动有主题、履职有记录、诉求有回应、困难有帮助、经费有保障）标准，指导乡镇做好代表联络站（室）和基层代表联络站（室）建设。

建议办理。继续把办理代表建议作为推进政府工作的重要手段，强化办理机制，规范交办、督办程序，重视办理成效，提高代表建议的办结率和落实率。坚持人大常委会领导重点督办制度，采取对承办部门办理工作进行"回头看"等方式，推动各承办部门提升办理实效，做到事事有回音，件件有答复。全年代表共提出123件意见建议，转交县政府办理106件，人民法院、人民检察院各1件、党群部门15件，各类建议办复率为100%，代表满意和基本满意率为100%。

代表活动。做好联系代表、组织代表、服务代表工作，增强闭会期间与代表的密切联系，继续执行好县人大常委会组成人员联系代表、代表联系选民等制度，努力为代表知情知政、督政议政创造条件。探索以代表为主题的视察模式，扩大代表对人大常委会会议和活动的有序参与。指导乡镇（街道）人大积极探索履职行权新形式，帮助其解决在工作中遇到的困难和问题。

【自身建设】 理论学习。以“两学一做”学习教育为契机，坚持双周集中学习与常委会成员专题辅导相结合，学习党的十八大、十八届三中、四中、五中、六中全会精神和习近平总书记系列重要讲话精神，增强机关干部的政治意识、大局意识、核心意识和看齐意识。结合工作实际，坚持常委会专题知识讲座、双周集中学习制度，深化人大业务知识和相关法律法规的学习，全年组织开展双周集中学习17次，专题辅导4次。

作风建设。健全贯彻落实群众路线的长效机制，不断巩固和扩大教育实践活动成果，着力解决人大机关“四风”问题。坚持以精准扶贫脱贫攻坚“结对帮扶”活动为抓手，机关干部定期走访贫困户，深入了解民情、民意、民生，强化群众观念，争当有党、有民、有责、有戒的“四有干部”。进一步完善学习制度、管理制度、工作制度、议事制度，细化公务接待、财务管理、出差审批流程，推动管理制度化、科学化，推动人大机关党风廉政建设、作风建设。

氛围打造。加强与新闻媒体及上级人大的沟通联系，做好信息报送工作，继续完善瓮安人大网站建设，提高人大工作的公开度和透明度。以宣传人民代表大会制度，展示常委会和基层人大工作实效，生动报道代表依法履职的生动实践、密切联系群众的为民情怀等为重点，增强人大宣传工作的亲和力、吸引力和说服力，推动人民代表大会制度深入人心。

对乡镇人大工作指导。制定落实常委会领导分片联系乡镇人大工作制度，常委会领导深入乡镇，从工作程序、制度建设、职责履行等方面进行指导。针对乡镇召开新一届人代会事宜，在常委会主任联系指导的基础上，组织相关人员对人代会议程、程序等方面严格把关，11个乡镇成功召开新一届人民代表大会，依法选举产生新一届乡镇人大、政府领导班子。邀请人大主席列席常委会会议，参加常委会组织的视察、评议工作，多方面开展业务知识培训。

重要会议

【第十六届人民代表大会第五次会议】 3月3日至5日，县第十六届人民代表大会第五次会议在行政新区会议中心举行。会议应到代表207名，因事因病请假12名，实到195名，符合法律规定。州委常委、县委书记张文强，县委副书记、县长黄桂林，县人大常委会主任潘玉华，县政协主席陈博及县领导钟旻、张宗良、曾薇、王华、孟先锋、屈芳、罗惠平、郭豫、李丰祥、金正祥、刘奉贤、张远军出席会议并在主席台前排就座。在主席台就座的县领导还有：韩小忠、黄成、张杰、杨胜雁、吴雪嫩、曾明康、夏吉友、姚明凤、郑毅、王华、符合、王建军、喻松、余江及县人武部政委阮顺坤，县人民法院院长祝夜明，县人民检察院检察长谭必刚，部分县离退休老领导、大会主席团其他成员和其他特邀人员。特邀参加大会的有：不是本届县人大代表的县委、县人大、县政府、县政协领导同志；不是本届县人大代表的离任县人大、县政府、县政协部分老领导、老同志；部分企业代表。

列席会议的还有：不是本届县人大代表的县政府副县长、政府组成部门负责人，县人大常委会委室副主任，县直党群机关，县直企事业单位负责人，省州驻瓮单位负责人，驻军代表；不是本届县人大代表的乡镇党委书记、人大主席、乡镇长。

出席政协第一届瓮安县委员会第五次会议的全体政协委员和列席政协会议的同志也列席了会议。

会议审议了《瓮安县人民政府工作报告》《瓮安县国民经济和社会发展计划第十三个五年规划纲要》《瓮安县2015年国民经济和社会发展计划执行情况及2016年国民经济和社会发展计划》《瓮安县2015年财政预算执行情况及2016年

财政预算》《瓮安县人大常委会工作报告》《瓮安县人民法院工作报告》《瓮安县人民检察院工作报告》

会议以举手表决方式通过《关于瓮安县人民政府工作报告的决议》《关于瓮安县国民经济和社会发展计划第十三个五年规划纲要的决议》《关于瓮安县2015年国民经济和社会发展计划执行情况及2016年国民经济和社会发展计划的决议》《瓮安县2015年财政预算执行情况及2016年财政预算的决议》《瓮安县人大常委会工作报告的决议》《瓮安县人民法院工作报告的决议》《瓮安县人民检察院工作报告的决议》。

【第十六届人大常委会第三十次会议】 会议于2月3日在会展中心2号会议室召开。县人大常委会主任潘玉华，副主任罗惠平、郭豫、金正祥、刘奉贤、张远军及常委会委员共18人出席会议。县人民政府常务副县长张宗良，县人民法院副院长周艺，县人民检察院副检察长李明，县人大常委会各工委室副主任，县人大机关科级非领导干部，各乡镇人大主席、人大秘书，街道人大工委主任共23人列席会议。会议由罗惠平主持。会议通过瓮安县第十六届人大常委会第三十次会议议程；讨论决定了召开瓮安县第十六届人民代表大会第五次会议有关事项；审议通过了瓮安县人民代表大会常务委员会关于召开瓮安县第十六届人民代表大会第五次会议的决定（草案）；审议通过了瓮安县第十六届人民代表大会第五次会议议程（草案）；审议通过了瓮安县第十六届人民代表大会第五次会议组团方案及各代表团召集人建议名单（草案）；讨论通过了瓮安县第十六届人民代表大会第五次会议主席团成员和秘书长建议名单（草案）；讨论通过了瓮安县第十六届人民代表大会第五次会议议案审查委员会名单（草案）；讨论通过了瓮安县第十六届人民代表大会第五次会议国民经济和社会发展计划及财政预算审查委员会建议名单（草案）；审议通过了瓮安县第十六届人民代表大会第五次会议特邀、列席人员范围及名单（草案）。审议了瓮安县人大常委会工作报告（讨论稿）。通报了2014年度审议议题“回头看”测评汇总情况；审议通过了县人民政府关于2015年财政预算调整的议案和2016年财政预算情况的报告。

会议通过人事任免事项。决定任命吴雪嫩为瓮安县人民政府副县长。

【第十六届人大常委会第三十一次会议】 会议于4月8日在会展中心2号会议室召开。县人大常委会主任潘玉华，副主任罗惠平、李丰祥、郭豫、金正祥、刘奉贤及常委会委员共18人出席会议。县人民政府副县长杨昌勇，县人民法院副院长王资刚，县人民检察院副检察长李明，县人大常委会各工委室副主任，县人大机关科级非领导干部，各乡镇人大主席、人大秘书，街道人大工委主任共25人列席会议。会议分别由郭豫、刘奉贤主持。会议通过瓮安县第十六届人大常委会第三十一次会议议程；审议通过瓮安县人大常委会2016年审议议题、专题调研课题及执法检查内容；听取和审议县人民政府关于《中华人民共和国城乡规划法》贯彻执行情况的报告；听取和审议县人民检察院保障律师执业权利情况报告；通过以上两个报告的审议意见。

会议通过人事任免事项。决定免去王兴武瓮安县环境保护局局长职务；决定任命李飞为瓮安县环境保护局局长；任命：杨雅淋为瓮安县人民法院行政审判庭副庭长；尚月为瓮安县人民法院环保法庭副庭长；朱容莉为瓮安县人民法院交通事故审判庭副庭长；卢丹丹为瓮安县法院民事审判一庭副庭长、审判员；田筱锋为瓮安县人民法院玉山人民法庭副庭长、审判员；吴红为瓮安县人民法院中坪人民法庭副庭长、审判员；余志强为瓮安县人民法院珠藏人民法庭副庭长、审判员；肖义刚为瓮安县人民法院猴场人民法庭副庭长、审判员。

【第十六届人大常委会第三十二次会议】 会议于5月26日至27日在会展中心3号会议室召开。县人大常委会主任潘玉华，副主任罗惠平、郭豫、李丰祥、金正祥、刘奉贤、张远军及常委会委员共22人出席会议。县人民政府副县长夏吉友，县人民法院院长祝夜明，县人民检察院检察长谭必刚，县人大常委会各工委室副主任，县人大机关科级非领导干部，各乡镇人大主席、人大秘书，街道人大工委主任共23人列席会议。会议分别由郭豫、张远军、金正祥主持。

会议通过瓮安县第十六届人大常委会第三十二次会议议程；听取和审议县人民政府关于2013年以来禁毒工作开展情况的报告；听取和审议县人民政府关于《民办教育促进法》贯彻实施情况的报告；听取和审议县人民政府关于2015年财政预算执行和其他财政收支审计情况的报告；通过县人大常委会对县人民政府《关于2013年以来禁毒工作开展情况的报告》的审议意见；通过县人大常委会对县人民政府《关于〈民办教育促进法〉贯彻实施情况的报告》的审议意见；通过县人大常委会对县人民政府《关于2015年财政预算执行和其他财政收支审计情况的报告》的审议意见。

会议通过人事任免事项。决定任命唐邦水为瓮安县人民政府副县长。

【第十六届人大常委会第三十三次会议】 会议于6月24日在会展中心2号会议室召开。县人大常委会主任潘玉华，副主任罗惠平、郭豫、李丰祥、金正祥、刘奉贤、张远军及常委会委员共20人出席会议。会议由潘玉华主持。

会议通过人事任免事项。决定免去王小谦瓮安县人力资源和社会保障局局长职务、李朝忠瓮安县城市管理局局长职务、罗成建瓮安县农村工作局局长职务、刘成国瓮安县林业局局长职务、杨胜武瓮安县商务局局长职务。决定任命贾青鸿为瓮安县人民政府副县长、唐显萍为瓮安县人力资源和社会保障局局长、肖伯喜为瓮安县城市管理局局长、刘开建为瓮安县农村工作局局长、邓国才为瓮安县林业局局长、谭怀坤为瓮安县商务局局长。

【第十六届人大常委会第三十四次会议】 会议于7月21日在会展中心3号会议室召开。县人大常委会主任潘玉华，副主任罗惠平、李丰祥、金正祥、刘奉贤、张远军及常委会委员共18人出席会议。县人民政府常务副县长张宗良，县人民法院副院长王资刚，县人民检察院副检察长陈德清，县人大常委会各工委室副主任，县人大机关科级非领导干部，各乡镇人大主席、人大秘书，街道人大工委主任共20人列席会议。会议由金正祥主持。

会议通过瓮安县第十六届人大常委会第三十四次会议议程；听取和审议县人民政府关于2015年财政决算和2016年1—6月财政预算执行情况的报告；听取和审议县人民政府关于2016年1—6月国民经济和社会发展计划执行情况的报告；通过县人大常委会对县人民政府《关于2016年1—6月国民经济和社会发展计划及2015年财政决算和2016年上半年预算执行情况的报告》的审议意见。

通过人事任免事项。决定免去石毅瓮安县监察局局长职务；决定任命郑南兵为瓮安县监察局局长。

【第十六届人大常委会第三十五次会议】 会议于9月29日在会展中心2号会议室召开。县人大常委会主任潘玉华，副主任罗惠平、郭豫、李丰祥、刘奉贤、张远军及常委会委员共18人出席会议。县人民政府常务副县长张宗良、副县长杨昌勇，县人民法院副院长周艺，县人民检察院检察长谭必刚，县人大常委会各工委室副主任，县人大机关科级非领导干部，各乡镇人大主席、街道人大工委主任、人大秘书共26人列席会议。会议由潘玉华主持。

会议通过瓮安县第十六届人大常委会第三十五次会议议程；听取和审议县人民政府关于代表建议、批评和意见办理情况的报告；听取和审议县人民政府农村土地承包经营权确权登记及颁证情况的报告；听取和审议县人民政府殡葬改革工作推进情况的报告；讨论通过《瓮安县人大常委会专项工作评议办法》；通过《瓮安县人民代表大会常务委员会关于县乡人民代表大会代表选举日的决定》；通过《瓮安县人大常委会主任会议关于设立瓮安县县乡人大换届选举委员会的议案》；通过有关议题的审议意见。

会议通过人事任免事项。决定免去帅金方瓮安县人民法院审判员职务；任命余家静、谢霞、邓衡、奚艳、余磊为瓮安县人民法院审判员。

【第十六届人大常委会第三十六次会议】 会议于10月24日在会展中心2号会议室召开。县人大常委会主任潘玉华，副主任罗惠平、李丰祥、金正祥、刘奉贤、张远军及常委会委员共18人出席会议。县人民政府常务副县长张宗良，县人民法院副院长王资刚，县人民检察院副检察长陈德清，县委组织部副部长田进4人列席会议。会议由潘玉华主持。

会议通过瓮安县第十六届人大常委会第三十六次会议议程。

会议通过人事任免事项。决定免去韩小忠、夏吉友、姚明凤瓮安县人民政府副县长职务。同意辞去祝夜明瓮安县人民法院院长职务，并报县第十七届人民代表大会第一次会议备案；同意辞去谭必刚瓮安县人民检察院检察长职务，报黔南州人民检察院检察长提请黔南州人大常委会批准，并报县第十七届人民代表大会第一次会议备案。决定任命龚传海、肖福勇、桂国全为瓮安县人民政府副县长。任命刘芳为瓮安县人民法院审判员、审判委员会委员、副院长、代理院长；任命曹品刚为瓮安县人民检察院检察员、检察委员会委员、副检察长、代理检察长，代理检察长决定报黔南州人民检察院和黔南州人大常委会备案。

【第十六届人大常委会第三十七次会议】 会议于12月1日在会展中心2号会议室召开。县人大常委会主任潘玉华，副主任罗惠平、郭豫、刘奉贤、张远军及常委会委员共18人出席会议。县人大常委会党组成员姚明凤，县人民政府副县长肖福勇，县人民法院代理院长刘芳，县人民检察院代理检察长曹品刚，县人大常委会各工委室副主任，县人大机关科级非领导干部，各乡镇人大主席、人大秘书，街道人大工委主任共26人列席会议。会议由县人大常委会副主任张远军主持。

会议通过了瓮安县第十六届人大常委会第三十七次会议议程；听取和审议县人民政府关于深化医药卫生体制改革工作情况的报告；听取和审议县人民政府关于精准扶贫工作开展情况的报告；通过瓮安县第十六届人民代表大会常务委员会代表资格审查委员会关于瓮安县第十七届人民代表大会代表资格审查的报告；通过有关议题的审议意见。

会议通过人事任免事项。免去陈安源瓮安县人大常委会办公室主任职务、陈乾英瓮安县人大常委会内务司法工作委员会主任职务、彭祥瓮安县人大常委会农业与农村工作委员会副主任职务，决定任命何端瓮安县文化和旅游局局长职务、周后强瓮安县工业和信息化局局长职务、张杰瓮安县民政和民族宗教事务局局长职务、夏超瓮安县住房和城乡建设局局长职务、李子刚瓮安县安全生产监督管理局局长职务、洪湖瓮安县发展和改革局局长职务、王天国瓮安县水务局局长职务。任命韩真旗为瓮安县人大常委会办公室主任、张海建为瓮安县人大常委会内务司法工作委员会主任、罗成平为瓮安县人大常委会财政经济与环境资源工作委员会副主任、彭祥为瓮安县人大常委会选举任免与代表联络工作委员会副主任、罗玉祝为瓮安县人大常委会农业与农村工作委员会副主任；决定任命陆涛为瓮安县交通运输局局长、张杰为瓮安县发展和改革局局长、张超为瓮安县文化和旅游局局长、夏超为瓮安县民政和民族宗教事务局局长、王元兴为瓮安县住房和城乡建设局局长、文敬友为瓮安县水务局局长、李子刚为瓮安县工业和信息化局局长、方成坤为瓮安县安全生产监督管理局局长。

【第十六届人大常委会第三十八次会议】 会议于12月23日在会展中心2号会议室召开。县人大常委会主任潘玉华，副主任罗惠平、金正祥、刘奉贤、张远军及常委会委员共20人出席会议。县人民政府常务副县长张宗良，县人大常委会各工委室副主任，县人大机关科级非领导干部，各乡镇人大主席、街道人大工委主任共27人列席会议。会议由县人大常委会主任潘玉华主持。

会议通过了瓮安县第十六届人大常委会第三十八次会议议程；审议了瓮安县人民政府关于提请调整2016年财政收支预算的议案；审议了《县人大常委会主任会议关于设立瓮安县十七届人民代表大会常务委员会代表资格审查委员会的议案》；讨论决定了召开瓮安县十七届人民代表大会第一次会议的有关事项；审议了瓮安县人大常委会工作报告；审议通过了《瓮安县组织实施宪法宣誓制度办法》。

审议意见（摘录）

【瓮安县人大常委会对县人民政府《关于〈中华人民共和国城乡规划法〉贯彻执行情况报告》的审议意见】 4月8日，县十六届人大常委会第三十一次会议听取和审议县住建局局长夏超受县人民政府委托所作的《关于〈中华人民共和国城乡规划法〉贯彻执行情况的报告》（以下简称《城乡规划法》）。会议同意此报告，并作出如下审议意见。

一、进一步加大宣传力度，着力提高广大干部、群众的规划意识。通过多种渠道，采取多种形式，广泛深入地宣传《城乡规划法》，进一步增强各级干部、执法部门、广大群众的规划意识和法制观念。

二、进一步提高城乡规划的编制水平，不断健全城乡规划体系。强化中心城区控制性详细规划和修建性详细规划的编制，强化规划的科学性、前瞻性、融合性和操作性，注重彰显城市特色，提升城市品位。把节约用地、保护耕地放在首位，组织力量加快编制好乡镇和村庄规划，划定禁建区、引导区、适宜区，展现各具特色的乡村建筑风貌，合理确定建设时序。加强与各专业规划部门之间协调，定期召开会议研究、分析、解决规划实施中存在的突出问题。

三、进一步加大城乡规划的执法力度，完善城乡规划监管机制。城乡总体规划批准之后，要严格执行，非经法定程序，不得随意更改；要建立规划监督、巡查、违建上报、拆除联动机制，对未批先建的工程（包括在工业项目用地上违规开发建设住宅楼的）坚决拆除；对无视城市规划、挤占道路和公共设施、随意乱搭乱建的，要坚决遏止、拆除。

四、进一步加大规划队伍的建设力度，努力提高城乡规划执法水平。积极创造条件，进一步健全和理顺城乡规划管理体制和工作机制。有计划地进行力量整合和专业人才引进、培养工作，严格控制规划专编，杜绝挤占规划专编的状况。加快城市综合执法体系建设，完善城乡治理体系。

五、进一步加大规划编制的资金投入力度，建立经费保障机制。根据《城乡规划法》的有关规定，把全县城乡规划编制、管理经费纳入财政预算。严格执行《城乡规划法》第十六条、十九条、二十二条的相关规定，增强城乡规划刚性约束力和规划管理工作的科学性和透明度。

【瓮安县人大常委会对县人民检察院《关于保障律师执业权利的情况报告》的审议意见】 4月8日，县第十六届人大常委会第三十一次会议听取和审议了县人民检察院副检察长李明受谭必刚检察长委托所作的《瓮安县人民检察院关于保障律师执业权利的情况报告》。会议认为，县人民检察院不断转变思想、更新理念，通过案件评查、自我查找、征求意见等方式，着力纠正和改进有损律师履行辩护权的不规范行为，在塑造新型检律关系，促进行使检察权的正确运用，确保律师执业权利方面发挥了积极的作用，会议同意此报告，并作出如下审议意见：

一、强化意识，为律师依法执业创造良好的工作环境。公、检、法机关要摆正思想意识，切实转变自身处于强势的观念，摒弃对律师的偏见；严格规范自身不良思想意识，依法为律师提供实实在在的便捷和帮助。

二、严格规范执法行为，确保律师依法执业。检察机关要充分听取律师意见，查摆在保障律师执业权利中存在的问题，有针对性地制定整改措施；加强对工作的外部监督和制约，在侦查、审判环节对诉讼活动中限制律师权益方面，要严格依法监督到位。公安机关要保障律师在周末或节假日的会见权。县法院要严格程序法，充分保障律师在法庭上的陈述权。

三、建章立制，为律师依法执业提供保障。由检察院牵头，联合公安、法院、司法局等部门，根据保障律师执业权利工作的实际，及时修改或废止瓮安已制定的保障律师执业权利方面的规范性文件；研究制定《瓮安县关于进一步规范律师权益保障工作的实施意见》；加强对律师执业行为的监督指导，完善律师执业投诉查处工作机制；将保障律师执业权利作为部门对干警年终考核的一项重要内容。

四、进一步强化对律师服务市场的监管力度。司法局不断强化对律师队伍的监督管理；加大引进个人所和合作所入驻瓮安的力度；把好公民代理和社区推荐证明的出口关。法院加强内部管理，坚决杜绝黑律师出庭。检察院强化对部门保障律师执业权利工作的监督力度。

五、完善刑诉中未成年人法律援助的相关规定，在侦查、起诉阶段的法援律师指派予以明确。公安、检察院、司法局应及时代其申请援助，对确实符合条件的，立即指派律师提前介入为其提供法律帮助和权利保护，确保律师履职到位。

【瓮安县人大常委会对县人民政府《关于2013年以来禁毒工作开展情况的报告》的审议意见】

5月26日，县十六届人大常委会第三十二次会议听取和审议了县公安局政委刘永州受县人民政府委托所作的《关于2013年以来禁毒工作开展情况的报告》。会议认为：近年来，县人民政府及相关部门对禁毒工作采取“组织保障、责任落实、打击毒品犯罪、全面推进禁吸禁种工作、预防宣传教育”等措施，做了大量的工作，特别是公安机关在破获毒品案件和重特大贩毒案件中，有力打击了毒品犯罪。自瓮安“摘帽”以来，对禁毒工作的长期性、艰巨性和复杂性认识还不足，甚至有的禁毒成员单位工作主动性不强、积极性不高，工作中只注重做资料应付检查了事等等，导致当前禁毒工作在全省排名位次严重下滑，与上级的要求和人民群众对禁毒工作满意度的要求还有一定差距。主要表现为：

一、外流贩毒整治工作底数不清，措施不力。有的乡镇外流贩毒工作基础薄弱，摸排底数不清、情况不明，跟踪回访管理不到位。

二、社区戒毒（康复）工作推动不力，帮教工作开展举步艰难。由于乡镇（街道）社区戒毒（康复）工作在经费、人员等方面没有保障，按时尿检没有统一的规定，村（社区）没有专人来抓禁毒工作。加之外流吸毒人员在外地不能进行尿检，对吸毒人员的戒毒（康复）台账、人员信息建档不清，以致出现大量社区戒毒（康复）人员无处报到，脱管失控，帮扶、跟踪管理不到位，存在“空转”现象。

三、乡镇禁种铲毒工作重视程度存在差异。4月29日召开社会治安综合治理工作会议以来，大部分乡镇较重视，有安排有部署，措施有力，禁种铲毒工作效果明显，少数乡镇存在侥幸心理，工作无动于衷。

四、美沙酮维持治疗门诊工作开展困难，任务完成较差。相关部门在对吸食传统毒品海洛因人员的管控上没有具体措施和要求，截至2016年4月，只有20人来服美沙酮，美沙酮门诊点治疗近10来年完成的任务总数，还达不到一年规定的任务数。美沙酮维持治疗门诊工作人员生命安全没有保障，中央补助资金发放不到位。来服美沙酮的吸毒人员有部分是艾滋病患者，时常拿刀、针管威胁工作人员，导致美沙酮维持治疗门诊工作人员担惊受怕，怨气大，工作热情不高。

五、强制隔离戒毒所基础设施落后，周围环境有隐患，给管理带来困难。强制隔离戒毒所兼容拘留所和康复中心，所在区域人口密度较大，经常有社会人员向所内吸毒人员喊话、扔药、丢针管针头的现象发生，存在诸多安全隐患。

六、对“阳光工程”的重视程度不够，政府扶持不力。贵州省瓮安县拾柴微公益禁毒协会于2015年6月成立，自“阳光工程”启动以来，困难无人问津，每当做出点成绩和影响时，相关部门就前来过问一下，授个牌、拍拍照了事，导致从事“阳光工程”公益事业人员心有怨气，严重挫伤他们从事公益事业的工作积极性，拾柴微公益这项惠民工程就形同虚设，不能发挥其真正作用。

请县人民政府针对以上问题，分别召开专题会议，逐一研究解决。

【瓮安县人大常委会对县人民政府《2015年瓮安县财政预算执行及其他财政收支情况审计工作报告》的审议意见】 5月27日，县第十六届人大常委会第三十二次会议听取和审议了县审计局局长曾宪嵩受县人民政府委托所作的《瓮安县2015年度财政预算执行及其他财政收支情况审计工作报告》，会议同意这个报告。为进一步做好审计工作，提出以下意见：

一、加大对《审计法》的宣传力度。县政府及相关部门要广泛宣传《审计法》《预算法》和国家有关财经法律法规，提高各级领导干部、财经工作人员的法制意识和对审计工作重要性的认识。要依法向社会公布、公告重要审计事项的审计结果，营造良好法制环境。

二、继续加大对重点领域的审计力度。县政府要突出重点，高度关注事关经济社会发展全局、与人民群众利益密切相关的重点资金、重点项目、重点领域的审计监督，推动财政资金合理配置和高效使用。逐步扩大审计监督范围，强化对国有资产营运和非公经济中财政性资金的审计监督力度，加强对主要非税收入资金收、管、用及政策执行情况的审计监督，逐步实现对财政性资金在使用范围、内容、环节上的审计监督“全覆盖”。

三、强化审计监督整改力度。县政府及审计部门要进一步依法加强审计监督，建立和完善长效监管机制，对审计报告反映的问题及提出的整改意见，要求有关部门认真研究分析，限期整改到位。对于一些屡审屡犯的问题，要加强跟踪审计，找出问题根源，建立防范措施，从源头上加以解决，避免问题重复发生，确保财政资金安全、规范、有效使用。

【瓮安县人大常委会对县人民政府《关于2016年1—6月国民经济和社会发展计划及2015年财政决算（草案）和2016年上半年预算执行情况的报告》的审议意见】 7月21日，瓮安县第十六届人大常委会第三十四次会议听取和审议了县发改局局长洪湖、县财政局局长龙继锋受县人民政府委托分别所作的《关于2016年1—6月国民经济和社会发展计划执行情况的报告》和《2015年财政决算（草案）和2016年上半年预算执行情况的报告》。会议同意这两个报告，并提出如下审议意见：

一、对国民经济和社会发展计划工作的审议意见

（一）加快推动传统农业转型发展步伐。突出农业园区建设，完善园区产业体系和业态布局，推动传统农业向现代农业转型发展。突出特色优势产业发展，做大做强特色优势产业。加快农业产业化经营步伐，培育一批经济实力强、科技含量高、辐射范围广的农业龙头企业。

（二）有效推进新型工业化发展。扎实推进磷资源循环经济产业园、煤电磷精细磷化工、磷电化一体化、磷系阻燃剂、新型磷化工循环经济产业园等项目实质性建设、投产、达产。

（三）大力发展以文化旅游、商贸物流为主的现代服务业，提升服务业发展水平。要加快发展文化旅游业，搞好景区规划编制工作，抓好景区基础设施项目建设；大力发展乡村旅游，带动就业，打好旅游脱贫攻坚战；要依托我县各类网点配送体系，整合物流配送资源，推动“工业品下乡、农产品进城”双向流通。

（四）要进一步加强以交通、水利为主的基础设施建设，继续加快城镇基础设施建设。突出抓好城镇道路、市政道路、城镇供水、农贸市场、停车场、城市地下综合管廊、污水垃圾处理、公厕等基础设施建设，不断完善城市综合服务功能。要加强环境保护综合整治，稳步推进生态文明建设。

二、对财政运行工作的审议意见

（一）强化税收监管，抓好收入调度。认真分析全县经济运行态势，及时了解重点纳税企业生产经营情况，及时解决税收征管中存在的问题。实时监控税款征收、入库情况，加大陈欠清理力度。进一步加大重点税源税收监管力度，跟踪培育新增税源。

（二）抓好项目建设，夯实增收基础。抓住国家对推进新型城镇化、基础设施、民生改善等公益领域的投资机遇，最大限度地争取上级的各类项目和资金支持。积极服务招商引资和重点项目建设，加快推进重点项目建设进度，推进招商引资成果及时转化为新增税收，夯实财源基础。对重点工程项目的基本情况进行详细统计，规范重点工程税收管理，为税收有效增长提供保障。

（三）强化预算管理，提高支出效能。科学统筹调配财政资金，按照轻重缓急和有保有压的原则安排财政支出，继续从严控制一般性支出，确保重点建设项目和保障民生所需资金，提高财政支出效能。

【瓮安县人大常委会对县人民政府《关于县第十六届人大五次会议代表建议、批评和意见办理情况的报告》的审议意见】 9月29日，县第十六届人大常委会第三十五次会议听取和审议了县人民政府办公室主任闵端受县人民政府委托所作的《瓮安县人民政府关于县第十六届人大五次会议代表建议、批评和意见办理情况的报告》。会议认为，县人民政府重视代表建议、批评和意见（以下简称建议）办理工作，按照职能对口办理的原则，分解任务，细化措施，明确工作职责，并进行跟踪督查。办理工作情况总体良好，取得了较为明显的成效。会议同意此报告，并提出如下审议意见：

一、深化认识，明确责任。提高认识，强化责任意识。充分认识办理代表建议对于推进依法治国的重要作用，树立建议办理无小事的观念，提高自觉接受人大监督的意识，不断增强依法办理代表建议的政治责任感；准确把握代表建议核心内容，切实避免因职责不清而导致互相推诿、办理不力的现象产生。对于重要的涉及面广的建议，政府要出面协调，有针对性地开展专题调查，统一口径，明确答复，以便使这类建议不再年年提，年年没结果。

二、严肃办理，强化实效。杜绝重答复、轻落实，承诺多、落实少的现象，不仅要在答复上让代表满意，更要在落实上让代表满意。要继续开展回头看工作，建立代表建议办理销号制度，加强B类件和C类件的跟踪督办，2017年交办会前对B类件和C类件向县人大常委会报告，对于代表提出的建议既要做到办理计划翔实、可行。

三、完善机制，规范办理。进一步建立和完善办理代表建议的工作机制，严格办理程序，规范办理方式，对涉及多个单位的代表建议，政府要加大协调督查力度，确保主办单位和协办单位形成合力，共同推进代表建议及时办理，并及时向主办单位反馈情况，在3个月内做出规范答复。

四、认真交办，明确责任。政府及相关部门要抽专人认真梳理代表建议，通过走访代表，召开座谈会等方式，全面理清建议具体办理要求和需要涉及的部门，及时召开交办会，通过明确办理任务、办理目标、办理时限、办理责任，推进代表建议办理。

五、加强督办，增强透明度。加强督查，提高办理质量的有效手段，在强化督查上做文章、下功夫，政府要督促办理单位适时向代表通报办理进度及效果，建立平台、新闻媒体、工作通报和召开会议等多种方式，及时反馈办理信息，使建议办理工作置于人大代表和广大人民群众的监督之下，增强办理工作透明度。

【瓮安县人大常委会对县人民政府《关于农村土地承包经营权确权登记颁证工作情况报告》的审议意见】 9月29日，县十六届人大常委会第三十五次会议听取和审议了县农工局局长刘开建受县人民政府委托所作的《关于农村土地承包经营权确权登记颁证工作情况的报告》。会议同意此报告。为进一步抓好农村土地承包经营权确权登记颁证工作，提出以下审议意见：

一、进一步提高认识，加强领导。县人民政府及相关部门要进一步深化认识中央深化农村改革的重要意义，充分认识农村土地承包经营权确权登记颁证工作的重要性和必要性，要把此项工作作为全面深化农村改革的基础性工作放在重要位置来抓。各级、各部门要高度重视，认真研究，加强组织领导，强化工作措施，积极稳妥推进农村土地承包经营权确权登记颁证工作，破解农村土地“产权不清”“流转不畅”弊端，为全面深化农村改革夯实基础。

二、进一步强化宣传，明确责任。进一步加大对《中华人民共和国物权法》《土地承包法》，“中央一号”文件及有关深化农村改革的文件精神和农村土地确权颁证工作的相关政策的宣传；进一步落实好政府的主体责任、农业部门的牵头责任、相关部门的配合责任、测绘公司的履约责任和镇、村、组的具体实施责任，做到精心组织、各司其职、团结协作、齐抓共管，全力推进我县农村土地承包经营权确权登记颁证工作有序开展。

三、进一步规范程序，加强指导。进一步统一口径，组织督察指导组，定期和不定期深入镇、村、组加强督察指导，督促和指导业务人员严格操作程序，严把质量关，提高工作质量和效益；各乡镇要明确一名信息员，负责各村（社区）的信息收集、工作调度，按时向上级报送工作进度和信息；县农村土地确权办公室要及时收集和梳理各乡镇的问题，并分类提出处理指导意见，按照政策原则统一、工作流程统一、宣传口径统一、文本资料统一的“四统一”标准，扎扎实实抓出成效。

四、进一步加强配合，妥善处理矛盾。县、乡（镇、街道）均要抽调熟悉政策、精通业务、协调说服能力强、群众工作经验丰富的干部组成矛盾纠纷协调组，加强与农业、国土、林业、司法、档案、村（社区）及测绘公司的协调配合，搞好接洽，协调联动，共同推进；实行信息报送、建立问题台账、办理销号机制，在尊重历史、实事求是的基础上，兼顾社会稳定、维护妇女权益，群众满意，合理协商、依法妥善处理，及时解决问题和化解矛盾纠纷，促进工作顺利推进。

五、进一步完善配套政策，搭建农村产权交易平台。结合全县实际，进一步完善农村土地经营权流转的相关配套政策措施，成立相应的组织机构，搭建农村产权交易平台，建立产权信息发布、抵押融资、评估咨询、交易机制，激活农村土地资产，增强农民财产性收入，撬动金融资金投入农业开发，实现农业跨越发展，让农村土地活起来，使农民富起来。

【瓮安县人大常委会对县人民政府《关于殡葬改革工作推进情况的报告》的审议意见】 9月29日，县十六届人大常委会第三十五次会议听取和审议了县民政和民族宗教事务局局长张杰受县人民政府委托所作的《关于殡葬改革工作推进情况的报告》。会议认为，自全县实施殡葬改革工作以来，县政府及相关部门认真贯彻落实殡葬管理相关法律法规政策，在实施火化葬法、加强殡葬基础设施建设、提倡移风易俗等方面做了大量工作，取得了一定成效，为保护土地资源和生态环境，促进社会和谐稳定作出了积极的努力。但还存在不少问题：文明殡葬氛围仍需进一步形成，殡葬事业经费投入不足，殡葬基础设施比较落后，殡葬监管措施不够到位等。为进一步推进殡葬改革和管理工作，促进社会和谐稳定，特提出如下审议意见：

一、强化宣传，进一步增强殡葬改革工作的责任感。要创新宣传方式，丰富宣传内容，拓宽宣传渠道，大力宣传相关法律法规和政策，增强群众的法制观念和文明殡葬意识，进一步引导丧俗改革，弘扬先进殡葬文化，破除封建迷信，增强“厚养薄葬”观念。

二、加大投入，不断改善殡葬基础设施。县财政每年要将殡葬改革工作经费纳入预算，相关部门要积极向上争取项目资金等方式筹措资金，科学规划，合理布局，统筹实施，加快推进公益性墓地建设。

三、优化服务，着力提升殡葬公共服务水平。坚持以惠民、利民、便民为目标，加强内部管理，拓展服务内容，提高服务能力，注重社会效益，推行文明节俭的丧葬仪式，逐步建立运转协调、工作规范、优质便捷的殡葬服务体系。进一步规范殡葬服务项目和收费标准，完善救助保障制度，加快实行惠民政策，努力保障民生。

四、加强丧事管理，严格执行治丧时间。引导群众丧事从简，倡导尊老敬老、厚养薄葬，树立文明办丧新风尚；严格执行治丧时间，县城规划区不超过72小时，规划区外不超过120小时；加强对民政、发改、国土、林业等部门考核，强化执法队伍建设，推进依法治丧；继续加大对财政供养人员，尤其是党员干部不文明治丧行为的查处力度；整顿和规范丧葬用品市场秩序，对未领营业执照商店和销售封建迷信用品的行为，要坚决依法查处并取缔，用可重复材质代替纸质花圈等丧事用品，引导群众文明治丧活动。

五、正确引导道教从业人员，促进文明节简办丧事。进一步加强道教从业人员的政策宣传指导，引导道教协会行业管理，为道教协会提供必要的办公场所和活动经费，对不服从协会管理的有关人员，实行黑名单管理，严格准入制度，积极引导道教从业人员规范群众丧事行为。

【瓮安县人大常委会对县人民政府《关于深化医药卫生体制改革工作情况的报告》的审议意见】 12月1日，县十六届人大常委会第三十七次会议听取和审议了县卫生与计划生育局局长张真举受县人民政府委托所作的《关于深化医药卫生体制改革工作情况的报告》。会议认为：近年来，县人民政府和相关部门认真贯彻落实党中央、国务院和省委、省政府关于深化医药卫生体制改革的部署和要求，医改工作取得了重要进展和阶段性成效，但与改革预期、上级要求和群众期盼，仍存在不少差距，工作推进中还面临着医改的协调联动性不强，部分医改政策要求难以落实到位；县级公立医院可持续发展面临挑战，综合改革推进困难；医疗卫生资源配置不合理，基层医疗卫生机构服务能力亟待加强等困难和问题。

会议指出，深化医药卫生体制改革是事关人民群众切身利益的重大民生工程，也是一项复杂的系统工程，需要不断深化完善。针对当前工作推进中存在的主要困难和问题，特提出如下审议意见：

一、统一思想认识坚定改革信心。深化医药卫生体制改革是保障改善民生的重要之举，事关千家万户健康福祉。要认真总结全县医药卫生体制改革的经验和做法，着力保基本、兜底线、补短板，全力推进医疗、医保、医药联动改革，最大限度释放改革红利。

二、进一步强化财政投入长效机制。要建立长效、稳定的财政投入机制，统筹安排用于符合规划的基本建设、大型设备购置和政策性亏损等资金。对县级公立医院历史债务要制定逐年清偿计划，防止医院负债太多，使其轻装上阵。要及时拨付实行药品零差率销售后的补助资金，以支撑医院正常运转，保持改革的持续性。

三、加强基层医疗人才队伍建设。加强医疗卫生人才队伍建设，科学核定基层医疗机构人员编制，完善公开招聘、人才引进、人员培训、对口支援等长效机制。落实县级公立医院用人自主权，简化专业技术人员招聘程序，对医院紧缺的专业技术人员或高层次人才可按规定由医院采取考察的方式予以招聘；单位编制外人员由医院根据岗位需求，自主招聘聘用。继续强化基层医疗机构标准化建设，加快培养全科医生。进一步完善绩效考核机制，合理提高村医待遇。完善住院医师规范化培训制度，通过集中轮训、学术交流等形式，加强对基层医务人员的业务培训。

四、推进公立医院薪酬制度改革。合理确定公立医院薪酬水平，逐步提高人员经费支出占业务支出的比例。加强对医务人员的长期激励，建立以公益性为导向的绩效考核机制，薪酬在保持现有水平的基础上实现适度增长。公立医疗机构在核定的绩效工资总量内根据考核结果自主分配绩效工资。基层医疗卫生机构可按照财务制度规定在核定的收支结余中提取职工福利基金和奖励基金。充分调动医务人员特别是关键岗位、业务骨干的积极性。

五、增强基层医疗机构服务能力。优化基层医疗资源配置，改善基层医疗卫生条件。加强对乡镇、村级卫生机构的管理和技术指导，实现标准化建设，不断提高服务能力，继续实施好重大公共卫生服务项目。引导基层医疗机构在改革中创新发展。发挥县医改办综合协调服务作用，配备专职人员，确保职能作用有效提高。

六、加大县级公立医院改革力度。按照城乡统筹的要求做好医疗卫生服务机构的规划布局。转变政府职能，行政主管部门从直接管理公立医院转变为行业管理，强化政策法规、行业规划、标准规范的制定和监督指导职责。完善县级公立医院法人治理结构，落实内部人事管理、机构设置、收入分配、副职推荐、中层干部任免、年度预算执行等运营管理自主权。理清部门职责，加强协调联动，真正把县级公立医院的独立法人地位落实到位。建立政府购买服务的新机制，推进执业医师和药品价格市场化改革。

【瓮安县人大常委会对县人民政府《关于精准扶贫工作开展情况的报告》的审议意见】 12月1日，县十六届人大常委会第三十七次会议听取和审议了县扶贫开发局局长何客冈受县人民政府委托所作的《关于瓮安县精准扶贫工作开展情况的报告》。会议同意此报告。为进一步抓好我县精准扶贫工作，提出以下审议意见：

一、做“牢”基础，提高精准程度。要认真开展“回头看”工作，实事求是、查缺补漏，完善档案资料，做到信息真、数据实，发现问题及时整改；要加强宣传力度，提高群众的政策知晓率，要明确“扶持谁、谁来扶、怎么扶”，切实提升扶贫脱贫工作的精准程度。

二、因势利导，激发自身动力。要积极探索增加村级集体经济的有效途径，充分发挥区域优势，因地制宜地发展特色产业，把资源优势转化为产业优势，不断壮大村级集体经济实力。要通过“公司+基地+贫困户”“公司+合作社+贫困户”等模式，以企带村，以村带社，以大户带贫困户，激发贫困户的自身原动力，提高贫困群众发展产业的参与度、受益度。

三、分类施策，提高帮扶实效。要在贫困户信息动态管理的基础上，抓住最急最盼的问题加以解决。要坚持开发扶贫与救济扶贫“两轮驱动”、在政策、步骤、批次上区分不同情况，分类扶持。对于有强烈脱贫愿望和具有一定劳动技能的贫困户，集中力量优先“技术”“项目”扶持，让这一部分贫困户先脱贫；对于因病、因灾致贫的有劳动能力的，纳入民政救济、医疗救助体系中；对因病、残疾和鳏寡孤独并丧失劳动能力的实行民政“兜底”，对于有劳动能力但好逸恶劳、坐等靠要、懒惰酗酒致贫的，要进行耐心教育和引导，激发自我脱贫动力。

四、统筹协调，合力联动攻坚。要建立扶贫、民政数据对接共享平台，实现资源共享，对“五个一批”项目资金进行科学规划、上下协调、统筹归并，推进财政涉农项目资金有效整合，集中财力助脱贫。要加强在建生态移民、易地扶贫搬迁、特惠贷等“惠民工程”的服务、监督和管理，同时要把好对象安置关，提升上下联动攻坚合力。

（卢　建）

瓮安县人民政府

综　述

【概况】 2016年，全县辖13个乡镇、街道（10镇、1乡、2个街道），国土面积1962.74平方公里，总人口52.43万人，少数民族人口占4.3%。人口较多的少数民族有苗族、布依族、土家族、仡佬族。瓮安境内有磷、煤、铁、铅、锌、铝土、重晶石等多种矿藏，已探明的煤矿储量10.6亿吨、磷矿储量36亿吨以上、铝土矿储量0.5亿吨，且矿藏品位高、分布集中、易于开采，发展资源深加工产业具有突出优势。

【经济发展】 2016年，全省经济发展综合测评名列县域第一方阵第11位。实现地区生产总值115.09亿元，是2011年的2.32倍，年均增长16%；财政总收入21.35亿元，是2011年的2.84倍，年均增长23.2%，一般公共预算收入12.5亿元，是2011年的2.65倍，年均增长21.44%；固定资产投资124.85亿元，是2011年的2.63倍，年均增长21.37%；社会消费品零售总额21.42亿元，是2011年的2.38倍，年均增长18.96%；城镇、农村居民人均可支配收入26343元、9156元，是2011年的1.95倍、1.86倍，年均增长14.3%、13.2%。

【工业发展】 全年工业增加值35.15亿元，比上年增长13.2%。规模以上工业总产值162.1亿元，比上年增长14.9%。其中，轻工业总产值8.69亿元，比上年增长34.5%；重工业总产值153.41亿元，比上年增长14.0%。全年固定资产投资124.85亿元，比上年增长21.2%。万元规模工业增加值能耗下降18.5%。瓮安经济开发区成功创建省级经济开发区和省级新型工业化产业示范基地，累计入驻企业187家，投产123家，其中2000万元以上规模企业60户，名列贵州省级百亿级经济开发区第3位。2016年全县共有工业企业586户，2000万元口径规模企业80户，新型工业化水平63%。着力培育金正大磷资源循环经济产业项目、贵州芭田磷化工循环经济产业园项目、湖北兴发（龙马磷业）精细磷化工项目和盾安风电花竹山96兆瓦风电场项目等4家行业500强工业企业项目，推动天一矿业新型磷化工产业园项目、贵阳能源集团煤电磷（锰）一体化项目、源翼集团磷系新材料产业园项目、瓮福黄磷磷电化一体化项目、文真铝业煤电铝一体化项目等一批重大项目的建设；催生深圳彩印包装、贵州国际电子商务产业园、鑫源环保建材、巨鑫建材等一大批配套产业同步发展，引领产业转型升级。

【城镇建设】 坚持以人的城镇化为核心，以农业转移人口市民化为引领，大力推进新型城镇化建设，城镇综合承载能力显著增强，城乡面貌发生明显变化。新建或改扩建城市道路60公里，基本形成“四纵十八横”城市路网；建成怡人泉人行天桥，设置县城违停车辆智能电子警察抓拍系统，建成智能立体停车场3个停车位408个；实现街道零散烧烤摊户、占道夜市摊点、小商品商户等规行入市，市容市貌更加整洁美观。实施棚户区改造10468户64.52万平方米，建成清涟湖湿地公园、西门河沿河景观带，城镇绿地面积新增328万平方米，人均绿地面积11平方米。猴场镇成功创建国家部级建设试点镇、省级综合改革试点集镇和全省36个重点建设镇，珠藏镇成功申报为州县共建示范小城镇，初步建成建中茶旅休闲型、珠藏商贸集散型、平定营生态田园型等一批山地特色小城镇。村寨改貌换颜。投资5.71亿元，实施“四在农家·美丽乡村”六项行动计划，建成81个美丽乡村示范点，建中果水村获贵州十佳美丽乡村“最具商业价值乡村”、猴场下司社区获“推荐旅游目的地”。共计实施城镇建设项目320个，建筑业总产值11亿元。2016年，县城建成区面积扩大到22平方公里，是2011年的2.4倍，城镇化率50.09%，在县域第一方阵中除市和区外排第1位。荣获全国“2016魅力生态旅游城市”“全省人防先进城市”。

【农业发展】 深入实施农业现代化，加快推进农业大聚变。建成7个省州级农业园区，培育农业龙头企业89家、农民专业合作社321个，茶园面积18.54万亩，成为“都匀毛尖茶核心基地、珍稀名贵茶优质产地”，成功创建“欧标茶”品牌，产品远销欧盟、日本等国家和地区。2016年完成农业总产值41.14亿元，比上年增长8.2%。辣椒种植增加到20.09万亩；出栏生猪39.94万头、禽142.06万羽、肉类产量3.87万吨，处于全州领先地位。瓮安现代农业园区成功跨入全省100个现代高效农业示范园区行列，与瓮安县岚关休闲农业园区同时被评为全州“十佳休闲农业园区”；茶旅、农旅融合成效显著，建成建中茶旅小镇。大力发展茶叶、辣椒等绿色食品加工，泡酸辣、黄粑、皮蛋等瓮安特色品牌越叫越响亮。三次产业结构调整为20：35：45。完成全县土地确权登记工作。

【三产培育】 草塘千年古邑区创建为国家AAAA级景区，被评为贵州省“十佳旅游城镇”“中国最具价值文化（遗产）旅游目的地”，朱家山休闲度假区创建为国家3A级景区，建中茶旅小镇对外开放，草塘“十二塘”初具雏形。2016年，实现旅游总收入35.7亿元。建成淘宝·特色中国瓮安馆、贵州（瓮安）国际电子商务产业园，成功申报“全省电子商务进农村综合示范县”。引入合力超市、华都百货、麒龙摩尔家居汽配城等商业业态，打造了覆盖全县、辐射周边县市的瓮安城市商业圈。建成淘宝·特色中国瓮安馆、贵州（瓮安）国际电子商务产业园；培育电子商务企业及个体100家，建设农村电子商务综合服务站58个；举办2016中国·瓮安电子商务高峰论坛，成功申报“全省电子商务进农村综合示范县”。建成钢材物流市场并投入运营，乡镇物流配送率100%；玉山镇、永和镇新街农贸市场被评为“省级示范性农贸市场”。成功举办中国·瓮安国际（全国）山地户外运动锦标赛，举办2016中国·瓮安国际男（女）篮争霸赛、第十三届全国健身交谊舞锦标赛等一系列国家、省州级大型赛事活动，形成瓮安独特的体旅融合品牌。文化旅游、商贸物流业已成为瓮安新的经济增长点。

【基础设施建设】 建成或开工建设一批关系全局、影响深远的重大基础设施项目，制约瓮安发展的交通“瓶颈”逐步打破，区位交通优势得到明显提升。全年完成交通固定资产投资61.25亿元，占年度目标任务37亿元的165.5%，同比增速达12.6%。瓮马、贵瓮、道瓮、江瓮高速公路建成通车，全县高速公路通车里程达105公里，瓮安成为黔中交通“大十字”，“四高一铁一港口”为主的大交通骨架网络已基本形成；建成江界河客货运综合码头1个，乡镇渡口12道，有序推进乌江航运瓮安港建设；瓮安至马场坪铁路已开工建设。改造农村公路121条803公里，全县公路通车里程达2271公里；实现原247个村100%通油路（水泥路）和通客运车，率先在全省实现城乡公交一体化，开通城乡公交线路8条，投入车辆74辆，县城通乡镇公交车率77%。水利工程建设步伐加快，治理中小河流26.34公里；完成24座病险水库除险加固，整修山塘89座、防渗农灌渠道320公里，建成199处农村饮水安全工程，全县总蓄水量0.61亿立方米，农村饮水安全问题基本解决。新增基站850个，实现县城、乡镇及行政村2G、3G、4G网络全覆盖，宽带（含无线宽带）、无线语音电话全覆盖，城乡广播、电视全覆盖。

【生态建设】 实施环境污染治理设施建设和大气、水污染防治等行动计划，深入开展“六个一律”环保“利剑”专项联合执法，严厉打击生态环境违法行为。治理石漠化67.39平方公里，水土流失64平方公里，完成造林28.27万亩，森林覆盖率提高到53.36%，森林蓄积总量600万立方米。完成瓮安河治理15.8公里、河道疏浚15.8公里，新建河堤31公里；建成环境监测业务用房；完成县城一期、二期污水处理厂和猴场等4个乡镇污水处理项目建设，全县城镇污水处理率85.1%，城乡生活垃圾无害化处理率73.38%。中盟磷业、鑫光矿业等16家涉磷工矿企业完成矿坑和生产废水治理，洗马、陡山等23对生产煤矿完成矿坑废水治理升级改造；金正大、芭田等企业采用磷石膏制酸联产水泥碱性肥料、硝酸分解磷矿等技术，实现磷矿石资源“榨干吃净”，磷石膏等工业固体废弃物综合利用率98%。关闭取缔塑料加工厂3家，搬迁高污染企业1家，淘汰落后产能企业6家，19座加油站实现油气污染回收治理，淘汰黄标车650余辆，城市空气质量达标率100%。开展县城及乡镇14个集中式饮用水源地水质监测及水源地保护区划定工作，集中式饮用水水源地水质达标率100%；实现县乡村“河长制”全覆盖，瓮安河流域水环境综合治理全面推进，辖区河道水质明显改善。

【社会事业】 教育：累计投入教育经费28.09亿元，完成教育“9+3”计划，学前三年毛入园率、义务教育巩固率、高中阶段毛入学率分别提高到87.32%、98.32%、91.28%。整体迁建瓮安职校、瓮安二中，新成立瓮安五中、九中等18所学校。瓮安二中成功申创省级三类示范性普通高中，瓮安成为全州第一个拥有2所示范性高中的教育大县。瓮安职校成功申创国家级示范中等职业技术学校。建成77所山村幼儿园，率先在全州实现村村有幼儿园。创新开展“四项教育”，被评为首批学科教学渗透法制教育省级示范县。瓮安2016年高考二本以上上线2122人，其中600分以上76人，上线总数全州第一；中考平均分达到470.73分，比全州平均分高出55.81分，在全州各县市中名列第一。

卫生：投资3.48亿元实施县医院、中医院及乡镇卫生院、村卫生室改扩建项目132个，全县医疗卫生机构380个，实现村级卫生室全覆盖。迁建和改扩建县医院、县中医院并成功创建国家二级甲等医院。县级公立医院改革取得初步成效。计生投入增加到人均19元，人口自然增长率严格控制在6.21‰以下，生殖健康技术服务网络实现全覆盖，被评为计划生育国家级优质服务先进县。

精准扶贫：扎实推进脱贫攻坚。按照“六个精准”要求，进一步转变作风，深入基层、深入群众，开展精准扶贫工作。实施各类扶贫项目156个；对6377户贫困户投放“特惠贷”3.17亿元；投资3.21亿元新建易地扶贫搬迁安置点4个，搬迁1253户5351人；5820名“两无”贫困人口全部纳入社会保障兜底。减少贫困人口2.67万人，实现10个贫困乡镇“摘帽”，46贫困村全部出列，贫困发生率下降到2.42%。2016年省扶贫开发领导小组对市（州）县两级党委和政府扶贫开发工作成效考核中，瓮安县名列全省16个连片特殊困难地区县第1位。

社会保障：全社会从业人员22.99万人，其中第一产业14.35万人；第二产业3.83万人；第三产业4.81万人。全年城镇新增就业5448人，农村劳动力转移就业9051人，失业人员再就业906人。年末全县城镇人口登记失业人数892人，年末城镇登记失业率为3.9%。发放创业贷款1.2亿元，完成职业技能培训8847人；完成城乡居民社会养老保险基本扩面247765人，新型农村合作医疗参合率98.99%，基本社会保险覆盖率96.56%。完成城乡低保提标调整核查工作，城市低保由2015年的440元/月·人提高到484元/月·人，增幅10%；农村低保由2015年的2580元/年·人提高到3060元/年·人，增幅18.3%。农村低保中的长期保障户和重点保障户共5820人，已全部纳入扶贫信息系统低保户和五保户进行管理。

【社会治理】 坚持每年预算信访问题调处专项资金800万元，法律援助、司法救助、特殊人群就业安置帮扶和基层矛盾化解奖补资金各100万元。建成天网工程，实现县城区、主要干道出入口和重点集镇视频监控全覆盖。“瓮安经验”经典案例走进中央党校课堂，“5531”社会治理模式全省推广；双联中心、社区法律诊所、拾柴微公益、专业性行业性人民调解委员会建设等一批好做法好经验得到省州充分肯定。群众安全感列全省第一方阵。先后荣获“全国平安建设先进县”“全国法治县（市）创建工作先进县”“全国‘六五’普法先进县”“全国社区戒毒社区康复工作示范单位”“省级双拥模范县”等荣誉称号。安全生产形势稳定向好，事故总量和死亡人数总体呈下降趋势。地方志工作在全国第一次地方志工作经验交流会上作交流发言。县公安、司法、人社、教育、文旅、国税等单位获国家部委表彰。

【深化改革】 瓮安县相对集中行政许可权获国家级改革试点，乡镇行政管理体制、城市管理综合行政执法、统筹推进农村综合改革等12项重大改革列入省级改革试点，被列为全省乡镇行政管理体制改革唯一整县推进试点县，总法律顾问制度获州级改革试点。农业转移市民化改革、殡葬改革工作、出租汽车行业改革走在全省最前列。全面实现遗体火化率、规划区集中治丧率、入葬公墓率“三个100%”的目标。创新旅游体制机制改革，率先在全州成立旅游发展委员会。探索城市管理综合行政执法新机制，组建瓮安县城市管理综合行政执法局，实现“一个领域一支队伍管执法”。率先在全省成立政府专职消防队，实现政府专职消防队乡镇（街道）全覆盖。

【自身建设】 扎实开展党的群众路线教育实践活动、“三严三实”专题教育、“两学一做”学习教育，驰而不息纠“四风”。建设“两个责任”与干部正风监督网络平台，勤政廉政约谈党政“一把手”86人次，领导班子成员、中层干部、村（社区）干部1256人次。狠抓作风建设，严格执行《瓮安县提高政府系统办事效率八条规定》，进一步提高政府系统执行力、服务水平和办事效率。启动无纸化办公，实现非经费文件（不涉密）无纸化运行，极大提高运转效率；完成106件人大代表建议、115件政协委员提案办理工作，解决一批群众关注的热点、难点问题；主动公开重大建设项目审批、公共资源配置等群众关注度高的政务信息24000余条，让权力在阳光下运行，政府工作透明度进一步提高。104名科级干部拟任人选按规定向组织申报个人财产并进行任前廉政谈话；推行公开述责述廉述德，政府部门48名“一把手”在瓮安电视台进行公开述责述廉述德，接受社会监督。

重要会议

2016年，召开县第十六届人民政府第54至65次常务会议。

第54次常务会议1月30日召开。研究县工业和信息化局《关于提请审定〈瓮安县民营经济发展大会筹备方案〉的请示》等议题。议定事项如下：（一）原则同意该《请示》，由务副县长张宗良常牵头，副县长曾明康协助，县工业和信息化局具体负责，按照会议意见修改完善，经县人民政府审定后报县委研究。（二）大会的奖项设置和评选标准要综合考虑，突出发展重点，突出奖励方向，形成鲜明的发展导向。

第55次常务会议3月5日召开。传达学习国务院安全生产委员会全体会议精神等议题。议定事项如下：全县上下要认真学习领会会议精神，坚决贯彻落实中央、省、州关于安全生产工作的一系列指示要求，严格落实“党政同责、一岗双责、失职追责”的安全生产责任制，坚决维护好人民群众的生命财产安全，为全县经济社会发展提供安全保障。

第56次常务会议4月6日召开。研究县金融办《关于提请审定〈瓮安县金融精准扶贫实施方案（送审稿）〉的请示》等议题。议定事项如下：（一）原则同意该《请示》，由县金融办按照会议意见修改完善，经县政府审定后报县委研究。（二）由政协副主席陈廷高牵头，进一步细化完善该方案，部分内容要加以注释说明，务求清晰明了，同时要加大金融扶贫的思维突破，转变扶贫资金投入思路，创新金融产品，最大限度引导政策性银行参与，要采取有效措施提高扶贫对象的认知度和参与度，积极推动扶贫对象的行动自觉。

第57次常务会议4月20日召开。研究县文化和旅游局《关于提请审定〈2016中国·瓮安全国六省（区）游泳邀请赛总体工作方案（草案）〉的请示》等议题。议定事项如下：（一）原则同意该《请示》，由副县长夏吉友牵头把关，县文化和旅游局按照会议意见修改完善，经县政府审定后报县委研究。（二）体育赛事活动要坚持“项目引进、市场运作、财政补贴、群众参与”的原则，以赛事活动吸纳人流、物流、信息流、资金流，努力提高瓮安高水平体育赛事承接能力和市场化运作水平，不断扩大瓮安对外开放水平，进一步提升瓮安对外知名度和美誉度。（三）县公安局、安监局等相关职能部门要加强对重大赛事期间安保工作的安排部署，不断完善措施、增强应急能力，形成一套完善的安保机制，确保各类重大赛事安全进行。

第58次常务会议5月25日召开。研究县人民政府《关于研究多种形式消防队伍建设有关问题的会议纪要》等议题。议定事项如下：原则同意该《会议纪要》，由县政府办按照会议意见修改完善，经县政府审定后报县委研究。

第59次常务会议6月6日召开。研究县金融办《关于提请审定〈瓮安县茶旅文化建设项目“EPC”合作方案（送审稿）〉的请示》等议题。议定事项如下：（一）原则同意该《请示》，由县金融办按照会议意见修改完善，经县政府审定后报县委研究。（二）鉴于时间紧、任务重，涉及该项目融资合同有关事宜，由县政协副主席、县金融办主任陈廷高牵头负责，建立完善进入退出机制，抓紧推进前期工作。（三）明确建中镇人民政府作为项目业主方，由副县长韩小忠做好施工建设的指导工作，并按建设程序完善相关手续。

第60次常务会议6月28日召开。研究县人民政府《关于研究S205瓮安草塘至岚关公路项目有关问题的会议纪要》等议题。议定事项如下：原则同意《S205瓮安草塘至岚关公路项目投融建框架协议》，由县政府办按照会议意见修改完善，经县政府审定后报县委研究。

第61次常务会议8月7日召开。研究草塘古邑区文化旅游公司《关于提请审定〈猴场镇碑林红色文化园建设项目“投融建”一体化合作框架协议（送审稿）〉的请示》等议题。议定事项如下：原则同意采取融资方式实施该项目，由常务副县长张宗良牵头把关，县政协副主席陈廷高、猴场镇党委书记许克平具体负责，按照会议意见修改完善，经县政府审定后报县委研究。

第62次常务会议9月5日召开。研究县工业和信息化局《关于提请审定〈瓮安县矿产品源头监测监控系统建设方案〉（送审稿）的请示》等议题。议定事项如下：（一）原则同意该《请示》，由曾明康副县长牵头，县工业和信息化局具体负责，抓紧组织实施。（二）该监测监控系统建设所需经费由县工业和信息化局核算后报县政府，由县财政按程序据实核拨。

第63次常务会议10月10日召开。研究县财政局、县审计局《关于提请审定〈瓮安县公共投资项目预算评审及结（决）算审计实施办法（试行）〉的请示》等议题。议定事项如下：原则同意该《请示》，由县财政局、县审计局按照会议意见修改完善后报县委研究。

第64次常务会议11月16日召开。传达学习中国共产党十八届六中全会精神等议题。议定事项如下：（一）政府系统各级各部门、各乡镇（街道）要迅速掀起学习、宣传、贯彻十八届六中全会精神的热潮，深刻领会全会确立习近平在全党领导核心地位的重大意义，进一步增强政治意识、大局意识、核心意识、看齐意识，真正做到思想上充分依赖核心、政治上坚决拥护核心、组织上自觉服从核心、行动上时刻紧跟核心。（二）政府系统各级各部门、各乡镇（街道）要深刻领会《关于新形势下党内政治生活的若干准则》和《中国共产党党内监督条例（试行）》的主要内容、精神实质、重大意义和核心要义，进一步增强全面从严治党的政治定力，严格落实全面从严治党的政治责任，坚持党风廉政建设常态化。（三）政府系统各级各部门、各乡镇（街道）要在县委的核心领导下，在县人大、政协的监督支持下，坚持依法行政，紧紧围绕县委、县政府的安排部署，结合工作实际，不折不扣抓落实。涉及重要工作及重大事项，必须及时向县委、县政府主要领导和分管领导汇报，形成一级抓一级，层层抓落实的工作局面，确保工作落细、落小、落实。

第65次常务会议12月25日召开。传达学习2016年全省第三次项目建设暨易地扶贫搬迁现场观摩督查会精神等议题。议定事项如下：（一）政府系统各级各部门要认真贯彻落实全省第三次项目建设暨易地扶贫搬迁现场观摩督查会精神，充分认识易地扶贫搬迁是打赢脱贫攻坚战的重要抓手，坚持问题导向，创新工作机制，扎实做好易地扶贫搬迁工作。（二）由副县长肖福勇牵头，组织涉及乡镇（街道）、涉及部门召开易地扶贫搬迁工作现场推进会，一手抓目标任务的完成，一手抓瓮安经验的总结，助力全县脱贫攻坚工作。

重要发文

2016年瓮府发文件目录

文　号	标　题
瓮府发〔2016〕1号	关于2016年烤烟生产工作的实施意见
瓮府发〔2016〕2号	关于命名表彰农业产业化经营重点龙头企业的决定
瓮府发〔2016〕3号	关于公布瓮安县征地青苗补偿标准的通知
瓮府发〔2016〕4号	关于下达2016年财政预算的通知
瓮府发〔2016〕5号	关于印发瓮安县推进户籍制度改革实施方案的通知
瓮府发〔2016〕6号	关于印发《2015年度县人民政府领导班子“三严三实”专题民主生活会整改落实方案》的通知
瓮府发〔2016〕7号	关于表彰2015年度人大代表建议和政协委员提案办理工作先进单位的通报
瓮府发〔2016〕8号	关于印发《瓮安县2016年依法行政工作要点》的通知
瓮府发〔2016〕9号	关于表彰2015年度征兵工作先进单位和个人的通报
瓮府发〔2016〕10号	关于表彰全县优秀教师和优秀教育工作者及捐资助学先进单位的决定
瓮府发〔2016〕11号	关于印发瓮安县全民健身实施计划（2016—2020年）的通知

2016年瓮府办发文件目录

文　号	标　题
瓮府办发〔2016〕1号	关于印发瓮安县劳资纠纷突发事件应急预案的通知
瓮府办发〔2016〕2号	关于申请公务用车的函
瓮府办发〔2016〕3号	关于印发瓮安县矿山事故应急预案的通知
瓮府办发〔2016〕4号	关于印发瓮安县突发公共卫生事件应急预案的通知
瓮府办发〔2016〕5号	关于调整县政府领导同志工作分工的通知
瓮府办发〔2016〕6号	关于印发瓮安县森林防火隔离带规划建设专项行动方案的通知
瓮府办发〔2016〕7号	关于印发瓮安县2016年固定资产投资任务分解表的通知
瓮府办发〔2016〕8号	关于下达瓮安县2016年财税收入协税护税任务的通知
瓮府办发〔2016〕9号	关于印发瓮安县2016年经济发展综合测评指标目标任务等分解表的通知
瓮府办发〔2016〕10号	关于印发瓮安县2016年争项争资目标任务分解表的通知
瓮府办发〔2016〕11号	关于印发瓮安县林业有害生物灾害应急预案的通知

续表

文 号	标 题
瓮府办发〔2016〕12号	关于对2016年《政府工作报告》目标任务进行责任分解的通知
瓮府办发〔2016〕13号	关于印发瓮安县2016年应急管理工作要点的通知
瓮府办发〔2016〕14号	关于印发瓮安县行政事业单位国有资产配置管理暂行办法的通知
瓮府办发〔2016〕15号	关于印发瓮安县行政事业单位国有资产处置管理暂行办法的通知
瓮府办发〔2016〕16号	关于印发瓮安县财政结转结余资金管理办法（暂行）的通知
瓮府办发〔2016〕17号	关于印发瓮安县公租房和廉租房并轨运行管理办法的通知
瓮府办发〔2016〕18号	关于印发瓮安县政府信息公开系列管理制度的通知
瓮府办发〔2016〕19号	关于印发瓮安县政府性债务风险应急预案的通知
瓮府办发〔2016〕20号	关于印发瓮安县2016年国民经济和社会发展主要指标计划的通知
瓮府办发〔2016〕21号	关于切实做好全县第三次农业普查的通知
瓮府办发〔2016〕22号	关于印发瓮安县规范丧葬用品管理暂行办法的通知
瓮府办发〔2016〕23号	关于做好2016年人大代表建议和政协委员提案办理工作的通知
瓮府办发〔2016〕24号	关于印发瓮安县文化和旅游局主要职责内设机构和人员编制规定的通知
瓮府办发〔2016〕25号	关于开展规范性文件全面清理工作的通知
瓮府办发〔2016〕26号	关于印发瓮安县财政预算资金管理办法的通知
瓮府办发〔2016〕27号	关于对2016年人大代表建议和政协委员提案进行再次交办的通知
瓮府办发〔2016〕28号	关于做好县政府门户网站信息内容建设的通知
瓮府办发〔2016〕29号	关于印发《瓮安县城市管理综合行政执法局主要职责内设机构和人员编制规定》的通知
瓮府办发〔2016〕30号	关于印发瓮安县恐怖袭击事件应急预案的通知
瓮府办发〔2016〕31号	关于调整县政府领导同志工作分工的通知
瓮府办发〔2016〕32号	关于进一步加强固定资产投资项目入统工作的通知
瓮府办发〔2016〕33号	关于成立瓮安县政府系统大兴调查研究之风开展研究问题破解难题竞赛活动领导小组的通知
瓮府办发〔2016〕34号	关于印发瓮安县政府系统大兴调查研究之风开展研究问题破解难题竞赛活动的实施方案的通知
瓮府办发〔2016〕35号	关于印发瓮安县政府领导大兴调查研究之风开展研究问题破解难题竞赛活动方案的通知
瓮府办发〔2016〕36号	关于印发瓮安县生态走廊景观建设工程土地、房屋流转方案的通知
瓮府办发〔2016〕38号	关于印发瓮安县健康扶贫工作实施方案的通知
瓮府办发〔2016〕39号	关于2017年部门预算编制有关工作的通知

续表

文号	标题
瓮府办发〔2016〕41号	关于成立修订《瓮安县人民防空袭方案》工作领导小组的通知
瓮府办发〔2016〕42号	关于调整瓮安县扶持微型企业发展工作领导小组成员的通知
瓮府办发〔2016〕43号	关于印发《瓮安县扶持微型企业评审细则》的通知
瓮府办发〔2016〕44号	关于印发瓮安县扶持微型企业发展实施方案的通知
瓮府办发〔2016〕45号	关于调整县政府领导同志工作分工的通知
瓮府办发〔2016〕46号	关于印发《瓮安县公共投资项目预算评审及结（决）算审计实施办法（试行）》的通知
瓮府办发〔2016〕47号	关于做好“四上”企业和固定资产投资项目入库工作的通知
瓮府办发〔2016〕48号	关于成立“四上”企业和固定资产投资项目入库工作联席会议领导小组的通知
瓮府办发〔2016〕49号	关于印发《瓮安县委托中介机构参与公共投资项目造价咨询服务收费标准》的通知
瓮府办发〔2016〕50号	转发县人力资源和社会保障局 县财政局关于调整机关事业单位工作人员基本工资标准和增加机关事业单位离休人员离休费实施办法的通知
瓮府办发〔2016〕51号	县人民政府办公室关于印发瓮安县中小学体育场地向社区居民开放工作实施方案的通知

（马登洋）

县人民政府办公室

【概况】 2016年，瓮安县人民政府办公室内设督查室、秘书科、行政科、综合科、信息科、信息管理中心、纪检监察室。管理机构有机关事务管理局、法制办、应急办、国教办、教育督导室、人防办。办主任1名，副主任9名。干部职工82人（含县领导82人）。

【办文办会】 坚持“第一执笔人”责任制，从接受文稿任务开始，起草、讨论修改、审改定稿均指定一人主笔，全程负责。2016年，圆满完成全国山地户外运动挑战赛、2016年都匀毛尖（国际）茶人会瓮安茶旅活动、全省户籍制度改革工作现场推进会、全省异地扶贫搬迁项目现场推进会、四国男篮巅峰争霸赛等盛会赛事的统筹协调工作。高质量组织承办和协办各类会议200余次，其中全县性大型会议20次，电视电话会议10余次，县长办公会9次，县政府常务会议12次，各类专题会议150余次，无重大失误。

【督查工作】 坚持抓好政府工作报告、经济工作会、政府常务会及其他重要工作部署的督查问效，全年下发各类《督办通知》42期，完成《督查通报》12期、《督查专报》37期、《督查必报》13期、《瓮府督函》6期；完成12次政府常务会议共156项议定事项的督查督办工作，办结率为73.8%。完成106件人大代表建议、115件政协委员提案办理工作，人大议案、政协提案交办率、面商率、答复率均为100%，解决一批群众关注的热点、难点问题；人大议案、政协提案办理工作连续三年获县委、县政府表彰。配合其他督查机构开展联合督查，推动县委、县政府各项重大决策部署的落实。

【电子政务】 全面启动了电子政务办公，非经费文件（非涉密）一律从电子政务平台处理，极大地提高公文办理效率。全年共制发政府和政府办文件800余份，其中上行文154份，共收到文件

4311份，中央、省、州来文2249份，收办乡镇、部门来文2062份（经费请示1494份），密件52份，未发生漏办、错办和延误等情况。

【信息工作】 建立健全政府信息发布、协调、保密审查机制、主动公开制度、依申请公开制度，强化政府信息公开指导和监督检查，确保政府信息公开工作依法、有序进行，推进行政权力公开透明运行。全年主动公开信息24181条，其中政府网站公开6120条，其他方式（电视、广播、报纸）公开18061条；《瓮安政务信息》公开12期64条，《瓮安县人民政府公报》共发布4期972条，其中公文52条、人事任免16条、大事记863条、政府工作报告1条。编辑上报省、州政府政务共信息412条。被《州政务信息》采用27条，排名全州第一；被《省政务信息》刊物采用5条，排名全省前列。

【应急值守】 建立县社会应急信息联动处置中心和社会治安动态防控联勤中心，针对发生的突发群体性纠纷和非正常死亡事件，坚持“三个第一”原则（一旦发生突发事件，要在第一时间赶赴现场，第一时间掌握情况，第一时间妥善处置，及时妥处突发事件）。组织开展1月22日瓮安县违规土葬强制起棺火化应急处置演练、6月27日芭田公司危化品泄露安全事故应急救援演练、11月17日黔南州高速公路低温凝冻天气道路交通事故应急救援演练等35次应急演练，提高全县应急处置的能力。2016年各乡镇（街道）、各相关部门向县政府应急办报告突发事件信息及苗头性信息共计275起，报州政府应急办信息4起，其中达到报省标准的1起，死亡10人，伤1人，均已得到妥善处理。

【法制工作】 按照《瓮安县人民政府关于公布县级部门（单位）及乡（镇）权力清单和责任清单公告》要求。确定瓮安县保留的权力清单总数为县级行政权力5176项。全年办共接待群众来信来访132人次，收到10件行政复议案件，协调3件，立案6件，不受理1件，维持2件，撤回申请2件，未审结2件；州人民政府复议案件4件，维持本府决定2件，撤销1件，责令改正1件；应诉案件16件，人民法院驳回诉讼8件，撤诉1件，其余7件正在审理中；收到林木林地确认权属申请9件，立案4件。多次参与信访案件讨论，有效化解信访纠纷，维护社会和谐稳定。

【机关事务管理工作】 严格落实《瓮安县党政机关公务接待管理实施细则》《瓮安县机关事务管理局公务接待管理规定》等相关制度，对接待范围、标准、程序、纪律和组织领导等环节作出明确规定。严格实行县分管领导接待审批制，反对超标接待，注重节俭；严格落实公务用车审批及管理相关制度，强化监督和问责，纪检监察室不定期对办公务接待和公车使用情况进行监督检查，对公务接待和公车使用违规违纪行为严格查处，追究相关负责人和直接责任人的行政责任和法律责任。2016年，共完成全县各类公务接待420批7800余人次，会议服务2489场114037人次，安排各类接待调研车辆760余台次，实现“三公”经费双降目标。

【国防、人防和教育督导工作】 在清明节、“七一”党的生日、“八一”建军节、‘九一八’爱国日、“九三”中国烈士公祭日、国庆节等爱国日和节假日，开展国防教育日宣传活动，发放宣传资料5000余份。共办理人防工程建设项目11个，其中在建项目4个，面积20662.01平方米；报建项目2个，面积48579.28平方米，均在图纸设计当中；易地建设审批4个，收缴易地建设费315.3928万元；已竣工验收备案项目1个(绿城中央公园A区建设项目，面积3256.55平方米)，2016年获得省人防建设先进城市表彰。教育督导工作取得长足发展。先后对责任督学进行重新调整，队伍更加精干，并在年内完成了91所学校的挂牌，教育督导事业进一步发展，先后完成春秋两季学期开学工作的督导检查，部分中小学、幼儿园的办学水平督导评估，义务教育阶段学生营养改善计划、校园欺凌、教师有偿补课等专项督导检查以及大量的随访督导，协助省、州教育督导部门完成了“两项督导”和“普十五”的过程督导，与教育系统及涉教部门一道共同努力，年底通过省政府对全县的“两项督导”考核和“普十五”的评估验收。

【脱贫攻坚工作】 全年领导班子成员多次带领干部职工到白沙村开展扶贫攻坚工作，与村“两委”共商脱贫大计，指导村委会理清发展思路，发展壮大村级集体经济（白沙村2015年已消除“空壳村”）。结合白沙村情实际，解决白沙村2万元资金用于购买化肥，促进村集体经济的发展壮大，帮助白沙村流转152亩土地进行大葱等蔬菜种植，拓宽致富门路，增加农业收入。帮扶建中镇10万元用于白沙村脱贫攻坚工作（白沙村翁腊至土围通组道路塌方维修资金2万元，大土学校进门150米道路硬化资金1万元，青山湾通组道路铺砂石1公里资金2万元；剩余5万元用于白沙村脱贫攻坚工作经费）。年底结合“四送一助”遍访贫困户活动，带领干部职工深入贫困户家中走访慰问，不断完善帮扶措施，落实帮扶政策，通过开展送温暖、送政策等一系列活动，让广大贫困户共享改革发展成果，感受到党和政府对广大人民群众的关爱。

【党风廉政建设】 年初以来，领导班子严格落实中央“八项规定”、换届纪律“九严禁”、省委“十项规定”、州委“九项规定”，深入推进“两学一做”专题教育活动，深刻反思在党纪党风方面存在的突出问题，坚持“标本兼治、综合治理、惩防并举、注重预防”的方针，严格执行党风廉政建设责任制，反对“四风”，采取多种形式，加强党员干部党性党风党纪教育，着力抓好党员干部理想信念和廉洁从政教育。加强廉政学习教育。以创新载体为着力点，抓好廉政文化及警示教育活动。2016年元旦春节期间，签订干部职工廉洁过节公开承诺书72份；在各办公室工作电脑制作廉政文化屏保进行宣传教育；组织全体干部职工和部分家属到县委党校警示教育基地参观，开展廉政文化进家庭反腐倡廉警示教育活动1次，并撰写心得体会80篇。二是落实廉政制度。以领会相关会议精神为着力点，抓好廉政制度的落实。全年，办公室班子能认真贯彻落实中共瓮安县纪委十一届六次全体会议和瓮安县人民政府第五次廉政工作会议精神，带头贯彻执行党的路线、方针、政策，确保了政令畅通，认真思考2016年工作重点，采用全局性的思维方式查缺补漏，按时完成中共瓮安县委两个责任落实与干部正风监督网络平台资料上报工作。加强督促检查。以开展纪律督查为着力点，抓好工作作风的转变。严格考勤制度和请销假制度，纪检组按月开展作风纪律督查，全年督查12次，对督查出的问题不护短、不遮丑，督促存在问题的科室及时整改。全年行文下发政府办各科室工作纪律执行情况通报12次，对违反工作纪律2人、落实工作制度不力3个科室进行通报批评；因工作失误2人在全办职工会上被点名批评；开展廉政约谈20余次，涉及约谈对象100余人次。落实党风廉政建设责任制目标任务。以开展廉政承诺工作为着力点，抓好党风廉政建设。年初以来，及时召开会议安排部署办公室2016年度党风廉政建设工作，并实行签字背书，全办共签订廉政承诺72份。党组书记与党组成员签订责任状12份，分管副主任与科室负责人签订责任状12份，科室负责人与科室工作人员签订责任状48份。

（马登洋）

扶贫开发

【概况】 2016年，瓮安县扶贫开发局内设综合科、扶贫科两个科室，下设瓮安县果品中药材产业发展办公室。领导班子局长1名，副局长2名，纪检组长1名，年末干部职工21名，其中公务员3名，事业人员14名（高级农经师1名，农艺师3名，助理农艺师2名，未定级3名，管理人员5名）。2016年共争取各类扶贫资金4089.4万元，其中财政扶贫资金4009.4万元，广州对口帮扶资金80万元。发放“特惠贷”贷款3.17亿元，贴息

8月29日，召开瓮安金融精准扶贫推进会

485.98万元，涉及贫困农户6773户；完成易地扶贫搬迁1253户5351人；开展贫困对象技术培训1.5万人、职业培训1066人；按批次对2015年和2016年共1752名精准扶贫学生进行教育扶持，资助金额498.5万元，实施教育资助项目198.9万元，资助贫困大学生525人，其中泛海助学金40万元资助80人，国酒茅台助学金 38.5 万元资助77人，习酒助学金3.2万元资助8人，春晖行动助学金13.2万元资助77人，金秋助学金27.6万元资助92人，圆梦行动76.4万元资助191人。实现年度减少农村贫困人口7644户29477人、46个贫困村全部出列，年末未脱贫4511户10096人，全县贫困人口发生率降至 2.42%。

【机构设置】 2016年8月15日，县机构编制委员会正式下文《关于设立乡镇（街道办事处）扶贫工作站的通知》（瓮编〔2016〕28号）设立13个乡镇（街道）扶贫工作站，为乡镇（街道）管理的股级公益一类事业单位。每个乡镇（街道）定编8人，设站长1名，副站长1名。同时成立82支脱贫攻坚作战队。由副县级以上领导任队长、包保帮扶单位主要领导为副队长，驻村工作队员及结对帮扶单位工作人员为队员。设立县脱贫攻坚指挥部、乡镇（街道）脱贫攻坚指挥所、村作战室三级联动指挥体系；制作县、乡、村脱贫攻坚作战图，在县政府大楼大厅建设6米 ×2米的DID挂图作战触摸屏；县直有关部门明确1名分管领导、1名联络人负责本部门的脱贫攻坚业务和结对帮扶工作。

【精准扶贫·建档立卡】 搭建贵州省扶贫云指挥平台，同时与国办系接轨运行，按照滇桂黔石漠化片区县退出要求，对全县46个贫困村和2.7251万人贫困人口进行脱贫标注管理，对全县6.05万贫困人口基础信息进行再次采集核实和录入，对系统中身份证错误等0.16万条信息进行修正，规范完善项目扶持台账和一户一档档案资料，筹划建设瓮安县民情台账管理系统。

【体制机制创新】 先后出台《瓮安县2016年精准脱贫攻坚百日攻坚行动实施方案》《瓮安县2016年易地扶贫搬迁工程实施方案》《瓮安县少数民族贫困人口精准扶贫实施意见》《瓮安县金融精准扶贫实施方案》《瓮安县2016—2018年健康扶贫行动计划（试行）》《瓮安县生态林业助推扶贫攻坚实施方案（2016—2020年）》《农村危房改造工程支持精准扶贫的实施方案》等惠民系列配套文件，逐步形成以农工、民政、移民、教育、林业等五个一批责任单位为主的大扶贫格局。出台《瓮安县2016年脱贫攻坚百日行动督查巡查方案》《瓮安县精准扶贫工作成效双线考核(暂行)办法》将脱贫攻坚工作纳入乡镇及部门年终目标考核范畴和领导干部提拔任用考察重要依据之一。

【贫困退出】 2016年省扶贫办下达全县减贫计划为减少贫困人口2.67万人，46个贫困村出列，退出滇桂黔石漠化片区县。全县实际完成减少贫困人口7644户29477人，占计划数的110.4%。经自查验收、初审、核查、公示，全县46个贫困村达到村集体经济收入3万元以上，贫困发生率下降到3%以下的贫困村退出条件，全县贫困人口发生率下降到2.42%，达到退出滇桂黔石漠化片区县条件。

【项目批复】 出台关于对猴场镇2015年度客观因素到县资金量化到户入股保本分红项目等6个项目实施方案的批复（瓮扶领复〔2016〕1号）。

猴场镇2015年客观因素到县量化到户入股保本分红项目。项目资金180万元，项目实施地点大河村、大田坝村、石板坪村，项目采取资金量化到户入股企业保本分红、滚动发展的方式入股贵州苗岭雾海生态有机茶园有限公司，年分红18万元。

永和镇2015年客观因素到县量化到户入股保本分红项目。项目资金100万元，项目实施地点木孔村、观塘村、红岩村，项目采取资金量化到户入股企业保本分红、滚动发展的方式入股安绿佳有机农业开发有限责任公司，年分红10万元。

猴场镇2015年客观因素到县大田坝村壮大村级集体经济项目。项目资金20万元，项目在大河村修建酿酒加工厂房200平方米，购置酿酒设备1套。

银盏镇2015年客观因素到县穿洞村壮大村级集体经济项目。项目资金20万元，项目采取资金入股企业保本分红、滚动发展的方式入股瓮安县鼎晟建材有限公司和贵州林瑞华建材有限公司，年分红4万元。

平定营镇2015年客观因素到县三合村壮大村级集体经济项目。项目资金20万元，项目采取资金入股企业保本分红、滚动发展的方式入股贵州风清杨生态农业发展有限公司，年分红4万元。

江界河镇2013年乡镇特色林下养鸡结余资金道路硬化项目。项目资金41.7万元，项目在茶园村高松组和桂花坪组硬化4米宽通组公路600米、厚度0.15米；山星村南木树组至桃子丫组硬化3米宽通组公路2400米、厚度0.15米。

关于对2015年“减贫摘帽”珠藏镇高寨坪村壮大村级集体经济项目等7个项目实施方案的批复（瓮扶领复〔2016〕2号）。

2015年减贫摘帽奖励珠藏镇（原高水乡）高寨坪村壮大村级集体经济项目。项目资金60万元。项目采取资金入股企业保本分红、滚动发展的方式入股惠水县永合建筑工程有限公司，年分红5万元。

2015年减贫摘帽奖励珠藏镇（原牛场坝乡）新华村壮大村级集体经济项目。项目资金60万元。项目采取资金入股企业保本分红、滚动发展的方式入股惠水县永合建筑工程有限公司，年分红5万元。

2015年减贫摘帽奖励建中镇（原白沙乡）保护村壮大村级集体经济项目。项目资金20万元。项目采取先建后补方式兴办村级实体经济，在保护村种植葡萄70亩。

2015年减贫摘帽建中镇凤凰村道路硬化项目。项目资金60万元，项目在凤凰村硬化4.5米通组公路1500米，硬化3米串户路814米，错车道7个210平方米，倒车坝1个60平方米，共计9462平方米。

2015年减贫摘帽奖励江界河镇（原龙塘乡）渡江社区人饮工程项目。项目资金20万元，项目在渡江社区铺设管道长2564米，其中125管道1644米、110管道192米、90管道264米、75管道314米、63管道150米。

2015年减贫摘帽江界河镇（原铜锣乡）辣椒种植项目。项目资金50万元。项目在铜锣村、山星村种植辣椒1250亩。

2015年减贫摘帽猴场镇马场坪村壮大村级集体经济项目。项目资金20万元。项目采取资金入股企业保本分红、滚动发展的方式入股瓮安县宜农生物科技有限公司，年分红2万元。

关于对2016年度因素法分配到县财政扶贫资金珠藏镇羊关村入股保本分红肉兔养殖项目等27个项目实施方案的批复（瓮扶领复〔2016〕3号）。

珠藏镇羊关村入股保本分红肉兔养殖项目。项目资金100万元，项目修建兔舍3350平方米；安装种母兔笼2963套，种公兔笼370套，商品兔笼3500套；饲养种母兔2963只，种公兔370只。项目采取入股保本分红的方式实施，承包饲养的农户或基地在第一年和第二年每年12月底前按照入股资金的10%分红给村集体，村集体再按照分红款的20%作壮大村集体经济，用于村级集体公益事业，其余80%全额量化补助到80户贫困户。第三年由承包饲养的农户或基地归还村集体原发包时相同数量的种兔和兔笼或入股本金，以便村集体继续发包给养殖户。

珠藏镇肉兔养殖基地一角

珠藏镇壮大村级集体经济入股保本分红肉兔养殖项目。项目资金371万元。项目在丰岩村、高龙村、鹤亭村、清香村、羊鹿村实施。项目安装母兔笼11695套，种公兔笼1672套，商品兔笼14110套；养殖种母兔116957只，种公兔1672只；修建兔舍13370平方米；建设占地110亩肉兔周转场1个，项目涉及的各村委会负责将种兔发包给农户或基地饲养，承包饲养的农户或基地必须配套建设标准圈舍。承包饲养的农户或基地在第一年和第二年每年12月底前按照各村入股资金的10%分红给入股的村集体，各村集体再按照分红款的20%作壮大村集体经济，用于村级集体公益事业，其余80%全额量化补助到项目涉及村的296户贫困户。第三年由承包饲养的农户或基地归还村集体原发包时相同数量的种兔和兔笼或入股本金，以便各村集体继续发包给养殖户。

中坪镇新土村量化到户入股保本分红项目。项目资金51万元；项目采取资金入股企业保本分红、滚动发展的方式入股瓮安县安阳茶叶有限公司，年分红5.1万元。分红资金细化给新土村132户贫困户。

岚关乡章阁村通组道路硬化建设项目。项目资金84万元，项目硬化山口组百岁碑至小坝组银子山3.5米通组公路2300米，硬化麻秧洞组寨子至老屋基土3米宽通组公路500米，错车道2个。

天文镇乌江村量化到户入股保本分红项目。项目资金100万元；项目采取资金入股企业保本分红、滚动发展的方式入股贵州强川生态农业综合开发有限公司，公司每年分红10万元给高庄塘片区的建档立卡贫困户。

永和镇观溏村量化到户入股保本分红项目。项目资金100万元；项目采取资金入股企业保本分红、滚动发展的方式入股瓮安县猴场茶业有限公司和贵州省伟业特种养殖有限责任公司，各50万元，公司每年分红10万元给永和镇观溏村的200户建档立卡贫困户。

永和镇长岭村通组道路硬化建设项目。项目资金100万元；项目硬化4.5米宽通组公路2000米，垫层石厚0.12米，C20混凝土厚0.18米，合计厚度0.30米。

银盏镇新华村量化到户入股保本分红项目。项目资金30万元；项目采取资金入股企业保本分红、滚动发展的方式入股瓮安县鱼河玉龙旅游开发有限公司，年分红6万元。

银盏镇木老坪村壮大村级集体经济入股保本分红项目。项目资金50万元；项目采取资金入股企业保本分红、滚动发展的方式入股贵州天农饲料有限公司，年分红10万元。

银盏镇新场村壮大村级集体经济入股保本分红项目。项目资金30万元。项目采取资金入股企业保本分红、滚动发展的方式入股瓮安县连强磷肥有限公司，每股5000元量化到60户精准扶贫户，公司每年固定分红4.5万元给新华村60户贫困户，户均分红750元。

猴场镇金竹村量化到户入股保本分红项目。项目资金160万元。项目采取资金量化到户、入股企业保本分红、滚动发展的方式入股贵州苗岭雾海生态有机茶园有限公司，公司每年固定分红16万元给金竹村163户精准扶贫户。

猴场镇青池村量化到户入股保本分红项目。项目资金50万元；项目采取资金量化到户、入股企业保本分红、滚动发展的方式入股贵州省瓮安县华福农业开发有限公司，公司每年固定分红5万元给青池村105户贫困户。

建中镇果水村量化到户入股保本分红项目。项目资金100万元；项目采取资金量化到户、入股企业保本分红、滚动发展的方式入股贵州省苗岭雾海生态有机茶园有限公司，公司每年固定分红8万元给果水村171户贫困户。

建中镇高坪村壮大村级集体经济入股保本分红项目。项目资金50万元；项目采取资金入股企业保本分红、滚动发展的方式入股瓮安县大瑞医院有限责任公司，村委会年分红4万元。

建中镇白沙村壮大村级集体经济入股保本分红项目。项目资金20万元；项目采取资金入股企业保本分红、滚动发展的方式入股瓮安县建中城镇建设投资开发有限责任公司，村委会年分红2万元。

建中镇鑫隆坪村壮大村级集体经济入股保本分红项目。项目资金20万元；项目采取资金入股企业保本分红、滚动发展的方式入股瓮安县建中城镇建设投资开发有限责任公司，村委会年分红2万元。

建中镇鑫隆坪村量化到户入股保本分红项目。项目资金30万元；项目采取资金量化到户、入股企业保本分红、滚动发展的方式入股贵州省苗岭雾海生态有机茶园有限公司，公司每年分红2.4万元给鑫隆坪村159户贫困户。

玉山镇白花村壮大村级集体经济项目。项目资金50万元。项目投入19.8万元发展种植生姜220亩，扶持贫困户47户。投入30.2万元入股玉山蔬菜加工厂保本分红，壮大村级集体经济。

玉山镇小开州村通组道路硬化建设项目。项目资金200万元；用C20混凝土硬化3.5米宽通组公路3100米，厚0.28米（垫层厚0.1米，混凝土厚0.18米），错车道12个；C20混凝土硬化3米通组公路

3550米，厚0.25米（垫层厚0.1米，混凝土厚0.15米），错车道14个。

玉山镇龙蟠村量化到户入股保本分红项目。项目资金30万元。项目采取资金量化到户、入股企业保本分红、滚动发展的方式入股贵州省苗岭雾海生态有机茶园有限公司，每年分红3万元，户均分红600元。

玉山镇龙蟠村扶持专业合作社养殖项。项目资金20万元。养殖生猪200头，扶持养殖协会会员100名（100户贫困户）。

江界河镇茶园村量化到户入股保本分红项目。项目资金100万元。项目采取资金量化到户、入股企业保本分红、滚动发展的方式入股瓮安县贵黔现代农业科技有限公司，公司每年固定分红10万元给茶园村157户精准扶贫扶贫户，平均每户每年分637元。

江界河镇山星村量化到户入股保本分红项目。项目资金50万元；项目采取资金量化到户、入股企业保本分红、滚动发展的方式实施，平均量化到106户建档立卡贫困户，每户以4717元入股到云茂法香猪养殖有限责任公司，公司每年固定分红5万元给山星村106户贫困户。

江界河镇山星村壮大村级集体经济入股保本分红项目。项目资金40.4万元；项目采取资金入股企业保本分红、滚动发展的方式入股云茂法香猪养殖有限责任公司，公司每年固定分红4.04万元给山星村委会。

江界河镇铜锣村壮大村级集体经济入股保本分红项目。项目资金20万元。项目采取资金入股企业保本分红、滚动发展的方式入股云茂法香猪养殖有限责任公司，公司每年固定分红2万元给铜锣村委会。

江界河镇沿江村壮大村级集体经济入股保本分红项目。项目资金30万元。项目采取资金入股企业保本分红、滚动发展的方式入股云茂法香猪养殖有限责任公司，公司每年固定分红3万元沿江村委会。

江界河镇铜锣村通组道路硬化建设项目。项目资金150万元。项目龙岗堰组硬化3.5米宽通组路1870米；硬化岩门口2.5米通组路2100米；硬化山星村关音洞2.5米通组路1000米；硬化新巴路至刘知均2.5米通组路680米；错车道15个；挖填方250立方米。

关于对2016年度“减贫摘帽”珠藏镇壮大村集体经济肉兔养殖试验示范入股保本分红项目等 9个项目实施方案的批复（瓮扶领复〔2016〕4号）。

江界河镇（原龙塘乡）2016年度“减贫摘帽”奖励资金壮大村集体经济入股保本分红项目。项目资金20万元。项目采取资金入股企业保本分红、滚动发展的方式入股瓮安县江界河镇龙塘岩脚采石厂，年分红2万元给樱桃村。

江界河镇沿江村2016年度“减贫摘帽”奖励资金道路硬化建设项目。项目资金50万元。项目硬化沿江村响水岩组3米宽通组路2010米，硬化2.5米宽串户路1461米，错车道4个。

江界河镇（原铜锣乡）2016年度“减贫摘帽”奖励资金量化到户入股保本分红项目。项目资金50万元。项目采取资金量化到户、入股企业保本分红、滚动发展的方式入股瓮安县鸿艺园林园艺绿化有限公司，公司每年分红5万元给铜锣、桂花村173户593人贫困户。

建中镇（原白沙乡）2016年减贫摘帽奖励资金保护村道路硬化项目。项目资金20万元。项目硬化中宝寨组3米宽通组公路795.5米，错车道2个60平方米，倒车坝1个60平方米。

建中镇（原建中镇）2016年减贫摘帽奖励资金道路硬化项目。项目资金50万元，项目硬化鑫隆坪村冲关土至格颈组3.5米通组公路1551米，错车道8个238平方米；倒车坝600平方米。

永和镇红岩村道路硬化项目。项目资金60万元。项目硬化蔡家湾通村公路口至挖龙坡4.5米宽通组公路1000米。

珠藏镇2016年减贫摘帽壮大村集体经济肉兔养殖试验示范入股保本分红项目。项目资金160万元；项目采取资金入股企业保本分红、滚动发展的方式入股中梁农业发展有限责任公司，年分红16万元。

猴场镇（原松坪乡）2016年减贫摘帽壮大村级集体经济入股保本分红项目。项目资金20万元；项目采取资金入股企业保本分红、滚动发展的方式入股瓮安县猴场镇青池茶园有限公司，公司每年分红2.4万元青池村委会。

猴场镇（原小河山乡）2016年减贫摘帽石板坪村、大河村道路硬化项目。项目资金60万元。

项目在石板坪村硬化毛坡村民组至新房子村民组3米宽通组公路1200米，厚15厘米，错车道5个170平方米，堡坎砌石方40立方米；涵管安装7.5米；碎石垫层319.5平方米，石板坪村三个村民组90余农户受益。在大河村新建硬化3米宽通组路900米，错车道5个119平方米，碎石垫层1200平方米。

关于对2015年度减贫摘帽奖励江界河镇樱桃村量化到户入股保本分红等5个项目实施方案的批复（瓮扶领复〔2016〕5号）。

江界河镇（原龙塘乡）2015年度“减贫摘帽”奖励资金量化到户保本分红项目。项目资金87万元。项目采取资金入股企业保本分红、滚动发展的方式入股瓮安县江界河镇龙塘岩脚采石厂，每年分红8.7万元给樱桃村92户建档立卡贫困户。

瓮安县江界河镇（原铜锣乡）2015年度“减贫摘帽”奖励资金土鸡养殖项目。项目资金87万元；项目在山星、铜锣、茶园、桂花村养殖土鸡57000羽，扶持扶贫困户290户1062人。

建中镇2015年减贫摘帽奖励资金量化到户入股保本分红项目。项目资金87万元。项目采取资金量化到户、入股企业保本分红、滚动发展的方式入股瓮安县清水江乡村旅游开发有限公司，公司每年固定分红7万元给保护村197户贫困户。

猴场镇2015年减贫摘帽松坪场村壮大村级集体经济入股保本分红项目。项目资金38万元。项目采取资金入股企业保本分红、滚动发展的方式入股瓮安县草塘古邑区文化旅游开发有限责任公司，公司每年固定分红3.8万元给松坪场村委会作为壮大村级集体经济。

猴场镇2015年减贫摘帽大金星村道路硬化项目。项目资金15万元。项目新建硬化3米宽通组公路415米，厚15厘米；错车道4个80平方米，堡坎砌石方12立方米；碎石垫层1560平方米，厚15厘米；停车场地235平方米。

【重要会议和活动】 1月20日，瓮安党政代表团在广州市花都区与花都区委、区政府召开花都·瓮安对口帮扶座谈会，县长黄桂林、副县长曾明康参加座谈会。

1月31日，州委常委、县委书记张文强主持召开县委常委会第117次（扩大）会议。县长黄桂林，常务副县长张宗良，副县长韩小忠参加会议。会议强调认识农村工作的重要性和紧迫性，做好“三农”工作、加快完善农村基础设施，提升公共服务能力，打赢脱贫攻坚战。

2月18日—19日，国务院扶贫办副主任洪天云一行对全国第一书记第二期培训班在瓮安开班相关工作进行实地调研，副县长姚明凤陪同调研。

2月23日，州委常委、县委书记张文强主持召开县委常委会第119次（扩大）会议。县长黄桂林，常务副县长张宗良，副县长韩小忠、夏吉友、杨昌勇出席会议，会议要求认清全县扶贫开发工作的严峻形势，切实增强责任感和紧迫感。要按照“四个切实”“六个精准”“五个一批”的要求，提高扶贫工作的增强针对性和实效性。

4月25日，在渡江广场召开志愿者服务联盟助力脱贫攻坚动员大会，县人大常委会主任潘玉华，县委副书记钟旻等县四家班子领导，各乡镇（街道）党（工）委书记、组织部长、县直各部门主要负责人，以及9支志愿者服务联盟服务分队志愿者共400余人参会。会上，县委常委、组织部长屈芳向大家宣读《关于成立瓮安县志愿者服务联盟助力扶贫攻坚的通知》，县委副书记、县志愿者服务联盟助力脱贫攻坚工作协调小组组长钟旻向9支志愿者服务分队授旗，会后各志愿者服务联盟服务分队进入乡镇开展帮扶活动。

5月28日，举办黔南州农信第二期金融精准扶贫特训营开营暨瓮安“特惠贷”首发仪式，县长黄桂林，常务副县长张宗良参加开营仪式。

6月24日，常务副县长张宗良组织县相关部门及乡镇研究“十三五”脱贫攻坚规划编制工作。

7月30日，州委常委、县委书记张文强主持召开十一届常委会129次（扩大）会议，县长黄桂林，常务副县长张宗良，副县长韩小忠出席会议。会议要求各级各部门要进一步提高思想认识，始终保持以脱贫攻坚统揽经济社会发展全局的战略共识，切实做好打持久战的思想准备。

8月7日，县长黄桂林主持召开十六届县人民政府第61次常务会议，常务副县长张宗良，副县长韩小忠、曾明康、夏吉友、姚明凤、杨昌勇参加会议。传达学习《贵州省扶贫对象精准识别和脱贫退出程序管理暂行办法》《贵州省脱贫攻坚问责暂行办法》，要求全县上下必须严格按照贵州省有关文件要求，全面落实脱贫攻坚有关帮扶措施，认真开展脱贫攻坚工作，有关部门要加大对包保领导、部门和“第一书记”落实工作的督查力度，确保全县脱贫攻坚工作实现真扶贫、扶真贫、真脱贫。

9月18日，召开全县扶贫开发领导小组（扩大）会，启动全县2016年度扶贫百日攻坚行动。州委常委、瓮安县委书记张文强出席会议并讲话，县领导黄桂林、潘玉华、陈博、钟旻、曾薇、王华、屈芳、韩小忠、黄成、唐邦水、贾青鸿以及县四家班子其他领导参加会议。

9月28日—30日，贵州省精准扶贫工作成效第三方评估组到永和镇、建中镇、银盏镇对瓮安2014、2015、2016年度脱贫攻坚成效进行评估。通过评估全县贫困人口识别准确率为97.53%，2014年和2015年贫困人口退出准确率为89.66%，2016年计划脱贫户退出准确率为94.59%。

10月17日， 在渡江广场举行瓮安县慈善一日捐暨“扶贫日”募捐活动，州县领导张文强、黄桂林、张宗良、曾明康，县政府党组成员龚传海，副县长杨昌勇，县政府党组成员肖福勇参加活动，活动共募捐善款60余万元。

12月12日—14日，州评估组一行60余人分13个小组对瓮安县2016年度脱贫攻坚成效进行预评估。县长黄桂林，副县长肖福勇参加州预评估反馈会。通过评估瓮安脱贫攻坚还存在识别不够精准、群众知晓率不高、帮扶不到位、群众满意度不高、干部责任心不强、档案资料不够完善、“特惠贷”实施机制问题突出等问题。

12月21日—23日，省市县两级党委和政府扶贫开发成效交叉考核组到珠藏镇高龙村对瓮安县2016年度脱贫攻坚成效进行考核，副县长肖福勇陪同。经现场考核和结合系统数据分析，全县2016年度脱贫攻坚成效综合考核总分位列16个片区县第一名。

12月28日，召开全县脱贫攻坚工作推进暨“四送一助”遍访贫困户动员大会。对当前脱贫攻坚工作进行再安排、再部署、再准备，正式启动“四送一助”遍访贫困户活动,即对贫困户和困难群众进行“送温暖、送政策、送技术、送关爱”，助力脱贫攻坚奔小康。州县领导张文强、潘玉华、陈博、曾薇、张宗良、孟先锋、陈刚、黄成、夏吉友、喻正斌、符清和、吴雪嫩、唐邦水、贾青鸿及县四家班子其他领导参加会议。

【督查督办】 3月23日，省扶贫办副主任覃儒方率省脱贫攻坚督导组到瓮安督导精准扶贫工作，副县长姚明凤陪同。

4月15日至5月上旬，按照“四个查一查、四个实不实”的要求，由县纪委、组织部、督查考核局、扶贫开发局组成检查组对全县13个乡镇（街道）建档立卡和结对帮扶工作进行督查。

7月6日—7日，州扶贫开发领导小组办公室一行6人分2组分别对江界河镇、中坪镇、猴场镇脱贫攻坚工作开展情况进行检查。同时，对村干部、第一书记及帮扶责任人对扶贫政策知晓率及工作开展情况进行调查。

9月5日—9日，由县委组织部牵头，从县委组织部、县督查考核局、县扶贫开发局、县移民局等单位抽调干部组成3个督查组，对乡镇（街道）党建助推脱贫攻坚工作进行专项督查。

11月22日至24日，由县纪委、县委组织部、县扶贫开发局、县督查考核局组成的联合督查组对乡镇（街道）和部门精准扶贫百日攻坚行动开展情况进行督查。

11月30日至12月1日，由县纪委、县委组织部、县扶贫开发局、县督查考核局组成的联合督查组对乡镇（街道）和部门精准扶贫百日攻坚行动开展情况进行第二次督查。

12月13日至15日，由县纪委、县委组织部、县扶贫开发局、县督查考核局组成的联合督查组对乡镇（街道）和部门精准扶贫百日攻坚行动开展情况进行第三次督查。

12月27日 成立脱贫攻坚专项巡查小组，对各乡镇（街道）、包保部门贯彻落实国家、省、州、县关于脱贫攻坚工作精神的情况。对省、州、县督查反馈问题的整改落实情况。一户一档资料，对7种不能脱贫要求的执行情况。结对帮扶满意度、群众对驻村工作队和第一书记帮扶工作满意度进行督查巡查。

（吴明华）

信　访

【概况】　2016年，瓮安县信访局内设综合业务科、督查督办科。下属事业单位：县信访服务中心。领导班子：局长1名，副局长2名。

2016年，县群众诉求办理中心（县信访局）共接待群众走访795批4851人，其中到县集体访160批3822人，立案转办81件；赴省集体访6批158人，进京非访4批5人。书记县长群众直通交流台接到来信1048件，12345民心热线接到来信来电287件，均按要求办理回复；县政府信访复查办公室接到复查请求41件86人，对符合复查条件的6件16人进行复查答复。在信访积案集中排查化解“百日攻坚战”中，省、州交办的52件和县自排查的51件信访积案，均已办理完毕。

全县信访工作无因重特大事故引起的信访案件、无恶性信访案件、无重大群体性事件、无恶性越级缠访闹访事件。信访人员到县走访总量734件，相比去年832件件数下降11.78%；书记县长群众直通交流台群众留言954件，相比去年1053件下降9.40%；12345民心热线接到群众来电来信259件，相比去年432件下降40.05%；“百日攻坚战”省州交办52件，相比去年69件下降24.64%。集体访、无理缠访闹访、越级访等现象得到有效治理。

【创建县域信访管理新模式】　不断深入推进信访工作机制创新，探索创建“12349”县域信访管理新模式（“12349”即：建设好1个机构：群众（信访）工作机构；履行好2项职能：做信访人群众工作和做非信访人群众工作的职能；建立实施好3大制度：阳光信访、责任信访、法治信访制度；建好4个平台：县级党政主要领导群众直通交流台、县级群众来访联合接访平台、上下联动视频接访平台、人民建议征集平台。建立健全9项机制：领导干部密切联系群众工作机制、科学民主决策机制、矛盾纠纷信访问题滚动排查化解机制、县级领导干部公开接访工作机制、县级领导干部包案化解工作机制、信访事项办理“三级调处”机制、涉京“四访”依法治理工作机制、信访代理代办工作机制、信访情报信息收集研判处置机制）。成立由县委主要领导任组长，县政府主要领导任常务副组长的工作领导小组，结合全县近年来探索创新的5531社会治理新模式和群众（信访）工作网络机制等经验做法，出台《瓮安县创建县域信访管理新模式工作实施方案》，建立实施“12349”县域信访管理新模式，按照“一年建立框架、两年形成模式、三年达到标准”的步伐推进，推行阳光信访、责任信访、法治信访，解决信访突出问题。

【网上“阳光信访”】　做好“互联网+信访”文章，打造网上“阳光信访”。细化和完善12345民心热线和书记县长群众直通交流台工作细则和办理流程，实现办理过程和结果可查询、可跟踪、可督办、可评价。多形式多渠道宣传网上信访知识，开通瓮安县群众工作微信公众平台，与县人民政府网站上的领导信箱进行链接，引导群众首选手机、电话、网络等现代通讯渠道反映诉求，逐步把网上信访打造成群众信赖的诉求表达主渠道。

4月20日，州委常委、县委书记张文强（左）在县群众诉求办理中心听取群众诉求

【领导接访下访】　扎实抓好领导接访下访、包案督访工作，坚持各级领导干部定期与不定期到本级群众工作机构接待群众来访制度。要求驻村干部深入一线接访调处，提高工作实效。每日安排1名县级领导到县群众诉求办理中心（信访局）公开接待群众来访，接访领导采取带案下访、重点约访、上门回访等方式及时化解突出信访事项。全年共有县级领导223人次到县群众诉求办理中心公开接待来访群众，共接访142件1191人次，当场化解58件665人次，交办责任单位81件522人次，重点下访解决3件3人，妥善处理小区物业纠

8月23日，副县长杨昌勇（右列二）听取出租车业主代表诉求

纷、拆迁安置、出租车改革和民间融资等群体性上访问题。

【积案化解“百日攻坚战”】 在全县开展全面深入的信访积案化解“百日攻坚战”专项行动，各乡镇（街道）和部门对本辖区本部门内的矛盾纠纷和信访积案进行全面彻底的排查清理，将疑难复杂矛盾纠纷和信访积案交由县级领导包案督导化解，集中处理一批群众反映强烈、久拖未决、涉及面广、社会关注度高的信访积案。在专项行动中，分三季度将省、州联席交办的52件和县自排的51件信访积案纳入“三个四级个案台账”管理，逐案进行责任分解，落实包案领导和责任单位，办结率100%。

【重要敏感节点信访维稳工作】 抓好重要重大节会活动期间信访维稳工作，在全国“两会”等重要重大节会活动和敏感节点期间由县信访联席办印发信访维稳工作方案，整合信访、维稳、综治、公安、交通等部门力量，成立工作专班，建立应急联动处置机制，要求各乡镇和街道、部门强化值班备勤，主要领导在紧急情况下必须按照“三个第一”要求，到事发现场接待群众、安抚情绪，遏制事态的发展，网上网下全方位开展工作，形成步调一致、指挥顺畅、上传下达、反应快捷、信息对称、管控有力的工作格局，全年在各重要重大节会活动期间全县社会和谐稳定，无进京非访和到州赴省集体访事件发生，实现省提出的“五个坚决防范”和“六个确保”目标。

12月2日，召开2016年全县信访维稳工作会议

【信访督查督办】 由县信访联席办、县维稳办、县督查考核局组成督查督导组，对各乡镇（街道）、部门工作开展情况定期和不定期督查，并针对重点领域开展重点督查，对发现的问题和不足进行及时纠正，并将督查督导情况每月在全县范围内通报，使信访部门和有权处理信访事项的行政机关的案件及时受理率均达到80以上，按期答复率均达到90%以上，群众对信访部门和有权处理信访事项的行政机关满意率均达到80%以上。对因工作不力、措施不当、信息失灵等现象造成不良影响的，严格按照《瓮安县信访维稳工作约谈机制》和《瓮安县信访维稳工作责任追究暂行办法》追究责任单位责任人员职责，确保工作的不足得到及时发现和纠正，确保县委、县政府的各项决策部署层层落到实处。

【信访队伍建设】 加强信访干部队伍的基础业务学习培训。在各乡镇和街道换届选举工作基本结束后，于2016年11月下旬组织全县各乡镇（街道）和部门信访干部进行信访工作基础业务知识培训。7月中旬，县信访局党支部组织全体党员干部、入党积极分子及定点帮扶的永和镇后坝村村支两委成员共21人到湄潭县与该县信访局党支部开展“两学一做”双联组织建设考察学习活动，互动学习交流。

（宋建军）

水库和生态移民

【概况】 2016年，瓮安县水库和生态移民局内设机构综合科、后期扶持科、业务科、政策法规科、生态移民科、纪检监察室，下设移民服务中心（股级事业单位）。领导班子：局长1名，副局长2名，纪检组长1名。年末在职干部职工23人。2016年，获黔南州年度目标责任考核二等奖。

【水库移民】 完成构皮滩水电站概算执行情况清理工作，经清理，概算审定总投资54616.93万元，已完成投资41968.48万元，应付未付8891.95元，概算结余3756.50万元。完成塘坎上水库、大岩水库前期工作的实物指标调查工作及移民专题规划编制初审工作。杜仲河水库库区桥梁工程及江界河移民安置点库岸边坡治理工程通过竣工验收。

胜土水库移民搬迁安置。胜土水库工程建设征地范围涉及平定营镇和瓮水街道5个村21个村民组，建设征地总面积684.15亩，其中水库淹没区368.51亩，枢纽工程区201.75亩（含重叠部分24.36亩），输配水工程区113.89亩；工程规划涉及坟墓搬迁118座，其中淹没影响区45座，枢纽工程区73座。2016年共搬迁坟墓84座，其中淹没影响区11座，枢纽工程区73座，共补偿24.58万元；完成移民搬迁工作，共搬迁安置移民户4户29人，全面完善胜土水库移民个人档案，并以村组为单位装订存档。移民原居住房屋及附属设施已全部拆除，共兑现工程建设征地补偿资金2402.87万元。

1月6日，省移民目标管理考核组对瓮安水库移民及生态移民工作进行目标管理考核。考核组对瓮水街道花桥社区大坪子至大水沟道路硬化工程、花桥社区移民培训室建设项目，珠藏镇市湾村对香坪组易地扶贫搬迁安置点进行现场考察，考察组对瓮安提出的移民“千人”就业计划坚持“输血”与“造血”并重，与龙头企业搭建就业创业平台相结合等移民就业创业新模式给予充分肯定。

2016年水库移民项目建设情况

序号	项目名称	投资金额（万元）	项目描述
1	珠藏镇丰岩村丰岩至清水口道路硬化工程	129.92	道路宽3.5米，长3150米，错车道10个
2	江界河镇渡江社区果园场至瓮孔花龙口道路硬化工程	161.77	道路硬化全长3950千米，宽3.5米

【后期扶持】 根据《关于对移民素质提升和购置农机具实施补贴的通知》（黔移发〔2014〕60号）文件精神，对符合政策的水库移民及其子女实施移民素质提升教育补贴和购置农机具补贴政策（考取一本、二本院校的，一次性补贴4000元；考取专科、高职院校的，一次性补贴3000元；参加中职教育，每生每年补贴1000元；参加其他职业技术培训且获得相关主管部门颁发从业资格证书的，按照培训费发票的45%进行一次性补贴。购置农机具在农机购置补贴政策的基础上，再按实际购置价格给予移民户10%的附加补贴）。

2016年，全县水库移民享受到教育补贴60人、16.18万元。其中，一二类本科18人、7.2万元，大专、高等职业教育16人、4.8万元，中职18人次、1.8万元，驾驶技术培训18人、2.384万元。发放农机具购置补贴3人次，共计3台农机具，补贴金额1320元。

完成移民后期扶持直补人口的核定工作，共发放直补资金275.05万元。完成移民后期扶持项目建设22个，共计投资643.3万元。结合实际情况，规划“十三五”项目58个5148万元。

2016年后期扶持项目建设情况表

序号	项目名称	投资金额（万元）	项目描述
1	雍阳街道仙桥村落马塘水管所至苗圃场道路硬化工程	10	通组道路硬化250米，宽4米，C20砼，12厘米垫层及15厘米砼
2	玉山镇中火村塘边组道路硬化工程（延伸段）	38	道路硬化1000米，宽3.5米，垫层15厘米,18厘米砼路面
3	猴场镇金竹村小王坡组关塘坡至旧寨道路硬化工程	20	通组道路硬化3.5米宽，长710米，C20砼，12厘米垫层及15厘米砼
4	雍阳街道文峰社区移民创业就业扶持项目	20	补贴签订移民就业创业的企业（汽修5人，螺丝加工厂30人，茶叶深加工10人，花圃育苗20人）
5	雍阳街道文峰社区七星廉租房路灯安装工程	20	安装路灯22盏（双臂），高度（6.5米—7.6米）
6	雍阳街道城北社区旗杆坡组花圃育苗基地建设项目	29	花圃育苗大棚2个，花圃基地10亩
7	雍阳街道城北社区七星廉租房路灯安装工程	20	安装路灯22盏（双臂），高度（6.5米—7.5米）
8	瓮水街道花桥社区花竹茶叶加工厂场平及道路硬化工程	49	场平硬化3450平方米，道路硬化1500平方米，垫层15厘米,18厘米砼路面
9	瓮水街道花桥社区高家坳组绿化工程	19.8	人行道树种植87株（八月桂），胸径10—11厘米,标准冠幅
10	瓮水街道花桥社区盆水井组场平硬化工程	25	场地硬化390平方米，化粪池15立方米，排污沟清理15米，培训室及协会办公室装修共计120平方米，砖混广告墙34平方米，砖混及不锈钢栏杆40平方米
11	瓮水街道花桥社区花桥组太阳能路灯安装工程	29	花桥桥头至雷打岩治安亭至大牛大腿组路灯安装55盏，新寨组安装10盏，共计65盏，灯高7.5米，LED光源，单臂
12	瓮水街道花桥社区瓮脚岩组支路硬化工程	48.5	1、2、3支路硬化共计1242米，宽3—3.5米，路排水工程400米，M7.5浆砌石170立方米
13	瓮水街道花桥社区水元组支路硬化工程	49.5	1、2、3支路硬化共计1154米，宽3.5米，路排水工程500米，M7.5浆砌石190立方米
14	中坪镇高枧村落果坪—飞蛾坡组油橄榄种植道路硬化工程	47.5	道路硬化1.2公里，3.5米宽、15厘米垫层，18厘米砼路面
15	玉山镇玉山村太阳能路灯安装工程	29	太阳能路灯安装65盏（灯杆高6.5米，单臂）及配套设施
16	玉山镇玉山村公共停车场硬化工程	28	C20混凝土硬化公共停车场2900 平方米
17	玉山镇玉山村人行道绿化工程	29	八月桂100棵，胸径10—11厘米，冠幅2米，第一个分枝点1.5米以上
18	玉山镇玉山村还坡组道路硬化工程	20	道路硬化1000米，宽3米，垫层12厘米,15厘米砼路面
19	江界河镇渡江社区路灯安装工程	29	安装路灯25盏，高9米，上部为高压钠灯（8盏），下部为LED光源（2盏）及其他附属设施

续表

序号	项目名称	投资金额（万元）	项目描述
20	江界河镇渡江社区移民安置点道路硬化及排污管道工程	48	道路硬化0.4公里，6.5米宽、15厘米垫层，40*40砼边沟400米，厚15厘米，钢筋砼盖板
21	江界河镇渡江社区移民安置点移民线路改造工程	7	线路新建580米及其他附属工程
22	江界河镇渡江社区秀水坝道路硬化工程	28	道路硬化680米，宽3米，垫层12厘米,15厘米砼路面

【移民服务】　2016年，移民服务中心累计培训2038人次。举办1期移民干部培训班，共培训233人次。组织移民技能技术培训613人次，组织易地扶贫搬迁政策培训1192人次。全年接待移民群众到访180人次，处理来信来访10件，派出干部10人次，现场化解矛盾纠纷5起，化解率100%。

10月25日，举办2016年移民干部业务培训

【易地扶贫搬迁工程】　坚持政府统筹、谋划长远、自力更生的基本原则，创新提炼出“3343”工作模式（3343即：搭建集体经营机制、社区服务管理机制、群众动员组织机制，激发内生活力；着力三大结合：易地扶贫搬迁与大扶贫、大数据、大旅游结合，统筹协调发展；助推“四三”举措：以盘活好承包地、山林地、宅基地为重点，统筹好就业、就学、就业“三大问题”，衔接好低保、医保、养老保险“三类保障”，建设好经营性场所、农耕场所、公共服务场所“三个场所”，确保搬迁保障；实现“三乐”：家庭平安快乐、安居乐业享乐、闲情逸致娱乐和谐，打造幸福家园），对困难群众搬迁前、搬迁中、搬迁后进行全面系统的考虑和部署，推动易地扶贫搬迁工作。

2016年，建成猴场镇木瓜河、珠藏镇金珠国际广场、玉山镇梦想家园、江界河镇渡江社区4个易地扶贫搬迁安置点，总投资3.21亿元，建成安置房1223套，搬迁1223户5351人，其中贫困人口为1102户4671人，占“十三五”规划总数的32.1%。

12月22日，全县第一批易地扶贫搬迁项目——江界河渡江社区安置点、玉山梦想家园安置点、猴场木瓜河安置点、珠藏安置点建设圆满完成。4个安置点安置983户4337人，其中贫困人口3740人。猴场镇木瓜河安置点314户1386人，贫困人口1214人；珠藏镇金珠国际广场安置点210户996人，贫困人口938人；玉山镇梦想家园安置点250户1055人，贫困人口798人；江界河镇渡江社区安置点209户900人，贫困人口790人。第一批已全部完成搬迁入住。

易地扶贫搬迁——猴场木瓜河移民安置点一角

8月18日，组织首批选房移民群众在猴场镇木瓜河安置小区启动首批2016年易地扶贫搬迁选房工作，按照“公平、公正、公开”的原则进行抽

签选房，司法、纪委等部门全称参与监督，并进行司法公证。

第二批玉山镇、江界河镇2个安置点安置240户1014人，其中贫困人口931人。玉山镇安置点78户、294人（全部为贫困户）；江界河镇安置162户、720人，贫困人口637人。玉山镇安置点已完成入住；江界河镇安置点住房建设已完成。

（田文秀）

公共资源交易

【概况】　2016年，黔南州公共资源交易中心瓮安县分中心内设综合科、信息科、市场管理科、工程交易科、政府采购科、国有产权交易科、农村产权交易科7个科室。中心设主任1名，副主任2名，纪检组长1名，纪检监察室主任1名，科长或副科长6名，年末干部职工23人。

12月12日，中坪镇农村产权交易服务站挂牌

据国务院在2015年8月出台的《整合建立统一的公共资源交易平台工作方案》（国办发〔2015〕63号）和省人民政府出台的《关于进一步加强公共服务平台建设的意见》（黔府办发〔2015〕42号）、《黔南州公共资源交易中心关于县级公共资源交易中心整合有关事宜的通知》（黔南交易通〔2016〕16号）精神，结合《瓮安县机构编制委员会关于瓮安县公共资源交易中心机构更名等事宜的通知》（瓮编〔2016〕41号）完成瓮安县公共资源交易中心更名及挂牌工作，瓮安县公共资源交易中心于2016年9月23日正式更名为黔南州公共资源交易中心瓮安县分中心，作为黔南州公共资源交易中心的分支机构，以分中心名义进行注册登记，对外开展工作。

【农村产权交易平台搭建】　根据《瓮安县县、乡、村三级农村产权交易服务网络建设实施方案》，落实瓮安县县、乡、村交易服务网络平台建设，2016年共完成建立猴场镇农村产权交易服务站、珠藏镇农村产权交易服务站、江界河镇农村产权交易服务站、玉山镇农村产权交易服务站、银盏镇农村产权交易服务站、中坪镇农村产权交易服务站、建中镇农村产权交易服务站、平定营镇农村产权交易服务站、猴场镇松坪场村农村产权交易信息工作站。

【公共资源交易服务情况】　2016年，完成各类交易项目89个，交易额99056.309354万元，节约资金299.748747万元。其中政府采购项目43个，交易额2085.187326万元，节约资金245.987174万元；工程项目18个，交易额2005.302728万元，节约资金53.761573万元；国有土地出让27宗，交易额94895.8193万元，溢价279.022万元；采矿权出让1个，交易额70万元。

5月31日，国有建设用地使用权拍卖

2016年政府采购项目交易明细表

序号	成交时间	项目名称	预算金额（万元）	成交金额（万元）	节约资金（万元）	节资率%
1	2016.1.12	6讯道高清录制系统单一来源	30.000000	29.850000	0.150000	0.50%
2	2016.2.1	瓮安供电局	85.000000	78.600000	6.400000	7.53%
3	2016.1.28	会议室、培训教室等电子设备采购	36.000000	35.260000	0.740000	2.06%
4	2016.2.24	《瓮安矿产资源2016—2020年总体规划》编制	20.000000	17.000000	3.000000	15.00%
5	2016.2.16	《“十三五”瓮安磷化工产业规划》编制	64.000000	64.000000	0.000000	0.00%
6	2016.3.11	《贵州省瓮安县磷化工产业发展及相关空间布局规划》编制	98.000000	97.800000	0.200000	0.20%
7	2016.2.16	《2016(瓮安）第九届国际精细磷化工技术交流大会》	66.950000	66.950000	0.000000	0.00%
8	2016.2.16	《瓮安县磷化工产业招商引资服务》	40.000000	40.000000	0.000000	0.00%
9	2016.3.29	采购DR及心电图机	60.000000	59.550000	0.450000	0.75%
10	2016.4.5	瓮安县妇幼保健院建设项目施工阶段监理服务	36.000000	35.600000	0.400000	1.11%
11	2016.3.28	县政府后山及边坡绿化苗木采购	34.583500	32.853000	1.730500	5.00%
12	2016.4.15	瓮安县2016年中央财政小麦一喷三防及水稻小麦重大病虫害统防统治补助项目采购项目	46.500000	43.060000	3.440000	7.40%
13	2016.4.28	瓮安县中小学校舍排查和鉴定服务机构采购	90.000000	75.000000	15.000000	16.67%
14	2016.4.29	猴场会议纪念馆沙盘改造项目	46.950000	39.900000	7.050000	15.02%
15	2016.5.5	贵州省瓮安朱家山国家森林公园总体规划编制采购	99.600000	94.000000	5.600000	5.62%
16	2016.5.10	瓮安二中新校区标准化考场建设（考场81个）	57.000000	42.000000	15.000000	26.32%
17	2016.5.25	DR机一台	65.000000	63.910000	1.090000	1.68%
18	2016.5.18	种植扶贫太阳能杀虫灯、诱虫色板	68.000000	42.160000	25.840000	38.00%
19	2016.5.19	执行指挥中心系统	35.000000	33.894000	1.106000	3.16%
20	2016.5.20	村级文化活动室乐器设备	26.355000	25.100000	1.255000	4.76%
21	2016.5.30	学生课桌凳	34.500000	19.200000	15.300000	44.35%

续表

序号	成交时间	项目名称	预算金额（万元）	成交金额（万元）	节约资金（万元）	节资率%
22	2016.6.6	集中式饮用水源地水质监测项目	47.340000	45.600000	1.740000	3.68%
23	2016.6.16	彩超、胎心监护仪	40.000000	38.960000	1.040000	2.60%
24	2016.6.23	瓮安县中医院三级医院信息化建设LIS和PACS软件采购	44.760000	37.600000	7.160000	16.00%
25	2016.6.29	瓮安县中医院三级医院信息化建设软件功能模块采购	77.286000	52.028000	25.258000	32.68%
26	2016.6.30	瓮安县老年养护楼电梯、空调采购及安装	36.000000	28.160000	7.840000	21.78%
27	2016.7.26	数字化摄影系统DR机	60.000000	59.200000	0.800000	1.33%
28	2016.8.25	图书馆国学特藏图书采购	28.000000	15.233256	12.766744	45.60%
29	2016.8.30	特殊资源教师、送教上门工作实验等	50.000000	49.100000	0.900000	1.80%
30	2016.9.21	贵州省瓮安县中学教师服装采购	81.640000	77.872000	3.768000	4.62%
31	2016.9.26	贵州省瓮安中学教学创新云平台设施设备采购项目	66.600000	52.740000	13.860000	20.81%
32	2016.9.30	HIS系统与贵州省电子病历平台软件接口单一来源采购项目	40.000000	37.800000	2.200000	5.50%
33	2016.12.2	瓮安县卫生和计划生育局污水处理设备采购项目	98.500000	96.900000	1.600000	1.62%
34	2016.11.24	瓮安县电梯采购及安装	88.000000	87.800000	0.200000	0.23%
35	2016.12.14	空气自动监测站备用机采购项目	90.000000	89.800000	0.200000	0.22%
36	2016.12.19	选择工程造价咨询中介机构和竣工财务决算咨询机构备选库	0.000000	0.000000	0.000000	0.00%
37	2016.12.20	冬季服装	32.400000	22.032000	10.368000	32.00%
38	2016.12.26	图书馆工具书	20.000000	19.825070	0.174930	0.87%
39	2016.12.21	瓮安县监测数据上传系统设备	36.400000	32.500000	3.900000	10.71%
40	2016.12.21	瓮安县中医院医疗设备采购及安装	36.810000	36.590000	0.220000	0.60%
41	2016.12.26	瓮安县城市管理局垃圾运输车及垃圾车采购	96.000000	72.560000	23.440000	24.42%
42	2016.12.29	贵州瓮安监狱医疗设备采购项目	62.000000	47.700000	14.300000	23.06%
43	2017.1.3	县城环西路南段、瓮南路西段、安平大道西段暨老消防队片区棚户区改造测绘项目	60.000000	49.500000	10.500000	17.50%
合计			2331.174500	2085.187326	245.987174	10.55%

2016年工程交易项目交易明细表

序号	成交时间	招标项目名称	预算金额（万元）	中标价（万元）	节约金额（万元）	节约率%
1	1.25	瓮安三小改扩建工程（设计）	25.000000	23.000000	2.000000	8.00%
2	2.20	瓮安县中医院标准化建设项目室内装修工程设计	49.960000	49.600000	0.360000	0.72%
3	3.70	瓮安县2016年小农水重点县建设项目施工监理	43.000000	41.600000	1.400000	3.26%
4	4.10	瓮安县2016年小农水重点县考核奖励资金建设项目施工监理	39.000000	38.500000	0.500000	1.28%
5	4.25	银盏镇飞练社区服务中心大楼工程	155.367400	137.313700	18.053700	11.62%
6	6.24	瓮安中学篮球场拉膜雨棚工程建设项目	173.000000	172.745200	0.254800	0.15%
7	7.22	瓮安县歪嘴洞城乡应急供水工程	198.000000	197.708400	0.291600	0.15%
8	9.27	瓮安县中医院标准化建设项目检验科装修工程	111.076273	110.653400	0.422873	0.38%
9	10.19	瓮安县中医院标准化建设项目防辐射工程	105.000000	103.909600	1.090400	1.04%
10	10.18	瓮安中学二期工程建设项目场平工程	107.120628	105.891040	1.229588	1.15%
11	10.21	瓮安县2015年度石漠化综合治理小型水利水保工程	88.370000	86.604351	1.765649	2.00%
12	10.21	瓮安县北部新城道路交通标志、标线工程	137.100000	136.733455	0.366545	0.27%
13	10.21	七星路与星河路十字路口交通安全设施工程	173.300000	170.986797	2.313203	1.33%
14	10.21	环城西路与草兴街十字路口交通安全设施工程	178.000000	177.096461	0.903539	0.51%
15	10.21	瓮安县龙坑公园路灯工程项目	88.000000	87.411824	0.588176	0.67%
16	11.21	瓮安县天文镇大塘村机井配套工程	73.290000	73.250000	0.040000	0.05%
17	11.21	瓮安县木引槽乡沿江村青枫咀机井配套工程	114.480000	104.298500	10.181500	8.89%
18	12.30	瓮安县七星华璟苑建设项目电梯采购及安装工程	200.000000	188.000000	12.000000	6.00%
合计			2059.064301	2005.302728	53.761573	2.61%

2016年国有土地出让项目交易明细表

序号	成交时间	宗地编号或矿业权名称	起始单价（元/平方米）	成交单价（元/平方米）	成交面积（元/平方米）	成交总价（元）	溢价（元）
1	2016.1.29	瓮国让　2015—90	980.00	980.00	325.00	318500.00	0.00
2	2016.2.18	瓮国让　2015—17	1200.00	1200.00	2220.00	2664000.00	0.00
3	2016.2.18	瓮国让　2016—5	723.00	723.00	34932.00	25255836.00	0.00
4	2016.5.31	瓮国让　2016—23	753.00	753.00	51743.00	38962479.00	0.00
5	2016.5.31	瓮国让　2016—24	753.00	753.00	54802.00	41265906.00	0.00
6	2016.5.31	瓮国让　2016—25	753.00	753.00	63315.00	47676195.00	0.00
7	2016.5.31	瓮国让　2016—26	753.00	753.00	64109.00	48274077.00	0.00
8	2016.5.31	瓮国让　2016—30	800.00	800.00	69636.00	55708800.00	0.00
9	2016.5.31	瓮国让　2016—31	752.00	752.00	45393.00	34135536.00	0.00
10	2016.5.31	瓮国让　2016—32	752.00	752.00	48084.00	36159168.00	0.00
11	2016.5.31	瓮国让　2016—33	953.00	963.00	26616.00	25631208.00	266160.00
12	2016.5.31	瓮国让　2016—34	953.00	963.00	53788.00	51797844.00	537880.00
13	2016.5.31	瓮国让　2016—35	992.00	1002.00	46216.00	46308432.00	462160.00
14	2016.5.31	瓮国让　2016—36	953.00	963.00	55229.00	53185527.00	552290.00
15	2016.5.31	瓮国让　2016—37	953.00	963.00	52146.00	50216598.00	521460.00
16	2016.5.31	瓮国让　2016—38	953.00	963.00	45027.00	43361001.00	450270.00
17	2016.5.31	瓮国让　2016—39	821.00	821.00	71603.00	58786063.00	0.00
18	2016.5.31	瓮国让　2016—40	809.00	809.00	75052.00	60717068.00	0.00
19	2016.6.22	瓮国让　2015—38	225.00	225.00	7041.00	1584225.00	0.00
20	2016.6.22	瓮国让　2015—39	225.00	225.00	5424.00	1220400.00	0.00
21	2016.7.20	瓮国让　2016—4	2078.00	2078.00	4033.00	8380574.00	0.00
22	2016.7.20	瓮国让　2016—55	675.00	675.00	5561.00	3753675.00	0.00
23	2016.8.17	瓮国让　2016—54	662.00	662.00	5648.00	3738976.00	0.00
24	2016.9.9	瓮国让　2016—17—1	2777.00	2777.00	69398.00	192718246.00	0.00
25	2016.9.9	瓮国让　2016—62	692.00	692.00	1632.00	1129344.00	0.00
26	2016.9.21	瓮国让　2016—72	440.00	440.00	23756.00	10452640.00	0.00
27	2016.10.12	瓮国让　2015—53	263.00	263.00	21125.00	5555875.00	0.00
合计			23643.00	23703.00	1003854.00	948958193.00	2790220.00

（雷再鸿）

政务服务

【概况】 2016年，瓮安县人民政府政务服务中心内设综合科、业务科、督查考核科、网络信息科、财务科、行政事项管理科、政务服务建设科共7个科室。领导班子：主任1名，副主任2名，年末有干部职工14人。政务服务大厅进驻窗口98个，进驻人员120人，进驻各类事项172项。全年共受理事项61.2万件,办结率达100%，群众满意度99.8%以上。

【自身建设】 组织中心管理层工作人员及窗口工作人员开展集中学习及业务培训，加强对乡镇政务服务中心的指导培训，2016年，共组织集中学习培训1000余人次。

5月3日，举办贵州省网上办事大厅培训会

制定出台《2016年进驻窗口及窗口工作人员管理考核实施方案》《2016年度内部管理月考核实施方案》《2016年政务服务工作年终考核方案》等，做到有方案、有措施、有考核。进一步完善首问负责制、一次告知制、限时办结制、服务承诺制、责任追究制等工作制度，使以往办理审批事项需要找人办、请人办、求人办变为窗口主动办、马上办、快速办。

对大厅工作人员的上班纪律、服务质量、工作作风不定时进行抽查，并将抽查情况每月进行通报，对1名违纪人员进行处理。严格执行工作人员考勤考核管理制度，严格落实日“四签”考勤管理,首席代表周例会制度，将窗口存在问题及时反馈及时解决。

6月29日，省人民政府政务服务中心主任李荣

6月29日，省政府政务服务中心主任李荣（左三）在瓮安政务服务中心调研指导工作

一行到瓮安政务服务中心调研指导工作,州政务服务中心副主任李福锴陪同调研。李荣对瓮安政务服务中心加强“互联网+政务服务”工作提出具体指导意见。

【服务监督】 督查考核科负责对各进驻窗口未办结事项进行催办、督办，对办结事项主动回访，对办理不力、群众不满意的工作人员进行约谈、通报。另外,通过贵州省网上办事大厅、政府网站、办事大厅等渠道公开投诉举报电话、设置意见箱，最大限度畅通投诉渠道，严格落实《群众意见办理反馈制度》，对办事群众反映的问题及时处理并跟踪督办、反馈，2016年办事群众投诉及反映的问题5件，处理5件。

8月19日，开展业务知识竞赛

【提升服务效能】 2016年，以建设“小窗口、大平台，创群众满意中心”为载体，开展“五心服务”，使办事群众少进一扇门、少跑一趟路。充分利用“两学一做”学习教育契机，开展“树服务品牌、创文明标兵”理论业务知识竞赛。定期评选“服务标兵、红旗窗口”及“党员示范

岗”。2016年评选出服务标兵96人次，红旗窗口36个，“党员示范岗”16个。推进“互联网+政务服务”，完成33个部门许可事项办事指南完善录入工作，要求部门许可事项“能网上审批的一律网上审批”，引导申请人通过网上申报办理事项，对乡镇初审上报事项通过网上办事大厅直接向县级审批部门提交审查结果和申请人的申请材料，对政府提供的便民事务、商务服务尽可能通过网上办事大厅实现，让“群众少跑腿、数据多跑路”，做到便民高效。

【延伸基层服务】 全县9镇1乡2街道和经济开发区均已建立政务服务大厅并正常运行，明确党委政府一名领导班子成员为政务服务中心主任，

建成投入使用的河滨社区便民服务中心

并确定一名副科级领导为政务服务中心专职副主任，具体负责政务服务工作。乡（镇）、街道综合服务中心、村（社区）服务站共计112个，负责办理党务、民政、劳动、公安、卫计、文化、教育、信访等公共事务，有条件的中心逐步将水、电、气、网络费用交纳等民生事务纳入中心办理，按照“一门办、一站结、一费清”的要求，实行一个窗口受理、内部流转、限时办结。打造河滨社区、雍阳镇中心社区便民服务中心示范点，7月份完成装修及设施设备采购并正常开展办公。4月份县政务服务中心确定建中镇政务服务中心为“互联网+政务服务”乡镇建设示范点，建中镇政务服务中心与贵州省网上办事大厅实现无缝对接。6月份全面开通乡镇网上审批系统，并指导全县各乡镇政务服务中心将本级政府行政许可事项录入贵州省网上办事大厅，实现省、州、县、乡（镇、街道）网上办事大厅全覆盖、全链接。

（罗仕丽）

档案管理

【概况】 2016年瓮安县档案局内设综合科、业务科、接收管理利用科（县政府信息公开服务中心），下属县现行文件资料服务中心。领导班子：局长1名、副局长2名,有干部职工9人。

按时完成2015年档案事业年报统计上报工作，全县共有档案室64个，实存档案共计183573卷（县档案馆藏档案共计36556卷）。年末累计录入1085卷，原文扫描23.8万余页。对县境内20个重大工程和重点项目单位进行逐一的走访，对项目所产生的档案资料作登记。到各乡镇实地调研，掌握全县精准扶贫档案工作现状，对精准扶贫工作中产生的档案资料门类、档案的分布等情况进行充分了解。

【全县农村土地承包经营权确权登记颁证工作】 完成馆藏二轮土地延包档案的全文扫描14.2余万幅。扫描完成的土地延包档案，以数字文件的形式提供给农工局，协助农工局确权办对全县农村土地承包确权登记颁证工作提供相关数据对照。县档案局业务骨干分别于3月和10月到县土地确权档案示范点天文镇，对土地确权档案整理工作开展业务指导，并与天文镇负责土地确权档案工作人员进行交流和探讨。

【行政执法检查和业务指导培训】 5月3日，县档案局和县国家保密局联合行文开展保密工作监

9月18日，举办档案业务培训会

督检查，检查时间于5月9日至5月27日，两个检查工作组对全县77个单位部门、乡镇（街道）进行档案工作检查，并对档案工作未达要求的乡镇（街道）和单位下达整改通知书。3月7日，组织县档案局全体干部职工、国资公司档案管理员、中介公司部分人员开展档案业务培训；6月21日，举办档案业务培训会，花竹山集团公司负责档案管理工作的负责人及档案管理员共计20人参加培训；9月18日，举办档案业务培训会，全县各机关单位、垂直管理部门、金融部门、乡镇（街道）、重点企业负责档案管理工作者共计90余人参加培训。

【接收管理利用】 2月17日，瓮安木老坪龙子沟唐廷江向县档案局（馆）无偿捐赠了《唐氏春秋》（族谱）1本。3月21日，县档案馆从山西省平遥县候高升处征集到其家藏瓮安清代进士王茂松著述资料——《友竹斋试帖详注》一套四卷（共四本），属清道光丁亥年（1827年）刻本，世德堂藏版。

瓮安清代进士王茂松著述资料——《友竹斋试帖详注》

严格落实档案利用手续，定期查看库房的防潮、防盗、防虫等情况，完成增设监控探头的安装，全年未出现安全事故。年度内接待档案查阅利用2000余人次，利用档案3180余卷次，复印档案4600余页。主要是为高速公路及城镇建设占地补偿、身份、工龄认定、交纳社会保险和林地、民事纠纷提供依据。

（朱　江）

政协瓮安县委员会

综　述

2016年，政协瓮安县第十一届委员会内设办公室、提案法制委员会、经济发展委员会、社会联谊与文史学习委员会、人口环境资源委员会、委员联络委员会、智力支边办公室，均为局级机构。所辖事业单位：瓮安县政协委员联络服务中心。领导班子：主席1名，副主席7名，干部职工35名。

【参政议政】 2016年，共立案提案126件，立案126件。把提案办理协商作为全面推进协商民主、做好政协工作的重要抓手，一方面狠抓提案质量。围绕健全完善协商选题、协商审查、协商办理、协商成果转化、协商考核表彰“五个机制”，保障提案“提得准、立得住、办得顺、落得实、有实效”，提案工作由单维度、封闭式“你提、我交、他办”向全程协商、多方协商、开放协商转变。另一方面狠抓提案办理落实。通过创新提案办理方式，采取主席副主席重点督办、结合日常工作督查督办、“面对面”沟通增进共识、“背靠背”征求意见、跟踪问效“回头看”等提案办理工作机制。办理答复率均为100%，满意率均为98%以上。

【视察调研】 坚持议大事、商要事，按照年初工作安排和上级工作安排，紧紧围绕县委中心工作深入开展调查研究，专题调研坚持求精，关注民生，立足实际，取得积极的成效，形成的调研视察报告得到县委、县政府的充分肯定。2016年，常委会组织开展县城区供水情况、人口老龄化与养老机构建设情况、民营经济发展情况等15个开展视察调研并形成报告，提出建议70多条。党政领导出席协商会，与委员面对面协商，对建议案、调研视察报告作出批示，相关部门认真研究采纳政协意见建议，促进重大决策的制定和落实。

【民主监督】 组织委员对农村人饮工程运行与

管护、医改工作、招商引资项目落地建设、公益性公墓建设、茶产业发展、城镇建设、高速公路建设、重大项目推进等进行专题视察18次，并将意见和建议通过《视察报告》的形式向有关部门进行反馈。先后推荐政协委员担任有关部门的监督员100余人次，具体参与到全县有关执法监督、综合治理、政协委员听千案、社会管理服务、高考考点巡查、出租车改革听证会、城镇生活污水处理费听证会、招商投资环境测评会、文明在行动满意在瓮安督查、行风评议等方面的监督评议活动中，促进重点工作的开展和热点难点问题的解决，推进行风政风的转变，促进党务政务公开，切实发挥民主监督的作用。

【文史宣传】 出版的长篇历史章回小说《黔疆土司演义》，得到省内外专家的充分肯定，被列入播州探秘系列丛书；编发《瓮安文史》期刊3期。县政协将文史工作融入经济社会发展的各个领域，充分发挥了政协文史“存史、资政、团结、育人”功能作用。

【扶贫帮困】 2016年帮助包保村解决帮扶资金14.37万元；协调政协委员参加“慈善一日捐”活动捐款，捐赠物资资金3000元。广大政协委员把履行职责与搞好本职工作相结合，在推动全县各项事业发展的各条战线上建功立业，成为弘扬真善美、传递正能量的榜样。

【自身建设】 制定完善政协年度协商计划,配合县委及时制定出台了《关于充分发挥人民政协作为协商民主重要渠道作用的实施意见》《中国人民政治协商会议瓮安县委员会提案工作条例》《关于进一步加强乡镇（街道）协商民主建设的指导意见》等规章制度。推动提案办理纳入目标考核，推动县委行文印发《中国人民政治协商会议瓮安县委员会提案工作条例》，将提案办理落实情况的督办列入县督查工作计划和目标考评内容。加强政协委员履职成效管理,出台《瓮安县政协委员履职管理规定》，打破了政协委员“终届制”，向“不参加会议，不提提案、不反映社情民意信息、不参与活动”的“四不”委员亮红灯，从机制上约束委员行为，从制度上规范委员履职，从绩效上引导委员尽责。搭建政协委员履职服务平台，在政协机关分别增设政协委员联络委员会和政协委员联络服务中心，协助做好委员学习、视察、调研等活动的有关工作。探索基层协商民主制度建设，推动县委出台《关于进一步加强乡镇（街道）协商民主建设的指导意见》，县政协制定《瓮安县乡镇（街道）政协联络组协商工作细则》，提出“四个一”的工作要求。推行政协月协商座谈会制度，首次探索制定《政协瓮安县委员会关于建立月协商座谈会制度的意见》，邀请党政领导、有关部门负责人、政协委员和社会各界人士面对面沟通交流、真诚协商，配套出台《委员列席常委会议制度》《瓮安县党政机关与政协委员“面对面”协商制度》等制度。

重要会议

【全委会议】 3月2日，政协第十届瓮安县委员会第五次会议在新区会议中心隆重开幕。会议应到委员190名，因事因病请假22名，实到168名，符合《政协章程》规定。州委常委、县委书记张文强，县委副书记、县长黄桂林，县人大常委会主任潘玉华，县政协主席陈博，县委副书记钟旻、县政协副主席郑毅、王华、符合、王建军、喻松、余江、陈廷高在主席台前排就座。应邀参加会议并在主席台就座的领导有：张宗良、曾薇、王华、孟先锋、屈芳、韩小忠、黄成、张杰、杨胜雁、吴雪嫩、阮顺坤、罗惠平、郭豫、李丰祥、金正祥、刘奉贤、张远军、曾明康、夏吉友、姚明凤、杨昌勇；县离退休老领导张光伦、梁隆平、姚中贞等。陈博主持会议。受政协瓮安县第十届委员会常务委员会委托，县政协副主席郑毅代表政协瓮安县第十届委员会常务委员会向大会作工作报告，县政协副主席王建军向大会作政协瓮安县十届四次会议以来提案工作情况的报告。会上，张文强作了题为《群策群力 同心攻坚 携手推动瓮安实现后发赶超全面小康》的讲话，并就进一步做好新形势下政协工作提出要求。

【常委会议】 十届二十八次、二十九次常委会议于十届五次全委会议期间根据全委会议议程安排召开。

十届二十七次常委会议：2月3日，县政协十届二十七次常委会议在会议中心2号会议室召开。县政协主席陈博、副主席郑毅、王华、符合、王建军、喻松、余江、陈廷高，办公室主任旦朝梅，十届政协常委常务委员出席会议，州驻县政协委员、各乡（镇、街道）政协联络组长列席会议。陈博主持会议。

会议传达学习省政协十一届四次会议精神，协商讨论《政府工作报告》（征求意见稿），审议通过县政协十届委员会常务委员会工作报告（讨论稿），审议通过县政协十届委员会常务委员会关于十届四次会议以来提案工作情况的报告（讨论稿），协商决定县政协十届五次全会有关事宜，协商有关人事事项。

十届三十次常委会议：4月13日，县政协十届三十次常委会议在会议中心2号会议室召开。县政协主席、副主席郑毅、王华、符合、王建军、喻松、余江、陈廷高，办公室主任旦朝梅，十届政协常委常务委员出席会议，州驻县政协委员、各乡（镇、街道）政协联络组长列席会议。陈博主持会议。

会议传达学习《关于进一步加强乡镇（街道）协商民主建设的指导意见》，审议通过瓮安县政协2016年工作要点，审议通过瓮安县政协2016年度协商计划，审议通过瓮安县乡镇（街道）政协联络组协商工作细则（讨论稿）。

十届三十一次常委会议：8月5日，县政协十届三十一次常委会议在会议中心2号会议室召开。县政协主席陈博、副主席郑毅、王华、符合、王建军、喻松、余江、陈廷高，办公室主任旦朝梅，十届政协常委常务委员出席会议，州驻县政协委员、各乡（镇、街道）政协联络组长列席会议。陈博主持会议。

会议听取县人民政府2016年上半年经济社会发展情况的通报，听取《瓮安县“十二五”期间农村饮水安全工程运行和管护情况视察报告》《关于加强旅游景点食品安全、环境卫生监管提升瓮安文明城市形象的专题协商议政报告》《关于全县深化城乡滥办酒席整治工作落实情况的视察报告》《关于我县近期殡葬改革工作的视察报告》，通报瓮安县政协系统干部素质提升专题培训班总结情况，通报县政协2016年上半年工作开展情况等。

十届三十二次常委会议：11月23日，县政协十届三十二次常委会议在会议中心2号会议室召开。县政协主席陈博、副主席郑毅、王华、符合、王建军、喻松、余江、陈廷高，办公室主任旦朝梅，十届政协常委常务委员出席会议，州驻县政协委员、各乡（镇、街道）政协联络组长列席会议。陈博主持会议。

会议表决通过《中国人民政治协商会议瓮安县第十一届委员会委员提名名单》，协商讨论《政府工作报告》，审议通过县政协十届委员会常务委员会工作报告，审议通过县政协十届委员会常务委员会关于十届一次会议以来提案工作情况的报告，协商决定县政协十一届一次全会有关事宜，听取各乡镇、街道政协联络组汇报2016年工作开展情况及2017年工作打算等。

【主席会议】 十届二十九次主席会议：2月29日，政协瓮安县第十届委员会第二十九次主席会议在政协A3会议室召开，县政协主席陈博、副主席郑毅、王华、符合、王建军、喻松、余江，陈廷高。办公室主任旦朝梅出席会议，县政协各专委会主任、副主任列席会议。陈博主席主持会议。

会议主要内容：研究购置档案柜事宜，研究召开政协第十届瓮安县委员会第29次常委会议召开事宜。

十届三十次主席会议：4月6日，政协瓮安县第十届委员会第三十次主席会议在政协A3会议室召开。县政协主席陈博，副主席郑毅、王华、符合、王建军、喻松、余江、陈廷高，秘书长旦朝梅出席会议，县政协各专委会主任、副主任列席会议。陈博主持会议。

会议主要内容：研究审定《瓮安县政协2016年度协商议题》．研究审定《中共瓮安县委关于进一步加强乡镇（街道）协商民主建设的指导意见》，《瓮安县乡镇（街道）政协联络组协商工作细则》，研究召开政协第十届瓮安县委员会第30次常委会议召开事宜。

十届三十一次主席会议：5月16日，政协瓮安县第十届委员会第三十一次主席会议在政协A3会议室召开，县政协主席陈博、副主席郑毅、王华、符合、王建军、喻松、余江，陈廷高。办公室主任旦朝梅出席会议，县政协各专委会主任、副主任列席会议。陈博主席主持会议。

会议主要内容：研究组织省、州驻县政协委员、县政协常委、乡镇政协联络组长、政协机关干部赴井冈山红色文化教育学院进行综合素质提升培训班事宜。

十届三十二次主席会议：6月6日，政协瓮安县第十届委员会第三十二次主席会议在政协A3会议室召开，县政协主席陈博、副主席郑毅、王华、符合、王建军、喻松、余江，陈廷高。办公室主任旦朝梅出席会议，县政协各专委会主任、副主任列席会议。陈博主席主持会议。

会议主要内容：研究县委组织部考察组到县政府单位考察副科长级领导干部民主推荐情况。

十届三十三次主席会议：6月20日，政协瓮安县第十届委员会第三十三次主席会议在政协A3会议室召开，县政协主席陈博、副主席郑毅、王华、符合、王建军、喻松、余江，陈廷高。办公室主任旦朝梅出席会议，县政协各专委会主任、副主任列席会议。陈博主席主持会议。

会议主要内容：研究在全县13个乡（镇）、街道办事处建立“委员之家”相关事宜；研究县政协机关《年度目标考核管理月考核实施方案》事宜；研究关于参加省政协《文史天地》杂志社，《文史天地》协办单位相关事宜。

十届三十四次主席会议：7月12日，政协瓮安县第十届委员会第三十四次主席会议在政协A3会议室召开，县政协主席陈博、副主席郑毅、王华、符合、王建军、喻松、余江，陈廷高。办公室主任旦朝梅出席会议，县政协各专委会主任、副主任列席会议。陈博主席主持会议。

会议主要内容：研究审定《瓮安县“十二五”期间农村饮水安全工程运行和管护情况视察报告》《关于加强旅游景点食品安全、环境卫生监管提升瓮安文明城市形象的专题协商议政报告》《关于全县深化城乡滥办酒席整治工作落实情况的视察报告》《关于我县近期殡葬改革工作的视察报告》《瓮安县政协系统干部素质提升专题培训班总结报告》，研究召开政协第十届瓮安县委员会第31次常委会议召开事宜。

十届三十五次主席会议：8月29日，政协瓮安县第十届委员会第三十五次主席会议在政协A3会议室召开，县政协主席陈博、副主席郑毅、王华、符合、王建军、喻松、余江，陈廷高。办公室主任旦朝梅出席会议，县政协各专委会主任、副主任列席会议。陈博主席主持会议。

会议主要内容：研究关于更换县政协机关各委室、会议室破损桌椅及老旧办公室电脑相关事宜。

十届三十六次主席会议：9月14日，政协瓮安县第十届委员会第三十六次主席会议在政协A3会议室召开，县政协主席陈博、副主席郑毅、王华、符合、王建军、喻松、余江，陈廷高。办公室主任旦朝梅出席会议，县政协各专委会主任、副主任列席会议。陈博主席主持会议。

会议主要内容：研究关于县政协办21名退休人员2016年重阳节慰问的相关事宜；研究关于拨付中坪镇三万元精准扶贫资金的相关事宜。

十届三十七次主席会议：10月10日，政协瓮安县第十届委员会第三十七次主席会议在政协A3会议室召开，县政协主席陈博、副主席郑毅、王华、符合、王建军、喻松、余江，陈廷高。办公室主任旦朝梅出席会议，县政协各专委会主任、副主任列席会议。陈博主席主持会议。

会议主要内容：慰问困难群众慰问经费相关事宜；审定研究县总工会秋季全民健身活动徒步活动方案，关于组织全体干部职工参加活动，并按500元以下的标准统一服装。

十届三十八次主席会议：11月7日，政协瓮安县第十届委员会第三十八次主席会议在政协A3会议室召开，县政协主席陈博、副主席郑毅、王华、符合、王建军、喻松、余江，陈廷高。办公室主任旦朝梅出席会议，县政协各专委会主任、副主任列席会议。陈博主席主持会议。

会议主要内容：研究审定《瓮安县政协关于在推进城镇化和美丽乡村进程中历史文化保护与传承情况的调研报告》《关于瓮安县全民健身活动开展情况的视察报告》《关于瓮安县新兴文化产业发展情况的调研报告》《瓮安县城乡居民社会养老保险资金安全问题的视察报告》《关于瓮安县民营经济发展情况的调研报告》《关于瓮安县民营经济发展情况的调研报告》《瓮安县饮用水水源地保护情况调研报告》《关于瓮安地方特色食品开发利用的调研报告》。

十届三十九次主席会议：12月20日，政协瓮安县第十届委员会第三十九次主席会议在政协A3会议室召开，县政协主席陈博、副主席郑毅、王华、符合、王建军、喻松、余江，陈廷高。办公室主任旦朝梅出席会议，县政协各专委会主任、副主任列席会议。陈博主席主持会议。

会议主要内容：协商通过《中国人民政治协商会议瓮安县第十一届委员会委员提名名单》，研究审定政协第十一届瓮安县委员会第一次会议日程及有关名单审议通过县政协十届委员会常务委员会工作报告和关于十届一次会议以来提案工作情况的报告，研究审定《视察调研报告选编目录》《委员风采录》《联组发言材料》等有关事宜，研究召开政协第十届瓮安县委员会第32次常委会议召开事宜。

重要活动

3月29日，印江县政协副主席严志宏等一行到瓮安考察市政广场建设工作，县政协副主席喻松，县文联、县住建局有关人员陪同考察。

4月8日，龙里县政协主席莫涛带队到瓮安县考察乡村旅游发展、工业园区和城镇化建设情况，县政协主席陈博、副主席郑毅等参加陪同。

5月25日，州政协副主席黎燕萍带队到瓮安视察生态补偿建设情况，县政协副主席王华及相关部门领导参加陪同考察。

5月29日—6月4日，县政协组织省、州驻县政协委员，十届县政协常委，政协机关干部，各乡镇（街道）政协工作联络员，到井冈山红色文化教育学院学习。

6月13日，州政协副主席李强带队到瓮安县开展茶产业专题调研，县政协副主席符合及相关部门领导参加陪同考察。

6月13日，县政协主席陈博率机关部分领导及各乡镇政协工作联络员到福泉市凤山镇、金山办事处考察基层协商民主建设先进经验和做法。

6月17日，石阡县政协副主席卢仁富率机关党支部成员与部分离退休老党员一行到猴场会议会址接受革命传统教育，县政协副主席符合陪同。

6月22日，印江县政协组织机关老年支部党员到瓮安爱国教育基地重温党史，县政协副主席郑毅陪同。

6月29日，贵阳市白云区政协组织36名机关党员到瓮安猴场会议会址开展机关党支部活动，县政协副主席郑毅陪同。

6月30日，乌当区政协主席马定武、副主席汪贤广等一行到瓮安参观猴场会议会址，县政协副主席郑毅、符合参加陪同。

7月13日，榕江县政协副主席韦德兰带队到瓮安县学习社会治安防控体系建设工作，县政协副主席王建军参加陪同。

9月18日，正安县政协党组副书记、副主席罗遵义带队到瓮安学习民族特色文化的保护与继承工作，县政协副主席喻松及有关部门人员陪同。

11月25日，福泉市政协副主席杨绍荣带队到瓮安县政协学习有关政协工作经验工作，县政协副主席郑毅及相关人员陪同。

（霍隆颖）

总工会

【概况】 2016年，瓮安县总工会内设职工俱乐部和困难职工帮扶中心。领导班子：主席1名（县人大常委会副主任兼任），副主席2名，年末干部职工14人（临聘人员4人）。2016年全县共有基层工会组织559个，职工46278人，工会会员46278人。

经县总工会组织推荐、政府审核，报2016年全国、省劳动模范和先进工作者评选表彰委员会审定，中华全国总工会授予瓮安县城市公共交通有限责任公司女子班组3号线路“全国工人先锋号”荣誉称号，省政府授予玉山水泥厂烧成班组“工人先锋号”荣誉称号，授予农村工作局熊铧龙“五一劳动奖章”荣誉称号；全年创建劳模创新工作室2个，各基层工会开展技能比赛263次，参与竞赛职工20000人。

【和谐企业创建】 按照“两个普遍”工作实现常态化，规范化要求，及时跟踪、动态管理的原则，开展企业工会的组建、工资集体协商的签订及会员的发展工作。签订工资集体协商协议书86份（单独签订62份，行业性、区域性签订24份），涵盖企业295家，建制率89%。已建工会企业集体合同建制率、工资集体协商建制率动态保持在85%以上。全县共有预置企业515家（二普324家，新增191家），经核实原经营正常的有332家，新增1家。2016年企业建会 333家（新组建1家），新发展会员7452人，企业工会组建和职工入会率动态保持在90%以上。

10月26日，举办2016年全民健身徒步行活动

全面推行厂务公开，国有企业及其控股企业、事业单位厂务公开、职代会制度实现全覆盖。推荐瓮安县殡葬服务有限责任公司参加全省“厂务公开民主示范单位”评选活动，推荐瓮安三小、瓮水街道中心社区申报全省“模范职工之家”；规范乡镇（街道）、社区工会联合会，全面推行工会会员普惠工作，为职工办理会员服务卡1.2万张。

【职工素质提升】 组织参加全省职工微电影大赛，创作微电影作品《巾帼公交线》；动员基层工会积极开展“劳动模范上讲堂”活动，巡回宣讲道德模范龙增刚同志先进事迹20场次；开展“职工书屋”示范点建设活动，申报省级示范点1家（名称），建立县级示范点4家（名称）；组织全县51家单位4260名女职工参加“书香三八”智慧女性·书香家庭读书活动，征集优秀征文12篇参加州总工会的评选活动；全年培训职工（农民工）900余人次，组织工会干部参加省州培训20人次；举办秋季“全民健身徒步行”活动1次，2000多名徒步爱好者参加活动。

【节能减排工作】 组织全县200多个企业开展“我为节能减排做贡献”金点子合理化建议活动，参与职工5000余人次，开展技术革新78项，创经济效益500余万元。发挥节能减排义务监督员的社会监督作用。联合环保局开展全县性的节能减排检查活动10次。在“6·5”世界环保日发放宣传资料1万份。

【维权帮扶】 组织开展春送岗位、夏送清凉、秋送助学、冬送温暖等品牌活动。春节期间开展“两节”送温暖和保障农民工工资支付活动，共慰问困难职工（农民工）340人（劳动模范7人），发放慰问金17.238万元。保障农民工工资支付工作共受理各类举报投诉案件151件，立案处理136件，结案130件，累计为3265名劳动者追讨工资3840.68万元。开展“助学”活动，帮扶救助困难职工（农民工）91名，发放助学金18.2万元。实施2016年救助患大病困难职工（农民工）39人，发放救助金15.5万元。

2月3日，州委常委、县委书记张文强（右二）带队慰问困难劳模张世中（右一）

开展“女职工关爱”活动，帮扶救助困难计生户10户，单亲女职工11人，“两癌”困难女职工5人，发放慰问金1.45万元。组织开展关爱留守儿童“双万”活动和工会爱心之家建设，慰问留守儿童43名，建立了沙岚小学工会爱心之家。

协同人社等相关部门开展就业援助月、春风行动、民营企业招聘周、阳光行动等活动，提供就业岗位5000余个，1000余名职工（农民工）实现就业。开展“雁归圆梦”百千万行动。培育返乡农民工创业示范企业1家（瓮安县武江隆塑业有限责任公司），并按要求发放“惠工贷”6万元。联合妇联等相关部门开展“女职工”维权宣传活动13场次，走访企业女职工80人次，发放宣传单12560余份。

【驻村工作】 全年争取资金14.65万元，帮扶救助天文镇玉屏村困难计生户、留守儿童、困难群众、空巢老人等82人；帮助玉屏小学建立留守儿童之家，建立玉屏村职工农民工帮扶驿站，进规范村级工会组织建设；帮助玉屏村建成玉屏村大米加工厂，使玉屏村摘掉了“空壳村”帽子。

（兰永誉）

共青团

【概况】 2016年，中国共产主义青年团瓮安县委员会内设瓮安县青少年事业发展服务中心。年末实有干部职工4人，其中副书记1人。

2016年全县共有团员1.83万人。其中，乡镇（街道）团委13个，团员231名；事业单位团组织（支部）5个，团员177名；公立学校团组织（校团委24个），团员13509名；国有企业团组织（支部）3个，团员51名；非公有制经济团组织（支部）1个，团员20名；民办学校团组织（支部）1个，团员277名；城市社区（居委会）团组织（支部）10个，团员3478名；建制村（农村社区）团组织（支部）36个，团员77名。

【团组织建设】 在纪念“五四”运动97周年暨中国共产主义青年团成立94周年时，开展“‘中

11月11日，共青团系统学习十八届六中全会暨县第十二次党代会精神

国梦·家乡情·青年志’——瓮安县2016年度传统文化成人礼仪式暨‘五四’表彰大会”，表彰2015年度全县“五四红旗团委”6个、“五四红旗团支部”1个、“优秀少先队集体”6个、“优秀团干部”12名、“优秀少先队辅导员”7名、“优秀团员”30名、“优秀少先队员”17名。组织全县共青团干、少先队辅导员、“西部计划”志愿者、农村青年致富带头人、优秀团员代表等90人，参加瓮安县共青团系统青年骨干培训班暨“党的声音进万家·总书记话儿记心上”主题宣讲会。组织召开瓮安县共青团系统学习党的十八届六中全会暨瓮安县十二次党代会精神培训会。

【春晖行动】 组织瓮安籍大学生成功举办第四届“春晖行·中国梦”春节联欢，万名群众全程观看并爆发阵阵掌声；召开“春晖行动助力精准扶贫——我与家乡共发展”返乡青年座谈会，组织和联络60余名青年致富带头人，为家乡建设提供力所能及的物质、技术、信息和资金支持；在县域校园建立瓮安县第三批“春晖班”，增强学生的反哺意识；全年为33名贫困学生发放“春晖助学金”13.2万元；在高考期间，开展春晖绿丝带爱心送考，组织共500余辆爱心送考车，义务接送考生。同时联系爱心企业，分别在瓮安一中、二中、四中设置高考志愿服务免费取水点，为考生提供矿泉水1万余瓶。

2月3日，举办2016年瓮安县第四届“春晖行·中国梦”春节联欢会

【希望工程】 完成瓮安县牛场坝学校2016年“雨露家园·留守儿童自立自强中心”项目建设申报工作，为留守儿童搭建交流、学习、成长的平台；依托春晖行动“尽孝、感恩、反哺、回报”理念及“亲情、乡情、友情”的情感纽带作用，感召返乡青年深入农村，开展“圆爱工程”系列活动，为留守儿童、贫困学生送去慰问物资共计12000元；开展“国酒茅台·国之栋梁”“习酒·我的大学”发放仪式，为73名家庭贫困、成绩优异的应届高中毕业生发放助学金35.7万元；联系贵州广播电视台、贵阳银行股份有限公司赴猴场镇桃子冲民族小学开展“爽爽阳光”大型公益活动，为86名学生举办运动会，并向学校捐赠物资100余箱、图书500余册。组织乡镇团干部、青年教师、大学生西部计划志愿者开展“输送爱心·心系万家”留守儿童“一对一”走访帮扶，全年共结对帮扶农村留守儿童120名，同时，组织招募关爱留守儿童心理辅导志愿者8人，全年共组织开展农村留守儿童心理咨询和辅导活动共10次。

5月31日，开展“祖国好·家乡美”主题系列活动

【志愿者活动】 先后组织200余名青年志愿者完成中国·瓮安全国六省（区）游泳邀请赛、中国·瓮安洲际女子篮球争霸赛、中国·瓮安“雍江商城杯”国际男篮巅峰争霸赛和中国·瓮安国际山地户外运动挑战赛等全国和国际赛事的志愿服务工作。成功举办“生态家园·幸福和谐——瓮安县2016年大型集体婚礼”活动，成立瓮安县环保志愿者工作队，引导16对新人及各行各业的20名青年自愿加入环保志愿者工作队。组织60余名青年志愿者开展“共创文明卫生县城·志愿服务我先行”——学雷锋全民志愿服务行动系列活动，志愿者通过以打扫街道、清理河道垃圾、引导行人文明出行等行动方式参与和谐瓮安、大美瓮安建设。组织40名青年志愿者参加“绿色黔南”建设三年行动计划推进会暨黔南州2016年义

9月29日，举办瓮安县第二届集体婚礼

务植树活动，宣传动员引导广大群众爱山护林。联合贵州省瓮安监狱、瓮安四中开展“文明在行动·满意在瓮安”青年文明号进社区、进校园、进超市宣传活动，青年志愿者们共发放宣传手册3000余份，接受业务咨询600余人。组织青年志愿者50余名参加由瓮安县志愿者服务联盟主办的“浓情端午·与爱同行”敬老慰问活动，为老人们送上精彩的节目和节日的祝福。每月定期了解西部计划志愿者工作和生活情况，年末离岗的12名大学生西部计划志愿者中有5人考入公务员队伍或事业单位，5人连续两年考核优秀转为瓮安县基层事业单位工作人员。

【青少年思想道德建设】　联系教育局、县文联、县科协在瓮安二小举办2016年“科普知识进校园”暨“科学幻想绘画”活动。开展“祭英烈·缅先烈”清明祭扫、“文明在行动·满意在瓮安”“六一”童心向党、“牢记党的宗旨·讴歌幸福黔南·建设五个瓮安”合唱大赛、桃子冲

5月5日，开展“文明在行动·满意在瓮安”青年文明号微笑服务宣传活动

民族小学开展关爱留守儿童公益活动等主题教育实践活动，让青少年在实践中拓展素质、健全品格、增长才干。在庆祝红军长征胜利80周年之际，组织全县13个乡镇、街道及县直各小学的40名参赛者，开展“不忘初心，走好新长征路”少儿绘画大赛。

【预防青少年违法犯罪工作】　联合县科技局、县人社局、县消防大队、县总工会等20家单位联合开展了以“3·15”消费者权益日、“3·18”科技宣传为主题的消费者权利保护和科技助民增收致富宣传活动。共发放各类法律宣传资料1000余份。以禁毒宣传月，“12·4”法制宣传日为契机，深入街道、社区、学校开展青少年维权和防艾宣传以及青少年法制宣传教育活动10次，共发放宣传字10000余册，共接待群众1000余人次，接受咨询800余人次。

（张罗林）

妇女联合会

【概况】　2016年，瓮安县妇女联合会内设妇女创业就业服务中心，

年末有行政人员4人，事业人员4人，工勤1人。9月，瓮安县2011—2015年妇女儿童发展规划实施通过州“两规”督导组终期评估验收。

【妇女创业就业】　联同县人社局、县总工会、县工商联等单位在县客车站设立返乡农民工综合服务站，在群众工作中心举办“春风行动招聘会”2场，为返农民工、进城务工人员、下岗职工、应往届大学毕业生等提供政策指导、岗位信息、维权咨询等服务。实施“妇女小贷”惠农政策，按照“放得出，收得回、用得好”的原则，加强宣传和引导，严把审核关，发放“妇女小贷”134户1081万元。

12月5—7日，在建中茶旅小镇开展为期3天的农村留守妇女实用技术培训，培训留守妇女80人。

【精准扶贫】　县妇联包保江界河镇龙塘村，派驻村干部1名，单位帮扶精准扶贫户9户，干部

职工进村入户调查了解帮扶对象的情况和致贫原因，建立贫困家庭档案，明确脱贫时间表和帮扶措施，发放帮扶联系卡，开展“四送一助”活动（送温暖、送政策、送技术、送关爱，助力脱贫攻坚），帮助帮扶对象解决生产、生活中的困难，投入帮扶资金2万余元。

【精神文明建设】 开展“明礼知耻·崇德向善在家庭”活动，在广场社区妇女之家举行“明礼知耻·崇德向善在家庭”进社区大讲堂活动。杨再江家庭获贵州省“最美家庭提名奖”、王智勇和游龙家庭被评为黔南州“最美家庭”、曾发碧获黔南州“十佳慈母”称号，游雪飞获黔南州“十佳孝女”称号。举行“千年古邑·红色瓮安欢迎你·我是文明小导游”风采大赛，全县的32名中小学生代表参加比赛，大赛以演讲、解说、才艺展示方式，宣传瓮安旅游景点和弘扬瓮安红色历史文化。在参加州妇联举行的比赛中，中学组获二等奖2名，小学组获三等奖1名。

3月3日，县妇联举行“明礼知耻·崇德向善在家庭”大讲堂进社区活动

【留守妇女】 建立全县留守妇女动态档案，组建留守妇女互助组13个，指导各“留守妇女互助组”依托“妇女之家”开展生产、生活、安全、维权等方面的互助活动。开展留守妇女实用技术培训1期，培训80人。走访慰问留守妇女4次和秋种帮扶1次，投入资金1万余元。

【三八妇女节活动】 召开十届八次执委（扩大）会暨“三八”节座谈会，县妇联主席孙华向执委扩大会作《凝心聚力务实创新团结引领广大妇女为实现“五个瓮安”建设做出新贡献》的工作报告。县委宣传部、团县委、县妇联、县文化和旅游局联合举行纪念“三八”妇女节106周年“巾帼展风采·共筑中国梦”诗歌朗诵会，30个县直单位组织人员参加，诗歌朗诵会从不同的角度反映瓮安新时代女性的精神风貌。

【维权宣传与服务】 利用“三八”维权周、“6·26”禁毒日、“12·4”国家宪法日暨法治宣传日等活动日，开展“三·八维权周”宣传咨询服务等活动，以反家庭暴力宣传为重点，向群众广泛宣传男女平等基本国策和《中华人民共和国反家庭暴力法》《中华人民共和国婚姻法》《中华人民共和国妇女权益保障法》《中华人民共和国未成年人保护法》等法律法规，发放宣传资料2万余份。接待来访34件，提供法律援助6件，联系公安部门提供防止家庭暴力3件。

【关爱儿童】 “六一”儿童节，县妇儿工委办组织妇儿工委成员单位，由县四家班子领导带队分别到瓮安二小、县第二幼儿园、毛沙坪小学、荣院小学等9所学校开展“六一”儿童节慰问活动。慰问组为小朋友们送去价值5万元的文化体育用品，并为留守儿童、残疾儿童、贫困儿童送去书包、文具盒等学习用具。暑假组织3名孤儿参加州妇联举行的“情暖孤儿·圆梦北京”夏令营活动。

【扶贫助困】 帮助19名宫颈癌、乳腺癌贫困妇女申请“贫困母亲两癌”救助专项资金每人1万元，其中精准扶贫建档立卡8人，贫困低保户11人，举行专项资金集中发放仪式。帮助3名贫困大学生申请“蒲公英”助学金每人5000元。

【巾帼者活动】 组织30名巾帼志愿者到岚关乡茶海村开展巾帼志愿者“进茶园·助茶农·话发展”活动，帮助茶农采茶，并从扩大种植规模、提升茶叶品质、拓展营销渠道、打造知名品牌等方面帮助茶农谋点子，找路子。组织瓮安黔灵女巾帼志愿者到县福利院开展“中秋送温暖·巾帼在行动”活动，为福利院的老人和儿童送去中秋慰问品，开展叠被子、擦桌子、扫地等保洁服务，并与福利院的老人一起包饺子共庆“中秋佳节”。

（尹　华）

文学艺术界联合会

【概况】 2016年，瓮安县文学艺术界联合会下设文艺协会管理中心。领导班子：主席1名、副主席1名、兼职副主席1名，干部职工7人。协（学）会9个：作协、书协、音舞协、美协、摄协、诗词楹联协会、赋学会、青年文学社、民间文艺家协会。内设《瓮水长歌》编辑部，办有《瓮水长歌》杂志、《中国辞赋之乡》彩报、《瓮安文艺界》简报、《瓮安文艺志愿服务》专报，建有瓮安文联网站、文联微信公众平台。

2016年度分别发展国家级、省级、州级、县级会员2名、25名、70名、102名。县文联被省文联评为先进集体。县美协、县摄协分别被州美协、州摄协评为先进集体。下属协会分别获国家级、省级、州级奖8项、8项、14项。2人获州文艺奖，3人获州保密征文一等奖，6人获县优秀科技人才奖。

【文艺扶贫】 探索“文艺志愿+文企联动”助力全面小康路子，将精准施艺与精准扶贫相互融合，初步形成文联干部职工、文艺志愿者、企业家与精准扶贫户结对子帮扶机制，向残疾人刘明峰赠送水泥和字画，支持修圈，鼓励、协助其发展养殖业；向低保户陈应有等14户精准扶贫户赠送粮油米面、衣服鞋袜等生活物资或洋芋种、肥料等生产物资，或解决部分贫困户养猪难题，或帮助其子女转学。指导成立“瓮安白水河文艺二队”，帮助添置音响、电视机等硬件设备。开展“四送一助”暨义务书写春联活动，为14户精准扶贫户带去过年过节所需物资。

【文企联动】 5月31日，携手广州哎呀呀生活馆举行“衣暖人心”公益行暨“牵手教育·奉献爱心”捐赠活动，向悦来小学捐赠现金2000元、新衣服248件，分别向洗马小学、建中小学捐赠新衣服95件、560件。11月，与瓮安县天之骄子传统文化研习中心、瓮安县小博士幼儿园联合举办首届“国学在身边”手机摄影大赛，传承中华民族优秀传统文化；与瓮安县温馨书法培训中心、瓮安奥斯卡电影院联合举办“奥斯卡国际影城杯”中小学生书法创作大赛，传承书法艺术，发展电影文化。12月，与润安南城国际房地产开发有限公司、贵州致品文化传媒有限公司联合举办“文企常联动·琴声系心声——瓮安县2017年首届‘润安·南城国际杯’钢琴大赛”，培养孩子音乐爱好。

11月9日，举办县“文企联动”暨天之骄子“国学在身边”手机摄影大赛座谈会

【文艺志愿】 分别为悦来小学、建中小学引进4名大学生文艺志愿者，开展两期期文艺志愿工作，举办文艺志愿专题培训10次，成立1支村民组文艺队。组织文联下属9个文艺家协会、公安文联、老年书画摄影研究会11支队伍的代表（总人数1300人左右）召开文艺志愿服务专题会议，成立一个相对稳定的文艺志愿服务团。5月20—21日，省文联、州文联、县文联组织百名文艺志愿者赴白水河村开展“到人民中去”文艺扶贫志愿服务主题活动；9月8日，县委宣传部副部长、文联主席杨俊松接受“黔南骄傲·走在阳光路上”文艺志愿服务栏目访谈。10月13日，组织百名文艺志愿者赴建中茶旅小镇开展“文艺扶贫奔小康”暨“欧标之旅·国茶飘香”文艺采风创作活动。11月，瓮安县文艺志愿者服务协会经省文明办、省文联推荐参与由中宣部等部委组织的2016年学雷锋志愿服务“四个100”先进典型网上评选活动。11月20日，经济日报社记者吴秉泽专程赴瓮调研文艺志愿服务工作。县文联文艺志愿服务活动报道相继发表于《黔南州文艺志愿服务》《贵州文艺界》及省文联、中国文艺志愿服务中心微信公众平台。

【文艺交流】 4月、7月，中国作家协会、中国文联文艺研修院分别赴瓮开展“永远的长征”主题实践活动。8月，中国文联老艺术家赴瓮采风调研。6—10月，清镇市、遵义市、绥阳县、麻江县、瓮福集团、云南省丘北县文联先后赴瓮开展“纪念长征胜利八十周年”暨文艺采风创作交流活动。10月18日，在北京参与中国文联文艺研修院举办“永远的长征——纪念长征胜利八十周年、习近平总书记文艺工作座谈会讲话两周年，中国文联文艺研修院学员长征精神主题作品展”。选派文艺骨干20人赴中国文联文艺研修院、中山大学、南京大学、重庆社会主义学院、苏州社会主义学院等地学习交流。

10月18日，县文联向中国文联党组书记、副主席赵实（左二）汇报瓮安参展“永远的长征——纪念长征胜利八十周年、习近平总书记文艺工作座谈会讲话两周年，中国文联文艺研修院学员长征精神主题作品展”情况

【地方文艺】 1月，举办“唱响小康生活——瓮安县同步小康民间歌谣选集”征集活动；开展义务书写春联活动，书写春联2万余副；举办瓮安第二届“盛览故里 · 辞赋论坛”；举办丁朝北先生美术作品展。2月1日，开展“书写春联 · 拍全家福”文艺乡村行。4月25—26日，举办第二届“千年古邑 · 相约猴场”民族山歌大赛。6月，举行瓮安县第三届“盛览杯”辞赋征文大赛。7月1日，举办瓮安县老年书画摄影研究会名誉会长王国荣书法作品展。8月1日，举行瓮安县永和镇“‘两学一做’进军营 · ‘爱民拥军’鱼水情”暨“八一”军民联欢会。8月8—9日，举办瓮安县庆祝建州六十周年书法、美术、摄影展暨瓮安

12月23日，成立县第一家乡镇文联——猴场镇文联。

歌曲大家唱活动。9月20日，参加全州同步小康优秀民间歌谣汇报演出。9月5—22日，举行民族山歌歌词征集大赛。12月23日，成立瓮安县第一家乡镇文联——猴场镇文联。通过一年的开发、挖掘、打造，传承、发展瓮安本地民歌调子《茅草调》《茶山调》。

（杨勋海）

残 联

【概况】 2016年，瓮安县残疾人联合会内设综合科、业务科、瓮安县残联下属机构残疾人就业服务所（事业单位、编制4人，在职干部3人）。2016年底在编干部职工11人，其中理事长1人，副理事长1人。

【全国残疾人基本服务状况与需求专项调查工作】 1月1日零时，县正式启动全国残疾人基本服务状况和需求专项调查入户调查工作。调查工作涉及全县11个乡（镇）2个街道、84个村、15个社区，99名残疾人专职委员参与此次专项调查，历时两个多月全面完成残疾人基本服务状况和需求专项调查工作。专项工作中走访1200多人次，上门办理残疾证800余本，发放残疾人困难扶持、补助资金20万余元。完成2016年残疾人需求信息动态更新乡镇、村级调查员培训及动态录入工作。同时安排专人对办证档案进行清理归档。根据国家要求完成残疾人两补建档立卡工作，审核1875名残疾人“两补”资料5625份，兑现残疾人

1月26日，残联上门开展残疾人基本服务状况和需求专项调查

两补资金96万余元。

【康复工作】 建立康复服务相关保障制度和完善县、乡残疾人康复服务网络。建立残疾人基础档案，了解残疾人对康复的需求；推进残疾人康复服务专门机构和康复专业人才队伍建设，发挥医疗卫生机构、社会服务机构、学校等机构、设施、人员的作用，开展社区、乡镇康复，将康复纳入农村基层建设、基层卫生工作中。利用宣传媒体开展与残疾人康复工作有关的公益宣传服务。抓好普及康复知识，重点开展“爱眼日”“爱耳日”“精神卫生日”“防治麻风病日”等活动，残疾人及其亲友残疾预防、彩票公益金项目，年度完成白内障筛查500余人次，实施白内障复明手术158名（全免费）；贫困残疾人假肢安装8例；为11名脑瘫儿童定期开展个性化康复训练；聋儿训练1名；自闭症残疾儿童抢救性康复训练1名；肢体矫治1名；智力康复训练6名；完成康复器械采购288件，支付3.8万元，全部完成彩票公益金项目及自购目标任务数的100%。

【基层残联组织建设】 基层组织建设情况。全县各乡（镇、街道）残联，社区残协均有固定办公场所，办公设施齐全，全县残疾人专职委员配备齐全。启动专职委员网上培训，所有乡（镇、街道）专职委员及15%村（社区）专职委员参加全国残疾人专职委员在线学习培训。培训全县残疾人专职委员及康复协调员一期、124人。全县13个乡（镇、街道）除江界河镇招聘人员已辞职外均配齐助残服务员1人，99个村均配有1名残疾人专职委员。

【社会保障】 为全县1582名1—2级就业年龄段残疾人缴纳养老保险，每人100元。完成城镇及农村困难残疾人生活低保提标补助7641人次、61.1万元；完成2415名一、二级重度残疾人护理补贴建档审核工作，发放补贴资金131.89万元，6月份正式开展2291名残疾人精准扶贫数据核对建档工作。

2016年完成残保金审核 134家，减免1386家，财政代扣350万余元，地税代征20万余元。全年办理第二代残疾证2400个，办证率31.9%。

2015年7月省发改委批复建设瓮安县残疾人托养中心，总投资300万元（中央预算投资240万元，县级匹配60万元，建筑面积2000平方米），位于县新中医院南面与原老福利院之间，年内完成建设施工前的相关手续。

【维权信访】 全年接待信件来访18件，阳光政务热线函1件，处理率100%，内容涉及康复、就

5月20日，县开展特殊教育宣传活动

业、扶贫政策，残疾人出租车运营权等内容，完成2016年170名残疾人机动车辆燃油补贴审核、发放工作，发放资金4.42万元，并按要求完成2017年燃油补贴系统录入工作。

【宣传教育】 结合特殊教育宣传活动周，宣传残疾人事业和残疾人相关法律法规及有关政策。联合教育部门制定《未入学的“三类”残疾儿童少年教育安置工作方案》，统筹安排送教上门工作。制定出台《瓮安县残疾人“两补”救助保障实施方案》《瓮安县残疾人扶助暂行办法》。筹划完成全州残疾人运动员集训和全省残疾人游泳锦标赛，顺利完成州残疾人运动员进驻县全民健身中心游泳馆为期3个月的集训；全省游泳锦标赛（18周岁以下）于9月25—29日在县全民健身活动中心落下帷幕，瓮安残疾人杨晨昕获1金1铜1银三块奖牌。

建立以县特殊教育资源中心为龙头，各乡镇中小学为骨干的送教网络。年度全县应入学“三残”（言语残疾、听力残疾、智力残疾）儿童91人，111名残疾儿童在县特殊教育学校就读，入学率达100%。举办残疾人培训班3期（创业就业培训班2期共52人，村（社区）残疾人专职委员培训1期124人）；输送4名残疾人免费参加省残联举办的盲按技能培训，1名残疾人参加烹饪培训，3名残疾人参加大专学业提高培训。

【扶贫助残】 将残疾人扶贫工作纳入政府扶贫计划，落实全县党员干部结对挂钩扶贫制度，节日期间对全县贫困残疾人家庭进行慰问。在春节和助残日期间慰问全县贫困残疾家庭100户（州、县领导走访慰问10户），发放慰问金4万元、棉被2床、食用油5桶、大米125公斤，盲人用电饭煲1个；同时，“助残日”期间还到县特殊教育学校慰问残疾学生81名，发慰问金2万元。

多渠道、多层次安置49名残疾人就业，扶持30名残疾人自主创业。对60余户贫困残疾人家庭实施困难救助，发放救助金15万元。对2户残疾人家庭提供扶持贷款贴息1.8万元。创建残疾人就业示范基地2个，对安置10名残疾人就业的贵州省弘鑫织造有限公司（残疾人福利企业）累计扶持残疾人就业资金33万元，对安置5名残疾人就业的玉山啤酒厂提供初期扶持资金5万元。补助、支助残疾人及家庭大学生16名，发放资金6.4万元。开展残疾人上岗和创业培训各2期，共计220人。

（杨 欣）

工商业联合会

【概况】 2016年，瓮安县工商业联合会有主席1名（政协副主席兼任），党组书记1名（县委统战部常务副部长兼任），副主席2名（1人兼任秘书长），年末实有干部职工5人。2016年开展调研活动 3次，参政议政10次，开展对外交流活动6次，教育培训23次，新建行业商（协）会2个，发展商会会员119名，年末有会员1229名。

【学习培训】 组织干部职工、非公经济人士开展《党章》《条例》《准则》、习近平总书记重要讲话精神、全国“两会”精神及各类政策法规学习活动10次。5月，与县委统战部联合组织各商（协）会会长、秘书长开展党的十八届六中全会暨县十二次党代会精神学习活动，9月，组织3名机关干部外出井冈山红色教育基地开展学习培训，接受红色革命教育；与县人社局联合开展创业就业培训7期，培训学员500余人；组织非公经济人士参加由省工商联举办的“企业家成长计划”培训15人次。

10月31日，与县委统战部联合开展十八届六中全会暨县十二次党代会精神学习培训

【会员服务】 春节期间，县工商联具体承办，县四家班子领导组成的民营企业慰问团到县内部

分企业及非公经济人士中开展春节慰问活动，看望慰问60个民营企业和非公经济代表人士，30名老工商业者，慰问物资近8万元。分别与州工商联调研组、县政协等单位联合开展调研活动3次，撰写并上报《关于瓮安县民营经济发展情况的调研报告》。5月，与州工商联及中国水利水电八局负责人到瓮安花竹山风机建设项目现场就“瓮安县安装风机项目遭受村民堵路停工一事”进行调研，并协助相关部门解决落实。6月，协调解决金正大、芭田等企业运输超限问题和铁路建设规划设计入厂区等事项。11月组团参加“2016中国贵州内陆开放型经济试验区跨境贸易投资洽谈会”，促成贵州华科实地等8家企企与国外企业签订合作备忘录16份；3家企业达成合作意向，印尼一家华裔企业与贵州华科实业有限公司成功签订框架投资协议，涉及资金2亿元；组织民营企业职工开展会计、工程、工艺美术类职称申报，全年组织申报初级职称21人，中级11人，高级9人。协助县人力资源和社会保障局开展“春风行动”大型招聘活动2场，联系县内外20余家招聘单位参加招聘，提供500余个就业岗位，促成1000余人达成就业意向。

5月20日，组织各商协会到贵阳市西商会学习

【宣传工作】 2016年，拍摄制作宣传片《瓮安工商联工作纪实——桥梁》，详细记录瓮安工商联“五好”创建工作情况及近年来民营经济发展状况。8月，与县委统战部联合录制《把帮助社会每个人作为自己的奋斗事业》《丹心谱写民营企业家的风采》2部微电影，详细记录副主席万乾东、执委王实在“百企帮百村”活动中扶贫济困先进事迹。编写完成《瓮安商会信息》32期，在《贵州商会网》《黔南商会网》《瓮安政府网》等媒体发表信息50余篇。推荐县内民营企业及非公经济人士参加省、州、县各类评选表彰活动，推荐的民康医院、创业就业促进会、湖南商会、小博士幼儿园、小太阳幼儿园等在全县民营经济发展大会上受到县委、县政府表彰。

【交流联谊】 5月，组织行业商（协）会会长、秘书长到桐梓县及贵阳市云岩区开展商会交流学习活动，与桐梓县工商联及云岩区工商联达成友好商会共建意识，并就两县经济发展状况及工商联工作情况进行交流座谈，学习市西商会先进的管理经验，最后在县委党校参加“瓮安商会建设交流座谈会”；组织民营企业代表与福泉市政企考察团、遵义市播州区企业考察团、东莞市高州商会、三穗县工商联等开展交流座谈活动，分别就天然气发展项目及两县非公经济发展情况开展座谈交流，达成一致共识，还实地参观考察瓮安县城区、江界河、瓮安经济开发区、瓮安深安燃气公司、工业园区农民工创业园，建中茶旅小镇及猴场古邑区等地。

【调研座谈】 5月参加“两长”座谈会，与金正大、冬秀孃等20余家企业负责人进行座谈，促成检察院与企业达成法律帮助共识；7月，在“民营经济发展情况专题调研”活动中，分类组织农产品加工和茶产业以及畜牧产业、规模以上工业企业、民营医疗机构、民营房地产开发企业、经济开发区及创业园、煤矿与非煤矿民营企业、服务行业及旅游行业等企业召开座谈会，详细了解各

7月4日，县工商联协同相关部门开展民营企业发展现状调研座谈会

行业、企业发展情况，撰写《瓮安县民营经济发展情况专题调研报告》上报县委、县政府。

【作风建设】 分别与湄潭县工商联、遵义市播州区工商联联合开展警示教育活动2次，先后参观猴场会议陈列馆、猴场会议会址及党校警示教育基地，了解猴场会议历史及瓮安反腐倡廉举措，观看反腐典型案例警示教育片，重温入党誓词。5月，组织非公经济代表人士深入到桐梓县娄山关战斗遗址、猴场会议会址、瓮安党校警示教育基地参观学习，了解了娄山关和猴场会议史实，了解中国共产党反腐倡廉举措，接受革命传统教育及反腐倡廉教育。

5月20日，县工商联组织民营经济人士开展警示教育活动

【组织建设】 2016年，指导成立“瓮安县房地产协会”和“瓮安县黔商商会”，发展会员119名，协助成立“贵阳瓮安商会”。10月，启动第十届瓮安县工商联（商会）换届选举工作，制定《瓮安县工商联（商会）2016年换届工作实施方案》《全县基层商（协）会换届工作的实施意见》等，指导各基层商会及时完成换届选举工作。

【公益活动】 9月，组织瓮安县湖南商会、瓮安合力超市、贵州二码信息技术有限公司瓮安运营中心等开展慰问环卫工作及福利院老人活动，为环卫工人送上800多份爱心汤圆，为社会福利院老人捐资捐物，开展关怀活动；组织联系广东国辉信息咨询服务有限公司、贵州用呗信息咨询服务有心公司等6家爱心企业到珠藏镇幼儿园走访珠藏镇的留守儿童和留守老人，并送去价值10万余元的爱心物资；指导创业就业促进会不定时组织爱心人士开展留守儿童慰问活动，经常到小河山、江界河、珠藏等地，给留守儿童送去苹果、蜡笔、玩具、图书、零食等，每次慰问金额均在3000元左右；2016年在“精准扶贫”行动中，县工商联积极动员爱心人士免费为包保地新庄社区田家庄组村民刘兰祥老人开展理疗，帮助老人解决行动不便问题。

【百企帮村】 动员瓮安苗岭雾海有机茶园有限公司、瓮安县旭东农业发展有限责任公司、瓮安县白沙永宏煤矿、瓮安县多宝养养殖基地、瓮安县腾发矿产有限公司、贵州双龙集团、瓮安县江沣检测站、瓮安县中小企业融资担保有限责任公司、瓮安县丰瑞公贸有限公司、瓮安县贵山茶业有限责任公司等10家民营企业主动联系帮扶10个贫困村，实施帮扶项目10个，涉及农村基建、扶贫济困、捐资助学、社会公益等多个项目，吸纳农村劳动力就业3000余人次。

（石　凤）

科学技术协会

【概况】 2016年，为瓮安县科学技术协会领导班子：主席1名，副主席1名，科技工作干部4名。有会员2950人。2016年，新建珠藏镇羊关村特种养殖协会、瓮安县建中黄金芽引种及繁殖基地、平定营镇良种猪养殖基地科普活动阵地。新建科普宣传栏2个36平方米，科普惠农服务站3个。

2016年末荣获“贵州省科普工作先进集体（2014—2015年）”奖；州科协科普工作年度考核二等奖；获黔南州第十三届青少年科技创新大赛优秀组织奖；第三届黔南州全民科学素质知识大赛二等奖。

【脱贫攻坚——智富行动】 根据省、州科协“脱贫攻坚——智富行动”工作要求，多次深入珠藏镇桐梓坡村了解情况，并与村“两委”组织召开座谈会2次、民情恳谈会2次、形势宣讲会1次、特种种植技术报告会1次，走访养殖大户、慰问困难户20户，开展科技咨询活动2次、送科技书

8月26日，贵大农学院蔬菜专家张万萍在珠藏镇桐梓坡蔬菜协会实地培训大葱病害防治技术

籍500册。通过发展产业特惠贷脱贫 20户 80人、教育资助特惠贷脱贫 14户 56人、异地搬迁生态保护脱贫 21户 105人，民政兜底 40户 56人。

5月13日，单位与县人大、县扶贫局等包保单位联合开展“脱贫攻坚——智富行动”培训会，组织珠藏镇桐梓坡蔬菜协会会员、大葱种植大户110余人参加科学种植大葱技术培训，年内发展会员150人，种植大葱3000余亩。

8月26日，邀请贵大农学院蔬菜专家、教授张万萍对珠藏镇桐梓坡蔬菜协会进行实地考察调研，针对调研过程中发现的农作物病虫害问题进行培训。

【“百万公众网络学习工程”工作】 “百万公众网络学习工程”学习工作稳步推进，全年“百万公众网络学习工程”成效测试共计参与人数17707人，39508人次，最高分为100分，中坪镇、岚关乡、瓮安三小、瓮安一小、瓮安一中、瓮安五中等参加成效测试人数最多。投入2万余元在猴场镇下司村委会、建中镇黄金芽茶叶基地、珠藏镇羊关村、玉山镇白花村新建“百万公众网络学习工程”服务网站4个。

【科普宣传】 利用乡镇赶集之机开展科普大篷车下乡活动，全年下乡宣传10次，发放宣传资料5000份。受益群众2万人次。“六一”期间，在鱼河中学、猴场幼儿园、城关三小等学校开展科普大篷车进校园活动，向在校学生传播相关科学知识，授众人数达10000余人，并为青少年儿童送去1.5万余元的体育用品。参与“3·18”科技活动周、“全国科普日”“瓮安县志愿者服务联盟——助力脱贫攻坚战”等活动中发放农业实用技术资料25000余份、食品卫生宣传资料5000余份、反邪教宣传资料2000余份，发放科学养殖书籍500余册。同时现场招募志愿者14名。9月18日，参加黔南州举办的科普大篷车进校园宣传活动。

在县委党校举行“科技活动周”讲座

【服务农业科技培训与推广】 对桐梓坡村蔬菜种植协会、建中镇黄金芽茶叶引种及繁殖基地进行调研，出资2万元帮助建中镇黄金芽茶叶基地，用于科普基础设施建设。邀请相关专家，对桐梓坡村种植协会的会员，黄金芽茶叶基地的茶农进行培训。以“脱贫攻坚——智富行动”为抓手，实施2016年“雨露计划·农业实用技术”培训，深入农户家中，帮助贫困对象以及村委会解决困难和问题，出资1万元，帮助桐梓坡村村委会种植大葱30余亩。5月24日，与宣传部、科技局等部门共同举办“科普专家讲科普”讲座，特邀贵州师范学院数学与计算机科学学院教授、院长，硕士生导师左羽作“大数据技术与大数据产业”专题报告，120余名乡镇干部及农业技术干部聆听报告。申请项目资金5万元开展茶产业科技致富“二传手”培训，参训500人（次）。

【反邪教工作】 认真贯彻落实州科协、州防范办《关于成立反邪教协会组织的通知》（黔南科协发〔2016〕2号）文件精神，组织学习落实《瓮安县2016年反邪教工作方案》，着力推进防范和处理邪教“强基固本”工作，3月11日配合政法委成立“瓮安县反邪教协会”组织。采取多种方式积极开展反邪教宣传进社区、农村、学校工作。

【全县青少年创新大赛】 参与全国第31届全国青少年科技创新大赛共获得科学幻想绘画作品获一等奖3名、二等奖6名、三等奖2名，在全州此项竞赛项目中保持第一名；在科技实践活动大赛过程中，获二等奖1名，三等奖1名；在辅导员科技创新成果竞赛项目过程中，获一等奖1名；在少儿科幻画创新项目中，获一等奖11名、二等奖8名，三等奖4名；县科协在此项工作中获得省级优秀组织奖。组织115名高中学生参加“全国中学生生物学联赛”竞赛，15名进入省决赛。10月28日，参加黔南州全民科学素质知识大赛，县代表队荣获二等奖。组织召开瓮安县第八届青少年科技创新大赛颁奖大会，同时启动第九届青少年科技创新大赛的序幕。

【农村科普惠农项目申报】 通过组织申报，中国科协和国家财政部已正式下文批准瓮安申报的农村科普惠农项目2个——桐梓坡村蔬菜种植协会、清新茶业科普示范基地，获得项目奖补资金40万元，获批省级科技致富“二传手”项目奖补资金5万元。完成建中镇黄金芽茶叶基地、珠藏镇羊关村特色养殖协会农村科普惠农项目申报材料准备工作，适时向中国科协和财政部申报。做好花竹社区申报省级科普示范社区申报材料。

（尚　杰）

举行瓮安县第八届青少年科技创新颁奖大会

3月11日，“瓮安县反邪教协会”成立

人民武装

【概况】 2016年，瓮安县人武部深入学习贯彻习主席系列重要讲话精神，按照“整顿、备战、改革、规划”的总要求，紧紧扭住听党指挥“红线”、能打胜仗“主线”、安全稳定“底线”，狠抓工作落实，全县国防后备力量建设呈现持续发展的良好态势。

【思想政治建设】 结合贯彻全军古田政工会议精神，围绕“四个立起来”狠抓“改革强军”主题教育和“两学一做”学习教育活动，组织“手抄党章100天”活动，召开党委专题民主生活会。开展肃清郭伯雄、徐才厚流毒影响专题学习教育。参与瓮安县“牢记党的宗旨·讴歌幸福黔南·建设五个瓮安”合唱大赛、全国2016年“发展体育运动·增强人民体质·同心共筑中国梦”全民健身活动、瓮安县“迎州庆”职工篮球赛和都匀军分区强军杯篮球赛。投入8万元对营院进行升级改造，修建文化长廊。制作上报精致动漫《民兵周二蛋的强军梦》、微广播《猴场会议：伟大转折的前夜》。配合中央多家新闻媒体记者拍摄、采写红军四过瓮安新闻题材，在中央七台、国防时空进行专题展播，全方位建设，全年在省级以上媒体宣传瓮安红色文化建设35篇（条）。

3月8日，《国防报》记者在猴场会议纪念馆开展新闻采写活动

【军事训练】 开展经常性战备演练，组织民兵参与森林灭火、抗洪抢险、社会维稳和植树造林等任务。先后组织5次日常战备演练，组织50人参加州水利局在瓮安举行的水上救援演练。组织县国动委成员单位、乡（镇）专武干部、民兵应急骨干分队160余人进行联训联演。军事训练全年消耗手枪弹284发，步机弹6420发。推荐2名民兵代表都匀军分区参加贵州省第三届农运会民兵军事三项比赛，获得团体总分第二名、射击团体第一名和男子射击个人第一名。开展年度国防动员潜力数据调查和民兵组织整顿工作，编组基干民兵1125人，普通民兵3254人，完成138人的新兵征集任务，其中女兵2人、大学生57人。

【后勤保障】 修订完善后勤各类预案方案及后勤战备器材管理规定，投资26万元购置2016年度入伍新兵集训被装和铁床等物资。财务供应在预算上大幅度压缩行政性预算开支，加大对战备、训练、正规化建设及精准扶贫上的投入；全年用车300余台次，行车5万余公里，耗油近5吨，做到制度规范，安全无事故。营区营院进一步规范干部、职工周转房房租、水电费用的管理使用，投入近40余万元对营房、武器库地板、军营文化建设进行整修。投入110余万元对映山红民兵训练基地进行改建扩建。推进灵江酒店评估、移交工作。

【安全管理】 认真学习贯彻《安全条例》，牢固树立“不能出事、不应出事、出不起事”的观念，扎实开展“条令学习月”活动和“百日安全”活动，特邀县公安局特警大队对《民兵武器装备仓库警卫预案》《民兵武器装备仓库“五防”预案》《营门卫兵防御袭击预案》针对性训（演）练进行指导，并结合训（演）练情况对本级方案预案进行修改完善。推进法治军营建设，突出重点加强管控，深挖隐患加强纠治，确保部队高度稳定和集中统一。

7月28日，县人武部到天文镇开展“两学一做”学习教育——助力脱贫攻坚安全饮水工程援建活动

【参建参治】 与天文镇3个村结对帮扶，干部职工结对帮扶困难群众58户，先后走访200余人次，投入18万元为天文小学、乌江村泥思沟农村安全饮水工程、天文村、玉屏村村所基础设施建设以及结对帮扶的困难群众进行经济上的扶贫帮困。组织干部职工开展健康检查，建立干部职工健康档案，为1名困难干部解决1万元困难补助金，牵头处理7起涉军维权事宜和1起涉嫌盗卖假军服、特制牌事宜，组织召开退役士兵专场招聘会。积极参与卫生城市创建、双拥模范城创建及植树造林等活动，出动民兵500人（次）植树造林50余亩，组织民兵预备役120人（次）完成瓮安县职中、一中、二中、四中及党校培训班的军训工作，组织民兵310人次完成国际山地自行车越野锦标赛、篮球四国邀请赛以及创卫等大项活动执勤。在猴场会议会址组建红色文化宣传教育小分队，弘扬革命传统，强化国防意识。

（谭正红）

公　安

【概况】 2016年，瓮安县公安局内设机构16个：指挥中心（办公室）、情报中心、国内安全保卫大队、经济犯罪侦查大队、治安管理大队（爆炸危险物品监管大队）、人口管理工作大队、刑事侦查大队、交通警察大队（公路巡逻民警大队）、禁毒大队、政治处、纪检监察室、法制大队、警犬大队、警务保障室、巡逻特警大队、公共信息网络安全监察大队（信息通信大队）。监管场所3个：看守所、行政拘留所、强制隔离戒毒所。下属事业单位2个：监所医院、警务服务中心。街道派出所2个，镇派出所13个，乡派出所6个。其中，受黔南州公安局委托，代管黔南州公安局瓮安经济开发区分局；受瓮安县人民政府办公室的委托，代管瓮安县应急服务保障中心。

领导班子：局长1名，政委1名，纪委书记1名，副局长6名，机关党委书记1名，政治处主任1名，指挥中心主任1名。年末共有人员1109人（警察340人、工勤98人、文职170人、协勤501人）。设党支部18个，有党员391人，其中在职党员333人，离退休党员58人，党员平均年龄38.3岁。黔南州公安局瓮安经济开发区分局领导班子：局长1名，政委1名，副局长2名。

【指挥中心】 2016年，共流转各类公文6000余份，编发各类公文551份，拟写《公安工作简报》589期、《公安信息快讯》874期，拟写校核各类文字材料1300余份约190万余字。年内增加档案200余卷，录入档案信息系统档案条目15万余条，年内提供档案查询服务100余人次，360余卷次。

2016年，共接各类警情144003起，有效警30544起，其中刑事警情834起、治安警情780起、纠纷11345起、交通事故7172起，火警305起、公民求助2305起、其他警情7803起。“双联中心”（瓮安县民生应急联动指挥中心、瓮安县社会治安防控指挥中心）共接有效警30544起，其中指令县直相关部门、乡镇（街道）处置各类非警务报警3194起。

2016年，投入600万元专项经费建设“天网工程”二期项目，新建360个高清智能视频监控探头和20套智能报警点。参与安保活动40次；通过视频监控直接提供各类案件线索2270余条，破获刑事案件384起，抓获犯罪嫌疑人167人；通过运用视频监控服务群众1620人（次）。提供走失老人、儿童、离家出走的学生线索120余人（次），提供丢失物品线索630件（次），找回丢失物品450件（次）。

2月3日，开展“察民情暖民生惠民生保平安”爱民月实践活动

【情报中心】 2016年共采集各类社会资源信息40余类1500万余条，蛛网采集70余万条。通过信息研究判断判成功处置重大矛盾纠纷隐患12起，通过情报分析研究判断提供破案线索200余条，协助破案170起，协助抓获犯罪嫌疑人27人，抓获网逃人员30人。

4月，情报中心被省公安厅指定代表全省公安机关“重点人员动态管控机制改革”的县级试点，迎接公安部情报中心的检查验收，改革成效得到公安部、省公安厅、党委委员、州公安局相关部门和领导的肯定。9月，公安部情报中心组织的“全国综合情报部门重点人员动态管控培训班”在广东省深圳市公安局警察训练学校开班，瓮安公安局情报中心是西部各省、市中唯一获邀参加并在培训班上授课发言的县级综合情报部门。

【党建工作】 2016年，以开展“两学一做”“三强三铁”“五抓五促”、精准扶贫活动为载体，举办了“两学一做”和“严明政治纪律、严守政治规矩”以及宣讲十八届六中全会精神专题党课。共开展党员排查401人，发展党员11人，对包保的仙桥村42户“精准扶贫”贫困户进行了多次走访慰问，提供帮扶资金23万元。组织参与全局286名事业编制人员、工勤人员完成2016年度事改工作。

12月8日，县公安局党委班子开展重温入党誓词

【宣传工作】 2016年，中央级媒体刊载瓮安公安方面新闻32条，省级媒体刊载112条，州级媒体刊载98条，县级媒体刊载200条。利用《瓮安公安》《平安瓮安》两个微信平台和“瓮安县公安局”官方微博，编发公安宣传信息192条，及时回复网友咨询60人次。制作安全感满意度相关短视频5个，配合县电视台制作《平安瓮安大家谈》节目8期，编发手机报8期，订制宣传水杯24000个、爱心购物袋12000个、围腰6000条，印制《平安建设倡议书》37000份、安全防范宣传单35000份，组织策划“一切为了你”文艺演出7场，制作海报

1月10日，开展110宣传日活动

400余张。制作了《一切为了你》《跨越奋进中的瓮安公安》、户籍制度改革等6本画册，制作相关专题片6个，制作展板20块，制作各类宣传单、宣传折页（小册子）30种。

【教育培训工作】 2016年，共组织184人参加警种业务培训，选派79人参加省、州、县举办的各类培训，选派100人次参加县内各类比赛及体育活动，选派11人参加上级公安机关组织的各项警体活动和警体比赛。

12月1日，猴场片区派出所民警开展实战培训

【干部人事工作】 2016年，考察任命股级干部21名，对27名任职试用期满的转正进行了考察；协助考察副科干部13名、正科级干部1名，2名副科级领导进入局党委班子；对在同一岗位连续工作满3年及以上的9名副科级干部进行了交流调整；对5名副科级实职干部进行了免职，改任非领导职务；完成2016年新进3名事业编制人员、10名公务员、4名工勤人员、142名协勤人员及调入1人、调出8人、退休3人、辞职3人、在职病故1人的相关手续办理工作；完成6人职务与职级晋升的办理和144人的工龄认定工作；对9名公务员进行登记；完成2人行政任职和办理3人退休的相关手续工作；接收17名大学生到县公安局实习；完成604人个人事项有关报告的填写、收集和上报工作。

【队伍管理工作】 2016年，严格落实党风廉政建设“两个责任”，整合督察、目标办、四项办力量，延伸拓宽督查范围，实行精细化管理，实现纪律作风、业务目标、执法办案、安保维稳、内务规范等各项工作的全覆盖。采取举办培训班、网络学习、以会代训、脱产集训等多种形式开展培训，全年共举办各类培训26次。在全省率先足额兑现新增警衔津贴的发放。45个集体被各级表彰奖励，48人次荣立三等功，35人（次）受到嘉奖，29人次被表彰为先进个人。

【国内安全保卫】 2016年，成功侦破“4·05”专案，对2名主要犯罪嫌疑人员依法予以打击处理，并对受裹胁人员10人进行教育处理，完成23名邪教在册人员DNA采集。共排查化解各类矛盾纠纷2100余起，联合相关部门、乡镇（街道）稳控原修建湘黔铁路工人、出租车驾驶员、黔创资产管理有限公司、瓮安诚信小额贷款股份有限公司等涉及3000余人的各类重点群体，全县未发生越级上访、闹访、缠访等涉稳重大案事件。建立各类信息员304名，掌控有可能危害国家安全和社会稳定的重点人员均已建档立卡，并建立《瓮安县公安局重点人员教育转化工作措施》。全县未发生涉恐（案）事件。

【治安管理】 全年查处治安案件2851起，行政处罚1024人，收戒吸毒人员430人；查破赌博案件36起，抓获涉案人员250人，收缴各类赌博机50台，收缴赌资46万余元；先后打掉赌博团伙3个，抓获犯罪嫌疑人28人；查处旅店业违法行为412家次，整改各类隐患23处；共查破获拒不支付劳动报酬案件4起，替169名农民工追回欠薪190余万元。共检查旅馆460余家次，处罚未按规定登记的351家次；查处各类涉枪涉爆案件18起，刑事拘留3人，起诉1人，取保2人，行政拘留7人，行政罚款7人。查没清缴炸药15035.7公斤，雷管26412枚；仿真枪支15（火药枪5支，钢珠枪1支，气枪4支，其他5支）支。发放涉黄涉赌宣传资料8000余份，张贴涉黄涉赌公告2560份。举行严打整治暨公开退赃大会，开展“扫黄打非·护苗2016”专项行动”、“扫黄禁赌”、“大收戒”、护校安园等专项行动，重点整治旅店业、娱乐场所、洗浴业等治安复杂场所和校园及周边的治安问题。

民爆物品审批。审批爆破作业项目12处，备案41处。开具民爆物品购买证、运输证1520张。购买、运输炸药4887吨，雷管165万发。全年检查

9月16日，瓮水派出所民警开展治安检查

民爆物品作业单位80家（次）、爆破作业项目140处次，处罚作业单位2家，提出整改意见33处次。组织涉爆人员新训56人，复训343人。签订涉爆单位责任状26份、涉爆人员承诺书378份。

【户政管理】 年末，全县户籍管理194946户488415人，男254942人，女233473人，0—17周岁108360人、18—34周岁132235人、35—59周岁176242人、60周岁以上71578人。其中城镇人口207269人，乡村人口281146人，2016年度出生人口共8258人，死亡2713人，迁入23728人，迁出21290人。少数民族人口35069人，其中布依族2934人，苗族22737人，水族518人，侗族1131人；少数民族人口占总人口的7.18%，其中布依族占0.6%，苗族占4.66%。

常住人口管理。全年审批二代居民身份证40379人，受理异地居民身份证信息24张，已全部发放；办理准迁证1459份，农转城171人，更改年龄、族别137人，办理边境证15人，解决长期无户口人员98人。

户口清理整顿。一是公安部下达18周岁以上无相片人员任务数593人，通过清理，采集相片17人，注销户口573人，在逃人员3人。二是省级人口业务系统18周岁以上无相片人员数1068人，通过清理，采集相片74人，注销户口991人，在逃人员3人，圆满完成了18周岁以上无相片人员采集工作。

流动人口管理。2016年，外来暂住人口9646人，制发居住证5024张。全县共制作居住证1457张，流动人口信息社会化系统注册单位2354家、村居委会64个、出租房225家。

刑释解教工作。2016年核实刑释解教人员信息通过2576条，核实未通过520条；已签收1877条，拒绝签收68条。

派出所等级评定。2016年，公安部授予瓮水派出所为一级公安派出所，完成平定营派出所拟申报创建一级所、银盏派出所拟创二级派出所的省公安厅验收工作。

集市警务室和百姓家门口的警务室工作。全年深入到全县13个乡镇（街道）的462个偏远村组为群众办理摩托车驾照5300个，初学及体检业务1250宗，办理年检业务1050宗，解答户籍业务、车管业务、法律法规咨询6000余人（次），受理、代办户籍业务316起，节省边远乡镇群众往返费用6万余元，媒体宣传4篇。

窗口服务。2016年开展创人民满意所和文明户籍室活动，推出亲民、爱民、便民、利民服务方式，公开办事制度、业务范围、收费标准、公开民警姓名、照片、岗位职责，印制《瓮安县公安局户政服务指南》《温馨明白提示卡》发放到群众手中，主动接受群众监督。

一村一警务助理工作。全县97个行政村（社区）116名警务助理协助社区民警从事社区警务工作，全年投入300万元开展治安防范、人口管理服务、采集基础信息等工作，警务助理调解各类矛盾纠纷共1500余起，清理出死亡未注销人员102人，失踪人员34人，重复户口505人，催促办证58人，采集相片190人，利用“警务助理APP”录入数据17084条。

户籍制度改革。2016年县城镇人口总数200102人，年度增加20786人，全县户籍人口城镇化率43.42%。乡村人口转为城镇人口共计19540人，超任务13540人。流动人口落户县城镇3117人，超年任务2367人。

社区警务工作平台。全县完成173230，完成率100%；坐标采集核实完成率100%，“警务助理APP”录入数据17084条，“外网流动人口信息系统”注册村居委会、单位、出租房屋2418家。

出入境管理工作。共受理、审批护照3208个，港澳通3222个，大陆证637个，单程证5个。登记录入境外人员临住218人，法定不批准出境人员报备220人，国家工作人员报备新增、变更、撤销65人，核查干部及其家属办证及出入境情况1000余人。张贴《外国人临时住宿登记须知》500

余份，发放《外国人就业告知书》300余份。

【刑事侦查】 2016年共立各类刑事案件1458起，破案752起，刑拘358人，逮捕245人，起诉346人；与上年相比，立案数下降229起，破案数上升129起，破案率上升了20.4个百分点；打掉各类犯罪团伙22个，抓获犯罪嫌疑人67人，破案300余起，追回被盗摩托车50余辆、手机40余部及各种电脑30台等被盗财物，为群众挽回经济损失100万余元。命案发2起破2起，发案数与上年相比下降了81.82%；抢劫案立2起破7起（系遵义籍嫌犯流窜到瓮安作案，其中破获凯里抢劫案3起、福泉1起、贵阳1起），抢夺“零发案”，“两抢”案件与2015年（13起）相比下降84.62%。

八类案件立破情况。2016年，共立八类案件38起破29起，与上年同期相比，立案下降10起，破案下降14起，刑侦大队共立八类案件13起全部破案，与上年（立20起破21起）同期相比，立案下降7起，破案下降8起。

刑侦大队共立刑事案件707起，破案314起，刑拘92人，逮捕62人，移送起诉79人。与上年同期相比，立案下降（上年853起）146起，破案上升（上年272起）42起，破案率为44.41%。全局共抓获网上逃犯168名，其中刑侦大队抓获21名。

2016年，共立侵财性案件1043起（盗窃案906，抢劫案2起，诈骗案135起），破获侵财性案件417起（盗窃案406，抢劫案5起，诈骗案6起）；共打掉侵财性犯罪团伙14个，抓获犯罪嫌疑人53人，破案260余起，追回被盗摩托车40辆，三轮车2辆，手机20部，笔记本8台，平板电脑6台，自行车8辆，追回被盗财物损失共80万余元。在开展严打整治暨退赃活动中，依法收缴的摩托车、电动车、手机以及7万余元现金返还给了相关受害者。

开展主题为“关爱妇女儿童，严厉打击拐卖妇女儿童犯罪”和“关爱儿童，反对拐卖”宣传活动，发放宣传资料7000余份，接待群众咨询600人次，共立拐卖妇女儿童案件67起，破销案45起，找回妇女儿童45人。

通过“跨区域侦查协作平台”发布协查信息585条，回复协查信息1052条。共发放电信诈骗宣传资料5000余份，电信诈骗战果统计131起，成功止付14343.45元，最高止付10362.03元。

出勘刑事案件现场902起，现场勘验率100%，提取现场指纹28案、52枚；检验鉴定284件，检验鉴定率60%，鉴定结论起关键作用284件，认定作用率100%。录入未知名尸体信息3条，撤销1条。法医进行尸体检验110具，其中命案2具，非正常死亡尸体52具，交通事故尸体53具；进行活体检验重伤8人，轻伤42人，轻微伤390人，法医物证DNA送检45件，毒化送检12件。开办现场勘查信息、指纹采集录入培训5期。

【经侦工作】 2016年，受理经济犯罪案件46起，比上年下降63.2%；立经济犯罪案件34起，比上年下降71%；破经济犯罪案件30起，比上年下降58.9%，其中破获特大假币犯罪案件1起、非法集资案件2起、非法经营案4起，抓获犯罪嫌疑人38人，为国家、集体、个人挽回经济损失7000余万元，协助政府调解涉众型经济纠纷3起，挽回经济损失460余万元。

在“打击制售假冒伪劣产品和侵犯知识产权”专项行动中，查获非法经营的初考烟叶20余吨，价值100余万元；破获假币案件1起，抓获犯罪嫌疑人4名，摧毁生产窝点3处，收缴制假工具若干，收缴假币成品590余万元、半成品600余万元；破获传销案件7起，抓获犯罪嫌疑人7名；破获非法集资案件2起，涉案金额4亿余元。

情报信息共物建各类信息员88名，搜集各类情报信息160条，破获13起经济案件，其中假币案1起，非法经营案4起；合同诈骗案8起。

【道路交通管理】 2016年，全县发生交通事故共1473起，其中一般程序事故96起，同比上升638.46%；死亡29人，同比上升262.5%；伤96人，同比上升966.67%；经济损失301350元，同比上升862.78%；简易程序事故1377起，同比上升1129.46%；伤13人，同比上升550%；经济损失2518150元，同比上升1418.79%。

查处各类交通违法行为117329起，其中乱停乱放43006起，客车超员9起、摩托车违法14401起、酒后驾驶364起、醉酒驾驶22起、无证驾驶361起、超速14559起、违法载人3740起，其他40867起，治安拘留交通违法行为111人。

办理车驾管业务77792宗，其中本地初领10735枚、外地初领1075枚、增驾申请4455次、转入申请1053次、换证10013枚、补证2469枚、满分学习811人、注销登记624次、驾证转出521枚、其他3561枚。机动车注册登记10633辆、转移登记2205辆、变更登记3711辆、抵押登记1121辆、转入登记336辆、车辆年检15628辆、注销登记2718辆、其他6123辆。圆满完成45起交通安保任务。

3月，成立交通事故快处快赔中心，“一站式”处理交通事故560起；设立护学岗8个，定人定岗护送学生安全过马路；开展“百姓家门口警务室”活动140次，办理车驾管业务9200余宗，为民减负120余万元；回访慰问交通事故死者家属30户，解决困难补助28余万元。

【禁毒】 2016年，共破获毒品案件39起，抓获犯罪嫌疑人47人，缴获各类毒品2269.76克；共查处吸毒人员451人。成功侦破我局报立的贵州省“2016－65”号毒品目标案件1起。大力整治外流贩毒，与浙江警方协同作战，联合行动，成功侦破宁波警方报立的“2016—240”公安部目标案件和“2016—57”号浙江省级目标案以及台州警方报立的“2016－578”号公安部目标案件。三起案件共抓获犯罪嫌疑人25人，其中在瓮安县抓获含主犯在内的犯罪嫌疑人20人。三起案件共缴获冰毒5000克，斩断由广东中转瓮安县到达浙江省的3条贩毒通道。外流贩毒总数从2015年的107人下降至76人，总数减少31人，下降率为29%。

【法制工作】 2016年，制定并印发《瓮安县公安局出庭应诉制度》《瓮安县公安局执法质量考评办法（试行）》《瓮安县公安局执法质量考评标准》，抽取县公安局执法办案部门15件案件（行政10件，刑事5件）进行考评，并录入瓮安县公安局执法质量考评系统，建立执法考评档案，将各单位的日常考评、集中考评情况整理归档，并制作、发送整改意见书。

【警务保障】 经费保障。2016年，争取财政预算（含中央及省级一般性转移支付资金1156万元）12488.68万元。其中，人员支出5896.89万元，商品和服务支出1522.89万元，项目支出（含中央及省级一般性转移支付资金1156万元）5068.9万元。财政预算比上年减少121.8万元，减少率9.6%。公用经费（按省公安厅公用经费文件标准核算）预算为1522.89万元，人均公用经费5.46万元，超过省定人均2万元的标准。

2016年，公安经费收入共11907.8万元（含中央及省级一般性转移支付资金1249.8万元）。经费支出共11907.8万元。其中，工资福利支出8644.9万元（辅警工资及保险等支出1003万元），商品及服务支出1491.8万元，对个人和家庭补助14.5万元，其他资本性支出54.14万元（办公设备购置费53.38万元、专用设备购置费0.76万元），办案业务费（中央及省级一般性转移支付资金）593万元，办案装备费（中央及省级一般性转移支付资金）56.3万元。结余经费580.88万元。基础设施建设支出1500万元，装备建设支出563万元。

基础设施建设。完成瓮水派出所业务用房主体工程，永和派出所已完成征地、规划。刑事侦查业务用房（北部新城二号写字楼）已投入使用，民警训练中心主体已完工。看守所、戒毒所、拘留所建设用地、征地已完成。

公安装备、办公设备建设。投入200余万元购买移动警务平台、WIFI数据采集设备、执法记录仪、单警装备等装备，投入750余万元建成瓮安县城区电子违停抓拍系统。

【巡逻特警】 队伍建设。2016年，巡特警大队开展纪律作风学习会议12次，撰写心得体会200余篇，签订各类责任状、承诺书370份，全年大队民警无违法违纪记录。

街面巡逻防控。全年共巡逻115800余人次，

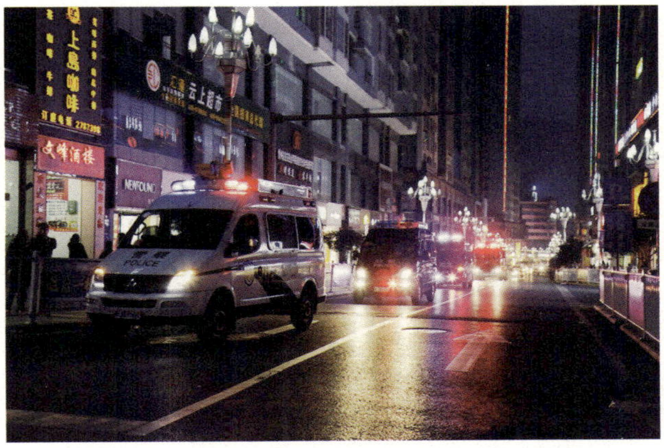

9月6日，开展社会治安大巡逻行动

出动巡逻车辆3720余车次，接群众现场报警、求助308起，盘查可疑人员41597人，可疑车辆9147辆，可疑物品830余件。县城辖区内未发生扒窃案件，城区“两抢”发案数2起（抢劫2起），同比上年下降83.33%。

打击违法刑事犯罪。2016年，打掉赌博团伙3个，刑事打击15人，逮捕10人，治安处罚23人，收缴赌资50余万元；抓获网逃人员4名，规劝网逃7名（省外上网逃犯1名），破获贩毒案件1起，缴获毒品3.5克，抓获吸毒人员52名；查处行政案件660起，行政处罚82人，收缴管制器具32件。

服务群众。救助流浪儿童23人，找回迷路小孩79人次，精神病人12人，救助酒后不能回家男子43名，帮助群众做好事、实事1410余件，义务接送学生上学、放学、考试等16800余人次，帮扶留守儿童26名，用于资助各类救助对象所用现金共10000余元。开展各类专项行动12次，抓获赌博违法犯罪人员43人，收缴赌资50万余元，销毁赌博游戏机40余台，收缴管制器具32件。

党风廉政建设。2016年，与新上岗民警开展廉政谈话5人次，开展其他各类谈话24次，签订“廉政承诺书”46份。制作各类督察通报145期，督促整改问题13个，通报民警、工勤、协勤242人次。

教育训练。召开各种工作会议和培训会议60次，体能、警务技能训练220次；参加州局特警支队应急拉动演练1次，出动警力3000余人次，出动车辆500余辆次。

安保任务。出动警力15230人次，出动警车3120辆次，共参与各类安保187次，圆满完成中央政治局委员、中央政法委书记孟建柱到瓮安视察等重大安全保卫任务。

8月8日，民警参加建州60周年安保工作

巡逻宣传。2016年，在贵州都市频道、瓮安电视台、公安内部网络及外网等媒体共用稿179篇，其中州公安局主网页采用5篇，州特巡警支队采用18篇，县公安局主网页共采用53篇；在外宣各类媒体中，省级采用19篇，州级采用36篇，县级采用48篇。其中《流浪狗疯狂咬伤20余人，特巡警快速出击为民除害》《考场封闭前，民警送来准考证》等稿件先后被新华网、新民网等国家级媒体及贵州都市报、贵州电视台“百姓关注”栏目等省、市级媒体转载10余次。

【公共信息网络安全监察】 2016年，对属地和准属地13个网站进行调查登记备案，行政审批新开业网吧13家，共检查网吧71家（次）；出动警车92车次，警力215人（次），教育冒用他人身份上网人员12名，行政处罚网吧3家次，警告网吧4家次。

互联网信息监控工作。2016年共处置“瓮安出租车当街抢小孩”“建中‘9·12’交通事故”“网络炒作我县强制要求学生观看足球比赛”等多起影响较大的负面舆情；上报《互联网情报信息》86期，被公安部（局）采用17期、省公安厅采用3期；挖掘报送涉稳《网侦情报》80期，报送涉案《网侦情报》76期；开展专项巡查和四色预警，共发现并通报“异地专项有害信息”8条。开展公安部专项舆情引导任务46次，共发表正面引导帖文4380条。出台《瓮安县公安局互联网舆情应对处置工作预案》《瓮安县公安局互联网舆情应对处置操作规范》，同时组建舆情信息员、网络评论员队伍。完成春节、两会、数博会、州庆、G20峰会、茶人会等重大活动网上安全保卫工作。

案件侦查工作。大队直接抓获网逃7人，配合刑侦、禁毒、派出所等部门抓获网逃16人；配合办案单位侦破案件47起，抓获犯罪嫌疑人58名。通过网安主侦案件1起。

信通业务。2016年完成350兆机站UPS不间断电源及断电短信报警系统的检修工作；开展网络安全检查，检查公安内网计算机400台（次），检查警种、部门50家（次），杜绝“一机两用”违规事件发生；完成各类安保应急通信设备保障任务53次。

【监所管理】 2016年共关押各类刑事犯罪嫌疑人及罪犯545人（上年遗留133名，新收押412名），同比上升2.7%，办理出所396人（次）。收拘各类违法人员851人，同比增长5.7%；戒毒所共收戒188人，同比增长23.7%，出所157人，同比增长25.6%；拘留所成功化解各类社会矛盾纠纷58起，促成履行纠纷款项数额18万余元。

拘留所、戒毒所向办案部门提供线索187条，成功破获各类案件78起，共抓获违法犯罪嫌疑人80人，缴获各类毒品298.6克，追回被盗摩托车3辆，自行车4辆，现金9500元。开展对外开放活动4次。对被监管人员进行医治11276人（次），支付医疗费70147.6元；脱毒用药人数269人，脱毒用药费37863元。向省公安厅监管总队投稿89篇，省公安厅总队网页采用75篇。

建成戒毒人员回归体验中心并投入使用，共有39人入所体验，10人体验期满出所。

【警犬大队工作】 完成各项安保、警卫任务98次，参与刑侦破案66起，直接或协助抓获犯罪嫌疑人34人，150余头（次）警犬参与了县城治安防控巡逻。公安部在警犬大队挂牌成立了“公安部昆明警犬基地实训基地”，被公安部表彰为“昆明片区警犬技术工作先进集体”，一头警犬被公安部授予二级“功勋犬”荣誉称号，在全州警犬技术目标考核中连续10个月排名第一，两个月排名第二。选送了5人（次）到南京警犬基地学习培训，公安部五局、公安部昆明警犬基地、四川省公安厅、安徽省公安厅、浙江省公安厅、广东省公安厅、海南省公安厅、河南省公安厅及贵州省黔东南、毕节市、安顺市、六盘水市公安局等26批次各级各地人员前来参观考察交流，10余家新闻媒体把警犬基地作为创作采访基地。11月公安部昆明片区刑侦犬考核点评暨全省刑侦用犬现场观摩会在警犬基地举行。

【纪检监察】 2016年，制定并下发《瓮安县公安局党委党风廉政建设主体责任及纪委党风廉政建设监督责任2016年度工作计划》《2016年党风廉政建设和队伍管理工作包保责任制》，调整党风廉政建设责任制工作领导小组成员，层层签订党风廉政建设责任书。2016年7月，组织召开瓮安县公安局党风廉政建设暨反腐倡廉建设工作会议。开展廉政风险防控、内部“七类”重点人员排查、纪律作风教育整顿和“五抓五促”活动；召开民主生活会和组织生活会，开展局党委班子和“一把手”公开述职述德述廉工作和新任股级、副科级干部集体谈话和廉政约谈等活动。

督察工作。2016年受理各类群众举报、投诉33件次，禁闭2人，开展各种督察活动200次，当场发现、指导、纠正、整改各类问题5件，编发《督察通报》44期。

审计工作。对照省公安厅审计处下发的全省公安机关问题清单进行了梳理，列出了整改措施及整改时限，对16名离任中层领导干部进行经济责任审计，对瓮安县公安局监管场所（看守所、拘留所、戒毒所）进行就地审计。完成单警装备配备和基本业务装备配备管理使用情况审计调查。完成猴场派出所荣誉室（陈列室）阅览室装修工程投资项目综合审计。

信访工作。2016年共接待来信、来访、来电、咨询等群众108件次160人，接收受理访类信访事项6件，接收作诉类信访事项导入23件，访类信访案件与上年相比下降40%；诉类信访案件与上年相比，上升39.1%。

【公安消防】 2016年，开展夏季消防安全检查、今冬明春火灾防控工作、易燃易爆场所专项整治、高层建筑专项整治、人员密集场所专项整治等专项行动，圆满完成元旦、春节、全国“两会”等重大消防安全保卫任务，签订了“2016年度消防安全责任书”。督促麒龙摩尔城、锦美、金龙豪城等保安消防站建成落地，共检查社会单位1586家，督促整改火灾隐患和消防违法行为2768处，处罚单位56家，罚款21.09万元；临时查封10处，责令“三停”10家，拘留7人；投入60余万元为建成微型消防站的中心社区和城市综合体购置5台小型水罐消防车；组织派出所消防专兼职民警检查社会单位3405家，督促整改火灾隐患和消防违法行为701处，处罚单位63家，罚款4220元。组织“中小学生消防安全教育月”“安全生产月”“防灾减灾日”等大型宣传活动8场，官方微博7300余人，对外开放消防站24次，共发放宣传资料8万余份。

2016年，共约谈重点单位67家，提出火灾隐患整改合理化建议142条，帮助整改火灾隐患270余项，协助厘清消防难题78处。在党政机关、人大、政协和社会单位中聘请廉政监督员16人，随机监督消防执法人员执法行为并提出意见建议。

制定和修订灭火救援预案101份，并通过战例研讨、评定考核、模拟实战演练等方式，提高指挥员独立指挥作战和临机处置能力。

举办以“拒绝酒驾、远离毒品、珍爱生命”为主题的警示教育活动，制作印有“车辆驾驶七个严禁”和“酒后驾车违法成本提示”等内容提示卡1000张。召开“家属助廉”座谈会，与官兵家属签订了《部队家庭共育共管协议》。

【森林公安工作】 2016年，森林刑事案件立17起，比上年同期下降12%，破案17起，刑拘7人，逮捕6人，抓获追逃3人，移送审查起诉13案14人。受理治安案件1起，治安处罚2人，办理各类林业行政案件28起，查处率为100%，行政处罚28人，罚款203.2234万元，没收木材13.3326立方米，补种林木9586株，放生非国家保护野生动物7只，送贵州省野生动物救助中心猫头鹰2只。

在全县范围内开展打击破坏野生动物资源违法犯罪专项行动，共清理野生动物加工经营场所26处，开展普法教育8次，办理行政案件4起，处罚4人次。

开展森林法规和森林防火流动宣传50次，发放张贴宣传册、宣传画300余本。利用广播、电视、报刊、墙报等宣传媒体和宣传形式开展森林法规宣传，尤其在办理森林火灾案件中以案说法宣传森林防火。

9月6日，警犬大队在街面巡逻

【贵州瓮安经济开发区公安分局】 2016年，通过线索抓获违法犯罪嫌疑人15人，抓获在逃人员8名，查处行政案件30起，破获刑事案件22起。

抓治安管理。对辖区内23家涉爆单位和53家行业场所逐一建档管理，全年共检查涉爆单位23家225次和53家行业场所310次，辖区内未发生涉枪涉爆案件和校园安全事故。开展法制宣传进校园4次，发放各种宣传资料6000份，受教育师生5000余人。

在辖区各村（社区）、各企业组建了10支治安联防队、4支护校队，3支护厂队，推行“我为他人守一夜，他人为我守一月”的治安防范模式，织牢基层网底。督促相关部门在辖区30户以上的自然村寨修建消防水池，购买了消防水袋、水泵等消防设备，物防水平得到提高。督促辖区各单位、企业、厂矿及信用社、中小学、卫生院等单位安装监控器、报警器，建监控室，派专人值守。发放《致全县人民群众的一封信》《致全县驾驶员的一封信》《致全县广大师生的一封信》等宣传资料5000余份，悬挂张贴安全防范标语、警示教育标语200余幅，制作永久性标语30余幅。

全年立刑事案件129起，刑拘41人，逮捕18人，抓获在逃人员10人；强制戒毒14人；受理办结行政案件72起，行政拘留44人，罚款22人；化解各类矛盾纠纷78件。

抓好服务质量。推行上门服务、延时服务、错时服务、预约服务等便民利民措施，向辖区群众公开，发放警民联系卡3500余张。

（杨昌明　李家坤　王胜俞）

检　察

【概况】 2016年，瓮安县检察院内设办公室、政工科、纪检组、侦查监督科、公诉科、反贪污贿赂局（内设侦查科、技术科）、职务犯罪预防局、反渎职侵权局、刑事执行检察局、民事行政检察科、控告申诉检察科、计财科、案件管理办公室、未成年人刑事犯罪检察科。下设猴场检察室、经济开发区检察室、检务服务中心。

领导班子：检察长1名、党组副书记1名、副检察长3名、反贪局长1名、纪检组长1名、政工科长1名、机关党委书记1名。2016年在职干警67人（含工勤、事业人员）。

2016年5月被最高人民检察院评为全国先进基层检察院。

5月，县检察院被最高人民检察院评为全国先进基层检察院。

【侦查诉讼监督】 2016年，受理各类提请批准逮捕案件196件319人，批准逮捕153件217人，不批准逮捕125人。受理各类移送审查起诉案件232件321人，提起公诉162件222人，移送上级检察院审查起诉3件4人，不起诉8件11人。退回公安机关补充侦查51件113人，未结案18件37人。

【反贪污贿赂、反渎职侵权】 全年共受理贪污贿赂线索7件10人，初查7件10人，立案侦查5件7人。查办的案件中，贪污案2件2人，贿赂2件2人，4件4人均为大案，追回赃款79.3万元。法院已全部做出有罪判决。

【预防职务犯罪】 全年先后与县扶贫局、民政局、财政局等12个部门召开联席会议5次，联合制定《预防职务犯罪联席会议制度》，有针对性地撰写《2015年查办惩治和预防职务犯罪年度综合报告》。应有关单位或个人申请完成行贿犯罪档案查询785件次。到县人社局、工行、国税局等部门开展预防职务犯罪讲座10次。召开“两长”座谈会2次。深入社区、乡镇、企业、学校开展预防宣传159次，发放宣传资料20000余份。

【民事行政检察】 全年办理各类民事行政监督案件12件，其中当事人不服二审生效判决、裁定案件9件，不服一审生效判决案件2件，审查中依职权自行发现审判活动违法监督案件1件。经审查，已提请州院抗诉1件，作出不支持监督10件，提出审判活动违法检察建议1件。办理督促起诉案件24件，采纳16件。与本院生态科等部门通过联合办案等形式，深入乡镇对行政公益诉讼线索进行摸底排查5次，共摸出有价值的行政诉讼案件线索1件。

【刑事执行检察】 全年共提示和催办即将到期案件1042件1210人次，无超期羁押案件发生。纠正监管单位违法和不规范性执法情况4件，受理羁押必要性审查案件9件9人，提出释放或变更强制措施建议9件9人，采纳建议9件9人。受理监狱服刑人员又犯罪案件3件7人。依法审查监管机关减刑904人、假释252人、保外就医5人，审查法院裁定减刑613人、假释174人、审查决定机关决定保外就医5人。书面纠正“减假暂”呈报不当26人。依法对县人民法院决定强制医疗的2人进行检察监督。对监狱提请的7件7人“三类罪犯”减刑、假释案件，依法出庭参加减刑、假释听证庭审。开展监外执行回访考查5次。

【控告申诉检察】 全年共受理群众来信来访38件（次）、来信12件（次）、来访18件（次），其中控告28件，已直接答复来信来访人；申诉2件，已转本院民行部门审查办理，举报线索8件，转反贪部门办理3件，控申部门初核5件，初核后转反贪部门办理4件，1件正在初核中。检察长接待24次。开展举报宣传30次，初核举报线索5件，联合州院控申处开展远程视频接访4件。

【检察队伍建设】 2016年2名干警被省检察院评为B类检察业务骨干，8名干警被州检察院评为检察骨干；选派1名干部到省检察院上挂办理“公益诉讼”案件，1名干警选派到省检察院开展“大数据”采集与研发工作，1名干部上挂州检察院办公室跟班学习综合部门规范化建设，1名干警被州检察院抽调办理重大公诉案件，1名干部先后2次被州检察院抽调完成干部人事管理工作的紧急任务；36名检察干警参加了省、州检察院组织的员额检察官遴选，21名干警通过考核，并于10月起按照员额检察官权限开始承办案件；宣传稿件被各级报刊媒体采用274篇。

【党建帮扶】 2016年委派党员干警作为驻村第一书记到细沙村开展驻村帮扶和精准扶贫工作，共为细沙村的留守儿童、孤寡老人、困难党员送去共计9000元慰问物资；参与调解村民纠纷60起，发放法律宣传手册400余本；协调筹集6万元修改公路（路已完工）；为细沙村办好事实事20件。检察院支部在职43名党员全部到社区报到，与社区党员干部一起开展活动，圆群众“微心愿”49人。两个检察室共走访15个村及社区38次，接待人民群众37人，化解矛盾纠纷35件（次）。

（杨方平）

法　院

【概况】 2016年，瓮安县人民法院内设办公室、研究室、政工科、监察室、立案庭、刑事审判庭、少年审判庭、环保庭、民事审判一庭、民事审判二庭、道路交通审判庭、行政审判庭、执行工作局、审判监督庭、审判管理办公室、信息技术室、审务服务中心、司法警察大队以及猴场、珠藏、中坪、玉山4个派出法庭以及永和巡回

10月31日，县人民法院首批员额法官宣誓仪式

审判点。领导班子：院长1名、副院长3名、纪检组长1名、执行局局长1名、机关党委书记1名、政工科长1名、党组副书记1名。全院干警88名。

2016年，全年受理各类案件8588件，审结8183件，结案率95.28%，收结案数均排名全州第一。由息诉服判、执行到位、当庭裁判等19项数据构成，用以衡量案件质量和效率的综合指标，排名全州第二。

【刑事审判】 新收276件，旧存30件，审结291件404人。依法打击严重危害社会稳定、损害群众生命、财产利益和影响群众安全感的犯罪，判处五年有期徒刑以上刑罚13人。成功审结徐帮志、谢星黄疸猪肉案，并作出禁业限制，打击食品安全类犯罪。准确把握“宽严相济”的刑事司法政策，对未成年犯罪、过失犯罪，以及一些因民间纠纷、生活琐事所引发的轻微刑事案件以宽缓为主，判处非监禁刑162人，全面推动轻刑快审工作，审理案件46件，息诉服判率100%。

【民商审判】 新收5925件，旧存376件，审结6226件。坚持“调解优先，调判结合”原则，依法平衡利益，力求息诉止争，实现案结事了。妥善审理好婚姻家庭、继承、房地产、人身损害赔偿以及劳动争议等各类民商事案件，发出首张儿童人身安全保护令，维护妇女儿童合法权益。把调解工作贯穿审判执行工作全程，从根本上化解社会矛盾，民商事案件服判息诉率为95.8%。妥善处理有关诚信小额贷款公司民间借贷系列案1000余件。

【行政审判】 新收审查非诉执行33件，审结33件。结案率100%。妥善处理县政府申请对卢方富、兰定碧房屋征收强制执行一案。

【执行工作】 新收1491件，旧存457件，执结1633件。启动执行查控系统以及执行指挥中心系统，利用信息化助力执行，基本解决执行难。成功办结6件拒不执行判决、裁定罪案件。通过微博直播、微信、视频等新媒体进行宣传，公布失信名单417人，司法拘留65人，执行到位金额15005.06万元。

12月16日，召开执行款兑现大会

【延伸审判服务职能】 开展“公众开放日”活动4次，增加法院透明度和亲民感。以巡回审判、以案说法、携案回访等方式加强法制宣传，引导群众学法用法，增强法制意识。在多彩贵州网开辟专栏的同时，还通过报刊电视、微博微信等媒体宣传法院工作和法治思想，全年微博直播庭审3次，刊发文字稿件100余篇，电视新闻报道30余次。

【审判管理】 创新和强化审判管理，成立机构审判管理办公室，搭建审判管理平台，选派4名业务过硬，审判经验丰富的骨干充实到审判管理队伍。评查各类案件卷宗6000余册，编发结案通报、检查通报20余期。

【司法公开和文化建设】 开展法制宣传。强化广大人民群众的法律意识，通过发放宣传资料及增设法律咨询服务台的方式，共计开展法制宣传活动20余次，发放资料2000余份，切实解决群众有关法律的需求。

深化司法审判流程公开、裁判文书公开、执行信息公开三大平台建设。召开新闻发布会2次，通报执行工作情况，微博直播庭审3次，召开案情通报会3次，通报诚信小额贷款公司系列案情况，使用执行指挥系统等高科技助力，强制执行2起排除妨害纠纷案件，探索移动互联环境下司法公开新途径，充分利用网站、微博、微信等平台，不断拓展司法公开的广度和深度。

巡回审判。将一些典型、有影响的刑事案件安排在案发地或学校公开开庭，全年开展巡回审理案件65件。

10月18日，2016年全州法院下半年巡回观摩会在瓮安法院召开。州中级人民法院各部门负责人及各法院院长到场观摩审判管理质效工作开展、会议成果等。

【队伍建设】 采取集中学习和自学的方法，开展“双学双比”“两学一做”等学习教育活动，解决党员队伍在思想、组织、作风、纪律等方面存在的问题，57名党员到社区党组织报到，上交党章党规笔记本57本，读书笔记90余本，各类心得体会150余篇。通过“派出去学”“请进来讲”相结合等方式开展学习培训，选派1名年轻干部到广州市花都区法院挂职锻炼，30名干警参加县委组织部和政法委联合浙江大学、西南政法大学等高校组织的社会管理创新专题培训班。

10月18日，2016年全州法院下半年巡回观摩会在瓮安法院召开

（吴　珊）

司法行政

【概况】 2016年，瓮安县司法局内设政工科、综合科、法制宣传教育科、基层工作管理科、律师公证工作管理科、法律援助工作管理科、社区矫正工作管理科，下属江桥律师事务所、瓮安县法律援助中心、瓮安县社区矫正与安置帮教服务中心、瓮安县公证处4个事业单位和13个乡镇（街道）司法所。

2016年有政法专项编制（公务员编制）50

名、工勤编制2名、事业编制33名。年末有干部70人，其中公务员45人，工勤人员2人，事业人员23人；研究生学历1人，大学本科学历46人，大学专科学历22人。

7月，瓮安县被授予（2011—2015）全国法治宣传教育先进县（市、区）；瓮安县司法局荣获“1+1”中国法律援助志愿者行动先进单位；9月，瓮安县道路事故损害赔偿调解委员会荣获州级规范化人民调解委员会；10月，瓮安县司法局获州级文明单位。

【人民调解工作】 全县有各级人民调解组织有148个，调解员821人。2016年，各级人民调解组织共受理调处各类矛盾纠纷5784件，调解成功5781件，调处成功率98%，涉及人数14818人，涉及金额9264.48万余元；防止民间纠纷转化为刑事案件7件267人，防止群体性事件28起1201人。兑现矛盾纠纷奖补资金50余万元。邀请贵阳律师、江桥律师事务所律师、县法院法官等对全县人民调解员、调委会主任1200余人次进行《“司法确认”中的常见法律问题解析》《中华人民共和国侵权责任法》等内容的业务培训。完成2个州级规范化人民调解委员会的创建工作。2016年，4个行业调委会共受理调解纠纷1618件，其中交调委成功调解1201件，医调委成功调解25件，消调委成功调解41件，物调委成功调解351件，调解成功率和履约率均达100%。出台《瓮安县关于推进矛盾纠纷多元化解“112”模式实施方案》（112模式：搭建一个市级多元调处联动平台，建立一套以“司法确认”为切入点的诉调对接机制，充分发挥第三方调解组织服务网络和人民调解员、司法联络员、基层工作站、法官工作站“三员两站”便民服务网络两个网络作用），完成县多元化调处中心平台建设，加强人民调解与“司法确认”的有效衔接，对有给付内容的调解协议引导当事人并开通绿色通道进行“司法确认”，2016年，全县“司法确认”案件完成334件。

7月22日，县长黄桂林（左二）在县道路交通事故民事损害赔偿人民调解委员会调研指导工作

【特殊人群服务管理】 对全县142名重点社区服刑人员进行手机GPS定位，同时各司法所建立社区服刑人员微信交流群，强化定位作用。组织重点社区服刑人员到瓮安监狱开展警示教育2次，开展全县片区社区服刑人员集中教育2次，定期召开成员单位工作联席会，解决衔接中工作存在的问题。全县累计接收社区服刑人员1274人，解矫940人，2016年有在矫人员334人，开展审前调查167人（次）。依法对6名不服从监管的社区服刑人员向原裁判（决定）机关建议撤销缓刑收监执行。不定期组织各司法所对刑释解戒人员进行摸底排查工作，全年为刑释解戒人员提供临时性救助30人（次）、提供法律援助15人次、走访帮教875人次、协助到监所开展无缝对接85人（次）。建立雍阳街道城北社区汽车维修美容中心过渡性安置帮教基地。

【法律服务】 参加省、州举办的各类公证培训，参与政府拆迁、证据保全等公证活动。2016年，共办理各类公证事项572件，上门公证服务15人次，预约公证服务18人次，参与政府拆迁公证服务16次。连续保持“零错证、零投诉、零上访”纪录。

2016年，江桥律师事务所共受理各类案件235件，担任法律顾问55家，提供法律咨询1400人次；法律代书164件；参与县政府召开的信访联席会、听证会20余次；参与处理拆迁安置纠纷12件；拟定及审查县政府的规范性法律文件10份；引进贵州文驰律师事务所（个人）。

完成瓮安县公共法律服务中心、法律援助中心一站式服务大厅及乡镇（街道）、村（居、社区）公共法律服务站（室）网络建设。2016年，共办理各类法律援助案件679件，受援群众1600余人，解答法律咨询3900余人次，为受援群众挽回经济损失1800万余元，节约诉讼成本260万余元，获得受援群众赠送的锦旗5面。对2015年办理的案件进行100%回访，群众满意率达100%。11月24日，省司法厅办公室主任吴雪峰、多彩贵州网记者李浩、法治生活报记者吴国彬到瓮安县司法局采访法律援助工作。

【宣传培训】 把宣传工作纳入年度目标考核内容，制定和完善《信息调研工作考核办法》，对宣传工作既单列考核兑现奖惩又将考核结果作为目标管理加减分。2016年奖励全局26名干部宣传经费共计25850元。以法律进机关、进单位、进社区、进学校、进乡村、进企业（法律六进）为总抓手，先后开展“法律知识竞赛”“法治夏令营”“法律知识进万家”等活动。12月4日组织开展主题为“大力弘扬法治精神协调推进‘四个全面’战略布局”的“12·4”国家宪法日暨全国法治宣传日系列活动。参与县妇联、县市场监督管理局、县禁毒办等部门开展“3·8”妇女维权周、“3·15”消费者权益保护日、“6·26”禁毒日宣传等活动。利用电视、法治微电影、文艺演出、官方微信、《法治瓮安》季报、《瓮安普法网站》、大型户外广告强化法治阵地建设，同时完成瓮安县法治文化广场（公园）项目建设的前期筹备工作。拍摄以身边法律援助案例为题材改编的法治微电影《一路同行》，并入围第十二届全国法治动漫微电影评选。创建省级民主法治示范村（居）3个——雍阳街道河滨社区、瓮水街道中心社区、玉山镇深溪村。

邀请省司法厅厅长吴跃为全县700余名副科级以上领导干部开展《宪法》专题法治讲座。全面完成2016年度全县干部职工学法用法考试工作，全县有136个单位11603人参加考试，合格率99%。健全完善《考勤管理制度》《政治业务学习工作与例会制度》《廉洁自律制度》等具体涉及财务管理、工作职责等方面制度52项，汇编成《瓮安县司法局规章制度》。制定学习计划，组织政治业务学习并定期开展学习测试，组织开展了“双学双比”“两学一做”学习教育演讲比赛，同时参加省州县组织的各类培训45人（次）。

（黄　梅）

12月4日，县开展“12·4”国家宪法日暨全国法治宣传日系列活动

经济综合管理

发展和改革

【概况】 2016年，瓮安县发展和改革局内设综合科、国民经济综合科、产业发展和环境保护科、投融资科、价格监督管理科、农村经济发展科，下属机构有综合执法大队、价格认证中心、铁路建设办公室。领导班子：局长1名，常务副局长1名，纪检组长1名，副局长3名（1名兼任铁建办主任）。年末领导干部职工48名。

2016年，全年县内生产总值（GDP）115.03亿元，同比增长13.7%，完成年度计划的101.8%；争取中央和省预算内投资项目44个，总投资5.04亿元，中央和省、州资金3424.75万元；实施省、州重点项目56个，全年完成投资107亿元，完成年度投资目标的103.22%。完成监督招标163个，资金105亿元。年内投入770万元治理石漠化14.26平方千米，覆盖建中镇7个村，年内全部完成竣工验收。获得2016年政法综治信访维稳工作先进集体。

【规划编制】 3月，经县人代会审议通过《瓮安县国民经济和社会发展第十三个五年规划纲要》并印发。编制完成农业、工业和信息化、新型城镇化、交通、文化旅游、教育、卫生、水利、科技人才发展、环保、土地开发和利用等12个专项规划；《瓮安县“十三五”新一轮农村电网改造升级规划》和《瓮安县农村电网省级改造三年行动计划（2016—2018年）》；《黔南州天然气“县县通”实施方案》；《瓮安县主体功能区建设实施方案（2016—2020年）》；《瓮安县国家循环经济示范县建设实施方案（2016—2018年）》。

【民生工程建设】 2016年度完成以工代赈项目6个，总投资647万元。巩固退耕还林成果获得农村能源资金169万元，分别在珠藏镇、银盏镇、雍阳街道、永和镇、中坪镇布置省柴节能灶817户、太阳能800户。争取易扶贫搬迁资金中央资金66万元，惠及玉山镇深溪新农居安置点23户、132人。总投资1237.86万元在建中镇、平定营镇、永和镇、珠藏镇、中坪镇、玉山镇的11个村种植福鼎大白茶1042.5亩，都匀毛尖6213.5亩；总投资558.76万元种植经果林2744亩（刺梨2244亩，油橄榄500亩）。瓮安至马场坪地方铁路（瓮安段）已全面开工建设，辖区内平定营镇、瓮水街道、雍阳街道境内征地拆迁工作已全部完成。启动瓮安火车站建设项目征地拆迁工作，2016年内征地完成1090亩，房屋拆迁丈量120户（打款91户）。工程总形象进度已完成20%。

4月16日，县发改人员在建中镇保护村调研以工代赈项目

【公共机构节能管理】 完成产业振兴和技术改造专项项目申报2个（瓮安鑫源环保建材有限公司年产50万平方米轻质隔墙板、钢筋混凝土管道及各类预制构件项目；贵州昌友环保材料有限公司年产30万立方米蒸压加气混凝土砌块生产线工

程）、污水处理项目申报1个（瓮安县城镇生活垃圾收运系统）、城镇生活垃圾收运系统项目1个（瓮安县乡镇污水处理工程一期工程）。全年共获得中央预算内投资6033万元和省预算内基本建设投资。

【改革工作】 牵头做好全县供给侧结构改革统筹协调工作，全县去产能、去库存、去杠杆、降成本、补短板各项工作扎实稳步推进。深化行政审批制度改革，继续抓好项目审批和投资备案等工作。创新投融资体制改革，着力推广PPP模式，鼓励社会资本参与重大项目建设。与省州同步完成投资项目在线审批监管平台，并已投入试运行。按要求推进公务用车制度改革工作，组织各相关单位实施全县车改方案，严格审核各车改单位的车改方案，公车改革共涉及参改单位71个、参改人数1833人，参改前车辆总数521辆，改革后保留车辆362辆。第一批公务用车（101辆）于10月14日在会展中心1号大厅进行公开拍卖，拍卖总金额267.52万元。

【价格监管】 及时调整成品油价格，落实成品油调价方案。开展清费治乱减负工作，加强对长途客运和城乡公交、出租车等交通运输以及县城停车等价格和收费的监督检查，重点对城乡公交、出租车的监督检查，坚决查处节借假日乱调价、乱收费的行为。从2016年秋季起全县取消高中择校招生，解决收取择校费同时又多收取学费的根本问题。全年受理“书记、县长”信访件6件、咨询38件、上级转办信访件1件，来电投诉65

2月25日，在县人民广场开展“价格诚信”宣传活动

件；回复信访件18件、调解处理48件，清退金额2697元，罚款200元，责成运管局处罚5件。开展涉案财物的价格认定业务，全年办理各类案件107宗，涉案金额266.21万元。

开展“节日”期间价格检查行动和教育收费、医疗服务等活动。加强价格举报电话“12358”的管理。全年发放《价格欺诈表现方式及案例选编》500份、发放各类《价格行为提醒告诫书》480份、发放《贵州省旅游景区门票、交通运输服务及景区相关服务明码标价指南》230份、发放《贵州省旅游景区餐饮业明码标价指南》370份、发放《贵州省旅游景区住宿业明码标价指南》62份、发放《贵州省旅游景区商品明码标价指南》520份，总计发放宣传资料2162份。全年累计出动执法检查人员180人（次），检查车辆60辆（次）。

（黄吉飞）

招商引资

【概况】 2016年，瓮安县投资促进局与瓮安经济开发区招商引资局在经济开发区行政办公大楼合署办公，实行两块牌子，一套人马，对外以瓮安县投资促进局开展工作。内设综合科、招商引资科、项目督察督办科、经济合作科、投资环境监察科。下设副科级事业单位瓮安县招商引资项目代办服务中心，内设办公室、行政审批代办科、接待服务科。领导班子：县投资促进局设局长1名，副局长4名，县招商引资项目代办服务中心主任1名。

2016年，招商引资在建项目91个，项目总投资532.95亿元，完成新增州外到位资金176.6亿元，占州下达任务175亿元的100.91%，其中，省外（境外）项目到位资金91.6亿元，占州下达任务90亿元的101.78%。完成新引进项目总投资246.11亿元，占州下达任务200亿元的123.06%。增比进位指标中“招商引资指数”在全省县域第一方阵排名19位，全州排名第3位；“营商环境指数”在全省县域第一方阵排名第6位，全州排名第3位。

【招商引资活动】 2016年参加省、州组织的招商活动14次，开展自主招商活动17次，先后对接碧桂园·瓮安首府、磷系阻燃剂、雍江大酒店、肉兔示范养殖、10万头生猪养殖、高端同轴线生产、年产500万双运动鞋等65个项目，成功引进碧桂园·瓮安首府、磷系阻燃剂、雍江大酒店、肉兔示范养殖等53个项目。对接中国民营500强企业步步高商业连锁股份有限公司，拟投资5000万元在瓮安建设商业连锁超市项目；与中国500强企业碧桂园集团签约瓮安首府项目，项目已开工建设。

1月18日，广州·黔南布依族苗族自治州建州60周年成就展招商引资推介会在广州市越秀区举行，县委副书记、县长黄桂林率队参加，在会上推介草塘“十二塘”、果果坪温泉开发和朱家山文化旅游度假区等项目，签约仪式上，与碧桂园集团成功签约瓮安首府项目。9月25日，2016都匀毛尖（国际）茶人会瓮安茶旅招商推介会在瓮安举行，州委、县委书记张文强出席会议并致辞，州投资促进局党组书记、局长张蓉出席会议并介绍黔南的投资环境，县政府副县长曾明康作项目推介，推介项目包含大数据、生态旅游、现代特色农业、矿产资源精深加工、星级酒店等，会议成功签约项目11个，合同投资额56.73亿元。

9月25日，2016都匀毛尖（国际）茶人会瓮安茶旅活动招商推介会会场

【项目库建设】 与深圳中金产业咨询服务有限公司合作，精包装磷酸铁锂生产、瓮安危化品物流中心、草塘牂牁文化风情园、茶产业服务体系及品牌运营、肉兔养殖及系列产品开发等40个项目，项目内容涉及精细化工、大数据、产业扶贫、装备制造、生态旅游、现代山地高效农业等方面。

【咨询服务】 2016年，接待来访客商162批（次），共计1020人。设立“外来企业信访（咨询）接待室”与“外来企业投诉（咨询）热线电话2918906”，全年开展企业大走访活动700余次，共答复企业（客商）咨询问题160余件（次），牵头或协助解决花竹山风电场堵工、磷系阻燃剂开工、鸣岐集团天然气管道建设用地、坤邦地产拆迁、裕丰纸业厂房建设等企业（客商）问题60件（次）。

【项目代办】 瓮安县招商引资项目代办服务中心共为外来投资者办理各项行政审批手续82件（次），接待代办服务咨询281人次，项目代办服务59件，办结59件，接听客商电话、信函32件（次），重点跟踪帮扶瓮安碧桂园麒龙房地产开发有限公司、瓮安雍江大酒店管理有限公司、贵州颐龙互联网科技有限公司、贵州中梁农业科技发展有限责任公司、瓮安县鸿鑫能源有限公司等外来企业。

【干部培训】 2016年，组织参加招商业务培训学习7次21人次，组织干部职工参加县委、县政府组织的各种培训活动6次8人次。

4月25日，副局长蔡海云、县招商引资项目代办服务中心主任钟仁琴到上海参加州投资促进局举办的“招商引资专题培训班”；6月14日，局党组成员、副局长黄明忠参加州委组织部在中山大学举办的“服务业与物流业发展专题培训班”；8月27日、局长黄梅带队参加州投资促进局在深圳经理进修学院举办的“项目编制及产业招商培训班”；11月6日，副局长李春梅参加县旅发委在云南大学举办的“旅游资源的开发与管理培训班”。

【党建扶贫】 2016年开展双向组织生活2次，活动在小康驻村工作中，共帮扶铜锣村1万元办公经费，用于村级基础设施建设，协助该村发展种植业。精准扶贫工作中走访贫困户59户，送去大米600公斤、菜油300公斤、猪肉150公斤、白糖60公斤、慰问扶贫资金共计400元。

（杨裕松）

统计管理

【概况】 2016年，瓮安县统计局内设综合科、业务科、国民经济核算科。直属事业机构3个，乡镇统计管理办公室（正科级）、统计执法大队（副科级）、统计普查中心（正股级）。领导班：局长1名、副局长2名、纪检组长1名，乡镇统计管理办公室主任1名、副主任1名。年末干部职工37人。

【统计监测与统计调查】 上报工业、农业、固定资产投资、建筑及房地产、能源、商贸等各类定期统计报表。组织完成非公有制企业（单位）人才资源状况调查、服务业统计监测、成品油监测等统计调查、新兴技术企业调查、妇女健康教育状况调研、新经济活动调研、大扶贫工作调研、大数据企业调查、大健康行业调查、城乡属性划分调查监测工作。适时更新和维护基本单位名录库，为上级部门完成抽样工作提供样本框。做好“企业一套表”的实施和统计数据的采集处理工作。组织抓好第三次农业普查准备工作。

【统计信息与统计咨询】 6月完成《瓮安·数据（2000—2015）》编辑，为县领导以及各部门共印制发放196册。为县委、县政府提供分析材料20篇。完成《2016年瓮安县统计年鉴》编辑。编印《瓮安经济要情》11期。编印《2016年（上半年、全年）全省市州和县域经济发展综合测评及排位》210册。为各部门、各乡镇及社会群众提供统计咨询意见100余次。

【统计培训与统计法宣传】 2016年共开展各类业务培训20次，培训1000人（次），其中9月开展统计业务专题培训，13个乡镇（街道）统计业务骨干和25个业务部门统计骨干和全县33个重点企业统计业务人员共71人参加培训；开展统计法和第三次农业普查相关知识宣传活动10次，接受咨询1000人（次）。

【第三次全国农业普查】 成立由分管副县长任组长，15个职能单位组成的第三次全国农业普查领导小组，下设办公室在县统计局，由县统计局局长兼任办公室主任；领导小组组建了综合协调组、数据处理组、业务指导组、宣传报道组、执法检查组、纪律督查组并明确各组职能职责。做好指导员和普查员选聘工作，由包村领导或包村干部担任各乡镇（街道）普查指导员，村第一书记、驻村干部、村干部及大学生村官等担任普查员。全县共划分普查区99个，普查小区1079个，选聘普查指导员99名、普查员1079人。将第三次全国农业普查工作经费350万元作为专项专款资金列入县财政预算，2016年已拨付70万元。

11月3日，召开瓮安县第三次全国农业普查业务培训会

【党建扶贫与脱贫攻坚】 捐赠永和镇老坟嘴小学11张会议桌，扶持猴场镇那乡村消除空壳村2.4万元，包保贫困户10户，涉及贫困人口26人，2016年完成贫困户退出1户，实现贫困户退出率10%；完成贫困人口退出4人，贫困人口退出率15.4%。

（何永丽）

国家统计局瓮安调查队

【概况】 2016年，国家统计局瓮安调查队内设办公室、业务一股和业务二股。领导班子为队长1名、副队长1名。有干部职工14人（国家统计局瓮安调查队5人，贵州省贫困监测调查管理办公室派驻2人，县小康办1人，临聘人员6人）。

【城乡住户一体化调查】 设12个调查点，分别是：瓮水街道花竹社区彩虹组、迎春组，茅坡村宋家寨组；雍阳街道七星社区七星组；猴场镇草塘居委会水沟边组，马场坪村；珠藏镇鹤停村、青香村；中坪镇高枧村；永和镇洗马塘村；建中镇果水村；平定营镇营定街村。2016年全县农村人均可支配收入为9156元，城镇人均可支配收入26343元。

【农产量调查】 设11个调查点，分别是：原雍阳镇仙桥村岩上组，珠藏镇荣院村大南头组，天文镇高坝村刘家坪组，原银盏乡尖山村罗家湾组、大林村滚水塘组，原松坪乡金龙村塘坝组，原小河山乡大河村竹湾组，岚关乡岚关村百家榜组，原高水乡市湾村上寨组，原鱼河乡养马村上街组，原龙塘乡尖坡村红岩潮组。粮食产量：夏粮平均产量为180.5公斤/亩，马铃薯为218公斤/亩（折粮），油菜为143公斤/亩。秋粮平均产量为415.02公斤/亩，其中水稻为407.81公斤/亩，玉米为422.23公斤/亩。

9月19日，瓮安调查队干部在珠藏镇荣院村开展水稻实割实测调查

【贫困乡监测调查】 设10个调查点，分别是：原白沙乡白沙村石家院组，高坪村张家坝组，保护村关田组；原高水乡市湾村下街组，高龙村小龙坑组，高寨坪村高寨坪组；原建中镇果水村五谷土组，凤凰村杉木林组，鑫隆坪村养马组；原老坟嘴乡红岩村两岔河组，木孔村下寨组，观塘村写字岩组；原龙塘乡尖坡村坪子组，樱桃村坝坪组；原木引槽乡新兴村郭家寨组、柏果树组，沿江村大寨组；原牛场坝乡新华村坟林组，

8月15日，瓮安调查队干部职工在珠藏镇青香林村开展住户回访调查

羊鹿村羊鹿组；原松坪乡马场坪村老鹰组、马鞍山组，松坪村大石板组；原铜锣乡三新村新田坳组，河心村铜锣田组，群心村前进山组；原小河山乡大田坝村龙英寨组，大河村黄泥屯组，石板坪村下石板坪组。经调查，各贫困乡镇农民人均纯收入：原白沙乡为8620元，原高水乡为8554.83元，原建中镇为9006.32元，原老坟嘴乡7993.74元，原龙塘乡9565.6元，原木引槽乡7996.52元，原牛场坝乡8146.72元，原松坪乡10277.13元，原铜锣乡8841.08元，原小河山乡8011.75元。

【消费价格调查】 共计布局调查网点105个，共计抽选827个规格品的居民消费价格、20个规格的商品零售价格调查工作、69个规格品的农业生产资料价格调查，全面覆盖食品、烟酒及用品、衣着、家庭设备用品及维修服务、医疗保健和个人用品、交通和通信、娱乐教育文化用品及服务、居住八大类消费领域。按照采价工作原则对909个规格品进行正式采价。

（黄　群）

审　计

【概况】 2016年瓮安县审计局内设机构综合科、财政金融投资审计科、行政事业经贸审计科、经济责任审计科。下设县固定资产投资审计中心。领导班子：局长1名、副局长2名、纪检组长1名。干部职工17人。

全年完成项目343个。其中审计项目14项，查出问题资金50625万元，违规资金2106万元（已上缴财政），管理不规范资金48519万元（部分资金已调账）；基本建设投资预决算审核329项，送审总金额24.63亿元，核减工程资金4.62亿元，核减率18.76%。向纪检监察机关移送案件线索1件。

【财政预算执行审计】 坚持“揭露问题、规范管理、促进改革、提高绩效”的审计思路。关注财政资金的存量和增量，加强“三公”经费、会议费等方面审计。主要审计县财政局组织本级2015年预算执行及其他财政收支情况；县地税局税收计划完成情况；县级国库办理预算收入收纳、划分和预算支付情况；延伸审计县交通运输局、县人力资源和社会保障局。对存在的问题作出审计决定，责令相关部门及时整改，对在管理中存在的倾向性问题提出审计建议。对被审计单位公务支出和公款消费情况进行重点检查，各单位均有不同程度下降。2015年全县“三公”经费2817万元，比2014年的3100万元下降9.13%。其中，公务接待费1335万元，比2014年的1482万元下降9.92%；公务用车购置及运行费1436万元，比2014年的1608万元下降10.7%。因公出国（境）费46万元，比2014年的10万元增长360%。

【固定资产投资审计】 完成基本建设投资预决算审核329项，送审总金额24.63亿元，核减工程资金4.62亿元，核减率18.76%。

在委托中介机构参与政府投资审计项目时，着力严把准入关、质量关、纪律关，制定《固定资产投资审计内控管理制度》，从规范资料报送承诺、建立资料初审、聘请中介机构参与审计、建立中介机构参与核对、实行项目交叉复核、中介机构备选库进退机制等六个方面对投资审计工作进行管理控制。

【领导干部经济责任审计】 围绕强化对权力运行的监督和制约，加强了对领导干部和企业领导人员经济责任审计，促进依法履行职责。完成经济责任审计项目5项（交通局宋福才、文化旅游公司周春霖、人力资源和社会保障局王小谦、中坪镇党委书记肖福勇、中坪镇镇长欧家坤经济责任审计），未发现被审计单位领导干部个人有违规违纪问题。

【专项资金审计】 在专项资金审计中，一方面严格执法，严肃查处违反国家财经法规行为；另一方面注重服务，根据被审计单位的实际情况，从规范管理制度入手，帮助被审计单位提高财务管理水平。

城镇保障性安居工程跟踪审计。根据上级审计机关安排选派5名审计人员对平塘县进行审计，瓮安县由贵定县审计局负责审计。3月，按要求完成审计任务（黔南审投报〔2016〕12号）。7月，贵定县审计局上报了瓮安存在问题整改报告。

瓮安县稳增长促改革调结构惠民生防风险政策措施落实情况跟踪审计。至6月28日已出具审计报告三次（黔南审农报〔2016〕33号、黔南审农报〔2016〕45号、黔南审农报〔2016〕51号），分别对2015年部分产业扶贫项目；2015年扶贫资金到位、结余、项目申报立项情况；2013年至2014年扶贫生态移民工程项目移民住房入住及闲置情况；2016年易地扶贫搬迁项目开工建设及资金到位使用情况；2015年、2016年以工代赈项目建设情况进行审计。相关部门对存在的问题及时进行整改，县人民政府及时上报整改情况。

易地扶贫搬迁工程跟踪审计。3月31日成立审计组，已四次上报跟踪审计动态。按审计方案要求，从三季度起，每季度次月10日前上报审计报告。

水污染防治专项资金审计。7月8日完成瓮安县“十二五”期间水污染防治专项资金调查（数据截至2016年6月30日）。后因审计人手不足进行了调减。

【国有企业资产负债损益审计】 审查企业会计信息的真实性和经济活动的合法性。重点关注企业的损益状况、资产质量、负债情况，揭露和查处弄虚作假等重大违法违规问题。重点关注企业治理结构及内部控制制度的建立和执行情况，推动企业加强内部管理。审查企业经营中的突出问题和绩效状况。加强对重要经营领域和关键环节的监督，加强对重大决策、重大项目、资金使用、资源利用等相关权力和责任的监督，促进企业健全权力运行机制。完成瓮安县城镇建设投资开发有限责任公司、瓮安县国有资产营运投资有限责任公司、瓮安县物资供应有限公司、瓮安县工业园区投资开发有限责任公司等四个公司资产负债损益审计。

（田　湖）

市场监督管理

【概况】　2016年瓮安县市场监督管理局内设综合科、政策法规科、消费者权益保护科、食品药品协调科、食品安监督管理科、市场规范监督管理科、药品和医疗器械安全监督管理科、保健食品和化妆品安全监督管理科、注册审批科、标准计量和产品质量监督管理科、特种设备安全监察科、诚信体系建设科12个股级科，下属信息中心、质量监督检测所、食品药品检验所和消费者协会。按照县乡镇行政区划下设瓮水、雍阳、银盏、猴场、永和、江界河、珠藏、中坪、建中、玉山、平定营、岚关、天文13个副科级市场监督管理分局。年末有在职干部职工101人，硕士研究生10人、本科生57人、大专生22人、高中以下文化1人。

【经济主体登记注册】　2016年新发展企业722户，注册资本358422万元，新发展个体工商户2362户，注册资本31442.6万元。新发展农民专业合作社79户，注册资本25472.33万元。发放“五证合一”版营业执照376份、“一照一码”版营业执照1698份。2016年底，在册各类市场主体23268户，注册资金305.49亿元。其中，内资企业842户，注册资金169.13亿元；私营企业2863户，注册资金111.66亿元；个体工商户19213户，注册资金14.15亿元；农民专业合作社350户，出资总额10.55亿元。对289户应核查微型企业进行全面核查，已入户核查微型企业289户。对基本符合黔府办函〔2016〕168号文件要求的企业进行宣传引导，完成全年150户的任务目标。

【队伍建设】　按照职责职能要求，选调法律2名获证专业人员到法规科，将1名获A证的充实到法制机构。核审本级一般程序行政处罚案件13件，结案13件，提出审核意见13条。清理各类行政执法权力576项，并完成公示、上报。对1月1日至8月31日期间适用一般程序办结的行政处罚案件信息公示情况进行排查和督促，公示行政处罚案件信息13条，公示率为100%。成立执法检查小组、案卷评查小组，采取自查、抽查、集中评查方式开展执法检查和案卷评查，评查2015年7月至2016年9月自办案件。被省、州和州食药局抽查11卷案卷参加案卷评查，平均评查分数在90分以上。由法规科与特种设备科办理的“项目+案例”行政指导案例1卷，作为优秀卷参加省工商局评查，在州工商局案卷评查会上受到表扬。

【安全生产】　食品安全。各乡镇（街道）均成立食品安全委员会及其办公室，并适时调整食安委成员单位。各乡镇（街道）每个村、社区都设立食品安全协管员，并对食品安全协管员工作职责、农村自办宴席指导及备案等进行培训。开展干制蔬菜、肉及肉制品、中高考期间校园及其周边食品、白酒、桶装水、糕点、冷冻肉类、植物油等多项专项整治，共出动执法人员1683人（次），检查食品生产经营单位7280户（次），检查监管覆盖率90%。银盏分局成功创建为食品监管示范乡镇分局。以群众日常生活必需的食品和季节性、节日性食品为重点，以学校周边、城乡结合部、农村集市为重点区域，集中开展全县农村食品安全治理“扫雷”行动，出动执法人员253人（次），检查食品经营户787户，超市29户，餐饮服务单位459户，生产企业17户，食品加工小作坊56户，各类市场33个；发现2户无证生产经营，2户食品流通许可过期，16户小作坊未办理相关证照，4户从业人员健康证明过期，1家食品生产企业未严格执行出厂检验制度，均已责令限期整改。出动执法人员230人，开展20次重要会议、重大活动餐饮服务保障工作。年末全县有食品生产经营持证单位4516户，其中食品生产企业38家、食品加工小作坊146户、食品流通3028户，餐饮服务1304户（含学校食堂和托幼机构食堂）。

药械安全。出动监督检查车121辆（次），监督检查人员289人（次），检查药品经营企业296

户（次），使用单位345户（次）。对新开办的药品经营企业进行GSP认证帮扶18家，现场检查认证14家，已通过GSP现场检查认证14家。对2016年度需开展GSP跟踪检查68家全部完成跟踪检查。全县共注册不良反应基层用户共217家，药品上报755例，器械上报38例，化妆品18例。

特种设备安全。年末，全县登记特种设备使用单位302家，设备总数1717台。使用单位151家设备933台。督促全县在用电梯使用单位完成电梯应急救援平台建设信息录入工作，已纳入应急救援管理383台，纳入率94%，已发牌370块，贴牌369。出动检查人员537人（次）开展特种设备现场安全监督检查，共检查特种设备使用单位134家（次），特种设备365台（套），查出一般隐患144项已全部整改，下达安全监察指令书7份。

3月18日，举办特种设备作业人员取证培训会

【无公害农产品认证】 动员全县多家农产品生产企业及合作社进行无公害农产品认证申请，2016年度有16家种植业企业共计22个品种提交无公害认证申请，并获得无公害产地认证证书，种植业认证面积6296.1公顷；对县内18家企业共18张认证证书有效期进行核查（3家强制性认证企业共6张证书）均在有效期内，辖区内强制性产品认证获证率100%。

【质量检测检验】 日常计量器具强制检定工作，共检定在用计量器具718台（次），其中非自动衡器109台，压力表394块，天平41台，燃油加油机174把。对合力、华福2家大型超市进行定量包装和过度包装计量检测，共检测酥麻、豌豆、

12月5日，执法人员在检测计量设备

毛尖茶、铁观音、泰国茉莉香米等18个批次商品，未发现不合格定量包装和过度包装商品。对辖区内中大型超市（合力、华福、好又多）、文峰集贸市场公平秤及在用计量器具实施免费检定工作。

【产品质量监管】 对水泥、建筑砖、商品砼、化肥等重点产品的监抽，工业产品合格率95.24%。抽检食品92批次，合格88批次，合格率95.7%。配合州食品药品监督管理局稽查局在县内抽检药品26个品种，经检验25个品种符合规定。抽检饲料加工产品6个批次全部合格。建立健全县级农产品质量安全监管机构和检测机构，抽样快速监测县内多家农产品生产基地、销售市场种植业产品（新鲜蔬菜、水果、食用菌）1679份全部合格。配合州农产品质量安全监督综合检测中心开展畜禽、水产品、蔬菜、水果、茶叶等质量安全监督检测工作，共抽查猪肉、鸡蛋、蔬菜、水果样品、茶叶样品40个，检测结果均为合格。

【食品药品检验工作】 完成餐饮环节食品安全抽检26批次，并送省、州食品药品检验所检验。陪同省、州对县辖区内食品安全抽检89批次。对辖区大型超市食用农产品开展336批次快检，其中244批次现场快速检测，92批次实验室检测。制定《2016年瓮安县药械不良反应事件监测实施方案》印发至全县各医疗机构及药品经营店，年内药械不良反应监测系统共上报1226例（药品1164例，器械62例），化妆品不良反应报告18例。开

3月1日，执法人员在检查医疗器械

展药品、医疗器械、化妆品不良反应（事件）宣传培训会，监测人员与辖区内的医院、社区卫生服务站及乡镇卫生院30余人参加培训，是时对县内零报基层用户（社区卫生服务站、部分乡镇卫计院、村卫生室）开展一次药品、医疗器械、化妆品不良反应（事件）宣传培训。对辖区内二级医疗机构进行一次药械安全性监测专题督导工作。全年上报药物滥用调查表155份。

【消费者保护维权工作】 全年消协受理各类消费投诉200件，解决率95%，为消费者挽回经济损失57.7万元，其中通过“12315”受理消费投诉39件全部成功调解，为消费者挽回经济损失35.7万元。承办3.15国际消费者权益保护日宣传活动。协调县公安局、县法院、县司法局、瓮安各大金融机构、保险行业、移动、联通、电信等30家成员单位开展以“新消费.我做主”为主题的消费者权益保护日宣传活动，活动现场受理消费投诉和咨询90余件，发放宣传资料3万余份。

【助企融资工作】 拓宽企业融资渠道，受（办）理股权出质登记20户，股权出质53316万元，被担保债权数额138702万元；办理动产抵押登记14件，主债权数额16367万元；办理股权出质登记25户，助企融资139752万元；办理动产抵押登记15件，主债权金额1.55亿元。指导企业信用合同建设，27家企业获评2015年度省级重守企业、5家获州级重守企业复查。开展电信、银行、供水、旅游行业合同格式条款专项整治工作，完成房地产行业合同格式条款备案18份。

【商标培育】 指导经营者申请一般商标注册8件，续展著名商标3件，新申报著名商标3件。新培育申报2件省著名商标、续展2件省著名商标。“瓮安白茶”“瓮安黄粑”已通过省质监局名牌产品办公室答辩，确定为“十三五”期间重点培育地理标志产品；“左氏皮蛋”“柴姨妈黄粑”通过省名牌小组现场审核，获“省级名牌产品”称号；推进“都匀毛尖茶”国家地理标志示范区的创建工作，完成岚关乡和建中镇地理标志示范区创建工作；全面推进企业标准信息公开工作，全县34家企业在平台上公布了62项标准，涵盖122个产品。

4月26日，召开名牌产品培育动员会

【信用信息平台运用】 开展企业信息公示工作，强化企业年报服务，做好宣传普及、咨询解答、操作指导等工作。2015年度企业年报率85.81%，将失联、公示信息弄虚作假、未按期公示信息的445户企业及106户农民专业合作社列入经营异常名录并向社会公示，接收并办理65户企业移除经营异常名录申请、210户个体工商户恢复正常记载状态申请。

【综合执法】 全年共办理案件43件，罚没款共计31.43万元，其中立案案件40件，罚款31.42万元，简易案件3件，罚款0.01万元。针对不同层次、不同行业经营者下发行政指导14份。农资专项执法打假检查县内农资生产企业8家（次），农资销售门店45家（次），抽取10个化肥样品送检，对水分不符合样品生产企业下达责令整改通知书，对2个有效磷含量不符合标准要求的经营单位进行立案查处；农药抽取4个样品送检，对不符合要求样品经营单位进行立案查处，办理案件3件，罚没款10669.5元。对发布虚假广告的单位进行立案查处，办理案件5件，罚没款1.79万元。建材产品专项整治检查县内建筑装饰材料销售门店16家（次），抽取2个水泥样品送检，检验结果均为合格，办理案件2件，涉案货值金额0.68万元，罚没款共计0.38万元。汽车配件销售市场检查销售单位8家（次），汽车修理单位5家（次），办理案件2件，涉案货值金额0.29万元，罚没款共计0.4万元。白酒市场专项整治检查县内食品经营户36户，办理侵权商标案件7件，涉案货值金额8.38万元，罚没款共计4.19万元；没收侵权茅台酒60瓶，习酒46瓶，红星二锅头22瓶。

【宣传培训】 利用“12·4”宪法宣传日、“3·15”消费者权益日、“4·26”知识产权日、“6·5”环境保护日、“9·11”质量月宣传日，食品安全周、食品安全月等进行宣传活动。各分局、科室与乡镇（街道）、社区开展打击“非法集资”、打击传销宣传活动及食品药品安全、电梯安全宣传进单位、进校园、进社区、乡村等各类宣传活动50次，发放各类资料30000份。

完善学法用法学习培训。开展特种设备安全培训，食品、药品经营户培训，经营户信用教育培训等，全年共计培训11次、526人次。执法人员参加组织部、国家工商局、食药局等培训班396人（次），每人学时都在120个学时以上。

（冯明开）

国土资源管理

【概况】 2016年，瓮安县国土资源管理局内设综合科、人事教育科、政策法规科、规划科、耕地保护科、地籍管理科、矿权管理科、资源环境科、测绘管理科9个职能科室，下设国土资源执法监察大队、国土资源储备中心2个副科级事业单位和国土资源科学技术信息中心、土地开发整理中心、瓮安县地质灾害防治应急指挥中心、瓮安县不动产登记事务中心4个股级事业单位，辖瓮水和雍阳2个分局。领导：局长1名、常务副局长1名、副局长2名、机关党委书记1名、纪检组长1名、储备中心专职副主任2名、执法监察大队长1名。年末干部职工79人。2016年成功申报贵州省旅游资源大普查试点县。

【建设用地保障】 全年共上报7个城镇批次建设用地，2个独立选址建设用地，合计面积4023.03亩，已获批建设用地面积983.03亩。共供应土地78宗，面积1706.26亩。其中，划拨土地9宗，面积186.22亩；协议出让42宗，面积14.26亩；挂牌出让27宗，面积1505.78亩。全年共收储土地19宗，面积2105.76亩。共成功出让国有建设用地使用权27宗，面积1505.78亩，实际入库土地成交价款102300万元。

实现全县土地利用总体规划调整完善指标“两减一增”，耕地保有量57526公顷，调减1394公顷，基本农田保护面积47025公顷，调减2199公顷，建设用地总量9402公顷，调增838公顷。

【耕地保护】 与各乡（镇、街道）签订《2016年国土资源政府目标保护责任状》，将耕地保护责任明确到各乡（镇、街道）。做好永久基本农田划定工作，完成城镇周边、千亩坝区等重点区域永久基本农田划定调查核实举证及资料上报工作。瓮安县2020年基本农田保护指标由738360亩调整为705375亩，指标核减32985亩，基本农田保护率由87.02%下调到85.24%，此轮基本农田划定划出面积61595亩，划入面积25785.3亩，完成《瓮安县永久基本农田划定方案》编制并上报州国土资源局。做好城乡建设用地增减挂钩工作，统筹省国土资源厅预下达瓮安周转指标1050亩及州国土局下达瓮安县2016年度周转指标2000亩，在珠藏、江界河、玉山、永和、猴场、岚关等乡镇开展2000亩“增减挂钩”土地复垦工作，共搬迁群众4700余户，涉及全县23个贫困村420户贫困户，补偿群众搬迁资金2.95亿元。将节余指标进行州外异地流转，获得节余指标流转收益3.6亿元。2016年获增减挂钩易地扶贫搬迁工程指标700亩，共搬迁群众961户3919人，其中贫困人口840户3483人。全年实施土地开发项目4个，建设规模2087.72亩，总投资1338.77万元，年内完成工程施工并通过验收，实现新增耕地1930余亩，其中水田1219.58亩，旱地610.63亩。这为占优补优占水田补水田提供保障，实现水田指标节余流转，增加县财政收入1.4亿元；共实施土地整治项目9个，建设规模55977.87亩，总投资8779.6万元。

【执法监察】 落实动态巡查责任制，继续加大巡查和执法力度，依法查处各类国土资源违法案件。全年开展国土资源动态巡查379次，下达《责令停止违法行为通知书》84份，立案查处国土资源违法案件21件，制止土地违法行为35起、矿产违法行为49起，收缴罚款211.4万元。土地矿产卫片执法检查工作完成10个卫片执法检查图斑的外业核实、调查取证、在线填报、上报审核和整改工作，已顺利通过省、州验收。3月11日，国土资源部核查组到瓮安开展2015年度变更调查国家级外业核查工作。核查共抽取遥感监测图斑33个，其中核查临时用地图斑18个，设施农用地图斑15个。

全年共受理群众信访件8件全部办结。年内未出现因国土资源信访事项到州、赴省、进京非正常上访事件。

【地质灾害防治】 开展好地质灾害隐患巡查、排查工作，加强24小时应急值守，落实汛期值班制度，并与县气象局签订气象预警绿色通道发布协议，及时发布重大天气信息，全年共发布重大天气信息300余条。排查地质灾害隐患点103处，危及住户1314户5521人，均已设立监测员，全年未出现因地质灾害而发生人员伤亡事件。全年共开展县、乡级地质灾害应急预案演练10次，各类地质灾害专题培训5次，开展宣传活动5次，发放宣传资料1500余份，悬挂宣传标语12幅；利用电视台以及县国土资源局电子显示屏滚动播放宣传标语40余条。对江界河镇桂花村沙湾组裂缝隐患点、珠藏镇丰岩村筲箕湾滑坡隐患点、珠藏镇新兴村上庆矿山泥石流隐患点等7个地质灾害隐患点进行搬迁治理，保证隐患点人民群众生命财产安全。

【矿政管理】 完成全县103个采矿权年检工作。利用采矿权年检工作，结合税务部门统计的各矿山矿产品生产量，做到对各矿山企业资源补偿费的应收尽收，探矿权采矿权价款及时缴库，全年共征收探矿权、采矿权价款5.22亿元，矿产资源补偿费1228.03万元，采矿权使用费14.25万元，督促矿山企业足额缴纳矿山环境恢复治理保证金9.5万元。加强对探矿权的监督管理及矿山安全生产的监督检查，遏制圈而不探、以探代采、非法转让探矿权现象的发生。完成贵州省瓮安煤矿有限公司瓮安县建中镇珠瑙岩煤矿、中坪镇上坝煤矿、草塘镇穿洞河煤矿、贵州弘达矿业投资有限公司瓮安县瓮水街道办事处中鑫煤矿等7个“矿山复绿”工程实施项目建设工作。

5月31日，县举行首本不动产权利证书颁证仪式

【不动产登记】 完成全县2015年度土地变更调查549个遥感监测图斑的年度变更调查工作，并顺利通过省级检查和部级抽查；开展猴场镇集体建设用地宅基地精细化确权登记试点工作，完成宋家寨村、马场坪村、大金星村9600户入户权属调查、数据入库工作，建立权籍数据库，已达到颁证发证条件；办结不动产权登记2034件，不动产登记证明3529件。

【“村民自建”土地整治项目】 9月29日，瓮安县玉山镇龙蟠村2015年度土地整治项目顺利通过县级验收，该项目是瓮安县第一个以村级作为实施单位的土地整治项目，也是助力精准扶贫的试点项目。项目建设总规模2000亩，总投资240万元，项目区实现“三得”（得优质耕地、得劳务收入、得农田基础设施资产）。该项目实施，群众得优质耕地1796.54亩，得劳务收入9万元，得农田基础设施资产182.39万元，直接惠及龙蟠村180户600余人（贫困户54户180余人）。

【旅游资源大普查工作】　完成全县所有旅游资源单体调查数据分析、与数字地图整合，完成全县数据库建设工作并提交到省国土资源厅。完成猴场镇下司社区、金竹村、青池村3个试点工作区域旅游资源普查成果报告编制及数据库的录入工作，并将成果向省国土资源厅汇报。完成全县旅游资源普查外业验收工作及普查工作总结编制，完成全县旅游资源单体调查979个，以地文景观类、水域风光类和生物景观类为主，新发现旅游资源单体418个，通过县级初评，被评为优良级78个，普通级650个，未入级251个。

9月14日，国土资源局包保领导回访贫困户

【测绘管理】　管理和规范全县测绘、地理信息市场秩序和测量标志保护工作，全年未发现新的测绘标志被损坏。已编制完成“数字瓮安”地理空间框架平台项目建议书和可行性研究报告。

【精准扶贫】　及时成立精准扶贫一张图工作领导小组，认真开展调查工作，完成全县2016年实施整体搬迁贫困自然村寨坐标数据采集及精准扶贫作战图管理系统基础资料收集，13318户贫困户坐标的采集已完成。同时，认真开展精准扶贫结对帮扶工作，每季度到结对帮扶点——瓮水街道金龙社区开展贫困户回访工作，做好扶贫政策宣传，与贫困户结对帮扶，从资金、技术、信息等方面精准帮扶，做到“不脱贫，不脱钩”，全年累计帮扶资金共计1万余元。

（徐明朱）

安全生产管理

【概况】　2016年，县安全生产监督管理局常设瓮安县安全生产委员会办公室，内设综合科（工贸科）、非煤矿山安全监督管理科、危险化学品安全监督管理科，职业安全健康监督管理科和政策法规科5个科室，下设瓮安县煤炭安全生产监督管理局、瓮安县安全生产执法监察大队两个副科级单位和瓮安县安全生产监测监控中心、瓮安县煤矿驻矿安全监管员管理中心、瓮安县安全生产应急救援指挥中心（瓮安县安全技术培训中心）三个股级事业单位。核定人员编制113名。

全年发生道路交通安全事故6起，死亡7人。其他行业领域未接到安全生产事故报告。安监局获全州安全生产工作一等奖。

5月13日，县安监局召开迎接国务院安委会第七巡查组检查动员会

【安全生产责任制落实】　2016年针对全国、全省安全形势，多次召开专题会议，贯彻执行国家、省、州、县关于安全生产的方针政策，认真汲取事故教训，强化安全生产红线意识和底线思维，严防死守，制定针对性措施，坚决杜绝较大以上安全生产事故发生。按照“党政同责、一岗双责、失职追责”的安全生产责任体系和“三个必须”（管行业必须管安全，管业务必须管安全，管生产经营必须管安全）的原则，结合全县安全生产工作实际，有针对性地与各乡镇、部门，生产经营单位签订安全生产责任书，落实生产经营单位主体责任和行业主管部门监管责任。加强节假日、重大活动和“汛期”等重点时段的

安全生产隐患排查治理。开展安全生产约谈及安全生产警示教育，对近年来发生的安全生产事故进行深入剖析、讲解，强化安全生产的红线意识，落实安全生产责任。

【安全生产执法】 开展安全生产大检查及安全生产专项整治，建立每季度一次的安全生产大检查长效机制。突出重点行业领域隐患排查及专项整治，将隐患排查治理工作与日常安全大检查、“汛期”安全生产大检查等工作相结合，对重点企业的重点环节进行认真检查，对排查出的隐患，督促企业落实整改措施，明确责任人及整改期限，确保及时整改到位。2016年，全县检查煤矿企业642次，查出隐患2195条，整改2182条，整改率99.7%；检查非煤矿山企业312次，查出隐患1160条，整改1152条，整改率99.3%；检查危险化学品及烟花爆竹企业421次，查出隐患1390条，整改1378条，整改率99.2%；检查工贸行业企业244次，查出隐患885条，整改877条，整改率99.1%。开展“汛期”安全生产大检查，制定有效措施，并结合日常安全生产检查对各企业汛期安全生产工作进行督查检查治理和监测，同时严格执行24小时值班值守制度及采用安监短信平台及时发布预警信息，安全度汛。开展煤矿“三级安全确认”，存在安全生产隐患的煤矿不得进行生产作业；同时在非煤矿山、化工、烟花爆竹、加油站、涉燃爆性粉尘、冶金等高危行业开展定期安全确认，每月或每季度进行一次安全检查、安全确认。开展重点行业职业危害专项治理工作，

2月24日，安全监管人员在企业开展安全生产检查

对7个重点监管行业的治理工作进行监督管理。开展打非治违专项行动，对违规生产企业采取强制措施19次，并按照黔南州统一部署建立重大隐患挂牌督办制度，2016年，列入县级挂牌重大隐患39条。全面完成过剩产能关闭退出工作，开展煤矿及非煤矿山关闭验收工作，完成7家煤矿，8家非煤矿山的关闭任务。

3月14日，省安监局副局长叶邦文率队到瓮安检查指导“两会”期间安全生产工作。

【安全生产宣教】 通过电视、网络、通信等多媒体平台开展安全知识宣传，开通瓮安县安全生产微信平台和短信平台开展安全知识宣活动。结

6月19日，县举办安全生产月咨询活动

合“安全生产月”活动要求，在2016年“安全生产月”期间制作安全生产宣传专栏展板76块、向群众发放具有各类宣传资料13000余份、投入资金8000余元，受众人数50000余人。先后编制、修订《瓮安县安全生产事故应急救援预案》《瓮安县矿山安全生产事故应急救援预案》《瓮安县危险化学品安全生产事故应急救援预案》等应急救援预案，在2016年“安全生产月”期间，开展煤矿、非煤矿山、危险化学品烟花爆竹、工贸行业应急演练12次。培训煤矿、非煤、危化、工贸行业企业负责人和从业人员安全教育知识1576人。

【安全生产基础】 推动安全设施和职业卫生“三同时”工作，严把安全生产准入关口，新、改、扩建项目必须同步实现安全设施和职业卫生“三同时”。开展非煤矿山规范化开采专项整治，瓮福集团大塘矿获省级示范矿区、大信北斗

山磷矿获州级示范矿区称号。加油站阻隔防爆技术改造工作除中石化2家加油未完成阻隔防爆技术改造外，其余22家均已完成阻隔防爆技术改造。3家烟花爆竹生产企业均实现机械自动化改造工作，实现“人药分离、人机分离”。大力推行安全生产信息化、标准化系统的使用，6月15日，安全生产信息化标准化平台投入使用，全县已录入企业自查833次，自查一般隐患321条，录入检查数据731次，检查企业405家，查出隐患1183条，安全生产监管检查及企业自查自纠情况均已在平台上体现。

（肖大涛）

商务管理

【概况】 2016年，瓮安县商务局内设综合科、商务管理科、储备管理科三个科室，下设副科级事业单位县商务和粮食综合执法大队和股级事业单位县商贸物流服务中心。领导班子：局长1名，副局长2名，纪检组长1名，执法大队大队长1名。年末在编在岗干部职工24人，其中行政人员11人，事业人员13人。4月25日瓮安县农村电商志愿者分队由县商务局牵头成立。2016年度获全州商务工作先进单位一等奖，粮食工作先进单位一等奖，全县目标考核三等奖，瓮安县获贵州省电子商务进农村综合示范县。

【商贸物流】 全县社会消费品零售总额完成21.42亿元，增长13.7%。新增入库批零住餐限额以上企业17家，累计限额以上企业51家。组织县内20家企业分别参加在都匀举办的黔南州成立60周年和福泉开展的黔南州第九届旅游产业发展大会名特优商品展示展销，展示产品40种。建设省级示范性农贸市场——永和镇区新街农贸市场。年末，全县各类寄递物流企业41家，快递车辆共计104辆，乡镇物流配送率100%。

完成县级储备粮1194吨轮换工作和新增县级储备粮稻谷1500吨，成品粮大米400吨已按动态储备方式进行储备。

【电子商务】 累计完成电子商务交易额8.14亿元，网络零售额2.03亿元，培育电子商务企业和个体103家，建设农村电子商务综合服务站23个，村覆盖率61.8%；建成1个大数据村域经济服务（金融服务中心）电子商务运营（服务）中心。牵头完成贵州（瓮安）国际电子商务产业园开馆仪式，并协助成功举办2016瓮安电子商务高峰论坛，年内有32家企业入驻电商产业园。成功举办电子商务知识技能培训4期，培训人数共计300余人。推进《瓮安县人民政府关于加快推进电子商务发展的实施意见（试行）》政策实施，共发放9.3万元电商扶持资金。

10月26日，平定营镇三合村大数据村域经济服务社（金融服务中心）挂牌成立

7月24日，由县委、县政府、颐高集团、麒龙集团主办，县委办、政府办、县商务局等承办的贵州瓮安颐高电商馆开馆启动仪式暨2016中国·瓮安电子商务高峰论坛活动在瓮安颐高电商馆隆重举行，瓮安颐高电商馆是贵州省首个集特色产业、电子商务、商贸物流、农村电商、万创空间为一体的大型O2O电子商务产业园。

【综合执法】 对全县24座加油（气）站、瓮安县粮油储备库和黔中粮油工贸有限公司及县内4大超市开展不定期检查，共开展各类执法检查30次，出动执法人员100余人次。并组织相关部门对全县矿山、建筑工地等开展非法成品油供应销售专项打击工作，规范辖区商贸领域市场经营行为。

【宣传培训】 1月16日瓮安县商务局组织企业参加“2016贵州年货节暨贵州特色商品（北京）展示交易会”。1月18日2016广州·贵州省黔南州布依族苗族自治州建州60周年成就展在广州越秀区流花馆开幕。瓮安县商务局组织当地8家企业参加了成就展的名特优产品展示展销。3月17日—18日瓮安县商务局特邀淘宝大学讲师到瓮安县县委党校举办瓮安县电子商务知识培训班。全县各乡镇（办事处）团（工）委书记、各乡镇（街道）妇女主任、各乡镇（街道）创业致富带头人等共87人参加。4月11日至15日，协同县委组织部组织全县电子商务成员单位、各乡镇（街道）分管农村电子商务的领导、部分电子商务企业代表共41人赴杭州颐高集团进行学习考察电商平台的建设、管理及运营模式。11月25日由县电商办、县商务局共同举办的瓮安县第一期“电子商务进农村”专题培训班在瓮安颐高电商馆正式开班。农村合作社、农业种养殖大户、农业龙头企业负责人、待业青年、未就业的大学生、退伍军人等各行业100余人参加培训。

【党建帮扶】 委派专人到建中镇高坪村任“第一书记”，驻村后，帮助拟定《高坪村脱贫攻坚工作计划》，全体干部职工带头深入包保村开展走访、调查、慰问，以“一对一”“一对多”的方式与扶贫户结成帮扶对子，向贫困群众宣传国家扶贫惠农政策，帮助理清脱贫法子、致富路子。挤占办公经费5万元落实建中镇高坪村党建帮扶资金。

9月6日，组织爱心企业到高坪村开展捐赠活动

9月6日，牵头组织瓮安县深安燃气有限责任公司、贵州麒龙置业有限公司、诚翔置业有限公司、瓮安显龙石化有限公司等20余家爱心企业到建中镇高坪村开展“凝聚爱心·点燃希望”爱心捐赠活动，捐赠爱心物资、资金等8万元。

（蒋　炜）

11月25日 举办县第一期“电子商务进农村”专题培训班

财政·税务

财　政

【概况】　2016年，瓮安县财政局内设综合科、预算科、国库科、经济建设科、行政事业财务科、农业科、财政法规科、基层财政管理科（基层财政管理局）、社会保障科、金融科、财政监督与绩效评审科、会计科、政府采购办公室、农业综合开发办，下属3个副科级事业单位：国库集中收付中心、财政监督检查执法大队、国有资产管理局。10月19日，成立财政投资评审中心，为财政局管理的股级事业单位。

领导班子：局长1名，常务副局长1名，副局长2名，纪检组长1名，机关党委书记1名，财政监督检查执法大队队长1名，国库集中收付中心主任1名，基层财政管理局局长1名，国有资产管理局局长1名。

年末在岗在册人数73人，其中局机关人员22人，机关工勤人员2人；国库集中收付中心人员35人，事业工勤人员1人；执法大队8人，国有资产管理局5人。

【财政预算执行情况】　财政收入情况。年度财政总收入完成213470万元（不含退税650.5万元、重点行业企业所得税1434.6万元），完成调整预算的100%，同比增收11991万元，增长5.95%。国税部门完成62602万元，完成目标任务的112.51%，同比增收16963万元，增长37.17%；地税部门完成112810万元，完成目标任务的77.23%，同比减收10870万元，减少8.79%；财政部门完成38058万元，完成目标任务的118.93%，同比增收5898万元，增长18.34%。一般公共预算收入完成125008万元，完成调整预算的100%，同比增收8816万元，增长7.59%。在一般公共预算收入中，税收收入完成86148万元，占一般公共预算收入的68.91%，同比增长3.47%；非税收入完成38860万元，占一般公共预算收入的31.09%，同比增长18%。基金预算收入完成111478万元，完成目标任务的111.48%，同比减收16065万元，减少12.60%。

财政支出。一般公共预算支出完成300228万元，完成调整预算的100%，同比减支24169万元，减少7.45%。基金预算支出完成114563万元，完成预算的114.56%，同比减支15381万元，减少11.84%。

【财政收支平衡情况】　公共财政预算平衡情况。一般公共预算收入125008万元，上级补助收入194998万元，预算稳定调节基金—5685万元，收入总计314321万元。一般公共预算支出300228万元，上解支出12030万元，支出总计312258万元。收支相抵，净结余2063万元。

基金预算平衡情况。县级基金预算收入111478万元，上级补助收入2637万元，上年结余467万元，收入总计114582万元；县级基金预算支出114563万元，支出总计114563万元。收支相抵，净结余19万元。

【惠农政策落实】　全年发放各种涉农补贴6915万元，其中耕地地力保护补贴5255万元，水稻良种补贴249万元，玉米良种补贴197万元，小麦良种补贴20万元，油菜良种补贴12万元，2016年度生态林补助资金907万元，移民后期扶持资金271万元。

【社会保障支出】 2016年累计拨付农村低保金3106万元，享受人数14417人；拨付城市低保金1133万元，享受人数2464人；孤儿生活补助122万元，农村五保供养金264.8万元，失地农民养老保险5719万元；离休、伤残武警医疗保险费360万元，城乡医疗救助资金476万元；新型城乡养老保险金3938万元，享受人数48335人；新型农村合作医疗基金19090万元，实际参合389146人；小额担保贷款财政贴息469万元，在就业资金1634万元。

【政府采购】 2016年，共收到采购函650个，已组织实施357个，其中公开招标12个，竞争性谈判采购14个，单一来源采购7个，邀请招标1个，竞争性磋商采购2个，其余均为分散采购或集中采购。采购实施预算金额为831097万元，实际执行采购金额为797845万元，节约采购资金33252万元，节约率为4%。

【非税收入】 全县132个应上线执收单位的信息全部纳入“贵州省政府非税收入收缴管理系统”进行管理，安装政府非税收入收缴系统终端系统单位43个。编制非税收入计划，将非税收入分解到公安、国土、林业、农业以及乡镇等55个部门、细化到46个收费项目，非税收入严格实行“收支两条线”管理，做到及时足额缴库。严格执行“购前审批、限量发放、核旧领新、票款同行”的原则，强化非税票据的日常管理，抓好购领、发放和核销清缴工作。继续完善“贵州省政府非税收入收缴管理系统”收费项目维护管理工作，并在贵州省非税收入收缴管理系统中对各执收单位涉及的取消、停征、减免收费项目进行系统维护，取消项目14个。严格执行罚没财物保管、处置、审批备案、收入上缴等规定，对全县罚没财物管理和矿产资源收费基金进行了全面清理。2016年非税收入完成38860万元，占一般公共预算收入的31.09%，同比增长18%。

【国库集中收付改革】 对国库集中支付财政大平台系统进行了升级改造。1月起，在全县8家国有商业银行开设工资专户，财政全额拨款的166家行政、事业单位工资全额实行财政统发，保障全县9145名在职人员、2664名离退休人员工资及时足额发放。对指标管理系统进行升级改造。对全县86家一级预算单位的财务核算软件进行统一，实现财政资金网络化动态监管。全年通过国库集中支付资金944404万元。其中直接支付27941笔，金额929602万元，占集中支付总额的98.43%；授权支付4891笔，金额14802万元，占集中支付总额的1.57%。

【村级公益事业“一事一议”财政奖补】 2016年，全县“一事一议”财政奖补项目按照“四个优先”（2015年度项目管理规范，奖补规模控制得好的乡镇优先；规划设计合理，示范带动效果好的项目优先；村组干部得力，群众积极性高，民主意识浓、组织有力的项目优先；社会关注度高，有社会捐赠或部门扶持的项目优先）的原则，进行审查、立项、申报、实施工作。全年完成一事一议财政奖补项目125个。硬化村内户外道路155公里、庭院硬化5390平方米、安装太阳能路灯照明设施538盏、种植绿化树1000株。项目覆盖全县12个乡镇33个行政村58个自然村寨，有4913户农户23854人受益。

（孙乾晋）

国家税务

【概况】 2016年，瓮安县国家税务局内设办公室、财务管理科、人事教育科、机关党办、征收管理科、政策法规科、收入核算科、税源管理科、信息中心、监察室、办税服务厅11个正股级机构，下设雍阳分局、玉山分局、草塘分局、稽查局4个副科级机构，由三个分局负责全县国税税源管理工作。领导班子：局长1名，副局长3名，纪检组长1名。年末在职干部职工63人〔征管人员29人，负责全县13个乡镇（街道）9413户纳税人的税收征管〕。

【税收征管】 专项治理。对煤炭、磷及磷化工、汽贸、超市、加油站、商混和建材等行业开展专项检查，累计查补入库税款、滞纳金、罚款940万元。纳税评估。2016年累计评估入库税款15.33万元。2016年累计完成系统任务63453万

4月20日，税务人员向纳税人宣讲有关政策

元，占州国家税务局下达年度计划46000万元的137.94%，同比增收18449万元，增长40.99%，超计划任务37.94个百分点。2016年累计完成县级任务64688万元，占县级任务55640万元的116.26%，同比增收18531万元，增长40.15%，其中增值税入库48411万元，同比增收15812万元，增长48.5%。

【纳税服务】 构建“七统一”办税服务新模式，国地税窗口实现“一人一机一窗一POS双系统”联合办税，有效提高办税效率；持续开展“便民办税春风行动”，实践运用“互联网+税务”手段，上线发票申领智能系统，纳税人通过网上申请和物流配送，足不出户完成发票领用，累计为100余户企业送票2万余份，平均成本降低率25%，实现税务、发票、物流、纳税人线上线下办税新模式、新突破。严格落实优惠政策，2016年办理减免税8012.44万元，其中增值税7788.3万元，企业所得税224.14万元。

4月15日，税务人员为纳税人答疑解惑

【税收改革】 深化税务行政审批制度改革，及时贯彻落实税收行政审批事项，制定审批项目清单，及时向纳税人和社会发布。2016年“零超时”完成行政审批143项。加强国地税合作，成立了由政府牵头、多部门参与的深化征管体制改革领导小组，建立了国地税“1+4+N”深度合作模式，以政府为主导，通过“服务互融、征管互助、信息互享、经验互鉴”，打造“便民办税、协作治税、信息管税、互惠兴税”4个“共同体”，实现N个合作事项再延伸，累计确定基础合作事项37项、创新合作事项9项。推行增值税开票新系统1643户，电子发票8户，增值税发票税务端各系统运行正常。

【组织建设】 党建工作先后荣获贵州省先进基层党组织、贵州省国税系统先进基层党组织等荣誉称号，得到省、州、县有关领导肯定性批示，

12月19日，为帮扶村送去水泥修建蓄水池

其经验在中组部共产党员网上刊登吸引多批单位到单位参观学习，多次承接县委安排的考核观摩工作，获得县党建工作目标考核加分。资助珠藏镇羊关村资金8万元开展村基础设施建设，对泥土路进行硬化；筹措资金6万余元帮助珠藏镇兰窝村和新寨村配备塑料水管、水管套件等通水设备，解决两个村民组人畜饮水问题；带动群众发展兔肉养殖和特色蔬菜种植，调动和激发群众发展产业的活力，促进贫困群众依靠产业实现脱贫致富，全面小康。

（李　梅）

地方税务

【概况】 2016年，瓮安县地方税务局内设办公室、计划财务股、征管和科技发展股、政策法规股、人事股、监察室等6个正股级机构，下设四个副科级分局，一分局负责税费征收和纳税服务工作；二分局负责纳税评估工作；三分局负责行政企事业单位税源管理工作；四分局负责个体税源管理工作。领导班子：局长1名，副局长2名，纪检组长1名，局长助理1名。

4月19日，县地税局在“税收宣传月”期间到企业进行税收宣传

2016年累计组织税收收入11.16亿元，同口径同比上年增收0.77亿元，增长7%，不含营业税税收收入8.58亿元，完成“营改增”后州地税局调整不含营业税全年确保目标6.9亿元的124.4%，奋斗目标8亿的107.29%，同比增收0.14亿元，增长1.66%。

【税收改革】 3月起，按照全省“营改增”试点推行工作安排部署，按时间节点同国税加强合作，以办税大厅为主阵地多渠道多手段强化政策宣传，同时成立清理小组，在做好前期调查核实、管户清理、欠税清缴等工作的基础上，于4月22日向县国税局移交“营改增”纳税人1527户，确保全面推开营改增试点工作平稳进行，5月1日起，“营改增”改革全面实施，营业税正式退出历史舞台。5月3日，顺利开出第一张二手房交易代征增值税发票，标志着代征二手房交易和其他个人住房租赁工作在瓮安县顺利推开。在资源税

8月19日，国地税深化合作工作联合局长办公会

从价计征改革中，按要求做好测算，加强政策宣传，强化纳税辅导，7月1日顺利实施资源税从价计征改革，7月28日，组织全县相关企业纳税人开展资源税从价计征政策解读及纳税申报培训会。全年为企业减负1500余万元。

深入贯彻落实《深化国税、地税征管体制改革方案》，多次与国税局联合召开局长办公会议，研究和部署深化合作和联合办税相关事宜，制定《“1+4+N”深度合作方案》《税务办税服务厅管理办法》《国、地税合作工作实施方案（3.0版）》等制度办法。2016年，国、地税联合开展了定额核定、业务培训、信用评价、银税互动、税务登记、税收宣传、联合办税等工作。

8月19日，县国税局、县地方税务局在县地税局会议室召开深化合作局长办公会议，会议传达全州国地税深度合作办税推进会议精神，就“一人一窗一机双系统”合作办税模式达成共识。8月31日，县国税局、县地方税务局在县国税局会议室就联合办税、深化合作等有关事宜召开联席会议。于9月12日提前上线“一窗一人一机双系统单POS”办税模式，国、地税业务实现融合，真正实现“进一个厅，叫一个号，找一个人，办两家事”，方便纳税人。

【税收征管】 落实税务总局制定的税收征管规范1.2版，在业务梳理和差异对照的基础上，规范部门职能。规范数据采集，加大数据质量监控力度，数据质量全面提升。开展税收摸底调研，分析税源结构，加强对房、土两税、土增税、耕占税等地方税的政策宣传及申报管理。

全面推行税收执法责任制，加大执法责任的考核与过错追究和执法督察力度，规范税收执法行为。在税收宣传月期间，突出开展“聚焦营改增试点助力供给侧改革”宣传主题活动。落实各项税收优惠政策，2016年减免税收近7000万元。全年累计对全县84户企业开展税收风险管理，已结案78户，共计查补应补缴地方各税220余万元。

【“两学一做”学习教育】 制定方案，打牢“学”的基础，全局集中学习5次，召开学习讨论会3次，专题上党课2次，开展“两学一做”知识测试，观看《镜鉴》《庆祝中国共产党成立95周年》直播、《道路，回望（1921）》《永远在路上》等专题教育片。组织支部党员先后集中参观冷少农革命烈士故居、县反腐倡廉警示教育基地、“6·28”事件警示教育基地、遵义会址、娄山关战斗遗址、猴场会议会址等。组织干部职工参加“牢记党的宗旨·讴歌幸福黔南·建设五个瓮安”歌咏比赛，“两学一做”演讲比赛和徒步走活动等。

6月28至29日，省地税局第三支部和第九支部到瓮安开展庆祝建党95周年“七一”党建系列活动，省地税局党组书记、局长季可以及省地税局领导杨军、胡正群、赵书强及县地税局党支部党员参加活动。

【脱贫攻坚】 多次深入珠藏镇鹤亭村帮扶点进行实地走访帮扶。2016年开展易地搬迁扶贫共4户，教育扶贫共20户，金融扶贫贫困户申请“特惠贷”共30户，产业扶贫共42户，生态补偿扶贫1户；年末63户贫困户实现脱贫，占总包保94户的67%。

（杨佳杭）

6月28日，省、县地税局党支部开展庆祝建党95周年“七一”党建系列活动时到宋家寨小学开展助学活动

金融·保险

金融办公室

【概况】 2016年，瓮安县人民政府金融工作办公室内设综合科、银行保险科、地方金融发展科、资本市场科，下属管理县创新金融产品管理中心。年末在编14人（主任不占编制），聘请工勤1人。

全县共有银行业金融机构8家，代理服务点131个、支付终端152个、149台ATM机、2257台POS机，覆盖全县13个乡镇（街道）的82个行政村，大力发展普惠金融，实现“镇乡有网点、村村有服务、电子机具村村通、家家用上银行卡”。全县金融机构人民币存款余额148余亿元，同比增长24.4%；金融机构贷款余额113余亿元，同比增长48%，存贷比为76.4%。存贷比为79.88%；小额贷款公司6家，注册资金1.97亿元，贷款余额为1.28亿元；融资性担保机构3家，注册资金1.51亿元，担保贷款余额0.82亿元；保险业机构12家。

【政府融资】 完成政府性融资42.7亿元，其中政策性银行贷款9.9亿元，商业银行贷款9.6亿元，租赁融资2.8亿元，债券融资12.5亿元，信托融资3亿元，基金融资3.8亿元，其他融资1.1亿元。

制订瓮安三年融资滚动计划；通过“PPP”模式、互联网金融、资产证券化、发行债券、银行贷款、“投融建”一体化模式及其他方式开展融资。搭建政策性银行融资专项渠道，与农发行合作制定《瓮安县2016年至2018年三年贷款计划》（三年融资金额分别40亿元、50亿元、60亿元）；建立政策性银行项目审批直通车，推行“投融建一体化”融资模式，实现企业垫资建设、银行合理贷款、政府融资建设目的，化解融资中出现的资金多方抵押问题，推动猴场镇碑林红色文化园、草塘十二塘木瓜河安置房等项目的融资建设。与贵州兴黔资本公司合作推进PPP、EPC模式融资，为全县城市综合配套、旅游开发、小城镇建设等项目提供资金保障，推动建中镇凤凰大道等项目建设；继续夯实租赁融资、债券、基金等金融产品的实施，推动草塘十二塘、建中茶旅小镇、易地扶贫搬迁等项目实施。

【金融产品创新】 与建设银行合作建立贵州省第一家“助保贷”管理中心平台，累计发放贷款8200余万元。2016年与各家银行搭建“贵园信贷通”金融平台，发放贷款1250万元支持中小企业发展。推行支农再贷款“双加运行”模式，采取承贷银行放贷资金，人民银行同等配套匹配相应资金，政府贴一点，银行降一点，使企业贷款利率比正常贷款执行利率降低约30%，全年共发放“双加运行模式”惠农贷款2.8余亿元。探索搭建政银企互助合作平台，实现政、银、企信息对称，为平台内有融资需求的中小企业，推荐到相应的金融机构进行融资，获得资金需求，如与贵州银行探索“小微企业银政通”合作模式，与建设银行开展“黔园通”合作模式。推进农村“三权”抵押融资，形成产权变资本、资本变资产。

成功引进华创证券公司在瓮安设立C型营业部。稳步实施《瓮安县银行业金融机构支持地方经济社会发展考核办法》，在全县金融机构存款余额不断上升的基础上，同时拉动表内贷款还吸引表外融资，特别是未在瓮安设机构银行的国开行、农发行、重庆银行、交通银行等金融机构的贷款支持。建立金融工作联席会议制度、银行行长联系帮扶企业制度、银企定期洽谈等工作机制。对全县优质企业进行摸底排查，建立拟上市企业项目库，并推荐进入贵州股权金融交易中心、华创证券公司等机构。

成立全省第一家县级互联网金融平台公司，与华创证券公司合作成立贵州股权金融资产交易中心瓮安分中心，2016年共发放债券1亿元。发行全省第一支县级非公开标准化公司债券，以花竹山集团公司为主体推动发行一支非公开标准化发行公司债券，为瓮安县基础设施建设募集资金 6 亿元。

【金融支持精准扶贫】 出台《瓮安县金融精准扶贫实施方案》，形成“政府主导、政策整合、金融助力、精准扶贫”金融扶贫机制。建立风险分担机制，通过三个政府补一点，承办银行让一点、担保公司担一点“三点”化解风险损失。与农商行搭建扶贫信用贷款“特惠贷”，共投放“特惠贷”贷款3.56亿元，惠及8188户贫困户，超额完成年初2.5亿的任务数；通过对贫困户评级授信后发放扶贫信用贷款支持贫困户脱贫，确立三年发放10亿元特惠贷款目标。

【保险工作】 学习领会保险“国十条”精神，贯彻落实《贵州省关于加快发展现代保险服务业的实施意见》，支持保险产品服务创新，推动保险业与地方经济融合发展。利用中央财政保费补贴政策，将农业保费地方配套资金纳入年度财政预算并及时足额拨付到位，引导农户和农业生产经营组织自愿参保。制定《瓮安县2016年政策性农业保险工作实施方案》，成立瓮安县农业保险工作领导小组，专项负责农业保险工作的组织实施、重大事项协调和组织专家进行争议仲裁等工作，2016年共收缴保费226.87万元。

【投融资体制改革】 以国有企业兼并整合的方式分别对瓮安县宏诚融资担保有限公司、瓮安中小企业融资担保有限公司进行股权整合形成国有控股，并增资扩股到1亿元以上。争取省再担保公司给予机构性授权再担保，扩大担保总量和放大担保额度；建立政府公益事业和政府扶持项目融资与市场化运作融资相结合的信用担保体系，在政府公益事业、基础设施和县内各企业及涉农项目等贷款方面提供担保。成功引进贵州银行到瓮安设立分支机构并于7月正式开业运营。激活民间资金参与地方经济社会发展，组织全县小贷公司以座谈交流、约谈、组织协调等方式支持其增资扩股，增强核心资本充足率，推进小额贷款公司向乡镇延伸发展。

【地方金融秩序维护】 严格对照《瓮安县非法集资集中整治专项行动方案》，组织开展以投融资理财信息中介机构为重点的涉嫌非法集资集中整治专项行动。在瓮安金融网开设打击非法集资专栏，制作打非宣传展板和发放《告全县人民的一封信》等宣传资料，对全县范围内非集资类广告进行全面清查。采取收缴如“高额回报”类违规广告宣传单、关停部分不符合规定的投资理财咨询类公司等措施，形成震慑效应，存款余额从年初的119亿元增长到年底的148亿元。

【党建和党风廉政工作】 开展“两学一做”学习教育，学习《中国共产党章程》《中国共产党廉洁自律准则》等内容。开展自学抄写《党章》《准则》《条例》《习近平总书记系列讲话》和党纪条规原文。落实中央“八项规定”，严格遵守县机关效能建设有关规定，制定2016年党风廉政建设和反腐败工作要点，落实“两个责任”。规范党务公开，政务公开，有公开宣传专栏。与雍阳街道河滨社区结对共建精准扶贫工作，开展结对帮扶共建活动。精准扶贫对象精准落实到单位和个人，全办干部职工结对帮扶24户精准扶贫对象，全年支持河滨社区结对帮扶资金3万多元。

（徐国森）

中国人民银行瓮安县支行

【概况】 2016年，中国人民银行瓮安县支行内设办公室、国库会计发行部、金融管理部、保卫部。领导班子：行长1名、副行长2名（1名兼纪检组长），年末干部职工21人。

年末，全县国有股份制银行：工行瓮安县支

行、农行瓮安县支行、建行瓮安县支行、中行瓮安县支行、县邮政储蓄银行；法人机构：贵州省瓮安农村商业银行；股份制商业银行：贵阳银行瓮安县支行；贵州银行瓮安县支行。

年末，共核准开立账户709户，其中基本户653户，专户39户，临时户17户；变更及展期银行账户255户；撤销银行账户242户。全县金融机构各项存款余额148.21亿元，同比增长24.52%，较年初新增存款29.18亿元；各项贷款余额112.67亿元，同比增长29.06%，较年初新增25.37亿元。

【国库管理】 年末，瓮安支库累计完成收入合计35.21亿元；支出9248笔、96.63亿元；退库351笔、1.52亿元。国库瓮安县经济开发区支库累计完成收入5871笔，合计2.92亿元；支出7笔、2.18亿元；退库12笔、29.5亿元。

【发行与反假货币】 加强发行规范化管理，确保辖区正常、合理的现金供应。加强对流通中各券别的调节，建立小面额现金供应主办网点。年末，办理商业银行取款业务304笔，共投放现金15.18亿元，办理商业银行缴款业务410笔，回笼现金8.55亿元（回笼损伤券226笔、6450.8万元），净投放6.63亿元。年末，收缴假币607.46万元，其中金融机构共收缴假币14.4万元，公安机关解缴假币593.06万元。

【金融改革与创新】 积极指导金融机构从金融产品、服务方式等不断丰富金融产品。发挥"法人"金融机构作用，向上争取合意贷款增量指标，以"金融精准扶贫"支持瓮安县扶贫攻坚。

【信用体系建设】 年末，办理查询个人征信7878笔，企业征信135笔，新办理机构信用代码证448户，更新机构信用代码证39户。落实各行金融消费权益保护组织机构和工作人员，规范金融消费权益保护工作。

【金融监测与调研】 关注辖区金融发展态势，全面、准确掌握辖区银行信贷资产质量状况，加强与地方政府及有关部门、监管机构、金融机构的信息沟通，完善协调机制，对辖区金融稳定态势监测分析。防范区域性、系统性金融风险。强化地方金融法人机构数据审核，加强县域存贷款监测和新增"企业不良贷款"监测、民间融资专项监测。围绕县域经济金融运行中的热点、难点问题深入开展金融调研，及时上报上级行和地方政府。

【金融管理】 推进"两管理、两综合、一保护"工作，规范金融机构管理与服务业务操作流程。对新设金融机构加强准入管理、业务指导和工作辅导，新设金融机构各项新业务顺利开展。实行综合检查和专项检查相结合，促进金融机构合规经营、有序竞争。加强行政许可、政务信息公开、保密、节能减排、计算机安全、守库值班、消防与监控设施的管理，从软、硬件上保障支行安全。实施定期例会和每月工作报告机制，分析查找和化解风险隐患。推进反洗钱工作协作机制，实现与金融机构、公安、检察、法院等部门之间的合作。开展"金融精准扶贫"、青年志愿服务、道德讲堂、网络文明传播、"微信党课"、缅怀革命先烈、节能减排、"我们的节日"等活动。

（滕　军）

黔南银监分局瓮安办事处

【概况】 2016年，黔南银监分局瓮安办事处（以下简称"县银监办"）牢固树立"为民监管""风险监管"理念，严守不发生区域性和系统性风险的底线，主动适应经济金融新常态，强化风险管控，深化银行改革，优化金融服务，辖区银行业保持了稳健发展的良好态势，充分发挥了银行业对县域经济社会发展的支撑作用。年底有工作人员4人，其中主任1人、副主任科员1人、科员2人。

【银行体系建设】 2016年，县银监办将贵州银行瓮安支行的筹备开业工作作为银监办重要工作来抓，在选址、装修、高管任职资格初审等环节开设"监管绿色通道"。贵州银行瓮安支行于7月26日按期正式开业。年末，县辖区内已形成国有大型银行（工行、农行、中行、建行）、股份制银行（贵阳银行、贵州银行）、地方法人银行（农村商业银行）和谐共存、适当竞争、差别化发展的银行格局。

【金融精准扶贫工作】 根据县委、县政府脱贫攻坚计划，督促辖内各银行业机构结合各行实际制定金融精准扶贫实施方案，并严格按照方案开展金融精准扶贫工作。根据辖内各银行业机构实际情况，指定瓮安农商银行负责全县的金融精准扶贫推动推广工作，督促该行设立专职扶贫工作部门，全年共发放专项扶贫小额贷款“特惠贷”31744万元，超额完成贵州省联社下达的13056万元投放任务，帮助5107户建档立卡贫困户顺利实现脱贫。

【监管中心工作】 2016年，县银监办持续发挥非现场监管、现场检查功能，取得良好监管质效。对瓮安农商银行开展2015年度监管评级、审慎会谈工作；按时拟写上报瓮安农商银行2015年度监管报告、2016年季度风险分析报告；做好瓮安农商银行非现场监管报表审核工作，确保非现场监管数据得以完整、准确、及时上报。对瓮安银行业机构开展安全保卫现场检查；对中国银行瓮安县支行开展操作风险现场检查；对瓮安农商银行开展信贷与票据业务现场检查；对福泉富民村镇银行开展“两加强两遏制”回头看现场检查。

（唐　俊）

农业银行瓮安支行

【概况】 2016年，中国农业银行股份有限公司瓮安县支行设综合部、客户部、运管部、风险部；营业机构有支行营业部、雍阳支行、中街支行、草塘支行、玉山支行。年末在职员工68人。全州农行综合考评第一名。

2016年末，瓮安支行各项存款余额220501万元，较年初上升36426万元，完成年度计划的200.14%。其中，储蓄存款余额95916万元，较年初上升3608万元，完成年度计划的50.11%。

年末各项贷款余额223444万元，较年初新增17551万元。个人贷款余额118505万元，个贷纯增10054万元。全年实现中间业务收入1260.38万元，完成年度计划的100.63%。实现拨备前利润7412万元，完成年度计划的99.45%。

（窦建华）

工商银行瓮安支行

【概况】 2016年，中国工商银行瓮安支行内设行长室，办公室，营业部、业务部。在职职工23人，支行拥有1个物理网点及1个附行式+6个离行式自助银行。

2016年，各项存款余额16.78亿元，各项贷款余额19.06亿元，存贷比113.58%，全年新增贷款3.97亿元，增幅26.3%，存贷比及贷款增量均处于同业领先。贷款不良率0.15%，优于全省全州系统内和当地同业平均水平。实现全年无案件和无重大差错事故“双无目标”，连续第十七年未发生内外部经济案件、廉洁案件和外部欺诈风险事件。

中国工商银行瓮安支行2016年荣获“中国银行业文明规范服务千佳示范单位”（银协发〔2016〕165号）、贵州省银行业“文明规范服务百佳示范单位”（贵银协发〔2016〕5号）中国工商银行“2016年度优质服务百佳网点”（工银办发〔2017〕17号）、“2014—2016年度网点竞争力提升先进集体”（工银办发〔2017〕86号）、“贵州省五一劳动奖状”（工银黔工委〔2016〕4号）、黔南州“敬老先进单位”（黔南老龄委〔2016〕2号）等州级以上荣誉。

【业务发展】 2016年，中国工商银行瓮安支行积极支持地方经济建设，在城市建设领域、新农村建设及民生领域工程建设累计投放贷款9.64亿元，支持胜土水库、清涟湖湿地公园、草塘千亩花海三个项目共受信总额10.74亿元，至年末已投放1.44亿元；累计为公路交通项目建设注入融资2.17亿余元；累计向磷化工行业投放3.8亿元，支持金正大、源翼矿业申报省级、国家级的磷化工产业基地；农副产品加工及批发零售业投放1.15亿元；投放住房及消费贷款1.1亿元，支持锦美地产、麒龙摩尔城、绿城国际、财富新城等多个房开项目。

【社会活动】 由支行党支部、团支部组成学雷锋志愿服务队持续开展学雷锋活动。全年共开展35次金融知识进校园、进机关、入社区、上街头活动。组织全行员工参加“慈善一日捐”献爱心，班子成员先后13次到珠藏镇羊鹿村，对23户困难群众开展“送温暖、聚民心”，四送一助活动，全年累计献爱心捐助钱物折合人民币3万余元。同时瓮安支行党支部荣获中国工商银行贵州省分行“先进基层党组织”荣誉表彰（工银黔党〔2016〕21号）。

【行业创新工作】 打造“轻型化、智能化、一体化”服务模式。通过实施厅堂温馨靓化工程、服务态度治理工程、服务效率提升工程和渠道分流优化工程，持续强化客户体验提升取得实效。着力提升电子银行渠道业务分流效果，解决网点覆盖不足的矛盾，全年实现电子渠道受理业务量达565万笔，占全部业务量的比例达95.8%，黔南州电视台“媒体进工行智能银行服务体验活动”对工行新型化服务体验进行宣传报道。持续深化智能银行服务功能应用，营业厅柜面个人非现金业务向智能终端迁移率达93.6%，营业厅客户服务平均等候时间较智能化改造前降低33.9%，客户满意度长期保持在99%以上，瓮安支行智能化服务提升工作成效获评工商银行总行网点智能化改造优秀案例，在全国工行系统进行推广学习。推进“大零售”战略，发展融e行移动端客户等线上服务，推动互联网金融业务快速发展，个人有效客户数近8万户。推进信贷结构调整优化，在文化旅游、民生工程、棚户区改造、草塘红色古邑区多个项目注入资金，推进瓮安全面建设小康社会工作。

（汪家英）

建设银行瓮安支行

【概况】 2016年，中国建设银行瓮安支行内设综合部、客户部、营业室。领导班子：行长1名，行长助理2名，年末职工19人。

【营业利润情况】 年末，营业收入3479万元，比上年增968万元；中间业务收入324万元，比上年减少了119万元；利息收入4002万元，比上年增加1272万元；利息支出850万元，比上年增加228万元；营业税及附加93万元，比上年减少82万元；营业利润3385万元，比上年增加1042万元，实现人均利润178万元，比上年增加48万元。

【负债业务情况】 年末，一般性存款余额为92922万元，比年初新增24194万元。其中，企业存款余额为40148万元，比年初增加11185万元；个人储蓄存款余额52774万元，比年初新增13009万元。余额占比和新增占比较去年同期大幅提高。

【资产业务情况】 各项信贷资金贷款余额为85487万元，比年初新增4913万元；其中，对公贷款67971万元，比年初新增106万元；个人贷款17516万元，比年初新增4807万元；不良贷款515.95万元，比年初下降291.98万元。

【结算业务】 全年新开立对公账户96户（基本户56户，临时户7户，专户22户，一般户11户），新开对公结算卡17张，回单卡40张，企业网银客户49户，企业短信银行62户，企业手机银行33户；共签约个人短信银行8046户、微信银行761户，手机银行7062户，信用卡专项分期（汽车、装修）150户，金额1510万元。

【住房公积金存款、贷款情况】 年末，住房资金存款余额3647.08万元。其中，住房公积金存款余额2762.81万元，比年初上升994.68万元；住房维修基金存款余额759.07万元，比年初上升57.99万元。本年度发放公积金贷款133户，发放金额2838.8万元。

（曾凡俯）

瓮安农村商业银行

【概况】 2016年，瓮安农村商业银行内设综合办公室、财务信息部、党群宣传部、人力资源部、合规风险部、稽核审计部、纪检监察部、业务发展部、农村业务部、扶贫事业部、电子银行部、客户服务部、小微中心、安全保卫部、资产保全部、市场营销部、事后监督部、营业部。有营业网点31个，其中固定营业网点23个，便民服务网点8个，从业人员315人。

年末各项存款余额672991万元，较年初增加124995万元；各项贷款余额544588万元，较年初增加148285万元；涉农贷款余额442292万元，增加92889万元；年内累计发放小微企业贷款251161万元。调整选拔干部20名，新招录大学毕业生36名。

【金融服务进村入社区工程】 开展金融服务进村入社区工程，依托农村商户平台，利用农信银自助终端，针对农商行金融服务特点，以“农商行+商户+农户”服务模式为载体，大力发展“惠农村村通”业务，使农户不出村即可持卡实现查询、消费、取现、转账等金融服务。年末累计在82个村安装88台“诚者信合村村通”业务终端，年内交易93645笔、9263.05万元。开展“阳光信贷”工程，落实“5+2”信贷服务承诺，设立信贷监督信箱、公布客户投诉电话，聘请阳光信贷义务监督员，发挥阳光信贷监督员职能，开展社会评议等，发挥社会监督作用。成功创建10个信用乡镇、77个信用村，创建信用单位38个，信用商圈1个，信用企业67家，评定信用农民专业合作社62家，评定信用商户4125户，评定信用职工6132户。开展“富民惠农金融创新”工程，针对涉农小微企业融资特点，继续加强“双加贷款”信贷发放力度，采取“企业+基地+合作社+农户”模式，以“自有资金+支农再贷款资金”，资金配比为1∶1，支农再贷款资金部分按基准利率收取利息，减轻涉农企业和农户贷款压力。年度内发放惠农双加贷款16921.5万元，发放特惠贷6746笔，31744.2万元，惠及6625户贫困户。

（张　婧）

贵州银行瓮安支行

【概况】 贵州银行股份有限公司瓮安支行于2016年7月26日正式开业，是贵州银行股份有限公司在黔南州境内设立的第4家县域机构。支行营业地址位于瓮安县河西新区绿城.中央公园B区1号楼。县领导黄桂林、潘玉华，钟旻、张宗良、吴雪嫩、金正祥，贵州银行总行营销总监兼黔南分行行长王向东，州金融办副主任徐明干，中国人民银行黔南州支行副行长张开宇出席开业仪式。黄桂林与王向东共同为贵州银行瓮安支行揭牌。出席开业仪式的领导共同为贵州银行瓮安支行开业启动水晶球。贵州银行是省委、省政府决策成立，以遵义市商业银行、六盘水市商业银行、安顺市商业银行为基础合并重组，按照现代企业制度设立的省级地方法人金融机构，是贵州省委、省政府直接领导下的国有大型企业。2012年10月11日正式挂牌开业，注册地、总部设在贵阳市。

7月26日，举行支持开业仪式

2016年末，支行内设综合办公室（1人）、市场部（3人）、营业室（5人），领导班子行长、副行长各1人，年末有干部职工12人。2016年末存款余额3.61亿元，贷款余额1.13亿元。

【支持地方经济发展】 年度内授信贵州花竹山置业有限责任公司固定资产贷款27000万元，用于瓮安县西门河河道治理工程项目，年内投放贷款1.1亿元。支持县域内小微企业贷款200万元，主要为个体工商户经营性贷款。审批通过“银政通”业务10000万元，审批通过“政策性担保公司”担保业务10000万元，解决小微企业融资难、融资贵、无抵押的问题。开展“养老贷”业务，为“湘黔铁路工人”发放“养老贷”25笔，发放金额100万元。

（王晓东、吴俊丹）

邮政储蓄银行瓮安支行

【概况】 2016年，中国邮政储蓄银行有限责任公司瓮安县支行内设综合管理部、三农金融部、公司业务部。领导班子：行长1名，年末在职员工29人。支行下辖1个一类网点、1个二级支行及10个代理网点，9个便民服务点，有32台自助设备，50台POS机，服务客户超过23万人次，金融产品和服务超过160多种，个人网银客户和电话银行客户均超过4万户，持卡客户20万户。2016年末，经营持续提升，勇创“三个第一”。全年代发社会养老金、移民搬迁、职校学生补助款项2亿余元，涉及12000余户，全辖25个代付点定时定点服务（覆盖10镇1乡）。

全行业务收入完成年计划的116.57%，占全州总收入21.39%，全州排名第一；收入增长全州排名第一；同比增幅为30.84%；利润总额占全州38.08%，排名第一。个人存款余额14659.7万元，比上年增长11.6%；公司存款余额15899万元，比上年增长184.6%；零售贷款25623万元，比上年增长180.8%；小企业贷款7078.4万元，比上年降低205.09%。2016年荣获中国邮政储蓄银行贵州省分行信用卡业务发展“十佳网点”荣誉称号。荣获黔南州分行“先进党支部”。

（王　敏）

贵阳银行瓮安支行

【概况】 2016年，贵阳银行股份有限公司瓮安支行内设综合部、市场营销部、营业部。领导班子：行长1人，副行长1人，年末正式职工21人，平均年龄29.6岁，大学本科学历16人，大专学历5人。建立瓮安支行党支部，正式党员6人。业务经营范围涵盖人民币及外币存贷款业务、中间业务、代理业务、电子银行、代客户理财等。2016年末各项存款余额10.36亿元，较年初增长7.81亿元；表内外各项贷款余额6.64亿元，较年初增长4.61亿元。

【支持地方重大项目建设】 深入瓮安县“5个100工程”实施乡镇开展营销活动。相继支持瓮安工业园区拓展区主干道、瓮安县城棚户区改造、瓮安县人民医院改扩建、瓮安县中医院标准化建设、瓮安县易地扶贫搬迁工程、瓮安中学二期工程建设项目、瓮安县千亩花海等一批重点项目。通过商票通授信、政府购买服务授信等方式进行有效支持，授信总额16.78亿元。

【助力县域小微企业经营发展】 用好用活贵阳银行“及时雨”“诚誉贷”“抵押贷”“互助贷”“税源贷”等多款小微企业信贷产品，组织力量开展访商圈、进厂矿活动，召开各类客户专场信贷需求座谈会、恳谈会，收集和了解客户的融资需求。在按揭业务拓展上发挥个金系列产品的竞争优势，以差异化、特色化的金融服务赢得客户青睐。全年与7家房开公司建立按揭业务合作关系，业务合作额度达7.6亿元，累计发放按揭（含增值贷）贷款0.52亿元。抓实征地拆迁赔付代理业务，盯紧征拆主管部门、项目业主单位、“5个100”工程实施乡镇等开展精准营销发力，并做实“三个一”（一个征拆项目一个服务小组，一个征拆项目一场营销推荐会，一个征拆项目一个专属金融服务方案）工程。用好爽得利、爽得福等“爽”系列存款产品最大限度地提高留存率。

【普惠金融发展】 由县政府、贵州农经网、贵阳银行合作共同推进瓮安县大数据村域经济服务社（农村金融服务站）建设工作，贵阳银行为农村提供普惠金融服务。村民可通过农村金融服务站集中办理的借记“福农卡”在站点终端机上实现转账汇款、查询月、小额提现、代缴费、购买理财产品、修改密码、绑定手机号等功能。此卡免年费、免短信费、免全国跨行取款交易费。

（莫后凯）

中国银行瓮安支行

【概况】 2016年，中国银行瓮安县支行内设机构办公室、业务部、营业部，1个营业网点，年末在职员工11人。年末，支行自助服务区有自动取款机4台、存取款一体机4台、自助服务终端5台。通过网上银行、95566、电话银行、手机银行、自动取款机、存取款一体机等途径提供24小时全天候服务。

2016年向瓮安年累计投放贷款6000万元。其中，房贷3700万元，汽车分期贷款2300万元。年末贷款余额13710万元，比年初新增1916万元；存款余额30115万元，比年初新增2206万元。2016年度经营利润434.44万元。

【结算业务】 年末开立单位结算账户326户，企业网银323户，对公短信通280户。个人有效结算账户16717户。公司贷款余额为2790万元，个人贷款余额为10920万元。

【履行社会责任】 一名党建扶贫干部在建中镇白沙村担任驻村干部。定点帮扶白沙乡两委建设基础设施以及解决村民纠纷；帮扶贫困大学生；组织员工为留守儿童送爱心的活动。2016年精准扶贫贷款余额75.3万元。

（王美娇）

人民财产保险瓮安支公司

【概况】 2016年，中国人民财产保险有限公司瓮安支公司下设经理室、综合部、业务部、理赔部。年末从业人数（含理赔）共计47人，当年保费收入4800余万元，共计赔付3000余万元。

【服务三农】 4月2日，县境内玉山、江界河、天文、珠藏镇受冰雹灾害袭击，造成41个村农村房屋不同程度的受灾。公司立即带领查勘人员与县民政局组成3个应急领导小组，对受灾的农房进行逐村逐户调查核实，此次冰雹灾害共造成4000余户农房受损，赔付110万余元。

【精准扶贫】 根据《中共中央国务院关于打赢脱贫攻坚战的决定》（中发〔2015〕34号）、国务院《推进普惠金融发展规划（2016—2020年）》（国发〔2015〕74号）、《国务院关于加快发展现代保险服务业的若干意见》（国发〔2014〕29号）、保监会省政府《关于在贵州建设“保险助推脱贫攻坚”示范区的实施方案》（保监发〔2016〕59号）精神，公司创新金融扶贫机制，加大保险产业扶贫力度。12月，人保财险贵州省分公司与贵州省扶贫开发办公室签订保险助推脱贫攻坚合作协议，人保财险瓮安支公司根据协议内容，结合贫困地区产业生产特点，推出保障适度、保费低廉、保单通俗的三农保险等多样化的特惠保险产品。对因自然灾害、疾病疫病导致的农作物、森林、养殖动物提供多种风险保障。

【医疗责任险】 2015年12月29日，全州召开了医疗责任险启动会，根据省、州相关要求，2016年1月7日，由县卫计局牵头召开全县医疗责任险启动大会。1月31日前完成县人民医院、县中医院、县保健院、县精神病院、县监所医院5所医院以及全县24个乡镇卫生医院共计29个公立医院的全面统保工作，到7月份止统保全县民营医院和村级卫生室共计124个，共收取保费170.68万元；年内直接赔款111.4万元，已发未报案件50余万元，简单赔付率94.56%。

（王福生）

人寿保险瓮安支公司

【概况】 2016年，中国人寿保险股份有限公司瓮安支公司内设办公室、团险部、银保部、个险部、B柜面，在编人员8人，劳务派遣员工5人，中介部代理3人，团险部代理4人，大病服务专员3人，个险部代理168人。人寿保险公司主要经营范围涵盖寿险、人身意外险、健康险、年金等人身保险的全部领域。采取“主动、迅速、准确、合理、合规”的原则进行理赔。

全年银保渠道：全年保费目标1530万元，完成保费收入1890万元，完成率124%，团险渠道：全年保费目标1000万元，完成保费收入1120万元，完成率112%，理赔学生案件5700多例。短险简单赔付率58.8%。个险渠道：全年首年保费目标350万元，达成420万元，达成率120%。城镇居民大病保险：全年支付城镇居民大病保险理赔800多万，2016年架构上编入216人。

（张林进）

平安财产保险瓮安支公司

【概况】 2016年，中国平安财产保险股份有限公司贵州分公司瓮安支公司内设代理、综拓、电销、直销、车商五大渠道；下设中坪、珠藏、猴场、平定营、玉山及岚关六个乡镇代理点；同时设有经理室、业务部、综合部、理赔部、出单缮制等岗位，年末正编员工31人。公司经营业务涵盖企业财产损失保险、家庭财产损失保险、短期健康保险、意外伤害保险、建筑工程保险、安装工程保险、货物运输保险、机动车辆保险、船舶保险、能源保险、法定责任保险、一般责任保险、保证保险、信用保险、种植保险、养殖保险，代理国内外保险机构检验、理赔、追偿及其委托的其他有关事宜，经中国保监会批准的其他业务。2016年保费收入5068.41万元（含农险），赔付成本1652万元，简单赔付率32.59%，较2015年下降23.06个百分点。剔除农险4762.41万元，增速26.30%，超市场6.14%。

（罗钧祝）

农　业

农业农村工作

综　述

2016年，瓮安县实现农业总产值37.89亿元；农业增加值21.98亿元；农村居民人均可支配收入9156元。粮食总产量18.72万吨，出栏生猪63万头，牛2.6万头、羊3.5万头，禽600万羽，水产养殖5万亩，实现肉类产量7.6万吨，禽蛋产量0.43万吨，水产品产量8500吨。种植杂交水稻16万亩，杂交玉米15万亩，实施水稻旱育秧7.65万亩，玉米育苗移栽14万亩；实施粮食绿色高产高效创建20万亩，实施农作物病虫综合防治67.87万亩，推行黄板、生物农药统防统治18.57万亩；实施秋收作物测土配方施肥51.42万亩，施用配方肥25.18万亩。用机械总动力43.9005万千瓦。

2016年，瓮安县农村工作局内设综合科、发展计划科、财务科、政策法规科、农产品质量安全监管科、农业园区管理科、种植业工作科、畜牧渔业发展科、农业机械管理科、农业产业化办公室等10个行政科室。下设茶产业发展办公室、农业综合执法大队、农机监理站、农产品质量安全监测检测站、农经管理站、种子管理站、贵州省农业广播电视学校瓮安县分校、农业技术推广服务中心、土肥站、蔬果站、植保植检站、动物卫生监督所、动物疫病预防控制中心、畜牧水产站、草原监理站、渔政管理所、社会主义新农村建设办公室等17个事业单位。局机关在职干部职工159人，其中机关行政人员20人、机关工勤人员2人、专业技术人员100人、管理人员31人、工勤人员6人。

（王　猛）

种植业

【粮食生产】　2016年，推广杂交水稻16万亩，杂交玉米15万亩，实施水稻旱育秧7.65万亩，玉米育苗移栽14万亩；实施粮食绿色高产高效创建20万亩，其中水稻10万亩、玉米10万亩，实施粮油作物（玉米）绿色增产增效项目0.5万亩；实施农作物病虫综合防治67.87万亩，推行黄板、生物农药统防统治18.57万亩；实施秋收作物测土配方施肥51.42万亩，施用配方肥25.18万亩。

【辣椒生产】　2016年，全县种植辣椒20.09万亩，在玉山镇苟家庄村、珠藏镇桐梓坡村落实辣椒生态化栽培核心示范基地600亩（珠藏镇300亩，玉山镇300亩）。玉山镇深溪600亩辣椒种植示范，玉山新庄村200亩新建李园内种植辣椒“以短养长”生产示范点，玉山龙蟠村300亩辣椒连片生产示范，岚关乡茶海村1000亩以辣椒为主的高山冷凉型蔬菜示范，珠藏镇桐梓坡村1000亩辣椒—大葱连片示范。

【果蔬生产】　2016年，瓮安县新增种植水果0.58

茅坡蔬菜种植基地

万亩。其中2016年新增桃树0.32万亩，李0.21万亩，其他0.05万亩，共新建果园0.58万亩，全县水果面积达7.78万亩，收获产量4.2万吨。2016年瓮安县时鲜蔬菜主要以白萝卜、白菜、甘蓝等为主其他品种为辅的原则，坚持以规模化、标准化种植为基础，稳步推进产业化发展进程，全县种植时鲜蔬菜15.09万亩。

【饲草种植及饲料推广】 2016年，种植优质牧草2.41万亩，其中冬闲田土种植1.72万亩，人工种草0.69万亩。加工秸秆饲料3.52万吨，推广工业饲料2.2万吨；抽检饲料样品32个，其中全国统检饲料样品8个，县级自筹资金检测饲料样品24个；对80个（次）规模养殖场的400头商品猪、牛、羊尿样进行了盐酸克伦特罗、莱克多巴胺、沙丁胺醇快速检测，其中盐酸克伦特罗检测320头份、莱克多巴胺检测320头份、沙丁胺醇检测80头份。全年共快速检测“瘦肉精”720头份，检测结果都为阴性。

【农作物病虫害防治及防控技术推广】 2016年，全县主要农作物病虫综合发生程度1.23级，累计发生面积64.27万亩，发生特点：后期重于前期，发生程度轻于去年和历年。防治面积67.87万亩次，防治率105.6%，防治综合效果86.26%。推行统防统治面积23.76万亩，占防治总面积的35.01%；推行黄板、生物农药统防统治防控面积18.57万亩，占总防治面积的27.36%。全年开具植物检疫证书250余份，开展烤烟产地检疫1200亩，烟叶调运检疫46.32万公斤，果树产地检疫150亩，现场检查苗木20000余株，苗木（茶苗）调运检疫1020.3万株。开展植物检疫工作电视台宣传2次，电台宣传1次，出动植物检疫宣传车23车（次），巡回宣传22次，出动植物检疫人员79人（次），设立植物检疫宣传点18个，制作植物检疫宣传栏56块，张贴植物检疫宣传标语62幅，发放挂图310份，印发植物检疫宣传资料7500份，开展植物检疫现场咨询7场342人次，培训11场122人（次）。

【农业综合执法】 2016年，对全县24个集贸市场所有农资经营网点，进行巡回监管检查，出动执法人员238人次，检查农资市场51场次，检查农资经营网点728个次，其中种子305户次，肥料75户次，农药35户次，兽药76户次，饲料261户次；检查农产品生产基地4个、规模养殖场8个，查处各种违法行为案件21件，简易处罚10件、立案查处11件，已结案7件，处罚款0.43万元，没收违法所得0.25万元；没收劣兽药10公斤，责令退回标签和说明书不规范农药产品16公斤。收缴非法农药产品863公斤；共处罚款2.774万元，没收违法所得33208元。通过狠抓违法行为查处，进一步规范了农资市场经营秩序，切实维护了人民群众利益。

【新农村建设】 2016年，落实新农村建设示范村16个。包括建中镇凤凰村、果水村，岚关乡岚关村、茶海村，平定营镇三合村、梭罗村，猴场镇金竹村，中坪镇艾州村，永和镇垛丁村，银盏镇新华村，天文镇玉屏村，江界镇渡江社区，玉山镇深溪村，珠藏镇羊鹿村，瓮水街道茅坡村，雍阳街道云星村。通过省级扶贫资金示范点、省级新农村建设示范村、省级小康寨“十百千”示范村、县级重点示范村、乡级重点示范村的实施。

（王　猛　龙耀国）

茶产业

【概况】 2016年全县茶园20.16万亩，投产（初投产）茶园12.1万亩，生产的产品有白茶，黄金芽，绿宝石，都匀毛尖、珠茶、低档绿茶，实现产量6599.07吨，产值63426.43万元。其中，名优茶123.61吨，产值6403.76万元；绿宝石、燕青、炒青、珠茶6475.46吨，产值57022.67万元。国内主要销往湖南、江苏、浙江、贵茶公司等地，国外主要销往欧盟，非洲，日本等地。在建中镇现代农业园区茶园道路两侧种植5公里桂花和樱花，在建中、中坪实施2000亩绿色防控技术；抓住都匀毛尖（国际）茶人会在瓮安召开的契机，在建中镇打造茶旅小镇建设、在猴场古邑区举办茶叶展示展销会，大力宣传都匀毛尖茶、瓮安欧标茶品牌，不断提高瓮安茶叶的规范化、标准化、规模化水平。

【品牌建设】 以都匀毛尖茶公共品牌为依托，根据毛尖茶宣贯标准，扩大各个标准等级生产量，形成产品数量规模，提高都匀毛尖茶总的产量和产值。2016年有20家茶叶加工企业生产都匀毛尖茶，并保留自主品类茶叶的生产和销售。对都匀毛尖茶加工使用较好的茶叶企业主要有贵山茶业、贵州味道茶业、飞勇茶业、金龙茶业、恒丰园茶业、御品茗茶业等。年内有6家企业申报并获得“都匀毛尖”证明商标授权。

【宣传推广】 2016年，组织茶叶企业多次到省内外参加各种茶事活动。4月18日至21日参加在遵义市湄潭县、凤冈县、余庆县举办的2016中国·贵州茶文化节暨茶产业博览会；4月、7月参加以省人民政府名义在贵阳举办和组织的茶博会和农产品交易会；5月6日至27日参加在都匀经济开发区举办的黔南州第三届都匀毛尖斗茶大赛活动。“五一”节假日期间，在瓮安县城渡江广场开展茶叶品茗活动。“国庆”节假日期间，在猴场古邑区开展茶叶品茗活动。另组织瓮安茶叶企业到成都、兰州、西安、西宁、重庆5省开展“丝绸之路、黔茶飘香”茶事活动。9月24日，成功举办“2016都匀毛尖国际茶人会”——瓮安分会场茶文化活动。

茶叶加工场

【招商引资】 按照“政府引导、农民主体、大户带动、龙头拉动”的发展战略，制定《瓮安县茶产业招商引资工作实施方案》出台相应扶持优惠政策扶持茶产业发展，2016年与贵州江兰馨有机茶业有限公司签订招商投资协议，金额8000万元，其中到位资金7800万元，用于基地建设、加工厂房及办公楼的修建等。

【项目实施】 2016年，完成中央财政现代农业（茶产业）生产发展资金350万元新建茶园1万亩的种植，进行县级验收。完成省级退耕还林项目资金362.8万茶叶种植7256亩的实施，进行县级验收。完成省级扶贫项目资金300万元茶叶种植3400的实施，进行县级验收。完成中央财政现代农业（茶产业）生产发展资金200万元旧茶园改造项目的实施，进行县级验收。

【建中茶旅小镇】 建中镇茶旅小镇位于瓮安县西南部，贵瓮高速穿境而过，距县城18公里，离省城贵阳56公里，是瓮安融入贵阳一小时经济圈的桥头堡。2016年，建中茶旅小镇完成匝道口至建中上场口凤凰大道长2.2公里宽、40米和培文至建中中学道路建设长1.92公里宽、24米工程，建中至中坪（一期）建中段22米宽、5.1公里茶旅大道建设，完成景区内的游客接待中心、雾海居、滨湖广场、环湖路道等配套设施建设。引进“苗岭雾海”“鑫产匠”等茶叶企业9家入驻园区，有“鑫玉白茶”“黔湘情”等农民专业合作社4家，上100亩的种植大户、家庭农场和微型企业多家，其中9家茶叶企业与635户精准扶贫户结成帮扶对子，优先解决就业，解决就业约5000人。园区茶产业已初步形成“公司+基地+农户”“合作社+基地+农户”等多种产业模式。

【黄金芽】 种植规模。贵州瓮安鑫产园茶业有限公司产业园区位于瓮安县建中镇省级现代农业示范园区内，自2012年引种繁育稀有品种黄金芽，2016年种植面积达1200亩（最初为150亩），是全国规模最大的黄金芽基地，已创建瓮安黄金芽引种与繁育示范基地。

管护水平。公司拥有一支10多年集约规模化农业经营管理经验专业团队，在茶叶栽培、种植、管护、病虫害防治、自然灾害预防等方面具有丰富的经验，因地制宜地探索出周期性除草、黄金比例水肥灌溉、覆膜技术、物理防冻等一系列管理模式和方法，单位面积的成活率95%以上。

产出品质。黄金芽属于低温/光照敏感型、黄色系白化绿茶新品种，贵州瓮安鑫产园茶业有限公司黄金芽基地园区平均海拔约1350米，自然生态条件适合优质有机黄金芽的生长繁育，其形态特点是自然伸展，鲜黄油润。2016年，黄金芽已通过QS（食品安全）认证、有机转换（生产、加工）认证，荣获黔南州十大工业名优产品、黔南州金质奖等殊荣，并获得都匀毛尖、贵州绿茶授权商标。

（龚晓辉　王　猛）

农业机械化

【概况】　2016年，瓮安县农机总动力达到43.9005万千瓦。拖拉机保有量638台套，其中大中型拖拉机131台套，运输型拖拉机95台套，小型拖拉机13台套，变型拖拉机378台；各类联合收割机41台套；插秧机36台套；马铃薯播种机7台套；油菜、小麦播种机2台套；半机械化玉米人工播种机58台；烤烟移栽机27台套。各类微耕机9816台套；各类茶机590台。新入户拖拉机11台。参加年检的机车共586台，年检率91.84%，全年在检农用拖拉机交强险投保率为100%；全年新训驾驶员34人，参加年审及适应性体检200人。两年以上未年检的拖拉机1833台，已向社会公告注销。

全年完成机耕地36.705万亩，机械化播种1.5万亩，机械收获7.628万亩，机械插秧1.45万亩。

【农机化宣传培训】　2016年发放各种农机宣传资料8500余份，悬挂宣传横幅104幅，制作宣传展板6块，群发安全警示短信9090条，组织驾驶员、机手开展农机安全学习4次，出动安全宣传车132车（次）。

全年培训各类农机化人员3789人（次）。其中，培训农机化管理干部、农机合作社社员、联合收割机驾驶员15人（次），拖拉机驾驶人员50人（次）、农机操作手3649人（次），乡镇农机管理人员75人（次）。

【安全生产专项检查】　县农机监理站组织开展“两节、两会”期间安全生产大检查、“冬季农机道路交通整治行动”“清明节”期间道路交通安全生产大检查、“汛期”安全生产大检查、“五一”期间安全生产大检查、“国庆”期间安全生产大检查、“都匀毛尖国际茶人会瓮安茶旅活动”期间安全生产大检查、“中秋”期间安全生产大检查、“G20峰会”期间安全生产大检查、“十八届六中全会”期间安全生产大检查、岁末年初安全生产大检查等11个重要时段安全生产大检查和“隐患大排查大整治专项行动”“打非治违”和“安全生产月”等专项行动以及第一、二、三、四季度安全生产大检查等行动。加强与公安交警、安监、市场监管等部门密切配合，对上道路行驶拖拉机违法载人、无牌行驶、无证驾驶等严重交通违法行为进行查处；对农业机械销售市场检查，查处假冒伪劣农业机械产品制、售行为。全年共开展安全检查132次，查纠违规拖拉机、微耕机56台次。

【农机合作组织服务体系建设】　2016年底，全县农民农机专业合作社发展到16家，发展社员1172人、各类农业机械、茶机、农用挖机、运输车辆630台套，配套设施面积7898平方米，合作社总资产2000多万元，农机投入1500多万元。流转承包土地经营面积6500多亩；服务农户3.1万户，服务面积12万亩，各类农机收入610余万元。完成以农机合作社为平台的农机新机具、新技术推广项目。年末，瓮安拥有国家级示范农机专业合作社1家、省级示范农机专业合作社1家、州级示范农机专业合作社1家、县级示范农机专业合作社2家。

农机收割水稻

畜牧水产业

【概况】　2016年，全县出栏生猪63万头，牛2.6万头，羊3.5万头，禽600万羽，水产养殖5万亩；全县年末生猪存栏52万头、牛8.93万头、羊5.62万只、禽472.69万羽。肉产品总产量7.6万吨，其中猪肉6.2万吨，牛肉0.3万吨，羊肉0.13万吨，禽肉0.98万吨，水产品产量8500吨，禽蛋产量0.43万吨。

【肉兔养殖】 2016年，县引进山东中梁集团到珠藏镇发展肉兔养殖，该企业先后获得过国家级、省级多项殊荣。公司以“养兔户利益至上，共同致富”作为企业经营理念，投资3000万元，全面建设完成占地110亩，满足首批2万只种兔所产仔的周转场一期工程，包括商品兔舍12栋，现代化全自动兔舍2栋，饲料库1栋，职工宿舍2栋，综合办公楼1栋，职工食堂1栋、农户标准化圈舍2.6万平方，共投放饲养种兔21350只，收购了15000只商品兔，涉及105户农户，其中精准贫困户24户，大户和基地量化贫困户377户。

珠藏肉兔养殖基地

【畜禽品种改良】 2016年完成猪改点65个，其中生猪人工授精点30个。改良配种3.98万窝，其中人工授精3.88万窝；推广杂交猪36.28万头，其中三元杂交猪23.65万头，二元杂交猪12.63万头，引进良种公猪50头。全县建成完善牛改冻配点15个，人工输配冻配母牛3986头，受胎2937头，上年输配2016年产犊2980头，本品种选育公牛25头，选配母牛328头。新增牛存栏8960头，出栏3700头。建成完善本交羊改点10个，人工输配母羊825只；产杂交羊2800只，引进良种羊80只；新增羊存栏15620只，出栏杂交羊21590只。推广良种禽113万羽，引进良种母兔20000余只，推广良种兔1262000只，推广意蜂良种550群。新增禽存栏282万羽，出栏630万羽。

【畜禽疫病防治】 2016年完成全县13个乡镇（街道）97个行政村（社区）248个防疫单元1837个村民组的动物免疫及监测工作，防疫面100%。免疫猪口蹄疫39.04万头，牛亚洲I型—O型口蹄疫双价疫苗4.24万头，羊亚洲I型—O型口蹄疫双价疫苗羊3.54万只，猪瘟39.25万头，高致病性猪繁殖与呼吸综合征25万头，家禽禽流感90.52万只（鸡80.97万只、鸭7.75万只、鹅1.8万只），免疫密度均为应免数的100%。2016年上半年免注射各种疫苗发生免疫反应猪1532头，死亡178头，牛反应68头，死亡3头，羊反应79只，死亡4只。佩戴猪标识15.46万套，牛标识2.46万套，羊标识1.51万套。

【动物疫病监测】 2016年，全年通过集中监测与“飞行检查”相结合，共监测畜禽抗体血清样品3010份，其中猪血清样品1978份、牛血清样品74份、羊血清样品497份、鸡血清样品461份。高致病性禽流感抗体监测采用血凝及血凝抑制试验方法，共监测22个规模场、12户散养户和1个活禽交易市场的鸡血清样品461份，H5抗体阳性398份，合格率86.3%。鸡新城疫免疫抗体监测采用血凝及血凝抑制试验，共采集了17个规模和12户散养户的鸡血清样品356份，规模场和散养户的免疫抗体合格率分别为91.5%和31.4%。牲畜O型和亚洲I型口蹄疫抗体监测采用间接ELISA、液相阻断ELISA试验方法进行，共监测25个规模场、829个散养户的猪、牛、羊血清样品2214份，抗体合格1914份，合格率86.4%。猪瘟免疫抗体监测采用间接ELISA、阻断ELISA试验方法进行，共监测13个规模猪场和827个散养户的猪血清样品1978份，免疫抗体阳性1739份，抗体合格率为87.9%。猪繁殖与呼吸综合征的免疫抗体监测采用间接ELISA试验方法，共监测7个规模场和11个散养户猪血清样品132份，免疫抗体阳性120份，抗体合格率为90.9%。非免布氏杆菌病监测采用虎红平板凝集试验，共检测3户规模养牛场和6户散养户牛血清样品68份，29户规模养羊场血清样品510份，检测非免布氏杆菌病阳性率0。小反刍兽疫免疫抗体监测采用阻断ELISA试验方法，共检测来自13户规模养羊场血清样品130份，免疫抗体阳性113份，抗体合格率为86.92%。

【法律法规宣传】 召开培训会3场（次），培训

500余人（次），发培训资料1000余份；结合“科技下乡”“食品安全宣传周”等活动组织开展法律法规及科技知识宣传咨询活动4场（次），向群众发放有关涉农法律法规、如何正确选购农资和使用农资、禁用农（兽）药清单等资料11300余份，接受咨询300余人（次）；开展“放心农资下乡宣传周”活动，在活动期间，出动执法车辆5车（次），出动执法人员36人（次），发放宣传资料13000余份，接受群众咨询140人（次）。

（王　猛　杨再林　肖德福）

现代农业园区建设与农业发展

【概况】　2016年，瓮安县现代农业园区经营主体117个，其中农业产业化企业75家，农民专业合作社42家；获贵州省名牌产品5家，获贵州省著名商标5家。企业生产的主要农特产品有松花皮蛋、豆油皮、黄粑、泡酸辣、血灌粑、蔬菜制品、优质茶叶，猕猴桃，中药材等，常有职工3500余人，龙头企业在园区内建有核心示范基地3.8万亩，辐射带动8.6万亩，带动农户3.6万户、8.4万人。园区实现投资26.67亿元；实现产值35.92亿元；实现销售收入27.42亿元。

【现代农业园区建设】　现代高效农业示范园区建设。规划区位于瓮安县东南部，范围涉及6个乡（镇、街道）共计22个村（社区），其中猴场镇5个村和2个社区（马场坪村、宋家寨村、大金星村、那乡村、金竹村、草塘社区、下司社区）；永河镇5个村（萍水村、洗马塘村、垛丁村、后坝村、白水河村）；瓮水办事处3个社区（花桥社区、新庄社区、茅坡社区）；平定营镇3个村（平定营村、三合村、梭罗村）；玉华乡2个村（太文村、岩根河村）；建中镇2个村（果水村、凤凰村）。园区2013年开始建设，规划面积66万亩，核心区面积5万亩，主导产业水果、猪，2016年园区统计农业产业化企业31个，省级企业11个，农民合作社16个。2016年签约项目3个，签约资金5.28亿元，到位资金4.39亿元，完成投资6.96亿元，总产值8.25亿元，总销售收入7.32亿元。2000平方米设施蔬菜玻璃温室已建成并投入使用，2015年智能温室及水培、基培、雾培、瓜果架、水肥智能一体化等设施已经建完投入使用。种植辣椒2万亩；种植蔬菜3.5万亩；累计种植猕猴桃6000余亩；万亩观光桃园的观光过道、杀虫灯、沼液滴灌等基础设施已建设完工并投入使用；3000亩樱花项目建设，1000亩荷花项目建设，1万亩桃园项目建设已基本建成；3个万头养猪场的改造和2个标准化养殖小区的建设已完成；已经建有600亩精品水果采摘园（猕猴桃400亩、精品葡萄200亩），建有育苗大棚4000余平方米；建有草莓采摘园3000平方米。

建中白茶现代农业产业园区建设。园区的总体规划范围为建中镇辖区内，面积34.8万亩，其中核心园区包括建中镇凤凰村、果水村和太文村3个村区域，面积15.8万亩。园区2014年开始建设，主导产业茶叶，2016年园区统计农业产业化企业10个，省级企业2个，农民合作社12个。2016年签约项目5个，签约资金3.61亿元，到位资金1.05亿元，完成投资5.18亿元，总产值8.66亿元，总销售收入4.87亿元。园区种植茶园3万余亩，其中核心园区种植1.2万亩（凤凰村1000余亩、果水村6000余亩、太文村5030亩）；通过项目整合，投入项目资金全部用于园区基础设施、基地建设及茶叶加工厂建设，种植的品种有“白茶、黄金芽和绿茶”。茶叶种植大户15户、家庭农场2家。2016年动工修建建中至果水茶山大道，15公里樱花大道均已完成。

岚关休闲农业园区建设。规划范围包括岚关乡内除朱家山国家森林公园外的整个乡域面积，规划总面积约106.11平方公里。园区2015年开始建设，主导产业休闲观光、茶叶，206年统计农业产业化企业14个，省级重点企业2个，农民合作社10个。2016年签约项目5个，签约资金3.83亿元，到位资金1.80亿元，完成投资3.77亿元，总产值4.89亿元，总销售收入4.01亿元。园区2016年茶园面积2万余亩，新硬化主干道32公里、机耕道27公里、生产便道32公里。建小农水沟渠25公里。扩建休闲式茶叶加工厂1座，建蔬菜示范基地5000余亩；已建设灵芝种植基地塑料大棚30000平方米.

江界河现代生态渔业产业园区建设。规划区域江界河镇全镇。园区2015年开始建设，规划水域面积4.05万亩，主导产业鱼，2016年有企业11

个，农民合作社10个。2016年签约项目2个，签约资金4.15亿元，到位资金1.67亿元，2016年完成投资4.32亿元，总产值5.58亿元，总销售收入4.23亿元。园区有船舶运输有限公司2家，贵州乌江天险旅游地产开发有限公司一家，接待游客人数30万余人次，是休闲、娱乐、度假、旅游、垂钓的好去处。

瓮水农产品加工园区建设。规划范围瓮水街道全部区域，核心是茅坡村及新庄社区，园区2013年开始建设，核心区面积0.45万亩，主导产业加工（茶叶、蔬菜），2016年统计农业产业化企业30个，省级企业8个，农民合作社10个。2016年签约项目5个，签约资金3.04亿元，到位资金2.09亿元，完成投资2.40亿元，总产值3.56亿元，总销售收入2.90亿元。县财政投入1.2亿元建设农产品展示馆和道路建设已投入使用；总长约2.5千米的主干道已全部竣工，绿化建设及路灯安装已完工。

瓮安县中坪现代农业产业园区建设。总体规划范围为全镇行政区域，包括中坪村、艾州村、水耳村、高枧村、新土村和茶店村。园区2014年开始建设，规划面积23.7万亩，核心区面积5.4万亩，主导产业茶叶、烤烟，2016年统计农业产业化企业10个，农民合作社10个。2016年签约项目4个，签约资金2.26亿元，到位资金1.38亿元，完成投资2.00亿元，总产值2.49亿元，总销售收入2.01亿元。2016年有茶园面积2万余亩，烤烟种植1万亩；辅助产业有核桃0.11万亩、辣椒种植1万亩、天麻种植200亩，蔬菜生产基地2万亩。

平定营现代高效农业产业园区建设。规划范围为平定营镇全部行政区划，包括三合、平定营、梭罗、营定街、细沙村，园区2014年开始建设，规划面积12万亩，核心区面积7.53万亩，主导产业为精品水果、猪。2016年统计农业产业化企业10个，农民专业合作社10个。2016年签约项目3个，签约资金2.92亿元，到位资金1.47亿元，完成投资2.01亿元，总产值2.46亿元，总销售收入2.04亿元。2016年已栽种核桃0.2万亩，已栽种大红桃0.1万亩，种植蔬菜2万亩，其中冷凉型蔬菜基地0.5万亩，梭罗、三合两村优质大米种植核心基地0.1万亩，带动示范面积0.2万亩，基地建有茶园0.5万亩，品种主要为安吉白茶，修建田间便道共计50公里，修建机耕道30公里，修建蓄水池30个，共修建沟渠30公里。

【农民专业合作社建设】 专业合作社累计发展321个，2016年度新增69个；家庭农场累计发展56个，2016年新增24个；专业大户累计发展317个，2016年度新增53个。

【产业化经营】 2016年，全县龙头企业已发展到78家。其中，省级14家、州级40家、县级24家。抓好省级、州级和县级龙头企业经济运行监测，完成申报县级龙头企业的备案、申报资料审查，开展第八批省级和第十二批州级龙头企业的申报，推荐6家企业申报第八批省级龙头企业，8家企业申报第十二批州级龙头企业。2016年全县累计发展农民专业合作社69个，家庭农场4个，种养大户53户。

【农村实用人才培训】 2016年，组织开展培训295场次，累计培训10056人次，发放资料1.79万份；开展现代农业产业引导性培训2836人，组织农技干部参加全国农业科技人员知识更新远程教育培训16期（次）；依托冬春科技大培训，开展培训及场天宣传137期次，培训农民6153人（次），发放资料7663份；开展农村实用人才统计9248人，申报、组织实施新型职业农民培训300人。

（王 猛 龙 海）

林 业

【概况】 2016年，瓮安县林业局内设机构3个：综合科、计划财务科、资源林政管理科（政策法规科、公益林管理中心）。二级机构2个：瓮安县国有林场、瓮安县森林公安局；事业站所6个：瓮安县人民政府森林防火指挥部办公室、瓮安县林业综合执法大队、瓮安县林业有害生物检疫防治站、瓮安县营林工作站（瓮安县退耕还林还草工程办公室）、瓮安县林业调查规划设计队、瓮安县产业办（瓮安县林业科技推广站）。领导班子：局长1名，副局长2名，纪检组长1名，机关党委书记1名，县国有林场场长1名、县森林公安局

10月30日，县召开2016年森林防火暨新一轮退耕还林还草工作会

长1名。年末在编在册在岗干部职工99人。

2016年全县森林覆盖率60%，实现林业产值21.69亿元。

【森林资源培育】 全县完成营造林6.66万亩，义务植树点14个，义务植树和四旁植树90余万株；兑现2015度新一轮退耕还林工程1.1万亩330万元种苗种植费，启动2016年度退耕还林工程5万亩建设任务，与各乡镇（街道）签订2016年新一轮退耕还林还草工作目标责任书；完成2010、2012年天保工程建设3000亩人工造林、5000亩封山育林成效验收工作。全年办理林木种子生产经营许可证16份，全县苗圃地摸底调查2423.3亩。

【林政资源管理】 完成6个使用林地项目的上报审批工作，其中永久使用林地591.98亩，临时使用林地113亩；办理采伐证139份，采伐蓄积1472.16立方米，其中集体林采伐138份，采伐蓄积1463立方米；国有林采伐1份，采伐蓄积9.17立方米；开展木材经营加工企业安全检查30余次，对全县16家木材经营加工企业年审及颁证工作；编制规划《瓮安县采石、采砂、取土总体规划（2014—2020）实施方案》，经请示县人民政府已批复实施。

【森林资源“二类”调查】 全县第四次森林资源“二类”外业调查面积162.39万亩，系统样地670个（非林地样地296个、林地样地374个）。年末完成全部工作量，经省、州、县质检均评定为“优秀”等次，成果汇编一次性圆满通过省州评

3月，省林业厅规划设计院主任戴应发（左）在瓮安指导森林资源“二类”调查工作

审，并通过省厅验收。

【森林资源保护“六个严禁”执法专项行动】 清理排查全县2016年以来违法案件186起，查结186起，查结率为100%，没收木材196.79立方米，行政处罚707.36万元；组织开展2009—2013年疑似图斑专项调查工作，调查非法征占用林地、疑似占用图斑318个，林地面积为2423.33亩，查结率为100%，并通过省林业厅行动办验收。

【国有林场改革】 7月18日，县委、县政府召开会议，传达学习《中共贵州省委、贵州省人民政府关于印发〈贵州省国有林场改革实施方案〉的通知》（黔党发〔2016〕10号）文件精神，安排部署全县国有林场改革工作，成立领导小组，落实工作责任；制定《瓮安县国有林场改革实施方案》《瓮安县朱家山国有林场改革实施方案》，并报州、县修改完善后进行公示。经公示无异

8月16日，县政府领导主持会议研讨全县国有林场改革实施方案

议，上报省国有林场改革领导小组办公室审批，同意《瓮安县国有林场改革实施方案》《瓮安县朱家山国有林场改革实施方案》，并组织实施。

【绿色瓮安三年行动计划】 2016年完成猴场镇千亩花海亮点打造工作，配合相关部门实施“贵瓮、安江”高速公路界内界外及匝道口绿化美化59.6公里和县道高旧线及其他旅游通道绿化美化50.5公里；完成西门河道景观治理工程2000米；在建中、平定营等地建设茶叶基地4100亩，珠藏镇清香村建设刺梨基地1500亩，珠藏镇新华村建设苹果桃基地建设1000亩；加大绿色屏障构建，实施营造林2500亩；在城镇建成区新增绿地面积110公顷，实施矿山复绿工程8.9亩。

【林业有害生物防治】 全县共设立调查线路7条，调查固定样地30个，临时样地50个，对主要林业有害生物进行重点监测，踏查面积102.54万亩；检疫检查木材加工厂7家，木材375立方米，没收调运苗木500株。

【森林防火】 2016年以深入落实“村为主”为抓手，县委、县政府及时组织召开专题会议，与各乡镇（街道）签订森林防火目标责任状，严格执行行政首长负责制和辖区管理目标责任制，实施县、镇、村三级联防的森林防火责任制，层层落实责任，将森林防火工作纳入年度综合目标考核范畴。年内累计发生森林火灾7起，过火面积660.3亩。督查、指导全县各乡镇（街道）开展森林防火“村为主”工作30次，发放宣传资料16万份；在县城、集镇、重点林区、重点路段、公路沿线、风景区设置和刷新醒目的森林防火警示标语460条幅，设立永久性森林防火宣传标牌20块，发放风力灭火机120台、二号工具2000把、灭火弹500枚、扑火服（含鞋）600套，建成森林防火隔离带191条、173.8公里，建成瓮安县野外林火监测系统。

（邓松涛）

水　利

【概况】 2016年，瓮安县水务局内设综合科、水利计划和建设科、政策法规科。直属事业单位有：水政执法大队、杜仲河水库综合利用工程管理处、县人民政府防汛抗旱指挥部办公室、骨干水源工程建设管理处、水电建设管理站、水利工程质量监督管理站、水土保持站、水资源管理办公室、河道管理所、水利水电规划勘测设计室、城镇供排水管理站、农村饮水安全建设及水质监测站共12个。基层事业单位有：雍阳、银盏、平定营、中坪、建中、玉山、猴场、珠藏和天文9个水库管理所。在职干部职工134名，其中局长1名、常务副局长1名、副局长2名、纪检组长1名、机关党委书记1名，非领导职务公务员2名，专业技术人员98人，职员4人，工勤24人。

2016年完成固定资产投资3.98亿元，占年任务2.5亿元的159.2%。全县累计拥有水库数量44座（中型水库1座，小型水库43座），库容共计6009.1万立方米；塘坝380口；窖池9799口；水电站8座；泵站44座；农村集中式供水1641处；机电井53眼；堤防长度33.86公里；除涝面积2560公顷；有效灌溉面积15.44万公顷。

【水利工程建设】 胜土水库工程开工建设。水库位于平定营镇小溪，总库容515万立方米，总投资为23479.17万元，1月10日正式开工建设，年内完成导流洞施工、截流、大坝及溢洪道基础开挖等工作，累计已完成投资14000万元，占总投资的50%以上。总投资6000万元的车地水库引水至园区工程，3月27日正式开工，10月完工，实现每天向城区供水1万吨的目标。擦耳岩水库工程可行性研究报告已送至州发展和改革局、州水务局

建设中的胜土水库大坝一角

审查。桐木水库工程可研工作启动，完成坝址及库区地形测绘。下角溪水库除险加固设计批复完成，审定概算总投资472万元。水淹塘水库除险加固初步设计批复完成，审定概算总投资732万元。中央资金养护维修项目（堰岩水库、毛家湾水库）建设完成，总投资60万元。珠藏、猴场、平定营三处水务站房建设完成，总投资180万元。

9月9日，州水务局检查组到瓮安检查指导2016年水利建设施工安全工作，先后实地查看胜土水库、“一城四区”供水一体化项目、车地水库一期供水工程项目部等在建工程建设的施工安全情况，并查阅相关资料，听取县水务局有关工作汇报，交流意见。

新建成的2016年小农水项目——秀龙山塘

【小型农田水利重点县项目建设】 中央投资小型农田水利重点县项目分布在珠藏镇、江界河镇、玉山镇、天文镇、猴场镇、中坪镇境内，总投资4000万元。新建山塘1座、拦水沟1.3公里、蓄水池20口，新建和改造泵站6座，整治山塘18座，铺设灌区管道12.987公里，改造灌区排涝渠6.425公里，改造干、支渠43.97公里；新增、改善和恢复灌面1.63万亩。

建成的建中镇生活污水处理站

【农村饮水安全巩固提升工程】 全县共实施农村饮水安全巩固提升工程4个（集镇供水工程1处、7个贫困村饮水安全巩固提升工程3处），易地扶贫搬迁安置饮水工程1处，覆盖农村人口51260人，项目总投资2013.88万元。

【城镇污水处理】 全年污水产生量为657.15万吨，处理量为631.77万吨，处理率96.14%。8月20日，完成南湖桥至清莲湖段排水疏浚改造工程，工程总计改造排水箱涵1817米，河道清淤2483米，新建排水箱涵3410米，新建排水管网3335米，总投资5000万元；8月开工建设总处理规模达0.47万吨/天的建中镇、天文镇、江界河镇、永和镇、岚关乡六座污水处理工程；9月开工建设大晏桥至北县城高速出口段排水改造工程。

【河道治理】 10个河道项目列入州“十三五”水利发展规划（申报项目数量全州第一），其中5个河道治理项目纳入省“十三五”新增中小河流治理盘子，占全州新增河道治理项目的1/5。7月，完成瓮安河白沙河段、芦花段河道治理工程

11月23日，水利部珠江委在瓮安检查指导中小河流治理工作

建设任务，项目总投资1774万元，治理河道4.85公里；完成瓮安河二中段河道改扩建工程资料收集、送审及审计批复；完成龙水河新卫段、龙水段河道治理3.5公里，工程总投资1250万元，规划治理河道5.477公里；瓮安河白沙河段、芦花段治

理工程迎接水利部珠江委检查1次、省厅工程质量检查1次、县人大检查1次、县政协检查2次。

【防汛抗旱】 全年出现降雨过程8次，最大降雨于8月3日8：00至8月4日8：00发生在珠藏镇牛场坝，总量111.8毫米。6月13日、14日强降雨造成银盏镇受灾，银盏镇2个村19组4310人受灾，农作物受灾790亩，损毁河堤1处长200米，倒塌堵塞沟渠2000米，造成直接经济损失28万元（水利设施直接经济损失10万元）。

7月5日，州骨干水源工程建设管理局副局长李廷亮一行到瓮安检查汛期安全度汛工作，先后查看梅花淹水库、车地水库、杜仲河水库、东郊水厂、城区内涝处理点、在建工程胜土水库等工程运行及度汛安全管理情况，随后听取县水务局有关工作汇报，查阅了相关资料。

7月底，受持续高温的影响，平定营、中坪、珠藏、银盏等乡镇水利设施比较薄弱的区域出现短时旱情，部分农作物受灾。各相关部门及时组织100余台抗旱机具投入抗旱工作。8月3日，受4号台风“妮妲”影响全县大范围降雨，旱情解除。

【水政管理】 全年共巡查水库（湖泊）30个，河道河段62公里，水土保持项目（砂场）39个；现场制止处理违法行为3个，征收水资源费4.46万元、水土保持设施补偿费110.41万元；受理行政许可案件9个，办结9个，办结率100%；3月22—28日，联合县教育局于“世界水周”期间分别在县城六小、草塘中学、天文中学等学校开展“培养节约型理念，创建节水型校园”为主题的校园宣传活动12场次。

4月26日，水政大队在玉山铅锌矿进行执法检查

【水土保持】 对瓮安银盏110千伏输变电工程水土保持设施进行验收，3家水土保持方案进行审查批复，44家开发建设项目进行监督执法检查。在猴场镇草塘河小流域完成水土流失治理面积16平方公里，种植经济林0.32平方公里、封禁治理12.85平方公里，保土耕作2.83平方公里，投入资金163.28万元。

4月26日，由州水务局水政执法大队及水土保持站组成的检查组到瓮安开展2016年水土保持监督执法检查工作，检查组先后实地查看玉山镇铅锌矿开采项目、建中镇白沙村重晶石矿开采项目、花竹山风电场项目、胜土水库项目水土保持措施执行情况。

【水资源管理】 配合省、州开展水资源实时监测系统建设，明确辖区内实施监控的取水口共45个（省控点9个，州控点36个），颁发取水许可证44套（工业用水25套、生活用水10套、农灌用水9套）。

9月1日，州水务局执法工作检查组到瓮安检查指导2016年水行政执法及水资源管理工作。检查组通过现场检查、查阅资料，听取汇报等方式对瓮安县水行政执法、水资源管理进行全面了解。

【水利改革】 通过投融资平台融资4700万元用于胜土水库工程建设，融资2500万元用于大岩水库工程建设，融资1.47亿元用于雍江河道疏浚、城镇污水管网与供水工程建设。对县辖区内4378处小型水利工程进行调查摸底（水库43座，农村饮水安全工程304处、灌溉渠道269条，泵站42座，堰塘320座，机电井7处，水池3393个）。配置涉农资金监管系统设施设备15个（乡镇、街道各1个，县级2个），录入涉农资金监管系统小型水利工程40个。

（张　凯）

气　象

【概述】 2016年，瓮安县气象局内设办公室、气象台、农村经济综合信息服务中心、人工影响天气办公室、防雷减灾中心、科技服务中心等机构。领导班子：局长1名，副局长2名。有职工13人，其中气象局中央编制7人、地方编制5人、外聘1人。根据《瓮安县机构编制委员会关于瓮安县人工影响天气办公室加挂瓮安县突发事件预警信息发布中心牌子的通知》（瓮编〔2016〕13号）文件精神，3月31日，瓮安县突发事件预警发布中心正式揭牌。

【气候特征】 本年度平均气温为14.8摄氏度，比历年平均值偏高1.0摄氏度；年降水量为1069.7毫米，比历年平均值少21.4毫米，最大日降雨量为56.8毫米；年日照时数为1170.4小时，比历年平均值多122.6小时；年极端最高气温为33.1摄氏度，年极端最低气温为—5.1摄氏度；年平均相对湿度84%，年蒸发量1110.1毫米，年最多风向SSN，频率19%，年最大风速14.6米每秒。2016除1、2、5、6、7、9月降水量较常年偏少外，其余月份均较常年偏多，其中9月降水量异常偏少，月降水量仅12.9毫米，较常年偏少73.7毫米，仅为常年的14.9%，而3、4月降水异常偏多，分别达到109.0毫米和176.2毫米，为常年的233.8%和184.3%；7月21日至8月1日连续无降水，为全年之最，出现轻微旱情。全年出现暴雨1天，无大暴雨和特大暴雨，以4月26日的56.8毫米为最大，强度不强，对工农业生产、交通运输、水利设施等影响未造成大的影响；全年共出现22天积冰、12天降雪、4天积雪、9天大风、25天大雾天气。

瓮安县新建气象观测站

【气象业务及现代化建设】 1月1日，启用新型自动站DZZ4，新增自动能见度仪，实现能见度自动观测，增加草温观测，全年气象基础业务达标。8月建中镇苗岭雾海茶园安装一套实景观测站，12月对玉山和中坪以及草塘的两要素站进行升级，升至五要素和六要素，9月完成猴场炮站、城关炮站自动化改造。

【气象灾害及服务】 调整汛期气象服务领导小组，及时组织开展汛前安全检查，对业务设备、网络系统和区域自动站进行检查维护，确保正常运行，对在检查中的存在的问题进行整改。加强区域自动气象站的维护管理，23个两要素自动站、5个单雨量站、2套六要素自动气象站全部挂上警示牌。汛前由县人民政府组织召开汛期气象服务通报会，对汛期气象服务工作进行全面安排和部署。入汛后，严格执行各项汛期服务工作制度，坚持汛期24小时值班和领导带班制度，坚持重要天气会商制、局长签发制、值班登记制，抓住灾害性、关建性、转折性天气做好预测预报和气象服务工作。根据天气变化及时分析制作天气快报，专题服务，按时发布长、中、短期天气预报和森林火险等级、地质灾害等级预报等服务产品，通过电视、传真、政府协同办公、电子显示屏、QQ、微信、农村大喇叭等手段服务到相关单位及乡镇群众。参加县应急办组织的地质灾害、危险化学品和水库安全演练。

10月27日，瓮安首家大数据经济服务社落户平定营镇三合村

11月20日之前按照州气象局业务科及装备保障中心要求完成中坪、猴场6要素站点升级改造和玉山5要素站点的升级改造工作。

制作发布气候预测、强降水、农业气象周、旬、月报等《气象信息报告》共176期；发布春运专题、春耕春播、夏收夏播、高考等《专题气象服务》共49期；发布雨情、低温等《气象信息快报》29期；决策信息短信服务100万余人（次），预报强降水等《气象信息报告》获领导批示4期；发布道路结冰黄色预警信号9期；雷电预警信息27期，暴雨预警信息7期，大雾预警信息12期，发布大风预警信息2期，寒潮预警信息1期，霜冻预警信息1期。为春节、元宵节、清明节、五一节、高中考等制作发送专题气象服务材料，并在气象服务材料中提出针对性的建议。

7月对国土、防汛、林业、民政、交通等单位进行了国家突发预警信息发布系统的培训工作；与瓮安县广播电视局达成协议，建立更为有效的部门联动机制和联动方式，解决气象服务最后一公里的问题。同时与瓮安县农工局及高效农业园区签订合作协议，开展农业直通式服务，实地了解和掌握瓮安农业合作社和种养殖大户的生产经营情况，收集其所需气象服务需求，针对性地开展农业气象为农服务。

7月29日上午，联合县委组织部举办2016年气象信息员培训讲座，来自全县乡镇、行政村及部门的250余气象协理员、信息员参加培训。对气象灾害防范意识，灾情调查、收集、上报进行培训。

【人工影响天气工作】　3至9月共计开展防雹作业52次，用弹843发，有效预防和减轻冰雹灾害的发生。2016年，按照标准化炮站的建设要求，完成对瓮安6个炮站的标准化改造。同时城关炮站、猴场炮站已完成自动化改造工作，试炮成功。这标志着人工影响天气作业的效率和安全保障得到提高。

【气象宣传】　利用“3·18”科技活动周、“3·23”世界气象日、“5·12”防灾减灾日、6月安全生产月等活动开展防灾减灾知识进社区、进农村宣传活动，在现场放置宣传展板、设置现场咨询台、发放宣传册等方式进行重点宣传人工影响天气、暴雨、滑坡、雷电、泥石流等气象自然灾害防御常识。共发放报刊、宣传册等3000余份。在贵州气象在线、贵州气象办公系统、瓮安县县人民政府网等媒体共发布新闻宣传信息20余篇，宣传瓮安气象工作动态和普及气象知识。通过瓮安电视台发布《瓮安县气象局关于征集手机

8月23日，气象干部到乡镇开展防灾减灾知识宣传

用户免费发送气象灾害预警信息的公告》《贵州省瓮安县避雷装置安全检测站关于依法开展防雷装置安全检测工作的公告》等信息公告，服务地方企业和群众。利用乡镇赶集人流集中的特点，首次将防灾减灾科普宣传活动拓展到各乡镇。精心准备气象宣传资料和小礼品，开展“你扫码、我送礼”及免费发放防灾减灾宣传资料活动。

8月5日之前完成通过微信微博、政府网站等手段向广大市民公布瓮安对外气象服务电话。

（柏晓波）

工　业

贵州瓮安经济开发区

【概况】　2016年，贵州瓮安经济开发区管委会内设办公室、党群工作部、产业发展局、招商引资局、财政局、规划建设局、城镇综合执法局、农村工作局、社会事业局、政法综治局、政务服务中心共11个机构。另设立开发区纪工委（监察审计局）、黔南州公安局瓮安经济开发区分局、瓮安县人民检察院经济开发区检察室、瓮安县市场监管局银盏分局。

领导班子：党工委书记、管委会主任各1名（由县委、县政府主要领导兼任）；党工委副书记、管委会副主任共3名（1名交叉任职）；正科长级管委会副主任3名。下设机构领导职数设正科长级12名、副科长级26名。年末干部职工65人。

1月，贵州兴瓮实业有限责任公司获2015年度黔南州电子商务优秀企业称号和2015首届“贵州电商云杯”青年电商创业大赛二等奖；5月，贵州电商云瓮安馆获2015—2016年度那家网十佳微店称号；6月，瓮安经济开发区在“牢记党的宗旨讴歌幸福黔南建设五个瓮安”合唱大赛中获组织奖；7月，瓮安经济开发区在2016年瓮安县“迎州庆”职工篮球比赛中获机关部门组（女子）第二名；8月，瓮安县众创空间——安青创业社获国家级众创空间称号；12月，瓮安县返乡农民工创业园获2016年省级农民工创业示范园称号；瓮安众创空间——安青创业社获贵州众创联盟2016年度优秀会员单位称号。3月，贵州瓮安经济开发区产业发展局综合科科长鄢富坤获优秀科技人才称号。

【工业经济】　累计入驻企业186户，投产121户，其中500万元以上规模企业61户，2000万元以上规模企业60户。2016年，新增入园项目45个，新增项目签约资金260.2亿元；完成到位资金155.249亿元；完成工业总产值186.823亿元（规模以上工业总产值153.946亿元）；完成工业增加值55.1219亿元；完成固定资产投资104.782亿元（产业项目投资75.7958亿元，基础设施项目投资28.9862亿元）；实现税收16.834亿元；全年建成标准厂房11.87万平方米，入驻率90.13%；新增就业3132人。

【规划建设】　邀请中国化工信息中心、中国无机盐协会、石油和化工规划院等高端科研机构结合实际确立“一城两带三组团”主体功能区战略，将其中“大工业经济带”划分为“矿山采选区、基础工业区、精细化工区、配套产业区、仓储物流区、临港工业区、产城互动区”八大功能区，形成协同、互补、差异化发展的工业立体空间布局。做好园区入园企业的选址、规划手续办理、方案审查、竣工验收等工作。完成入园企业选址15户，办理选址意见书3个，办理用地规划许可证6个，办理工程规划许可证9个，完成企业方案审查40次，办理工程竣工认可证4份。完成在建道路、湿地公园、麒龙摩尔城河道景观、印山新农村、生态走廊等项目规划建设方案的编制工作，修编完善《瓮安工业园区（扩区）总体规划》，启动了园区及拓展区控规编制工作。

【基础设施建设】　2016年启动港口大道一、二标段、C2路、C3路、C5路、D3路、D4路、D5路、花都产业园道路、珠藏桥标准化厂房二区道路等9条道路建设，共计39.75公里，其中完成12.4公里。完成珠藏桥标准化厂房、珠藏桥钢结构厂房、丰源包装厂等厂房建设共计11.87万平方米。完成安置B区、帽合山安置区、C5路安置区、马鞍山安置区市政工程总计13.25万平方米。完成职校东侧安置区、C5路安置区、思源中学、豊源包装厂、C2路、帽合山安置区、珠藏桥钢结构厂房、美丽乡村、向阳隧道线路迁改工程。完成芭田安置区、美丽乡村的场平工程。完成湿地公园土方开挖83500立方米，石方破碎61200立方米，毛石挡墙砌筑179立方米。生态走廊清表工作完成80%，土地造型完成70%，移栽香樟48棵、水杉100颗，完成投资约400万元。

11月4日，瓮安县2016年第四批重大工程项目集中开工仪式在瓮安经济开发区飞练湖湿地公园举行，此次集中开工项目分别为瓮安经济开发区飞练湖湿地公园建设项目、清莲湖湿地水街建设项目和瓮安县香榭水岸建设项目，3个项目总投资10.7亿元。

【招商引资】 开展招商引资活动20次，其中参加省州招商活动7次，自主开展招商活动13次，成功签约瓮安县瓮福集团公司磷系阻燃剂、贵州瓮安颐高国际电子商务产业园、苏州金螳螂建筑装饰有限公司园林建设等项目。2016年，新增招商引资到位资金144.23亿元，占全年州下达目标任务35亿元的388.6%，新引进项目总投资260.2亿元，占全年州下达目标任务110亿元的214.82%，引进企业39个，开工率100%，投产项目16个，占全年州下达目标任务15个的106.67%。

1月27日，出席贵州源翼矿业集团磷系阻燃剂项目开工仪式的领导为项目开工培土奠基

1月27日，贵州源翼矿业集团磷系阻燃剂项目在花都产业园开工。州、县领导张文强、张远军、曾明康、郑毅，上海盛源集团董事长黄平，中科院宁波材料工程研究所博士姚强参加开工仪式。

【融资工作】 开发区开拓创新，多渠道、多元化开展融资工作，累计融资207943万元，其中实际到位资金112237万元，综合融资成本为7.3%。以银行贷款等传统融资方式融资120900万元；以融资租赁、应收账款质押等非标准化融资方式融资20813万元，融资成本仅为1.2%，融资期限均在10年以上。成功引入中国农发重点建设基金。

【征地拆迁】 征地拆迁主要涉及C2路、中港物流、港口大道、湿地公园等34个项目，共征收房屋4.89万平方米，发放房屋征收及附属物补偿款8045.34万元；征收土地1604.90亩，发放土地补偿款6979.77万元；征收林地136.48亩，发放林地补偿款310.98万元；迁坟791座，发放坟墓搬迁款99.3万元；发放零星林木补偿款329.17万元，新栽苗木补偿款647.82万元，发放劳力种子补贴40.13万元；签订安置协议247户，回迁148户；发放过渡费1111.51万元；化解矛盾纠纷386件，其中集体类纠纷86件。

8月14日，瓮安经济开发区举办农业人口转移人口市民化项目入住选房大会，200多户贫困户现场选到满意新居。

【区容面貌】 加大环境卫生督查力度，巡查主次干道约6000次，督查各安置区、背街小巷、城乡结合部2600多个点（处、条），检查垃圾转运660座（次），发现环境卫生问题2700余处，督促整改率100%。清理积存垃圾4000余吨，清理卫生死角2800余处。实行规行划市，规范临时占道摊点300处（蔬菜早餐摊点全部进行规范），取缔流动摊贩500个，取缔占道经营2万次，清除野广告50万条。推动渣土运输规范化管理，检查工地581次，上门服务、现场指导380次。查处抛漏撒的渣土、砂石运输车9800余起，劝返渣土、砂石运输车返回工地进行整改1120辆（次），整改率达100%。制定出台《贵州瓮安经济开发区（银盏镇）违法建设处理实施意见（试行）》，成立

"控违拆违"工作领导小组，深入违法违章建筑户宣传法律法规45800次，拆除违法违章建筑拆56户，拆除面积5660平方米。

【纪检监察】 通过职责的划分厘清党委的主体责任和纪委的监督责任，纪工委的主力不断调配到党风廉政建设和反腐败斗争的主业上来，充分履行纪检监察的监督职责，在10人以上的部门均设立监察室，各部门明确专人负责开展日常监察工作。2016年共查处民生问题25件，民生案件10件（立案10件，已结案10件）。提醒谈话10人，行政警告1人。清退民生资金28.9万元，清退违反发放资金1.45万元。

6月16日，全体干部职工到县委党校开展党风廉政教育活动

7月5日，县委副书记、县长黄桂林在经济开发区给全体党员干部上"两学一做"专题党课，并对经济开发区（银盏镇）"两学一做"专题教育提出具体要求。

C2路：银盏南水皎到银盏北大寨坪；C3路：银盏南长坝子到银盏北中坝（2.88公里）、银盏南中坝到银盏北大寨坪（3.88公里）、银盏南大寨坪到银盏北木老坪（4.32公里）；C4路：银盏西牛湾塘到银盏东杨家湾；C5路：银盏西银坑水到银盏东尖山（2.36公里）、银盏西南尖山到银盏东西坡林场；D5路：银盏西谭家庄到银盏东苏家坡。

（刘三喜）

工业和信息化

【概况】 2016年，瓮安县工业和信息化局内设综合科、财务科、经济运行科、投资与技术创新科、非公有制经济促进科、信息化推进科。下设副科级事业单位工业综合执法大队、中小企业服务中心；股级事业单位矿产品信息管理中心。领导班子：局长1名，常务副局长1名，副局长2名，年末干部职工86人。

全年累计实现规模工业总产值162亿元，同比增长12.4%；完成规模工业增加值46.7亿元，同比增长13.1%。完成工业固定资产投资54.8亿元，占目标任务54亿元的101%，绝对值排名全州第一、完成进度排名全州第一。实现民营经济增加值63亿元，同比增长18%；民营经济占GDP比重达54.77%；累计完成民间投资74.3亿元，同比增长12.07%。

4月26日，省长孙志刚（左二）在瓮安金正大诺年泰尔化学有限公司考察

12月18日，贵州省瓮安县黔商商会成立大会在银盏镇摩尔城颐高电商馆举行。县领导孟先锋、余江出席成立大会并为黔商商会授牌。2016年，获推动科技进步先进集体、瓮安县民营经济发展先进单位称号，受县委、县政府等表彰。

【信息化建设】 全年移动、电信、联通、铁塔、广电网络公司营业收入3.4亿元，年末全县有各类基站850个，宽带用户40653户（县城光纤1万余户）、手机用户35万户、固定电话用户11000门、通信杆路约5100多公里。移动信号方面：30

户以上的自然村已基本覆盖4G信号，2G、3G信号将逐步退网，4G+信号已开始建设，并在逐步推广运用；有线宽带方面：县城及乡镇所在地已全部升级为有线光纤，普通用户最大接入能力200兆，一般用户均在20兆以上，98个社区、村所在地有线光纤覆盖85个，覆盖率86.7%，均在20M以上；数字电视方面：所有村所在地实现数字电视双向化改造，电视用户从过去单一的看电视到用电视的转变，由过去单一广播功能的有线电视网络向宽带综合业务网络过渡。

【重大项目建设】 贵州金正大磷资源循环经济产业园建设项目：一期项目已经投产达产；二期项目小水溶肥项目、磷石膏联产硅钙钾镁肥项目、液体肥等项目主体工程已完工，启动设备购置及安装。全年完成投资3.1亿元，累计完成投资36亿元。

贵州芭田磷化工循环经济生态产业园项目：一期工程120万吨（高塔聚磷酸高效生态母粒60万吨、硝酸磷营养母粒40万吨、氨化硝酸钙营养母粒20万吨）生产装置试生产已投产，办公区已完成建设并投入使用，配套生活区设施基本完成并已投入使用。二期项目正在规划中。全年完成投资1亿元，累计完成投资21.5亿元。

贵州盾安风电有限公司风力发电项目：基础设施已全部建成运行，48台风力发电机组全部投入运行，启动扫尾附属设施建设。2016年完成投资5.7亿元，累计完成投资9亿元。

瓮安县天一矿业有限公司新型磷化工产业园项目：已完成新公司注册、项目立项等工作，环评、安评等已上报评审，同时启动征地拆迁工作。

瓮福黄磷有限公司5万吨/年黄磷节能环保磷电化一体化项目：已取得环评、安评批复，启动基建。

贵州源翼矿业集团1000吨/年磷系阻燃剂项目：已注册贵州源翼磷系新材料股份有限公司，完成项目立项，启动环评、安评等前期工作。

鑫源环保建材有限公司新型环保建材项目：已完成主体厂房建设，设备购置安装、办公楼建设等，部分设备正在试生产，厂区绿化整治正在进行中。

贵州裕豊纸业印刷包装项目：是瓮安新引进规模最大、功能最齐全、管理最规范的集设计、生产、配送各种包装材料（瓦楞纸板、纸箱、彩盒）及包装产品（说明书、画册等）为一体的“一站式”印刷包装企业，年末完成设备安装，并进入试生产环节。

【企业服务】 “千企改造”工程。着力培育金正大磷资源循环经济产业项目、贵州芭田磷化工循环经济产业园项目、湖北兴发（龙马磷业）精细磷化工项目和盾安风电花竹山96兆瓦风电场项目等4家行业500强工业企业项目。深入推进纳入省级“千企改造”的金正大诺泰尔化学有限公司、贵州芭田生态有限责任公司、贵州省瓮安县瓮福黄磷有限公司贵州金瑞恒化工有限公司、贵州盾安风电有限公司、贵州源翼磷系新材料股份有限公司以及贵州裕豊纸业有限公司等7个项目的建设工作。工业“百千万”工程和“双服务”活动。优化工业发展环境。确立96户企业培育主体，将金正大、芭田列入省重点培育的100户“标杆”企业进行调度，将龙马磷业（兴发集团）等17户企业列入州1000户“骨干”企业进行调度，列出94户企业作为基础企业进行县级重点培育调度。梳理出企业发展政策落实难、项目落地难、项目用地难、要素保障难、市场开拓难、企业用电难、企业用工难、企业用水难、环境保障难和企业融资难等“十难”问题，以“县级领导领十难、职能部门解十难”的工作思路，实施专项服务、精准服务、贴身服务，帮助企业化解10类困难和问题，涉及企业35户。搭建融资平台，破解企业融资难题。通过“助保贷”业务向28户提供贷款8101万元。启动“贵园信贷通”业务，帮助65户企业申请贷款，其中冬秀孃酸辣食品公司、柴姨妈乡土食品有限公司和猴场百信食品有限公司获贷款发放共计1250万元，降低企业融资成本。

1月12日，瓮安县满姐食品有限责任公司成功“触网”，与军创国际集团成立消费全返平台，把大众创业、万众创新平台引入瓮安。4月21日，瓮安县“贵园信贷通”启动部署会在县工信局召开。州担保公司、县财政局、县金融办、工行、农行及贵州银行等金融服务机构出席会议。

5月，举办工业成果展

【宣传培训】 在《中国领导干部治国理政的理论与实践》发表《红色瓮安绿色崛起》，在《黔南日报》发表《瓮安：奏响工业经济发展强音》等文章。5月8日，全县工业发展成就图片展在会展中心举行，展出190块展板360余幅图片。9月13日，省政府参事、省委政策研究室正厅级干部、研究员吴祖平为全县副科级以上领导干部及从事经济发展相关工作的中层干部作“创新·选择·要求推进供给侧结构性改革”专题讲座。11月16日，由省中小企业局主办，县工业和信息化局承办的2016年贵州省中小企业星光培训工程——小微企业管理培训班在瓮安颐高电商馆开班。培训内容主要包括小微企业风险管控、成本管理及财务管理、市场营销及谈判技巧、小微企业财税及融资、小微企业政策解读等课程。建材、食品加工、特色轻工、工业企业行业管理人员150人参加培训。11月25日，瓮安县“电子商务进农村”专题培训班在瓮安颐高电商馆正式开班，县商务局、县工信局、县农工局参加开班仪式。县内小微企业、农业种养殖大户、创业大学生等140人参加培训。

（张婷婷）

电力工业

【概况】 2016年，瓮安供电局内设办公室、人力资源部、党群工作部、财务部、市场营销部、生产设备管理部、安全监管部、计划建设部、监察审计部、工会办公室10个职能部门；挂靠机构1个，客户服务中心；二级机构5个，电力调度控制中心、客户服务中心、物资仓储配送站、输电管理所、变电管理所、发电管理所（管理3座水电站：清水电站、席子河电站、洪布河电站）；8个供电所（雍阳供电所、银盏供电所、永和供电所、猴场供电所、玉山供电所、中坪供电所、珠藏供电所、建中供电所）。

领导班子：局长1名，书记1名，副局长3名.全局干部员工334人。其中，中级职称17人，助理级71人、技术员15人；技师4人，高级工82人、中级工115人、初级工22人。全年完成售电量16.6亿千瓦时，综合线损率3.42%；供电可靠率99.8510%，电费回收率100%，客户平均停电时间17.26小时/户。

【营销管理】 挖潜增效方面。了解用户设备运行及经营状况，帮助用户解决生产经营中的问题，对县境内黄磷、化工、水泥等28家重点用电企业采取“一厂一策”的个性措施，提供电力服务。全年用户普查5910户用户，处理问题客户92户，追补电量17.7439万千瓦时，追补电费9.17万元，通过计量管理系统查找终端异常，查找到4户专变计量故障追补80万千瓦时。营销技术方面。优化、简化业扩流程，缩短客户平均接电时间，全年累计新增用户1.25万户，新增容量328356千伏。推广使用红外抄表、低压集抄应用，全年改造8333户低压集抄；完成终端全覆盖，更换2154块动力表，推广使用计量自动化系统、线损模块的使用，实时监测线路的高压线损率，各供电所能更有针对性地开展降损工作。按照分类原则安装67台电压监测仪提升电压质量。10千伏线路完成221台智能开关安装，将故障缩短到最小范围，同期相比中压线路故障率下降0.31%。通过综合停电计划管控，降低计划停电时间。完成解决电网卡脖子项目，增容12台，容量440千伏安，解决900余用户用电问题。

【电网建设】 2016年，完成瓮安电网固定资产投资计划9999.69万元。110千伏银盏变电站正式投入运行。投资388万元对35千伏三支岩变实施扩建工程，新增一台5MVA主变、10千伏出线间隔4个；开展110千伏珠藏变电站建设工作，已完成

新建成投入运营的110千伏银盏变电站

一次设备的安装工作；完成1.565万只表计轮换工作；2016农村电网改造升级工程投资788.66万元，新建10千伏线路16公里、400伏线路14公里、变压器11台。年末已完成整体进度50%。

【安全生产】 强化安全生产责任制落实，分级分层签订安全生产目标责任书共计354份，加强作业风险管控，做到风险控制措施落实到位、管理人员现场管控、安全纠察人员监督三个到位。全年开展任务观察89次，发现问题23项，安全基础管理纠察46次，施工安全纠察369次共2952项。违章率1.3%。完成《瓮安供电局突发事件应急预案》和13个专项应急预案的修编，各部门完善各类保供电现场处置方案，开展各类保供电34次，共投入1460人次，车辆489车次，应急发电机11台次，应急发电车19台次。持续开展进村寨、进社区、进校园宣传安全用电等活动，在各村、社区张贴安全用电宣传画和防电力设施破坏宣传警

电力工作开展安全生产保供电工作

示标语，并制作以安全用电为主题的专题宣传片，在营业厅滚动播放，警醒用户安全用电的重要性。完善各类保供电现场处置方案，在应对防汛、防风等自然灾害中，应急能力得以提升。

【脱贫攻坚】 派驻党员到中坪镇中坪村，明确精准扶贫的目标，解决中坪村的用电问题。对2016年效能监察二作《电费抄核收、业扩报装效能监察》进行立项。并按照电费抄核收、业扩报装效能监察方案开展工作，对效能监察中查出的问题，及时下达效能监察建议书，提出整改建议和整改措施。

（杨 琦）

贵州水务瓮安有限公司

【概况】 2016年3月，贵州水投集团公司将瓮安供水公司整体划转至贵州水务股份有限公司，

公司综合服务网点

12月，贵州省瓮安县供水有限公司更名为贵州水务瓮安有限公司。公司内设综合事务部、财务资产部、客服中心、生产技术部、建设管理部、安监部六个部门。领导班子：董事长1名，总经理1名，副总经理2名。年末在册职工94人（在岗65人、退休25人、内退4人）。

2016年，瓮安县城饮用水源主要有落马塘、朵云、水冲河、车地4座水库、西门河上游花桥应急取水点及歪嘴洞水源。2016年拥有水厂5座（县城供水管网115.8公里），其中东郊水厂日供水能力1.2万立方米，西郊水厂日供水能力1万立方

米，水冲河水厂日供水能力0.3万立方米，歪嘴洞水厂日供水能力0.2万立方米，西坡水厂日供水能力1.3万立方米，供水范围涉及新老城区和工业园区19万居民和工业用水。

公司总占地面积8498平方米，其中生产用地7248平方米，2016年末，公司总资产13230.24万元。3月20日，投资10万元完成对东郊水厂、西郊水厂、落马塘取水泵站以及公司营业大厅、行政办公区的VI系统建设工作。年末县城有供水总户数为43914户，已实施“一户一表”安装的有37462户；全年累计安装智能水表入户7239台（含42台流量计），全年供水总量为766万立方米，售水总量为631.83万立方米。2016年公司实现主营业收入3241万元，其中水费收入1732万元，安装及材料收入1509万元，实现净利润370万元，上交国家税金206万元。

【技改工程项目】 东郊水厂改造项目。新建水池加盖膜结构设施；对综合大楼一、二楼进行装修，建立水质检测中心，同步配备化验设备，水质监测中心能检测水质浑浊度、余氯、氨氮、耗氧量、肉眼可见物、嗅和味、菌落总数、大肠杆菌、耐热大肠杆菌、铝、pH值项目，每天对出厂水及多点出水口进行抽样做水质检测试验。西郊水厂改造项目。改造西郊水厂原水处理传统工艺，原传统工艺已停用两年，2016年恢复西郊水厂原有水处理传统工艺，对原传统工艺进行加工改造，年内正常投入使用。改造西郊水厂一体化处理工艺，在一体化水处理前加装预处理系统，完善原有工艺，现已改造完成并投入使用，水质也达到国家标准。罗马塘改造项目。罗马塘老泵站改造是因新修泵站每月耗电太高（月耗电费八万余元），特对原老泵站泵房、进站道路及设备进行改造，8月完成改造工程并投入使用，改造后每月电费支付节约3万余元。同时停用新泵站。

改造后的西郊水厂一角

【在建工程项目】 车地水库供水工程。总投资6270万元，分为管线部分和厂区部分。管线部分于4月动工，全线总长19.5公里，穿越永和镇和银盏镇的5个村30个村民组，涉及村民400余户，9月中旬全线贯通;厂区部分占地约9000平方米，5月动工，年内完成工艺所需的一体化处理器、清水池、调节排泥池、污泥浓缩池工程，消毒药间、综合管理用房及其他单元正在施工中。管线贯通后经简易的消毒处理，每天向城区管网供水8000—9000立方米。水冲河水厂扩建工程。工程于2015年10月动工，一期占地约17亩，总投资1998万元，年内完成工艺所需的全部建设，启动调试工作，生产规模8000立方米/天。河西新区广场路段改造工程。全长1.7公里，投资140万元，公司将原安装的PE管改造为球墨铸铁管，10月工程全面完工。西郊交流房改造。11月将西郊水厂综合楼闲置浪费的情况上报股份公司批复后，投资116万元把综合楼改造为11间宾馆式交流房，年内完成工程的70%。

【工作创新】 智慧水务供水智能化管理信息平台打造。2016年与深科智能水表有限公司合作，共同打造供水智能化管理信息平台，年内初步完成营业智能收费系统和仓库管理系统两个功能。营业智能收费系统，建立贵州水务瓮安公司微信公众号，可通过关注公众号进行水费查询与缴纳，除可在微信支付外，还可通过中国银行代扣代缴方式进行交费，公司可通过微信公众号发布紧急信息、用水知识的普及发布各类信息。仓库管理系统，初步对材料出入库明细进行统管统筹，实现所有材料一个口子进，一个口子出，做到账实相符，对材料出入库进行监管。建立赶超110机制。建立两台客户报装、抢修和维护电话，两台专用电话24小时保持通讯通畅，县城区实行15分钟到现场抢修、维修处理，县城郊外实行30分钟到现场抢修、维修处理。

（张建勇）

贵州花竹山置业（集团）有限责任公司

【概况】　贵州花竹山置业（集团）有限责任公司于2015年7月13日搬到瓮安县经济开发区麒龙摩尔城写字楼A座19楼办公。主要开展国有资产投资及营运，城镇建设及市政道路，交通基础设施建设，文化旅游资源开发管理，水务基础设施建设，矿产品资源投资开发（国家限制的除外），殡葬投资管理等。

2016年公司下辖瓮安县国有资产营运投资有限责任公司、瓮安县城镇建设投资开发有限责任公司、瓮安县文化旅游发展有限责任公司、瓮安县太平山殡葬服务有限责任公司、贵州省瓮安水务投资有限责任公司、贵州省瓮安矿产能源投资开发有限责任公司、贵州省瓮安交通建设投资有限责任公司、瓮安县物资供应有限公司、瓮安县粮油储备库、瓮安县商贸有限责任公司10个子公司及其下属15个三级公司（控股公司11个，参股公司4个）。

公司设董事会和监事会，董事会在县人民政府授权范围内开展工作，监事会按公司章程开展工作；建有党委、党总支和工会委员会；内设党委办公室、工会办公室、综合管理部、计划财务部、投融资规划部和人力资源部。设董事长1名，副董事长2名，常务副总经理1名，副总经理2名。2016年末，集团公司及下属子公司共有在岗职工430人（集团公司31人）。

【生产经营】　2016年度实现营运总收入1.17亿元，实现利润1288.32万元，缴纳各项税费728.36万元。年度申报融资项目24个，涉及融资资金100.34亿元，实现融资到位资金28.84亿元。2016年底，公司表列总资产143.25亿元，总负债104.57亿元，净资产38.68亿元，资产负债率72.99%。

【基层组织建设】　2016年，公司召开“两学一做”教育学习动员大会，制定实施方案开导教育学习，开展《信仰的力量》道德宣讲，组织主要领导和财务人员到县委党校参加党风廉政建设警示教育学习，组织全体党员到猴场会议会址、冷少农故居接受革命教育、重温入党誓词等活动。2016年吸收预备党员2名、发展入党积极分子12名，对公司150名党员的信息进行核实，清理补交党费5.1万元。多次组织包保责任人到包保村—平定营镇梭罗村对75户贫困户对象开展帮扶工作。工会组织并参加建江控股集团举办的2016年迎新春文艺活动、县委组织部“两学一做”演讲比赛、建州60周年篮球比赛、银企联谊篮球赛、2017年元旦迎春联欢会等活动。

（刘明华）

瓮安县国有资产营运投资有限责任公司

【概况】　瓮安县国有资产营运投资有限责任公司2016年度总资产285833.98万元，净资产225556.76万元，资产负债率21.09%。公司控股瓮安城市公共交通有限责任公司和贵州瓮安宏诚融资担保有限公司，参股瓮安县磷化有限责任公司和贵州农贸大厦股份有限公司。经营范围：县政府授权范围内的国有资产进行有效经营和监管（投资城镇基础设施建设和改造），污水处理和垃圾填埋、土地治理、复垦及开发。主要职能：对县政府授权范围内的资产、资源按照《中华人民共和国公司法》《中华人民共和国劳动法》《企业国有资产法》和相关的法律法规进行监管和营运。

公司位于银盏镇麒龙摩尔城财富中心A座13楼。公司设党总支委员会、支部委员会、工会工作委员会，内设综合管理部、财务部、资产管理部、人力资源部、农贸市场管理部、投融资部。领导班子：执行董事、总经理1名，副总经理2名，财务总监1名。年末在职职工53人，内养职工4人，国企身份退休职工257人。

公司被花竹集团公司评为“2016年度先进单位”。

【融资情况】　向江苏融资租赁有限公司融入资金1亿元，向贵阳银行申请企业贷款3200万元（实际到位资金2500万元），分别给花竹山集团公司、文化旅游公司提供连带责任担保发行银杏私募债2亿元、1亿元，给县教育局、瓮安中学、瓮安第二中学提供连带责任担保向江苏融资租赁有限公司融入资金8000万元，与华英证券公司合作，向国家发改委申请发行企业债（预计发行12亿元），相关资料已于12月29日报省发改委。

【项目建设】 组织资金近20万元建3个春节临时停车场，采取PPP模式完成立体车库405个车位建设，文峰农贸市场改（扩）建项目主体工程完工，组织资金近100万元完成三个夜市广场建设任务，建设瓮安县农产品批发市场（水果、蔬菜市场已投入使用），完成县境内高速路广告牌建设任务。

建成投入使用的蔬菜批发市场

【安全维稳】 办理县机械厂、县纸厂和县车队67户保障性住房职工房产证、土地使用证，化解诉求；协助处理原县磷肥厂、县酒厂安置房因消防验收未通过，部分交清房款住户无法办理房产证和土地使用证问题；组织资金410余万元对597名国企身份退休职工进行困难补助；投入安全资金20余万元，配合市场监管部门规范商品质量准入及食品安全监管。

【党建工作】 3月16日党委人事任免，陈家琦、陈学建、周家华、吴映松、龙玉霖、唐国林6位当选为国资公司党总支委员。陈家琦任总支书记，陈学建任总支副书记，周家华任组织委员，吴映松任纪律委员，龙玉霖任群工委员，唐国林任委员。全年投入帮扶资金2.46万元帮扶平定营镇梭椤村贫困户3户。

（唐国林）

瓮安城市公共交通有限责任公司（国资公司控股公司）

【概况】 瓮安城市公共交通有限责任公司位于瓮安雍阳街道五里街，瓮安县国有资产营运投资有限责任公司占股51%，为其控股公司。公司内设综合管理部、计统财务部、安全管理及车辆调度部；各部门设经理1名（安全管理部经理2名）；领导班子：董事长1名、总经理1名、监事3名、副总经理2名。年末共有职工188名（公交车驾驶员78名、出租车驾驶员80名、后勤人员30名）。

年末有公交线路4条，公交车64辆，公交路网共计48公里；出租车52辆。全年学生乘坐公交车168.3万人次，老年人、残疾人、军人乘坐96.5万人次，公益性投入接近300万元。

3月，公司荣获瓮安县优秀民营企业奖；4月，女子班组（3号线）荣获中华全国总工会工人先锋号殊荣；6月，荣获贵州省劳动关系和谐企业奖。

贵州瓮安宏诚融资担保有限公司（国资公司控股公司）

【概况】 贵州瓮安宏诚融资担保有限公司位于瓮安县群众工作中心南侧，成立于2012年7月，是经州工信委批准成立并取得省工信委核发融资性担保机构许可证的专业性担保机构。于2015年8月24日经省人民政府金融工作办公室（黔府金担函〔2015〕37号）、县人民政府（瓮府函〔2015〕255号）批准，与瓮安县国有资产营运投资有限责任公司共同出资组建国有控股担保公司。注册资本5500万元。经营范围：融资性担保业务；诉讼保全担保；招投标担保、预付款担保、工程履约担保；与担保业务有关的咨询、财务顾问服务；以及使用不高于净资产20%的自有资金进行符合规定的投资。瓮安县国有资产营运投资有限责任公司出资2805万元，占股51%；王荔出资1650万元，占股30%；罗程午出资522.5万元，占股9.5%；李成刚出资522.5万元，占股9.5%。现有员工11人。2016年公司设董事会、监事会、股东会，下设综合部、业务部、风险部、财务部，年末在职职工11人。

与瓮安县农村信用合作联社开展业务合作，截至12月底，累计担保金额及担保责任余额4553.5万元，在保笔数20笔，主要为中小微企业及返乡农民工创业园区企业提供贷款担保。担保费率为年担保金额3%。在都匀市的都匀市黔中房地产开发有限公司开发的汇通佳苑房开项目，投资600万元。

瓮安县磷化有限责任公司（国资公司参股公司）

【概况】　瓮安县磷化有限责任公司位于瓮安雍阳街道狮子桥头。国资公司占5%股份。公司内设综合部、市场采供部、生产安全部、技术部、财务部；设总经理1人，副总经理4人。年末在职职工71人。2016年生产磷矿石106.3万吨，销售收入16185万元，税费4751万元，实现净利润2065万元。

连续第23年被评为省级“重合同守信誉”企业。

（唐国林）

瓮安太平山殡葬服务有限责任公司

【概况】　2016年，瓮安太平山殡葬服务有限责任公司内设殡仪馆、公墓建设及营运部、综合部、财务部、供应部五个部门。领导班子：执行董事兼总经理1名、副总经理2名。年末在职职工80人。

【资金筹集及运行】　2009年到2016年底，太平山殡仪馆、九龙园公墓一、二、三期基础设施设备和附属设施建设项目总计筹集资金7468万元。其中，注册资金2000万元，向贵州交通银行贷款3700万元，向县农村商业银行贷款200万元，向国资公司借款400万元，县财政借款400万元，县财政拨款478万元，省、州民政资助290万元。

2009年至2016年，太平山殡仪馆、九龙园公墓一、二、三期殡葬基础设施设备建设项目及附属工程总计投入资金7605万元。其中，殡仪馆建设项目共计投资约4088万元（含办公设备和交通设施），九龙园公墓建设项目共计投资约3517万元。累计盈利100.79万元。

公司严格执行县物价局（瓮价字〔2010〕13号）收费标准和《惠民殡葬管理实施办法》，从开馆运行至2016年底，共计减免4427户，平均每户减免1211.32元，共计减免金额536.25万元。其中2016年减免2413户、327.43万元。

【基础设施建设】　2016年殡仪馆投入资金96.48万元完成2号治丧餐厅天然气管道（2500米）的安装，完成殡仪馆二期治丧灵堂停车场至火化车间道路建设工程（长20米、宽5米），完成火化车间空气抽风机（2台）的安装，对殡仪馆火化车间、遗体存放室屋顶进行补漏，完成殡仪馆馆区示意标志牌（5块）、各灵堂温馨提示及指示牌（25块）的设计安装，新建烟花爆竹经营门面一间（建筑面积70平方米），完成接运车（2辆）的采购并投入使用，完成电动车、垃圾斗、清扫车的采购并投入使用，对各灵堂线路、照明路灯和供水管道进行维修改造。

殡仪馆二期项目道路建设

公墓部：投入资金473.94万元完成公墓三期征地、丈量工作，完成二期道路路灯、防护网和防护栏的安装工程，完成三期停车场的规划设计和进场道路毛坯场平工作，完成二期停车场挡土墙的施工图预算审计工作，完成三期桥梁、道路施工图设计工作。

【员工培训】　11月，公司组织业务骨干到开

殡葬改革应急演练

阳、息烽、遵义殡仪馆学习灵堂布置、殡仪服务、机构人员设置、营销理念、服务项目推广等业务知识；公司安排殡仪馆、公墓部负责人赴湖南长沙参加中国国际殡葬设施设备展览调研，对殡葬设备维修保养和公墓管理经验进行学习。

【殡葬改革】 2016年上半年参与县政府办、县民政和民族宗教事务局、县法制办拟定出台《瓮安县丧葬用品销售管理暂行办法》。参加瓮安县殡葬改革工作应急演练。针对县人大代表提出的殡仪服务、公墓墓碑价格偏高的意见，收集整理完善佐证资料向政府、发改部门及人大代表作好沟通和答复，针对存在的问题及时采取措施予以解决。组织人员到平定营、珠藏、建中、永和等镇就遗体火化、接运、时间预约遗体保存等方面存在的问题、困难和解决措施开展沟通协商，同时完善殡葬服务信息网络。调度组24小时不间断开展遗体接运和火化工作，及时与各乡镇（街道）村（居）、社区和丧属沟通核对遗体接运和火化时间、地点、路况、火化证明材料等，做好政策宣传、引导和解释，合理调度接运车辆和人员，为遗体接运和骨灰运送工作做好保障。

【增值服务工作】 在现行殡仪服务项目下，全力推行引导殡仪仪仗队、推灵（迎送骨灰）、纸棺火化、悼念仪式等服务项目，加大鲜花祭祀、彩车送骨灰下葬等服务宣传力度，以满足不同治丧群众的消费需求。强化道教活动监督和指导，配合组织召开瓮安县道教协会第一届理事会第四次、第五次会议，对在殡葬改革工作中面临的困难、问题和存在现象进行分析和安排，严格执行道教活动登记备案制度，第一时间掌握丧属在遗体火化、治丧时间、道教人员等相关信息，及时纠正和制止违规违纪现象，规范道教协会会员日常道教活动。按照《瓮安道教协会2016上半年殡葬工作考核方案》，配合开展对各乡镇（街道）分会的考核工作，加强道教活动服务引导和指导工作。

新型殡仪服务——仪仗队

（万 娜）

瓮安县城镇建设投资开发有限责任公司

【概况】 瓮安县城镇建设投资开发有限责任公司经营范围：主要从事城镇基础设施建设项目的投资、开发与建设业务；国有资产的管理与经营业务；土建及房地产开发经营业务；物业管理、项目管理、经营代理、仓储、信息咨询服务；保障性住房建设业务。2016年，公司内设综合管理

瓮安县生活污水处理厂（二期）

部、投资计划部、工程管理部、资产管理部、财务部。领导班子：执行董事1名、总经理1名、副总经理2名，年末职工人数38人。

全年完成总投资7.6亿元，实现融资到位资金116080万元万元，其中各银行融资到位资金116080万元。

【基础设施建设】 2016年完成总投资7.6亿元，累计支付各项工程款项3.24亿元；当年已完工和基本完工的工程有7个，在建工程项目有11个。

完成23个项目的招标工作，其中市政道路工程3个、政府购买服务项目4个、安置房及棚户区改造项目11个、写字楼项目4个、招商项目1个。严格执行建设项目“四制”（项目法人责任制、招标投标制、建设监理制、合同管理制）规定，全年完成合同的起草及审批签订111个。

完成小河边高速路安置房、瓮安县综合大楼地下室土方开挖工程、雍阳办公大楼3个项目工程的结算审计工作；完成文峰大道南段、行政服务中心、小河边道路建设工程、北部新城路网工程4个项目结算送审工作。

（邓 丹）

瓮安县粮油储备库

【概况】 瓮安县粮油储备库是贵州花竹山置业（集团）有限责任公司下属全资子公司，原名瓮安县粮食局粮食储备库，成立于2004年7月。2012年11月，经瓮安县人民政府批准，合并吸收瓮安县粮食购销有限公司，合并吸收后更名为“瓮安县粮油储备库”。注册资金1014万元，主要从事粮油购销、储备和国有资产管理。公司位于瓮安县经济开发区工业园大道旁，占地面积50600平方米。库区配有电子监控系统、环流熏蒸、横向通风、粮情检测、富氮低氧、输送设备、汽车衡以及粮油检化验等设施设备。是一家拥有储粮专业技术人员和先进储粮技术的现代粮油储备企业。

2016年，公司内设财务科、综合科、业务科、经营科。领导班子：主任1名，副主任2名，支部书记1名，工会主席1名，主任助理2名。年末员工31人。其中，中专以上文化程度21名，具有粮油质量检验中级资格证4人；粮油保管员职业资格证10人（高级1人、中级1人，初级8人）。

2016年度荣获全州商务和粮食工作优秀单位。

【仓容及库存】 2016年末共有仓容59097吨、罐容9000吨。年末储存有省级储备稻谷23000吨，州级动态储备稻谷1000吨，县级储备稻谷3000吨、菜油500吨。

粮油储备库一角

2016年度完成新增省级储备粮稻谷13000吨入库任务、省级储备粮轮换稻谷3526吨；完成县级储备粮轮换稻谷1194吨；完成县救灾粮大米270吨竞标及发放工作；完成军粮供应大米18550公斤、面粉7650公斤、菜油200公斤；完成新增省级储备粮贷款3900万元、流动资金贷款600万元；完成办公室搬迁及北门库区粮食6438吨转运工作。全年营业总收入1233.45万元，实现利润21.56万元。

（王永会）

瓮安县文化旅游发展有限责任公司

【概况】 瓮安县文化旅游发展有限责任公司根据黔南州国有资产管理改革实施方案，按照瓮府函〔2014〕191号文件精神，出资人变更为贵州锦绣实业（集团）有限责任公司，行政管理隶属贵州花竹山置业（集团）有限责任公司，并先后组建1个分公司、3个子公司（2009年7月组建瓮安县文化旅游发展有限责任公司长征轮船分公司；2013年3月组建瓮安县长歌旅行社有限责任公司，是年5月组建瓮安县文化影业传媒有限责任公司，2015年12月组建瓮安县文旅物业管理有限责任公司）。

2016年，公司内设综合部、财务部、业务发展部、资产营运管理部、项目投资规划开发部。领导班子：总经理1名、副总经理3名、财务总监1名，年末在职职工人数65人。

2016年共融入到位资金1.49亿元（贵定阳宝山旅游度假有限公司短期借款资金1000万元、瓮安县农商行质押贷款3900万元、银杏私募债资金1亿元），完成年计划的149%。

【基础设施建设】 瓮安县全民健身活动中心（包括新闻中心综合大楼、体育场、体育馆及地下停车场）项目。总投资金额约4.5亿元，总用地面积约140287平方米，总建筑面积约125775平方米，2014年底全面开工建设，2015年8月完工并投入使用，2016年项目资料已送审。

营盘山发射台基础设施建设项目。建筑总面积586.82平方米，主要工程内容包括主体结构、建筑结构、安装工程、新建四级公路317.97米等。8月完工并交付使用。

舒葆初烈士故居改扩建项目。建筑面积468平方米，主要工程建设内容为主房、铺房、围墙、绿化、道路、消防水池等。2016年底已完工。

乌江景区红色旅游二期石林景点项目。建筑总面积1060.8平方米（包括景区旅游步道、环境整治、停车场、管理用房），2016年底全面启动建设。

（盛　华）

瓮安县商贸有限责任公司

【概况】 瓮安县商贸有限责任公司是经县人民政府批准于2005年6月注册成立的国有独资公司，由原商业系统9家国有企业（百货公司、民贸公司、食品公司、纺织品公司、蔬菜公司、糖业烟酒公司、五金公司、四方公司、饮食服务公司）整合组建。2010年商贸公司整体划转到瓮安县国有资产营运投资有限责任公司；2015年划转到贵州花竹山置业（集团）有限责任公司。主要经营范围资本营运、生猪屠宰、租赁（门面、柜台、房屋闲置场所等）、日用百货等。

2016年，公司内设财务部、综合部、人力资源管理部、安全生产部、资产管理部、生猪定点屠宰场。年末公司在岗人员34人（公司20人、屠宰场14人），国有身份退休职工232人，内养1人，遗属7人；一支部党员8人，二支部党员50人（退休党员39人、下岗党员11人）。

【经营管理】 公司所属门面、商铺、房产的租赁工作严格按照“公平、公正、公开”的原则，在上级公司及县相关职能部门的监督下，面向社会公开进行招租。9月、12月公司完成对“屠宰场办公楼一层及楼前空地”以及“原食品公司”3间门面和“原纺织品公司”1间门面的公开招租；完成文峰中路“原商业总公司”6间门面以及名豪酒店、红军路锦美二号楼二间门面、西街“原食品公司”21间门面、新大楼内侧2间门面、“原纺织品公司”内外侧共31间门面、“原五金公司”一楼及二楼商铺、华都百货商场的租金及屠宰场承包费的收取工作。

2016年，公司全年实现主营业务收入894.46万元（资产租赁收入873.46万元、屠宰场承包费20万元），实现利润214.77万元。全年缴纳营业税、土地使用税等其他各项税费合计68.37万元；全年支付国有身份退休职工三费、生活补助费、节日慰问费、体检费、内养职工工资、遗属补贴等各项费用合计679.7万元。

【生猪定点屠宰】 瓮安县生猪定点屠宰场位于瓮安县经济开发区灯笼山处，占地面积40亩，按照国家3A级标准设计建设，建设规模为年屠宰

生猪定点屠宰车间一角

生猪20万头，于2012年7月开工建设，2013年7月竣工并投入运营，2014年10月办公大楼等附属工程竣工验收。瓮安县生猪定点屠宰场生产线采用自动化生产流水线，配备三点式电麻机、平板输送机、放血悬挂输送机、洗猪机、提升机、打毛机、液压式刮毛机、桥式劈半锯、电子轨道秤、分割输送带等先进屠宰设备。2016年屠宰场共计屠宰生猪47437头；无害化处理“病害猪”共计194头。

（胡家瑀）

贵州省瓮安水务投资有限责任公司

【概况】 贵州省瓮安水务投资有限责任公司是经县人民政府批准设立，2011年11月注册，经营和管理县政府授权范围内国有水利资产的国有独资公司，公司注册资本为5500万元。

2016年公司以胜土水库和大岩水库向农发行贷款专项基金7200万元作为资本金注入，现公司注册资本金增加到12700万元，公司变更为股份制公司，公司出资人变更贵州剑江控股集团有限公司和中国农发重点建设基金有限公司。2016年底根据黔南州人民政府办公室《关于对州管国有企业实行分类分层管理的通知》和黔南州国有资产监督管理局《关于剑江公司调整部分公司资产权属的批复》，公司股东变更为黔南州水务投资有限公司和中国农发重点建设基金有限公司。2016年，公司设执行董事1名，内设财务部、综合部、投融资部、规划计划部、资产运营部、建设管理部；领导班子：总经理1名，副总经理2名，工会主席1名，财务总监1名，总经理助理1名。年末员工21人。

胜土水库建设工程一角

2016年完成融资项目申报5个，已签订融资合同4个，融资金额共计41600万元，实际到位资金31800万元，争取项目资金5200万元。

【工程项目建设】 杜仲河水库综合利用工程。位于瓮安杜仲河，属中型水库，于2012年10月开工建设。总投资26236万元（中央匹配资金13118万元，省级匹配资金7897.8万元，州、县各匹配资金2623.6万元）。2016年底累计支付19671.8万元；工程建设完成大坝标总工程量的99%，供水标完成总工程量的40%，灌溉标完成总工程量的45%。水库大坝工程已通过大坝安全鉴定，州级移民验收以及蓄水验收。

改造后的斑鸠水电站一角

胜土水库建设工程。位于瓮安平定营镇，属小一型水库，总投资23479万元，省级匹配资金14088万元，州、县匹配资金9400万元。省级匹配到位资金6700万元，县级匹配到位资金4700万元。2015年5月开工建设，2016年底累计完成投资约14000万元，累计支付工程款9600万元。2016年底已完成截流验收工作，大坝填筑至22米高层。

增效扩容工程。斑鸠水电站总装机容量为2×400千瓦，总投资296.87万元，年发电量为291万千瓦时，工程完成总量的95%；陡水滩总装机量为2×200千瓦，总投资为159.8万元，年发电量为102万千瓦时，该工程已完工并验收，正在试运行期，同时办理上网发电的前期手续；马渡河电站技改后总装机量为2×160千瓦，技改总投入费用70万元，年发电量为120万千瓦时，工程已全部完工，并于2015年10月投入运营，年收入15.15万元。

（梁　霞）

瓮安县物资供应有限公司

【概况】　2016年，瓮安县物资供应有限公司内设综合部、财务部、业务部、工程部、仓储部、运输部、工程师办公室、建材经营部、市场部。领导班子：执行董事兼总经理1名，副总经理2名，财务总监1名，年末在岗职工53人。

建设中的商业综合体大楼

2016年共计销售炸药2983吨、雷管94万发，实现销售收入2656万元，实现净利润515万元，上缴税收150万元，全年实现安全“零”事故目标。2016年公司在瓮安县工业园区建设物资公司商业综合体，占地面6318.3平方米，建筑面积19255.99平方米，年内完成主体工程。

2016年度被贵州花竹山集团公司评选为“先进单位”，其子公司瓮安县民用爆破服务有限公司被贵州花竹山集团公司评选为“先进部门”。

（熊琪海）

贵州省瓮安交通建设投资有限责任公司

【概况】　贵州省瓮安交通建设投资有限责任公司由县人民政府批准，于2014年4月成立的国有独资公司，注册资本8000万元，2015年划转到贵州花竹山置业（集团）有限责任公司。主要经营范围：全县重点交通基础设施及配套项目、属县级管理的大中型项目（包括铁路、公路、水运等）交通基础设施建设等管理；交通项目对外经济技术投资开发合作、工程咨询、项目管理等多种经营；出资人决定的其他投资和经营管理。

建设中的瓮安北汽车站

2016年，公司内设财务部、综合部、业务部。领导班子：常务副总经理1名，业务部副经理2名，年末在职职工8人。

2016年争取到瓮安北汽车站建设项目实施代建，年末项目完成场平工程，主体工程已封顶，户外工程及附属工程已完工60%。

2016年对接中国农业发展银行福泉支行完成瓮安县北部新城路网改造项目融资贷款2.1亿元，贷款期限20年，年化利率5.39%，年内已放贷5000万元；完成瓮安县猴场镇农村人居改造项目融资贷款4.2亿元，贷款期限20年，年化利率5.39%，年内已放贷2000万元。

（商　磊）

贵州省瓮安矿产能源投资开发有限责任公司

【概况】 贵州省瓮安矿产能源投资开发有限责任公司成立于2013年10月，公司地址位于瓮安县银盏镇经济开发区麒龙摩尔城财富中心A座14楼，注册资本1000万元，系贵州花竹山置业（集团）有限责任公司下属全资子公司。2016年，公司内设财务部、综合部。设副总经理（主持工作）1名、副总经理1名，年末共有职工6人。

2016年完成大洞、野猫洞玄武岩矿矿权年检工作。完成野猫洞玄武岩铁塔压覆改迁工作。完成加油站指标申报资料的上报。矿山安全生产监管全年实现零事故目标。

（赵　松）

贵州兴瓮实业（集团）有限责任公司

【概况】 2016年，贵州兴瓮实业（集团）有限责任公司内设综合管理部、人力资源部、财务部、投资开发部、融资管理部、资产管理部。公司下辖瓮安县工业园区投资开发有限责任公司、瓮安县创业园科技孵化服务有限公司、瓮安县工业园区物资贸易有限公司、瓮安县立信会计咨询有限公司、瓮安兴新资产营运投资有限公司、贵州黔中建安置业投资有限责任公司6个子公司。公司设立董事会、经营班子、工会等机构。董事会设董事长1人，副董事长1人，董事3人；经营班子设副总经理3人；工会设工会主席1人，专职副主席1人。年末有干部职工126人。

2016年累计完成工程项目总投资107200万元，同比增加5%；全年累计融资207943万元，到位资金112237万元；支付工程款107200万元，支付土地征用费及拆迁补偿费18200万元，同比增加180%。线路迁改537万元，支付重点建设基金8329万元；偿还债务118700万元（银行本金77600万元，同比增长108%，利息10600万元，同比增长150%，财政借款30500万元）；支付征地拆迁6485万元（含过渡安置款、养老保险），同比增长14.56%。经营性收入1966.82万元。

【开发区基础设施建设】 2016年累计完成工程项目总投资107200万元，在建项目28个，其中续建项目有26个，新建项目有2个。

道路建设项目。续建项目：港口大道一、二标、C2路、C3路、C5路、D3路、D4路（迎宾大道）、D5路、花都产业园道路、珠藏桥标准化厂房二区道路，共9条道路39.75公里，已完成12.4公里。

房屋建设项目。珠藏桥标准化厂房、珠藏桥钢结构厂房、丰源包装厂，共计已完成建设11.87万平方米；安置B区、帽合山安置区、C5路安置区、马鞍山安置区市政工程，共计已完成建设13.25万平方米。

零星工程项目。完成芭田安置区、美丽乡村场平工程；完成职校东侧安置区、C5路安置区、思源中学、豊源包装厂、C2路、帽合山安置区、珠藏桥钢结构厂房、美丽乡村、向阳隧道线路迁改工程；完成湿地公园土方开挖8.35万立方米，石方破碎6.12万立方米，毛石挡墙砌筑179立方米；完成生态走廊（猴场至芭田）项目占地1200亩，清表完成80%，土地造型完成70%，种植苗木（香樟）48棵，水杉100颗；完成招投标立项工作3项，招标工作完成17项，签订合同14项。

【经营管理转型】 公司积极探索从原服务型经济向实体经济转型发展新路子，成立瓮安兴新资产运营投资管理有限公司，负责政府授权范围内国有资产的运营和管理，租赁开发区摩尔城安置A、B区门面102个、8294.81平方米；租赁钢材市

续建中的农民工创业园

场门面40间、5672平方米，厂房17间、4760平方米，实现租赁收入60.22万元。完善房产登记手续7个；重新组建贵州黔中建安置业投资有限责任公司。全额收购贵州建工集团第二建筑有限责任公司在贵州黔中建安置业投资有限责任公司股份，成为公司国有全资公司。公司新增固定资产13274平方米（市民化项目一期一标段商业门面7774平方米；市民化项目一期二标段商业门面5500平方米）；完成瓮安县市民化公共租赁住房（一期）项目一标段1—11号楼房、市政及基础设施配套建设工程，并顺利交房。启动瓮安县市民化公共租赁住房（二期）项目，工程建设约7.6万平方米，房屋506套，工程造价约9900万元。

【科技创业服务】 返乡农民工创业园二期8万平方米，配套宿舍0.8万平方米的建成投入，新入驻企业5家，入驻企业总数达27家。全年企业总产值38598.53万元，实现利润2444.82万元，创造税收420.87万元，新增就业岗位600余个，新增就业870余人；经过在线交易平台，搭建瓮安县电子商务运营中心、贵州电商云·瓮安馆和淘宝特色中国·瓮安馆，并上线农特优产品130余个，上架销售产品60余个，开展农村电子商务综合服务站30个。

【项目服务工作】 完成园区重大项目贴息资金申报编制工作，申报众创空间获得专项资金30万元；申报瓮安县工业园区返乡农民工创业园二期工程项目20万元；申报2016年贵州省工业和信息化发展专项资金100万元；与12家行政企事业单位签订《代理记账服务合同》，签订咨询服务合同3家，完成上报国家统计部门入规企业财务报表16户。完成代理记账收入23.48万元，外派会计收入9.25万元，财务审计收入1.5万元，其他咨询服务收入32.8万元；2016年公司成立精准扶贫工作小组共承担24户贫困户帮扶工作。完成对新帮扶贫困户进行精准扶贫摸底调查和建档立卡相关信息调查统计工作，并帮扶包保对象解决生活用煤、农业生产、推荐就业、专业技能培训、农业栽种技术指导等问题，最终脱贫10户43人。助力岚关乡茶海村发展村级集体经济，理清产业发展思路，公司、县文联、茶海村联合组织送文化下乡等活动，并支持茶海村发展电商、物流等资金2万元；2016年驻新华村以来帮扶困难户35户、44人，教育帮扶43户、45人，技术帮扶30户、11人，金融帮扶96户、446人，解决矛盾纠纷32起；协调上场坪和新华至红灯堡一事一议财政奖补道路硬化工程资金约70万元。启动规划白水河车地水库至西坡林场城镇化饮水工程、屋面亮化工程及新华至白水河村级公路工程建设。

（戎颜穗）

瓮安县工业园区投资开发有限责任公司

【概况】 2016年瓮安县工业园区投资开发有限责任公司设有综合部、财务部、工程一部、工程二部、工程三部、工程预决算部。领导班子：总经理1名，常务副总经理1名，副总经理2名，年末在职职工38人。

全年完成筹资189621万元，同比增长38%。其中，贵阳银行贷款实际到位资金7000万元、华创证券融资到位10000万元、贵州农村商业银行融资到位4000万元、浙江金诚资产管理有限公司融资到位38230万元；深圳亚太（甲子）融资到位2294万元、瓮安县文化旅游公司（农商行）贷款到位3900万元、物资贸易有限公司（贵阳银行）融资到位5000万元、贵州弘辉实业有限公司（农商行）融资到位3000万元、瓮安县人民医院（广东联合）融资到位3000万元、鑫安建材有限公司（贵阳银行）融资到位2500万元、贵州金星安商贸公司（农商行）融资到位2000万元、瓮安兴农村镇建设有限责任公司融资到位3000万元、兴瓮集团公司拨款109973万元。

2016年完成工程项目总投资约107200万元，完成道路12.4公里，投资约71800万元；完成安置房及市政建设13.25万平方米，投资约11740万元；完成标准化厂房建设11.87万平方米，投资约18700万元；其他项目工程投资约5000万元。

【道路建设】 启动道路建设项目主要有港口大道一、二标、C2路、C3路、C5路、D3路、D4路（迎宾大道）、D5路、花都产业园道路、珠藏桥标准化厂房二区道路，共9条道路，共39.75公里，完成12.4公里，完成投资约71800万元。

【房屋建设】 珠藏桥标准化厂房、珠藏桥钢结构厂房、豐源包装厂，完成11.87万平方米，完成投资约18700万元；开发区摩尔城安置B区、帽合山安置区、C5路安置区、马鞍山安置区市政工程，完成投资约11740万元；芭田安置区、美丽乡村，完成投资约2100万元；职校东侧安置区、C5路安置区、思源中学、豐源包装厂、C2路、帽合山安置区、珠藏桥钢结构厂房、美丽乡村、向阳隧道。完成投资约1000万元；湿地公园完成土方开挖83500立方米，石方破碎61200立方米，毛石挡墙砌筑179立方米，完成投资约1500万元；生态走廊清表完成80%，土地造型完成70%，苗木（香樟）30棵，完成投资约400万元。

（夏　露）

瓮安县立信会计咨询有限公司

【概况】 2016年，瓮安县立信会计咨询有限公司内设综合部、财务部、代理记账部、客户部。年末在职干部职工4人。公司全年营业收入67.03万元，财务总支出62.74万元，年度盈利4.29万元。

【业务发展】 派邓森碧、顾德飞为开发区12家行政事业单位做代理记账会计。对县内大部分企业进行业务宣传和走访。完成所承接业务单位、公司的财务报表编制、凭证制作、国税、地税的纳税申报。代理瓮安县工信局上报国家统计部门的入规企业财务报表。年内公司与客户签订代理记账服务合同8份。

2016年度客户签订代理记账服务基本情况表

序号	企业（单位）名称	年（月）服务费（元）
1	弘辉实业	30000元/年
2	顺发渣土公司	500—1200元/月
3	县工信局入规企业	1000元/户
4	万泰保洁公司	4800元/年
5	瓮安县九龙山参战老兵生态养殖有限公司	6000元/年
6	富源投资管理有限公司	6000元/年
7	开发区行政事业单位12家	172800元/年

（皮禄钧）

瓮安县工业园区物资贸易有限公司

【概况】 2016年，瓮安县工业园区物资贸易有限公司内设综合部、财务部、市场营销部、电子商务部、汽车美容服务部、仓储物流部。领导班子：总经理1名，副总经理2名，年末在职干部职工19人。下辖子公司——瓮安县工业园区鑫安建材有限公司设总经理、副总经理各1名。

根据贵州兴瓮实业有限责任公司工作安排，公司于7月29日，配合瓮安县工业园区投资开发有限责任公司向贵阳银行股份有限公司瓮安支行融资5000万元。

【资金运行投资】 2016年，公司投资的“淘宝特色中国·瓮安馆”电子商务平台投入第一阶段建设资金42万元，贵州瓮安经济开发区电商服务中心投入建设资金40万元。公司全年销售总额600

余万元（电商22.5万元、传统贸易50万元、汽车美容中心15.5万元、建材及五金机电销售534万元），实现利润72.5万元。年末欠款5000万元（贵阳银行贷款），应收账款5916万元（含5000万元的银行贷款）。

【培训】 3月公司派电子商务部参加贵州鑫润丰电子商务有限公司组织的电子商务知识培训，4月公司派财务部参加贵州剑江集团投融资专业知识培训，11月派汽车美容服务部参加瓮安县委组织部组织的清华大学“企业高级管理人才”知识培训，是月公司派电子商务部参加贵州电商云组织的“互联网+传统”“县域电商发展与农村电商案例剖析”相关知识培训。

（聂 铭）

瓮安县创业园科技孵化服务有限公司

【概况】 2016年，瓮安县创业园科技孵化服务有限公司内设综合部、财务部、科技孵化部、物业管理部。领导班子：总经理1名、副总经理1名。年末在职干部职工16人。

公司2016年总收入共计150万元，同比上年增加6.4%。收入来源为项目申报专项经费，其中申报众创空间—安青创业社获得项目资金30万元，农民工创业园建设项目贴息资金100万元，瓮安县创业园科技企业孵化器能力建设项目经费20万元。

公司支出分为两部分，一是孵化器平台建设费用支出，二是众创空间—安青创业社项目建设费用。2016年共计支出费用267.42万元，同比增长23.87%，其中用于孵化公司孵化器平台建设支出费用（包含孵化公司日常运营，建设服务孵化器平台，及观摩会期间产生的费用），全年支出214.29万元，同比上年实际减少0.73%。其他费用支出为众创空间项目建设费用，费用为53.13万元。

【孵化器建设】 2016年瓮安县创业园科技孵化器新增标准化厂房8万平方米、配套宿舍0.8万平方米；公司配合招商，新入驻企业5家、清退3家、孵化毕业进入加速器2家，拟入驻企业4家，在孵企业总数达27家。涉及装备制造、电子科技、塑料化工、耐高温电缆电线、新型环保建材、服装、运动制品、儿童用品、五金等行业。国家级众创空间——安青创业社成功引进创客团队14家、培育进入孵化器企业2家，登记在册创客100余人，帮助中小微企业员工培训600余人次，推荐就业人数300余人。

协助县投促局、产业局、科技局等相关部门通过落实科技孵化政策，加强孵化服务力度，2016年创业园入驻企业总产值达到12234.9万元，实现利润2362.8万元，创造税收784.7万元，新增就业岗位600余个，新增就业870余人。

【企业服务】 公司组织入驻企业参加企业管理、市场营销等培训12次，培训人数2000余人。联合县人力资源和社会保障局、瓮安职校、瓮安胜林人力资源有限公司，为新入驻企业培训与招聘员工300余人。协同省、州、县科技部门为企业举行知识产权、专利申请等培训7次，开展项目路演6次，科技知识大赛1次。成功举办第五届中国创新创业大赛贵州赛区暨首届中国（瓮安）创新创业大赛及相关主题论坛会。

【安青社建设】 公司搭建众创空间——安青创业社为入驻企业提供全方位、全过程、个性化等多方面的孵化服务，利用外部资源，引进中介机构、行业协会合作，提供特色服务，年内开展合作的有1家会计师事务所任年内与贵州启明财务管理有限公司（会计师事务所）、贵州省黔北法律咨询服务有限责任公司（律师事务所）和6家咨询公司（瓮安胜林人力资源服务有限公司、瓮安县中小企业信用促进会、瓮安县创业就业促进会、瓮安锦程达营销策划有限公司、瓮安县心理学会、贵州省瓮安贵信融资担保有限责任公司）开展合作。在众创空间引进专业的营销团队，借助淘宝特色瓮安馆，为在孵企业提供个性化产品营销方案，从产品线设计、产品包装、渠道建设、广告等各个方面，帮助企业把好的产品和服务销售出去。

2月15日，众创空间——安青创业社通过国家审定，纳入国家级科技企业孵化器的管理服务体系。这标志着瓮安县国家级科技创新平台建设实现零的突破。11月，州级、省级、国家级创业孵化示范基地申报工作已进考察审核阶段，累计为入驻企业申请免除租金193万余元。帮助企业申报《黔南州2016年“千企改造”项目》5个，贵州省科技创新券项目3个，申请省、州资金补贴总额达到500余万元，对瓮安县工业园区全省排名提升做了应有的工作。

（潘　悦）

贵州黔中建安置业投资有限责任公司

【概况】　贵州黔中建安置业投资有限责任公司注册资本金为人民币5000万元，是贵州兴瓮实业（集团）有限责任公司根据瓮安县人民政府瓮府函〔2014〕214号文件精神，与贵州建工集团第二建筑工程有限责任公司于2014年7月31日合作成立，以“投融建一体化”为核心，共同对瓮安县域建设项目开展合作。公司具有房建总承包、市政总承包、机电总承包、地基基础专业承包、装饰装修专业承包五个施工二级资质以及一个房地产开发暂定级资质。2016年6月，因股东公司贵州建工集团第二建筑工程有限责任公司自身体制改革，退出贵州黔中建安置业投资有限责任公司股份，暂由贵州兴瓮实业有限责任公司正式接管。

2016年，公司设综合部、财务部、人力资源法务部、安全生产质量管理部、项目投资经营管理部。年末在编人员68人，其中管理人员17人，高级工程师2人，二级建造师26人，八大员岗位证23人（安全员8人，施工员6人，资料员4人，预算员2人质量员2人，材料员1人），房地产销售人员2人。

公司2016年度实现固定资产投资约1700万元（商业门面：13000平方米）；完成基础设施施工建设1200万元，实现税收33.8万元。完成代建工程项目建设56000平方米，住房1000套。

【项目建设情况】　由公司代建的瓮安县2015年市民化公共租赁住房（一期）项目，规划用地70000平方米，计划投资1.14亿元，其中土建费用约9000万元，配套基础设施约2400万元，建设规模69300平方米，其中商业13211平方米，住宅56000平方米。该项目分两个标段进行施工建设。

瓮安县2015年市民化公共租赁住房（一期）项目一标段建设住房560套、商业门面7700平方米，已完成竣工验收，建设项目包括平场土石方、场地平整、雨污水管道、道路换填、水稳层、供水系统工等工程，投资额1200万元；项目二标段建设住房440套，商业门面约55000平方米，工程于11月全面动工，年末完成基础部分工程约1000万元，建设项目包括规划用地76000平方米，计划投资1.27亿元，其中土建费用约9800万元，基础设施及配套约2900万元，建设规模约76000平方米（商业约14000平方米，住宅约62000平方米）。

（刘志会）

瓮安兴新资产运营投资管理有限公司

【概况】　瓮安兴新资产运营投资管理有限公司是贵州兴瓮实业有限责任公司于2016年5月24日成立的全资子公司，内设综合管理部、财务部、市场经营部、资产运营管理部、购销部。领导班子：执行董事1名（兼任总经理、法定代表人）、副总经1名、总经理助理1名，年末在职干部职工13人。

公司按照《中华人民共和国国有资产管理法》对瓮安经济开发区区域内国有资产进行出租出让。对未出租、出售的门面、住房实施招租、招商。建立逐级授权、分级管理，分工明确的工作机制，确保资产管理不相容、岗位相互分离、制约与监督。提高领导员工资产管理的素质和能力。

2016年，公司完成营业收入96.67万元，实现净利润42.59万元。经济开发区摩尔城安置A、B区实现租赁门面102间，实现租赁收入38.36万元，弘辉钢材市场实现租赁门面40间，生产厂房17间，实现租赁收入58.04万元，年末钢材市场已入驻商户29家。

（张　鑫）

供销合作

【概况】 2016年，瓮安县供销社内设综合科、财务审计科、经济发展科、资产管理科；领导班子：主任1名、副主任2名。年末全县工商注册基层供销社7个，采用开放办社方式新建基层供销社9个，社属企业3个，领办专业合作社9个，领办行业协会3个，股金服务部3个。县社机关在职职工15人，企业管理人员和从业人员35人，企业离退休职工210人。雍阳供销社被中华全国供销合作总社评为“基层社标杆社”，县供销合作社联合社2016年获得州供销合作社综合业绩考评一等奖。

【经济指标】 全系统全年完成总营业额8417万元，利润总额42万元，化肥销售22530吨，种子销售49000公斤，所有者权益完成3043万元，资产总额达到9480万元，各项经济指标均超额完成了目标任务。

【农资供应】 县供销社以县农资公司为为农服务切入点，改造社有资产，提升配送中心、乡（镇）中心店、村级农家店三级农资配送网络。供销系统所属120个农资销售网点，积极组织采购，调整充实库存，按照农时需求，及时将适销对路的优质农资商品配送到各经营网点。加强农资经营网点人员对农资产品经营相关法律法规、网上农资销售、真假农资商品识别等知识的学习，由县农资公司主办农药经营管理培训会，全县各类网点180人参加培训。

【拓展业务】 恢复股金服务部业务。2015年7月，注册成立贵州省瓮安县聚合三农综合服务有限公司。恢复供销社社员股金服务业务，完善惠农金融服务体系，2016年新建瓮安县聚合三农综合服务有限公司社员股金服务部、玉山供销社社员股金服务部、草塘供销社社运股金服务部，新建瓮安县猴场镇“三位一体”新型合作社。

【帮扶慰问】 全年为全系统201名离退休职工，共计发放各项补助及慰问金364万元；推进精准自愿服务和双联双促工作，组建农村电商志愿者分

11月30日，召开农资培训会

农村电商志愿者分队

队，进基层，到农村联系服务群众积极帮助贫困户制定发展计划。投入5万元开展脱贫攻坚帮助扶贫工作。

【项目申报】 2016年度，加强“三位一体”新型合作社体系建设。按照生产合作+供销合作+信用合作“三位一体”新型合作社建设模式，通过多方协调，已建成瓮安县猴场镇“三位一体”新型合作社，并通过了省、州验收。

（任运超）

“两烟”生产经营与专卖管理

【概况】 2016年，瓮安县烟草专卖局（分公司）内设综合办、财务股、人事监察股、安全监督管理股、烟叶基础设施建设办公室、烟叶股、专卖股、营销部、内管派驻组、机关党委、技推站、中坪烟叶中心管理站、天文烟叶中心管理站、珠藏烟叶中心管理站，其中三个烟叶中心管理站下辖8个烟叶收购点，负责全县9个烤烟乡镇的烟叶收购工作。领导班子：局长1名、副经理2名、副局长1名，纪检组长1名、副主任科员1名，在职职工235人。2016年实现“两烟”税收1.099亿元，同比增加0.1235亿元，增长12.65%。

【烤烟生产】 2016年，全县共落实种植面积4万亩，签订烟叶种植合同1595份，户均规模25.08亩，同比增加8.1亩，涉及9个种烟镇、57个行政村、350个组。收购烟叶9.44万担，完成计划的103%；担均价1203.35元，同比增加77.85元，居全州第三；上等烟比例51.98%，同比提高8.27%，位居全州第二；烟农户均收入7.13万元，同比增加2.66万元。

猴场镇马场坪坪上土烟生产基地一角

8月4日，全省专业化采烤现场推进会在瓮安召开。贵州省烟草专卖局（公司）副总经理沈宏，州委常委、县委书记张文强，省局（公司）烟叶处、烟建办、省烟科院及各市（州）局（公司）相关人员共计145余人参加会议。与会人员参观了乌江烟叶烘烤工场半托专业化烘烤模式组织情况及运行流程、合作社建设情况，现场观摩金龙井烘烤工场采烤一体化模式及工序化操作流程演示、云上烟叶系统操作演示。各市（州）局（公司）代表分别就专业化采烤工作推进情况进行汇报，并就如何全面推进专业化采烤工作，提高烟叶烘烤质量，减少烘烤损失等问题展开交流讨论。

【卷烟销售】 全年共销售卷烟14900.1箱，超计划48条；单箱均价实现30250.7元/箱，超计划0.7元；销售收入实现4.51亿元，超计划1.6万元；品牌培育指标、“四网”建设指标100%完成目标任务。充分发挥“四网合一”功能，严格规范经营，全县有效客户2214户，全年实现网上订货客户2187户，手机订货27户；网上结算432户，占全县城镇客户的33.3%；安装终端门店系统194户，成功实现扫码销售和网上配货116户。

8月12日，卷烟营销部在草塘开展主题营销活动

【烟草专卖管理】 全年共查获各类涉烟违法

9月16日，州烟草局及监理公司检查珠藏镇荣院机耕路建设

案件33起，破获5万元以上大要案件11起，查处各类非法卷烟61.024万支，案值100.77万元。其中，非法流入真品卷烟52.004万支，案值77.43万元；假冒卷烟9.02万支，案值23.34万元；捣毁非法卷烟窝点2个。与上年同期相比，查处一般程序违法案件多16起，查扣各类真品卷烟增加44.75万支；假冒卷烟增加8.76万支，涉案总价值增加83.44万元。查处了以“5·11案件”“8·26案件”“10·06案件”和“10·12案件”为代表的17起非法经营烟叶案件。检察机关逮捕14人，同比增加500%。

【烟叶基础设施建设】 全年总投入资金358.05万元。其中建设机耕路10千米、投资173.25万元，烤房加热设备更新14个点110座、投资184.8万元；争取县财政共投入烟叶生产基础设施建设项目管护资金100.39万元；协调乡镇及村委会建立管护制度，落实管护人员，明确管护职责，建立“一个项目一套管护办法”的运行管护机制，同时还代表全州唯一一家单位一次性通过了国家局的抽查。

（陈怡辛）

盐业盐政

【概况】 2016年，贵州盐业（集团）瓮安有限责任公司、贵州省盐务管理局瓮安支局实行“一套人马两块牌子”管理。公司（支局）内设财务股、盐政股、运销股。领导班子：经理、盐务支局局长1人，党支部书记1人，在岗干部职工9人（党员3人）。

2016年小袋销售1653.476吨，钙盐销售304.62吨，低钠盐销售140.56吨。全年现金收入1098万元，占任务的87.84%；实现利润200.74万元，占任务的236.16%。

【食盐专营宣传与网点建设】 开展联合执法重点区域排查食品安全检查活动。2016年在辖区开展盐政执法、净化食盐市场监管检查食盐零售户

“3·15”国际消费者权益日开展宣传活动

12915户（次），出动人员768人（次）。持续完善辖区食盐网点工作，做到合理规划、科学布点，2016年末有食盐零售网点536户。在“知识产权日”宣传食品安全科学知识；在“3·15”国际消费者权益日开展以“新消费、我做主”为主题的活动，宣传普及盐业法律法规，食用无碘盐、劣质盐对人体的危害，贩卖私盐、劣质盐违法行为。在全国第23个“防治碘缺乏病日”活动中，会同县卫生、发改、疾控中心开展“坚持科学补碘、建设健康中国”的“5·15”宣传活动，正确引导少吃盐、吃好盐、科学用盐的健康理念。全年印发盐业法律法规及各类宣传资料4700余份，接受群众咨询780人（次）。

（石昌丽）

城建·城管·环保

住房和城乡建设

【概况】 2016年，瓮安县住房和城乡建设局内设综合科（政策法规科）、城乡建设科、城乡规划科、住房改革和保障科；下属机构瓮安县房地产管理局、瓮安县城乡规划局、瓮安县建设执法大队、瓮安县建筑工程质量安全生产监督管理站、瓮安县村镇建设管理站、瓮安县房屋征收安置服务中心、瓮安县保障性安居工程服务中心。正式在职职工112人。

2016年完成固定资产投资61.936亿元。县城建成区面积22平方公里；新增绿地面积110公顷；完成房地产投资18.61亿元；商品房销售面积53.48万平方米；完成农村危房改造206户；完成房屋征收786户，拆除房屋建筑面积14万平方米；完成建筑业产值5亿元；城镇化率52.43%。

2月，瓮安县住房和城乡建设局获黔南州2015城乡规划执法年活动组织奖，受黔南州人民政府表彰。

【城乡规划】 2016年完成《瓮安县城总体规划（2012—2030）》《瓮安县中部片区控制性详细规划》《瓮安县城河西新区控制性详细规划》《瓮安县城南部片区控制性详细规划》《瓮安县北部新城控制性详细规划》《瓮安县城市发展战略规划与总体城市设计》《瓮安县城南部一号地块控制性详细规划》《瓮安县城南部二号地块控制性详细规划》《瓮安县城南部三号地块控制性详细规划》《瓮安县城老城区中部片区控制性详细规划》《瓮安县农村生活垃圾治理专项规划（2016—2030）》等规划编制，编制朵云拓展区城市发展设计规划，拓展城市发展空间。

城市规划。全年核发选址意见书3宗，拟用地面积149499.3平方米；核发用地许可证14宗，用地面积569089.5平方米；核发规划设计条件25宗，用地面积63010平方米；核发工程规划许可证10宗，批准建设建筑面积1012113.81平方米；核发规划竣工许可证2宗，批准竣工建筑面积11371平方米；组织召开2016年技术审查会5次，审查规划方案及规划事宜65个；参与组织3次瓮安县城市土地和规划委员会办公会，共审查涉及规划项目75个；参与组织2次城市和土地规划委员会，审查并通过规划方案及规划事宜29个。

10月30日，召开朵云道路路网可行性的审查会议

村镇规划。2016年完成《瓮安县农村生活垃圾治理专项规划（2016—2030）》编制；完成江界河、建中、平定营、珠藏、天文、玉山、永和、中坪、岚关的乡镇控规方案，完成农村生活垃圾实施方案编制。

【城市基础设施建设】 市政道路建设。启动建设安南大道中段、龙水路东段、瓮南路、安平大道、环西路南段等市政道路，全长22.46公里，总

12月16日，全省2017年棚户区改造项目集中动工仪式（瓮安分会场）

投资11.4亿元。主城区形成“四纵十八横”路网骨架，启动朵云拓展区“三纵四横”道路项目。

公共基础设施建设配套项目建设。实施“绿色瓮安”三年行动计划，推进六大工程建设，城镇建成区新增绿地面积110公顷，建成总投资2.2亿元，占地面积53万平方米（800亩）的清涟湖湿地公园，形成“山城相守、城河相依”的景观风貌，依托西门河沿河景观及湿地公园构建宜居宜游的瓮安南部生态区；完成西门河河道治理及沿河景观打造10公里；完成七星农贸市场、南部农贸市场主体工程建设；完成公厕建设8个；完成图书馆停车场150个停车位建设。

【房地产管理】 2016年全县共有房地产开发企业40家，开展房地产经营活动32家，建设中和销售中的24家，其中入统企业18家、项目22个。全年房地产完成投资18.61亿元，完成房地产销售面积53.48万平方米。商品住宅均价3080元/平方米，商铺按地段均价15000～40000元/平方米。8月24日，瓮安县房地产业协会成立，注册资本30000元，共有会员单位66家。协会开展房地产业理论研究、业务交流、信息咨询、行业协调和行业培训等事项。9月13日，瓮安县“红色瓮安·和谐宜居”（2016）第二届房交会开幕，参加房交会的房地产企业共18家，现场参观人数1万余人，购房咨询4500人次，意向性购房1380宗。购房签约153宗，17289平方米。12月20日，全省2017年棚户区改造项目集中动工仪式（瓮安分会场），分瓮水片区、雍阳片区实施，涉及群众3400户，计划总投资8.6亿元。

保障性住房。推进老南寨、山岔坡、龙水坝、戴家院等65万平方米安置房项目建设，动工建设城市棚户区改造3234户（棚户区改造新建1034户，房屋综合整治2200套），基本建成公租房2078套，完成小康房建设299户、农村危房改造206户。

房屋征收。持续推进环西路、龙水路、安平大道、塔坡公园、龙水坝、北部新城等项目征拆工作，完成签订征拆协议782户，面积约14万平方米；启动朵云拓展区建设项目征拆工作。

7月29日，执法人员对瓮南路周明英户房屋依法征收

【建筑业监督管理】 全县有建筑工程施工总承包资质企业6家（贵州靖沣建筑工程有限公司为壹级资质，瓮安县建筑公司、瓮安县第二建筑公司、瓮安县建筑三公司、贵州黔中建安置业投资有限责任公司为贰级资质、贵州聚益建设工程有限公司为叁级资质），2016年入统5家建筑施工企业（一级1家、二级2家、三级企业2家），11个乡镇均成立民用建筑施工队，贵州靖沣公司成功升级为施工总承包一级资质，完成建筑业产值约5亿元。2016年累计监管在建工程38个，开展495次安全检查，签发安全整改通知书495份，查出隐患3317条，整改3317条，整改率达100%。

【镇村建设】 示范小城镇建设。在建设过程中突出抓好猴场、珠藏重点示范小城镇建设，猴场镇荣获住建部全国第四批“美丽宜居小镇示范镇”荣誉称号，2016年底猴场镇完成投入约48600万元、珠场镇投入约9200万元。农村人居环境。完成美丽乡村建设示范村16个，覆盖集中居住

30户以上自然村寨215个，瓮安县建中镇果水村荣获2016年贵州十佳美丽乡村“最具商业价值乡村”荣誉称号；完成《瓮安县农村生活垃圾治理专项规划（2016—2030）》编制、16个村庄生活垃圾治理点整治工作；完成三改三治及庭院硬化3398户，垃圾处理设施3个村，生态田园河道治理1个，公厕及便民设施20个；完成小康房建设299户、农村危房改造206户。

（田应成）

住房公积金管理部

【概况】 2016年，瓮安县住房公积金管理部有在职在编人员5人，聘用人员2人。领导班子：主任1名，副主任1名。在县政务服务中心每月进行的考核中，被评为三星窗口1次、二星窗口3次，同时6名干部职工8次被评为“服务标兵”。

【公积金管理】 全年完成住房公积金归集2.85亿元；新增贵州省新华磷肥厂等25个单位1997人开户缴存住房公积金；发放住房公积金贷款533户1.37亿元；收回贷款6504.98万元；提取住房公积金1.22亿元。

6月16日，县住房公积金管理部工作员在贵州省新华磷肥厂宣传住房公积金政策

【资金风险管理】 建立教育、制度、监督为一体的廉政风险防控管理新机制。坚持各种印章分开保管制度，公章专人保管，私章自行保管的管理制度；严格提取审核审批，强化提取资料要件的审核和鉴别，防止假借购房、还贷为名骗提住房公积金，实行“三级审批”制度；职工租房提取住房公积金与职工单位、房管、水电、社区、物管等部门进行核实，实行实地上门核查和后续跟踪制度，确保租房提取的真实性，全年为40户租房职工提取住房公积金42.13万元；完善贷款“三级审批”制度，建立贷前面谈制度，强化贷款资料的审核；加强贷后跟踪管理工作，分析贷款回收、逾期情况，实行逾期贷款统计登记上报制度；在调拨资金时实行业务申请，主要领导签字审核制度。

【党建帮扶工作】 深入到党建扶贫联系点玉山镇中火村，进行党建帮扶，开展“四进四送”活动，每月对包保对象进行走访调查，及时了解和解决帮扶对象面临的生产生活困难，对分配的7户精准扶贫户进行帮扶。在春耕时节分别资助扶贫对象1000元种养殖帮扶资金，用于购买菜种、化肥和鸡苗、鸭苗；在中秋国庆慰问活动中发放慰问金1300元；筹措9759元帮助其中1户贫困户修建40平方米养殖圈舍和购买2头猪籽养殖；在“慈善一日捐”活动中捐资1350元。

（黄生福）

城市管理

【概况】 2016年，瓮安县城市管理局内设科室：办公室、城市管理科、财务室、监察室。下属事业单位：瓮安县城市管理综合执法一大队；瓮安县城市管理综合执法二大队；瓮安县城市管理综合执法三大队；瓮安县市政工程管理处；瓮安县环境卫生管理处；园林绿化管理局。实有在编干部职87工人，协管员77人，环卫保洁员250

干净整洁的老明康医院街道一角

人，“4050”协管员34人。领导班子：局长1名，常务副局长1名，副局长2名，纪检组长1名。

2016年6月11日，依据瓮安县人民政府办公室关于印发《瓮安县城市管理综合行政执法局主要职责内设机构和人员编制规定》的通知（瓮府办发〔2016〕29号），设立瓮安县城市管理综合行政执法局，加挂瓮安县城市管理局牌子（两块牌子，一套人马），为县政府工作部门。核定编制141人。其中，机关行政编制13名，局长1名，副局长3名（常务副局长1名，正科长级），纪检组长1名，科长或副科长6名；事业编制128名。设6个内设机构：综合科、政策法规科（法律顾问室）、数字城管指挥中心（举报中心、信息中心）、行政处罚科、城市管理科、财务和后勤装备科。其中：政策法规科、城市管理科、行政处罚科（待成立）、数字城管指挥中心（待成立）为新增设科室。

将瓮安县城市管理监察大队更名为瓮安县城市管理综合行政执法第一大队，下设瓮水、雍阳、平定营3个中队，核定事业编制56名，均为管理人员；设大队长1名（副科长级），副大队长2名（股级），中队长3名（股级）；管辖区域：瓮水街道、雍阳街道、平定镇（平定营村、三合村、梭罗村）。

新设立瓮安县城市管理综合行政执法第二大队、瓮安县城市管理综合行政执法第三大队，均为县城市管理综合行政执法局（县城市管理局）管理的副科级公益一类事业单位。第二大队下设一中队、二中队2个中队，核定事业编制12名，均为管理人员，设大队长1名（副科长级）、副大队长1名（股级）、中队长2名（股级），管辖区域：银盏镇（飞练社区、太平社区、印山村、大寨坪村、银盏村）。第三大队下设一中队、二中队2个中队，核定事业编制12名，均为管理人员，设大队长1名（副科长级）、副大队长1名（股级）、中队长2名（股级），管辖区域：猴场镇（草塘社区、下司社区）。

保留瓮安县园林绿化管理局、保留瓮安县市政工程管理处、保留瓮安县环境卫生管理处，均为县城市管理综合行政执法局（县城市管理局）管理的股级公益一类事业单位。

【市容管理】 在城市管理中，强化教育在先，处罚在后，持续推行“首违不罚”制度，整治群众反映的脏乱突出问题，处理好城市要“面子”和群众要“肚子”的问题。全年现场处罚3100

10月8日，执法人员整治怡人泉天桥下蔬菜批发点

余人次，暂扣物品2800余件，规范劝导83200余次，整治车辆上人行道2000余起。县城区“三纵四横”主次干道实行一律严禁摆摊设点、占道经营、流动经营。对城区背街小巷采取规范管理，挫时经营、约时管理。户外广告、装饰装修管理重点加强新开门店户外广告的审批管理，全年查处未经审批、未按审批许可设置的户外广告240块，查处影响市容、过期、违章、失去存在价值的户外广告45080份。

【环境卫生治理】 牵头拟定并实施《瓮安县建筑垃圾管理暂行规定》，对渣土运输全部实行公司化营运、管理，严禁施工车辆带泥上路，并做

9月7日，环卫工人清理电信公司门口堵塞排污管

到严管重罚、建管结合、同步推进。查处违规运输渣土车辆共计1680次，口头教育520起，施工场地下整改通知书80起。投入10.9万元增设10个垃圾箱及100个果皮箱等环卫设施。七星压缩式垃圾中转站及梅子树垃圾中转站通过竣工验收并投入使用。采取定车、定人、定时、定点的规范作业，加大对城区主次干道路、背街小巷、城郊结合部村、组积存的暴露垃圾的清扫保洁力度，建立“普扫、保洁为一体”的清扫保洁制度，做到垃圾日产日清，年内完成生活垃圾清收、清运、填埋量5.92万吨，县城区生活垃圾无害化处理率99.8%，城乡垃圾无害化处理率达73%以上。

【市政设施建设管理】　市政工程管养，全年维修城区主次干道灯球泡3161颗，更换损坏电缆5360米，新铺设电缆4300米，维修更换野鸡井、张家湾等背街小巷路灯269盏，县城亮灯率95%以上；新建成公厕8个，旧公厕星级改造6个，组织单位开放公厕22个；对打石冲等地的沉砂池进行有效的清理，新建狮子桥头泄洪渠；全方位的对城区道路路面进行逐条道路专项治理。其中，修补人行道地砖5534平方米、更换井盖124套、更换漏水篦150套、维修护栏6427米、改造树围208个、维修安装人行道隔离桩2000余棵，清理漏水篦976套，清理排污管道1113米。

5月13日，维修人员对第二综合行政大楼路段人行道进行修复作业

【规行入市管理】　按照“堵疏结合，以疏为主，管罚并举”的工作思路，对城区“三纵四横”主次干道、广场的所有路边摊点、流动摊贩、店外经营、违停占道等开展拉网式综合性大

10月25日，执法人员在城区开展综合大整治

整治。成功将县中心城区各路段128户占道夜市摊点统一搬迁至南门夜市广场和北门夜市广场；取缔县城区人民广场周边等路段占道小商品经营户、小吃摊点和水果摊点；将县城区文峰南路蔬菜批发市场约87户经营摊位搬迁至新建蔬菜批发市场。

【“两违”治理】　主动作为开展“两违”巡查整治工作，及时与乡镇（街道）沟通协作遏制“两违”增量，逐步消化存量。全年下发“两违”执法文书73户，责令停工73户，依法强制拆除61次，拆除违法建筑共计6000余平方。抽调11名整治人员到东部扩展区参与“两违”整治工作，完成“两违”整治工作。

【便民服务】　年内，共办理人大代表建议和政协委员提案11件，受理县长书记信箱等信访件48件，办理群众来信来访54件，办结率、反馈率、满意率均为100%。将县城区北部区域（红军路北抵摩尔城红绿灯）的主次干道、二排街、公共水域及绿化、公厕进行环卫服务外包，市场化运作，共计189.99万平方米清扫保洁面积。

（杨秀元）

环境保护

【概况】　2016年，瓮安县环境保护局内设综合科、业务科、政策法规科。行政编制7名，其中局长1名、副局长2名、纪检组长1名、科长或副科长

3名。机关工勤人员编制1名。下属事业单位2个。其中，瓮安县环境监察大队（副科级），核定事业编制15名（均为管理人员）、工勤编制1名；瓮安县环境监测站（股级），核定事业编制10名（管理人员1名，专业技术人员9名）。领导班子成员4人，其中党组书记、局长1人，党组成员、纪检组长1人，党组成员副局长2人。年末有干部职工28人。

【生态改革】 环保法制机制改革，与福泉市环境保护局制定《瓮福地区环境保护联动工作方案》，与黄平县环境保护局制定区域环境联合执法协议，建立“信息互通、数据共享、联防联治”的环境联合执法体系，实现跨区域、跨流域联动共治的目标。制定《瓮安县生态环境保护工作成员单位行政执法与刑事司法衔接工作机制》，建立健全行政执法与刑事司法协作配合机制，加大对破坏生态环境资源犯罪的打击力度。年内开展县级联动执法4次，出动执法人员32人次与县公安、检察等部门开展联动执法，办结县检察院检查建议书6份，移送县公安的环保案件3件，与公众互动、开展环境执法检查41次。

4月14日，联合公安、检察部门开展联合执法

【监察执法】 开展瓮安县环保执法“风暴”行动，严厉打击“六黑”行为，严格按照“五个一批”对环境违法行为进行分类处理。关闭取缔一批，联合公安、水务、供电等部门，依法对青坑付连生等3家塑料颗粒加工厂进行关闭取缔；移送司法一批，依法将环保违法突出的兴农磷化、安信矿业、瓮安磷矿Ⅰ号平硐3家企业移交县公安局；停产整治一批，对环境污染隐患大的瓮安

4月22日，省环保厅检查挂牌督办企业环保工作

磷矿（黄磷一厂、Ⅰ号平硐）和安信矿业、兴农磷化工3家企业进行停产整治；行政处罚一批，县级已查处瓮安磷矿等24家企业，共处罚金94.529万元；挂牌督办一批，省、州、县共挂牌督办15家企业。全年共出动执法人员504人次，检查企业215家，下达执法文书89份。环境违法立案查处率达100%。开展新排污收费标准的核定和征收，对全县60余家排污行业进行排污费申报、核定及征收，共计征收排污费757.9万元。

【监测监控】 强化环境监测监控，出动监察执法、监测人员共计126人次，开展污水处理厂驻厂监管及现场监察44次，强化对已建成的县城一期等6个污水处理厂的运行监管和监测，督促实现稳定运行、达标排放。采购空气质量监测备用机、便携式负离子监测仪，加强空气、集中式饮用水源地水质监测，全年瓮安县城市空气质量达标率均在99%以上，完善岚关乡前龙洞等7个1000人以上集中水源保护区划分，对全县14个集中式饮用水源地水质进行监测，根据监测数据，达标率为100%。对县城一期污水处理厂（国控）污染源自动监控管理，自动监控数据传输率≥95%，数据传输有效率≥80%，推行瓮安县玉山水泥（厂）有限公司（省控企业）和瓮安县污水处理厂重点污染源自动监控设施第三方运营。

【环境管理】 坚持依法执行环评和“三同时”制度，严格对辖区内的新、扩、改建项目进行审批，并报上级环保部门备案。强化环评审批服务，实施《瓮安县环境保护局重点项目联络员制度》，对重点项目委派专人跟踪服务。简化环评审批程序，印发《瓮安县环境保护行政审批指南》。办理建设项目环境影响评价审批各类建设项目61个。其中，报告书6个、报告表21个、登记表34个；办理夜间施工许可证28个；办理排污许可证19个，其中换证14个，新办5个。出动执法人员188人，对73家企业落实“三同时”制度进行检查。

【污染防治】 统筹加强城区环境综合整治和机动车尾气排放治理，实施机动车尾气检测和环保标志管理，清理公车改革中的黄标车，共淘汰黄标车、老旧车650余辆。制定并实施瓮安河流域水污染防治方案、河长制管理方案，明确各乡镇（街道）、涉及部门、重点污染源排放企业的职责、治理内容及任务完成时限，建立奖惩考核机制，强化考核，定期对任务推进情况进行适时调

4月22日，召开瓮安河流域污染防治工作会议

度。实施瓮安县岩根河青坑河综合治理工程、珠藏镇羊关村农村环境综合整治项目、贵州金正大生态工程有限公司厂区磷石膏堆场标准化建设，编制上报《瓮安县整县推进农村环境综合整治实施方案》。督促企业投入环保整改资金2290余万元，各企业2016年新增污水处理设施1150立方米/小时。年末瓮安河流域水质较往年有明显改善，岩根河段污染严重老问题得到控制，天文出境断面水质接近达标。

【职能服务】 为企业出具办理各类事项证明类120余件，对重点企业实施跟踪服务，主动沟通，主动联系，为企业提供环保专业意见和建议，帮助企业实现用最小投入达到最佳环保效果，度过经济下行压力难关。切实处理好“12369”群众来信来访，全力协调解决群众反映突出的环境污染问题，及时化解矛盾纠纷，共办理群众来信来访投诉41起。办理人大建议、政协提案共8件，办结率100%，满意率100%。

【宣传教育】 在“6·5”世界环保日举办主题为“改善环境质量、推动绿色发展”的大型宣传活动、全县“停水一小时”活动。通过设置咨询平台，万人宣誓墙等多种形式，借助各类新兴媒体，开展铺天盖地的宣传，不断扩大新《环保法》及环保常识的宣传广度和深度。与县法制办、组织部、检察院共同组织对全县副科级以上领导干部开展一期关于“生态环保领域的职务犯罪预防问题”的专题培训。在全省县级层面率先推行社会组织共抓生态文明，组建了瓮安县“美丽的携手”环保志愿者队伍，共招募环保志愿者100余名。

6月5日，开展“6·5”世界环境日宣传活动

【能力建设】 总投资700余万元，建成瓮安县环境监测站业务用房，严格按照国家西部地区环境监测三级标准配置仪器设备，并完成红外分光测油仪、原子荧光光度计等仪器设备安装调试。调整8名干部工作岗位，做到“因岗定人、人岗相适，人尽其力”，组织全局上下奋力攻坚。主动加强与省、州、县相关部门对接，申请解决瓮安县环境监察、监测人员不足问题。2016年共收文处理省、州业务部门文件通知700余份，迎接检查40余次，圆满完成省委环保督察迎检和全州环保现场会筹备办理等重大会务、活动。

（寿中良）

交通·通讯

交通运输

【概况】 2016年，瓮安县交通运输局内设综合科（政策法规安全科）、财务审计科、计划规划科（交通战备办公室）、基本建设管理科。下属瓮安县地方海事处（瓮安县航务管理处）、瓮安县道路运输管理局、瓮安县农村公路建设技术服务中心、瓮安县农村公路管理局、瓮安县高速公路建设办公室、瓮安县交通建设工程质量安全监督站共6个单位；派出银盏、猴场、中坪、建中、永和（岚关）、珠藏、江界河、天文、玉山共9个交通运输管理所。年末干部职工116人，中共党员59人。

2016年，全县通车公路总里程2271.25公里，其中高速公路4条105公里，国省道2条143公里，专用公路1条12.25公里，农村公路184条1136公里（县道8条134公里，乡道12条180公里，村道164条822公里，已全部列入管养），简易路875公里。公路密度按面积计算达到每百平方公里115公里，按人口计算达到每万人拥有公路47.3公里。

12月17日，黔南州2016年高速公路凝冻天气道路交通安全事故应急处置演练在瓮安南站举行

全县拥有客运企业20家，驾校5家，汽车二类维修企业7家，汽车三类维修企业128家，货运企业13家，二级客运站2个，乡镇客运站13个。全县拥有运营车辆626辆，其中客运班线车辆263辆（农村客运班线车163辆，区域化班线车25辆，县际、市际班线车75辆），长途车15辆，旅游客车12辆，城市公交车39辆，城乡公交车48辆，出租车1156辆；开通客运班线83条，其中长途跨省班线6条，跨市班线17条，县际班线5条，农村客运班线48条，城市公交线路4条，农村公交线路7条。全县拥有水运企业2家，建成江界河客货运综合码头1个，建成乡镇渡口12道，拥有旅游船舶57艘，渡船10艘，渔船59艘，自用船274艘，构皮滩库区首艘500吨级LNG示范船已建造完毕。

全年完成交通固定资产投资16.1亿元，超年初目标任务数12.1亿元。完成客运周转量410843万人/公里，同比增长33%；完成货运周转量533800万吨/公里，同比增长16%。

【重点建设项目】 建成S205瓮安银坑水至茅坡公路7公里。10月2日动工建设瓮安云中港至岚关（沙子坡至岚关段）一级公路建设，已完成征地工作，正在同步实施路基工程和控制性工程。X945岚关至朱家山公路改造工程于7月正式动工建设，已完成路基工程。通村公路改造10条31公里，县级自筹资金改造11条35公里，已全部完工。

【农村公路管养】 全年共查处破坏、损坏公路附属设施违法行为52件，当场制止和现场清理乱倒垃圾32起，纠正违法占（利）用公路加水、修车12家，查处超限超载车辆1440辆，全县农村公

建设中的瓮安云中港至岚关一级公路（沙子坡至岚关段）

路恶性超限运输率为1.8%。完成农村公路大修3条35公里，水毁恢复6条11公里，完成农村公路生命防护工程5条76.1公里，共安装波形梁护栏14096米，更新各类标识标牌69套，县道PQI中等路率达78.6%，乡道PQI中等路率达75.2%，无铺装路面县乡村道好路率74.85%。

建设中的瓮安北汽车站

【客运场站建设】 4月18日正式动工建设瓮安北汽车站，年内主体工程已完成，附属设施已完工。江界河客运站主体工程已完成。瓮安南汽车站和城乡公交专用车站已建成并投入使用，并成功接入省级联网售票平台。

【公共交通环境】 新增投入使用新能源公交车27辆。建成城乡公交候车亭26个，新增城乡公交车28辆，11月23日，开通县城至珠藏城乡公交线路，投放28辆公交车营运，县城与乡镇所在地通公交车率达77%。4月25日，出台《瓮安县出租汽车行业改革实施方案》，在全省率先实施出租汽车行业改革，打破出租车市场行业垄断，实现市场化调节。

【水运服务】 对乡镇309艘自用船、10艘渡船进行业务培训指导，集中开展船员培训5次，受教育船员230人次。全年共开展重要航运、客运码头、渡口等巡航检查48次，巡航里程2810公里，出动执法人员1161人次；共办理旅游船舶出港航次签证2233艘次，完成旅游客运量2.1万人，客运周转量58.8万人/公里。

【行政审批】 继续简化审批程序，减少审批项目，公开行政许可事项，并全部纳入县行政服务中心窗口集中办理。全年共受理行政许可事项31项（许可决定29项，不予许可2项），办理驾驶员考核7844件、等级评定签章1980件、道路运输证（含换发）1046本、年审道路运输证2107本、资格证注册1662本，发放包车牌492张、临时线路牌451张、加班10张，办理客运进站手续96辆。

【安全生产】 在建工程方面。对施工企业安全管理状况、施工现场安全管理、从业人员安全教育培训、企业应急管理情况以及监理单位和建设单位日常安全监管等情况进行专项检查，共排查出安全隐患30起，下发整改通知书30张，整改率100%。道路运输方面。开展各项安全检查100余次，出动执法人员4000余人次，检查车辆1128辆，检查企业238家次，覆盖率100%，排查安全生产隐患206次，整改率100%。海事监管方面。排查隐患8起，整改8起；排查重大隐患1起，整改1起，隐患整改率100%。农村公路方面。低温气候期间撒融雪盐5吨、防滑沙500立方米，出动应急人员100人，治理凝冻路段66.76公里，安全护送车辆10辆，护送人员40人，整治农村公路安全隐患点2个。全年未发生安全生产责任事故。

【党风廉洁建设】 开展“两学一做”学习教育，严格落实党风廉洁建设主体责任和监督责任，旗帜鲜明地支持纪检组履行监督责任。严格执行“三重一大”集体研究决策、民主集中制、领导干部个人重大事项报告制度。与局属系统6个单位签订党风廉政建设责任书，与局属系统122人签订党风廉政建设承诺书，开展廉政谈话26人次，集体约谈党员干部24人次。全年无违法违纪行为发生。

【精准扶贫】 2016年选派2名党员分别到珠藏镇丰岩村和猴场镇青池村担任驻村“第一书记”，组织57名党员干部与183户贫困户结对帮扶，定期不定期上门走访慰问，帮助解决实际困难，同时争取315万元资金帮助丰岩村修建4.1公里道路1条，出资5万元帮助猴场镇石板坪村发展养殖业，出资3万元资金帮助丰岩村壮大集体经济。

（杨德林）

邮　　政

【概况】 2016年，中国邮政集团公司贵州省瓮安县分公司内设综合办公室、市场经营部、代理业务部、快包业务部和营销团队。领导班子：总经理1名，年末干部职工77人。全年实现收入2537.3万元，比上年增长15.2%。完成永和、平定营、白沙和中坪4个支局办公用房翻建项目，并将永和、平定营、白沙支局搬迁到新网点对外营业。

【重大活动】 1月5日，2016贵州邮政首届“黔货出山‘邮’惠到家”年货节启动仪式与2016《丙申年》特种邮票首发式在瓮安举行。省商务厅副巡视员章淼青，州委常委、宣传部部长刘良，中国邮政集团邮票发行部处长夏燕萍，州邮政管理局局长彭江，县委副书记、县长黄桂林及县领导曾薇、韩小忠、金正祥、夏吉友参加启动仪式和首发式。启动仪式上，刘良与中国邮政速递物流股份有限公司、中国邮政储蓄银行贵州省分行有关领导共同启动2016年贵州邮政首届“黔货出山‘邮’惠到家”年货节水晶球。夏燕萍、彭江与中国邮政集团公司黔南州分公司有关领导共同为2016年《丙申年》特种邮票发行揭牌。黄桂林致辞。

“黔货出山‘邮’惠到家”年货节以贵州特色商品为主打，贵州邮政依托阿里巴巴与政府的推广，三大板块携手，充分整合邮政电商平台、物流寄递资源、金融便捷支付和信贷等综合优势，从1月1号至3月31号，借助邮乐网、“邮掌柜”、卡券、微信四大平台+进货批发专区的“4+1”平台销售体系，开展线上线下营销活动，以丰富多彩的特色产品、独具特色的节庆活动、便捷的购物体验为消费者送上年货大礼。此次“年货节”是贵州历年来部门跨度最大、涉及区域最广的一次政府主导策划的商业活动。

《丙申年》特种邮票

《丙申年》特种邮票是中国邮政发行的第四轮生肖邮票的开篇之作，邮票1套2枚，图案内容分别为：灵猴献瑞、福寿双至，全套邮票面值为2.40元，由中国第一枚猴票设计者、美术界泰斗黄永玉先生设计，一枚上绘有一只猴、一枚上绘有一只猴怀抱着两只小猴。从首枚生肖邮票《庚申年》猴票发行至今，中国生肖邮票历经了36年，该套《丙申年》猴票作为第四轮生肖邮票的开篇之作，将开启生肖邮票第4个崭新的轮回。

【行业管理】 认真贯彻新《中华人民共和国邮政法》，加强劳动纪律管理，对制约发展的问题进行梳理和化解。加强人力资源管理，打破合同制员工与劳务工的身份界限，为优秀的员工提供平台，择优招用5名劳务工为合同制员工，并提拔5名优秀员工为副支局长，作为支局长培养对象。在绩效分配制度方面，实行合同制员工与劳务工同等标准，按业绩取酬，呈现出公平合理的机制；同时严格执行财务预算管理，严控各项支出，强化内部控制，杜绝收入跑、冒、滴、漏。

（向武刚）

中国电信瓮安分公司

【概况】 2016年，中国电信股份有限公司瓮安分公司内设办公室部、销售服务部和网络服务部，年末有干部职工30人。

2016年，公司相继获中国电信贵州公司，中国电信黔南分公司和瓮安县委、县政府“带宽型业务执行规范整治项目奖励”“带宽型客户电路资源数据整理专项奖”“安康杯”竞赛先进单位二等奖、“质量月”服务知识竞赛第一名、“2016年度经营贡献奖”“2016年度经营管理一等奖”“2016年TDM程控交换机退网竞赛一等奖”“2016年度网络运行维护质量综合评比二等奖”、2016年度“天翼超越”一等奖、2016年度“光速先锋”二等奖、2015年10月至2016年12月连续五个季度获省公司“强县”称号、“2016—2017跨年营销先锋奖”和2016年全省“工人先锋号”等13项省、州、县授予的集体荣誉表彰奖项，员工个人有11人获岗位晋升和20人次在相关专业和工作中获省、州、县先进个人荣誉表彰。

【业务经营】 2016年完成电信主营业务收入3950万元，收入增幅达103%；市场份额达12.4%，环比提升0.24%；移动用户净增7868户，累计完成215.44%，4G用户净增12719户，累计完成103.9%，移动用户累计32000户；宽带用户净增4353户，累计完成159.04%，有线宽带用户累计19300户（不含通过光纤接入的单位及集团用户）；天翼高清用户净增4965户，累计达5500户；各项业务量、收指标较上年有较大提升，相关指标均位列全州第一和前列。

（陈　涛）

中国移动瓮安分公司

【概况】 中国移动通信集团贵州有限公司瓮安分公司主要经营移动话音、数据和多媒体业务。经营业务品牌主要有“全球通”“神州行”“动感地带”和“4G”4个全国性品牌，用户号码段包括135、136、137、138、139、150、151、158、159、182、183、184、187、188、147号段。年末有营业厅自办渠道1个，社会代办渠道180个。

2016年公司内设经理室、综合部、市场部，政企客户部、建设维护部、珠藏片区。干部职55人。

【网络建设】 年末建有2G基站295个，3G基站73个，4G基站610个，野外直放站29个，室内分布系统136套，WLAN热点125个，省级干线传输光缆213.6公里，区县级本地网传输光缆总长4300公里，集团专线传输光缆1080公里。已实现全县4G网络全覆盖。

【业务发展】 年末在网用户28.85万户，其中4G用户14.2户，宽带用户1.05万户。“和校园”业务已成功拓展20所学校，订购用户数51560人；新农合项目专线66条，全县所有乡镇合医办及卫生院全部开通。

（刘文丽）

中国联通瓮安分公司

【概况】 2017年，中国联通瓮安分公司内设城区销售中心、集团销售中心、珠藏销售中心、建维中心，年末干部职工21人。公司手机移动信号实现了2G网络全覆盖，3G、4G网络县城及乡镇所在地100%覆盖，有基站总数210个。年末宽带用户7000户（县城6000户）、手机用户3.3万户、通信杆路1300公里，村通有线宽带85个，县城及农村有线宽带全部升级为光纤，家庭用户最大介入能力200M，普通用户均在50M以上。

（谢光琴）

教育·卫生·科技

教　育

【概况】　2016年瓮安县教育局内设机构综合科、基础教育科（学前教育管理科）、人力资源科、计划财务科、教育法规安全科、纪检监察室。归口管理单位：县招生办委员会办公室、教育研究室、教育信息网络中心、学生资助与学生营养改善办公室、青少年活动中心。领导班子：局长1名，副局长3名，纪检组组长1名（兼任纪工委书记）。年末局机关干部职工82人。

2016年有各级各类学校185所，其中幼儿园81所（公办49所，民办32所），小学79所（含教学点28个），初中16所，九年制学校4所，高中2所，民办完全中学1所，特殊教育学校1所，中等职业技术学校1所。在校学生85112人，其中学前教育17680人，小学34999人，初中15717人，普通高中10532人，特殊教育学校71人，中职6113人。公办学校教职工4607人，其中学前教育576人、小学教职工1667人、初中1485人、普通高中619人，特殊教育学校19人、中等职业技术学校241人（外聘52人）；民办学校教职工743人，其中幼儿园703人、普通高中40人。

2016年学前三年毛入园率88.32%，九年义务教育巩固率98.32%，高中阶段毛入学率91.28%。小学辍学率0%、初中辍学率0.56%、中职学生流失率5.58%。“三残儿童”少年入学率85.71%，进城务工人员随迁子女在公办学校就读率100%。全县初中寄宿率71.08%，小学寄宿率30.74%。

2016年争取上级专项资金26212万元，完成上级安排争资争项任务。其中生均公用经费4137万元，营养改善计划专项经费3345万元，义务教育农村家庭经济困难寄宿生生活补助专项资金2224万元，高中及职校各种补助款1303万元，工程项目专项资金10605万元，其他专项资金4598万元。

【教育科研】　县教育研究室教研员深入学校开展“推门听课”600余节，学校覆盖率100%。开展中小学片区课堂教学展示教育、三个学段15门学科教师县级优质课和教师技能大赛等活动。

在州级以上教师优质课评选中有3人获州级一等奖，16人获州级二等奖，2人获州级三等奖，1人获省级一等奖；教师技能大赛7人获州级以上一等奖，19人获二等奖，9人获三等奖；2人获省级一等奖；教研室获州级学科组织奖6次。开展初中学数学、初中英语、初中文综、初中理综、高中理综、高中文科综合“中心学科组”“送教下乡”活动。

立足于“一校一特”，打造高效课堂教学，不断课堂教学改革。形成的教学模式有瓮安中学的“三学五步”教学模式、瓮安三中的6321教学模式、瓮安四中的5115教学模式、瓮安思源实验学校的“三环四学”教学模式、中坪中学的“先教后学当堂达标”教学模式、瓮安实验学校的“体验生态课堂”教学模式、瓮安一校的“生本课堂”教学模式、瓮安三小的“121快乐课堂”教学模式、瓮安五中的“五步教学法”等。12月28日被教育部基础教育质量监测中心授予“优秀组织单位”称号。

【师资队伍建设】　2016年新招教师136人（面向社会招考64人,免费师范生1人，引进研究生11人，特岗教师60人），教师增加152人（新招136人，县外调入16人），减少97人（退休81人，调出县外12人，调县内其他单位4人），净增55人。公开遴选教师进县城学校工作97人。选派支教教师164人，其中“三区”支教24人（派出7人，其中6人到福泉，1人到长顺），安排上挂学习17人，特岗教师到县城跟班学习60人。

2016年有234名教师申报职称评审（申报副高职称评审23人，申报中级职称评审92人，申报初级、初聘职称评审119人），完成教师职称改革3675人（高级资格教师476人，一级资格教师2103人，二级资格教师1015人，三级资格教师78人），完成第三轮“事改”大聘岗位设置、数据统计分析、任职资格申报等准备工作。

2016年，实施“国培计划”“省培计划”等各级各类教师县级以上培训（不含校本培训）5934人次（“国培计划”培训3157人次，省州级教师外出集中培训409人次，县级培训1932人次，县级以上教学研讨交流436人次）。建成教育名师工作室2个（高中地理、初中语文），省级名校长工作室主持人2人，省级特级教师1人，州级骨干教师19人。完成瓮安县“十三五”中小学教师继续教育工程启动会及县级中小学教师信息技术提升能力培训1659人次。7月，瓮安县被省教育厅授予“先进县”称号。按照《瓮安县青少年及各类人才奖励办法》召开成才奖表彰大会，表彰各类人才1065人次，发放奖金125万元；按照《瓮安县教育教学成果奖励办法》召开教师节表彰大会，表彰823人次，发放奖金329.9万元。

3月30日，继教网研究院研究室主任赵升龙作“校本研修的选题与活动设计”专题讲座

【教学基础设施建设】 完成幼儿园建设项目6个，面积6090平方米，投资711万元；完成“全面改薄”项目19个，面积67070平方米，投资4982万元，完成设施设备采购学校6所，完成投资275万元；完成瓮安思源实验学校新建项目，面积31562.11平方米，投资8000万元；按时推进草塘中学和瓮安中学改扩建工程，建设面积42468平方米，投资7190万元。

在草塘中学（七中）、平定营中学（八中）、永和中学、天文中学、实验学校、岚关中学、江界河中学、岚关小学、建中小学、天文镇平坝希望小学（村级）、中坪镇高枧小学创建11个标准化农村留守儿童之家，全县41个标准化农村留守儿童之家发挥作用好，畅通其与父母或监护人的沟通渠道。2016年在全县申报成功建立2所乡村少年宫，全县年末已有9所乡村少年宫。

【学生资助与营养改善计划】 2016年全县第一批精准扶贫对象学生838人，总资助资金216.744万元。其中，高中学生637人，人均0.266万元，资助资金169.442万元；职中学生169人，人均0.19

6月17日，召开县农村义务教育学生营养改善计划专题会

万元，资助资金32.11万元；在省外就读大学生32人，资助资金15.192万元（本科24人，人均0.483万元，专科8人，人均0.45万元）资金已全部发放。第二批精准扶贫对象学生全县914人，总资助资金281.757万元。其中，高中学生646人，人均0.266万元，资助资金171.836万元；职中学生61人，人均0.19万元，资助资金11.59万元；在省外就读大学生207人，资助资金78.3310万元（本科157人，人均0.483万元，专科50人，人均0.45万元）。办理助学贷款3575人，发放助学贷款2217.7705万元，其中中央院校143人，金额93.97

万元，跨省就读1275人，金额835.5835万元，省属院校1291人，金额802.692万元，市属院校866人，金额485.525万元。已发放到高校。

全县实施学生营养改善计划工作学校有初级中学（含九年一贯制学校）20所，特殊教育学校1所，民办学校1所，小学76所，在校学生数50688人，享受营养改善计划学生47661人，城区学校所有农村户籍学生实现全覆盖，覆盖率100%。有46个附设幼儿班共2537名幼儿实现在学校食堂就餐，覆盖率96.2%。配备食堂工勤人员450名，工资标准按每人每月1600元全额由县财政预算发放。所有义务教育阶段学校食堂根据营养办制定菜谱由各校结合本地学生饮食习惯选定和自制食谱相结合，全县义务教育阶段学校都是公益性食堂，坚持“零利润”原则，全部由学校食堂供餐。供餐标准实行“4+X”模式，逐步提升学生膳食质量。初步形成“1234”（健全一套机制，调整完善学生营养餐的组织机构，明确细化各成员单位的工作职责；建立两个系统，学生营养餐原辅料网上采购系统和学生实名制系统；坚持三方监督，联合询价监督、联动质量监督和学生膳食监督；提供四项保障，学生食堂工勤人员保障、食堂设施设备保障、食堂基础设施建设保障和学生营养餐专项经费保障）为主要特色的学生营养餐“瓮安模式”。借鉴中国疾病预防控制中心营养与食品安全所编写《农村学生膳食营养指导手册》，县学生营养办制订《瓮安县学生营养餐参考食谱》，指导学校科学合理搭配学生膳食。学校食堂可根据季节特点、学生饮食习惯、营养需求，制定每周每餐“三菜一汤”的带量食谱，按照食谱将所需的原辅料进入网络采购平台进行采购，并由学生营养餐原辅料采购配送中心配送到学校，学校管理人员按照要求对原料进行分类存放、分类加工操作，此平台的使用让学生营养改善计划实施得更具“营养”。

【招生工作】 2016年全县有4615名考生报名参加全国普通高等学校招生统一考试，其中文科1412名，理科3203名；有4279名（不含职校春季招生）初中生报名参加中考；有251名考生报名参加全国高等学校成人招生考试；自学考试共41科次（春季22科次，秋季19科次）。

2016年瓮安县高考二本以上上线2213人，是全州突破2000人大关的唯一县（市）。其中一本613人、二本1508人、艺术三本4人、专科1857人，共3982人，录取率93%。中考引进高考机制，全县集中在瓮安中学和瓮安二中考试，监考由高中教师和初级中学教师担任，考场使用手机信号屏蔽器、金属探测器，增加楼层监考。瓮安中学、瓮安二中免费为考生提供住宿。中考成绩700分以上49人，600分以上692人，成绩居全州之首。

【留守儿童关爱】 瓮安县义务教育阶段学校（含村小和教学点）共99所，在校学生50716人。2016年秋季开学统计“留守儿童”总数为5771（幼儿园有650人、小学有3715人、初中有1406人），占全县义务教育阶段学生总人数的11.4%。农村寄宿制学校目前有40所，其中小学15所，初中（含九年一贯制）25所，留守儿童寄宿生共有1094人，寄宿率为18.96%。

各中小学均对“留守儿童”进行登记，建立档案卡，做到一人一卡，建卡率100%。各校成立以主要领导为组长的关爱“留守儿童”工作小组，通过“一对一”或“一对多”的形式与留守儿童建立固定的联系制度，为每个留守儿童安排帮扶教师，对一些需重点帮扶的留守儿童，建立学校领导和教师共同联系帮扶制度，留守儿童帮扶率100%。瓮安县全省标准化留守儿童之家已建成并投入使用的有34个，“留守儿童之家”内配置电脑、电话、图书等，搭建了留守儿童与父母沟通联系的桥梁。

【学前教育】 2016年，全县幼儿园81所（公办49所，民办32所），幼儿园教师703人，在园幼儿17680人（公办幼儿园在园幼儿8901人，民办幼儿园在园幼儿8779人）入园率88.3%。

2016年9月，瓮安县第四幼儿园成立，学校位于瓮安县瓮水街道文昌路2号，占地面积6400.28平方米，建筑面积5648.54平方米，可容纳15个教学班，教师40名。学校拥有多功能活动室、舞蹈室、音乐室、图书阅览室等，是一所高起点、高规格、高品位的公办幼儿园。

以县示范幼儿园、第三幼儿园、猴场幼儿园、中坪幼儿园、珠藏幼儿园为核心成立5个幼

6月22日，召开县学前教育安全工作会暨集团化办园工作推进会

教集团。幼教集团的组建是以乡镇（街道）为管辖区域，覆盖本乡镇（街道）区域内公、民办各级各类幼儿园，各幼儿园原有的法人地位不变、教师聘任自主、财务核算独立的基础上，以实现集团内“办园条件同改善，规章制度同完善，园务管理同规范，保教质量同提升”为办学目标。实行理事长负责制，理事长作为法人代表，全面负责统一领导总园及集团分园教育教学和行政工作，并对分园工作进行指导和考核。

学前教育办学条件改善投入做到“资金到位、逐年增长”。投资711万元完成新建中坪镇第二幼儿园，扩建珠藏镇中心幼儿园；改建珠藏镇新兴村幼儿园、平定营镇梭罗村幼儿园、建中镇高坪幼儿园、永和镇白水河幼儿园，以上6个学前教育项目建设总面积为6090平方米。全县民办园的办学条件得到改善，如投入300多万元新建平定营镇金色童年幼儿园（10月份投入使用），新建校园玉山镇新世纪幼儿园（主体已完工）等。

【九年义务教育】 2016年有小学79所（含教学点28个），初中16所，九年制学校4所，在校学生小学34999人，初中15717人。小学教职工1667人，初中1485人。九年义务教育巩固率为98.32%，小学辍学率为0%。全县初中寄宿率71.08%，小学寄宿率30.74%。9月，将瓮安县木老坪中学、瓮安县玉华中学、瓮安县鱼河中学、瓮安县第六中学合并到新建成的瓮安思源实验学校办学；是月在原瓮安二中校区新成立瓮安县第九中学（九年一贯制学校），进城务工人员随迁子女在公办学校就读率100%。建成11个标准化“留守儿童之家”；完成义务教育阶段76所学校理化生、音体美设施设备，配齐图书、电脑等配备；完成全县寄宿制学校“优美寝室”创建，学生宿舍实现“四统”（统一被套、统一棉絮、统一床单、统一床垫）。

“新两基”（基本普及十五年教育，义务教育基本均衡）工作，出台《瓮安县义务教育基本均衡实施方案》《瓮安县基本普及十五年教育实施方案》，下发《瓮安县中小学精细化管理实施方案》对全县各级各类学校实行片区管理，建立义务教育“整班移交”片区入学制度，保障学生就近入学。12月4日至7日省两项督导考核和基本普及十五年教育到瓮安县进行为期四天的考核验收，初步认定为合格。

【普通高中教育】 全县有独立高中2所，民办完全中学1所，普通高中10532人，有公办学校教职工619人，普通高中民办学校教职工40人，高中阶段毛入学率91.28%。

瓮安中学为省级二类示范性普通高中，占地面积300余亩，学校有教学实验区、学生生活区、教师生活区、图书馆、运动场五大功能区，有87个教学班，在校学生5299人，实现多媒体教学“班班通”，实验室按6∶6∶3的标准配备，学生食堂建筑面积6600多平方米（一、二楼为餐厅，可容纳2500人就餐；三楼为演艺大厅，可容纳1500人），学生公寓能容纳4000人入住。在编教职工324人（专任教师315人），其中硕士研究生22人，中学高级教师75人（3人评为特级教师，

瓮安二中校园一角

1人享受国务院特殊津贴），中级职称86人。2016年学校有省级骨干教师2名，州级骨干教师19名，县级骨干教师6名；教师获县级表彰62人次，州级表彰2人次。学生参加全国高中生物联赛4人获一等奖，3人获二等奖；参加贵州省高中化学竞赛6人获一等奖，3人获二等奖，2人获三等奖。申报的课题省级有9个（2016年结题2个），州级1个。2016年高考文、理科二本上线人数突破1000人大关，达到1307人。2016年9月，瓮安县草塘中学高中部教师65人和学生678人并入瓮安中学。

瓮安二中为省级三类示范性普通高中，2016年6月整体搬迁到新校区（瓮水街道中心社区盆水井西侧），新校区总投资5亿元，占地400亩，总建筑面积113500平方米，可容纳学生5000人。学校有教职工295人（调入2人，公开招聘研究生5人；9月珠藏中学高中部54名教师划转到瓮安二中任教），学生5233（9月，珠藏中学高中部学生758人转入瓮安二中就读）。2016年学校组织各类学习、培训869人次。2016年，瓮安二中高考二本以上突破900人大关，超教育局下达目标任务560人，创历年学校超任务目标数之最，并荣获瓮安县“高考完成目标任务奖”；学校积极开展“生本课堂”教学，邀请省教科院专家2次到校指导课堂教学；12月首次与县总工会联合开展文、理科教师技能大赛；11月成功举办贵州省第六届高中数学优质课大赛，填补瓮安举办省级优质课空白，瓮安二中被评为“黔南州科研样本校”。

瓮安职校一角

【职业教育】 全县有中等职业学校1所（瓮安职校），在校学生6113人，学生流失率5.58%，教师241人（外聘52人）。瓮安职校占地370余亩，建筑面积8.5万平方米，总投资2.5亿元，有教学楼6幢（可开设160多个教学班），综合办公楼6幢，专业实训室35个，学生公寓楼8幢（可容纳4500人），高标准学生餐厅1幢（3层）。2016年毕业生909人，就业率97%，就业对口率95%；271人升学，升学率29.8%。

瓮安职校开设现代农艺技术、机械制造技术、模具制造技术、数控技术应用、电气运行与控制、电子电器应用与维修、汽车制造与检修、汽车车身修复、旅游服务与管理、学前教育、服装设计与工艺、电子商务、数字媒体技术应用、计算机网络技术等中专专业（国家级示范建设专业4个，省级示范专业4个，州级合格专业11个）。与浙江交通技师学校、上海医药学校联合办学，与中德诺浩教育投资有限公司、上海天马有限公司、重庆三友机械制造有限公司、瓮安贵州金正大生态工程有限公司等多家企业签订联合培养学生协议，开展“订单”培养；与贵州建设职业技术学院、贵州省人民医院护士学校、贵州省财政学校签订联合办学协议，建成5个“3+2”五年制大专专业（建筑工程技术、物联网应用技术、电子商务、机电一体化技术、汽车运用与维修技术），2个中专专业（护理、会计电算化）。建成全省首个职教“云资源平台”，建有数控加工、数控仿真模拟、钳工、焊工、车工、计算机网络、计算机平面设计、汽车运用与维修、电子装配、PLC编程、家电维修、电工装配、机械制图等35个实训室和1个课外拓展实训基地。2016年，经贵州省评委批复，建成普通话测试站，首批就完成600余人的测试工作。

【特殊教育】 瓮安县特殊教育学校位于瓮水街道茅坡村，距县城2公里，学校占地8368.4平方米，建筑面积4705.35平方米，实训基地60平方米。学校有专任教师19人，教学班6个，在校学生71人，送教上门学生35人。教师获县级表彰1人，获黔南州优质课比赛一等奖1人，三等奖1人。学校获得瓮安县教育局授予“安全先进集体”“教育信息宣传先进集体”称号。顺利完成《特殊教育提升计划（2014—2016）》部署要求。5月份，学校在县人民广场开展特殊教育宣传周活动。

2016年申请项目建设资金50万元改善办学条件。学校争取社会爱心企业（人士）到学校开展爱心捐赠活动，帮助学生解决生活、学习的困难。学校在每生每年享受1000元寄宿生生活补助基础上，还争取到每生每天15元的流浪救助资金生活补助。

（李孝宽）

卫生和计划生育

【概况】 2016年，瓮安县卫生和计划生育局内设综合科、政策法规科、医政医管科、基层卫生科、人事教育科、目标管理科、计划生育家庭发展科、流动人口计划生育服务管理科、规划财务科9个行政科室；下设瓮安县卫生监督所、瓮安县疾病预防控制中心、瓮安县妇幼保健院（加挂瓮安县妇幼保健计划生育服务中心）、瓮安县卫生和计划生育执法督查大队、瓮安县新型农村合作医疗管理局、瓮安县爱国卫生运动委员会办公室、瓮安综合治理出生人口性别比办公室、瓮安县卫生和计划生育信息中心；由局党组代管瓮安县计划生育协会。在职干部职工45人，退休人员25人。设立中共瓮安县卫生和计划生育局党支部，有党员34名。

全县医务人员总数2508人，乡村医生314人、执业医师（含执业助理医师）900人、注册护士1089人，每千人口拥有医师1.91人，千人护士达2.31人，全科医生数48人，万人全科医生1.02人，床位数2500张，千人床位达5.29张。拥有正高职称3人，副高职称85人，中级职称205人。

【医药卫生体制改革】 医改领导小组制定印发《瓮安县医联体实施方案》《瓮安县分级诊疗实施方案》《县级公立医院绩效考核方案》《医院内部薪酬方案》《医院内部管理制度》等文件。县医院、中医院分别与相关卫生院签订医疗联合体协议并挂牌；公立医院建立《医院内部医务人员轮岗制度》；医院信息化建设初步建立分级诊疗制度，控制医药费用不合理增长。

【政策法规】 全年没有发生因卫生计生工作执法不当引发的恶性案件。持续推进计生“双诚信双承诺”工作，与群众签订诚信协议书159653份，签约率98.57%；查处违法生育立案565件,申请法院执行41件，结案171件。征收社会抚养费115.945万元，全县受理群众诉求1024件，计生类968件，卫生类56件，全部办理完毕；办理一孩生育服务证1435张，二孩生育服务证1315份，再生育证71份。

【医政医管】 新批准筹建袁庆礼、胡南松、龙海、赵正华4家个体诊所、6家（银盏镇新华卫生室、银盏镇大房卫生室、银盏镇黔川卫生室、中坪镇金竹卫生室、岚关乡龙塘卫生室、珠藏镇万物寨卫生室）村级卫生室和猴场镇草塘卫生社区卫生服务站，华夏一级中医医院；设置或变更执业地址的医疗机构进行执业登记的共14家；依法对4家申请变更名称、法人、负责人的医疗机构进行了变更。按时完成县政府办医院、民营医院、诊所、厂矿医院、村卫生室等各级各类医疗机构的年度校验工作，共校验证照380个；变更注册执业（助理）医师93人次、护士变更注册148人次，护士延续注册28人次，完成2015年考试合格执业（助理）医师注册38人。办理医师多点执业25人次；参与或组织处理医疗纠纷26起；珠藏镇等6家乡镇卫生院参与国家乡镇卫生院等级评审申请，申报工作已经完成。

12月5日，县长黄桂林（左二）在县人民医院考察县医院搬迁情况

【卫生应急】 在全县县直医疗机构及中心乡镇卫生院开展基层应急管理规范化建设工作，完成相关应急工作。10月18日组织县人民医院、疾控中心、县监督所、平定营镇中心卫生院在银盏开展了手足口病暴发流行应急处置演练，各参演单

位经过专业培训，顺利进入角色，演练取得圆满成功。

【卫生项目】 完成县中医院标准化建设主体工程及外墙装饰装修，县人民医院传染病房、县妇幼保健院、雍阳、江界河卫生院新建建设项目及松坪、珠藏卫生院建设项目主体工程工作，铜锣、鱼河卫生院改扩建建设项目，龙塘、木老坪、牛场坝、小河山、建中卫生院环境整治、污水处理项目。

【疾病预防控制】 健全疾病预防控制体系，加大重大传染病防治力度，乙、丙类传染病总发病病例1732例，发病率298.60/10万，11项儿童常规免疫疫苗接种率95%以上，发现麻疹病例0例，无新生儿破伤风病例，突发公共卫生事件处置率100%。

【妇幼保健】 孕产妇系统管理率为91.72%；孕产妇死亡率为0；5岁以下儿童死亡率为6.9‰；婴儿死亡率为4.3‰；0—3岁儿童的中医药健康服务，指导21366人次，占85%以上；对农村孕产妇住院分娩，按每人补助400元的标准，已补助4229人，共补助资金169.16万元；完成农村妇女宫颈癌筛查8000人；孕前优生检查完成3952人（男1975人、女1977人）。

【艾滋病防治】 全县累计发现艾滋病病毒感染者及艾滋病病人389例，死亡93例，其中AIDS88例，死亡18例。统计全县现存活HIV/AIDS296例，AIDS存活70例。全年累计检测在押人员为998人，自愿咨询（VCT）检测累计990人，娱乐场所发放安全套累计72100只，宣传资料累计发放4677份，发放和回收清洁针具累计8090具，回收率100%，覆盖注射吸毒人员55余人。县人民医院为抗病毒治疗点，全年累计新增治疗38人，至开诊以来累计治疗174例。娱乐场所人员检测568人，全县累计检测71663人，累计检出HIV阳性38例。

【计划生育优质服务】 巩固“创优”成果，开展国家免费孕前优生健康检查工作，避孕药具应用率、有效率、随访率均达98%以上。完成国家免费孕前优生健康检查人数3720人，占任务数3900人的95.4%，超过省目标要求85%的10.4个百分点。

【计划生育家庭发展】 累计发放各类利益导向资金928.849万元，确认农村奖励扶助618人，1200元/人，发放金额74.16万元；非农奖励扶助13人，1200元/人，发放金额1.56万元；女孩助学奖1086人，非农继续享受25人，合计66.66万元；节育奖发放13350人，300元/人，发放金额400.5万元；特别扶助金继续享受68人，合计43.338万元；独生子女伤残、死亡家庭一次性抚慰金5户10人，合计15万元；基础养老金668人，780元/人，发放金额52.104万元；补助农村合作医疗参合24111人，70元/人，补助金额216.999万元；新型农村社会养老保险（新农保）8932人，40元/人，发放金额35.728万元；女孩成才奖（考取大学本科）76人，一次性奖励3000元/人，发放金额22.8万元。

12月10日，医护人员到贫困户开展义诊

【计划生育目标管理】 全县常住人口53.05万人，流动人口97931人。年度常住人口出生5745人，死亡2910人，常住人口出生率11.49‰，人口自然增长率5.67‰；常住人口符合政策生育率91.02%；流动人口符合政策生育率94.23%；累计手术完成绝对数为3793例，（占任务105.36%，上环3181例，结扎612例）；全面启用“三按月”手机便携式平台。

【流动人口计生服务管理】 慰问留守儿童、留守老人、返乡农民工等家庭户共1526户，为流动人口的生育、儿童预防接种等提供优质服务430

例，免费落实各类节育措施398例，免费开展“三查”服务13000人次，在城区流动人口集中的农贸市场、社区、集中居住区安装自取避孕药具箱16个，利用赶集和节假日对流动人口进行现场身体检查和免费发放避孕药具，确保流动人口药具获得免费率100%。流入人口实现均等化服务管理。

1月23日，县卫计局领导到精准扶贫户进行慰问

【中医药工作】 采购先进设备，全力保障临床一线诊疗需求，推进信息化建设；加快推进标准化建设项目进程，改善患者就医环境；进一步完善基层医疗卫生机构中医诊疗服务能力建设，提升基层中医药服务体系，让群众就近得到优质中医药服务。加强乡镇中心卫生院中医馆建设，分别建成珠藏镇中心卫生院中医馆、猴场镇中心卫生院中医馆、中坪镇中心卫生院中医馆并投入使用。9月，分三批次对全县乡镇卫生院（社区卫生服务中心）、社区卫生服务站、村级卫生室医务人员进行针灸、推拿、拔罐、中药熏洗等培训，共计培训229人。同时，加强对乡镇卫生院开展现场检查和指导。

【卫生监督执法】 全年立案903件，结案902件，罚款执行到位123.7万元，其中医疗卫生立案547件，结案547件，罚款111.68万元，学校卫生立案76件，结案76件，罚款0.75万元，公共场所立案276件，结案275件，罚款9.93万元，生活饮用水立案3件，结案3件，罚款1.25万元，消毒产品立案1件，结案1件，罚款0.1万元。监督覆盖率99.83%，超额完成省州下达任务数。

（曾红平　谭黔坤）

红十字会

【概况】 2016年，瓮安县红十字会内设综合科、赈济救护科。领导班子:专职副会长1名（正科级）主持工作，秘书长1名（副科级），有干部职工5人。年内成立雍阳办事处红十字会、平定营镇红十字会、江界河镇红十字会、瓮安中学红十字会，发展会员488人，青少年团体会员5388人。

【宣传活动】 在“红十字博爱周”、6月14日世界献血日，世界急救日，“12·1”世界艾滋病日，组织红十字会会员单位开展宣传活动，发放无偿献血、捐献造血干细胞、器官捐献、防震减灾、预防艾滋病宣传资料20000余份。

8月17日，开展“世界急救日”——瓮安一中应急救护知识培训

【“三救”行动】 拓宽募捐筹资渠道，增强红十字会“三救”（应急救援、应急救护、应急救助）实力。

2016年收上级及爱心人士价值8万余元物资

6月3日，举办出租车司机应急救护知识持证培训

捐赠，先后到玉山镇、雍阳、岚关乡看望慰问困难群众、留守儿童、麻风病人、残疾人等困难群众157户，为其送去大米、衣服、食用油、奶粉等。

邀请贵州省红十字会应急救护培训中心高级讲师金铮玲、教辅谭建萍为瓮安县85名出租车司机进行应急救护知识持证培训，分别对一中、二中领导及师生3200余人进行应急救护知识普及性培训。

【“三献”行动】 做好无偿献血宣传、造血干细胞捐献志愿者和器官捐献志愿者招募登记报名和复核工作，确保捐献志愿者资料信息完整有效降低流失率和反悔率。全年3490人参与无偿献血、献血量1229550毫升和招募捐献造血干细胞志愿者19人，招募遗体捐献志愿者1人。

（郑学龙）

科学技术和知识产权

【概况】 2016年，瓮安县科学技术和知识产权局内设机构综合科、发展计划科和知识产权科。领导班子：局长1名，副局长2名，干部职工9人。

【项目申报管理】 争取到省、州科技项目18个，项目经费808万元，是2015年的179%。县级科技计划项目立项13项，投入科技经费45万元。

2016年立项科技项目一览表

省		州		县	
项目名称	经费（万元）	项目名称	经费（万元）	项目名称	经费（万元）
新型耐高温磷系阻燃剂的中试及应用研究	40	企业技术中心平台建设	20	年产4500吨景天三七系列产品产业化开发	3
安青创业社（众创空间）服务能力建设	100	工程技术研究中心平台建设	50	岭雾海牌“珠型茶”生产工艺的研究及产业化	3
朱家山铁皮石斛林下GAP种植基地建设	25	安青创业社（众创空间）服务能力建设	20	无公害仔姜种植示范	2.
一种猴场豆油皮生产工艺转化及示范	20	磷煤化工基地生产力促进中心能力建设	10	农村节粮生态快速养猪生产示范	2
贵州省磷矿清洁资源工程技术研究中心	170	生态有机茶园示范基地建设及有机茶开发	20	青山天麻仿野生种植的研究与示范	2
黔南瓮安科技孵化器平台建设合作项目（广州市）	36	农业实用技术培训	8	花果香红茶技术集成创新与产品开发示范	3
		瓮安供应链网建设及运营推广	5	扶贫项目	2
		瓮安县五个村帮扶项目	4	瓮安县创业园众创空间能力建设	3
				瓮安县科技特派员服务体系建设项目	5
				防震减灾应急演练及宣传培训	5
				无公害蛋鸡养殖示范基地建设	3

续表

省		州		县	
项目名称	经费（万元）	项目名称	经费（万元）	项目名称	经费（万元）
				林下生态散养土鸡示范基地建设	2
				无公害艳红桃示范基地建设	2
				黔南国家磷煤化工高新技术基地科技服务体系建设	3
				微流水养鱼示范基地建设	2
				撰写《瓮安县“十三五”科技规划》	2
				无公害蔬菜标准化种植示范	2

【服务平台建设】 1月，瓮安安青创业社成功获国家级众创空间，为大众创业、万众创新提供了平台。8月，在安青创业社成功承办第五届中国创新创业大赛贵州赛区复赛，首届中国（瓮安）创新创业大赛活动，瓮安有2家企业被推荐参加全国总决赛。

8月15日，召开黔南州众创空间建设工作推进会

【科技特派员工作】 年内新聘32名科技特派员，年末，全县科技特派员81人，服务全县13个乡镇（街道），34家企业、4个专业合作社。其中，工业技术领域18人，种植加工业及林业领域51人，畜禽养殖领域7人，服务领域3人，教育领域2人，医疗领域3人，新闻宣传领域1人。选聘科技特派员高级职称2人，中级职称8人，研究生3人，外聘专家教授16人。

实施县级科技示范项目10个，到企业开展技术指导30人（次），县级科技特派员深入园区企业、基层种养植专业合作社和农户开展技术培训、现场指导300人（次），举办各类培训班20期，培训2万余人，发放各类技术资料2万余份。建成辣椒规范化种植示范基地、有机茶规范化种植示范基地、艳红桃种植示范基地、红阳猕猴桃种植示范基地、绿壳蛋鸡养殖示范基地、香猪养殖示范基地6个科技特派员产业示范基地，辐射带动70%以上乡镇发展 。

【知识产权与统计】 年内共申请专利514件，其中发明专利327件，实用新型175件，外观设计12件；专利授权共77件，其中发明专利9件、实用新型57件，外观设计11件。联合州知识产权执法大队在县域商场开展专利执法检查，查处涉嫌假冒专利的案件123起。

综合科技进步水平指数统计等工作。省厅评定县科技进步水平指数为83.1%，位列全省第一方阵第3名。

11月5日，特邀请贵州省情报所专家到瓮安开展培训工作。省情报所助理研究员曾兰英为瓮安县相关企业开展科技型企业备案及项目申报培训，省情报所科技战略研究部主任田晓琴、助理研究员王淼为瓮安县综合科技进步水平指数监测12家单位分管领导及具体业务员开展培训。

【宣传培训】　牵头组织县20家部门组织开展“3·18”科技宣传、“4·26”知识产权保护宣传日、“5·12”防灾减灾宣传日，配合相关部门开展“3·15”国际消费权益保护日、“科技、教育、卫生、法律”四下乡、节能环保日、科普宣传日、宪法日等宣传活动，共发放各类宣传资料30000余份，各项咨询1000余人（次）。

对全县乡科级干部及各企业负责人及技术人员共计500余人（次）开展科技专题讲座培训5次：分别为大数据技术与应用、企业创新创业、科技创新券政策及综合科技进步水平指数分析培训会和科技型企业备案及项目申报培训会。

5月成功组织黔南州2016年地震暨防空应急疏散演练现场会，联合县教育局组织全县278所中小学、幼儿园分别开展防震减灾应急演练活动，发放宣传资料5000余份。

（刘家映）

5月12日，开展地震演练

文化·体育·旅游

综　述

2016年，瓮安县文化和旅游局内设综合科、文化管理科、体育管理科、广播影视管理科、旅游管理科、政策法规科6个科室。下属瓮安县广播电视台（新闻中心、副科级）、瓮安县文化市场综合执法大队（副科级）、瓮安县猴场会议会址（冷少农故居）管理所（副科级）、瓮安县文化馆（副科级）、瓮安县旅游发展中心（副科级）、瓮安县文化遗产管理中心、瓮安县图书馆、瓮安县体育发展中心8个事业单位。领导班子：局长1名，常务副局长1名，副局长2名，纪检组长1名。年末领导干部121名。

年内综合目标考核获全县二等奖，县文化馆被省文化厅确定为“贵州省2016年公共文化服务专题试点县”试点。

（王　昆）

文　化

【基础设施建设】　全年完成岚关乡、平定营镇、玉山镇、中坪镇4个乡镇群众文化舞台建设点建设。完成村、社区文化设施配备。全县村、社区文化设施设备配备累计已完成99个，覆盖率100%。瓮水中心社区和雍阳街道河滨社区文化活动中心创建工作已完成。舒葆初故居维修改造项目实施完毕。启动猴场会议纪念馆、会址及毛泽东行居的提升改造、维修维护和复原陈列工作。完成第一展厅和二楼红六军团展室的改陈提升工作。完成毛泽东行居、红军干部团修养连改陈提升，并对外开放。完成猴场会议会址修缮工作。

【节庆文化活动】　承办2016年“四季如歌·和谐家园”新春晚会春节演出活动。开展春节系列活动，开展“三阳开泰·百猴献瑞”义务书写春联进村寨活动39场次，“金猴迎春·庆元宵”灯谜竞猜进乡村活动14场次。开展“传承瓮安文化·展示非遗魅力”非遗展演。2016年百姓大舞台“记住乡愁、热爱家乡、建设瓮安”民族山歌大赛在县人民广场举行。

“幸福进万家·瓮水长歌文化精品乡村行”项目持续推进。瓮水长歌乡村行项目顺利通过国家文化部验收。完成2016年度瓮水长歌乡村行项目演出任务100场。

【文物及非遗保护】　组织开展文物安全检查。完成文化遗产管理中心、猴场会议会址（冷少农故居）管理所、县委党史研究室等6家收藏单位文物信息修改、审核工作。猴场会议会址共接待参

8月31日，中美大学生联合体验长征之旅走进瓮安猴场

观的游客736655人次，猴场会议会址成为贵州省直属机关工委党员教育基地，也是省委明确开展“两学一做”学习教育基地之一。全省共有968家单位近3.7万人到猴场会议会址开展“两学一做”教育学习。

【公共文化服务】 完成2016年“翰墨飘香·和美瓮安”迎春书画、摄影巡回展活动。县图书馆在全县共计举行7场迎春读书、送书、送光盘活动，完成2期共享工程网络培训。图书馆共计接待读者77000人次，文化馆接待服务对象44000人次，组织开展“净网、固边、护苗、清源”“扫黄打非”专项行动和“校园周边环境整治”“‘两会’期间安全生产大排查大检查”等行动，检查、巡查文化市场经营单位1199家次，出动执法人员3131人次，查处歌舞娱乐场所1家（属于未办证擅自经营）；查处无证经营游戏室1家；查处无证经营上网场所（黑网吧）6家。

【重要文艺作品展示】 文化馆创作的歌曲《小康之歌情满怀》获贵州省同步小康优秀民间歌谣征集评选活动优秀奖；舞蹈《红城舞邑》获全省第三届广场舞大赛凉都奖，音乐快板《瓮安二小展风采》获黔南州北片区三县（市）中小学2016年新春文艺汇演一等奖。

【传媒】 投资910万元实施的营盘山无线发射台迁址重建项目已竣工并投入使用，项目建成后发射覆盖瓮安的12个电视节目、3个调频广播。10月完成农村公益电影放映任务984场，提前完成上级下达放映任务。完成全县文化产业广播影视个体工商户和单位名录统计工作，完成2015年度全县各乡镇老放映员生活补助费发放工作。电视台全年共编辑播发电视新闻稿件2400余条约160万字；《瓮安周讯》共出报52期；贵州手机报瓮安版共编辑240期；《瓮安新农村》《法制时间》各150期；政府网站共编辑上载信息17668条，发布图片700多幅。在中央电视台播出15条次，贵州广播电视台《贵州新闻联播》《百姓关注》《法制一线》等栏目播出70条次，贵州人民广播电台13条次；黔南广播电视台《黔南新闻联播》《十二在线》播出200余条次，黔南人民广播电台80条；《贵州日报》23条，新华网贵州频道20条；《贵州商报》《贵州劳动时报》《贵州都市报》《贵阳晚报》共采用30条，《黔南日报》60条。

（王 昆）

体 育

【基础设施建设】 招商引资完成签约资金16亿元，到位资金4.1亿元。完成五家规模型企业入统，占全年5个任务数的100%。

启动以塔坡为重点的县城周边登山健身步道建设、完成4个村级农民体育工程、7条全民健身路径工程建设。全县农体工程项目实施数量乡镇级已累计达10个，覆盖率83.3%，村级农民体育健身工程80个，覆盖率80.8%。全民健身路径工程已实施完成18条。

【体育活动】 成功举办瓮安县2016年“贵山茶业迎春杯”7人制足球比赛（县级）、瓮安县2016年“红红火火过大年”春节期间系列活动（县级）、瓮安县2016年老年人象棋、围棋比赛（县级）、2016年黔南州老年人门球比赛（州级）、瓮安县2016年老年人健步走活动（县级）、瓮安县2016年跆拳道比赛（县级）、2016中国·瓮安全国六省（区）游泳邀请赛（国家级）、2016年黔南州老年人气排球比赛（州级）、2016贵州省老年人气排球比赛（省级）、全民健身在路上全国2016年“发展体育运动，增强人民体质，同心共筑中国梦”全民健身活动贵州省黔南州

6月6日，2016年贵州省老年人气排球交流活动在瓮安开赛

启动仪式（州级）、瓮安县2016年职工篮球比赛（县级）、瓮安县8月8日全民健身日健身展示活动（县级）、贵州省2016年青少年游泳锦标赛、2016中国·瓮安国际男（女）篮争霸赛（国际级）、瓮安县2016年周末足球联赛（县级）。2016中国·瓮安国际山地户外运动探险越野赛（国际级）、2016年贵州省残疾人游泳锦标赛（省级）、第十三届全国健身交谊舞锦标赛暨2016全国健身舞大赛（国家级）、贵州省第十四届冬泳锦标赛等23项赛事活动。

（王　昆）

旅　游

【概况】 2016年，瓮安县旅游产业发展委员会内设办公室、政策法规科、质量规范管理科、规划账务科、市场开发科、猴场景区管理所、江界河景区管理所、朱家山景区管理所。领导班子：主任1名，副主任2名，年末干部职工39人。

2016年接待旅游总人数406.96万人次，同比增长58.7%，其中接待入境旅游人数2833人次；旅游收入35.7亿元，同比增长59%；外省游客183.06万人次，同比增幅67.3%。全年共计完成招商引资16亿元，到位资金4.1亿元。更新2016招商项目，与星景生态建设投资（苏州）有限公司签署《瓮安县草塘“十二塘”景观工程PPP项目投资合作框架协议》。

1月27日至2月3日，瓮安县朱家山旅游景区在黔南州旅游网站公示通过成为国家AAA级旅游景区。10月31日，瓮安县草塘千年古邑旅游区获批2016年省级旅游度假区创建试点单位。“突破乌江战斗遗址”入选“我心中的长征纪念地”，“猴场会议会址”获得提名奖。旅发委给猴场镇金竹村编制了全境航拍《鸟瞰金竹》图集、珠藏镇清香村编制了《鸟瞰清香》图集和《瓮安县各乡镇3A景区打造选址图集》。

8月5日，获“黔南州旅游购物推荐单位”（黔南州旅游局，黔南州旅游协会），4月25日，获县人民政府表彰的2015年度人大代表建议和政协委员提案办理工作先进单位。3月10日，县旅发委办公室主任，江界河风管处副处长温光全获中共瓮安县委、县人民政府表彰的瓮安县民营经济发展先进个人。10月26日，猴场会议会址导游陈艾荣获导游冠军，获州“金牌导游”称号。草塘晴雨双面大戏楼导游词获黔南州旅游局2016年度最美导游词。

【项目建设】 2016年旅游类在建项目9个，完成固定资产投资10亿元。启动石林景区游客中心、步道、停车场、厕所等旅游基础设施项目建设；按照国家5A级旅游景区标准，继续完善草塘千年古邑旅游区基础设施建设；按照国家A级厕所要求完成10座新建和改造旅游厕所；草塘古邑区停车场、建中旅游停车场建设完成投入使用，下司石林2号停车场已建设完成；推进江界河、朱家山、玉龙温泉等旅游项目基础设施建设；建中茶旅大道一期建中段5.1公里茶旅大道已基本完工。欧标茶庄景点项目总投资1亿元，游客接待中心（2700平方米）、雾海居（1700平方米）、滨湖广场（1.2万平方米）、环湖道路（6.9公里）、民居立面改造（86幢）、环湖栈道（6.9公里）等工程已基本完成并投入运营。朱家山二期木屋及配套设施建设并投入运营。以“千年古邑·记忆草塘”为形象定位，推进“十二塘”建设，开展樱花园、桃花园、荷塘的种植，共种植樱花3万株、桃花1.4万株、荷花22万株；已完成特色饮食一条街的装修工作。青莲湖湿地公园完成建设并对外开放。修葺“乌江天险”摩崖石刻。

【运行管理】 收集“绿色中国行”团旗，珍藏于瓮安博物馆。参与瓮安旅游资源大普查并建立瓮安县旅游资源数据库，形成旅游资源普查图集和报告。中国生肖邮票猴票首发式在瓮安县会务中心举行，首发猴票图案及国家邮政总局、省集邮总公司负责同志现场签名牌由旅发委、瓮安博物馆收藏。中国樱花协会副主席潘光一等一行到草塘樱花山考察指导工作，旅发委副主任董忠远、刘仁斌陪同。

成功申报瓮安县江界河镇茶园村为“省级乡村旅游扶贫示范村”。争取省级补助资金70万元和县级扶持资金145万，完成《茶园村乡村旅游扶贫规划》。

采购大疆“吾”无人机管理和监控景区安

全。3月贵州省著名树木学专家、原省林业厅野生动植物保护站副站长张华海教授应邀到草塘樱花山指导工作。

朱家山森林公园投资开发有限公司通过核资清产，10月1日正式接管朱家山服务接待中心。

【宣传推广】 活动推介。参加由省、州旅游主管部门统一组织的广州、重庆、厦门等地外宣传促销活动8次。赴广州参加开展“山地公园省·多彩贵州风”旅游推广推介会；参加2016年南京国际度假休闲及房车展览会；参加黔南州文化旅游产业招商（上海）推介会；参加第十二届海峡旅游博览会；参加农旅结合（厦门）招商推介会；赴广州开展黔南州建州60周年旅游推介会等。9月“欧标茶旅基地”作为举办的都匀毛尖（国际）茶人会瓮安分会场。

5月11日，在福建厦门参加第十二届海峡旅游博览会

标示标牌。在高速路、城市主干道建设T型广告牌和旅游标识标牌。其中高速路旅游标识牌8块、县内旅游标识牌25。完成朱家山景区旅游标识牌工程。

旅游线路。与韩国威姿旅行社初步建立合作关系，打造一条“黄果树—荔波小七孔—西江千户苗寨—草塘千年古邑旅游区”旅游精品线路；与思南、凤岗两县联盟，共同打造一条“瓮安—思南—凤岗”旅游精品线路。

宣传演出。5月15日，瓮安县旅发委在华福广场举行2016年“国际博物馆日”“中国旅游日”文艺演出。发放文明旅游倡议书、文明旅游十大提醒语、中国公民国内旅游行为公约等500

4月25日，县旅发委和县市场监督管理局在猴场下司欢乐谷开展食品、特种设备安全从业人员培训

余份。7月1日，在会议中心开展“我是文明小导游大赛”。国家旅游局“重走长征路”活动走进瓮安。将瓮安苗族舞蹈《九龙穿洞》、平定营镇灯夹戏进行提升打造，在双面大戏楼实现常态化演出25场次。歌曲《瓮安金色的家园》和舞蹈《古韵仙桥》等文艺节目在省外旅游推介会演出3场。

媒体宣传。全年报送信息67条。被国家旅游局采用2条、人民网采用7条、州人民政府网采用3条、黔南州旅游网站采用10条、今日看点采用1条、贵资讯网采用6条、贵阳日报1条、两学一做专网1条、贵州手机报采用1条、瓮安手机网采用1条、瓮安新闻8条、瓮安人民政府网采用60条。中央电视台旅游频道记者到瓮安拍摄外景。

【质量规范】 监督检查。开展旅游综合执法检查3次，开展不合理低价、虚假广告、购物点违法经营、旅游服务质量等专项整治活动13次，共出动检查60人次，出动检查车辆15辆。查找质量隐患66个全部解决。书面下发整改通知书通报景区3次，责令景区退门票1次。

中央政法委书记孟建柱、省委书记陈敏尔等领导到江界河景区、草塘景区调研指导工作。州政协牵头联合检查1次，省旅发委牵头联合检查1次，县旅发委、牵头联合检查1次。

行业培训。培训导游、讲解员73人，其中州级培训12人，县级培训31人，瓮安职校2015届15人，2016届15人。举办各类培训班10期，共培训管理人员50人次，从业人员550余人次。在猴场下司欢乐谷开展食品、特种设备安全从业人员培训1次。

【自身建设】 单位成立党风廉政建设工作领导小组，班子成员对分管的科室党风廉政建设工作负总责，累计组织集中学习教育14次，“一把手”授党课1次，组织干部观看《镜鉴》等宣传教育片2次。共上党课4次，集中学习13次。追缴党费总计597元。

开展“两学一做”系列活动，集体学习毛泽东《党委会的工作方法》和习近平总书记重要指示精神。

7月14日，县旅发委干部在县委党校警示教育基地学习

召开“三重一大”会议22次，决策大额度资金使用等事项60余项。开展公开承诺和约谈，全年共开展约谈5次、20人次。完善《旅发委工作制度》《旅发委食堂管理制度》等。开展旅发委妇委会、工会、共青团委员会“党建聚民心·团结促发展”的主题活动。党支部与帮扶对象珠藏镇清香村党支部、猴场镇那乡村党支部在猴场会议纪念馆开展“支部连心·互助共建”双向组织生活会。到县委党校警示教育基地参观学习。

（李建军　谭　超）

营盘山发射台

社会生活

民　政

【概况】　2016年，瓮安县民政和民族宗教事务局内设综合科、社会福利和救灾科、基层政权科、优抚安置科、民族宗教事务科、殡葬管理和政策法规科，下属县老龄工作委员会办公室、县天主教爱国会、县慈善总会办公室、瓮安县社会救助管理局、瓮安县烈士陵园管理所、瓮安县婚姻收养登记服务中心、社会组织管理服务中心、瓮安县民政和民族宗教事务综合执法监察大队、瓮安县减灾中心、瓮安县社会福利院、瓮安县精神病医院11个事业单位。领导班子：局长1名、常务副局长1名、副局长2名、纪检组长1名、机关党委书记1名、老龄办副主任1名、综合执法监察大队长1名、社会救助管理局局长1名。年末干部职工共91人。

2016年度瓮安县民政和民族宗教事务局荣获州民宗委系统目标绩效管理考核二等奖、县政法综治信访维稳工作先进集体、县消防工作先进集体、县征兵工作先进单位。

【社会救助】　城乡低保、五保及孤儿供养。完成城乡低保提标调整核查工作，城市低保由2015年的440元/月·人提高到484元/月·人，增幅10%；农村低保由2015年的2580元/年·人提高到3060元/年·人，增幅18.3%，累计发放城乡低保金4043.96万元。发放农村低保季节性缺粮26.77吨，救助缺粮户5983户、9921人；农村低保中的长期保障户和重点保障户共5820人，已全部纳入扶贫信息系统进行管理。五保供养标准提高至集中供养4800/年·人、分散供养2400元/年·人，共为818人发放供养金223.38万元；孤儿供养标准提高至集中养育1050元/月·人、分散养育630元/月·人，共为147人发放孤儿基本生活补助金115.7万元。医疗救助和临时救助工作。发放医疗救助金416.4万元，救助城乡困难群众1294人次；发放临时救助资金152.26万元，救助1233人次；资助特困供养对象、60年代初精减退职老职工、家庭经济困难的精神障碍患者、肇事肇祸的精神障碍患者和低保对象14172人参合参保66.94万元；特殊人群救治。县精神病医院共收治各类住院精神病患者153人次，合医报销后，对经济困难的精神病患者减免治疗费，补助生活费，共计35.5万元。2016年累计为1878名重度残疾人（一级重度残疾1065人，二级重度残疾813人）发放护理补贴96.527万元。

【防灾减灾救灾】　发放冬春救助金159万元、救助粮156.5吨；发放救灾救济金120万元、救灾救济粮75吨；下拨减灾安居临时救助资金356.9万元；投入资金199万元采购救灾物资；完成银盏镇飞练社区、瓮水街道茅坡社区“全国综合减灾示范社区”申报工作；投入资金92.92万元为97724农户农房投保，农户自主参保10808户，自主参保率11.06%；按照政策性农房灾害保险协议理赔3224户，共计59.99万元；完成2017年政策性农房灾害保险97131户农房基本数据的统计上报工作。

8月16日，县召开因灾返贫困难群众最低生活保障工作会议，县委副书记、县长黄桂林出席会议并讲话，县领导杨昌勇、王华（政协）出席会议。县民政民宗局局长张杰总结2016年城乡低保开展情况及存在的问题，并对因灾返贫困难群众最低生活保障工作作安排部署。

8月19日，以州民政局党组成员、纪检组长胡鸿为组长，州督查督办局王炅昀，州社会救助局唐兴萍副局长为成员的督察组对瓮安因灾返贫困难群众最低生活保障工作开展情况进行督查，县民政民宗局局长张杰陪同督查。

【优抚安置】 制定出台全县双拥工作要点，表彰退役士兵创业致富带头人9人，共计20万元。开展春节、“八一”慰问和公祭日等活动，发放慰问金（含物资慰问）215.7万元。发放抚恤金、生活医疗救助金、重点优抚对象门诊补助等资金共计2302余万元。共接收退役士兵141人，其中21名转业士官全部安置工作，自主就业培训87人，推荐就业15人，发放城乡退役士兵自主就业一次性经济补助金135.09万元。

4月1日，由县民政和民族宗教事务局组织，县人武部、黔南州武警三大队、县武警中队、县消防大队共同参加缅怀英烈的清明节祭扫活动。县委常委、县人武部部长孟先锋、县人武部政委阮顺坤出席活动，县民政民宗局局长张杰带领本局干部职工与人武部官兵一道参加祭扫活动。

7月29日，县召开庆祝建军节89周年座谈会，共叙军民情谊。县委常委、人武部政委阮顺坤，县人大常委会副主任张远军，副县长杨昌勇，县政协副主席王华出席座谈会。

8月1日，州、县领导张文强、黄桂林分别组团率领县四家班子领导到县人武部、武警中队、武警黔南支队三大队七中队、县公安消防大队、猴场镇专职消防队开展节日慰问。

陈健，男，汉族，生于1993年12月，瓮安县银盏镇木老坪村人。2012年12月入伍，在贵州省消防总队贵安新区支队花燕路中队服役。2016年2月5日，在参加贵安新区销毁烟花爆竹原材料应急处置任务中因现场发生爆炸不幸牺牲，经公安部政治部2016年2月6日批准为烈士，被贵州省公安厅追记一等功。

【社会福利和社会事务】 殡葬改革。2016年全县共计死亡2557例，已火化安葬2557例，集中治丧360例。实现火化对象火化率、规划区集中治丧率、入葬公墓率“三个100%”的目标。全年共计惠民减免2413户327.43万元。1月29日，县民政民宗局协同殡葬改革成员单位270余人在雍阳街道云

4月29日，县召开2016年民政和民族宗教工作会议暨殡葬改革工作推进会

星村洞底组开展了违规土葬强制起棺火化应急处置演练活动，整个活动持续近2小时，取得圆满成功。县四家班子领导，各乡镇（街道）党政主要领导、分管领导到现场观摩。8月16日，县召开殡葬改革工作推进会，贯彻落实国家九部关于殡葬改革工作会议精神，分析全县殡葬改革形势，安排部署下一阶段工作。县领导黄桂林、钟旻、杨昌勇、王华（政协），乡镇（街道）主要领导、分管领导、事务办主任、派出所所长、道教分会会长、道教协会会长，县殡葬改革工作领导小组成员单位领导参加此次会议。项目建设。总投资1885万元的老年养护楼、总投资240万元的瓮水街道中心社区日间照料中心已投入使用；珠藏、江界河、天文三个乡镇敬老院已建成并投入使用；完成13个农村幸福院的建设工作；推进总投资1.75亿元的瓮安县养老综合服务中心项目建设。“三关爱”工作。年末全县农村留守儿童5771人，已建成71所农村寄宿制学校，40所山村幼儿园，34个学校留守儿童之家，7个乡村留守儿童之家，

3月14日，国务院地名普查办业务指导处到瓮安指导地名普查工作

设置41个亲情聊天场所。留守妇女1381人，留守老人2198人，并分类建档，实现建档率100%。充分发挥城乡低保、儿童福利等综合性救助政策措施及整体功能，生活困难留守人员，实行“应保尽保，应救尽救”。地名普查。经县评定小组逐一审核录入国家地名数据库地名信息4012条，已通过州地名普查办验收。婚姻登记、收养登记。2016年全县共办理结婚登记4521对，离婚登记1488对，补发结婚登记证2460对，补发离婚登记证82对；完成银盏镇、永和镇2个婚姻登记示范点建设；办理收养登记3例。

【基层民主自治和城乡社区建设】 村改居工作。2016年共完成18个村改居工作，社区居委会占村（居）比例提高16.5个百分点，瓮水街道茅坡社区的村改居工作作为全省户籍制度改革的观摩示范点。第十届村（居）民委员会换届选举。按照省、州、县的统一安排部署，全县第十届村（居）民委员会换届选举工作已全面完成。“四型社区·幸福家园”创建。制定“四型社区·幸福家园”实施方案、年度工作计划以及考核标准，已完成在河滨社区和中心社区试点创建工作。

11月14日，州民政局副局长肖松、基政科科长杨昌和带领州督查组一行到瓮安珠藏镇、雍阳街道河滨社区等地督促检查第十届村（居）民委员会换届选举工作，县民政民宗局副局长何群陪同检查。

11月26日，举行珠藏镇荣院村第十届村民委员会换届选举大会

【慈善事业和社会组织工作】 慈善工作。全年县慈善总会共收到社会各界捐赠善款681631元；组织开展建中镇高坪小学爱心企业捐赠活动，金正大诺贝尔公司爱心助学金发放活动，协同县医院、县残联开展脑瘫儿救治活动等；完成瓮安县慈善总会换届选举工作；开展瓮安县“慈善一日捐”活动。社会组织工作。全县社会组织共有66家，其中社会团体41家、民办非企业单位25家；社会组织党组织单建6家，联合建60家，社会组织党组织实现全覆盖。

4月25日，瓮安县志愿者服务联盟爱心救助志愿分队组织志愿者献爱心志愿服务活动，县领导李丰祥、王华（政协）和县民政民宗局、县扶贫开发局班子成员及部分干部职工参加活动。志愿者们到县福利院与老人、孩子共同劳动，一起开辟“爱心菜园”，开展“结对子·话家常·包饺子”活动。

9月2日，县慈善总会在县会展中心7号会议室召开换届选举大会，选举产生新一届瓮安县慈善总会组成人员，县领导杨昌勇、张远军、王华（政协）出席会议。会议审议并表决通过《瓮安县慈善总会章程》《瓮安县慈善总会资金管理办法》《瓮安县慈善总会第二届会员代表大会选举办法》。选举产生县慈善总会新一届常务理事会会长、常务副会长、副会长、秘书长、常务理事。杨昌勇当选为会长，县民政民宗局局长张杰当选为常务副会长、秘书长，何群、孙昊等当选为副会长。

10月17日，县在渡江广场举办2016年度“慈善一日捐”暨“扶贫日”爱心捐赠活动，活动由副县长（县慈善总会会长）杨昌勇主持。全县领导干部和社会爱心人士现场募集慈善资金48万元。

（毛科友）

10月17日，县举办慈善一日捐活动现场

民族宗教

2016年，全县有苗族、布依族、水族等32个少数民族，主要分布在瓮水街道、猴场镇、建中镇、银盏镇、永和镇和雍阳街道。少数民族人口35069人，其中布依族2934人，苗族22737人，水族518人，侗族1131人；少数民族人口占总人口的7.18%，其中布依族占0.6%，苗族占4.66%。2016年全县97家民贸民品企业中有44家企业获得优惠贷款累计30.46748亿元，其中新增11.66908亿元，完成州下达目标任务新增5亿元的233.4%。累计为59人出具了民族成分认定证明，更改民族成分8人。推荐3个单位、4名个人参加全州第五次民族团结进步模范单位和模范个人的评选。开展因宗教信仰、宗教习俗等方面引发的矛盾纠纷排查化解工作，全年未发生与宗教有关的矛盾纠纷事件。

全县有汉传佛教、道教和天主教3个宗教教别，设有天主教爱国会，有专职主任1人（不驻会），秘书长1人，全县有已登记开放的宗教活动场所10个，县被列为全州宗教工作重点县。3月25日，瓮安道教协会2015年年会第一届理事会第四次会议在瓮安殡葬公司三楼会议室召开，县领导杨昌勇、王华（政协）参加会议，县民政民宗局、县公安局、各乡镇（街道）、殡葬公司等相关领导和工作人员、协会会员60余人与会。会议对荣获先进的分会和个人进行表彰颁奖，对殡葬改革工作督查存在的问题进行通报。7月18日，瓮安县天主教爱国会第三届代表大会在县会议中心三号会议室里召开，全县45名教友代表及神父参加。县委统战部、县民政民宗局领导等出席会议。会议听取县天主教爱国会第二届委员会工作报告和第三次代表大会筹备工作报告。选举产生天主教爱国会第三届委员会委员、常委和以田波为主任的新一届天主教爱国会领导班子。7月19日，县召开贯彻落实民贸民品优惠政策推进会，安排部署相关工作。会上县民政民宗局回顾总结全县民贸民品优惠政策落实情况；县人行对民贸民品贷款贴息资金申请程序进行讲解；县财政局对民贸民品贷款和贴息资金的监督与管理进行讲解；县人民政府副县长杨昌勇作讲话。11月23日，国家宗教事务局办公室信息综合处处长、三都县委副书记李云华（挂职）、省民宗委宗教业务一处副处长，三都县委常委、副县长（挂职）李林，州民宗委副主任叶良华，省军区政治部秘群处副处长、三都县委常委、副县长（挂职）徐少勋一行到瓮安开展宗教工作调研。

（毛科友）

老龄工作

2016年末，全县有90岁以上高龄老人368名，发放高龄老人生活补贴46万元。城市社区居家养老实现全覆盖，有38名公益性服务人员为114名城市社区的空巢、高龄、失能、特困老人提供的居家养老服务。聘请251名农村居家养老服务人员为农村留守老人提供服务。投资1400万元建设瓮安

新建成的天文镇敬老院

县养老综合服务中心老年养护楼。投入资金39万元完成13个农村幸福院建设，建设床位67张，设立珠藏镇老年协会、岚关乡茶海村老年协会2个星级老年协会示范点，设立银盏镇新华村幸福院、岚关乡茶海村幸福院2个县级幸福院示范点，推荐岚关乡茶海村幸福院为州幸福院示范点。探索医疗卫生与养老服务相结合的新模式，满足多样化健康养老服务需求，与瓮安县利民医院等4家医院签订《瓮安县社区医疗卫生与养老服务相结合（试点）协议》，新增养老床位80张，为老年人就医开创绿色通道。

（毛科友）

人力资源和社会保障

【概况】 2016年，瓮安县人力资源和社会保障局内设综合科、干部科、工资福利退休科、政策法规科（劳动保障监察科）、就业促进科、社会保险科、事业单位管理科、基金监督科。下辖副科级参公事业单位3个：县就业局、县社会保险事业局、县劳动保障执法监察大队。下辖县劳动人事争议仲裁院为副科级事业单位。股级事业单位4个：县事业单位综合配套改革领导小组办公室、县考试指导中心、瓮安县人才交流服务中心、县企业离退休人员社会化管理服务中心。领导班子：局长1名、常务副局长1名、副局长2名，纪检组长1名。年末在册在编干部职工98人。

荣获2016年州级人社目标考核一等奖、县目标考核二等奖。瓮安县劳动人事争议仲裁院获“省级优质服务窗口”称号。

【创业就业】 全年发放各类创业贷款3860.7万元，完成州目标任务数3500万元的110.31%；实现城镇新增就业6523人，占州目标任务数6520人的100.05%；完成创业培训和职业技能培训1963人，占州目标任务数1600人的122.69%；扶持高校毕业生创业56人，完成州目标任务数54人的103.7%；实现农业富余劳动力转移就业9051人，占州目标任务数8750人的103.44%；城镇登记失业率为3.85%；保持零就业家庭动态为零；精准扶贫就业扶持5027人，完成州目标任务数3000人的167.57%。

【社会保险工作】 2016年参加城镇职工基本养老保险60355人，完成州年度目标任务数52860人的114.18%，基金征缴45765万元，完成州年度目标任务数30800万元的148.59%。其中，企业职工养老保险（不含离退休人员）参保34815人，完成州目标任务32580人的106.86%，基金征缴32249万元，完成州目标任务20980万元的153.71%；机关事业单位职工（不含离退休人员）养老保险参保9617人，完成州目标任务5590人的172.04%，基金征缴13516万元，完成州目标任务9820万元的137.64%；城乡居民社会养老保险基本扩面247765人，完成州年度目标任务数245430人的100.95%，基金征缴2430万元，完成州年度目标任务数1690万元的143.78%；参加城镇基本医疗保险66023人，完成州年度目标任务数64090人的103.07%（职工医疗保险参保42636人，完成州目标任务41070人的103.81%）；居民医疗保险参保23387人，完成州目标任务23020人的101.59%。基本医疗保险基金征缴11845万元，完成州年度目标任务数9828万元的120.52%，其中职工医疗保险基金征缴11676万元，完成州目标任务9670万元的120.74%；居民医疗保险基金征缴169万元，完成州目标任务158万元的106.96%，居民医保6月底实际缴费人数17353人，完成州目标任务17050人的101.78%；失业保险参保总人数为26812人，完成州年度目标任务数25460人的105.31%；征缴失业保险基金1388万元，完成州年度目标任务数1288万元的107.76%；工伤保险参保单位856个，参保总人数为数34081人，完成州年度目标任务数31280人的108.95%；征缴工伤保险基金890万元，完成州年度目标任务数616万元的144.48%；生育保险参保总人数为26552人，完成州年度目标任务数24887人的106.69%；征缴生育保险基金563万元，完成全年州目标任务数418万元的134.69%；发放社会保障卡5000张，完成州全年目标任务5000张的100%；基本社会保险覆盖率96.8%。

【人员招录招聘】 配合黔南州公务员招考办完成2016年公务员（参公事业人员）招考报名、资格审核、资格复审、面试等工作，录用公务员53

3月29日，县人社局参加贵州省第四届人才博览会——报名现场

人（组织部行文40人）。

引进各类人才429人，其中面向普通高校引进44人，面向社会公开招聘事业单位工作人员151人，贵州人才博览会引进研究生55人，公开招录公务员（选调生）52人，县外引进成熟型人才43人；政策性安置人员61人（直接聘用连续两年考核优秀人员到事业单位工作7名、免费医学生4名、免费师范生1名、接转特岗教师27名、军队转业干部安置1名、安置部队转业士官21人）；面向社会招聘事业工勤（县公安、消防招聘）22人。

【干部调配与录用】 完成18家机关、事业单位机构调整272人划转工作，正常办理干部调动635人，确定行政职务135人，认定工龄306人，办理解聘手续1人，办理辞职手续18人，办理辞退手续1人，办理抽借调82人；完成公务员登记43人。安置军队转业干部1人到岗工作。

【机关事业单位工作人员年度考核】 完成全县机关事业单位干部职工8618人年度考核。公务员（参公人员）考核961人，优秀165人、称职750人、未定等1人、基本称职0人、未参加考核人员0人，见习期45人；机关工勤119人、优秀15人、称职104人。事业单位人员7657人，其中专业技术人员5489人，优秀993人、合格4489人、基本合格2人、不合格1人、不定等次4人；管理人员考核1397人，优秀239人、合格1151人、基本合格1人、不合格2人、未定等4人；工勤人员考核343人，优秀38人、合格305人；见习期428人。

【干部培训和职称评聘】 完成全县8000余人次专业技术人员继续教育认定工作；完成事业单位新增人员初聘培训241人。审核全县各系列高中初级资格证书1073份，其中高级72份、中级625份、初级376份。审核全县申报中高级职称材料共320份，其中正高级4份、高级53份、中级115份、初级148份。

【事业单位人事制度改革】 完成第三轮岗位聘用工作中461个事业单位岗位设置9782个（管理岗位2427个、专业技术岗位7094个、工勤技能岗位261个），审核7463人的岗位竞聘个人申报材料，岗位竞聘、合同鉴证等工作有序开展。完成事业单位340名工作人员岗位变动后的聘用及合同鉴证工作，合同鉴证率100%。

【高校毕业生面向基层就业】 年末，人才交流中心有学生档案3621卷，2016年接收流动人事档案1530卷，转出流动人事档案330卷。对7名连续两年考核优秀的基层服务大学生直接聘用到事业单位工作。开展2016年高校毕业生企事业单位见习工作，全县安置见习人员51名。

【工资福利】 完成机关事业单位1326名工作人员职务、职称、岗位变动等日常调整工资审批；办结集体信访2起；完成2016年工资改革工作，从7月1日起调整了全县9572名机关事业单位工作人员、14名离休人员的基本工资标准，补发7月以来的工资调标差额；同步规范了津补贴项目，补发了2015年1月到2016年9月以来的艰边津贴调额；完成2016年符合职级晋升的1026人的工资晋升审批，办理131人退休，职务职级并行工资审批36人；完成2016年机关、事业单位新参加工作大中专毕业生、工勤人员见习期（试用期）满后转正定级工作，共审批办理大中专毕业生转正定级295人，新参加工作人员工资确定327人，退伍军人安置21人；办理高龄补贴43人、遗属生活困难补助36人，调整304人警衔津贴，36人农、牧、林、环保特殊岗位津贴，完成兑现工龄认定工资78人。

【人才市场和人才资源开发】 瓮安县人力资源市场位于群众工作中心大楼一楼，面积800平方

2月5日，县领导在县人力资源市场举办“春风行动”招聘会上指导工作

米，内有23个固定招聘席位，2个独立面谈（面试）室，设有招聘信息发布区（LED大屏幕滚动播放、纸质招聘资料发放领取、招聘信息栏）、问询处、报名资料填报处、后勤保障服务、等候区等区域，为求职者和企业搭建服务平台，建立常态化的人力资源服务。为打造人性化服务，设立就业综合服务区，内设就失业登记、求职登记、职业技术培训报名、劳动维权服务窗口。2016年度分别于1月15日，2月5日组织举办“春风行动”大型招聘会；2月15日举办“就业援助月”专场招聘会；3至6月，8至11月，每月15日定期举办常规招聘会；7月15日举办“高校毕业生”专场招聘会；12月15日联合武装部举办一场“退役士兵”专场招聘会。共举办招聘会13场，提供各类就业岗位1682个，累计需求人数20000余人，现场累计达成就业意向7144人。招聘会被多家网站、报社、新闻媒体报道。

【劳动人事争议仲裁】 接待群众来访1150人（次）；运用“绿色通道”为来访群众提供法律援助服务80余人次；参与县及有关部门协调处理重大集体劳资纠纷6起，涉及劳动者150余人；共收到劳动争议仲裁申诉案136件，受理立案132件，不予立案4件，已结案130件，结案率为98.48%，未结案1件，中止1件，法定时效内结案率100%；基层组织调解70件，仲裁机构调解45件，仲裁案外调解17件，调解成功率66%；终局裁决23件，占裁决案件比例31.51%。通过仲裁裁决、仲裁调解、案外调解为劳动者争取工伤保险待遇、未签劳动合同双倍工资、解除劳动合同经济补偿金额、违法解除劳动合同赔偿金、加班工资等费用共计1102.05万元。

【劳动保障监察执法】 共受理各类举报投诉案件160件，立案处理143件，结案137件，结案率95.8%，累计为3652名劳动者追讨工资4611.4万元；2016年书面审查用人单位73户，目标任务完成率为104.3%，完成劳动用工备案累计达235户，目标任务完成率为102%；开展劳动用工日常巡查，巡视检查用人单位82家；劳动监察大队每年

1月26日，在人社局召开2016年度“廉洁过节”公开承诺部署会

分两次对县域内机关事业单位贯彻落实带薪年休假制度情况进行督查并出台督查文件、出台督查方案，抽查全县71家机关事业单位执行带薪年休假制度情况，都按相关文件规定执行。

【党建和党风廉政建设】 2016年组织集中学习8次、领导干部上党课3次、宣讲身边先进人物事迹2场、组织廉政教育基地实地参观学习1次、开展专题学习讨论3次、收到发言材料11篇，选题心得体会15篇、按要求转移组织关系5人、组织干部职工通过全国人社系统在线学习习近平总书记系列讲话等精神累计学时达600余学时、深入平定营村和离退休老党员家中送党章100余份。为平定营村解决实际困难3件，协调引进村集体经济帮扶项目1个，累计投入资金4万元。为精准脱贫对象和就业困难人群进行就业扶持政策讲解2场次、开展就业培训活动5场次，共培训培训精准脱贫对象274人，开展就业招聘活动6场次，为精准扶贫对象和就业困难等人员提供就业岗位500余个，达成就业意向300余人。

依托“两个责任”主体网络平台，按时向县委和县纪委报告履行全面从严治党主体责任情况，严格落实党风廉政建设，重点岗位风险排查，梳理出廉政风险科室11个，廉政风险点20个。开展5个专项整治、重点岗位排查和廉政约谈活动，发现1起职称申报学术造假行为。

（陈绍凯）

乡镇·街道

雍阳街道

【概况】 雍阳街道位于瓮安县北部城区，东至永和镇，南与瓮水街道接壤，西、北连贵州瓮安经济开发区（银盏镇），面积67.61平方千米，耕地面积6880亩。辖河滨、文峰、城北、云星、仙桥5个社区，75个村（居）民组，11553户、33413人（户籍人口）。

领导班子：党工委书记，人大工委主任，办事处主任，纪工委书记，组织委员，政法委书记，武装部长，宣传委员（统战委员、政协联络员）各1名，副主任4名，党委专职副书记一职空缺。年末干部职工121人。街道内设党政办公室、社会事务办公室、社会管理综合治理办公室（信访维稳办公室）、人口和计划生育办公室（流动人口管理办公室）、经济发展办公室、规划建设环保办公室6个机构。下设农业服务中心（农业技术综合服务中心、畜牧兽医站、农产品质量安全监管站、动物卫生监督所分所）、人力资源和社会保障服务中心（农民工综合服务所）、科技宣教文化信息服务中心（综合文化站）、村镇建设服务中心、社区综合服务中心、社区卫生服务中心、水利站、林业站、扶贫工作站、安全生产监督管理站、财政所等11个事业单位。

2016年，河滨社区党总支部获“先进基层党组织”，分别受州委、县委表彰。陈洪飞获“2014年中国家庭发展追踪调查成绩突出个人”，受国家卫生计生委家庭司表彰。街道和河滨社区分别获“瓮安县高速公路‘三年会战’先进集体”，受县委、县政府表彰。街道获“2015年度城镇建设工作二等奖”，雍阳驻村工作分队获“2015年度同步小康驻村工作先进集体”，受中共瓮安县委党的建设工作领导小组表彰。

【经济工作】 完成财政税收47729万元（国税6853万元、地税40876万元），完成任务23940万元的199.37%；完成工业总产值54.83亿元、固定资产投资上报31.83亿元，完成任务21亿元的151.48%；完成招商引资签约资金57.7亿元、到位资金9.8亿元；完成园区固定资产投资完成7.1亿元。城镇居民人均可支配收入26285元，农村居民人均可支配收入10418元，分别比上年增长13%。

【城镇建设】 完成戴家院棚户区改造拆房153户，房屋拆除率99%，兑现房屋征收补偿1.88亿元。完成塔坡项目建设土地征收42户9420.71平方米，发放土地征收补偿款64.65万元；完成房屋征收226户3.24万平方米，发放房屋搬家及过渡费补偿款2402.22万元。完成龙坑公园市政工程建设第三期（淮海路东段）暨棚户区改造项目实物指标丈量28户3559.19平方米，发放房屋征收补偿222.75万元；发放龙坑一、二期超期过渡费298户647.09万元。完成北部新城项目建设房屋征收41户；完成七星安置房二期回迁21户，完成农户庭院空地及边角地带土地征收3850.68平方米16.7万元、苗木征收27户8150株37.8万元。大地商业广场二期商铺1栋建成使用，3—11栋（9栋）已竣工；碧桂园项目展示区开放及基础设施建设全面完成，一期项目开始出售；新华文华综合体主体施工加快推进；绿城国际、学府雅苑、山岔坡安置房及文峰路北延伸段、江界河路、中科鑫诚等重点项目建设有序推进，“四纵五横”的北部路网已经形成。

县城东部扩展区建设完成实物指标测量1653户43.86万平方米，拆除违法违章建筑50户3000余平方米，查处抢种苗木40余户，拔除苗木5万余株。

12月18日，县城朵云拓展区基础设施建设项目开工仪式在雍阳街道云星社区榜上组举行。开工仪式由县人民政府副县长龚传海主持，州委常委、县委书记张文强，县委副书记、县长黄桂林，县人大主任潘玉华、县政协主席陈博、县委副书记曾薇及县四家班子领导出席。

【项目建设】 完成天一矿业实物指标丈量116户、住房面积34419.15平方米、附属物面积8175.72平方米、清点苗木158户60324株。拆除违法违章建筑600平方米、丈量土地900余亩、协调矛盾纠纷80余起，土地指标复核及公示工作全面完成。银坑水至茅坡公路改造道路铺油全面完成，启动边坡附属设施建设工程。平安驾校建成投入使用，项目建设资金400余万元，占地面积4.7万平方米。瓮马铁路建设路基及施工便道场平、炮前调查等工作全面完成，白沙井至新区公路1100米路基建设及硬化工程全面完成。瓮安三小改扩建项目完成房屋实物指标丈量15户1810.24平方米。妇幼保健院建设项目主体施工全面完成。

【农业生产】 全面完成县下达的农业生产任务，种植时鲜蔬菜1000亩，推广杂稻2000亩、杂交玉米2000亩，种植马铃薯3000亩。探索“公司+扶贫户”“合作社+扶贫户”等帮扶模式，拓宽农户增收渠道，投入资金55万元发展葡萄种植100亩、蔬菜种植户8户、核桃种植300亩、杨梅种植150亩、辣椒种植示范种植100亩。全年出栏生猪13000头、大牲畜800头、羊1300只、家禽17万羽，蛋类产量44吨，实现肉类总产量1463.7吨；春、秋两季动物防疫免疫猪瘟12867头次、猪口蹄疫13576头次、猪蓝耳病12878头次、猪丹毒1235头次、猪肺疫1235头次、仔猪副伤害1168只次、牛（羊）口蹄疫4129头次、鸡新城疫31446羽次、高致病性禽流感近91640羽次；全年完成初检出栏生猪4512头，实施产地检疫活猪4512头，检疫牛肉5659公斤；落实猪品改点1个，其中人工授精点1个，引进良种母猪配种684窝，推广良种仔猪4114头，其中三元杂交猪2357头；牛品改共输配母牛12头，至年底共产杂交牛犊8头。推广良种家禽3.677万羽。完成仙桥社区土地确权前期资料收集工作。完成第三次农业普查5个普查区和35个普查小区划分工作，前期制图、摸底工作全面完成。

【林业工作】 栽种绿化苗木1.2万余株，落实2015年退耕还林和高速公路可视范围退耕还林515.11亩，退耕还林补植补造136亩。规划实施森林防火隔离带线路11条，完成防火隔离线路砍割验收8358.6米、250.7亩。完成杨家山、龙场湾、仙桥山等2015年度新一轮退耕还林规划落地上报面积400亩，实施515.1亩，签定造林承包合同202份。完成2016年度新一轮退耕还林土地分户丈量实施486.1亩，完成国家级森林生态效益2658.56亩、3.92万元。完成2012至2015年度区划界定的地方公益林13660亩，兑现政策补偿金15.19万元。落实“河长”制，乌江流域瓮安河环境综合治理工作明确由办事处行政负责人和社区负责人任街道和社区河长，制定工作方案，对河流污染防治实行分段负责，量化考核。

【精准扶贫工作】 开展走访慰问和支农助农活动3500余人次、召开群众会70余次、发放宣传资料6000余份、开展脱贫技能培训1500余人次。争取“一事一议”项目硬化云星村刘家湾入组进户路1.2千米，硬化仙桥村胡家院入组进户路2.3千米；通过上报争取到交通局项目硬化商家院、张家河入组进户路4.2千米。解决110户精准扶贫对象出行难问题。实施危房改造11户；修缮商家院人畜饮水及大棚配套设施建设，受益贫困户17户。协调13家企业解决63人扶贫对象就业问题，落实企业与贫困户结对帮扶9户11人。发放“特惠贷”115笔545.8万元。完成妇女创业担保贷款资料报送23户204万元，批复9户，解决贷款78万元。如期完成83户296人减贫目标，贫困村仙桥村贫困发生率降至2.02%，顺利实现贫困村出列。

【民政和社会保障】 全年累计发放困难群众救助粮2.91万公斤、救灾救济款26.72万元、临时生活救助金12万元、农村低保金78.71万元、城市低保金95.4万元、五保供养金5.18万元。春节期间发放困难群众慰问金0.3万元，发放困难儿童救助金0.2万元，发放五保孤儿一次性生活补贴31人0.62万元，发放老年人高龄补贴1.29元。兑现惠农政策资金166.12万元。投入25万元完成云星社区大坪公墓停车场、入园道路硬化工程。

完成城乡居民养老保险新参保人数438人，占全年总任务350人的125.14%；征缴参保基金79.17万元，占总任务77.45万元的102.22%；办理年满60周岁待遇人员89人、养老保险死亡丧葬费29人，领取待遇人员生存认证524人；办理被征地农民养老保险141人。完成新型农村合作医疗参合资金13352人120余万元；完成城镇新增就业900人、劳务输出550人、创业培训60人，全面完成目标任务；完成岗前培训403人，占总任务300人的134%；完成技能培训43人，占任务30人的143%；完成电子商务培训23人，占任务的115%。

9月10日，召开庆祝第32个教师节暨表彰大会

【教育】 辖区内有学校10所，其中县管高中学校1所、初中学校1所，小学1所，县幼儿园1所，民办中学1所，民办幼儿园5所，在校学生（含幼儿园）12155人。小学适龄儿童入学率100%，初中阶段入学率100%，初中毕业率99%，小学毕业率为100%，中小学专任教师学历合格率100%。瓮安中学2016年高考文科600分以上24人，全县文科前十名中，瓮安中学9人；理科600分以上42人，全县理科前十名中，瓮安中学8人。4月，瓮安三小选送经典诵读作品《黔南赋》获全国中小学生艺术展演三等奖、选送的戏剧类作品《如此学生》获贵州省一等奖。8月，瓮安三小获瓮安县第八届青少年科技创新大赛组织一等奖、获贵州省青少年科技创新大赛组织奖。

9月10日召开雍阳街道庆祝第32个教师节暨表彰大会，会议表彰了瓮安三小、阳光幼儿园2个教育教学先进集体和王章敬等104名优秀个人。

【文化】 投入资金20万元完成“综合文化站”免费开放“六大功能室”改建及装修工程。“农社区文化阵地”建设工程利用中央、省级社区级专项活动资金建设仙桥社区文艺队2支，配备、完善文艺队设施设备。街道“红宇”演艺团在参加2016年瓮安县“瓮水长歌·精品文化乡社区行”公益文艺演出活动的遴选荣获全县第一名。

2月19日，街道开展2016年“四季如歌·和美雍阳”龙狮表演暨元宵灯谜竞猜活动，活动按领导致辞、披红挂彩、群龙贺春和灯谜竞猜依次进行，全面展示雍阳整体形象、文化素质和精神风貌。

【卫生和计划生育】 辖区内有医疗机构16个（不含县人民医院），医务人员86人。2016年新农合门诊5512人（次），合医补偿11.23万元。妇幼保健工作全年375人全部住院分娩，产妇总数370人全部建卡，产后访视333人（次）、访视率90%，进行系统管理333人、管理率90%。2016年筛查出高危孕产妇91人全部住院分娩。年度出生475人，出生人口性别比104.13，常住人口出生率13.31‰、死亡率7.62‰、自然增长率5.86‰。发放独生子女保健费1.24万元、节育奖2.23万元、基础养老金1.64万元、少生快富奖励金1.2万元，助学奖7.16万元、奖励扶助金7.76万元、特别扶助金11.56万元。完成手术305例，其中结扎26例，上环263例，皮埋1例、人工流产15例。卫生和计划生育工作获全县年度考核三等奖。

2月，街道获“瓮安县2015年度人口和计划生育目标管理考核二等奖”受县委、县政府表彰。

【村级集体经济发展】 各社区采取土地租赁、房屋出租、创办实体等形式盘活闲置资产，发展和壮大村级集体经济。5个社区经济积累均达10万元以上，其中年末村级经济积累文峰社区63.5万元，河滨社区49.77万元，城北社区116.61万元，云星社区61.87万元，仙桥社区52.1万元，全面完成“空壳村”清零任务。

【社会治安和安全生产】 完善矛盾纠纷排查、化解和销号机制。按照属地管理和分级负责的原则，对辖区内的征地拆迁、矿群矛盾、拖欠农民工资等情况定期进行排查，台账管理。实行矛盾周排查、旬研判、月汇总制度，落实矛盾纠纷化解销号奖励制度，调处各类矛盾纠纷692起，调解成功率98.41%。严格落实“党政同责、一岗双责”和安全生产主体责任制，党政主要领导定期听取安全工作汇报，研判和部署安全生产工作，带队开展安全大检查和隐患大排查专项整治，全年排查各类安全隐患1200余个，整改率达100%。开展地灾应急演练1次，全年无重大安全责任事故发生。

【城市管理工作】 巩固国家卫生县城和国家文明城市成果，实行一把手统筹抓片区、班子成员抓网格、干部职工包保院落的管理制度，对河滨、文峰、城北3个社区的7条主次干道、22条背街小巷、新老22个新老小区进行包保，对城区主干道流动摊点、占道经营、破旧广告牌等进行集中清理整治，出店、占道经营现象得到控制，环境卫生明显改善。以“办事处指导、社区协调、居民自主管理”的党建工作模式探索城市小区管理。坚持标本兼治、疏堵结合，抓实城区及东部新城规划区“两违”建筑查处工作，拆除违法违章建筑面积4000余平方米。

【人大及群团工作】 报县人大常委会任命兼职人大工委副主任1名，人大工委委员3名，完成河滨社区人大代表工作联络室建设。开展《中华人民共和国婚姻法》《中华人民共和国妇女权益保障法》等法制宣传活动4次，发放资料5000余份，“三八”节开展妇女登山活动1次，完成妇女创业担保贷款资料报送23户204万元。对留守儿童实行动态管理，与70名留守儿童建立“一对一”关爱帮扶关系，建立“留守儿童”之家6个，“六一”节发放留守儿童慰问金2万元，干部职工用手机让留守儿童与父母进行亲情通话130人次，干部职工个人出资共计5600余元为留守儿童购买书包、学习用具。

【武装及双拥工作】 安排经费5万元作为年度武装工作经费，在征兵工作中安排1万元作为征兵工作专项经费。年末有普通民兵连5个，民兵300人；有基干民兵连1个50人。组织民兵参加实弹打靶2次，组织民兵集训4次，基干民兵应急演练2次。“八一”期间，安排资金1.32万元走访慰问驻瓮武警和消防官兵，向部队输送新兵10名。

7月，街道获“2015年度征兵工作先进单位”，受县政府表彰。

【基层党组织建设】 投入资金530万元，完成仙桥、云星、城北办公楼新建、改建、迁建及河滨社区综合示范创建工作。年度发展党员10人。“两学一做”学习教育集中学习（专题党课）50余次，开展“四进四送”活动走访群众450余户、办实事31件次、化解矛盾纠纷32件。以“两学一做”为抓手，以搭建“2113”工作平台为载体，以构建“便、安、乐、富”“四民”社区为目标，完成河滨社区综合示范创建工作，于7月15日顺利通过中央组织部“两学一做”工作督导，在县的第一次亮点观摩中获得全县乡镇（街道）第一名。新组建非公企业和社会党组织支部6个，辖区非公企业和社会党组织实现“两个全覆盖”。按期完成县、乡、村三级换届选举工作。

7月5日召开建党95周年暨七一表彰大会。大会回顾党的光辉历程，会议表彰了优秀共产党员、优秀党务工作者、先进基层党组织37人（个），组织新党员入党宣誓、全体党员重温了入党誓言，开展了喻顺华同志先进事迹学习活动。

7月15日，中央组织部组织二局局长石军一行

7月27日，河滨社区城市社区综合示范建设接受瓮安县2016年亮点观摩现场会考评

到雍阳街道河滨社区开展“两学一做”工作调研，县领导黄桂林、钟旻、屈芳等县领导参与调研。

7月27日，雍阳街道河滨社区城市社区综合示范建设接受瓮安县2016年亮点观摩现场会考评。县四家班子领导和全县各科局、乡镇（街道）主要领导参加会议，考评组对河滨社区示范创建“两站一所一校三中心”建设及运用情况进行了现场观摩考评。

10月14日召开中国共产党雍阳街道党员代表大会，县领导刘奉贤、陈廷高到会指导。大会以无记名投票方式选举产生11名代表出席中共瓮安县第十二次代表大会。

【党风廉政建设】 拟定廉政风险点48条、防控措施52条，签订主体责任书及廉政承诺136份，形成一级抓一级，层层抓落实的工作格局。组织反腐倡廉专题学习及党风党纪教育11次，建设廉政警示牌、悬挂廉政标语及张贴廉政漫画103块（条、幅），发放宣传材料及民生监督卡4900份（张）。开展党风廉政建设突出问题专项整治，发放调查问卷230余份，自查梳理并落实整改突出问题10条，开展廉政约谈51人。按时完成城乡居民社会养老保险基金管理、农村饮水安全项目等专项监察工作。接待群众来信来访9件，调查回复8件，实施诫勉谈话1人，办理民生案件4件。

（苏期权）

瓮水街道

【概况】 瓮水街道位于瓮安县南部，东抵永和镇，南连平定镇，西邻雍阳街道和平定营镇，北接雍阳街道，平均海拔1100米，面积56平方千米，辖金龙、鼓楼、广场、花竹、中心、新庄、花桥、茅坡8个社区，共28324户、120600人。

领导班子：党工委书记，人大工委主任，办事处主任，纪工委书记，组织委员，宣传委员、统战委员、政协联络员，政法委书记，武装部长各1名，办事处副主任4名。年末干部职工122人。内设党政办、社会事务办、计生办、经济发展办公室、社会管理综合治理办公室、规划建设环保办。境内有医院、派出所、司法所、工商所、供电所、土管所、国税分局、地税分局、气象局、汽车站、交管站、卫生服务中心、水管所、农业银行、建设银行、工商银行、中国银行、农村商业银行及省、州驻瓮企事业单位，是瓮安社会经济文化的中心。

1月，瓮水街道计划生育服务站与瓮水街道卫生服务中心正式整合，成立瓮水街道卫生计生服务中心，核定事业编制人员47名，设主任1名、副主任2名。

2016年实现生产总值40.76亿元，同比增长6%；完成全社会固定资产投资22.03亿元；实现农业总产值1.8亿元，增长20%；招商引资引进项目21个，签约资金15.15亿元，到位资金4.5亿元；完成税收3.44亿元；完成工业总产值31.9万元，其中规模以上工业总产值15.6万元，规模以下工业总产值16.3万元。城镇居民人均可支配收入29110元，同比增长8.45%，农民人均纯收入9238元，增长10.28%。

2016年，瓮水街道荣获全省同步小康最佳示范乡、全县高速公路三年会战先进集体、城镇建设先进集体等荣誉称号；实验学校荣获“全州先进基层党组织”称号。综合目标考核获县一等奖、卫生计生工作目标考核获县一等奖、茶产业目标考核获县一等奖、中心社区亮点观摩获县第一名。

【精准扶贫】 全街道纳入精准扶贫系统的贫困人口314户911人，其中：2014年脱贫20户、69人，2015年脱贫80户、277人，2016年脱贫87户326人，未脱贫127户、239人全属于低保户。人社

9月5日，茅坡社区李家湾组精准扶贫一事一议道路硬化

中心在茅坡社区进行7天农业技术培训，560人次参加培训。办理贫困户“特惠贷”110户、550万。制作精准扶贫沙盘和作战图，标明精准扶贫家庭情况、帮扶措施、推进情况等，时时跟踪，时时调整帮扶措施。引进原野上品农业生态发展有限公司在茅坡社区精准扶贫主战场潘家寨修建蔬菜配送中心。财政奖补“一事一议”投入149万元，街道财政投入20万元，硬化进组入户道路6.8千米。

【工业发展】 瓮水绿色食品加工园区成功申报为州级食品园区，瓮水绿色食品园区已入驻企业31家，金农农业发展有限责任公司、冬秀孃泡酸辣食品有限责任公司等8家企业已进入规模生产期，辐射带动特色农业产业面积达1.8万亩，实现总产值14.85亿元，带动农户3000余户9000余人，农民人均纯收入由0.87万元提高到0.92万元。

建设中的少农路

2月26日，瓮水街道与贵州柒速贸易电子商务有限公司联合举办“电商进万家”交流会，指导企业由传统商务方式转型互联网电子商务，拓宽企业发展空间，提升企业市场竞争力。辖区60余名商界人士、各社区党总支书记、县商务局及街道相关领导参加交流会。

【城镇建设】 2016年，完成瓮马铁路、福明二期、塔坡公园一期、南城国际、拱青路、安平大道、瓮南路、八小、玉华路等小城镇建设项目房屋拆迁户1679户、377593.77平方米，发放补偿资金8039.41万元、奖励资金1315.01万元；土地征收421912.92平方米，发放补偿资金1913.44万元；林木征收320040株，发放补偿资金459.51万元；坟墓搬迁1359座，补发放偿资金380.02万元。财政“一事一议”奖补149万元，实施李家湾、通组道路硬化，安装路灯40盏；实施危房改造2户，补助2万元。

【农业产业化发展】 2016年完成茶园规范化管抚1.25万余亩，创办标准化茶园管抚1500亩，在茅坡村花竹山、新庄下坝新垦植茶园经县级验收面积102.53亩。完成1000亩蓝莓园标准化各季节管抚工作，完善蓝莓园基础设施建设工作，1000亩蓝莓产业实现土地流转。办精品水果示范点两个：新庄小寨100亩大棚精品水果示范点及300亩精品苹果桃基地示范点；在小寨大棚精品水果示范点实现土地流转100亩。创办新庄大坪子至新湾水源大山茶园标准化管抚示范点连片1500亩，示范点茶园内道路硬化全面完成，茶园已全面投产。完成水稻规范化种植推广杂稻4500亩，完成杂交玉米肥球和营养块育苗规范化移栽3200亩，创办玉米高产示范点200亩。办理农业机械补贴15台套次，共办理发放补贴资金16657元。年末生猪存栏9750头、出栏1.08万头；大牲畜存栏1510头、出栏540头；羊存栏数1430头、出栏数790头；禽蛋产量35吨，禽肉产量252吨，禽存栏9.8万只，禽出栏16.8万只；肉类总产量1251.3吨。未发生猪、牛、马等重大疫病疫情。

【生态文明城市建设】 开展“多彩贵州·文明行动”，与居民签订《“门前三包”责任书》，专门聘请保洁工人清理运送垃圾，做到垃圾日产日清。抓好污染防治工程，实施建筑业污染源整治、农村垃圾处理、水土流失治理工作。完成新

11月14日，副州长胡晓剑（前排左）到清莲湖调研

一轮退耕还林300亩，完成2016年退耕还林规划1200亩，义务植树8506株和四旁植树3万余株；发放、张贴黔南州森林防火和瓮安县人民政府野外禁火令10000余份；砍伐8条隔离带，总长1万余米，森林病虫害预防1200余亩。组织街道机关干部、社区干部、志愿者420人（次）对社区、院落进行清扫和对街道野广告进行清除，共清理卫生死角150处，垃圾300车，清除野广告2800余张。以简报、宣传标语等形式营造“人人参与”生态文明城市建设氛围，在各中小学、社区（村）开展“生态瓮水”系列宣传、实践活动，通过举行环保知识讲座、环保文艺节目比赛等活动10场（次），开展“6·5世界环境日”宣传活动，发放宣传资料3500份，接待2500余人（次）。

【社会治理】　2016年，从全办抽调调解专业人才、吸纳离退休干部组建历史遗留矛盾纠纷调解专班工作组和瓮水街道办事处人民调解委员会，对全街道历史遗留矛盾纠纷等各类矛盾纠纷进行逐一排查、化解，实行“台账”。全年收集各类矛盾纠纷631件，年内化解各类矛盾纠纷545件。接处警651起，同比上年（756起）下降105起，辖区共发生刑事案件541起，与上年同比（818起）下降277起，查处治安案件401起；全年累计接收社区矫正人员244人，累计解除矫正173人，年末在册社区矫正人员71人、有刑释解教人员110名，全部建立1人1档。设立“法律顾问室”，与党政办公室合署办公。

【社会事业】　计生：瓮水街道卫生服务中心于10月搬迁至新办公大楼办公，全年共出生人口713人（一孩356人，二孩330人，三孩27人）；男孩373人，女孩340人，常住人口符合政策生育率91.44%，流动人口符合政策生育率95%，完成上环、结扎术553例。新建卫生服务中心大楼，完善居民健康档案，开展中医药特色诊疗。政务公开4期，宣传标语80余幅，发放宣传200余份，办报栏12期，简报8期。落实以房管人，以业管人制度，落实流动人口与常住人口同管理，同服务。启动诚信计生创建活动，召开社区（村）诚信计生动员会4次，签订诚信计生协议书7799份，完善计生办，社区（村）诚信计生各项管理和上墙资料。

民政：全年发放救济大米21500公斤、救灾资金9.7万元、临时救助金和冬春困难群众生活救助金16.5万元（救助481人次）。发放农村低保金60.9万元（132户245人）、城市低保金418.9万元（594户857人）。完成新庄社区王家大坡新建标准型农村公益性公墓一期建设，开挖进场道路1900米，停车场面积1300平方米，建筑墓穴4461个，实现遗体火化100%、入墓骨灰安葬100%、规划区域内集中治丧100%。

卫生：2016年辖区有公立医院2家，村级卫生室15个。

10月，瓮水街道卫生计生服务中心更名为瓮水街道社区卫生服务中心，由五圣宫搬迁到盆水井新办公大楼办公。新建的社区卫生服务中心投资950万元，建设面积4750平方米。中心有医务人员29人，其中执业医师4人、执业助理医师15人，本科以上学历5人、大专19人、中专5人，全科医师2人。设置综合门诊、妇科门诊、西药房、中药房、放射科、治疗室、化验室、妇科检查室、数字化预防接种门诊（投资40万元）。有床位30张，有数字化X线摄影机（DR）（投资63万元）、彩色多普勒B超机（投资20万元）、全自动生化分析仪（投资10万元）、电子阴道镜（投资2万元）等大型设备。街道解决50多万元用于医院购置办公桌椅、空调等；投资35万元安装变压器配电工程，投资6万元安装自来水电磁流量计通水工程，投资30多万元对新办公用房地面进行绿化、硬化及相关科室改造，投资20多万元在全县率先打造数字化预防接种门诊；县卫计局支持1台价值30多万元的项目彩超，瓮水街道社区卫生服务中心全年业务总收入248.75万元，医疗门诊人次达到19891人（次）。

辖区内重性精神疾病患者106人，在管重性精神患者85人；登记管理高血压病患者2817人、Ⅱ型糖尿病患者1162人；卡介苗接种率95.5%、脊灰疫苗接种率92.8%、百白破疫苗接种率89.9%、麻风疫苗接种率85.1%、乙肝疫苗接种率93.4%；乙脑疫苗接种率为75.6%、麻腮风疫苗接种率86.0%、A群流脑接种率93.3%、流脑A+C接种率92.4%、甲肝疫苗接种率95.7%；管理结核病患者32人，管理率100%。

社保：完成城镇新增就业1050人，申请创业贷款250万元；完成城乡劳动者技能培训492人次；农村富余劳动力转移就业811人；办理被征地农民参保334人，受理被征地农民参保申请400人；城乡居民养老保险参保参保9510人，基金征缴133万元；新型农村合作医疗保险20709人参保，收缴农村合作医疗保险金186.38万元；办理失业登记112人，20人领取失业保险金；组织企业参加大型招聘会8场，658人次参加劳动就业招聘会。

教育：辖区共有学校9所，包含3所小学（瓮安一小、瓮安二小、瓮安实验学校），1所初中（瓮安第四中学），2所九年一贯制学校（瓮安第五中学和瓮安第九中学），2所公立幼儿园（瓮安第三幼儿园、瓮安第四幼儿园）；1所特殊教育学校，私立幼儿园19所。有教师925人，在校学生19794人。学前一年教育普及率为100%，小学适龄儿童入学率100%，小学辍学率0%，6—14周岁残疾儿童少年入学率100%，小学升学率为100%，九年义务教育完成99.2%，初中辍学率0.8%，初中生毕业率100%，初中专任教师和小学专任教师合格率100%。3月30日，教育部国培计划小学数学指导专家赵升龙到实验学校开展“送培到县”讲学，全县中小学校长、教导主任、集体备课工作坊坊主共120余人参加此次培训。

【宣传思想】 开展集中学习15次，中心组集中学习10次，开展专题讨论6次，撰写调研文章5篇。协助县记者落实人物专访6次，其他报道10次。报送各类信息、简报81篇，采用的各类信息20篇。开展道德讲堂《两学一做暨党的声音进万家、总书记话儿记心上》《宣传贯彻县委十一届六次全会精神》等专题讲座20余场次，报送信息简报（含调研报告）、督查专报、舆情信息、网评等共计151篇，被新华网、人民新闻通讯社等国家级网络期刊采用26篇，“迎元宵”猜灯谜活动、“七一”文艺活动、书画展览等活动各1场。完成瓮水街道党工委2015年执政纪要和街道年鉴的起草报送。完成党报党刊征订工作，建设8支文艺表演队，共组织开展30次活动。建立离退休干部台账，落实政治生活待遇。召开老干部座谈会3次，走访慰问离退休老干部2次，组织动员离退休干部参与“七老联调室”工作，调解矛盾纠纷。关心下一代工作开展未成年人思想道德、法制宣传教育2次；走访慰问留守儿童160人（次）。

【群团工作】 团委：3月30日，辖区内1000余名小学生前往瓮安县塔坡革命烈士陵园开展“缅怀革命烈士·传承红色文化”为主题的祭扫瞻仰活动。9月25—29日瓮水团工委组织15名志愿者在全民健身运动中心游泳馆为参加2016年贵州省残疾人游泳锦标赛的运动员开展志愿服务。10月8日，团工委开展“中秋节、重阳节期间走访慰问活动”对辖区内的10名困难老人、40名留守儿童进行走访慰问，给每名受访老人和留守儿童送去关爱金200元，共计10000元。

妇联：利用已建的8个“妇女之家”，2个“儿童之家”，2个“妇女儿童基层维权岗”开展工作；全年开展农村妇女实用技术培训110人（次），培训妇联干部8人次。组织妇女参加县“3·8”妇女节座谈会和开展“3·8”节慰问活动，为4户贫困妇女家庭和留守儿童家庭送去大米240斤。完成创业妇女贷款220万元。

工会：2016年有企业工会96个，会员3403人。全年新建企业工会1个——贵州盾安风电有限公司工会委员会，发展会员31人。建立工会台账，开展实名制微机录入。组织干部职工参加文体活动3次。

【基层武装】 民兵组织整顿后，组建普通民兵。营长1人，营指导员1人，连长4人，连指导员4人，排长8人，班长24人，副班长24人。入队8人，出队6人。每两个社区组建一个普通民兵连，每个社区编制一个民兵排，三个班。街道组建民兵应急分队，担负辖区森林灭火、抢险救灾、应急处突等急、难、险重任务。

【基层组织建设】 党员发展执行“双推双评双票”制度，严格执行党员发展程序，2016年培养入党积极分子25名，发展预备党员22名，转正党员17名，党员材料均按要求进行归档；完成党费排查和收缴工作，全年共收缴党费15.14万元；完成27个党（总）支部1139名党员的排查工作，并与23名失联党员全部取得联系，组建非公企业党支部21个和2个社会党组织；全街道8个社区村级集体经济收入累计83.895万元，已全部脱离“空壳村”。征集“微心愿”116个，已圆梦42个，送去慰问金0.39万元；走访慰问群众158人次，为群众办实事139件；全年共走访慰问老党员、困难党员41名，发放慰问金3.1万元；走访困难留守儿童21名，发放慰问金0.42万元；走访贫困户1010人，为贫困户送去招工就业信息60余条；培训党务骨干28人次，送党章及讲话精神1000余份，送慰问物资折合2.79万元，送政策思路510个。

【亮点观摩】 辖区中心社区在盆水井黎家湾新建办公大楼（平安养老中心）2900平方米，并于6月从原梅子树搬迁新办公大楼办公。新办公楼含社区群众工作服务站社区网格化管理中心、社区文化活动中心、社区平安养老中心、社区留守儿童关爱中心等“一站四中心”。社区围绕“忠孝传家，行善立德”主题，开展阳光奶奶和爱心妈妈关爱留守（困境）儿童、雷锋车队免费接送老人等志愿者服务基层组织系列文明活动8次，服务老人、儿童150余人次，500余名社区群众积极参与。11月1日，县委、县政府组织开展第二轮全县“看、听、查、评”亮点观摩会议，州委常委、县委书记张文强带领全县各部门、单位及各乡镇（街道）主要负责人到中心社区指导工作，在此次“看、听、查、评”会议中，瓮水街道获得全县第一名。

（陶代强）

银盏镇

【概况】 银盏镇东与猴场镇、永和镇接壤，南至福泉市道坪镇、县内平定营镇、雍阳街道、永和镇，西与天文镇、玉山镇、中坪镇、建中镇相连，北抵余庆县构皮滩镇。行政区域面积197.5平方千米，耕地面积37748.33亩。镇区域与县城中心城区相融合实现同城发展。2016年全镇下辖7个社区、3个村，共182个村民组，14252户57873人。银盏镇内设党政办公室（法制办公室）、经济发展办公室、卫生和计划生育办公室（流动人口管理办公室）、社会事务管理办公室、社会治安综合治理办公室（信访维稳办公室）、安全生产监督管理办公室、综合行政执法办公室（综合行政执法队）、财政所、国土资源和规划建设环保办公室。8个镇直属事业单位设置有农业综合服务中心（畜牧兽医站、农产品质量安全监管站、动物卫生监督分所）、水利站、林业站、政务服务中心（群众工作中心）、人力资源和社会保障服务中心（农民工综合服务所）、科技宣教文化信息服务中心（综合文化站）、敬老院（福利院）、卫生计生院。镇其他事业单位有司法所、派出所、信用社、水管所、公路管理所、供电所、乡镇统计站。贵州瓮安经济开发区管委会位于镇区域内。

领导班子：领导班子13名，其中书记1名、人大主席1名、镇长1名、专职副书记1名、纪委书记1名、组织部长1名、政法委书记1名、武装部长1名、宣传委员（统战委员、政协联络员）1名、副镇长4名。年末干部职工180人。

3月，镇人民政府在瓮安县高速公路“三年会战”工作中获先进集体称号，新场村村民谢先成获十佳乡土人才称号，新场村村民倪坤福、张泽云获优秀乡土人才称号；6月，银盏镇在“牢记党的宗旨·讴歌幸福黔南·建设五个瓮安”合唱大赛中获组织奖。

【工业经济】 完成工业总产值186.823亿元（规模以上153.946亿元）；工业增加值55.1219亿元；固定资产投资104.782亿元；招商引资签约260.2亿元，到位155.249亿元；财政税收3.8632亿元，完成任务的108.34%，其中国税1.5523亿元，占任务的121.27%，地税及工商各税2.3093亿元，占任务数的101.29%；新增就业3132人，农村居民人均可支配收入9800元。

【农业生产】 全年实现农业总产值27556万元，完成农业增加值15432万元；种植水稻1.8万亩，产量9000吨；种植玉米1.4万亩，产量4900吨；种植红苕1.2万亩，产量12000吨；种植马铃薯1.3万亩，产量10400吨；种植小麦0.05万亩，产量100吨；种植辣椒1.6万亩，产量12000吨；种植油菜0.6万亩，产量900吨；种植烤烟0.37万亩，收购烟叶8450担，产值1051.18万元，完成14492农户承包土地的确权工作。完成猪、牛、羊口蹄疫及高致病性禽流感等免疫工作，免疫密度均达应免数的100%；完成出栏生猪6.54万头、肉牛0.211万头、肉羊0.24万头、禽类43.1万羽、水产养殖0.23万亩；完成森林防火隔离带124800平方米，人工造林30亩；完成塘坎上水库前期征地和实物指标丈量工作；完成总投资265万元的新华至大寨坪百里大沟、印山村三个提灌站、新场村沟渠5个小农水项目建设。

【镇村建设】 建成园区主干道、迎宾大道、C5路、C6路、C7路等道路，基本形成“三纵五横”道路骨架网；争取项目资金289.45万元，完成印山村、新场村通组公路硬化23.443千米，总面积61091平方米，惠及1372人；建成500套生态移民房（农民市民化项目），完成286户生态移民户搬迁；建成30余万平方米的专业市场及50余万平方米的高档酒店及住宅区；投入500万元实施河道治理、房屋改造及道路硬化，建设印山村新农村；对全镇范围进行环境整治，成功创建国家级卫生乡镇；完成飞练社区服务中心、大寨坪社区服务中心的建设工作以及鱼河社区服务中心大楼的装修工程。

【卫生工作】 开展健康教育讲座12次，健康咨询5次，影音播放每天不低于4小时；建立居民健康纸质档案54545份，建档率达96.6%；集中开展疫苗接种12次，儿童疫苗接种率达100%；开展了食品安全大检查2次，镇域内未发生重大食品安全事故。

【人口计生】 全镇管理人口57873人，其中期末育龄妇女14983人，已婚育龄妇女11079人，期末已采取综合避孕节育措施9083人，综合节育率为81.98%；全年出生人口共计713人，其中常住人口692人，常住人口出生率为12.65‰，人口自然增长率为5.92‰，符合政策生育率为91.58%，死亡率为6.73‰，出生人口性别比为105.95。发放利益导向金额109.229元。

【民政工作】 发放城市低保保障金、农村低保保障金、救灾救济金和五保供养金共415.68万元，惠及1760户、2843人，粮食10.245万斤，棉衣108件，棉被100床；办理婚姻登记532对，离婚登记150对；投入资金231.5万元，建成10个农村公益性公墓，完成木老坪、鱼河2个酒席集中操办点建设。

【人社工作】 新型农村养老保险已缴费人数为13932人，收缴基金1393200元；失地养老保险办理5963人，领取待遇2546人；48170人参加新型农村合作医疗，参合率96.18%；举办培训班3期，培训学员420人，推荐120名被征地农民到周边企业就业，完成劳务输出1500人，引导返乡青年创业6户。

【教育文化】 开展义务书写春联进村寨活动3场次、“庆元宵灯谜竞猜”活动1场、“瓮水长歌乡村行”活动6次、“迎春书画展”1场、书画及摄影作品展3场；投入资金1亿余元，完成渡江小学、瓮安思源实验中学和县第二幼儿园的修建及部分农村学校的基础配套设施建设；全镇初中及以下适龄入学率达100%，中考700分以上2人，600分以上41人，190人考入瓮安县一中、二中；木老坪中学获职中招生先进集体二等奖，受县政府表彰；期末素质测试中木老坪中学初中部荣获抽评科目一等奖，玉华中学小学部荣获抽评科目一等奖。

1月27日，县书法协会会员到新场村开展义务书写春联活动

1月27日，银盏镇邀请县书法协会会员到新场村开展义务书写春联活动，现场为群众书写春联1500余幅。

【社会治安】 排查各类矛盾纠纷629件，达成书面协议506件，达成口头协议123件，成功调处617件，调处成功率达98%；立刑事案件62起，破案13起，销案8起，受理办结行政案件50起，刑拘10人，报捕7人，行政拘留25人；开展禁赌集中行动4次，查处涉赌案件1起，行政处罚17人，刑事拘留5人。规范各村（社区）综治工作站（室）及玉华、鱼河、木老坪3个片区群众工作站，形成全方位、广覆盖、立体式的群众工作体系，共为群众办理实事413件。

【安全生产】 全面推行消防安全重点单位“户籍化”管理，共检查单位、场所102家（次），督促整改火灾隐患和违法行为10处，下发“责令改正通知书”30份；开展以“打非治违”为重点的安全生产专项执法检查，共排查企业610次，发出“整改指令”594份，查出各类安全隐患3106处，整改3075处，整改率为99%。

6月15日，州人民政府防汛抗旱指挥部在瓮安天邦水库举行防洪抢险应急演练，演练由县防汛抗旱指挥部承办。州防汛办副主任冉中环，县人武部政委阮顺坤，县政府副县长姚明凤及银盏镇相关人员现场观摩。

6月15日，州防汛抗旱指挥部在瓮安天邦水库举行防洪抢险应急演练

【脱贫攻坚】 镇、村（社区）均组建机构，落实精准扶贫办公室、作战室、档案室等阵地建设，镇成立扶贫工作站，安排专职扶贫工作人员8名专抓扶贫工作，对全镇4个贫困村，1631户精准贫困户、5217人贫困人口，明确4名副县级领导和275名镇、村干部进行包保帮扶，投入资金43.39万元用于精准扶贫户的识别、宣传、培训、购置办公设备、“一户一档”资料和解决贫困户生产生活困难等；建立健全相关制度，在道路交通、水利基础设施、教育教学、环境保护等方面增加投入，协调多种资源形成合力进行“N+1”结户、对村帮扶，增加群众脱贫途径和缩短脱贫时间。通过企业解决贫困人口就业926人，投入各类产业扶贫资金384.5万元，120户376人贫困人口直接受益。投入发展资金1200万元，实施村庄整治等项目，230户800余名贫困人口直接受益。办理贫困户特惠贷861户4016.8万元。投入资金130万元实施入股保本分红项目，壮大村集体经济，使4个贫困村集体经济年收入达24.5万元。2016年脱贫806户、2917人。

7月27日，县2016年第一轮项目“看、听、查、评”会观摩团在银盏镇印山村观摩

【党建和党风廉政】 先后3次邀请县内外专家到银盏镇做专题培训讲座，传达学习党的十八届四中、五中、六中全会精神；胜利召开中共银盏镇第十五届代表大会，顺利完成银盏镇、村（社区）党组织换届工作；召开第十六届人民代表大会，选举产生新一届人大、政府领导班子；开展党员志愿者服务11次，发放各类宣传资料5000余份，收集到微心愿853个，圆梦809个；开展“双进双促构和谐”活动协调解决困难问题22件，化解企群矛盾纠纷23件，协调解决3000余万元融资担保贷款，解决用人需求300余人次，兑现返乡农民工创业园奖励及政策扶持资金100万元；开展党员摸底排查3次，发展党员23名、预备党员转正15名；查处不作为、乱作为等损害群众利益问题4个，涉及党员干部7人；查处党员干部违规建房3人，并分别给予撤销行政职务、开除党籍、严重

警告、警告等处分。

7月27日，瓮安县2016年第一轮项目“看、听、查、评”会项目观摩团走进银盏镇印山村，以“看、听、查、评”的方式对印山村“六个一”精品项目建设情况进行现场观摩。州委常委、县委书记张文强，县委副书记、县长黄桂林等州县领导参加观摩。

（刘三喜）

猴场镇

【概况】 猴场镇东与余庆县龙溪镇和黄平县纸房乡相邻，南与永和镇相依，西与银盏镇相连，北与余庆县构皮滩镇毗邻，国土面积227平方千米，耕地面积61025亩。全镇辖12村（社区）221村民组、15557户、83619人。2016年，党政内设机构9个：党政办公室（法制办公室）、经济发展办公室、社会事务管理办公室、社会治安综合治理办公室（信访维稳办公室）、安全生产监督管理办公室、卫生和计划生育办公室（流动人口管理办公室）、综合行政执法办公室（综合行政执法队）、国土资源和规划建设环保办公室、财政所；管理事业机构设置9个（均为正股级）：农业综合服务中心（畜牧兽医站、农产品质量安全监管站、动物卫生监督分所）、人力资源和社会保障服务中心（农民工综合服务所）、科技宣教文化信息服务中心（综合文化）、水利站、扶贫站、林业站、政务服务中心（群众工作中心）、敬老院（福利院）。将人口和计划生育技术服务站与乡镇中心卫生院整合，建立卫生计生院。

2016年人员编制243名，其中行政编制60名、工勤编制4名、事业编制179名。年末，岗位人员185人，其中行政在编人员52人、机关工勤编制人员1人、事业在编人员130人，事业工勤编制人员2人。领导班子：书记、镇长、人大主席、专职副书记、政法委书记、纪委书记、组织部长、武装部、宣传委员（统战委员、政协联络员）各1名，副镇长6名。

猴场镇获2015年茶产业目标任务考核三等奖、瓮安县驻村工作先进集体、瓮安县高速公路建设“三年会战”先进集体、瓮安县2015年度城镇建设工作先进集体三等奖、猴下司社区荣获全省同步小康示范村（社区），县督查考核局督查通报13期对猴场镇通报表扬、大金星村党总支部和下司社区党总支部获全县先进基层党组织；下司社区荣获瓮安县廉政文化“六进六增”示范点。

【经济工作】 2016年全年共完成财政收入7825万元，占年初预算的108.99%，其中国税部门完成653万元，占年初预算110万元的593.19%；地税部门完成7087万元，占年初预算7000万元的101.24%；财政部门完成86万元，占年初预算70万元的122.49%；完成固定资产投资13.6亿元，占年初预算13.5亿元的100.7%；规模以下工业企业总产值20100万元，GDP19.6亿元，城镇、农村居民人均可支配收入分别达到26069元、10730元。

【小城镇建设】 “十二塘”项目建设规划设计工作，完成《瓮安县草塘千年古邑（十二塘）旅游区旅游发展总体规划》；长征文化园规划设计景观和建筑部分已出施工图，已完成雕塑、碑林方案。龙见塘规划设计方案达到扩初深度。盛唐樱园古建筑规划设计进入施工图设计阶段，景观部分达到扩初深度。唐家冲、荷坊庄园唐风名宿安置区规划设计进入深化阶段。完成木瓜河安置房（二期）规划设计方案。启动古草塘规划设计。项目建设：龙见塘（含樱花山）项目完成总工程量的80%，完成环湖路4.1千米的水稳铺设、道牙安装及沥青路面铺设；完成荷花种植22万平方米、樱花种植3万余株；完成4.5米宽、12千米长的景观路沥青路面，完成宽2米、8千米长的人行步道。天心塘生态修复工程完成总工程量的85%。瀑布景观项目完成总工程量的85%，包括

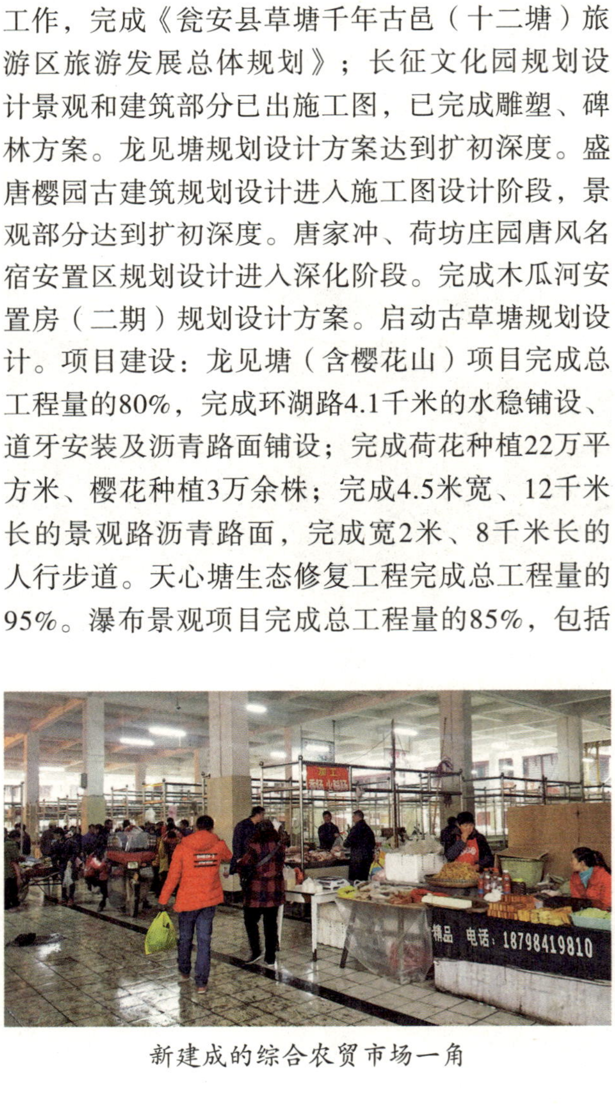

新建成的综合农贸市场一角

山体硬化、蓄水池建设、给水系统、凉亭及亮化工程。九连沟道路项目（含桃花山）完成总工程量85%。

完善“8+X”项目建设和公共设施建设。5.39平方千米的城镇总体规划已完全审核通过并实施，启动并初步完成草塘古邑区AAAAA级景区提升规划稿；完成镇区8千米街道油路改造，老街3千米石板铺设，1100栋3.4万平方米老街房屋立面改造；启动老街管网改造及规划区内电力线路迁改；3月完成综合农贸市场修建并投用。

基础设施建设。完成梨子坪1.5千米道路和连二坳至石灰窑2.8千米及3.9千米久铜环西线的道路建设，启动猴场至高粱坪10千米道路改扩建工程和猴场至小河山19千米道路建设工程。完善176套公租房、廉租房基础设施建设并实现搬迁入住。完成集中治丧点、集中治喜点建设。完成草塘河道清淤治理工程及景观绿化，编制完成下司社区、马场坪村村庄规划。

荷花景区一角

【文化旅游】 完成草塘大戏楼、旗山书院、黔山进士楼、草塘安抚司等古建筑群的改造提升工程，完成维笙草塘度假村、草塘安抚司土司文化布展、兴隆湖入口道路（梨子坪道路）、久铜环西线主线及老街及景区环线公路延伸线立面改造等项目的建设。种植荷花330亩；启动建设盛唐樱园，栽种樱花3.9万株；启动建设桃源谷，种植桃花1.4万株。2016年草塘千年古邑景区共接待150.57万人次，同比增长59.79%，实现旅游收入13.21亿元，同比增长73.13%。景区成功承接中国作家协会重走长征路（第一方面军）主题采风活动，贵州广播电视台《这里是贵州》节目拍摄、中央电视台大型文献纪录片《永远的长征》节目拍摄，成功承办2016年“中国贵州都匀毛尖（国际）茶人会”猴场分会场。

【农业生产】 猴场镇循环农业产业示范园区发展苹果桃1万余亩，猕猴桃5000亩，辣椒基地1.5万

马场坪烤烟、辣椒育苗基地

亩，中药材1.2万亩，规模生猪养殖场8个，养殖小区2个。全年种植水稻3万亩、玉米2.2万亩、无公害蔬菜4.36万亩，年末存栏生猪11.22万头，大牲畜1.26万头，羊0.78万只，禽66.2万羽；全年出栏生猪13.2万头，大牲畜0.54万头，羊0.57万只，禽88万羽；全年禽蛋总产量660吨，水产品总产量30吨，肉类总产量13594吨。办理农机具补贴173台（件），补助资金19.75万元，生猪良种补贴项目兑现补助资金6.4万元；无害化处理病死猪补助资金17.52万元。

建成省州级农业园区1个——三佰佬农业产业园，同时被评为全州“十佳休闲农业园区”，启动中以金正大现代农业示范园建设，完成200亩国家级水肥一体化示范基地建设项目征地工作，完成土地确权摸底调查工作。申报州级家庭农场12个，新增专业合作社11个。

【新农村建设】 完成梨子坪1.5千米道路和连二坳至石灰窑2.8千米及3.9千米久铜环西线的道路建设，启动猴场至高粱坪10千米道路改扩建工程和猴场至小河山19千米道路建设工程。完善176套公租房、廉租房基础设施建设并实现搬迁入住。完成集中治丧点、集中治喜点建设。完成草塘河道

改造后的久铜公路环西线

清淤治理工程及景观绿化。编制完成下司社区、马场坪村村庄规划。争取资金648万元，实施人饮工程25处，解决12365人饮水难题；治理下司、三佰佬等病险水库5座，修复山塘4座，河道治理2.53千米，沟渠治理6条18千米。

【精准扶贫】 脱贫攻坚中不断完善工作机制，因地制宜大力发展山地农业、山地旅游业，巧用干部帮扶、金融扶持、易地搬迁、产业带动等帮扶措施推进脱贫攻坚工作。办理“特惠贷”745户，发放贷款3648.94万元。对建档立卡户贷款发展农业、旅游等产业的进行贴息补助，共申请贷款70户，贴息资金0.76万元。实施易地扶贫搬迁314户1386人，其中贫困人口1214人。发放4570亩公益林补偿金19.43万元，涉及345户1035人，招聘贫困户护林员37名、天保员1名，解决贫困家庭就业。年内实现680户2777人脱贫，五个贫困村全部出列，贫困发生率（含民政兜底）都降至2.9%，5个贫困村集体经济超过5万元。

【科技推广】 全年组织高级农艺师和镇农技干部有针对性地进村培训14场，培训农民1400多人次，其中茶叶种植技术培训65人次，发放技术资料明白纸2000余份。争取国家专项补贴资金19.75万元，补贴机具涵盖旋耕机、农用拖拉机等农用动力机械。补贴农机具173，全镇6万多亩耕地中，机械耕地达5.5万余亩，机械脱水稻1.01万亩。

【林业林改】 完成2016年度退耕还林工程的镇级验收，及时兑现群众补助，兑现2015年度退耕还林苗木及种植费用45.22万元，涉及1507.3亩；兑现地方公益林补助资金30.63万元，涉及27536.4亩；兑现国家重点公益林补助资金19.44万元，涉及面积13177.6亩。对辖区内2015年林木采伐情况进行全面检查验收，依照《森林法》对其中5起滥伐林木案件进行查处，处罚滥砍滥伐案件及人员10次。完成森林资源二类清查的外业调查任务。发防火宣传资料1000余份，送达各村居横幅50条；在重要十字路口、林区林道、入山出口悬挂横幅30余条，聘用生态护林员37人，组建镇级应急扑火队共30人，村级应急扑火队150人。

【教育】 全镇共16所学校，其中完中1所、完小7所、小学教学点2所，幼儿园6所，闲置小学3所（那乡小学、金岱小学、新河小学）。教职工367人（行政人员13人、专任教师295人、编内工勤14人、编外工勤45人），其中疾病教师2人、留职办产业2人，公办教师学历达标率100%，无学科教师缺岗情况。在校生共计4768名学生，其中初中生1339人，小学生及学前学生3429人。其中，留守儿童569人，寄宿生3418人。全镇小学学生辍学率为0，硬化瓮安六小6000平方米场地。瓮安县草塘中学、希望中学、松坪中学、小河山学校、瓮安六小共安装101套班班通设备。中考中700分以上2人，300人达到高中录取线，剩余部分大多数进入职中学习，少数进入黔南幼儿师范专科学校、黔南卫校等技术学校就读。

【医疗卫生】 有猴场、松坪、小河山3个卫生院和41个村级卫生室。猴场镇中心卫生院，在职39人，编制床位70张，开放病床60张，设有彩色B超和DR照片机、五分类血液分析仪、全自动生化分析仪、救护车等先进设备，成功创建了“群众满意的卫生院”，投入15万元建成中医馆，全年业务收入410万元（医疗收入76元，药品收入293万元，其他收入41万元），门诊54000人（次），住院病人176人（次），大小手术143例，一次性医疗器械销毁100%。开展计划免疫48次，建卡率100%，卡、证吻合率99%，七苗接种率98%，白百破复种率达99%，乙肝接种率99%，乙肝首针接种率95%。年度内全镇传染病发病2人，体检0—6岁儿童2353人，卫生巡查13次。村卫生室人员办证、验证率95%。发放健康教育资料2万余份，宣传专栏132次，加强艾滋病、麻风病和结核病的宣传培训。

【计划生育】 年度内出生人口865人，死亡435人，政策外出生85人（政策外多孩50人），政策生育符合率90.7%，人口出生率12.1‰，自然增长率为6.02‰，男孩出生460人，女孩出生405，出生婴儿性别比113，比目标值107高于6个点。流动人口出生3人，政策生育符合率100%。期内落实长效避孕节育措施共515例，其中结扎64例，上环451例，落实补救措施10例。手术及时率96.6%，落实率100%。

累计发放利益导向资金130万元涉及人数5488人。其中节育奖1568人，少生快富8人，奖励扶助130人，特别扶助12人，补助基础养老金156人，补助新农保198人，助学奖75人，保健费206人，合医3122人，一次奖励13人，对农村独生子女户、二女结扎户搬迁到镇安置房的优先解决3户。

【民政救助】 2016年对农村低保对象进行民主评议，共1084户2118人纳入保障范围，每月发放农村低保金439593元；对城镇低保对象进行民主评议，共374户683人纳入保障，每月发放保障金260459元；每月发放五保养金143人、30200元。救助冬春生活困难群众51人，发放救助金额21500元；救助受灾及生活困难群众33人，发放救助金额45908元；对生活困难群众进行临时救助，共救助111人，发放救助金额127960元，全年发放救济粮食62吨，救济棉被60床。

【综治工作】 排查矛盾纠纷3810件（家庭婚姻纠纷986件、征地拆迁659件、征地补偿538件、劳资纠纷138件、住房建设纠纷39件、水事纠纷15件、项目建设纠纷3件、非正常死亡事故纠纷13件、伤亡赔偿11件、工伤赔偿25件、医疗赔偿纠纷3件、宅基地纠纷10件、土地纠纷285件、山林纠纷148件、矿山纠纷5件、经济纠纷21件、其他纠纷911件），调处3810件（上诉法院18件；纠纷转出5件；放弃申诉调解3件），调处成功3782件，调解率100%，调解成功率99.26%。

接待来信来访群众43586人次（咨询问题288个、36349人，办理信访事项3290个、7022人），答复办理43586人，答复率100%，办结率98.63%。全年开展各种宣传活动62场次，发放各类宣传资料共40000余份，宣传手册1000余册，悬挂张贴标语300余条，其中永久性标语161条，制作展板10块、45平方米，各村（社区）、各单位都设置宣传专栏，有法制宣传阵地34个、153平方米，在家受教育人数达90%以上。

【安全生产】 以火炮厂、沙厂等企业安全生产监管为重点，组织安监、供电、工商、消防、学校等有关单位、部门不定期开展安全生产专项整治活动100余次，先后12次对全镇所有企业、学校安全生产情况进行拉网式检查、复查，查处非煤矿山企业2家，查扣存在安全隐患车36辆，整改安全隐患122处（次）。对企业负责人、岗位技术人员、烟花爆竹经营业户进行安全生产培训162人次，对全镇12个村居、社区民间建筑施工队伍进行摸底调查和登记工作。

【民政民生】 医疗救助。根据瓮民发〔2015〕67号文件精神，对符合条件的106名群众实施医疗救助449406元。完成1规范性公墓和10个村标志性公墓建设，发放宣传资料7万余份、宣传册242余册，利用赶场天设点发放宣传单、宣传画7000余份，在12个村（社区）及镇区范围置挂固定横幅28幅，张贴通告260份。建立60周岁至90周岁老人台账及重病患者台账。对全镇433人死亡人口进行登记上报，死亡人口均在规定时限内安葬于公益性公墓内。

婚姻登记工作实行“四规范”（规范登记的条件和程序，规范登记收费，规范登记照片，规范登记档案），全镇共办理结婚登记649对、补领358对、离婚登记211对，合格率达100%。

【党建和党风廉政建设】 全镇共有基层党组织33个，其中总支部10个、支部22个，有党员1323名。发展党员21名，3名党员荣获县级“优秀共产党员”称号，3个基层党组织荣获县“先进基层党组织”称号，1名支部书记荣获“全省文朝荣式的好支书”。猴场镇荣获全县“驻村工作先进集体”，并在2016年度党建目标考核中位列全县第三名。全年消除“空壳村”5个，下司社区实现村集体收入10万元。培育70余名创业致富模范党员，带动贫困群众500多人种植或在产业基地就业。

全年立案查处党员干部违纪案件10件，共查办违纪党员8人，违纪干部1人，约谈干部30人次，其中1名副科级干部已立案调查。组织镇党委中心组集中学习暨“两学一做”学习教育专题研讨会4次。开展“党的声音进万家、总书记话儿记心上”主题宣讲14场（次）。11名科级党员领导干部到联系村（社区）上专题党课29场次。在党组织关系集中排查中走访排查党员1260名，无口袋党员及失联党员。在党费收缴集中排查中清理排查档案890份，清理党费28.92万元。在人大代表资格集中排查中排查人大代表82名。实现非公企业党组织覆盖率达100%，社会组织党组织覆盖率达100%。全年落实党建经费20余万元。首次在全县范围内公开面向全县招聘村（社区）文书、人口主任12名，其中本科学历5名，大专学历3名，并举办新任村（社区）支书、主任培训班2次。

（谢祥进）

平定营镇

【概况】 平定营镇位于瓮安县南面，距县城8千米，北靠瓮水街道、东抵岚关乡、南靠福泉市牛场镇、西抵福泉市道坪镇，全镇总面积80平方千米。辖平定营社区、细沙村、三合村、梭罗村、营定街村，共124个村民组7987户34999人。平均海拔高度1270米，年均气温14.2℃左右，无霜期260天，森林覆盖率42%。耕地面积21445亩。

镇党政内设机构9个：党政办公室（法制办公室）、经济发展办公室、社会事务管理办公室、社会治安综合治理办公室（信访维稳办公室）、安全生产监督办公室、卫生和计划生育办公室（流动人口管理办公室）、综合行政执法办公室（综合行政执法队）、国土资源和规划建设环保办公室、财政所。政府管理的事业机构8个均为正股级，分别为农业综合服务中心（畜牧兽医站、农产品质量安全监管站、动物卫生监督分所）、人力资源和社会保障服务中心（农民工综合服务所）、科技宣教文化信息服务中心（综合文化站）、卫生计生院、水利站、林业站、政务服务中心（群众工作中心）、敬老院（福利院）。

领导班子：党委书记、镇长、人大主席、党委副书记（政法委书记）、纪委书记、组织部长、宣传委员（统战委员会、政协联络员）、武装部长各1名，副镇长4名。干部职工94人。

全年完成财政税收1894万元，占目标任务数1780万元的106.39%。完成固定资产投资4.1亿元，占目标任务4亿元的102.5%；完成招商引资2.8亿元，占目标任务2亿元的140%；全镇农村居民人均可支配收入为8792元，同比2015年增长8.7%。

【城镇建设】 完成营定街村大水井组通组公路工程建设，“一事一议”工程建设8.597千米，投入资金134.999万元；完成三合塔边桥至梭罗一线河道治理工程，治理全长3.5千米，投入资金2255.6万元；投入资金37.5万元完成危房改造任务18户；投入150余万元完成三合两个山塘、郭家塘山塘、瞎猫冲山塘修缮，芦花泵站修建；投入30余万元完成镇文化舞台（扩建为长16米、宽12米、高1米、占地面积192平方米）和三合村芦花广场舞台工程项目建设（舞台建设长10米、宽5米、高0.8米、占地面积50平方米）；投入80余万元新建梭罗村村级活动场所，占地面积208平方米，其中广场占地58平方米，活动房屋占地149.33平方米。

3月15日，瓮马铁路开工建设动员大会在平定营召开。瓮马铁路指挥部各内设机构负责人、平定营镇瓮马铁路建设工作领导小组成员、全体村干部及村民组长参加会议。铁路建设指挥部办公室副主任刘松介绍了瓮安铁路建设情况和年度计

3月15日，镇召开瓮马铁路开工建设动员大会

划:瓮马铁路全长64千米，其中瓮安段24千米，平定营段11千米，总投资金额为52.4亿元。

【美丽乡村建设】 全面建设新农村示范点——美丽乡村新农村建设示范点、投入资金1860.485万元（项目占地约110亩，规划住房60户），完成“一水三湾”芦花景区和古塔景区建设，占地约140余亩，投入资金约1800万。农村清洁工程配备保洁员10名，配备垃圾清运车1辆、垃圾箱14个。

【精准扶贫】 全年发放贫困户产业奖补资金680万元；落实“特惠贷”2194.8万元，覆盖423户1869人。年内实现410户、1629人脱贫。“雨露计划”技术培训，惠及864户精准扶贫户，发放资金8.64万元。“四送一助”活动，惠及864户精准扶贫户，发放资金25.92元。梭罗村发放村级集体经济入股分红100元/户，惠及精准扶贫户118户362人。三合村发放村级集体经济入股分红106元/户，惠及精准扶贫户188户662人。

8月4日，平定营镇在细沙村开展精准扶贫捐赠活动

【农业农村工作】 全镇水稻插秧1.1万亩产量5225吨、玉米育苗移栽1.2万亩产量4125吨、蔬菜种植2.6万亩产量39000吨；种植美国加州大红桃1000亩，种植珍贵苗木1000亩；注射猪瘟7.2万头，注射猪口蹄疫7.2万头，注射牛羊口蹄疫1.2万头（只），注射家禽高致病性禽流感62.3万羽；年末猪存栏2.184万头、牛0.52万头、羊0.356万头、家禽22.016万羽，出栏猪2.11万头、牛0.115万头、羊0.165万头、家禽25万羽，产肉总量2814吨。新建茶园2000亩，投入11.06万元建成优质蔬菜育苗单体大棚（8米×30米）2640平方米和梭罗村精品水果种植大棚11个。完成农业普查5个普查区，74个普查小区前期普查工作。全面完成全镇98个小组的土地确权外调工作。

【民生事业】 发放各类涉农资金377.4142万元，100户零星棚户区综合整治项目已基本完成。26623人参加新型农村合作医疗保险参合率98%。7826人参加新型农村养老保险参，全年向2917人发放养老金、245.028万元。2016年共计死亡人口133人，全部按照规定火化并安葬公墓。三合村设立三合村村级文化活动室1个，细沙村更换篮球活动设施1套。新型农村合作医疗报销1993.58万元。向部队输送兵员7人。

2月10日，镇举办2016春节文艺活动

【人口和计划生育】 计生年度内出生315人，人口出生率11.87‰，自然增长率5.92‰，政策生育率89.78%，性别比113.91；手术落实207例，优生完成89对。建立和完善居民健康档案，家庭档案5624份，个人档案27167份。

【安全生产】 严格落实安全生产“一岗双责”责任制。以交通、非煤山矿山、建筑、危险化学品、民爆和烟花爆竹、森林等行业的安全监管为突破口，开展地质灾害隐患点、农用三轮车人货混搭以及食品安全等专项排查整治20次，下达100份责令整改通知书，全年未发生安全生产事故。

【社会治安】 排查出矛盾纠纷197件，其中一般矛盾纠纷185件，成功调解185件，调解率为100%；疑难纠纷15件，成功调解15件，调解率为

100%；重大矛盾纠纷1件，已成功调解。信访纠纷9件，成功调解9件，调解率为100%。全年未发生赴京、上省、到州上访事件和群体性事件。

【基层组织建设】 “两学一做”学习教育中组织党员干部参加政治学习、理论学习和技能培训500人次，集中外出培训学习2次50人，所有党组织都落实了“三会一课”制度。派出镇干部到三合村和营定街村担任村党组织书记，对细沙村和梭罗村2个软弱涣散基层党组织进行整顿，并对其办公场所进行修缮，顺利通过软弱涣散基层党组织验收工作。全镇共成立瓮安县周家塘苦荞专业合作社、瓮安县细沙淋烨农业合作社、瓮安县平定营镇梭罗蔬菜专业合作社、瓮安县三合生态农业合作社，成立平定营镇三合村精准扶贫劳务有限公司劳务公司，2015年已出列的5个“空壳村”村级集体经济均不同程度实现倍增。对全镇正常运行19家企业分别指派了党建工作指导员，实现党建工作全覆盖；采取联建方式新组建中共平定营镇生态旅游产业联合支部委员会；灯夹戏支部被县委组织部列入县级社会党组织示范点。镇机关支部发展党员3名，细沙村党总支部发展党员3名，平定营社区党总支部发展党员2名，营定街村党总支部发展党员1名。

8月22至23日，中国共产党平定营镇第八次代表大会顺利召开。本次大会是全县12个乡镇（街道）党代会召开的观摩示范点，大会选举产生中国共产党平定营镇新一届党委委员和纪委委员。

11月23日，平定营镇第八届人民代表大会第一次会议在镇政府大楼四楼会议室开幕。大会听取审议和通过了相关工作报告和决议。

12月19日，瓮安县大数据党建信息化管理平台现场观摩会在平定营镇政务服务中心举行

11月27日，平定营镇第十届村（居）委会换届选举工作圆满结束。换届选举采取公推直选、两推一选方式，共选举产生村民委员会4个、社区居民委员会1个，4个村、1个社区一次性选举成功。

12月19日，瓮安县大数据党建信息化管理平台现场观摩会在平定营镇政务服务中心举行，会议采取实地观摩、现场介绍、领导点评等方式展示平定营镇大数据、大党建、大扶贫工作的阶段性成果。县委常委、组织部长喻正斌出席现场会并作指导。县委办、县政府办、县委组织部等县直部门分管领导、各乡镇（街道）分管领导和部分村级党组织书记，共36人参加会议。

（黄魏巍）

永和镇

【概况】 永和镇位于瓮安县城东部，东临黔东南州黄平县浪洞镇，南及西南靠岚关乡、平定营镇，西接瓮安县城，北连猴场镇。镇域面积180平方千米，耕地面积36156.5亩（田18451亩），林地122658.1亩，荒山49362亩。辖9个村、122个村民组、110865户、41563人，人口自增率为5.6‰。镇政府驻地距县城12千米，有垛丁、白水河、洗马、老坟嘴4个集镇。境内有丰富的煤矿、磷、铁、硫、钼、镍、钒矿、重晶石矿、石油、地热资源等矿产资源。有擦耳岩、垛丁关、黄泥凼等红军战斗遗址。

镇内设机构党政办公室、社会事务办公室、经济发展办公室、卫生计生办公室，有财政所、派出所、司法所、法庭、信用社、卫生院、粮管所、供销社、邮电所、林业站、畜牧站、税务所、土管所、安监站、供电所、中小学、农业服务中心、文化服务中心等站（所）。领导班子：书记、镇长、人大主席、专职副书记、纪委书记、政法委书记、武装部长各1名，专职副镇长3名。年末干部职工136人。

全年实现工业总产值7.84亿元；农业总产值3.152亿元，比上年增长29.2%；实现财政税收7833万元，其中国税5809万元、地税2012万元、财政12

万元；农村居民人均可支配收入达9173元，比上年增长6.8%。实现招商引资到位资金3亿元。

【工业发展】 按照“镇园合一”的要求，依托“洗马煤田”资源优势，5月20日，组建县经济开发区拓展区—永和工业园区，重点打造煤及煤化工循环产业。园区内设党政办公室、产业发展局、招商引资局、规划建设局、综合协调局、财政局，并安排20人到园区兼职开展工作。引进源翼、弘达两家集团公司，对镇内10对矿井进行兼并重组，建成全州第一家机械化采矿矿井，实现年生产原煤71.8万吨，焦炭16.2万吨，产砂石15万立方米。

贵州成黔冶金辅料有限公司一角

【农业生产】 全年实现农业增加值1.761亿元，较上年增长21.1%。完成粮食总产量20100吨，其中夏粮产量5109吨、秋粮产量14991吨；油料作物产量800吨；肉类总产量3492.3吨，禽蛋产量130.1吨，水产品产量52.9吨。培训农民5000余人次，其中骨干培训11场次，培训技术骨干814人次。群众培训3987人次，现场及场天咨询15000余人次，发放实用技术资料7100余套份，出动宣传车96辆次。在家的5561户都学到1门以上实用技术。发放良种补贴229.56万元，发放退耕还林款514.94万元，发放综合直补253.57万元。

粮油作物种植面积6.45万亩，其中杂交水稻种植1.5万亩、杂交玉米1.8万亩、杂交油菜种植和育苗移栽0.4万亩、马铃薯1.55万亩、绿肥0.8万亩、牧草0.22万亩。水稻旱育稀植1.12万亩、玉米育苗移栽1.73万亩、测土施肥7.5万亩，秸秆还田3.2万亩，农作物病虫害综合防治3.5万亩；按时兑现农作物良种补贴，抓好稻水象甲疫情监测、应急防控和各类农作物的病虫害综合防治，其中水稻病虫综合防治12000亩、玉米病虫综合防治12000亩、蔬菜5000亩、油菜1000亩、马铃薯5000亩。

全年办各种示范点13个。其中，无公害蔬菜栽培示范点1个、300亩，辣椒高产栽培示范点1个、400亩，玉米粮增工程示范点1个、200亩，水稻粮增工程示范点1个、200亩，稻鱼共生示范点1个、200亩，病虫综合防治点6个、1500亩，泥鳅养殖示范点1个、100亩，七星鱼养殖示范点1个、80亩。

农业产业结构调整。完成新茶园建设1049亩、蔬菜种植26300亩。全镇水果种植累计5000亩，中药材种植3420亩（以太子参、丹参为主）。引进慈溪客商成立亿兆葡萄种植合作社，植葡萄1300亩。新增龙头企业1家——黔南云务茶业有限公司。在萍水村江安高速公路沿线创办500亩辣椒产业示范点。在红岩村引进伟业特种养殖公司投资200余万元发展泥鳅养殖100亩；在后坝村兰家坪引进发展种植紫薯100亩，艳山红建设存栏100头的养牛场1家。在洗马塘村杜家院、江家坡组种植生姜200亩。建成竹鼠养殖基地1个。在观溏村发展草莓、蔬菜种植100亩。在木孔村利用村弃耕地和林地养殖绿壳蛋鸡3000羽，带动群众发展林下养鸡10000羽。种植精品水果（桃、李）150亩。后坝村种植时鲜蔬菜500亩，发展辣椒种植1.6万亩，与冬秀嬢酸辣食品有限公司签订订单回收合同。在后坝村、垛丁村发展辣椒订单种植500亩。

年末生猪存栏2.83万头、出栏3.77万头，大牲畜存栏0.73万头、出栏0.18万头，山羊存栏4500

后坝村辣椒种植示范点

只、出栏5000只，禽存栏39.2万羽、出栏47万羽。注射猪瘟苗75538头次、猪五号病疫苗75538头次、猪蓝耳病苗75538头次、牛五号病疫苗11016头次、羊五号病疫苗8608只、鸡新城疫70万羽次、禽流感70万羽次、口服仔猪副伤寒疫苗4300头。发放巩固退耕还林项目补助太阳能214台，完成“三沼”综合利用2万亩。

【城镇化建设】 完成镇区新街3740平方米人行地砖铺设工程和1200平方米主体广场建设；完成广场绿化和1千米河道治理美化建设；完成2700平方米新街集贸市场、1400平方米农民健身休闲广场建设；将原1.5平方千米的镇区总规拓宽至3.067平方千米。投资24.3万元新建老坟嘴邮政分所，投入200万元对洗马塘集镇进行道路改造，投入60万元对老坟嘴集镇、垛丁集镇路灯工程进行改造；投入300万元对9个村办公点进行升级改造。完成城乡建设用地增减挂钩公共废弃地复垦300余亩，土地开发项目2000余亩，审批新增耕地900余亩。投入600余万元在老坟嘴社区建设2000平方米“四家农家·美丽乡村”旅游示范点，硬化通组串户路2443米，修建20米×4.5米桥梁一座，对61栋老旧房屋进行美化亮化。在白水河、洗马塘、老坟嘴、垛丁等4个集镇推行门前“三包”制度，全面落实“三线三边”环境专项整治。专职市场市容管理员10人，常年检查管理和维护市场环境秩序。年内完成木孔牛坡街上组“一事一议”财政奖补建设项目。

镇区新街一角

【脱贫攻坚】 安排专职扶贫工作人员6名主抓扶贫工作，精准识别贫困户1983户6801人，明确176名镇村干部专职包保贫困户，投入20万余开展精准扶贫工作的鉴别、资料归档等工作，建成作战室、档案室等。建立健全相关制度，在道路交通、水利基础设施、教育教学、环境保护等方面增加投入，整合部门、社会、土地、人力、村集体经济等资源，建立和完善镇内企业和本镇在外成功人士、剩余劳动力、留守儿童、留守妇女、孤寡病残等台账，结合贫困户实际情况，协调多种资源形成合力进行“N+1”结对户、对村帮扶。引资200万余启动红岩村挖龙坡组道路建设；引资20万元为10户群众盘活稻田资源，成立红岩七星鱼养殖专业合作社；实施“特惠贷”704户，贷款金额200万元；群众入股100万元发展养殖。全年实现1163户4411人脱贫。

【社会事业】 开展各类义务巡诊100余次，免费开展医疗检查8500余人。完成11个农村公益性公墓和酒席集中操办点建设并投入使用。累计发放各类救济资金1600.81万元，救济粮41.2万公斤；开展文化宣讲、演出10场次；累计完成农村富余劳动力转移就业5500人，新增就业3000人，完成技能培训859人；新农村合作医疗参合率97.95%，新农保净增参保率完成县下达任务的100.9%；41873人参保新型农村社会养老保险，参保率91.11%。全镇总出生455人，节育320人次，孕前健康检查80对，人口和计划生育被县委、县政府评为工作先进单位，获二等奖。全年累计为群众代办各类事项9600余次，接待群众2万人次。完成小额担保贷款620余万元。成功举办地质灾害应急演练，对12个地灾重点区进行排查，年内未发生重大安全事故。

【社会治安综合治理】 排查受理各类信访矛盾纠纷138件496人次。其中，公路建设占地损林纠纷50件，矿群矛盾纠纷25件，民事纠纷63件；化解矛盾纠纷123件，314人次，矛盾纠纷化解率为89%。处理拟到进京到省3次3人，均未形成越级访和非访。破获各类刑事治安案件605起；邪教组织滋事和“禁种铲毒”继续实现零目标。推进特殊人群帮教管理创新，建立健全对服刑在教员、刑满释放解教人员、社会闲散人员特别是青少年以及吸毒人员等高危人群的常态化帮教管控机制，开展强制隔离戒毒出所无缝对接工作，推动教育改造与安置帮教工作双延伸，全年共接回刑释人员12人。推进社会治安重点地区综合治理的创新，结合社会治安“整治行动”，完善基础设施、健全基层组织；全年排查矛盾纠纷共281起，调处270起，向群众发放法律法规维稳宣传单3000余份。组织全镇干部职工开展为期2个月的禁毒踏查活动，在中小学校开展禁毒宣传教育2次，法律知识进校园活动2次。在返乡农民工中开民禁毒宣传活动发放宣传资料2000余份，书写宣传标语7条。在“6·26”国际禁毒日联合派出所、司法所、国土所等多部门联合开展禁毒宣传活动。

【组织建设】 深入开展“两学一做”学习教育，强化廉政建设。年内新发展党员29名，24名预备党员转为正式党员。依托“道德讲堂”开展各类党风廉政教育和思想政治教育。开展“两带两增奔小康”“三亮一创”“党员在身边·圆梦微心愿”“双向组织生活会”“党员干部遍访村寨”“党员‘1+X’帮扶”等活动，完善包村、驻村、驻企、进组服务制度，建立党建助民增收示范点42个。投入300余万元对9个村办公环境进行改善，建成镇村群众工作中心（站、室）11个。在原老坟嘴乡政府所在地探索创建农村社区，形成“村社一体化”工作模式，组建老坟嘴社区党工委、社区居民监督委员会；在工业园区率先探索成立非公党建工作站。

（杨必新）

建中镇

【概况】 建中镇位于瓮安县西南部，北与开阳毛云、南与福泉道坪、东与银盏、西与中坪交界，距县城18千米，距省城贵阳56千米，镇政府驻地凤凰村。全镇国土面积232平方千米，辖7个村，164个村民组，10011户38789人，有苗、彝等少数民族3069人，占全镇总人数的7.9%，是全县少数民族人口最多的乡镇之一。贵瓮高速公路过境建中并设有互通，已于2016年12月底建成通车。

全年完成财政税收2667万元，占任务的145.74%；招商引资任务数3.6亿元，完成4亿元，占任务数的110.5%；固定资产投资5.75亿元，占任务数的287%；完成烤烟种植7400亩，占计划数的106%，实现总产值1903.77万元，创税收418.8万元；年末实现农村居民人均可支配收入8858元。

领导班子：书记1名，副书记2名，人大主席1名，纪委书记1名，组织委员1名，政法委书记1名，副镇长5名，武装部长1名，宣传委员（统战委员、政协联络员）1名。内设党政办（法制办）、社会事务办、综治办、经济发展办、安全办、卫计办、综合行政执法办、国土和规划建设环保办，有财政所。有人社中心、农业综合服务中心、文化服务中心、林业站、水利站、政务中心、敬老院（福利院）、卫计院8个事业站所。年末干部职工116人。每逢公历尾数为2日、7日（白沙每逢尾数为4日、9日）为赶集日。

【农业生产】 省级现代白茶农业产业园区得到进一步巩固和提高，新增茶叶种植面积2800亩，使茶园种植面积达3万余亩，成功举办2016都匀毛尖（国际）茶人会瓮安茶旅活动。全年实现两杂良种育苗移栽3.1万亩、粮食总产量12372吨、油菜产量380吨、畜牧业产值4300余万元。完成中药材种植2000亩、烤烟7400亩、油菜11510亩；蔬菜种植3.17万亩，其中辣椒种植2.45万亩、夏秋蔬菜种植7200亩。出栏生猪5.81万头；牛0.26万头；羊0.54万头；禽类41万羽。完成石漠化造林2000余亩，退耕还林造林1684亩，发放生态林、退耕还林补偿款50余万元。

【基础设施建设】 5月初全面启动凤凰新区小城镇、茶旅大道及茶旅基地建设，8月实现40米宽2.1千米长的凤凰新区主干道及支路、22米宽5.1千米长的茶旅大道建成通车，完成茶旅基地的入口服务区、雾海居、茶山支路、环湖电瓶车道及附属基础设施建设，并进入试运营阶段。启动实施清水河景区建设，完成景区规划设计面积10平方千米。投入资金512万元，完成辖区20千米高速公路沿线民房及果水村茶旅基地规划区周边5个村民组立面改造。

【脱贫攻坚】 争取扶贫项目15个，涉及项目资金925万元，其中基础设施项目6个、壮大集体经济5个、产业发展1个（白沙村1800亩核桃种植）、量化到户保本分红3个。依靠“一事一议”、交通、发改、扶贫、新农村建设等项目资金解决太文村柳家山、龙井湾等7个村通村寨道路硬化120千米，解决8000余人的饮水问题，实施新农村民房改造256户，新修沟渠42千米，建成喷滴灌系统1000亩，全末实现977户3683人脱贫。

新建的红岩村挖龙坡组道路

【人口与计划生育】 发放独生子女保健费76人、8560元，节育奖655人、196500元，助学奖24人、14400元，奖励扶助金37人、44400元，60岁以上独生子女户、二女结扎户（简称“两户”）家庭成员农村养老保险补贴48人、37440元，缴纳“两户”家庭合医505人、119070元。全年出生人口395人，出生率12.7‰，自然增长率6‰。手术落实率100%。

【社会事业】 完成建中中学、中心完小学校24套公租房建设，建成建中第二幼儿园投入使用（主楼1栋，厕所1套，食堂1个），白沙中学和白沙小学教育资源实现共享，全镇中小学适龄儿童入学率达100%；完成7个村卫生室建设。发放各类惠农资金758万元、农村低保金246.4万元、冬春救助62900元、医疗救助金23252元、临时救助29800元、80岁以上高龄补贴133200元、救助大米4.5吨、救灾棉被20床；全镇31282人城乡居民参加新型农村养老保险，参保率98.19%；33371人参加新型农村合作医疗，参合率99%。成功输送合格兵员5名。

【社会治安】 实现信访矛盾排查率达到100%，调处成功率达到97%以上。全镇有刑释解教人员71人，新增5人，解除16人；社区矫正对象22人，期满解除2人，新增6人；邪教转化人员8人。开展矛盾纠纷调处303起，调解成功294起，调处成功率97%。受理县转办群众来信来访8件（次），受理书记县长信箱信访件2件（次），共受理“12345”民心热线1件（次），全部办结。镇派出所共排查出民间纠纷调解23起全部调解成功。

【文化教育】 组织开展义务书写春联进村寨、春节书画展览比赛、春节灯谜竞猜等系列活动，村自办文艺活动3场次，协助做好职工活动、庆六·一、“瓮水长歌乡村行”等各类演出活动8场次，建成集镇和农村相结合的卫星、无线、有线等多种形式、多种层次、混合覆盖的广播电视传输覆盖网，通讯互联网网络覆盖率100%。辖区内有中学2所、小学14所（含幼儿园2所）。全镇中小学在职教师183名，其中小学122人；在校学生3089人，其中小学阶段在校学生2312人。实现适龄儿童入学率达100%，初中升学率达99%。

【党建党风廉政建设】 全年发展党员14名，预备党员转正13名，培养入党积极分子23名。签订《廉政承诺书》160余份；举办2次党风廉政知识培训会；对7个村村务公开内容、范围和形式进行督查。先后组织专题讲座4次、组织党员干部接受革命传统教育、党风廉政警示教育等活动3次。共受理群众信访件12件，发现违纪线索11件，初核11件，立案9件，处分8人，其中给予党内严重警告3人，党内警告4人、行政记过1人。专项检查中城乡居民基本养老保险存在收了未缴、多收少缴、缴费人员基本信息错误、死亡人员多领取养老保险金等问题共100个，共涉及资金17085元，追回1953元，补录入系统5500元，退还群众500元；对全镇123户小额贴息贷款资金及2013—2014年农村人饮工程开展专项调查，检查组人员每人各自累计下村到组40余次，走访7个村100余个村民小组的群众1500余人次；对公益林资金的发放开展专项监察，立案查处违纪党员2人，并对其中

1人的违纪行为开展公开审理。

（杨晓阳）

中坪镇

【概况】 中坪镇位于瓮安县城西南部，西邻贵阳市开阳县花梨乡，南靠建中镇，东接银盏镇，北连玉山镇。距县城35千米、开阳县城45千米、贵阳95千米。总面积158平方千米，辖艾州、高枧、水耳、新土、茶店5个村和中坪社区，110个村民组、9312户、34256人，耕地面积2.72万亩，是典型的农业乡镇。全镇海拔在800—1200米之间，冬无严寒，夏无酷暑，大部分地区林木丰茂，有小（2）型水库7座，小蓄水山塘100座。

镇内设党政办公室（法制办公室）、社会事务管理办公室、卫生和计划生育办公室、经济发展办公室、社会治安综合治理办公室、安全生产监督管理办公室、综合行政执法办公室（综合行政执法大队）、国土资源和规划建设环保办公室、财政所，管理的事业单位有林业站、水利站、卫生计生院、人力资源和社会保障服务中心、农业综合服务中心、科技宣教文化信息服务中心、敬老院。领导班子：党委书记、镇长、人大主席、专职副书记、纪委书记、组织委员、政法委书记、人武部长各1名，副镇长4名，年末有干部职工100人（含站所）。

2016年，实现农业总产值2.8亿元，同比增长9%；实现财政税收0.04亿元，同比增长25%；固定资产投资1亿元。完成招商引资3.6亿元，到位资金1亿元；农民纯收入9148元，同比增长9.4%；城镇居民人均可支配收入26518元，同比增长8%。

2016年度人口和计划目标考核获县级二等奖，政法、信访工作获县级先进集体。

【城镇建设】 完成镇总体规划编制，启动镇区控制性详细规划工作。完成政府公租房项目建设外立面装修，投资300万元完成占地面积4000平方米，建筑面积约800平方米集镇集中治丧点一期工程建设并投入使用。开展集镇治丧秩序、烟花爆竹燃放秩序规范工作和“多彩贵州文明行动”，推进镇区环境建设，启动集镇集中治丧点二期

茶园一角

工程立项工作。开展小康房建设前期调查摸底工作，启动全镇小康房建设；完成对全镇人饮工程运行情况的再次摸底调查，全面完善污水处理厂、中坪中学薄改后期工程建设。

【农业生产】 全年粮食作物种植面积2.5万亩，其中水稻种植1万亩，产量7200吨；玉米种植1.5万亩，产量7800吨。完成茶叶种植任务1000亩，全镇累计茶园面积1.8万余亩，产量1800吨；烤烟8200亩，产量1025吨；辣椒种植面积0.96万亩，产值12000吨；中药材种植1000亩，产量125吨，精品水果种植面积1.5万亩，规划种植的2000亩油橄榄已完成种植800亩，推进1.1万亩的核桃管护工作；引资建设的2个大中型茶叶加工厂（安阳茶叶、桔杨雨辰茶叶）已投产，年加工能力400余吨。已具有一定养殖规模35户，其中蛋鸡养殖3户、生猪养殖17户、水产养殖3户、牛肉养殖4户、山羊养殖4户、竹鼠养殖3户、兔肉养殖户1户，年肉总产量6000吨。

【社会治安】 共调处各类矛盾纠纷311件，其中重大矛盾纠纷77件，已成功调解76件，调解率达98.7%。利用“4·20”综治宣传月、“6·26”禁毒宣传月、“12·4”全国法制宣传日等宣传活动日作为平台，集中开展6次普法宣传活动，共计发放普法宣传资料12000余份。

【社会事业】 完成新农保缴费5271人，全镇60岁以上老年人全部办理养老卡；新型农村合作医疗参合率达100%；开发公益性岗位2人，转

移富余劳动力200人，培训农村剩余劳动力600人（次）；发放低保金264.21万元、冬春受灾困难群众救助粮20760公斤、各种救助金34.52万元；2016年，中坪中学中考成绩取得全县第二，乡镇第一的成绩；2016年为部队输送15名兵员。

【脱贫攻坚】 全镇识别精准扶贫户1229户4120人。全年办理"特惠贷"840户，发放贷款3881.5万元。对建档立卡户贷款发展农业、旅游等产业的进行贴息补助，共申请贷款123户，贴息资金18.13万元。实施易地扶贫搬迁120户504人，发放45.72亩公益林补偿金57.11万元，涉及2524户11479人（涉及贫困户106户355人）。招聘贫困户护林员25名、天保员2名，林管员1名，解决贫困家庭就业。2016年实现406户1508人脱贫，6个贫困村全部出列，贫困发生率（含民政兜底）降至2.9%，6个贫困村集体经济超过5万元。

【文化宣传工作】 投资18万元完成中坪镇中心文化广场群众文化舞台建设，成功举办义务书写春联、灯谜竞猜、迎春书画展、茶店村花灯汇演、第五届农民运动会等文体活动10余次。4月份，组织人员到县参加山歌大赛，并获合唱组"一等奖"、独唱"十佳歌手"的殊荣，6月份参加职工篮球赛，获得女子组"一等奖"、男子组"最佳组织奖"7月，组织镇干部职工参加县百姓大舞台广场舞比赛荣获"优秀奖"及参加"瓮水长歌"文艺遴选活动等。全年开展"道德讲堂"活动100余次，组织道德讲师20人到达站所、学校、村（组）为群众宣讲政策法规及"两学一做学习教育"100余次。

2月18日，镇举办第五届农民运动会

【卫生计生工作】 年度出生人口375人，落实手术270例，其中上环204例，创建高枧村家庭服务中心。发放节育奖40.26万元，发放健康教育宣传资料430份，培训村医12次，公共卫生办公室下乡指导、督导工作24次，县对中坪镇重症精神病筛查104人，孕产妇产检查276人862次。累计完善居民健康档案28648份，发放健康教育宣传资料3000份，儿童预防接种各类疫苗35902人（次），中小学接种麻风疫苗239人（次），收治门诊病人48866人，医疗收入288.3万元，急救病人136人次，食品安全检查36次，农村集体就餐检查168家，合医补偿33466人次、91.53万元。

【党的建设】 发展党员6名，打造高枧村党建示范点，消除中坪社区、艾州、高枧、茶店、水耳、新土集体经济"空壳村"6个，选派24名干部参与小康驻村，1名干部到村担任"第一书记"。与支部签订党建工作责任书10份，与部门负责人、村（社区）两委负责人、重点岗位人员签订责任状52份，开展政治纪律、政治规矩类学习12次，开展廉政宣传教育3次，组织70人参加警示教育活动。

（鞠 丹）

玉山镇

【概况】 玉山镇位于瓮安中部，属革命老区，是瓮安重点小城镇建设集镇之一。东与天文镇毗邻，南与银盏镇、中坪镇相连，西与开阳县交界，北与江界江镇接壤，镇域总面积134.7平方千米，耕地总面积29098.84亩，其中田11796亩。全镇辖8个村，81个村民组6937户26590人（少数民族1068人）。镇平均海拔815米，平均气温14℃。

领导班子：书记、镇长、人大主席、副书记、纪委书记、政法委书记、组织委员、武装部长、宣传委员（统战委员、政协联系员）各1名，副镇长3名。内设党政办、社会事务办、计生办、国土资源规划环保办等部门，有干部职工106人。镇内有卫生院、派出所、司法所、工商分局、供电所、文化服务中心、农行、信用社、玉山水泥厂等企事业单位。9月28日，玉山村改为玉山社区。

11月，镇政府获贵州省首届茅台王子杯广场健身操舞大赛瓮安赛区海选三等奖，受贵州省体育总会表彰。12月，深溪村被贵州省司法厅、贵州省民政厅授予贵州省第三批省级民主法治示范村称号。城镇建设、基础组织建设、法治工作、安全生产工作等受县委、县政府和州直相关部门表彰。

【经济工作】 完成财政总收入1797万元，占任务数的117.43%。其中，国税任务为300万元，完成883万元，地税任务为1200万元，完成910万元；非税收入任务为30万元，完成4万元。固定资产投资任务数为1.5亿元，完成3.52亿元；规模以上工业总产值任务数为3.15亿，完成3.15亿；规模以下工业总产值任务数为1.6亿元，完成1.6亿元；年末农村居民可支配收入9070元，同比增长10%。

【基础设施建设】 投入3000万元，对玉山水泥厂生产技术节能进行改造。引资1.5亿元兴建贵州兴堂石材加工厂、0.5亿元新建瓮安县丰瑞工贸有限公司2个大中型企业。中石化投资1000万元完成玉山加油站建设。引进蔬菜加工厂1个，新建茶叶加工厂5个，新建墓碑加工厂1个。园区聚集新庄页岩砖厂、丰瑞砖厂、兴堂石材加工厂、鸿远茶叶有限公司、江兰馨茶叶加工厂等18家企业，涉及建材、矿产、农副产品等。

完成旧城拆迁面积2.9万平方米，新建商品房约6.2万平方米。完成228套廉租房建设；投入资金3000万元完成了行政新区建设并搬迁入住；完成玉山水泥厂至乌江大道4千米主街道排污沟、人行道更新改造及绿化、亮化、美化工程；新建休闲广场2个、集中治丧点和集中治喜点各1个；完成新农贸市场和2个公厕、2个停车场建设。按照农村"社区化"的发展要求，以"农居点"建设为引领，争取"一事一议"奖补项目约600万元，新建通村路32千米；争取县发改、扶贫、移民等部门项目资金1.6亿元，硬化通组串户道路74.26千米，新（改）建机耕道、生产道20多千米、农灌沟渠30多千米，打造示范村寨3个，硬化村级活动场所4个，实现46个村民组通水泥路。投入354万元新修人畜饮水工程4个；投入1200万元启动长5千米的洞口河河道、新卫河河道治理；新建社区服务中心2个。

11月1日，县四家班子领导、县人武部政委、县法院院长、县检察院检察长、县直各部门及各乡镇主要领导140人到玉山镇摩"梦想家园小区"。

11月1日，县亮点观摩团在玉山观摩

【农业生产】 种植水稻9000亩、玉米10000亩，茶叶13000亩，核桃15000亩，精品水果1500亩。完成粮食总产量12662吨，产值3206万元。以县"建中—中坪—玉山"现代山地观光农业组团定位为依托，以1.5万亩茶山管护为中心，大力发展茶旅观光农业。支持鸿远茶叶、江兰馨有机茶、潘文俊茶厂、玉山茶业公司、正元茶叶专业合作社、王永会茶场等茶企结合休闲旅游推进茶旅一体化发展，动工建设休闲农业示范点。

农业结构调整。烤烟种植2300亩，流转深溪650亩患溃疡病的猕猴桃基地种植辣椒，在苟家庄连片种植辣椒300亩，辐射带动700亩辣椒种植，形成1300亩的辣椒产业带；在小开洲、新庄发展桃种植2200亩，果园合计6000亩，引进一家经果企业，实现"产—供—销"一体化发展格局，助推农业产业发展。全年种植蔬菜20000亩，产量30000吨，产值6000万元；种植油菜16000亩，产量3360吨，产值1881.6万元。

畜牧业产业。以"大户带散户、龙头带千家"推动全镇养殖业健康发展。鼓励瓮安荣辉农业科技有限公司招商扩大种桑养蚕。建立猪改点8个，猪人工授精点1个，配种1700头，产仔4800窝；推广良种禽5.5万羽；出栏生猪5.4万头、大牲畜1620头、山羊0.33万只、家禽60万羽，肉类总产量达4675吨。年末全镇适度规模养殖场4个、规模养牛场10个、规模养羊场8个。

配套基础设施建设。启动涉及白花、苟家庄、玉山、新庄4个村的土地开发项目（新增耕地99.91公顷，新修田间机耕道13.74千米，整修沟渠21.4千米），完成80%的实物工程量。启动新庄村4个组高标准农田基本建设项目，新修田间道路11.4千米、整修沟渠9.6千米，新增耕地18.46公顷；完成玉山镇人饮安全项目工程建设，涉及5个村，解决6700余口人的饮水安全问题。

6月23日，镇开展禁毒宣传活动

【社会事业】 发放大米346人次、8940公斤，救灾资金148人次、127140元，临时救济资金125人次、88100元；发放医疗救助金22人次、52077元；城市低保4户5人，农村低保434户863人，低保金已足额打入对象账户；全镇五保户共44户48人，五保供养金已足额打入对象账户；发放农村低保户季节性缺粮442人11415公斤。发放90岁以上高龄补贴19人次、12000元。9415人城乡居民参加养老保险，完成166人养老保险到龄办卡工作。年度内输出劳动力550人，21人办理就业失业登记证。创业小额担保财政贴息贷款工作完成9户申请人共84万元的初步调查审核。政务中心各窗口共办理事项6881件，其中人社窗口1110件、合医窗口551件、计生窗口3035件、婚姻登记窗口451件、社会事务办窗口1144件。境内辖马鞍山公墓、柏花园公墓、青龙山陵园、八阳福地、长青园、石龙园、龙狮陵园7个村级公益性公墓，1个集中治丧点，全部都已建成验收投入使用。

【社会治安】 全年无政治案件，无涉黑涉恶和涉枪涉爆案件发生，刑事案件立案5件，破获1件；治安案件立案8件，办结4件，协调2件，处理率100%；办理身份证1983件；接报警180起，有效报警135起，口头报警24起；利用赶场天开展政法、综治、维稳、禁毒和反邪教宣传7次，发放信访条例口袋漫画书800余份，悬挂各类宣传横幅17条，与每户农户签订拒绝毒品反对邪教安全生产承诺书共14000（一式两份）余份，强调"依法治国"在中小学开展法制教育宣传共2次，开展安全隐患和矛盾纠纷大排查6次，对重点地区排查6次，依托镇服务中心和各村群众便民服务点办理群众事项3549件。

【人口与计划生育】 年度出生人口238人，政策符合率94.12%，自然增长率6.21‰，办理生育服务证214个，流动人口证59个。审核通过应享受国家奖励扶助对象41人，基础养老金对象43人，国家特别扶助对象2人，农村独生子女和二女户学生助学奖120人，省内中、高考加分对象累计47人，少生快富6户，节育奖1234人，新农保1138人，节育并发症1人。

【教育文化】 年末辖区内有玉山中学、玉山小学、深溪小学、白花小学、角旁小学、胜土小学、玉山幼儿园公立学校。

新建能容纳600人的幼儿园新校区，改扩建玉山中、小学，新建寄宿制学校1所。农村小学适龄人口入学率、初中生在校巩固率100%，九年义务

2月13日，举办2016年新春汇演

教育普及率100%。完成玉山小学食堂、91套中小学教师公租房建设及玉山中学改扩建工程，引资120万元新建私立深溪幼儿园。

组织开展各类文艺活动和文艺训练8场，观众人数3000余人次。建立3条健身路径、10个农家书屋图书室、5个村级文化活动室。成立“玉山镇九龙艺术团”“玉山镇金狮欣欣艺术团”。

【组织建设】 年末有党员802人，其中县外流动党员85人，失联党员15人。“两学一做”学习教育全面启动，召开28次会议，走访群众1162户。各党（总）支部上专题党课82次，学习先进典型9次，党务骨干培训23人次。向全镇党员发放党章713份，《习近平总书记系列重要讲话读本》520余份；慰问党员50人、3.2万元。已建立电子商务点6个，其中企业5个，个人建立1个。

（张业祥）

江界河镇

【概况】 江界河镇位于黔中腹地、乌江中游、瓮安县北部，距离县城约40千米，东与天文镇、湄潭县石莲乡接壤，南接玉山镇，北与珠藏镇毗邻，西与开阳县龙水镇隔河相望。S205省道横穿境内，北通成渝，南达两广，镇内村组均通电通公路。江界河镇区域面积183平方千米，辖樱桃、龙塘、铜锣、桂花、茶园、山星、沿江7个村和渡江社区，共175个村民组、8658户、34275人（常住人口33617人）。耕地面积2.02万亩（田0.86万亩），天然林118428亩，退耕还林5240.35亩，生态造林11100亩，经果林13230亩，森林覆盖率48.5%。年均气温15.5℃，年均降雨量964毫米，海拔最高880米，最低620米，无霜期为300天左右，具有亚热带季风湿润气候特征。

领导班子：党委书记、人大主席、镇长、党委副书记、纪委书记、组织委员、宣传委员（统战委员、政协联络员）、政法委书记、武装部长各1名，副镇长4名、挂职副镇长1名。年末在岗干部105人。镇内设党政办、社会事务办、社会治安综合治理办公室、卫生和计划生育办公室、经济发展办公室、国土资源和规划建设环保办公室、综合行政执法办公室、安全生产监督管理办公室、财政所9个党政机构；设农业服务中心、人力资源和社会保障服务中心、科技宣教文化信息服务中心、卫生计生院、水利站、林业站、群众工作中心、敬老院等8个事业机构，司法所、派出所、市场监督管理局江界河分局3个县级部门派出机构。

2016年铜锣、茶园、沿江村获得州级“五好”基层关工委荣誉称号；茶园村党支部、江界河中学党支部获得全县“先进”基层党组织荣誉称号；龙塘村党支部杜全秀、龙塘村党支部驻村第一书记唐树明获全县优秀党员称号，铜锣村党总支部刘光德获优秀党务工作者荣誉称号。

【经济工作】 全年实现社会生产总值3.22亿元，同比增长15%；工业总产值实现5500万元，同比增长27%；地方财税收入680万元，固定资产投资完成1.38亿元，实现农业总产值2.9亿元，均完成目标任务的100%；招商引资达到2.5亿元；农民人均纯收入9300元，同比增长1%。

【脱贫攻坚】 全镇精准扶贫建档立卡1549户、5713人，年度脱贫535户数、2066人。实施产业扶贫，发放蛋鸡40000羽，涉及精准扶贫362户，开展“雨露计划”农业技术培训惠及精准贫困户1549户，建成生态移民房280套，易地扶贫搬迁房294套，惠及精准贫困户的共有347余户，对10户精准扶贫户实施农村危房改造，已实现扶贫3675人，脱贫1650人。

【城镇建设】 镇区配套设施建设，投入0.4亿元，完成长1.5千米、宽28米的江界河镇渡江大道一期建设；投入0.2亿元，完成长500米，宽34米的一号大道建设；投入0.15亿元，完成长0.6千米、宽18米的江界河镇二号大道一期建设；投入0.08亿元，完成长0.3千米、宽18米的江界河镇三号大道一期建设；完成一号地块集体土地流转区域道路设施建设1.1千米；投入0.05亿元新建成总建筑面积3901平方米共12个班的江界河镇幼儿园，于9月实现搬迁入驻；投入1.2亿元新建江界河镇中小学项目，完成征地拆迁和场平工作；投入0.05亿元，完成了占地3000平方米的江界河镇中心卫生院项目主体建设；投入0.09亿元新建占地面积6400

平方米的江界河镇农贸市场；投入0.021亿元新建占地面积2500平方米的江界河镇客车站。

【基础设施建设】 申请财政奖补资金309.54万元，分别实施沿江村火石坪组，茶园村大茶园组、小茶园组、和平组、葫芦田组及龙塘村坝子边组、柏杨寨组、龙塘组通组道路硬化7个“一事一议”建设项目19.36千米，茶园村大茶园组、小茶园组，山星村水田组、后坝组，铜锣村街道路灯安装共计138盏；完成总容量为9.98万平方米的江界河镇龙塘山塘水库建设，有效解决了镇区饮水难的问题；建设完成处理量为1000吨/天的镇区污水处理厂；利用2016年财政专项扶贫因素到县资金150万元建设铜锣村龙岗堰组通组路1.87千米；50万元建设沿江村响水岩组通组路2.01米。

【社会维稳】 2016年度接待群众600余人（次），法律援助27人，排查化解一般矛盾纠纷190余起。民事纠纷调处率100%，一般矛盾调处成功率98%。完成重大敏感时段的信访维稳工作，未发生到州、到省、进京上访和到县群体性上访情况。

【农业农村工作】 全年种植农作物99600亩，镇的耕地面积2.5亩，水稻产量4500吨、玉米产量7500吨、洋芋产量1800吨。年末生猪存栏19200头、大牲畜存栏1967头、家禽存栏35万羽，禽蛋产量1850吨。种植烤烟2500亩，收购烟叶7500担，实现产值800万元；发放土鸡40000羽，惠及群众362户、1500人。

【社会事业】 辖区内中学2所，小学9所，学前教育9所（公立1所），教师127人，学生1795人。全年共计发放农村低保金198.17万元、城镇低保金11.52万元、五保供养金10.80万元、困难群众救助粮4.26万公斤、救济棉被506床、各类医疗救助13.5万元。全年办理结婚证208对，离婚证48对，补办结婚证163对。全年农村劳动力转移就业750人，创业培训60人。新型农村合作医疗、农村社会养老保险制度实现了行政村全覆盖，农村合作医疗参合率95%，农村养老保险参保率71%。完成农村危房改造25户，惠及资金60.5万元。发放妇女小额贷款89万元涉及11户。

【人口与计划生育】 全年共出生376人，其中二孩出生189人，死亡193人，政策生育符合率93.45%，自增率为3.3‰；男孩出生207人，女孩出生191人，出生人口性别比为108：100；完成手术373例，无超期手术库存；征收社会抚养费1.55万元，发放奖励扶助金47.80万元。

【基层党建】 全镇下设12个党（总）支部，其中农村党（总）支部8个，共有党员629名，其中农村党员546名，机关党员86人。全年新发展党员6名，确定发展对象和入党积极分子13名。实施集体经济“空壳村”清零行动，全镇7村1社区集体经济收入均超过5万元。

（陈媛媛）

珠藏镇

【概况】 珠藏镇位于瓮安县最北端，距县城63千米，是黔南的北大门，东与江界河镇接壤，南与贵阳市开阳县、西与遵义市播州区隔河相望，北与湄潭县毗邻。面积280平方千米，辖市湾、丰岩、高龙、清香、高寨坪、羊鹿、新华、新兴、桐梓坡、荣院、羊关、鹤亭12个村和珠藏、瓮朗坝2个社区，共242个村民组，17202户62811人，耕地面积6.07万亩。乌江自南向西再向北把珠藏镇变成半岛，300米深的乌江峡谷形成珠藏镇多山、缺水的显著特征。境内森林以楠木、香柏为主。矿产资源以铁矿、铝土矿、大理石为主。旅游资源以乌江峡谷为主。主要种植水稻、玉米，经济作物有烤烟、油菜、中药材。全镇共有中学3所（2016年牛场坝学校初中部合并进珠藏中学），小学10所、卫生院4所，乡村集市5个。境内有红军长征途中建立的第一个农会“桐梓坡农会”遗址，有“瓮水安抚土司”遗址。

珠藏镇人员编制262名，其中行政60名，工勤5名，事业197名。内设党政办公室（法制办公室）、经济发展办公室、社会事务管理办公室、社会治安综合治理办公室（信访维稳办公室）、安全生产监督管理办公室、卫生和计划生育办公室（流动人口管理办公室）、综合行政执法办公室（综合行政执法队）、国土资源和规划建设环保办公室、财政所。有农业综合服务中心、人力资源和社会保障服务中心、科教宣教文化信息服务中心、水利站、林业站、政务服务中心、卫生计生院、敬老院8个事业机构。党政领导班子设党委书记、人大主席、镇长、党委专职副书记、纪委书记、组织部长、政法委书记、武装部长、宣传委员（统战委员、政协联络员）各1名，5名副镇长，另增设工会联合会主席和计生协会专职副会长。年末，实有在岗人员177人，其中行政在编人员52人，工勤人员2名，事业人员123人。

【经济工作】　全年财政总收入1626万元，占任务数的104.22%。其中，国税354万元，占任务数的118.09%；地税1234万元，占任务数的102.8%；财政38万元，占任务数的62.65%。实现招商引资到位资金1.8亿元。城镇居民人均可支配收入预计15840元；农村居民人均可支配收入7623元，年均增长17.3%。2016年规模（以下）工业产值任务19200万元，累计完成规模以下企业产值22423.85万元。累计完成固定资产投资1.75亿元。

【农业生产】　全镇土地流转面积新增1.9万亩。发展常规农业6.85万亩，发展特色经济作物3万亩，其中种植烤烟9000亩、核桃6300亩、辣椒2500亩、生姜300亩，种植秋季牧草1800亩，新增种植苹果桃、刺梨、柚子等4300亩，新种植茶叶1280亩，老茶园改造760亩。开展农业适用技术培训1250人次，新培育专业合作社4个（瓮安县丰岩果蔬专业合作社、瓮安县高水田源种养专业合作社、珠藏镇新华村贵州麒达园专业合作社、瓮安县珠藏畜旺综合技术服务专业合作社），创办水稻、玉米、大葱等示范点3个，示范种植面积1400亩，辐射带动种植面积4.5万亩，开展农作物病虫综合防治4.5万亩，开展动物“春防”“秋防”15.8万头（只）次。

桐梓坡村大葱种植

【镇村建设】　委托黔南州城乡规划设计研究院对总体规划进行修编并编制详规，总规划面积从4.09平方千米修编为7.2平方千米，镇域路网规划、教育规划等专项规划在编制之列。

建成的生态移民房

完善基础设施建设，形成商贸型城镇功能主体。启动总投资约1.5亿元，7千米（主路长5.5千米，宽28米，含路宽、人行道、绿化）的珠藏镇环镇区道路建设项目，年内完成路基平整。继续推进和完善42915平方米珠藏粮站片区旧城镇改造工程建设配套基础设施建设。启动瓮朗坝新区1号、2号、3号、4号、5号、6号、7号1.27千米的道路建设，完成雨水管网、排污管网安装。建成总投资182万元、40套珠藏镇茶产业园公共租赁住房。建成总投资150万元、占地面积3000平方米（建筑面积278平方米）的客运站工程项目。建成总投资477万元、5000平方米的珠藏镇农贸市场商住楼5—7号楼。启动投入600万元、建筑面积4000平方米保障房及配套基础设施。实施危房改造和小康房建设77户，建设总面积9532平方米，开工建设59户，竣工10户。开展易地扶贫搬迁项目的回购，易地搬迁脱贫210户996人。农村土地增减挂钩达成意向复垦面积759057.8平方米，争取复垦资金1.5亿元，惠及群众2513户。升级改造珠藏镇集贸市场，配套修建停车场工程，完成集贸市场的摊位划定，停车场建成并投入使用。

【安全生产】 重点与14个村（居）委会、8家企业签订安全生产目标管理责任书。多方式宣传“安全生产月”“春运交通安全”“预防道路交通事故”“防火安全”“预防地质灾害”，召开大小安全会10次，出展板3期、宣传栏专题22栏次、宣传标语53副、挂图600份、宣传单1万份，接受群众咨询1200多场次。定期开展安全生产、森林防火、道路交通安全等检查，定期开展山塘、水库、地质隐患点等地汛期安全隐患排查，开展9次安全专项检查活动，开展地质灾害、校园安全应急演练。与自用船舶业主签订水上交通安全责任状。成立一支70人的基干民兵队伍，参与安全应急管理工作，重点对当前镇区内防汛器材设施、无线广播设备进行管理。查出生产安全隐患200余条，全面落实整改措施；全年发生道路交通安全事故12起，死亡2人。排查各类老楼危楼共11866栋，提出停用及拆出建议的有19栋。

6月14日，开展安全生产宣传活动

【脱贫攻坚】 完成对全镇3377户12599户贫困对象人口再次识别，清理“四类”人员44户198人，建立档案3377份。按照“五个一批”分类精准施策，大力发展特色产业，以“公司+农户”模式，发展肉兔养殖，带动23户贫困户养殖肉兔；实施教育帮扶，为800名学生办理教育资助，32名学生获得雨露计划资助；实施易地扶贫搬迁，235户996人因缺水、交通条件落后的贫困对象实现搬

12月15日，镇召开精准扶贫工作推进会

迁；50名农户通过生态护林实现就业；735名长期、重点保障对象实行政策兜底；834户贫困户申请办理“特惠贷”；166名贫困户得到大病医疗救助。年内实现1587户数6367人脱贫。

【社会保障】 50153人参加农村合作医疗，参合率98.67%，全年参合资金450.38万元；完成城镇居民医保缴费申报155人，缴费1.99万元。全镇新农保基金数完成90万元，占全年目标任务的38%，其中新增420人，完成全年任务的23%，办理死亡人伤葬费240人，资料归案240份。全镇转移农村劳动力1020人，完成全年任务的100%；完成城镇新增就业628人，占目标任务的103%。完成城乡劳动者创业培训250人，完成全年目标任务。发放小额担保20人，其他贷款20万元、妇女小贷102万元。完成劳动者技能培训48人，占目标任务的98%。为农民工追回被拖欠的工资37万余元，涉及劳动者21人。办理失业登记10人。

民政救助全年发放保障金450820元，惠及2117人。五保供养人员146户149人，分散供养133人，每月发放26600元；集中供养16人，每月发放6400元。全镇孤儿37人，每人每月发放600元。发放2016年度一级重度残疾人护理补贴94人56400元。申报办理2016年一级重度残疾人护理补贴125人50元/人·月。申报办理2016年二级重度残疾人护理补贴99人40元/人·月。完成持证残疾人935人信息调查与录入；完成疑似残疾人3308人信息调查与录入；完成82人残疾人辅助器具需求申报。保质保量向优抚对象、高龄老人，定期发放抚恤金、生活补助和高龄补助。

【社会事业】 开展“金人工程”，实现公安、计生人口信息有序对接。完善居民健康电子档案，开展卫生计生院等级评审，保障医药、医保优惠政策农村群众。年内启动新建珠藏镇中心卫生院项目（总投资238万元，新建门诊、急诊楼占地面积521.95平方米，建筑面积1618.88平方米），完成前期征地工作。1—12月共出生588人，性别比为112.82，符合政策生育率为89.45%，人口自然增长率为4.56‰。

4月28日，召开国家卫生乡镇文明行动推进会

教育文化事业建成丰岩、羊鹿、清香、高龙、高寨坪、珠藏社区6个村级活动中心，组织开展群众性文化活动8场次。组织参与“‘千年古邑相约猴场’民族山歌大赛”“迎州庆”职工篮球赛等活动。

“创卫”工作全年召开创建卫生乡镇工作会8次，召开群众会20场次，制作宣传横幅13处，发放创建宣传质料20000余份，投入40余万元，新增环卫工人3人，增加道路两边垃圾池30个，增加垃圾转运车2辆，增加垃圾斗11个，增建垃圾中转站1个。

【社会治安】 全年排查矛盾纠纷212起，调处成功209起，其中土地纠纷76件，征地拆迁17件，山林纠纷22件，劳资纠纷13件，涉法涉诉纠纷9件，民政社保18件，合同纠纷10件，基本民生11件，移民安置7件，矿群纠纷16件。对于未调处成功的3件矛盾纠纷，已纳入三个四级管理台账，列为镇及层面第一阶段“百日攻坚战”工作任务。全年接到“12345”民心热线、书记县长直通车、贵州信访综治平台及县信访局转办案件29件，已办结26件，3件正在调查处理中。

【社会管理】 坚守建筑“红线”，严格按照“两违”建筑整治相关文件要求，根据镇区总体规划，明确巡查范围和整治对象。采取提前告知的方式，对规划区内新建房屋和拆旧建新的群众提前“打招呼”，开展巡查207次，对规划区内建房群众“打招呼”70户，下达整改通知书及施工检查记录表31份，下达停工通知书2份，处理“两违”建筑2户。设立严禁违规操办酒席永久性标语18条，印制发布治理农村乱办滥办酒席的通告、公开信、告知卡等政策宣传资料10000余份，出动宣传车走村串寨宣传50余次，全年接到举报80余件，排查20件，处罚3件，没收礼金和罚款共计2700元，发放举报奖励6000元，提前劝阻、制止拟操办违规酒席30件。注重市场监察管理，与相关部门联合开展市场普查整顿4次，市场经营持证率100%，农用物资产品合格率100%。

【党建和党风廉政建设】 坚持“党要管党、从严治党”的要求，规范党员发展、严肃党内生活、健全工作机制，组织镇党员志愿服务队到丰岩村参与“小山村心愿树下话乡愁”活动。年内，1人获全省优秀共产党员、1人获全州优秀共产党员、1个党支部获全州先进基层党组织、2人获全县优秀共产党员、3人获全县优秀党务工作者、2个党支部获全县先进基层党组织荣誉称号。

成立以党委书记为组长，镇长、党委副书记、纪委书记为副组长，其他班子成员为成员的党风廉政建设领导小组，将党风廉政建设责任到岗位、落实到人。镇党委“一把手”与班子成员、支部书记等部门负责人签订《党风廉政建设责任书》64份，镇党委班子成员与党员干部签订《党风廉政建设承诺书》209份。推行“部门日

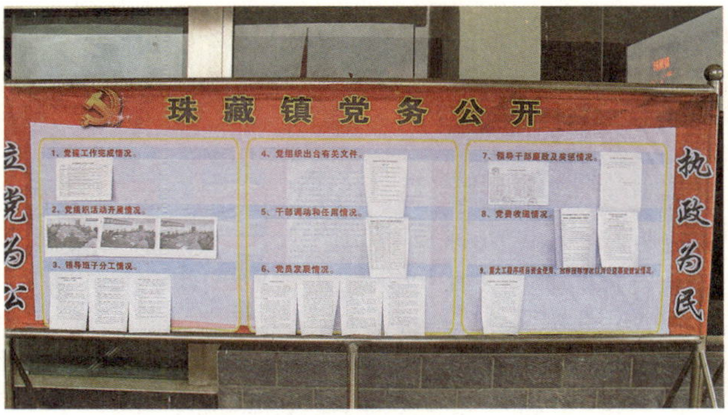

镇党务公开栏

志”，列出部门工作清单，晒出工作成效。“制度上墙”“工作流程入网”“党务公开”“事务公开”“财务公开”倒逼党员干部强化作风。组建督查组，对各镇属单位和驻镇单位均实行以月为周期的“督查通报”。聘请36名党风政风义务监督员，用好“举报信”和“阳光政务”平台，织好“安全网”。开展集中约谈3次，约谈190人次。

（潘　伟）

天文镇

【概况】　天文镇位于瓮安北部的乌江河畔，东抵余庆县构皮滩镇，西临江界河镇，南临银盏镇，北临余庆县花山乡，地处瓮安、余庆、湄潭三县交界地,西出乌江航运，东通道安高速，南北横贯934县道，距县城44公里，总面积119.4平方公里。全镇辖3个村（居）110个村民组，6666户户籍人口22462人，常住人口15147人。耕地面积64694亩，常年气温在17 摄氏度。镇内主要以烤烟、养殖和常规农业为主。

领导班子：党委书记、镇长、人大主席、党委副书记、纪委书记、组织委员（兼宣传统战委员）、政法委书记（兼副镇长）、武装部长（兼副镇长）、副镇长各1名。镇内设党政办、经济发展办、社会事务管理办、社会治安综合治理办、安全生产监督管理办、卫生计生办、综合行政执法办、国土资源和规划建设环保办、财政所。镇管理的其它事业机构有：农业综合服务中心、人力资源和社会保障服务中心、科技宣传文化信息服务中心、卫生计生院、林业站、水利站、敬老院、政务服务中心、扶贫工作站。境内有派出所、司法所、供电所、市场监管分局、中学、小学、信用社、邮政等单位。全镇共有19个单位及部门，干部职工240人。

全年实现财政收入268万元，完成全年目标任务的173.14%。完成固定资产投资1.22亿元，完成招商引资签约资金3.23亿元，实际到位资金0.99亿元。农民人均纯收入9020元。

2016年，天文镇在高速路建设、城镇建设、计生等工作获县委或县政府表彰。

【农业生产】　种植水稻0.8万亩，玉米0.7万亩，实现产量560万斤；种植蔬菜1.92万亩；年末生猪存栏3.68万头，大牲畜存栏0.36万头，100头以上养猪大户25户，100只以上养羊大户7户，稳定网箱养鱼1790口。种植烤烟4800亩，落实油橄榄种植3900亩，油橄榄厂房建设基本完工。引进鲟鱼养殖项目已投入运转。累计完成农技培训700余人（次）。完成土地流转2.2万亩。采取“五落实、五确保、五到位”和“12345”工作法，完成农村土地承包经营权确权登记工作，涉及农户5238户，签订农村土地承包合同4243户，完成总户数的81%，确权面积52596.22亩。

11月23日，省农委确权办副站长张戈（右列三）一行对天文镇农村土地确权登记颁证工作进行视察指导

【“四在农家·美丽乡村”暨小城镇建设】　投入资金启动镇区总规与详规修订，已完成总规编制和上级评审工作；完成天文镇城镇规划区拓展规划的土地测绘工作，规划占地面积585.26公顷；完成天文镇港口大道集中建房点场平工程总量的90%，路网和管网工程完成90%；粮站城市综合体建设已完成选址、实物指标测算工作，启动地块开挖、场平及征地工作；完成烟叶站、敬老院项目建设工程，天文镇集中治丧点建成并投入使用；完成天文镇50户小康房集中连片建设；完成“四在农家.美丽乡村”高速公路沿线可视范围内房屋立面改造工程总量的96%，涉及23个村民组1236户；完成44户易地扶贫搬迁项目调查走访及申报工作；完成危房改造一户一档建立、信息录入372户。

【精准扶贫】 天文镇共有3个村（乌江村为三类贫困村）贫困人口合计748户2495人，其中一般贫困户564户2090人，民政兜底184户405人（五保户15户18人，低保169户387人）。2016年产业、就业带动208户737人，教育扶持44户175人，生态补偿46户182人，2016年医疗救助115人。2016年脱贫299户1114人（2014年脱贫30户122人，2015年脱贫150户590人）。2016年底全镇贫困发生率为3.1%，其中贫困村（乌江村）贫困发生率为2.86%。

4月26日，中国社会科学院农村发展研究所专家组在天文镇调研产业扶贫项目——油橄榄种植

【教育工作】 镇内有中学1个，中心小学1个，村级小学3个，公办幼儿园1所。有小学在职教师68人，在校学生844人，在园幼儿361人；中学在职教师41人，在校学生419人。2016年小学适龄儿童入学率达100%；初中阶段入学率达89.78 %。2016年中考考生98人，中考成绩600分以上13人，81人分别被瓮安中学、瓮安二中录取，4人被贵真中学录取。在庆祝第32个教师节之际划拨教育专项工作经费2.7万元，对全镇73名优秀校长、优秀班主任、先进教育工作者、优秀教师、教学能手和师德标兵进行表彰。

【卫生计生工作】 2016年度共计办理生殖健康服务证168个。出生人口216人，其中男108人，女108人。出生率为9.59‰；死亡率为5.02‰，人口自然增长率为4.57‰。政策生育符合率为89.81%，出生人口性别比为100。收取社会抚养费8.47万元，利益导向共兑现金额22.11万元。

【社会保障】 2016年，共计发放农村低保金109.12万元，城市低保金53088元，五保供养金47800元。办理结婚登记182对（补领结婚登记125对），办理离婚登记48对。城乡医疗救助64人次、146888元；困境儿童救助62人、14300元；今冬明春困难群众生活救助46户、23340元；临时生活救助83人次、50944元。发放救助粮710户、19505公斤。办理残疾证人数为415人，其中一级重残人员65人。办理申请保障性住房初审18户；新型农村合作医疗系统录入18320人，参合率达98%；办理社会养老保险7044人（净增人数482人），征缴基金85.23万元，完成任务100%；新增就业人数177人；完成创业就业培训90人；劳动力转移550人；技能培训16人；完成小额贴息贷款9户100万元。精准扶贫劳动力转移就业创业362人。

【社会综合治理】 建立健全镇、村、组三级信访网络和“四位一体”矛盾调处机制，调整充实各级调解组织人员，排查、化解各类矛盾纠纷。年内排查调处各类矛盾纠纷113起，已调处成功107起，建议司法解决6起。排查信访案件2起，成功调查处理2起。处理县信访局转办书记县长信箱信访事项6件/次，回复处理结果6件/次，回复率、满意率均为100%。年内未发生进京赴省到州上访事件。

【宣传思想文化暨精神文明建设】 围绕中央、省、州和县委重要会议及领导讲话精神，组织开展中国特色社会主义、社会主义核心价值观、“两学一做”“党的声音进万家”、总书记话儿记心上”等宣讲活动。开展宣传干部上讲堂、领导干部上讲堂、道德模范上讲堂、德师队伍上讲堂、寨老上讲堂、专家学者上讲堂“六上讲堂”活动；开展“明礼知耻 崇德向善”“继中华传统文明 承传统美德”“我们的节日”等主题系列活动，开展各类志愿者活动。上报“身边好人”“道德模范”人员25名；配合“2016中国瓮安国际山地户外运动挑战赛”大型活动的开展；参与完成“幸福进万家 瓮水长歌乡村行”等活动。

【基层组织建设】 全年发展党员8名。选派3名副科级领导到各村担任村级“第一书记”；开展春节、七一期间慰问困难党员、困难群众、离退休干部活动，出资4.1万余元，共走访慰问困难党员、生活困难群众69人、离退休干部17名；对全镇党员563名（流动党员49名）组织关系开展集中排查。启动“互联网+”党员创业致富工程，将原计生站大楼改造成镇电商创业服务平台，在乌江村创建综合服务站，利用服务站电商平台，带民致富；全面开展“两学一做”专题学习教育，召开工作专题会议12次，参与学习党员449人，撰写心得体会100余份，送《党章》及习近平总书记讲话精神2000余份；在纪念建党95周年暨表彰大会表彰先进基层党组织2个、优秀党务工作者2名、优秀共产党员16名；村级党组织换届选举发放换届选举宣传资料200余份，签订纪律承诺书150份，采取“两推一选”“公推直选”相结合的方式，全镇3个村共选举产生党支部委员15名，其中书记3名。

6月30日，举办纪念建党95周年暨第五届农民运动会

在县的“七·一”表彰中，被县委表彰先进基层党组织2个，优秀共产党员2名，优秀党务工作者2名。

（饶 英 周文艺）

岚关乡

【概况】 岚关乡地处瓮安南端，距县城23千米，东与黄平县接壤，南紧邻福泉市高石乡，西与平定营镇相邻，北与永和镇相连，平均海拔1270米，年平均气温在12.3℃。辖3个村58个村民组4593户16397人。总面积119平方千米，耕地面积14865亩（田6768亩）；森林面积7547.93公顷，森林覆盖率68.4%。乡境内有丰富的煤、磷、铁、硫铁、钼、镍、钒、锚辛、重晶石等矿产资源，尤其是煤、磷、钼、镍、钒最为丰富，有地球上同纬度保存最完好的国家级原始森林公园——朱家山。全乡共有中学1所，中心完全小学1所、村级小学2所、学前教育4所（公立3所）。

年末实有在编在岗干部职工71名。其中，行政在编人员20名，事业在编人员51名。内设党政办公室（法制办公室）、经济发展办公室、社会事务管理办公室、社会治安综合治理办公室（信访维稳办公室）、安全生产监督管理办公室、卫生和计划生育办公室（流动人口管理办公室）、综合行政执法办公室（综合行政执法队）、国土资源和规划建设环保办公室、财政所9个机构。下设农业综合服务中心（畜牧兽医站、农产品质量安全监管站、动物卫生监督分所）、人力资源和社会保障服务中心（农民工综合服务所）、科技宣教文化信息服务中心（综合文化站）、水利站、林业站、政务服务中心（群众工作中心）、敬老院（福利院）、中心卫生院8个事业单位。

2016年度在全州“十强农业园区”“十佳休闲农业园区”评选中获“十佳休闲农业园区”；2015年茶产业发展目标任务考核中获二等奖；在瓮安县2016年第一次亮点观摩中获第二名；2016年度卫生和计划生育目标考核中荣获三等奖。

【经济工作】 财政税收完成1800万元，比上年增长3.45%；完成招商引资6亿元，到位资金1.65亿元；完成工业总产值66809.42万元。国民生产总值1.37亿元。农民人均纯收入9001元，比上年增长11.81%。

【基础设施】 投资2200万元，完成朱家山迎宾大道一期1.5千米建设，于年底通车；争取资金1300万元对岚关至朱家山6.5千米公路进行升级改造；争取资金800万元，启动建设瓮安县云中港至岚关一级公路（沙子坡至岚关段）。投入资金105.68万元，完成茶海村茶园组、岚关村翁郎坝组和上寨组“一事一议”工程7.5千米建设；投入

建成的岚关乡朱家山迎宾大道一期工程

资金80万元，建设兰家坪至朱家山、章阁村公路沿线绿化工程；建成松坪至下埔、石家大土至龙坪、马鞍山至谷才14千米乡村公路建设，受益农户1235户4568人。“四在农家·美丽乡村”示范建设投入资金13.8万元，修建集镇公厕1所；争取资金330.01万元，实施茶海村33户房屋立面改造，打造9000平方米茶文化广场。投入18万元完成800平方米章阁村村级文化活动场所，建设文化大舞台一个。投入8万元，完成岚关村村级活动场所改扩建工程。完成朱家山迎宾大道农居点第二批规划宅基地10户（8户已开工建设），涉及面积1200平方米；投入13万元，完成2016年度5户危房改造建设。争取水利农田配套机井项目2个，建设岚关村尚家田机井人饮工程，涉及尚家田、上寨组38户150人；茶海村大路边井人饮工程，涉及新龙、大坪、大福、矿山组170户698人。

【农业生产】 农业总产值完成19582万元。粮食种植面积2.75万亩，总产量11000吨，粮食总产值3300万元。经济作物种植2.82万亩，总产量28200吨，经济作物总产值7896万元。推广“两杂”良种2.6万斤，种植蔬菜2000亩，冬春时鲜蔬菜3000亩，辣椒育苗1.2万亩。中药材种植2000亩，培育蔬菜基地1个，完成公路沿线辣椒示范带200亩。黔芝灵绿色农业科技发展有限公司400亩灵芝基地初具规模，年产值达9000万元，200亩铁皮石斛种植基地年产值达500万元。完成新老茶园管护8500亩，全年新增茶园种植面积1578.51亩，新建贵州云龙农业发展有限公司、贵州深林晶原有限责任公司茶叶加工厂，新增茶叶加工设备18套。全年免疫注射猪2.51万头，牛0.35万头，羊0.18万只，禽16万羽。期末猪出栏3.65万头，牛出栏0.11万头，羊出栏0.2万只，禽出栏20万羽。全年肉类总产量3268吨，禽蛋产量90吨，水产产品10吨。完成农村土地确权航拍面积52560亩，完成农户签字颁证面积50573亩。开展农村“三变”改革工作，流转土地1.2万亩，农民参与1027人，收入300万元（精准扶贫人口180万元），村集体收入45万元。

5月8日，组织干部群众学习茶叶加工技术

【园区建设】 6月，岚关休闲农业园区再一次被评为全州“十佳美丽农业园区”，完成签约项目5个，签约资金38386万元全部到位，有省级龙头企业2家，州级企业2家，县级龙头企业1家，专业合作社6个，家庭农场5个，园区总产值48817.4万元，销售收入4004万元，完成投资31736万元。

7月28日，县四家班子领导和全县各科局、乡镇（街道）主要领导到岚关乡开展“六个一”精品项目亮点观摩。实地走访了解灵芝种植、茶海

7月27日，县四家班子领导率队在岚关乡茶海村茶产业基地观察亮点观摩

村立面改造项目建设情况，并围绕“抓改革、抓产业、抓示范、抓基础”等六个方面，听了详细汇报。

【社会事业】 全年发放临时生活救助52100元，救助79人次；救灾救助金56490元，发放救灾救济粮8500公斤、冬春救助金23100元、城市低保发放180642元、五保供养金91400元。全年共实施医疗救助24人，发放医疗救助金64247元。年内新增就业120人，劳动力转移500人，劳动技能培训共完成65人；完成养老保险参保基金征缴总数63.57万元，净增参保人数326人，办理到龄待遇申请126人，上报死亡133人，办理死亡待遇77人，发放养老保险惠农卡126张；成功申报并审批小额贷款9户、76万元；11654人参加农村合作医疗，缴费1398480元。

【精准扶贫】 年内实现149户626人脱贫。总投资104万元（扶贫专项资金84万元，自筹资金20万元），完成章阁村2.8千米通组道路硬化项目，涉及贫困人口325人。协调农商行，帮助245户贫困户申请“特惠贷”金额1204万元，加入村专业合作社，进行入股保本分红，用于发展种植、养殖产业。完成2014、2015年小额贴息发放以及2016年度“特惠贷”第一至第三季度贴息。各村村级集体经济利润的10%作为本村扶贫资金，2016年3个村共3万余元用于发展扶贫产业。全年组织3次134人次的技能培训，组织有劳动能力的贫困户到县参加技能培训47人次；2016年全面建档立卡贫困户子女享受“雨露计划·圆梦行动”7人，累计资助33.86万元；实施医疗精准扶贫救助90人。

10月18日，茶海村党总支换届

【社会治安】 全年共接待群众来访及各类咨询128人次，共排查调解民间纠纷70起，调解成功68起，其中书面调解58起，调解成功率达97.14%以上，与去年同期相比，调解成功率上升6.24个百分点。未发生进京到省上访事件。代写各类法律文书22份，接待法律咨询76人次，办理法律援助案件24件，已归档24件。全乡共发刑事案件1起，治安案件60起，查结60起，治安拘留6人次（另有3人被强戒），查交通违法216人次，批评教育300余人，在册吸毒人员17人。

【人口计生】 全年人口出生190人，政策外出生20人，符合政策生育90.5%，流动人口符合政策生育率达100%，多孩出生率在6.5%以内；出生率为11.5‰，自增率为6.2‰。全年共完成手术128例，其中上环98例，结扎15例，取环13例，人流术2例。全年共有产妇总数194人，建卡人数165人；开展孕前优生健康检查130人次，生殖健康普查150人次，免费发放药具到位率达100%，随访率达100%；免费为外出务工人员办理流动人口婚育证明200余例。收治和转上级医院的医疗精准扶贫病人200多人，除合医报销外，共垫付医疗精准扶贫医药费10000多元。全年共兑现计划生育利益导向资金11万元，征收社抚费29700元。

【文化教育卫生】 全年集中开展法制宣传教育4次，发放资料3000余份，学校集中宣传3次，受教育学生1500余人，并发放中小学法制教育教材；投入10000元帮助岚关中学美化校园环境，投入5000元帮助岚关中心完全小学开展片区教改工作；认真落实“五个一批”工程，补助贫困学生659人、723750元。组织开展乡内义务写春联下乡、新春灯谜竞猜等活动4场；组织人员参加县级比赛活动3场；完成“幸福进万家瓮水长歌乡村行”到乡演出3场；协助开展国际山地户外运动挑战赛在辖区活动；开展道德讲堂7场次。完成章阁村文化舞台及茶海村文化广场项目建设。全年对全乡适龄儿童接种2580针次，全乡结核病人13人，随访56次；对65岁以上的老年人免费体检1133人，重性精神病病人体检56人，高血压体检

777人，糖尿病体检124人；为全乡35—64岁200名妇女进行宫颈癌免费检查，可疑患者8名，已通知其复检及治疗。

【基层党建】 8月25—26日，召开中共岚关乡第十七次代表大会，选举产生中共岚关乡新一届党委领导班子；10月18—19日，各村党总支召开党员大会，选举产生3个村第十届村级党组织班子15人；11月20—21日，召开岚关乡第十七届人民代表大会第一次会议，选举产生新一届政府班子和10名县人大代表；11月25日，3个村均召开村委会换届选举“海选”大会，选举产生第十届村民委员会班子17人。

全年共发展党员10名，其中女3名，少数民族2名，35岁及以下8名，大专及以上文凭8名；排查及处置“口袋”党员1名，流动党员84名，完成党费追缴任务。驻村队员总共15人，其中省直1人，州直1人，报道小康驻村信息28篇，走访群众920次，帮助谋思路出点子31个，协调解决资金24.5万元，化解矛盾纠纷61起。建立茶海村电商平台，发展产业带头致富的党员32名；3个村集体经济分别积累超过5万元，实现“脱壳率”100%，其中茶海、岚关两村合作成立村级集体企业——黔桂茶业有限公司，年利润20万元。党风廉政建设查处案件7件7人，党纪处分5人，政纪处分2人，挽回经济损失近0.4万元。

李小军在2016年“七一”表彰中获州级、县级“优秀共产党员”称号；岚关村党总支部在2016年“七一”表彰中获县级“先进基层党组织”称号，胡登平、李锡国“优秀党务工作者”称号。

（蒋　倩）

2月2日，岚关乡开展脱贫攻坚文艺演出

领导名录

中共瓮安县委员会

书 记 张文强
副书记 黄桂林 钟 旻（10月止）
曾 薇（10月任）
常 委 张文强 黄桂林 钟 旻（10月止）
曾 薇 张宗良
孟先锋（7月止、10月任）
王 华（10月止） 屈 芳（10月止）
韩小忠（10月止） 黄 成（1月任）
阮顺坤（7月任、10月止）
陈 刚（10月任） 夏吉友（10月任）
喻正斌（10月任） 符清和（10月任）
张 杰（4月止，省派挂职）
杨胜雁（4月止，州派挂职）
姜 雷（6月止，州派挂职）
吴雪嫩（1月任，省派挂职）
唐邦水（4月任，州派挂职）
贾青鸿（6月任，州派挂职）

瓮安县人大常委会

主 任 潘玉华
党组书记 潘玉华
党组副书记 罗惠平
副主任 罗惠平 郭 豫 李丰祥
金正祥 刘奉贤 张远军
党组成员 姚明凤（10月任）
洪 湖（11月任）

瓮安县人民政府

县 长 黄桂林
党组书记 黄桂林
党组副书记 张宗良
常务副县长 张宗良
副县长 韩小忠（10月止）
张 杰（3月止，省派挂职）
杨胜雁（4月止，州派挂职）
姜 雷（5月止，州派挂职）
吴雪嫩（2月任，省派挂职）
唐邦水（5月任，州派挂职）
贾青鸿（6月任，州派挂职）
曾明康 夏吉友（10月止）
姚明凤（10月止） 杨昌勇
肖福勇（10月任）
龚传海（10月任）
桂国全（10月任）

政协瓮安县委员会

主 席 陈 博
党组书记 陈 博
党组副书记 郑 毅
副主席 郑 毅 王 华 符 合 王建军
喻 松 余 江 陈廷高
秘书长 旦朝梅

中共瓮安县纪律检查委员会（监察局）

书 记 王 华（10月止）
陈 刚（10月任）

副　书　记　罗　亚（7月止）
石　毅（7月止）
郑南兵（7月任）
冉丽娟（7月任）
常　　委　王　华（10月止）
陈　刚（10月任）
罗　亚（7月止）
石　毅（7月止）
郑南兵（7月任）
冉丽娟（7月任）
冷国辉　赵启安
黄枭勇　徐艳红（10月任）
局　　长　石　毅（7月止）
郑南兵（7月任）
常务副局长　冷国辉
副　局　长　周　祥

贵州瓮安经济开发区

党工委

书　　记　张文强
副　书　记　黄桂林　范祖林
委　　员　郭　锐　朱洋奎
周后强（10月止）　张林才

管委会

主　　任　黄桂林
副　主　任　范祖林　郭　锐
朱洋奎　周后强（10月止）
张林才
主任助理　任声奎

瓮安县旅游产业发展委员会

主　　任　夏吉友
副　主　任　董忠远　刘仁斌
办公室主任　温光全
副　主　任　李建军
质量规范管理科科长　余　琼
规划财务科科长　华君权
市场开发科科长　徐　艳
猴场景区管理所所长　温光全
朱家山景区管理所所长　李亨念
江界河景区管理所副所长　犹永松（11月止）
王星力（11月任）

贵州瓮安江界河风景名胜区管理处

处　长　董忠远
副处长　温光全（5月任）

办公室

副主任　徐　艳

江界河景区管理所

副　所　长　犹永松（11月止）
王星力（11月任）

贵州瓮安朱家山国家森林公园管理处

处　　长　刘仁斌
副　处　长　李亨念
综合科科长　李建军
规划建设科科长　余　琼
经营管理科科长　华君权

县委工作部门

中共瓮安县委办公室

主　　任　李　飞（3月止）
宋　鹏（3月任、8月止）
符清和（10月任）
常务副主任　宋　鹏（3月止）
周后胜（3月任）
副　主　任　夏　俊　龙　云　屈万春
周后胜（3月止）
侯伶燕　李良旭

瓮安县督查考核局

局　长　夏　俊
副局长　金正安（6月止）　代前梅

中共瓮安县委政策研究室

主　任　周后胜

瓮安县国家保密局

局　长　戴欣娟

中共瓮安县委机要局（瓮安县密码管理局）

局　长　屈万春
副局长　刘顺武

瓮安县小康社会建设办公室

专职副主任　汪福桥（6月止）

曹龙海（6月任）

中共瓮安县委全面深化改革领导小组办公室

专职副主任　帅　统

中共瓮安县委组织部

部　　长　屈　芳（10月止）
喻正斌（10月任）
常务副部长　何先俊（3月任）
副 部 长　何先俊（3月止）
王小谦（5月止）　唐显萍
黎　明（6月止）
金正安（6月任）
犹　琴　田　进
陈安源（10月任）

中共瓮安县直属机关工作委员会

书　记　犹　琴
副书记　李　俊

中共瓮安县委基层组织局

局　　长　犹　琴
副 局 长　张国平（6月止）
舒振华（1月止）　李　俊
田述权（3月任）
李小军（10月任）
中共瓮安县委非公有制企业和社会组织工作委员会书记　何先俊
瓮安县人才工作领导小组办公室主任　陈海福

中共瓮安县委宣传部

部　　长　曾　薇（10月止）
夏吉友（10月任）
常务副部长　张　超（11月止）
副 部 长　李生杰（6月止）　杨俊松
何　端（9月止）

瓮安县精神文明建设指导委员会办公室

主　任　李生杰（6月止）
副主任　聂其康

中共瓮安县委宣传部对外宣传办公室（瓮安县人民政府新闻办公室）

主　任　赵素娥

瓮安县文化产业发展办公室

主　任　汪昱廷

瓮安县互联网舆情研究中心

主　任　魏新（6月任）

中共瓮安县委统战部

部　　长　曾　薇（10月止）
孟先锋（10月任）
常务副部长　杜向阳
副 部 长　张　杰（11月止）
夏　超（11月任）
吴正菊

瓮安县台湾工作办公室

主　任　吴正菊

中共瓮安县委政法委员会

书　　记　黄　成（1月任）
常务副书记　杨　曦
副 书 记　祝夜明（10月止）
刘　芳（10月任）
谭必刚（10月止）
曹品刚（10月任）
黄　成（1月止）　刘　蓉
刘永州　董延家
熊教辉（10月任）
办公室主任　陈德伟（6月任）
政工科长　林丽娴

瓮安县国家安全领导小组办公室

主　　任　黄　成（1月任）
专职副主任　董延家

中共瓮安县委党校

校　　长　钟　旻（10月止）
曾　薇（10月任）
常务副校长　何贤华

中共瓮安县委党史研究室（瓮安县地方志编纂委员会办公室）
主　任　范祖贵
副主任　王　昱　谢兴贵（6月任）

瓮安县机构编制委员会办公室
主　任　唐显萍（5月止）
　　　　陈安源（10月任）
副主任　杨润发

瓮安县事业单位登记管理局
局　长　刘汉发

瓮安县离退休干部工作局
局　长　黎　明（6月止）
　　　　金正安（6月任）
副局长　万吉友

瓮安县老年大学
校　长　邓仁智（5月任）
副校长　肖　云　吴晓文

瓮安县信访局
局　长　龙　云
副局长　李安平　朱世江

县人大常委会工作部门

办公室
主　任　陈安源（12月止）
　　　　韩真旗（12月任）
副主任　李　萍

选举任免与代表联络工作委员会
主　任　龙知音
副主任　彭　祥（12月任）

财政经济与环境资源工作委员会
主　任　何　杰
副主任　罗成平（12月任）

农业与农村工作委员会
主　任　熊正军
副主任　彭　祥（12月止）
　　　　罗玉祝（12月任）

内务司法工作委员会
主　任　陈乾英（12月止）
　　　　张海建（12月任）
副主任　张海建（12月止）

教育科学文化卫生与民族宗教侨务工作委员会
主　任　张登华
副主任　张　红

信访督查室
主　任　袁富成
副主任　游　皎

人大代表服务中心
主　任　王达翠（6月任）

县人民政府工作部门

瓮安县人民政府办公室
主　　任　闵　端
常务副主任　宋泽俊
副　主　任　周　文　赵德平（6月止）
　　　　　　刘文俊　罗锡忠　宋纯禄
　　　　　　刘开建（6月止）
　　　　　　李昌茂（11月止）
　　　　　　敖　霞　沈　军（6月任）
　　　　　　雷国远（6月任）
　　　　　　黄　平（11月任）
纪检组长　刘惠玲

瓮安县人民政府法制办公室
主　任　周　文
副主任　李　炜（1月任）

瓮安县人民政府应急办公室
主　任　宋纯禄

瓮安县公共资源交易中心（9月更名为黔南州公共资源交易中心瓮安县分中心）

党组书记　赵德平（5月止）
　　　　　方成坤（5月任、11月止）
　　　　　邹家发（12月任）
主　　任　赵德平（6月止）
　　　　　方成坤（6月任、11月止）
副 主 任　李恩福　卢继东
纪检组长　成焱飞（3月任）

瓮安县人民政府政务服务中心

党组书记　刘开建（5月止）
　　　　　杨　洪（5月任）
主　　任　刘开建（6月止）
　　　　　杨　洪（6月任）
副 主 任　吴寿飞　胡文丽

瓮安县人民防空办公室

主　任　秦　综

瓮安县人民政府国防教育办公室

主　任　刘文俊

瓮安县科学技术局

局　长　谢朝富（3月止）
　　　　孙　凯（6月任）
副局长　包庆红
　　　　黄绍发（11月任）

瓮安县机关事务服务中心

主　任　罗锡忠
副主任　薛　强（6月止）
　　　　彭传婕（6月止）
　　　　夏加娟（5月任）
　　　　黄　平（11月任）

瓮安县人民政府教育督导室

主　任　王登国

瓮安县人民政府督查室

主　任　李佳铃

瓮安县依法治理办公室

主　任　熊教辉（11月止）
　　　　赵清微（11月任）

瓮安县社会治安综合治理办公室

主　　任　杨　曦
专职副主任　王登伟

瓮安县维护社会稳定办公室

主　　任　熊教辉（10月任）
专职副主任　何　林

县政协工作部门

办公室

主　任　旦朝梅

提案法制委员会

主　任　龙泽书

经济发展委员会

主　任　杨秀琪

教科文卫体委员会

主　任　唐文君

社会联谊与文史学习委员会

主　任　孙　红

人口与环境资源委员会

主　任　黄先菊

民族宗教委员会

主　任　雷安林

委员联络委员会

副主任　杨东林　宋春阳

智力支边办公室

主　任　杨胜华

中共瓮安县纪律检查委员会（监察局）工作部门

内设机构

办公室主任　彭华先
党风政风监督室主任　徐艳红（5月止）
　　邓云久（5月任）
干部室主任　杨红梅
宣教室主任　赵启安（6月止）
　　张显勋（6月任）
信访室主任　王大其
案件审理室主任　蔡　端
案件管理室主任　李　岚
纪检监察一室主任　黄枭勇
纪检监察二室主任　杨　涛
纪检监察三室主任　吴岳军

派出纪工委

第一纪工委书记　杨国熙
第二纪工委书记　冉丽娟（6月止）
　　犹　飞（6月任）
第三纪工委书记　韩真旗（11月止）
第四纪工委书记　肖林君

派驻片区纪工委

瓮水片区纪工委书记　黄国兴
猴场片区纪工委书记　赵启安
玉山片区纪工委书记　徐艳红
珠藏片区纪工委书记　汤兴明（6月止）

县纪委监察局管理的副科级事业单位

县行政投诉中心主任　汪　元（6月任）

贵州瓮安经济开发区工作部门

办公室

主　任　兰华丽
副主任　犹和兴　邱德侣（11月任）

党群工作部

部　长　王　芳
副部长　杨思英（3月止）
　　范兴林（6月止）
　　刘龙均（6月任）
　　鄢富坤（10月任）

纪工委（监察审计局）

书　记（局　长）　廖　斌
副书记（副局长）　刘兴祥　刘元康

财政局

局　长　潘　飞（6月止）
副局长　犹家贸

招商引资局

局　长　黄　梅（6月止）
副局长　蔡海云　华小咏

产业发展局

局　长　任声奎（11月止）
副局长　邱成云　罗云松

规划建设局

局　长　余　波
副局长　陈发伟（5月止）

政法综治局

局　长　兰仕华
副局长　田德才　犹永立（6月止）

城镇综合执法局

局　长　王晓安
副局长　叶贞祥　黎长华

社会事业局

局　长　刘人毅
副局长　徐德辉

农村工作局

局　长　杨忠远
副局长　吴明富　张安忠

政务服务中心
主　任　陈　康
副主任　邱兴群　田仁富　彭正华

综合管理部门

瓮安县发展和改革局
党组书记　洪　湖（11月止）
　　　　　张　杰（11月任）
局　　长　洪　湖（11月止）
　　　　　张　杰（11月任）
常务副局长　李华刚
副局长　江廷友　李文兰
　　　　刘　松
纪检组长　余登海洋
综合执法大队队长　肖明辛
铁路建设办公室主任　刘　松

瓮安县人力资源和社会保障局
党组书记　王小谦（5月止）
　　　　　唐显萍（5月任）
局　　长　王小谦（6月止）
　　　　　唐显萍（6月任）
常务副局长　颜可利
副局长　张有钰（10月止）　丁纪生
　　　　汤兴明（11月任）
纪检组长　罗民兵
机关党委书记　汤兴明（5月任、11月止）
劳动保障监察执法大队队长　龙　杨
人事劳动争议仲裁院长　吴升艳

瓮安县就业局
局　　长　陈启勇

瓮安县社会保险事业局
局　　长　张有钰（10月止）
　　　　　朱洪成（11月任）

瓮安县财政局
党组书记　龙继锋
局　　长　龙继锋
党组副书记　王文珏
常务副局长　王文珏
副局长　兰才举　尹权英
纪检组长　贺川菊
机关党委书记　韩　松
财政监督检查执法大队队长　何先华
国库集中收付中心主任　犹家禄
基层财政管理局局长　犹　然
国有资产管理局局长　黄德忠

瓮安县民政和民族宗教事务局
党组书记　张　杰（11月止）
　　　　　夏　超（11月任）
局　　长　张　杰（12月止）
　　　　　夏　超（12月任）
党组副书记　杜全林
常务副局长　杜全林
副局长　何　群　林　繁（6月止）
纪检组长　陈明洪
机关党委书记　吴永祥
综合执法监察大队队长　邱成林

瓮安县社会救助局
局　长　刘艳茹（3月止）
　　　　商崇杰（11月任）

瓮安县老龄委员会工作办公室
主　任　张　杰（11月止）
　　　　夏　超（11月任）
副主任　陈开齐

瓮安县国土资源局
党组书记　吴广文
局　　长　吴广文
常务副局长　黄忠奎
副局长　樊启和　张　勇（12月任）
纪检组长　乔　毅
机关党委书记　唐学梅
储备中心专职副主任　邓安辉

瓮安县安全生产监督管理局
党组书记　李子刚（11月止）
　　　　　方成坤（11月任）

局　　长　李子刚（12月止）
　　　　　方成坤（12月任）
党组副书记　刘汉乾
常务副局长　刘汉乾
副 局 长　欧　伟　杨　杰
纪检组长　陈瑞杰
党组成员　杨顺静（12月任）
煤监局局长　欧　伟

瓮安县工业和信息化局

党组书记　周后强（11月止）
　　　　　李子刚（11月任）
局　　长　周后强（11月止）
党组副书记　何　军
常务副局长　何　军
副 局 长　曹　麟　黄才豇
纪检组长　刘晓昀（8月止）
机关党委书记　冷祥维（12月任）
工业综合执法监察大队队长　王后明
中小企业服务中心主任　陈古丽

瓮安县农村工作局

党组书记　罗成建（5月止）
　　　　　刘开建（5月任）
党组副书记　岑德友（6月止）
　　　　　张国平（6月任）
局　　长　罗成建（6月止）
　　　　　刘开建（6月任）
常务副局长　岑德友（6月止）
　　　　　张国平（6月任）
副 局 长　刘仁忠　文敬友（11月止）
　　　　　杜兴乔　罗柒玖（11月任）
纪检组长　张　慧
机关党委书记　邓正平
瓮安县烟办主任　刘仁忠
瓮安县茶办主任　文敬友（11月止）
　　　　　罗柒玖（11月任）

瓮安县扶贫开发局

党组书记　邓国才（5月止）
　　　　　何客冈（5月任）
局　　长　邓国才（5月止）
　　　　　何客冈（5月任）
副 局 长　徐永梅　刘知祥
纪检组长　宋纯华

瓮安县水务局

党组书记　王天国（11月止）
　　　　　文敬友（11月任）
局　　长　王天国（12月止）
　　　　　文敬友（12月任）
党组副书记　陈佑刚
常务副局长　陈佑刚
副 局 长　范忠伦　李继程
纪检组长　王天伦（3月止）
　　　　　王华亮（5月任）
机关党委书记　陆长林（6月任）

瓮安县林业局

党组书记　刘成国（5月止）
　　　　　邓国才（5月任）
局　　长　刘成国（6月止）
　　　　　邓国才（6月任）
副 局 长　夏洪源　王天伦（4月任）
纪检组长　郭　娟
机关党委书记　李　旭
国有林场场长　阮明军（4月任）
执法大队队长　阮明军
森林公安局局长　刘青云

瓮安县住房和城乡建设局

党组书记　夏　超（11月止）
　　　　　王元兴（11月任）
局　　长　夏　超（11月止）
　　　　　王元兴（11月任）
党组副书记　李立国（5月止）
　　　　　吴禹君（6月任）
常务副局长　李立国（5月止）
　　　　　吴禹君（6月任）
副 局 长　苟兴贵　代兴平（5月任）
　　　　　陈定祥（6月任）
纪检组长　兰银峰
机关党委书记　陈定祥（5月止）
　　　　　朱龙会（5月任）

建设执法大队队长　杨正鹏
瓮安县规划局局长　苟兴贵
瓮安县房地产管理局局长　卢继光

瓮安县环境保护局

党 组 书 记　王兴武（3月止）
　　　　　　李　飞（3月任）
局　　　长　王兴武（3月止）
　　　　　　李　飞（3月任）
副 局 长　王　庆　肖仁开
纪 检 组 长　宋泽会
环境监察执法大队队长　雷泷惠

瓮安县商务局

党 组 书 记　杨胜武（5月止）
　　　　　　谭怀坤（5月任）
局　　　长　杨胜武（6月止）
　　　　　　谭怀坤（6月任）
副 局 长　犹永光　蒋汰宏（5月任）
纪 检 组 长　邓先迪
商务和粮食综合执法大队队长
　　　　　　犹永松（11月任）

瓮安县市场监督管理局

党 组 书 记　卢　剑
局　　　长　卢　剑
党组副书记　犹　飞（7月止）
　　　　　　张泽兴（7月任）
常务副局长　犹　飞（7月止）
　　　　　　张泽兴（7月任）
副 局 长　王劲松　龚娅芬
纪 检 组 长　龙沛雨
党 组 成 员　顾大定　张　林

瓮安县城市管理局（7月整合建瓮安县城市管理综合行政执法局）

党 组 书 记　李朝忠（5月止）
　　　　　　肖伯喜（5月任）
局　　　长　李朝忠（5月止）
　　　　　　肖伯喜（5月任）
党组副书记　熊　毅
常务副局长　熊　毅
副 局 长　田　川　李　刚（5月任）
纪 检 组 长　邓顺菊

瓮安县统计局

党 组 书 记　张淞华
局　　　长　张淞华
党组副书记　余乐金
副 局 长　王芳坦　夏开美（6月任）
纪 检 组 长　李仕莲

瓮安县乡镇统计管理办公室

主　　　任　余乐金
副 主 任　余　静

瓮安县审计局

党 组 书 记　曾宪嵩
局　　　长　曾宪嵩
副 局 长　宋纯江　梁大琼
纪 检 组 长　朱　红

瓮安县档案局

党 组 书 记　李晓红
局　　　长　李晓红
副 局 长　兰　凯　胡茂勋

瓮安县投资促进局

党 组 书 记　谭怀坤（5月止）
　　　　　　黄　梅（5月任）
局　　　长　谭怀坤（5月止）
　　　　　　黄　梅（5月任）
常务副局长　黄　梅（5月止）
副 局 长　李春梅　黄明忠
　　　　　　蔡海云　华小咏

瓮安县招商引资项目代办服务中心

主　　任　钟仁琴

瓮安县水库和生态移民局

党 组 书 记　王朝明
局　　　长　王朝明
副 局 长　刘仁志　唐培斌
纪 检 组 长　龚凤平

教育·文化·卫生

瓮安县行政学校
校　　长　张宗良
常务副校长　何贤华

瓮安县教育局
党工委书记　谢　静
党工委副书记　犹品璋　罗继文
局　　长　谢　静
副 局 长　犹品璋　陈　松　罗明梅
纪检组长　罗继文
纪工委书记　罗继文（12月任）

瓮安中学
校　长　余家品
副校长　周遗贵　李　琴　杨友发

瓮安第二中学
校　长　张明光
副校长　丁丽娟　王华松　夏忠富
　　　　吴定龙（10月任）

瓮安第三中学
校　长　刘金巧
副校长　张良学（10月止）　赵　平
　　　　唐　松（10月任）　谢祥平（10月任）

瓮安第四中学
校　　长　刘兰华
副 校 长　汪礼春　闵国琴
　　　　　皮禄会　张良学（10月任）

瓮安第五中学
校　　长　陈友华
副 校 长　鲁恩平（11月止）　陈德举
　　　　　邓远林（10月任）
　　　　　周泽宏（10月任）

瓮安县职业中学
校　　长　陈清涛
副 校 长　刘龙坤　郭小兵

瓮安县草塘中学
校　　长　吴定龙（10月止）
副 校 长　段正文（10月任）　肖大春
　　　　　卢锡飞　邓远林（10月止）

珠藏中学
校　　长　唐　松（10月日止）
　　　　　王俊松（10月任）

瓮安县文化和旅游局
党组书记　何　端（9月止）
　　　　　张　超（11月任）
局　　长　何　端（12月止）
　　　　　张　超（12月任）
党组副书记　周明君
常务副局长　周明君
副 局 长　王成义　冷　松
纪检组长　温光全（5月止）
　　　　　杨思英（5月任）
机关党委书记　张仕才
广电网络公司经理　刘安平
文化市场综合执法大队队长　江显福
文化馆馆长　陈　园

猴场会议会址（冷少农故居）管理所
所　　长　王维飞

广播电视台（新闻中心）
台长（主任）　李良旭（4月止）
　　　　　　　王富刚（5月任）

瓮安县卫生和计划生育局
党组书记　张真举
局　　长　张真举
常务副局长　商　梅
副 局 长　李君德（5月止）　游　狮
　　　　　侯显惠（5月任）
纪检组长　蔡正权
机关党委书记　李洪江

瓮安县卫生监督所

所　　长　毛　俊

副 所 长　罗　湧（5月任）

　　　　　钟　海（5月任）

瓮安县妇幼保健院

院　长　雷胜江

副院长　钱　锋（5月止）　张　恒（5月任）

瓮安县疾病预防控制中心

主　任　黄应萍（8月止）

副主任　胡齐来　温雪冰

瓮安县人民医院

院　　长　李洪璠

党委书记　蔡　斌

副 院 长　宋　熹　龚　山

　　　　　饶兴辉

纪委书记　况月怀

瓮安县中医院

院　　长　杨　超

副 院 长　宋镇星　兰泽军　黎从飞

纪委书记　肖兴勇

军事·法治

瓮安县人民武装部

部　　长　孟先锋（3月止）

政治委员　阮顺坤

副 部 长　罗亚波

军事科长　罗亚波

政工科长　刘　华

后勤科长　徐小骥（3月止）

　　　　　高师林（6月任）

瓮安县消防大队

教 导 员　张　云（12月止）

　　　　　杨　霖（12月任）

副大队长　樊青松（11月止）

大 队 长　张国辉（11月任）

瓮安县公安局

党委书记　黄　成

局　　长　黄　成

党委副书记　刘永州

政　　委　刘永州

副 局 长　韩亚军　陈　勇

　　　　　彭林忠　戎　晓

　　　　　李文奎　肖伯喜（5月止）

纪委书记　赵守菊

政治处主任　龙文金

机关党委书记　李泽卫

治安大队队长　王国军（5月任）

指挥中心主任　杨昌明（5月任）

瓮安县人民检察院

党组书记　谭必刚（10月止）

　　　　　曹品刚（10月任）

党组副书记　邓太华

检 察 长　谭必刚（10月止）

代理检察长　曹品刚（10月任）

副检察长　郑光杰　李　明（10月止）

　　　　　陈德清

反贪局长　陈　军

纪检组长　陶孟昌（12月止）

政工科长　孙绍琪（12月止）

机关党委书记　李　昆（12月止）

瓮安县人民法院

党组书记　祝夜明（10月止）

　　　　　刘　芳（10月任）

党组副书记　李家烈

院　　长　祝夜明（10月止）

代理院长　刘　芳（10月任）

常务副院长　王资刚（12月止）

副 院 长　张德舜　周　艺

执行局局长　付文忠

纪检组长　林　凯

机关党委书记　敖洪康

政工科长　张　艳

瓮安县司法局

党组书记　刘　蓉

局　　长　刘　蓉
常务副局长　周国祥
副 局 长　熊教辉（11月止）
　　　　　赵清微（11月任）
纪检组长　陈　明
政工科长　陈　达

州垂直管理部门

瓮安县国家税务局

党组书记　张　泉（8月止）
　　　　　周永恒（8月任）
局　　长　张　泉（8月止）
　　　　　周永恒（8月任）
副 局 长　金正明　倪祖维
　　　　　胡廷山
纪检组长　王书法（2月止）
　　　　　袁盛龙（2月任）
稽查局局长　刘成美

瓮安县地方税务局

党组书记　黄吉斌（7月止）
　　　　　胡　瑾（7月任）
局　　长　黄吉斌（7月止）
　　　　　胡　瑾（7月任）
副 局 长　王志林　王成坤
纪检组长　犹和平

瓮安县住房公积金管理中心

主　　任　犹　彬
副 主 任　王富荣

国家统计局瓮安调查队

队　　长　许克祥（1月任）
副 队 长　陈伟

瓮安县气象局

局　　长　陈余兰
副 局 长　田红莉　张道林（7月任）

瓮安供电局

局　　长　戴　兵
副局长　宋　飞　周　君　罗昭洪
　　　　湖　涛（9月任）

社会团体

瓮安县工商业联合会

党组书记　杜向阳
主　　席　余　江
副 主 席　邹家发　张　敏

瓮安县总工会

党组书记　邱兴兰（3月止）
　　　　　石　毅（7月任）
主　　席　金正祥
常务副主席　石　毅（8月）
副 主 席　郑书祥

共青团瓮安县委员会

书　　记　马世龙（5月任，11月止）
副 书 记　汤玉洁（11月止）
　　　　　周　甜（6月任）

瓮安县妇女联合会

主　　席　孙　华
副 主 席　龙海燕

瓮安县科学技术协会

主　　席　杨　英
副 主 席　桂全禄（6月任）

瓮安县文学艺术联合会

主　　席　杨俊松
副 主 席　周　敏

瓮安县残联执行理事会

理 事 长　谌礼辉
副理事长　冉崇碧（6月止）
　　　　　杨克先（6月任）

瓮安县红十字会

专职副会长　王　军（5月止）
　　　　　　李立国（5月任）

秘　书　长　瞿友富（5月任）

瓮安县计划生育协会

会　　　长　王　华
常务副会长　张真举
专职副会长　李君德

交通·邮政·通讯

瓮安县交通运输局

党 组 书 记　陆　涛（10月任）
局　　　长　陆　涛（12月任）
党组副书记　陆　涛（10月止）
　　　　　　李顺达（10月任）
常务副局长　陆　涛（10月止）
　　　　　　李顺达（10月任）
副　局　长　宋锡礼（10月止）
　　　　　　刘兴斌（10月任）
纪 检 组 长　张　松
机关党委书记　申咏梅（10月止）

瓮安县地方海事处

处　　　长　李顺达（10月止）
　　　　　　宋锡礼（10月任）
副　处　长　李昕奇

瓮安县农村公路管理局

局　　　长　唐辉文

瓮安县道路运输管理局

局　　　长　唐国春
副　局　长　卓荣斌　周绍林（7月止）

瓮安县农村公路建设技术服务中心

主　　　任　宋育权

邮政局

总　　经　　理　罗光国
综合办公室主任　向武刚
市场经营部经理　黄　云
代理业务部经理　邓雪梅
包快业务部经理　倪　艳

高水支局局长　王　进
玉山支局局长　杨怀君
天文支局局长　谭　超
草塘支局局长　陈　伟
平定营支局局长　唐成敏
永和支局局长　杨文志
岚关支局局长　马登海

中国电信瓮安分公司

总 经 理　彭国礼（11月止）
副总经理　刘正兵（9月任、11月主持工作）
　　　　　熊漫霞（7月任）

中国联通瓮安分公司

总　经　理　潘智波
集团中心经理　卢再波
珠藏中心经理　吴　刚
建维中心经理　冷昌宴

中国移动瓮安分公司

经　理　宋仕达

工　业

花竹花置业（集团）公司
贵州花竹山置业有限责任公司

董事长　刘汉科
副董事长　孙晓琼
常务副总经理　柏开全
副总经理、财务总监　邓正刚
副总经理、工会主席　王小红
党委办主任　陈　智
综合管理部经理　刘明华
人力资源部经理　犹品松
投融资规划部经理　黄　涛
计划财务部经理　兰　莉

国有资产营运投资有限责任公司

总经理　陈家琦
副总经理　王振遥　吴映松
财务总监　刘昌娅
公交公司董事长　龙玉霖

综合管理部经理　唐国林
人力资源管理部经理　张少武
市场管理部经理　罗之勇
资产管理部经理　刘维忠
投融资部副经理　苏　敏（主持工作）

城市公共交通有限责任公司

董事长　龙玉霖（国资公司派驻）
总经理　刘泰君（公司法人）
副总经理　刘知华
监　　事　王振遥
计统财务部经理　张　林
综合管理部经理　唐　广
安全生产管理部经理　刘明刚
车辆维修调度部经理　刘知德

鑫宏诚融资担保有限公司

股东会成员

瓮安县国有资产营运投资有限责任公司
王荔、李成刚、罗程午

董事会

董事长　陈家琦
成　员　王　荔　吴映松　李成刚　肖　珊

监事会

主　席　兰　莉
成　员　刘昌娅　罗程午

经营班子

总经理　王　荔
副总经理　吴映松　李成刚
综合部经理　邓思捷
业务部经理　肖　珊
风险部经理　王鹏飞
财务部经理　陈庭羊

磷化有限责任公司

总经理（董事长）　孙　昊
副总经理　刘　春　曹　磊　贺光富　罗　宣

太平山殡葬服务有限责任公司

执行董事　聂奇志
副总经理　张东海　王兴元
综合部经理　吴照勇
财务部经理　杜兴群
殡仪馆馆长　杨林松
公墓部经理　马福云

城镇建设投资开发有限责任公司

执行董事　巫海燕
总经理　唐　健
副总经理　刘卫星
副总经理　吴持俊
副总经理　葛永卫（1月任）
总经理助理兼投资计划部经理　卢　波（1月任）
财务总监　王美仙
综合管理部经理　邓　丹
财务部经理　罗雪芹
工程管理部经理　刘　欧
资产管理部经理　张绍荣

粮油储备库

主　任　杨胜祥
副主任　陈　松　杨林
支部书记　雷小华
工会主席　王晓飞
主任助理　李家全　冷国林（兼综合科科长）
业务科科长　唐华君
经营科科长　刘　玲
综合科科长　冷国林

文化旅游发展有限责任公司

总经理　蒋忠建
副总经理　刘大纲　王治忠　黄　卫
支部书记　蒋忠建
工会主席　刘大纲
财务总监　李肇恒
部门负责人：
综合管理部　盛　华
财务部　倪　婷
业务发展部　陈　琳
资产营运管理部　杜向权
项目投资规划开发部　彭　安

商贸有限责任公司

总经理　陈学建
副总经理　饶　健　孙　胜
一支部书记　周家华

财务部经理　冯知芳
综合部经理　胡家瑀
人力资源部经理　李琼芬
安全生产部经理　李恩奎
屠宰场场长　邹文专
资产管理部经理　周　颖

瓮安水务投资有限责任公司

总经理　于　斌
副总经理　张　睿　吴春富
总经理助理　龚乘平
工会主席　梁　霞
财务总监　郭明峰

物资供应有限公司

执行董事兼总经理　古绍亮
副总经理　张永堂（兼爆破公司总经理）
副总经理　商拯华
工会主席　李杨芬
综合部经理　熊琪海（兼爆破公司副总经理）
仓储部经理　郭双龙（兼爆破公司总经理助理）
市场部经理　古吉祥
运输部经理　刘锡斌
工程部经理　刘　权
业务部经理　程　艳
建材经营部经理　周顺芬
爆破公司总经理助理　曹　映

交通建设投资有限责任公司

常务副总经理　蒋泰宇
业务部副经理　邓　晗
综合部副经理　商　磊

兴瓮实业（集团）公司
贵州兴瓮实业（集团）有限责任公司

董事长、总经理　余登志
副董事长、副总经理　饶　君（12月止）
副总经理　沈　刚　陈　浩（10月任）
财务总监　张　娅（6月任）

工业园区投资开发有限责任公司

总经理　饶　君（12月止）
常务副总经理　彭开学
副总经理　艾奇伟　袁瑞沂

立信会计咨询有限公司

总经理　张　娅

工业园区物资贸易有限公司

总经理　卜金荣
副总经理　邓　俊　胡正坤

创业园科技孵化服务有限公司

总经理　陈大兴
副总经理　左　刚

贵州黔中建安置业投资有限责任公司

总经理　向　闵
副总经理　杨道洪
牟宴民
马德勇（4月任）

兴新资产运营投资管理有限公司

总经理　饶　君（5月任）
副总经理　王　超（5月任）
总经理助理　宋金钱（5月任）

贵州水务瓮安有限公司

董事长　张　萍（3月任）
龚学斌（3月止）
董事、总经理　周　军（3月任）
张　波（3月止）调任
副总经理　王太富（3月任）
毛木祥（3月任）
综合事务部主任　张建勇（3月任）
财务资产部主任　杨光祖（3月任）
生产技术部主任　冯　亮（3月任）
安监部主任　丁家华（3月任）
客服中心主任　兰定文（3月任）
建设管理部主任　陈　刚（3月任）

供销合作·“两烟”·盐业

瓮安县供销合作社联合社

党组书记　吴登辉
主　　任　吴登辉
副 主 任　邓安文　陈俊忠

瓮安县烟草局（分公司）

党组书记　刘盛普
局　　长　刘盛普
副 局 长　韦　峰
纪检组长　吴晓彤（11月止）
经　　理　刘盛普
副 经 理　李昕建　冉应海（2月止）
　　　　　贾昌先（3月任）

盐业公司

经理、盐务管理支局局长　张　勇
党支部书记　辛文敏

金融·保险

瓮安县人民政府金融工作办公室

主　　任　陈廷高
副 主 任　宋泽敏　杨　霞

黔南银监分局瓮安办事处

主　任　李　勇（7月任）
副主任　李　勇（7月止）

人民银行瓮安支行

行　长　黄汝斌（9月止）
　　　　王宏祥（9月任）
副行长　罗贤智 喻行春
纪检组长　罗贤智

农业银行瓮安支行

行　长　聂其彪
副行长　傅　鹏　杨　林　江　雪

工商银行瓮安支行

行　长　姚宏彪
副行长　曾碧和　宋忠友

建设银行瓮安支行

行　　长　刘　惠
行长助理　刘桂明　杨　泸

瓮安农村商行银行

董事长　辜亚江
监事长　卢　维（6月任）
副行长　卢　维（6月止）　徐　光
　　　　屈晓峰（7月任）　罗忠勇（7月任）

贵州银行瓮安支行

行　长　刘广明
副行长　王晓东

邮政银行瓮安支行

行　长　曾凡梅

贵阳银行瓮安支行

行　长　周　平
副行长　刘星星

中国银行瓮安支行

行　长　严仕颖
副行长　杨文静　杨　顺（2015年8月任）

人民财产保险瓮安支公司

经　理　刘　鲲
副经理　王福生

人寿保险瓮安支公司

经　　理　汪佳丽
经理助理　申润菊

平安财产保险瓮安支公司

总经理　张　琪
直销渠道经理　卢永庆
车商渠道经理　陈　鹏
电销渠道经理　敖富琴
代理渠道经理　代亨国
综拓渠道经理　郑　丹

乡·镇·街道

瓮水街道

党工委书记　何客冈　兼瓮水绿色食品工业园区党工委书记（5月止）
李朝中　兼瓮水绿色食品工业园区党工委书记（5月任）
党工委副书记　王兴奎　兼瓮水绿色食品工业园管委会主任（8月止）
邱定菊　兼瓮水绿色食品工业园区党工委副书记（6月止）
杨兴梅　兼瓮水绿色食品工业园区党工委副书记（6月任）
办事处主任　王兴奎　兼瓮水绿色食品工业园管委会主任（8月止）
杨兴梅　兼瓮水绿色食品工业园管委会主任（8月任）
办事处副主任　杨胜乾　旦　雍
黄国胜　犹永立（6月任）
汤玉洁（11月任）
纪工委书记　秦大华
人大工委主任　邓德合
组织委员　方　群（5月任）
政法委书记　犹建修
人武部长　卢　刚
宣传委员、统战委员、政协工作联络员
陈晓玲
财政所长　方锡辉
工会主席　王治春
计生协会专职副会长　王启书
政务服务中心（群众工作中心）专职副主任
潘光富

雍阳街道

党工委书记　王元兴　兼雍阳青坑工业园区党工委书记
党工委副书记　陈大兵（5月止）
江　浩（5月任）
刘　丰（6月止）
办事处主任　陈大兵（5月止）兼雍阳青坑工业园区管委会主任
江　浩（5月任）兼雍阳青坑工业园区管委会主任
办事处副主任　罗玉祝（11月止）　宋锡奎
罗开军　张富文（2月止）
瞿友富（5月止）兼雍阳青坑工业园区管委会副主任
曾　文（5月任）
宋纯著（10月任）
人大工委主任　肖天友
组织委员　杨思英（3月任、5月止）
胡孙丽（5月任）
纪工委书记　石　明（6月止）
邬培杰（6月任）
政法委书记　刘青文
人武部长　唐润平
宣传委员、统战委员、政协工作联络员
刘春梅
财政所长　冷　华
工会主席　王振旭
计生协会专职副会长　罗　俊
政务服务中心（群众工作中心）专职副主任
李天斌
派出所所长　陈　田

猴场镇

党委书记　许克平　兼猴场文化旅游发展创新区党工委书记（8月止）
宋　鹏　兼猴场文化旅游发展创新区党工委书记（8月任）
党委副书记　江　浩（5月止）
杨兴梅（6月止）
朱仕祥（5月任）
汪福桥（6月任）
秦　锐（5月止、州派挂职）
镇　长　江　浩　兼猴场文化旅游发展创新区管委会主任（5月止）
朱仕祥　兼猴场文化旅游发展创新区管委会主任（5月任）
副镇长　徐　刚　马世龙（5月止）
施家珍　曾　文（5月止）
周凤超　汪若飞（6月任）
夏锦刚　周乐业（3月、省派挂职）

人大主席　　王建奎
组织部长　　田述权（3月止）
　　　　　　雷光彬（6月任）
纪委书记　　邓云久（5月止）
　　　　　　杜明菊（5月任）
政法委书记　陈德伟（5月止）
　　　　　　饶承镔（6月任）
人武部长　　王　斌
宣传委员、统战委员、政协工作联络员
　　　　　　冷小梅
工会主席　　王伯书
计生协会专职副会长　刘礼军
政务服务中心（群众工作中心）专职副主任
　　　　　　卢清国
小河山政务服务中心（群众工作中心）主任
　　　　　　吴光辉

银盏镇

党委书记　范祖林　兼开发区党工委副书记、管委会副主任（6月止）
　　　　　张林才　兼开发区管委会副主任（6月任）
党委副书记　张林才（6月止）
　　　　　　李生杰（6月任）
　　　　　　王　芳　兼开发区党群工作部部长
镇　　长　张林才（6月止）
　　　　　李生杰（11月任）
副 镇 长　犹永立　兼开发区政法综治局副局长（5月止）
　　　　　刘人毅　兼开发区社会事业局局长
　　　　　陈　康　兼开发区政务服务中心主任
　　　　　余　波　兼开发区规划建设局局长
　　　　　张安忠　兼开发区农村工作局副局长
人大主席　兰仕华　兼开发区政法综治局局长
组织部长　杨思英　兼开发区党群工作部副部长（3月止）
组织委员　刘龙均　兼开发区党群工作部副部长（6月任）
纪委书记　刘兴祥　兼开发区监察审计局副局长
政法委书记　田德才　兼开发区政法综治局副局长
人武部长　罗云松　兼开发区产业发展局副局长
宣传委员、统战委员、政协工作联络员
　　　　　范兴林　兼开发区党群工作部副部长（6月止）
　　　　　邱德侣　兼开发区办公室副主任（10月任）
财政所长　犹家贸　兼开发区财政局副局长
工会主席　吴明富　兼开发区农工局副局长
计生协会专职副会长　袁常开
政务服务中心（群众工作中心）专职副主任
　　　　　邱兴群

平定营镇

党委书记　方成坤　兼现代高效生态农业示范园区党工委书记（5月止）
　　　　　刘永忠　兼现代高效生态农业示范园区党工委书记（5月任）
党委副书记　韩光平
　　　　　　吴禹君　兼现代高效生态农业示范园区管委会副主任（6月止）
　　　　　　刘洪祥（6月任）
镇　　长　韩光平　兼现代高效生态农业示范园区管委会主任
副 镇 长　杨克先　兼现代高效生态农业示范园区管委会副主任（6月止）
　　　　　何先海（4月止）
　　　　　黎　锋（1月止）
　　　　　王安龙（2月任）
　　　　　何启平（11月任）
　　　　　范兴林（11月任）
　　　　　杨峻珑（11月任）
人大主席　罗　刚
组织部长　朱龙会　兼现代高效生态农业示范园区管委会副主任（5月止）
组织委员　姚显锋（7月任）
纪委书记　李侑泉
政法委书记　罗成平（11月止）
　　　　　　刘洪祥（11月任）
人武部长　刘洪祥（6月止）
　　　　　范兴林（6月任）
宣传委员、统战委员、政协工作联络员
　　　　　邱德侣（11月止）

姚显峰（11月任）
派出所所长　田　宽
财政所长　陈　举
政务服务中心（群众工作中心）专职副主任
何明举

中坪镇

党委书记　肖福勇　兼现代高效农业示范园区党工委书记（8月止）
黄应萍　兼现代高效农业示范园区党工委书记（8月任）
党委副书记　欧家坤（5月止）
卢昌俊　兼现代高效农业示范园区管委会副主任（2月止）
雷　辉　兼现代高效农业示范园区管委会副主任（6月任）
镇　长　欧家坤　兼现代高效农业示范园区管委会主任（5月止）
卢昌俊　兼现代高效农业示范园区管委会主任（7月任）
副 镇 长　梅　军　徐　燕
兰成华　龙虹宇（11月任）
人大主席　王成伦
组织部长　庹玉超
纪委书记　王华亮（5月止）
罗开友（6月任）
政法委书记　王　盾
人武部长　吴　清
宣传委员、统战委员、政协工作联络员
黎尧健
财政所长　闵建华
政务服务中心（群众工作中心）主任　王　盾
政务服务中心（群众工作中心）专职副主任
陈继江

永和镇

党委书记　邓江凌　兼工业园区党工委书记
党委副书记　彭小洪（5月止）
杨　松　兼工业园区管委会副主任（5月任）
林　繁（6月任）
镇　长　彭小洪　兼工业园区管委会主任（5月止）
林　繁　兼任工业园区管委会主任（8月任）
副 镇 长　夏开美（5月止）　胡　彪
尹竹林　彭传婕（8月任）
邓德平（11月任）
人大主席　杨全中
组织部长　袁仁丽
纪委书记　张天盛
政法委书记　雷　辉（5月止）
杨　勇（5月任）
人武部长　石从军
宣传委员、统战委员、政协工作联络员
宋定军
财政所长　闵国纳
工会主席　袁小康
政务服务中心（群众工作中心）主任
雷　辉（5月止）
杨　勇（5月任）
专职副主任　杨　勇（5月止）
老坟嘴政务服务中心（群众工作中心）专职主任
宋　敏

天文镇

党 委 书 记　黄明忠
党委副书记　孙　凯
黄　平（5月任、11月止）
邱定菊（6月任）
李昌茂（10月任）
镇　长　孙　凯（5月止）
邱定菊（8月任）
副 镇 长　黄　平（11月止）
曾祥松　瞿兆新（11月任）
吴　铁（11月任）
瞿兆新（11月任）
聂昌柱（11月任）
人大主席　邓仁智（5月止）
李　轲（8月任）
组织部长　宋纯著（10月止）
纪委书记　杜全禄（5月止）
罗君魁（6月任）
政法委书记　李　轲（6月止）
吴　铁（7月任）
人武部长　瞿兆新

宣传委员、统战委员、政协工作联络员
胡孙丽（5月止）
曾祥松（10月任）
财政所长　黄文斌
工会主席　李正伟
计生协会专职副会长　郎永乾
政务服务中心（群众工作中心）主任
李　轲（6月止）
政务服务中心（群众工作中心）专职副主任
徐　纲
党委委员　王星力（7月任、10月止）

建中镇

党委书记　吴　笛　兼建中白茶现代农业产业园区党工委书记
党委副书记　杨　洪（5月止）
刘　丰（6月任）
史森勋　兼任建中白茶现代农业产业园区管理委员会副主任（6月任）
镇　　长　杨　洪　兼建中白茶现代农业产业园区管委会主任（5月止）
刘　丰　兼建中白茶现代农业产业园区管委会主任（6月任）
副　镇　长　朱严强　杨　帆　陈建忠
黄凤德　兼白茶现代农业产业园区管委会副主任（5月止）
吴忠春（7月任）
人大主席　龚晓衡
纪委书记　兰明奎
政法委书记　李锡章（6月任）
人武部长　尹全林　兼白茶现代农业产业园区管委会副主任
组织委员　史森勋（4月止）
蒋濰操（6月任）
宣传委员、统战委员、政协工作联络员
廖天涯
派出所长　唐仕平（5月止）
财政所长　熊其文
计生协会专职副会长　王治友

珠藏镇

党委书记　桂国全　兼工业园区党工委书记（8月止）
王兴奎　兼工业园区党工委书记（8月任）
党委副书记　李永群
李　毅　兼工业园区管委会副主任
镇　　长　李永群　兼工业园区管委会主任
副　镇　长　李　刚　张　血（5月止）
惠廷明
周荣品　王康文
刘　刚（12月任）
人大主席　欧阳光辉
组织部长　邓孔华
纪委书记　王建华
政法委书记　李　远
人武部长　况明军
宣传委员、统战委员、政协工作联络员
张光强
派出所长　曾　静
财政所长　张洪军
工会主席　况明华
计生协会专职副会长　杨再俊
珠藏政务服务中心（群众工作中心）专职副主任
宋昌友
高水政务服务中心（群众工作中心）主任
张绍东
丰岩政务服务中心（群众工作中心）主任
兰大剑
牛场坝政务服务中心（群众工作中心）主任
杨　进
木引槽政务服务中心（群众工作中心）主任
冉刚吉

江界河镇

党委书记　郑南兵（5月止）
陈大兵（5月任）
党委副书记　任　锐　何先海（5月任）
镇　　长　任　锐
副　镇　长　帅　统（3月止）
杨　松（5月止）
代兴平（5月止）
张　血（5月任）
黄江凯（7月任）
姜　涛（1月任、省派挂职）

汤仁福
人大主席　张泽兴（6月止）
田仁华（6月任）
纪委书记　刘林瀚
政法委书记　兰登勇
人武部长　田仁华（10月止）
谭启松（10月任）
组织部长　邬培杰（6月止）
犹家洪（6月任）
宣传委员、统战委员、政协工作联络员
张洪建（6月任）
财政所长　杨哲云
计生协会专职副会长　罗代碧

玉山镇

党委书记　符清和　兼玉山工业园区党工委书记（8月止）
许克平　兼玉山工业园区党工委书记（8月任）
党委副书记　朱仕祥（5月止）
张登江
石　明　兼玉山工业园区党工副委书记（6月任）
镇　长　朱仕祥　兼玉山工业园区管委会主任（5月止）
张登江　兼玉山工业园区管委会主任（7月任）
副镇长　黄佑华（6月止）
张明军
周克丽（2月止）
叶高彪（7月任）
杨忠文（7月任）
李建国（11月任）
人大主席　王元伦
组织部长　刘明星
纪委书记　杜明菊（5月止）
刘志坤（8月任）
政法委书记　叶高彪（6月止）
黄佑华（6月任）
人武部长　江以波
宣传委员、统战委员、政协工作联络员
金　丽
派出所长　吴　超
财政所长　蒲永江
工会主席　张　羽
计生协会专职副会长　杨忠文（6月止）
政务服务中心（群众工作中心）专职副主任
郑兴琴

岚关乡

党委书记　刘永忠　兼生态文化旅游园区党工委书记（5月止）
彭小洪　兼生态文化旅游园区党工委书记（5月任）
党委副书记　李小军（11月止）
马世龙（11月任）
胡登平　兼生态文化旅游园区管委会副主任（11月任）
乡　长　罗柒玖　兼生态文化旅游园区管委会主任（11月止）
马世龙　兼生态文化旅游园区管委会主任（11月任）
副乡长　张汝强（11月任）
赵清微（10月止）
田仁洪（11月任）
兰登辉（11月任）
周　宇（1月任，省派挂职）
人大主席　王绪俊（兼生态文化旅游园区管委会副主任）
纪委书记　胡生才
组织部长　胡登平（8月止）
组织委员　胡登平（8月任、10月止）
张忠敏（10月任）
政法委书记　谭启松（6月止）
张汝强（6月任）
人武部长　田仁洪
宣传委员、统战委员、政协工作联络员
张忠敏
工会主席　郑安学
派出所长　张真平
计生协会专职副会长　何启平（5月止）
政务服务中心（群众工作中心）主任
谭启松（7月止）
张汝强（7月任）
政务服务中心（群众工作中心）专职副主任
李锡国

在中国共产党瓮安县第十二次代表大会上县委常委会工作报告（摘录）

张文强

（2016年10月25日）

一、过去五年的工作回顾

坚持凝心聚力、真抓实干，县域经济在既赶又转中实现新跨越。经济总量大幅提升。成功挤入全省县域经济第一方阵，全县地区生产总值年均增长16.6%，高于全省和全州、高于以往，2015年末达97.19亿元，人均24997元，分别是2010年的2.54倍和2.38倍。财政总收入20.15亿元、一般预算收入11.62亿元，分别是2010年的3.47倍和3.44倍。固定资产投资年均增长50%以上，五年累计472.32亿元，是前五年的8.9倍。社会消费品零售总额、金融机构存贷款余额分别是2010年的2.53倍、2.7倍和5.4倍。城乡居民人均可支配收入分别达24124元和8324元，是2010年的2.18倍和2.06倍。发展质量明显提高。成功创建省级经济开发区，引进山东金正大、深圳芭田等一批优强企业，以磷化工为支柱的特色工业体系基本形成。特色现代农业加快发展，农业基础不断夯实，建成7个省州级农业园区。文化旅游产业加速发展，成功打造草塘千年古邑4A级旅游景区。积极推进信息产业，建成淘宝中国瓮安馆、颐高贵州（瓮安）国际电子商务产业园。生态文明建设成效显著。累计完成造林面积23.21万亩，森林覆盖率提高到53.36%；建成污水处理厂9座，全县城镇污水处理率达85.1%，城乡生活垃圾无害化处理率达80%，集中式饮用水源地水质达标率达100%。今年1—9月，预计实现县内生产总值82亿元，同比增长15%；财政总收入15.72亿元，同比增长11.52%；一般预算收入完成8.9亿元，同比增长13.04%；500万元以上固定资产投资86.05亿元，同比增长23%，为实现“十三五”良好开局奠定了坚实基础。

坚持规划引领、提质扩容，城乡面貌在统筹发展中彰显新魅力。县城综合承载能力不断提升。修编完成《瓮安县城市总体规划（2012—2030）》，县城建成区面积从2010年的9.12平方公里扩大到2016年的22平方公里。新建或改扩建60公里城市道路，基本形成“四纵十八横”城市路网，实施棚户区改造10468户，建成麒龙摩尔城等一批城市综合体，建成清莲湖湿地公园等一批城市公共空间。小城镇建设快速推进。城镇化率达49.58%，比2010年提高17.1个百分点。猴场镇被住建部、国家发改委等七部委列为全国重点镇，初步建成建中茶旅休闲型、珠藏商贸集散型、平定营生态田园型等一批山地特色小城镇。美丽乡村建设成效初显。规划实施农村禁止建设区和集中居住区，“四在农家·美丽乡村”六项行动计划成效明显，累计实施“一事一议”财政奖补项目416个，建成65个美丽乡村示范点，城乡居民居住条件进一步改善。

坚持抢抓机遇、奋力拼搏，发展基础在快速推进中取得新突破。交通建设突飞猛进。瓮马、贵瓮、道瓮、江瓮高速公路相继建成通车，通车里程105公里，结束了瓮安不通高速公路的历史，成为黔中交通“大十字”。全县公路通车里程达2271公里，实现建制村100%通油路（水泥路）和100%通客车，率先在全州开通城乡公交。开工建设瓮马地方铁路，有序推进乌江航运瓮安港建设。水利建设步伐加快。实施水利三年会战，杜仲河水库下闸蓄水，开工建设胜土水库，完成全县36座病险水库除险加固，全县总蓄水量达到0.61亿立方米，完成河道治理20.92公里。信息和能源保障能力显著增强。实现县城及乡镇4G网络全覆盖，宽带（含无线宽带）、无线语音电话全覆盖，城乡广播、电视全覆盖。新增110千伏以上输变电站6座，花竹山96兆瓦风电项目并网发电。建成液化天然气加气站1个。

坚持扩大开放、勇于探索，改革创新在开拓进取中迈出新步伐。重点改革成果丰硕。相对集中行政许可权获国家级改革试点，乡镇行政管理体制改革、统筹推进农村综合改革、全省农村“三变”改革等12项重大改革列入省级试点。“五个三”政策叠加大力推进农业转移人口市民化改革和全省户籍制度改革，实现农业转移人口近2万人。全面推行殡葬改革，实现集中治丧、集中火化、集中安葬“三个100%”目标。在全省率先实施出租汽车行业市场化改革，极大方便了群众出行。创业创新活力迸发。大力推进“大众创业、万众创新”，返乡农民工创业园被列入“西部地区促进农民创业试点工程”，瓮安安青创业社被评为国家级众创空间。商事制度改革成效显著，市场主体达22278户，民营经济占全县GDP比重达54%。大力推进金融创新，引进中国银行、贵州银行、贵阳银行，成功搭建全省县级第一家互联网金融平台。开放水平全面提高。成功举办2016第九届国际精细磷化工技术交流大会，全国磷产业专家委员会在瓮安成立。高标准承办了中国（瓮安）国际投资贸易推介会、国际山地户外运动挑战赛、全国健身交谊舞锦标赛、黔南州第四届运动会等一系列国际级、国家级和省州重大活动，瓮安美誉度和知名度不断提升。

坚持以人为本、聚焦民生，社会事业在共建共享中开创新局面。脱贫攻坚扎实有力。实现10个贫困乡镇“减贫摘帽”，减少贫困人口43755人，贫困发生率下降至9.07%，全面小康实现程度达95%。扶贫生态移民搬迁6084人。教育事业全面发展。全面实施教育“9+3”计划，学前三年毛入园率、义务教育巩固率、高中阶段毛入学率分别提高到87.4%、95.95%和92.5%。5年累计投入教育经费15亿元，整体迁建瓮安中学、瓮安职校、瓮安二中，新成立特殊教育学校、瓮安五中、瓮安九中。高考二本以上录取总数连续五年位居全州第一。医疗卫生普惠于民。改扩建乡级卫生院10个、村卫生室168个，实现村级卫生室全覆盖。迁建和改扩建县人民医院、县中医院并成功创建国家二级甲等医院。社会保障日益完善。城乡基本医疗保险覆盖率和基本养老保险覆盖率分别达92.74%和90.38%，城乡低保实现应保尽保。完成保障性住房建设15014套，改造农村危房10557户，转移农村剩余劳动力57882人，城镇登记失业率均控制在4.3%以内。文体事业欣欣向荣。建成猴场会议纪念馆，红色瓮安品牌更加响亮。深度挖掘瓮安历史文化，打造“瓮水长歌”文化品牌，“幸福进万家·瓮水长歌文化精品乡村行”被列为国家公共文化服务体系示范项目。建成了全省一流的现代化综合性体育场馆及一批文化公共服务设施。

坚持民主法治、共筑和谐，社会治理在系统推进中取得新成效。民主政治建设全面加强。县人大、县政协积极参与中心工作，专项督查、专题调研、依法监督和民主协商发挥重要作用，推进决策民主化、科学化、法制化。爱国统一战线进一步巩固壮大，成立农工党瓮安支部、民进瓮安支部，与各民主党派、无党派人士合作共事更加深入。民族、宗教、工商联、党史、党校等工作取得新成绩。工会、共青团、妇联、文联、科协、残联等桥梁纽带作用进一步增强。坚持党管武装，推动军民融合式发展取得积极成效，成功创建“全省双拥模范县”。法治瓮安进程明显加快。学法、尊法、用法、守法良好氛围日益浓厚。探索建立的“5531”社会治理模式得到党的群众路线教育实践活动中央第四巡回督导组和省委的充分肯定，并在全省推广。“双联中心”“拾柴微公益”等一批好经验好做法得到充分肯定，群众安全感连续4年排名全省第一方阵，被评为全国“六五”普法先进县、全国法治县（市）创建工作先进县。

坚持固本强基、久久为功，党的建设在从严从实中迈上新台阶。坚持党要管党、从严治党，精心组织群众路线教育实践活动、“三严三实”专题教育和“两学一做”学习教育。基层组织不断夯实。加强服务体系、服务平台、服务队伍和服务机制建设。被评为全省基层组织建设先进县，中央党校、省委党校明确为教学联系点；机关党建“1+3”服务模式被中央国家机关工委评为“建设服务型机关党组织最佳案例”；基层党建“六化工程”得到了州委肯定并在全州推广。反腐倡廉持续深化。建设“两个责任”电子平台，用“大数据”落实管党治党责任。推进纪律检查体制改革，不断优化纪检监察机构设置和人员配备。建立谈话提醒、领导干部个人重大事项报告、述廉述责常态化机制。坚持把纪律规矩挺在前面，强化党员干部遵规守纪意识，严厉纠正违纪发放津补贴、公款吃喝、公车私用等“四风”顽疾。始终保持惩治腐败高压态势，五年来，共立案366件413人，党纪处分251人，政纪处分131人，移送司法机关27人，收缴违纪款1491.12万元，挽回直接经济损失2023.84万元，营造了风清气正、干净干事的良好环境。

今后五年的指导思想、奋斗目标

指导思想：高举中国特色社会主义伟大旗帜，以马列主义、毛泽东思想、邓小平理论、“三个代表”重要思想、科学发展观为指导，深入贯彻习近平总书记系列重要讲话特别是视察贵州时的重要讲话精神，按照中央“五位一体”总体布局和“四个全面”战略布局，牢固树立和落实“五大新发展理念”，以“守底线、走新路、奔小康”为工作总纲，坚持省委、州委主基调主战略和战略行动，以开放促开发、以共享促和谐，加快推进“工业大发展、城乡大统筹、农业大聚变、文旅大融合、环境大提升”五大跨越任务，大力实施“脱贫攻坚、基础设施、民生改善、改革创新、社会治理”五大精准行动，着力建设才智瓮安、兴业瓮安、大美瓮安、活力瓮安、和谐瓮安，争当黔中腹地协调发展排头兵，为夺取全面小康新胜利而努力奋斗。

主要目标：全面完成“十三五”规划各项目标任务，地区生产总值年均增长15%，规模工业增加值（2000万元口径）年均增长15%，固定资产投资（500万元口径）年均增长25%，社会消费品零售总额年均增长13%以上，财政总收入年均增长12%，其中一般公共预算收入年均增长13%，城乡居民人均可支配收入年均分别增长10%和12%以上。实现现行标准下农村贫困人口全部脱贫，基本公共服务指标达全面小康标准。

名词解释：

农村“三变”改革：资源变资产、资金变股金、农民变股东。

农业转移人口市民化“五个三”：三策驱动、三房融合、三保衔接、三权同步、三业协同的政策叠加。

基层党建“六化工程”：群众化工程、社会化工程、行业化工程、区域化工程、项目化工程、信息化工程。

双联中心：瓮安县民生应急信息联动处置中心和瓮安县社会治安动态防控联勤中心。

在县第十六届人民代表大会第五次会议上县人大常委会工作报告（摘录）

县人大常委会主任　潘玉华

（2016年3月4日）

2015年主要工作

全年共召开10次常委会、8次主任会议，听取和审议“一府两院”专项工作报告14个，作出决议、决定和审议意见27项，依法任免国家工作人员112人（次），有效发挥了地方国家权力机关的作用，有力促进了我县科学发展、和谐发展、跨越发展和社会全面进步。

一、围绕中心，紧扣发展，合力推进经济建设

围绕发展底线，高度关注经济运行，加强财政预决算和国民经济、社会发展情况的审查。听取和审议了2015年1—6月国民经济和社会发展计划执行情况、2015年1—6月财政预算执行情况。肯定了县政府在保持全县经济运行平稳、主导产业健康发展、重点工程推进有序等方面的工作。指出要主动适应经济发展新常态，最大限度争取政策支持和资金扶持；要健全完善债务统计、分析和预警机制，严格做到科学合理举债，有效防范债务风险；要科学编制“十三五”规划和各类专项规划，超前谋划一批全局性、战略性的重大项目，争取挤进国家、省、州层面的盘子，让群众共享改革红利。听取和审议了2014年财政预算和其他财政收支审计情况报告，肯定了县政府及职能部门在促进经济转型发展、支持“三农”工作、推动民生事业发展等方面做出的成绩。指出要认真执行新《预算法》，对财政部门和预算单位执行情况进行全面审计，对存在问题，要强化业务指导和监督，提高科学理财水平；要加强对人民群众普遍关注的重点、难点、热点等方面的审计，不断提高资金使用效益；要抓好重大建设项目和基础设施项目投资审计，确保资金安全合理使用。

围绕生态底线，审议了生态林业建设、现代高效农业示范园区开展情况的报告。肯定了县政府及职能部门科学规划、加大投入、做强龙头及大力保护、培育、合理利用资源，强化生态功能和提高综合效益所取得的成绩。指出要守住生态与发展两条底线，破除产权不清、流转不畅的根本弊端，树立“绿水青山就是金山银山”的理念，切实保护和利用好生态资源，科学合理规划生态建设；要用“把生态做成产业，把产业做成生态”的发展理念，认真探索农业产业“接二连三”创新发展模式；要以开展农村土地承包经营权确权颁证为契机，搭建流转顺畅的土地流转交易平台；要强化科技支撑，以新品种、新技术、新设施、新装备、新模式，提升科技含量；要探索集“观光旅游、休闲娱乐、度假养身”为一体的产业转型升级。

二、创新方式，强化监督，着力增强工作实效

加强监督是人大及其常委会的基本职权和应尽责任，县人大常委会始终按照监督与支持并重的原则开展监督工作。

用制度保障监督。县人大常委会树立框权于制，还权于民的理念，审议通过《瓮安县人大代表联系选区选民制度》《代表约见“一府两院”组成人员办法》《瓮安县人大常委会专题询问办法》，为畅通代表知政知情渠道，鼓励调动代表参与管理国家事务的积极性和创造性，推进事关大局或人民群众普遍关心的热点难点问题解决，提供了制度保障。为促进“一府两院”依法行

政、公正司法完善了监督方式，为人大常委会规范履职明确了措施。

用活动促进监督。人大常委会一直把促进司法公正、维护公平正义作为监督工作的重要内容，为切实保障人民群众的知情权、参与权、表达权和监督权，对县人民法院司法公开工作和县人民检察院民事行政检察工作进行了专项审议；组织代表72人次旁听了法院系统庭审案件21件，提出了许多好的建议和意见；组织27名代表开展“代表走消防、看执法”活动，指出了存在的问题，促进了工作改进，提高了消防执法服务水平。

用创新推动监督。结合人大常委会2015年度监督工作计划，以“延伸触角，关注焦点，还原真相，回应关切”主题，在县电视台开设“人大监督面对面”电视问政专栏，采取“小型、快捷、实效”的方式，组织部分省、州、县人大代表和市民，联合新闻媒体开展对政府工作电视问政，找准了服务党委中心工作和服务百姓需求的契合点，创新了人大监督问政的手段和形式，有力地推动了人大监督事项的落实，强化了监督实效。一年来，共制作“西门河之痛，谁之过？”“县城供水时断时续原因何在？如何妥善处理？”“县城牛皮癣治理为何难？”等栏目6期。

用问题来导向监督。民所盼，我所为，怡人泉人行天桥的建设项目是我县的一项民生工程，针对天桥施工进度严重滞后，导致老百姓怨气很大，群众、商户反映强烈，甚至引发上访的问题，人大常委会专门召开主任会议对建设情况进行了专题询问，提出了县人民政府主管部门要加强资金的协调和监管力度，定期对工程进展情况进行督查；工程合同要设置相应的制约措施，建立奖惩机制；由县人民政府与业主方、施工方、监理方进行认真研讨，加快施工进度，尽快保质保量完工，提高政府公信力等针对性非常强的询问意见，有力地推动了工程的进度，加快了工程的完工。

三、关注民生，维护民权，大力促进民生改善

民心所向，国运所系；民生所在，政之所行。人大常委会把突出保障和改善民生摆在重要的位置，确保事关民生问题的解决。

围绕民生改善，关注农村合作医疗、城乡低保、失地农民养老保险工作。听取和审议了关于农村合作医疗工作情况报告，指出要加大宣传，引导群众树立健康风险、互助共济意识，提高参合积极性；要畅通看病渠道，强化基金安全监管，保障参合群众正当权益。听取和审议了关于被征地农民养老保险工作情况报告，指出要做好就业政策落实、被征地农民就业情况动态管理、审核用人单位社会保险补贴申请、被征地农民参保登记、基金征收、社保待遇发放等工作。切实维护全县社会稳定，促进经济持速健康发展。听取和审议了关于城乡低保工作情况报告，指出要认真落实低保工作的操作规程，注意把好调查、核实、评议、审核、公示关，确保每一个操作环节公开、公平、公正；要统筹各项社会救助力量，做到低保救助与其他专项救助有机结合，建立并完善就业和再就业服务体系，在扶持上尽力做到从输血型向造血型的转变；明确隐私保护和纠错机制，完善“先授权、后核对”程序；建立信息保护措施，确保居民家庭经济状况信息不外泄、不滥用，维护社会公平，促进和谐发展。

关注群众“舌尖上的安全”，针对群众十分关心的农产品质量安全问题，人大常委会将农产品质量安全作为人大专题询问的议题，成立了专题询问调研组，走访人大代表和基层群众，深入食品企业、集贸市场、产地批发市场开展调研，广泛收集群众普遍关心的、最想了解的问题和疑点，审议时，请县人民政府及相关职能部门的领导在现场逐一解惑答疑，通过专题询问，有力地推进了该项工作。同时，采用“回头看”的方式，选择上一年度的6个审议意见落实情况进行跟踪调查，民主测评，测评等次均达到良以上，常委会对达到优秀等次的2个单位进行了表扬。

四、依法办事，依规行权，有力推行依法治县

常委会始终坚持党的领导、人民当家作主、依法治县有机统一，把保障宪法和法律法规正确实施作为履职重点，有力推进法制建设。

依法行使重大事项决定权。认真执行《人大常委会讨论决定重大事项的规定》，做到了重大事项决定与经济社会发展合拍、与人民群众合心、与“一府两院”合力。重点对殡葬制度改革、新型工业化、政府性债务融资、未成年人违法犯罪、县城区供水情况等方面展开专题调研、

组织专题视察，依法作出了相应的决议、决定。对县人民政府及其工作部门出台的具有普遍约束力的规范性文件和乡镇人大作出的决议、决定进行了备案审查，提出要深化行政管理体制改革、规范行政行为，切实维护广大人民群众的根本利益。

依法开展执法检查。立足发挥供销合作社在统筹城乡经济社会发展和服务农业、农村、农民中的作用，开展了《贵州省促进供销合作社发展条例》执法检查。为发挥茶产业实现富民、生态保护和文化传承作用开展了《黔南州促进茶产业发展条例》执法检查。立足山青、天蓝、水清、地洁的生态底线，促进经济社会可持续发展开展了新《环境保护法》执法检查。配合省人大组织开展了全国人大代表对《农村养老机构》实施情况的专题调研和《美丽贵州·绿色乌江》乌江流域中游生态环境保护贵州环保专项行动；协助省、州人大完成了《食品安全条例》《饮用水安全条例》《农村留守儿童管理条例》《古树名木保护条例》等立法调研工作。

依法推动普法。今年是“六五”普法收官之年，也是十八届四中全会依法治国战略部署全面实施之年。人大常委会高度重视法治建设，支持政府及有关部门将与人民群众生产生活息息相关的法律，通过“法律六进”途径全面普及；把法制宣传教育、依法治理作为实施社会管理创新的重要内容和基础工作，贯穿社会治理的全过程，推动形成“办事依法、遇事找法、解决问题用法、化解矛盾靠法”的良好法治环境。

依法做好人事任免。县人大常委会始终坚持党管干部和人大依法任免干部相统一原则，认真履行宪法和法律赋予的人事任免权。一年来，人大常委会依法任免国家工作人员共112人，其中任命和决定任命72人，免职40人，接受辞职3人。从第一个国家宪法日就开始实施新任命人员向宪法宣誓制度，通过庄严、肃穆、神圣的方式增强被任命人员的责任感和使命感。全面执行任前法律知识考试和供职报告制度，强化被任命干部的宪法意识、法治意识和人民意识，确保人事任免工作制度化。

依法搞好选举。因工作变动，为依法补选好县第十六届人大代表，深入乡镇、村组、选区，对有关问题的咨询及时予以解答，在依法、民主、有序的基础上，顺利完成了14名县人大代表的补选和18个乡镇正、副乡镇长的选举工作。

依法做好人大信访工作。常委会和相关工委室共接待来信来访53件次，89人次，其中涉法涉诉案件4件、9人次。在接待来信来访中，做到了热情接待，认真记录，及时交办、督办和答复，使反映问题得以及时有效办理，有力维护了当事人的合法权益，促进了社会稳定。

五、突出主体，发挥作用，全力推动代表工作

常委会始终把充分发挥代表作用作为做好人大工作的基础和保证，突出代表主体地位，保障代表依法行权。

紧紧围绕全县重点工作，特别是经济工作中的重点和热点问题，组织省、州、县三级人大代表对全县13个乡镇（街道）和工业园区正在实施的《贵州省瓮安工业园区建设工作推进情况》《水利建设三年行动计划执行情况》《行政区划调整后工作推进情况》等重点工作和民生项目进行实地调研视察，梳理出问题13个，提出解决办法和建议17条。

进一步完善落实代表建议办理、督办、答复等制度，明确办理责任，及时交办代表建议，并筛选事关经济社会发展、重大民生事项、涉及影响社会稳定的建议重点交办，县人大常委会领导牵头监办，各承办单位严格按照建议办理工作流程，通过与代表面对面的交流和沟通，提高了办理实效。办理工作进一步由答复满意型向落实满意型转变。县十六届人大四次会议上代表提出的158件建议、批评、意见已全部办结，答复率、办结率均达到100%。

为提升能力，组织常委会组成人员、乡镇（街道）人大主席(工委主任)、部分人大机关工作人员到苏州市委党校开展培训。积极支持人大工作者参加各级党委、人大举办的各类人大业务知识和能力培训。利用代表建议督办、组织代表开展视察调研、乡镇指导代表联络站创建、召开座谈会等形式对代表进行集中培训。为代表订阅《中国人大》《人大论坛》等刊物和学习资料。

按“七有”(接待有场所、工作有制度、活动有主题、履职有记录、诉求有回应、困难有帮助、经费有保障)标准搞好基层代表联络站（室）

建设，在玉山镇召开创建推进现场会，提出要把基层代表联络站（室）建设成“服务区”“加油站”“示范点”，通过各乡镇（街道）的共同努力，我县的创建工作达到硬件设施齐全、软件制度上墙、履职活动规范。

六、改进作风，提升素质，努力加强自身建设

人大常委会始终把加强自身建设放在突出位置，用转作风、强素质、树形象来不断推进机关建设上台阶。

根据中央统一部署，在人大常委会机关副县级以上领导干部中开展“三严三实”专题教育，结合领导干部自身实际和工作分工按“规定动作”开展了集中专题学习和讨论。进一步增强了严格遵守“八项规定”，严明政治纪律、严守政治规矩，践行党的宗旨意识和群众路线的自觉性。始终自觉坚持党的领导，自觉维护县委权威，坚持重大事项集体研究和向县委请示汇报制度，围绕县委中心工作部署确定常委会的工作要点，积极参与和较好地完成了县委交办的重点项目、经济建设、社会稳定及高速公路建设、拆迁、殡葬改革等工作，做到人大工作与全县工作步调一致、节奏合拍。

坚持双周学习、常委会专题知识讲座、道德讲堂、党员活动日、双向组织生活会、上党课等制度，使之成为制度化、常态化。通过认真学习党的十八届三中、四中、五中全会和习近平总书记系列重要讲话精神及政治理论专著、法律等知识，提高常委会组成人员及机关干部的履职能力。通过学习党风廉政建设方面的文件和领导讲话，增强了对人大机关工作人员进行党风党纪教育、廉政风险教育，不断提高了全体人员反腐倡廉、廉洁自律的自觉性。

常委会领导干部和机关党员干部带头深入包保联系点，结合党支部活动，扎实开展“三联三访三提升”活动（联系困难群众、留守儿童、致富能手，访基层、代表、选民，提升人大常委会监督实效、人大代表履职能力、人大机关服务水平）在经费十分困难的情况下，挤出46300元办公经费帮助解决江界河镇38户困难群众、7户计生户、28名留守儿童的生产生活困难和桂花村基础设施建设等。为拓展扶贫路子，帮助因学致贫家庭脱贫，积极探索创新社会扶贫参与模式，人大机关与苏州“映山红”助学联盟共建助学联络站，为“映山红”助学联盟对我县品学兼优的贫困家庭学生，采取“一对一”资助生活费、学费、路费及学习用品、生活用品的爱心举动，提供初审初核、入户走访、联络联系等前期服务工作。今年，该联盟在瓮安支助贫困学生42人，使总资助贫困学生达到161人，年投入助学金80万余元。同时，捐资7.5万元为天文中学建起了阶梯教室、留守儿童活动之家，捐资40台电脑帮助木老坪中学建起电教室，为江界河中学支助价值1.6万元的羽绒被100条。

在肯定成绩的同时，我们也清醒地认识到，县人大常委会各项工作用宪法和法律的要求来衡量，与县委和人民群众的期望相比，还有差距，主要表现在：依法行使职权不够到位，对法律法规实施情况的检查监督实效不够理想；重大问题审议调研不够深入，为县委提出有价值建议不多；在各乡镇（街道）人大工作的联系指导、服务代表工作上还不实不细。对于这些问题和不足，人大常委会将在今后的工作中锐意进取，改进完善，力争我们的工作，更加贴近群众，更加接地气、赢民意。

2016年工作任务

2016年，县人大常委会工作的总体要求是：以邓小平理论、“三个代表”重要思想和科学发展观为指导，全面贯彻党的十八大和十八届三中、四中、五中全会精神和习近平总书记系列重要讲话精神，坚持“四个全面”，运用法治思维和法治方法，牢固树立创新、协调、绿色、开放、共享五大发展理念，围绕推动“工业大发展、城乡大统筹、农业大聚变、文旅大融合、环境大提升”五大跨越，实施“脱贫攻坚、基础设施、民生改善、改革创新、社会治理”五大精准行动，依法履职，守住发展和生态“两条底线”，为瓮安走新路、奔小康，打造“一中心一枢纽，四区四基地”战略目标提供法制保障和良好环境。

在县第十六届人民代表大会第五次会议上县人民政府工作报告（摘录）

县长　黄桂林

（2016年3月3日）

“十二五”时期工作回顾

综合实力显著增强。地区生产总值实现97.19亿元，年均增长16.5%，是2010年的2.4倍；固定资产投资实现147.56亿元，年均增长47.8%，是2010年的7.1倍；财政收入首次突破20亿元，完成20.15亿元，年均增长28.2%，是2010年的3.5倍，一般公共预算收入首次突破10亿元，完成11.62亿元，年均增长28%，是2010年的3.5倍；社会消费品零售总额18.84亿元，年均增长20.4%，是2010年的2.5倍；金融机构存贷款余额分别为119.03亿元、87.29亿元，年均增长22%、40.3%，是2010年的2.7倍、5.4倍；招商引资到位资金157.5亿元，年均增长66.9%，是2010年的12.9倍。交通建设突飞猛进。瓮马及贵瓮、道安、安江高速公路相继建成通车，全县高速公路通车里程105公里，成为黔中交通“大十字”，融入贵阳1小时经济圈；实现原247个行政村100%通油路（水泥路）、100%通客运车，率先在全州开通农村公交。城镇建设快速推进。县城建成区面积从2010年的9.12平方公里扩大到2015年的20平方公里，城镇化率从2010年的32.5%提升到2015年的49.58%，超全省平均水平（42%）7.58个百分点。民生事业持续向好。全县高考二本以上录取学生五年累计7242人，是“十一五”时期的1.7倍，累计被清华、北大录取22人；整体搬迁县人民医院，县人民医院、县中医院成功创建国家“二级甲等”医院；城镇、农村居民人均可支配收入实现24124元、8324元，年均增长16.87%、15.56%，是2010年的2.2倍、2.1倍；投入扶贫资金4.6亿元，贫困乡镇全部“摘帽”，累计减少贫困人口5.93万人，贫困发生率下降到9%。全面小康实现程度95%以上。争资争项成效显著。争取上级资金21.76亿元，年均增长17.5%，是2010年的2.2倍，五年来累计争取上级资金79.32亿元；争取专项建设基金项目7个，总投资27.94亿元，获专项建设基金1.98亿元。深化改革蹄疾步稳。相对集中行政许可权获国家级先行先试改革试点，11项重大改革列入省级试点；农业转移人口市民化工作经验和“5531”社会治理模式在全省推广，殡葬改革走在全省前列；公共资源交易平台有效运行；乡镇行政管理体制配套改革、农村产权制度改革等初见成效。

“十二五”时期，重点抓了以下工作：

（一）以园区建设为龙头，工业发展迈上新台阶。实施工业“百千万”工程和“双服务”大行动，实行县级领导包保和驻企特派员保姆式服务制度，着力破解企业发展政策落实难、项目落地难、要素保障难等“十难”问题。2015年，全县规模工业总产值141.23亿元，规模工业增加值41.93亿元，分别是2010年的2.7倍、3.9倍。全县工业企业由“十一五”期末的43户增加至308户，2000万元口径规模企业发展到54户，形成金正大、芭田2个100亿级企业。瓮安经济开发区被列入全省首批重点建设的千亿级产业园区，被认定为贵州省新型工业化产业示范基地和省级新型磷化工示范基地。园区基本形成“三纵三横”道路骨架网，完成路网建设30余公里，建成核心区25平方公里，园区入驻企业153户，投产108户，达产77户。累计完成固定资产投资279.93亿元，实现工业总产值160亿元，规模工业增加值48亿元。

（二）以交通水利为重点，基础设施建设实现新跨越。实施基础设施三年行动计划，建成四条高速公路，加快推进乌江航运瓮安港建设，开工建设瓮马铁路，全县公路通车里程2261.7公里，实现村村通油路（水泥路）、行政村通客运车；开通城乡公交线路11条、投入87辆公交车运营；客运班线83条，营运性车辆2070辆；建成码头1个、渡口12道。累计客运周转量835309万人/公里，货运周转量1093989万吨/公里。开工建设胜土水库，杜仲河水库下闸蓄水，完成38座病险库除险加固，建成水库总蓄水量0.61亿立方米；农村人口人均有效灌溉面积0.93亩，基本解决农村饮水安全问题；改造西郊水厂，启动建设北郊水厂，县城供水水量和质量进一步优化改善。通信网络、宽带（含无线宽带）、无线语音电话实现全覆盖，城乡广播电视覆盖率95%。实现户户通电，售电量16.82亿千瓦时，年均增长18.8%。

（三）以城乡统筹为方向，城镇建设再创新佳绩。坚持科学规划引领和提质扩容，完成了县城及乡镇总规、南部生态组团城市设计编制工作，县城规划面积拓展至75平方公里，形成“一主一副、双轴、三节点”县域城镇体系布局，城市格局正朝着黔中经济区次中心城市迈进。实施城镇建设项目200个，完成投资120亿元。新建、改扩建城市市政道路60公里，城区“四纵十八横”城市路网骨架基本形成。实施棚户区改造7234户，拆除违法违章建筑16.47万平方米，完成房地产投资88.1亿元，实际销售202.16万平方米。开工建设清涟湖湿地公园、龙坑公园，建成全民健身活动中心，开展西门河河道治理，新增广场11.2万平方米，新增绿地14.8平方公里。成功创建省级文明城市，积极创建国家卫生县城。实行小城镇建设特派员制度，猴场镇被列为全国重点小城镇，珠藏镇升格为州级示范小城镇。累计实施“一事一议”财政奖补项目412个，硬化道路828.5公里。累计完成投资27.44亿元，建成雍阳办事处云星村、猴场镇下司社区、平定营镇梭罗村等65个“四在农家·美丽乡村”小康寨示范村，受益农户8.95万户30.77万人。划定禁止建设区58个6.35万亩、集中建设区86个3960亩。

（四）以提质增效为引领，现代农业迈出新步伐。积极探索现代山地特色农业发展新路，基本形成茶叶、生态畜牧业、辣椒为支柱和烤烟、精品水果、中药材为辅助的产业形态。2015年，完成农业总产值31.8亿元，年均增长14.3%，是2010年的1.9倍；完成农业增加值17.8亿元，年均增长6.2%。茶园面积从2010年的9.5万亩增加到19.16万亩，实现产值2.26亿元，瓮安白茶荣获第九届“中茶杯”全国名优茶评比一等奖；辣椒种植由2010年的9万亩增加到20万亩，实现产值7.28亿元，是2010年的2.4倍；烤烟种植面积连续5年稳定在4.5万亩以上。猴场、建中、岚关等7个省州级农业园区累计投资24.3亿元，实现产值30.9亿元，销售收入25.85亿元；培育各级龙头企业63个、农民专业合作组织228个。扎实推进天文、岚关为试点的农村土地承包经营权确权登记颁证和流转管理对比试验工作。

（五）以品牌打造为抓手，文旅商贸收获新成果。成功打造大型音乐舞蹈诗——瓮水长歌文化品牌，瓮安形象宣传片“瓮水长歌MV”获贵州省政府电视文艺三等奖；草塘火龙、玉山白苗舞蹈搓梗籽采阿诗、平定营灯夹戏列入省级非遗名录；“幸福进万家·瓮水长歌文化精品乡村行”获国家公共文化服务体系示范项目；图书馆、文化馆分别通过全国县级图书馆、文化馆一级馆评审；获全国文化先进县、中国辞赋之乡、中国龙狮文化艺术之乡荣誉称号；成功承办全国山地户外运动锦标赛（连续三年）、黔南州第五届旅发大会、黔南州第四届运动会、猴场会议80周年系列纪念活动等盛会赛事。草塘千年古邑区创建为国家AAAA级景区，实现核心区对外开放；朱家山国家级森林公园、江界河国家级风景名胜区旅游综合承接能力大幅提升。旅游业收入从2010年的6.08亿元增加到2015年的22.45亿元，年均增长

29.9%。大力发展电子商务，“瓮安供应链网”成功上线运行，为全县101户生产企业、49户物流企业、9户快递公司提供“产、供、销”信息服务；组建“瓮安馆”，入馆企业20家，上线产品80余种；引进杭州颐高集团，开工建设贵州（瓮安）国际电子商务产业园。

（六）以民生改善为根本，社会事业取得新进步。累计实现城镇新增就业1.98万人，农村劳动力转移就业6.09万人，城镇登记失业率控制在4.2%以内。职工基本养老保险、城乡居民社会养老保险参保人数和新农合参保率分别为4.37万人、24.48万人、98.9%，城乡三项基本医疗保险参保率93.3%。创新被征地农民社会保障和村（社区）干部养老保险工作。全面实施教育“9＋3”计划，完成25所薄弱学校改造，新建或改扩建幼儿园90余所，实现村（社区）幼儿园全覆盖；新建渡江小学，整体迁建瓮安中学、瓮安职校，成立瓮安特殊教育学校和瓮安五中；完成瓮安二中、瓮安六中（思源学校）主体工程；瓮安职校成功申创为国家级示范中等职业技术学校。完成县中医院迁建项目主体工程，新建和改扩建乡镇卫生院10个、村卫生室168个和社区卫生服务中心1个，县内医疗卫生机构382家。计划生育工作实现“双降”目标。完成保障性住房建设22510套，改造农村危房9369户，实施扶贫生态移民工程6804人。完成城乡低保提标核查调整工作，实现动态管理下的“应保尽保”。完成县老年养护楼、瓮水街道中心社区日间照料中心主体工程，建成岚关、中坪、珠藏等8个乡镇敬老院。建成太平山殡仪馆、九龙园公墓及84个农村公益性公墓，实现遗体火化率、规划区集中治丧率、入葬公墓率“三个100%”的目标。居务公开民主管理暨和谐社区创建通过省级评估验收。成功创建省级“双拥模范县”。“六五”普法通过省级验收，被评为“全国法治县（市）创建工作先进县”。成立全省第一家物业纠纷人民调解委员会、建立县级“双联中心”和社区法律诊所，荣获“全国平安建设先进县”“全国社区戒毒社区康复工作示范单位”，县公安局被评为“全国优秀公安局”，县综治办被命名为“全国优秀青少年维权岗”。安全事故起数和死亡人数分别下降75.7%、71.2%。完成260万字的第二轮《瓮安县志（1978—2012）》出版，乡镇（街道）、部门志全面启动。民族宗教、国防动员、外事侨务、残疾人工作以及群团组织各项事业取得新成绩，获“全国关心下一代工作先进集体”“全省社会主义新农村建设档案工作示范县”。

（七）以持续发展为导向，生态文明建设开创新局面。实施绿色瓮安、环境污染治理设施建设和大气、水污染防治行动计划，荣获“2015年中国生态魅力县”。治理石漠化84.05平方公里、水土流失52平方公里，完成造林23.21万亩，森林覆盖率提高到52%，比2010年提高4个百分点，森林蓄积总量522万立方米。建成县城一期污水处理厂并投入运营，建设经济开发区污水处理厂和猴场镇污水处理厂并试运营，城镇污水处理率85.3%，城乡生活垃圾无害化处理率87.4%。积极开展县城及乡镇14个集中式饮用水源地水质监测工作，集中式饮用水源点水质达标率100%。淘汰落后产能10户，二氧化硫和氮氧化物排放量分别减少7700吨、3000吨，城市空气质量达标率100%。实施水污染行动计划，瓮福大塘矿、瓮安大信北斗山磷矿等4家磷矿公司完成矿坑废水治理，洗马、陡山等24家煤矿企业完成矿坑废水治理升级改造。完成金正大磷石膏制酸联产水泥项目建设，磷石膏等工业固体废弃物综合利用率90%，单位工业增加值能耗降低5.7%。

（八）以释放活力为目标，改革创新谱写新篇章。推进行政体制改革，减少行政审批253项，委托（下放）乡镇县级经济社会管理权限202项，被列为全省乡镇行政体制改革唯一整县推进试点县，实施两轮乡镇行政区划调整，全县23个乡镇调整为13个乡镇（街道）。经济开发区与银盏镇实现区镇合一，每年财政预算1亿元支持发展。推进财政体制改革，全面实行部门预算，实现乡镇“分灶吃饭”；率先在经济开发区设立金库；引进中国银行、贵州银行、贵阳银行入驻，全县金融机构8家、合作金融机构15家以上，实现全县银行业金融机构网点全覆盖，成功创建“贵州省农村金融信用县”。实施三年融资计划，累计完成融资70亿元以上。推进“三证合一、一照一码”工商注册登记改革，市场主体总量21710户，民营经济占全县GDP比重54.6%。推进农村产权制度改革，巧用城乡建设用地增减挂钩杠杆推进农业转移人口市民化，全县累计转移农业人口4743户19920人。公共资源交易、文化旅游、司法体制、教育、医疗卫生、食品监管等社会事业改革不断深化。

（九）以强化公信力和执行力为核心，自身建设得到新提升。始终坚持县委的领导，定期向县人大报告工作、向县政协通报工作，认真听取各民主党派、人民团体和各界人士意见，五年来共办复人大代表建议620件、政协委员提案478件，满意率100%。扎实开展党的群众路线教育实践活动和“三严三实”专题教育，严格遵守中央八项规定、国务院“约法三章”，落实《瓮安县提高政府系统办事效率八条规定》，“四风”突出问题得到有效遏制。严控“三公经费”，压缩行政经费5%用于发展教育，五年来县级财政累计投入教育经费15亿元。县政务服务中心整体迁入县群众工作中心，38家单位入驻，入驻事项163项，办结时限压缩50%以上，行政审批信息化处理大平台上线运行。强化政府信息公开，向社会公开重大建设项目审批和实施、公共资源配置、社会公益事业建设等群众关注度高的政府信息1050条，获全省政府系统门户网站绩效评估二等奖。推进廉政建设，启动“两个责任”与干部正风监督网络平台建设；约谈单位一把手215人次，干部任前廉政谈话1055人次，诫勉谈话59人次。加强民生监督，开展专项监察10余次，收回违纪资金1300余万元，挽回经济损失2000万元。强化政府性资金审计，完成项目1035个，送审金额47.23亿元，审定金额41.97亿元，审计核减工程资金5.26亿元，核减率11.2%。启动政府决策咨询专家库建设。

过去的2015年，是瓮安“十二五”时期各项指标完成最好的一年，在全省47个非经济强县中综合测评名列第一，超额完成保4争3目标，成功迈入贵州省经济强县方阵，实现了圆满收官。地区生产总值增长14.6%；规模以上工业增加值增长13.8%；固定资产投资增长24.7%；社会消费品零售总额增长12%；一般公共预算收入增长18.2%；金融机构存、贷款余额分别增长27.9%、40.7%，存款余额首次突破100亿元；招商引资到位资金增长15.2%；完成融资37.76亿元，实现外贸进出口总额255万美元。城镇新增就业5220人，减少贫困人口1.37万人。城镇、农村居民人均可支配收入分别增长10.2%、10.7%。“十大民生实事”中，除“瓮安八小”因拆迁原因未全面开工和“建成文峰大道2座人行天桥”因规划调整建成1座以外，其余均已完成，为此我们深表歉意。

各位代表！五年来取得的历史性成就，为瓮安全面建成小康社会打下了坚实基础，全县上下思想认识更加统一，发展愿望更加强烈，工作思路更加清晰。五年来的发展变化告诉我们，只要我们聚精会神搞建设、一心一意谋发展，积极进取、主动作为，在困难面前敢于负责、勇担重任，在压力面前迎难而上、合力攻坚，在挫折面前大胆求变、激发活力，就一定能够推动经济健康持续发展，实现社会各项事业历史性跨越！五年来的发展变化启示我们，在新的起点上推进全面小康社会建设，必须始终坚持发展是第一要务，坚持“赶”和“转”结合，着力破解制约我县经济社会发展的水利、能源等瓶颈。围绕做大做强磷及磷化工产业，坚持新型工业化、新型城镇化、农业现代化、旅游产业化“四个轮子”一起转，做大总量、提升质量、优化结构、增强实力，努力实现全县经济社会更好更快发展。必须始终坚持生态是第一品牌，坚持生态产业化，产业生态化，牢固树立生态优势就是经济优势，打造生态品牌，变绿水青山为金山银山，推动绿色发展，形成人与自然和谐共生的生态绿色瓮安新格局。必须始终坚持民生是第一目标，坚持抓民生就是抓发展，坚持精准扶贫脱贫，突出抓好就业、就学、就医等民生实事，促进社会事业和公共服务全面进步，让人民群众有更多幸福感和获得感。必须始终坚持稳定是第一责任，严格落实安全生产责任制，深化“5531”社会治理模式，以稳定保和谐、以稳定促发展。加强政法队伍建设，强化社会治安综合治理，正确处理好改革、发展与稳定的关系，维护社会大局和谐稳定。

在肯定成绩的同时，我们必须清醒地看到，我县经济社会发展还存在不少矛盾和问题，主要是：经济总量不大、人均水平低、城乡发展不平衡；产业结构不尽合理，传统产业升级慢，新兴产业起步晚，农业基础薄弱，旅游业处于培育阶段；企业生产要素成本上升，实体经济融资难融资贵问题突出；深化改革和扩大开放的任务依然艰巨。我们将正视问题，直面挑战，采取有效措施不断加以解决，不辜负全县人民的厚望。

“十三五”时期主要目标任务

“十三五”时期政府工作的总体要求是：高举中国特色社会主义伟大旗帜，以邓小平理论、“三个代表”重要思想、科学发展观为指导，深入贯彻习近平总书记系列重要讲话精神，按照中央“四个全面”的战略布局，以“守底线、走新路、奔小康”为工作总纲，坚持省委、州委主基调主战略和战略行动，按照“融贵阳、连成渝、入长江、接珠三角”的战略构想，坚持“一心一枢纽，四区四基地”的发展定位，大力实施“脱贫攻坚、基础设施、民生改善、改革创新、社会治理”五大精准行动，发挥优势，补齐短板，统筹推进经济建设、政治建设、文化建设、社会建设、生态文明建设，着力建设才智、兴业、大美、活力、和谐“五个瓮安”，确保全面建成小康社会。

“十三五”时期，我县经济社会发展的预期目标是：地区生产总值年均增长15%，现行标准下农村贫困人口全部脱贫，贫困村全部出列，解决区域性整体贫困。规模以上工业增加值（2000万元口径）年均增长15%。固定资产投资（500万元口径）年均增长25%。社会消费品零售总额年均增长13%以上。财政总收入年均增长12%，其中一般公共预算收入年均增长13%。旅游总收入增长30%以上。城镇、农村居民人均可支配收入年均分别增长10%、12%以上。城镇新增就业2.7万人，农村劳动力转移就业4万人，城镇登记失业率控制在4.2%以内。城镇化率提高到56%。平均受教育年限11年，人均预期寿命达到73.5岁。森林覆盖率达到60%。节能减排降碳指标控制在州下达范围内。经过五年努力，实现“工业大发展、城乡大统筹、农业大聚变、文旅大融合、环境大提升”五大跨越。

在政协第十届瓮安县委员会第五次会议上县政协工作报告

县政协副主席 郑 毅

（2016年3月2日）

2015年主要工作回顾

一、强化学习，凝聚共识，思想基础不断夯实

（一）狠抓理论学习，凝聚政治共识。常委会坚持把理论学习摆在首要位置，重点组织学习了习近平总书记治国理政系列重要讲话特别是视察贵州时的重要讲话精神、《中共中央关于加强人民政协协商民主建设的实施意见》文件精神和中央、省委、州委和县委的重要会议和重大决策部署，增强“看齐”意识，确保广大政协委员和政协干部自觉与党委政府始终保持高度一致，做到党委政府有号召有要求，人民政协就有响应有行动。

（二）强化业务学习，提升履职能力。按照习近平总书记提高“四个能力”和“懂政协、会协商、善议政”的要求，切实加强政协委员和政协机关干部履职能力建设，县政协班子成员及机关部分干部分期分批参加省、州政协及我县举办的各类培训班；通过与高校联合举办政协委员履职能力专题培训班，开办全县政协提案工作暨社情民意信息工作专题培训班等形式加强委员培训。

（三）注重实地调研，提供决策参考。组织部分委员和机关干部到省内外考察学习文化遗产保护、农村产权制度改革、人口老龄化与养老机构建设、民族村寨建设等方面的工作，形成考察报告4篇为全县的经济社会发展建言献策。如：2015年9月组织相关部门负责人以及部分政协委员到重庆壁山考察城镇建设工作，考察组深受启发，提出我县城市建设的建议，并撰写了《瓮安县城镇建设工作情况的调研报告》，张文强书记阅后批示：“政协此调研报告调查详实、分析全面，建议适用性可操作性高，是一份高质量的报告。请桂林县长、小忠副县长在规划建设宜居城市工作部署中充分吸纳。”县政府还专门派出考察组到重庆壁山就城镇建设及城市管理工作进行学习考察。

二、丰富形式，拓展内容，协商议政务实有效

常委会以拓展广度，发掘深度为重点，努力提高协商质量和水平，围绕全县的大政方针和政治、经济、文化、社会生活中的重大问题，通过大规模讨论、小范围座谈、公开协商、内部沟通等方式，丰富协商形式，拓展协商渠道，打造协商议政新格局。

（一）精心组织，全力搞好政协全体会议集中协商。县政协十届四次会议期间，与会人员分成6个小组，就政协常委会工作报告、提案工作报告和“一府两院”工作报告深入开展协商，全会联组讨论会上，先后有28名政协委员作了大会交流发言，所提建议获得参会领导和委员们的广泛好评，部分建议得到采纳。

（二）精选议题，扎实搞好政协常委会议重点协商。2015年精选了瓮安县教育资源整合等15个调研课题和全县茶产业发展情况等3个视察课题作为政协全年重点协商课题开展协商，县委、政府主要领导亲自参加政协常委会与委员面对面协商议政，使政协委员的意见和建议直通决策层。如《迎接大交通时代，优化路网建设，带动产业发展的调研报告》《瓮安县文化遗产保护利用促进旅游业发展的调研报告》《瓮安县人口老龄化

与养老机构建设情况的调研报告》等，提交政协常委会议协商审议时，引起委员们的热烈讨论，应邀参会的县委政府领导给予了充分肯定，要求相关部门在我县“十三五”规划和各专项规划编制过程中充分吸纳意见建议，运用好调研成果。

（三）精简高效，着力搞好政协主席会议专题协商。2015年，召开了4次主席会议就协商民主改革、年度协商计划、协商民主制度建设、机关干部管理等事项进行了专题协商，研究出台了《瓮安县政协委员列席政协常委会议制度》《瓮安县党政机关与政协委员“面对面”协商制度》《瓮安县政协办公室2015年度协商计划实施办法》等文件，有力推动各个层面的协商活动更加富有成效。

（四）精诚协作，认真搞好专委会对口协商。按照“业务相关、职能对应、减少交叉”的原则，确定了8个专委会与79个县级部门、13个乡镇（街道）对口联系，并明确了各专委会兼职副主任和成员。加强协作配合联系，邀请对口联系部门参加调研座谈，2015年，各专委会共召开对口协商会议30余次。

三、拓宽渠道，注重实效，民主监督深入开展

（一）多形式征办委员提案。把提案办理协商作为全面推进协商民主、做好政协工作的重要抓手，围绕健全完善协商选题、协商审查、协商办理、协商成果转化、协商考核表彰“五个机制”，确保提案“提得准、立得住、办得顺、落得实、求实效”，使提案工作由单维度、封闭式“你提、我交、他办”向全程协商、多方协商、开放协商转变，为提案工作注入了生机与活力，有力促进了提案工作质量和水平的有效提升。县政协十届四次会议以来共收到委员提案148件，经审查立案148件，所立案提案均于2015年10月办理完毕，提案办结率100%，委员满意率高达98.5%以上。同时，精选了29件委员提案分别由主席副主席及各委室负责督办，还组织了政协常委对提案办理落实情况进行视察，通报表彰2014年度12名优秀提案先进个人和8个优秀提案承办单位，有效推动了提案的办理落实。

（二）多层面开展视察评议。一是先后组织60余名政协委员参加了县法院公审公判大会、县检察院法制开放日活动、全县道路命名听证征询会、全县增加道路交通公共服务车辆听证会等评议活动。二是组织部分政协常委和委员代表，就我县茶产业发展、“单独二孩”政策贯彻落实情况、农村公益性公墓建设完成情况等工作进行了专题视察，根据视察情况，结合实际提出了相应的意见建议。如：为协助推进我县殡葬改革工作，县政协组织了部分政协委员于2015年5月中旬开展了我县农村公益性公墓建设视察工作，就农村公益性公墓的建设完成情况、存在的问题进行了全面的视察，提出“以奖代补加大投入，统一指导合理定价”等七个方面的工作建议，县政府采纳了建议并召开专题会议对该报告提出的意见建议进行分解落实。

（三）多角度反应社情民意。将《关于认真做好反映社情民意信息工作的建议》《反映社情民意应遵循的原则》《关于社情民意信息“十报十不报”》印发给全体委员，动员全体委员从不同角度反映社情民意信息，不断提高委员反映社情民意信息的质量和水平。2015年委员们通过提案、会议发言、社情民意信息专报等形式反映社情民意信息200余条，对委员们反映强烈的县城区供水紧张、交通拥堵、城市管理等方面社情民意，及时提交县委、政府决策参考。

四、关注民生，服务发展，参政议政形式多样

常委会紧扣中央、省委、州委和县委的重大决策部署，发挥政协人才荟萃、智力密集的特有优势建言献策，形成了党委“点题”、政协“议题”、政府“解题”的工作亮点，协商议政取得重要成果。

（一）围绕中心，助推发展。一是按照县委的统一安排，县政协班子成员协助抓草塘“十二塘”建设、“一城四区”供水工程建设、金融工作、高速公路建设、城镇建设、招商引资和农业转移人口市民化、计划生育、农业农村等工作；二是充分发挥政协联系面广的优势，班子成员积极协调处理矛盾纠纷和信访问题，扎实开展走访帮扶企业、遍访贫困村、回访贫困户，宣传农业转移人口市民化、农村危房改造政策和殡葬改革政策；三是常态化带领机关干部职工入园区、进企业、走工地、访农家，协助县委、政府做好协调关系、理顺情绪、化解矛盾、凝聚人心等工作，维护社会团结稳定。

（二）视察调研，成效明显。紧紧围绕县委政府中心工作，分别由主席、副主席带队，开展调查研究，为我县经济社会发展把脉问诊、建言献策，初步形成了“以调查研究推进协商民主、用协商民主深化调查研究”的工作态势。完成了瓮安县扶贫生态移民生产生活情况、瓮安县城区供水情况、瓮安县少数民族村寨建设情况等18篇调研视察报告，着力为破解改革发展难题、加快改革发展步伐建言献策，州委常委、县委书记张文强，县委副书记、县长黄桂林同志阅后给予高度重视和充分肯定，并分别作出了重要批示。其中，张文强书记对《关于瓮安县卫生计生整合运行情况的调研报告》批示：“政协对卫计整合运行情况的调研突出问题导向，对存在的问题讲的深、讲的透。请吉友同志牵头，认真研究切实有效的措施办法，解决好存在的问题”。黄桂林县长对《关于瓮安县农村产权制度改革工作的调研报告》批示：“近期召开一次工作会予以推进，请农工局、金融办牵头拟定工作方案”。目前，我县农村产权制度改革已经纳入州级十大重点改革任务，县政府已下发相关文件予以推进该项工作。

（三）扶贫帮困，惠及民生。一是积极开展走贫访困活动。2015年，县政协班子领导及县政协机关，先后走访贫困户、看望留守儿童、孤寡老人、困难党员，累计发放资金3.9万元；二是联系香港慈恩基金会、澳门昭日集团、联系瓮安绿佳公司、青杠林助学联盟等为全县中小学、幼儿园捐赠设备、物资，资助在校高中贫困生和瓮安籍在外贫困大学生共计73.6万元；三是帮助包保村解决帮扶资金30.5万元；四是协调投入资金120余万元帮助8个薄弱村发展壮大村级集体经济。

五、开拓创新，转变作风，自身建设不断加强

（一）抓实“三严三实”专题教育，切实转变工作作风。在县委的直接领导下，坚持严字当头、实处着力，突出问题导向，贯彻从严要求，把“三严三实”融入修身做人、用权律己、干事创业全过程和各方面，着力推进专题教育。把深化学习教育摆在首位，认真抓实班子成员讲党课；把解决突出问题作为重点，认真查摆“不严不实”问题；把从严从实作风贯穿始终，认真狠抓整改落实。

（二）抓好机关党风廉政建设，落实“一岗双责”。认真贯彻中国共产党《党组工作条例（试行）》《廉洁自律准则》和《纪律处分条例》。严格落实党风廉政建设责任制，认真落实党组主体责任，党组书记认真履行第一责任人职责，严格落实“一岗双责”，齐抓共管形成合力。认真开展“四风”问题自查自纠、党风廉政建设突出问题集中专项整治活动和廉政约谈工作。截至目前，领导班子成员及机关干部职工坚持“讲政治、顾大局、懂规矩、守纪律”，未发生任何党风廉政建设责任制追究案件和腐败案件。

（三）开办“政协之音”电视栏目，彰显政协风采。与县新闻中心共同开办“政协之音”栏目，栏目以关注政协工作、关注民生热点、反映委员心声、搭建政协委员建言献策和与群众面对面思想交流平台为宗旨，以服务发展、关注民生、反映民意、促进和谐为选题原则，以体现政治性、时代性、创新性、新闻性、可视性为选题标准，以社情民意、提案追踪、委员风采、瓮安文史等为主要内容。2015年，先后播出8期，节目播出后社会反映强烈，赢得了群众的关注和喜爱。

（四）加强联谊，挖掘文史，扩大政协影响力。一是加强联系沟通。加强与各民主党派、工商联和无党派人士合作共事；成功承办了贵州省省市（州）政协秘书长会议；积极派人参加全省政协工作座谈会、全省斗茶会、全州民族文化村寨建设座谈会等，与兄弟县市交流工作、增进友谊；接待省、州政协和黔西南州等周边兄弟县（市）政协来瓮考察调研20余次。二是出版发行《瓮安传统礼俗》3000册;编发《瓮安文史》3期，共6500册。其中：为纪念抗战胜利70周年，出版了《瓮安文史．抗战特刊》，全书收录文章70余篇23万余字，挖掘、收集、整理《瓮安地缘历史文化》系列丛书资料，名胜古迹篇资料收集已基本完成，深得领导和社会各界好评。

（五）加强自身建设，提升履职水平。一是加强制度建设，为委员发挥作用立规矩。出台了《瓮安县政协办公室2015年度协商座谈会议规则》等规章制度，积极探索推进协商民主工作的

制度化、规范化管理。二是搭建知情平台，为委员发挥作用强基础。通过多种形式，让委员明“上情”、通“县情”、知“民情”，夯实履职基础。三是加强联络服务，为委员发挥作用畅渠道。乡镇、办事处政协联络组积极组织委员开展学习、会议、培训、视察、调研、反映社情民意、书写提案，参与重大事务的协商，多角度、多形式开展建言献策。2015年，共有近100人次政协委员列席了政协常委会、200余人次政协委员参加了专题调研视察活动、40余名政协委员参加了提案落实情况视察。

存在问题和不足：一是基层协商民主有待进一步推进；二是民主监督力度有待进一步加大；三是协商成果转化运用还需进一步加强；四是服务委员的方式不够多样，委员履职能力有待进一步提升等。

在中国共产党瓮安县第十二次代表大会上县纪委工作的报告（摘录）

陈 刚

（2016年10月25日）

过去五年的工作回顾

锁紧责任链条，“两个责任”层层压实。五年来，我们抓牢党委主体责任、纪委监督责任，为落实全面从严治党提供了坚实的基础和保障。一是重明责，细化责任清单。在全州率先制定《严格落实党风廉政建设党委主体责任和纪委监督责任的实施意见（试行）》，明确党委9项主体责任、纪委5项监督责任。依托大数据，建设“两个责任”与干部正风监督网络平台，分层细化县乡各级党委（党组）、第一责任人、班子成员主体责任清单和纪委监督责任清单，形成完整的“共性+个性”的清单模式，得到省纪委高度肯定并在我州推广。同时，严格签字背书，县委与各单位党组织签订主体责任书，县纪委与各纪检监察机关签订监督责任书，“两个责任”与干部正风监督网络平台记录各类工作记实信息22.22万条，形成了一级抓一级、层层抓落实的责任体系和工作机制。二是重履责，强化压力传导。创新制定实施勤政廉政约谈、廉政访谈以及县纪委向县委、下级纪委向上级纪委和同级党委、县委常委会和县人大、县政府等5个县级党组向县纪委全委会报告工作等制度。勤政廉政约谈党政“一把手”86人次，领导班子成员、中层干部、村（居、社区）干部1256人次，“一把手”在县广播电视台“廉政访谈”“公开述责述廉述德”195人次，县级5大党组、县级领导和乡镇部门党政“一把手”每年向县纪委全会述责述廉述德并接受评议，县纪委每年向县委全委会报告上年度工作情况并接受测评。三是重考责，强化结果运用。坚持把责任清单落实作为检查考核的重点，突出动态监督。采取自检自查、平台审核、突击检查、交叉联查、年终考评等方式，发现并约谈落实“两个责任”不力的11个单位，通报批评1个单位和18名纪检组长，发整改通知书52份，把检查考评结果作为对领导班子总体评价和领导干部业绩评定、奖励惩处、选拔任用的重要依据。

持续正风肃纪，党风政风为之一新。五年来，我们把监督执行中央八项、省委十项、州委九项和县委八项规定精神作为一项经常性工作来抓，加大组织协调和督办力度，建立多方联动、整体推进的“大督查”格局，持续发力，“四风”顽疾得到有效遏制，干部作风明显好转。一是着力专项整治。扎实开展会员卡清退、“六风一卡”“吃空饷”“八类作风突出问题”“党风廉政建设突出问题集中专项整治”等整治行动，发现各类问题37个，“大约谈”53名党员干部，19名干部主动报告自身存在问题并作出深刻检查，10个单位和个人主动上交违纪款物11.95万元，责令69个单位提出整改方案，党纪处分9人，政纪处分5人。针对信访举报、案件查处和个人报告事项抽查情况扎实开展提醒谈话，集体提醒谈话主要领导354人次，预防提醒谈话4955人次，询问警示谈话433人次，纠错诫勉谈话33人次，问责处分约谈3人次。二是狠抓关键节点。抓重要时段、抓具体问题、抓监督执纪、抓通报曝光，以暗访检查、随机抽查、交叉检查和个别约谈相结合的方式，织密监督网。采取对民营企业经济发展环境进行监测、陪同企业办事等方式，加强执法人员和办事窗口作风监督。共开展明察暗访、专项督查320次，下发督查通知书157份，点名道姓通报批评14个单位163人，组织处理89人，收缴违规操办酒席资金18.484万元。三是强化巡视整改。根据省委巡视发现的突出问题，督促72个单位围绕“两个责任”“四风”、损害群众利益和廉洁自律方面找出突出问题434个，制定“整改措施”，排出“时间表”，逐个“对账销号”，抓好整改落实。下发限期整改通知书154份，警示谈话24人，点名道姓通报批评整改不力的2个单位和5名干部，追缴清退违规津补贴955.442万元，规范了机关内部食堂管理、党政机关公务接待、津补贴发放等问题。

创新宣传教育，纪律防线更加牢固。五年来，我们把执行政治纪律和政治规矩摆在首要位置，用纪律教育和管理全体党员干部，营造学纪、明纪、遵纪、守纪的浓厚氛围，增强了党员干部党章党规党纪意识。一是教育“绝大多数”。升级改版“清廉瓮安”网，建成瓮安县反腐倡廉警示教育基地，编印《瓮安县典型案例29篇》2000册、纪律手册7500册，上廉政专题党课500余堂次，发送廉政短信25.1万条，张贴廉政广告154张，举办全县廉政文艺汇演、演讲比赛、知识竞赛、廉政漫画作品展等，组织400名干部家属开展家庭助廉活动，创建省级廉政文化示范点5个，县级廉政文化示范点9个。二是盯紧“关键少数”。聘请229名党风政风义务监督员，落实“一把手”“五个不直接分管”“末位表态”“三重一大”等制度。创新实行拟提拔科级领导干部人选个人财产公示制度，462名提拔人选进行了个人财产公示。认真开展廉政风险排查和防控管理、新任科级领导干部任前廉政考试等工作。出台《瓮安县村（居）务工作权力清单》，规范村干部权力运行，开展农村基层干部廉政培训234人次。三是强化现场教育。坚持“开门反腐”，充分运用猴场红色文化教育基地、县警示教育基地、北斗山监狱等阵地，采取党政纪案件公开审理、法院职务犯罪案件庭审旁听等方式，强化理想信念、纪律观念教育，受教育党员干部群众6万余人次，收到了较好的警示、震慑和教育效果。

铁腕高压反腐，压倒性态势正在形成。五年来，我们把惩治腐败放在突出位置，始终保持力度不减、节奏不变、尺度不松，“不敢腐”的效应初步显现。一是规范信访处置。严格落实五类处置标准和方式，受理信访举报614件（次），其中，转立案67件，函询33件，了结499件，正在核实15件，为76名党员干部澄清了问题，信访量与上届同期1282件相比下降了52.81%。二是坚持抓早抓小。从“盯违法”转“盯违纪”，抓大不放小、抓重不放轻、抓多不放少、抓早不放缓，发现轻微违纪问题及时处理，重大案件线索按规定上报县委和州纪委监察局，实行案件质量终身负责和错案责任倒查问责制，立案366件413人，结案335件，党纪处分251人，政纪处分131人（其中双重处分14人），免予处分13人，收缴违纪款1491.12万元，挽回直接经济损失2023.84万元。查办案件数持续上升，特别是近三年来上浮较大，其中，2013年37件48人、2014年46 件53人、2015年100件118人，同比分别增长 54.17%、24.32 %、117.39 %。2016年截至9月，立案119件 126人，同比增长133.33%。三是力求快查快结。准确运用“四种形态”，建立案件“一周工作查结”“一案双查”“安全文明办案”等制度，批评教育164人、提醒谈话95人，诫勉谈话17人，函询33人，占总数的50.08%；党纪轻处分152人，占总数的24.64%；党纪重处分129人，占总数的20.91%；移送司法机关27人，占总数的4.37%。召开反腐败协调会议6次，解决疑难问题6件，移送问题线索126条。探索实施党政纪案件公开审理，公开审理9件11人，受州纪委高度肯定并在我州推广。回访教育受处分党员干部281人，“一案双查”3人，案件综合效应得到充分发挥。

维护群众利益，护航民生成效显著。五年来，我们把民生监督作为县乡两级纪检监察机关履行监督责任的具体实践，扎实开展“整治铸廉”三年行动，切实推进全面从严治党向基层延伸。一是坚持问题导向。把人民群众最关注，最攸关人民群众切身利益的项目、资金落实问题作为监督的重中之重，构建片区纪工委具体负责、民生监督组主抓落实、村（居、社区）延伸监督的三级监督网络，采取“见人”“见项目”“见资金”“三见”工作法，严查群众身边的腐败问题。二是提高民生知晓率。充分发挥宣传功效，将民生监督宣传工作纳入大宣传格局。在99个村（居、社区）配备民生监督员并举办专题培训班，建成13个教育谈话室，发放民生监督卡2.6万张、宣传折页5000份、宣传海报500份、《以案说纪》1500份。多形式提高国家公职人员、村（居、社区）干部“四要五严禁”行为规范知晓率，有效提升群众参与民生监督的积极性。三是开展专项监察。制定《关于在全县党政机关实行监督巡查的暂行办法》，先后开展了廉租房、危房改造、家电下乡补贴等14项专项监察，发现问题4394个，立案212件，组织处理1人，党纪处分151人，政纪处分61人，移送司法机关4人，下发专项监察建议书16份，收缴资金791.49万元。

强化队伍建设，履职能力明显提升。五年来，我们把加强纪检监察机关自身建设作为提高党风廉政建设和反腐败工作水平的重要措施抓好抓实，一支反腐“铁军”在锤炼中得以成长。一是持续深化“三转”。进一步强化主业主责，纪检监察机关参与的议事协调机构由122个减至19个，精简率达84%，切实解决职能越位、错位、缺位问题。聚焦“情况明、数字准、责任清、作风正、工作实”“十五字”方针，选好配强专职纪检监察干部，细化履职考核指标管理，推动转职能、转方式、转作风向乡镇（街道）纪（工）委延伸。二是全面深化改革。严格执行下级纪委向上级纪委报告工作、线索处置和执纪审查向同级党委报告的同时必须向上级纪委报告制度。会同县委组织部制定纪检监察系统干部提名考察办法，抓住干部选拔、培训、交流等环节，不断优化干部队伍结构。优化设置县纪委监察局10个内设机构，向28个部门派驻纪检组，成立13个民生监督组、6个纪工委、4个片区纪工委，在县委办设立主体办，在县教育局设立教育纪工委，在医院、花竹集团等企事业单位设立纪委。三是全力提升素养。牢固树立“信任不能代替监督”的理念，坚持以更高的标准、更严的纪律加强对纪检监察干部的监督管理，努力建设一支忠诚、干净、担当的纪检监察干部队伍。通过开展群众路线教育实践活动、“三严三实”和“两学一做”专题学习教育，选调干部到省、州纪委跟班学习8人次，选派干部参加省、州、县培训340人次，大力提升纪检监察干部理想信念、职业道德、党纪国法意识和业务工作水平。

存在问题和困难：有的党组织全面从严治党责任意识还不强，少数党员干部“不担当、不作为、不落实”的问题还很突出；一些重点部门和关键环节权力运行监督制约还不到位，一些损害群众利益的问题还未根本解决，减少腐败存量、遏制腐败增量还需不懈努力，部分纪检监察干部“三转”不到位、监督执纪问责不力、不敢不会不愿监督的问题还不同程度的存在，等等。

名词解释：

五个瓮安：才智瓮安、兴业瓮安、大美瓮安、活力瓮安、和谐瓮安。

四种形态：党内关系要正常化，批评和自我批评要经常开展，让咬耳扯袖、红脸出汗成为常态；党纪轻处分和组织处理要成为大多数；对严重违纪的重处分、作出重大职务调整应当是少数；严重违纪涉嫌违法立案审查的只能是极极少数。

三严三实：严以修身、严以用权、严以律己，谋事要实、创业要实、做人要实。

两学一做：学党章党规、学系列讲话，做合格党员。

四风：形式主义、官僚主义、享乐主义、奢靡之风。

两个责任：党委主体责任、纪委监督责任。

三转：转职能、转方式、转作风。

五大跨越任务：工业大发展、城乡大统筹、农业大聚变、文旅大融合、环境大提升。

四要五严禁：要深入群众、了解寨情民意；要公开透明、规范权力行使；要民主决策、确保公平公正；要廉洁自律、自觉接受监督。严禁优亲厚友、严禁吃拿卡要、严禁虚报冒领、严禁截留挪用、严禁贪污私分。

在瓮安县第十六届人民代表大会第五次会议上县人民法院工作报告（摘录）

县人民法院院长　祝夜明

（2016年3月4日）

2015年工作回顾

一、发挥审判职能，维护社会公平正义

全年受理各类案件5490件，同比上升42.45%，占全州基层法院案件总数29052件的18.89%，排名全州第一；审结4627件，同比上升39.28%，占全州基层法院26664件的17.35%，排名全州第一。由息诉服判、执行到位、当庭裁判等19项数据构成，用以衡量案件质量和效率的综合指标，排名全州第二。

（一）刑事审判。新收280件，旧存42件，审结292件397人。依法严惩朱小敏故意杀人、秦大立抢劫等严重危害人民生命财产安全的犯罪，判处五年以上有期徒刑19人，促进了平安瓮安建设。审结胡国才受贿、王飞贪污等职务犯罪案4件4人，判处十年以上有期徒刑2人，促进了反腐败斗争深入开展。坚持宽严相济刑事司法政策，积极维护县域经济秩序和社会安定，对未成年犯罪、过失犯罪，以及一些因民间纠纷、生活琐事所引发的轻微刑事案件以宽缓为主，判处非监禁刑139人，占35.01%，促进了和谐社会构建。探索建立轻微刑事案件快速审理机制，全面启动“轻刑快审”，有96件案件控制在12个工作日内审结，基本实现当庭宣判并及时送达判决书，息诉服判率94.14%。

（二）民商审判。新收3446件，旧存301件，审结3350件。坚持调判结合，注重案结事了，强化质量管理，追求公正高效。依法处理婚姻家庭、抚养赡养等案件，加强对妇女、儿童、老人特别是留守人员合法权益的保护。妥善审理人身损害、劳动争议等案件，加强对进城务工人员人身权、财产权的保护。慎重审理民间借贷、买卖合同等案件，维护市场稳定和交易安全。稳妥推进人民法庭优化设置改革，保留的猴场、玉山、中坪、珠藏等4个人民法庭均已更名挂牌完毕。将已撤销的永和法庭作为巡回审判点派员常驻受案、审案，方便群众诉讼，全年各人民法庭共审结案件1174件。探索的民商事裁判文书简化改革取得明显成效，将于2016年在全州法院推广。

（三）行政审判。新收行政诉讼23件、审查非诉执行47件，旧存1件，审结71件。依法支持行政机关履行社会管理职能，执结贵州麒龙置业有限公司和瓮安商贸有限责任公司申请先予执行5起强制征收土地案。县住建局申请执行陈仲珍等房屋拆迁行政裁决案，是全县首次采用“裁执分离”模式，审查并准予执行的房屋拆迁案件。按照上级法院统一部署，自2015年5月1日起，原由我院受理的行政案件交由都匀市法院集中管辖。行政审判庭积极转变职能，除审理2000元以下、当场处罚的行政案件和审查非诉执行案件外，转为审理民商事案件。

（四）执行工作。新收1162件，旧存188件，执结893件。加大强制执行力度，公布失信被执行人名单182人，在新区广场和县电视台曝光“老赖”42人；司法拘留120人，占全省拘留、罚款总数925人的12.97%；办结全省首例拒不执行判决、裁定罪的刑事自诉案，追究1人刑事责任。狠抓实体结案，减少程序空转，执行完毕409件，执行到位金额11105.34万元，到位率51.01%。司法救助金额79.92万元。全面实施网络拍卖，建立执行听

证制度，注重执行程序公开透明，保障当事人的参与权和监督权。

二、夯实基层基础，加强法院队伍建设

（一）加强党风廉政建设。认真落实党风廉政建设“两个责任”，增强干警廉政意识，筑牢拒腐防变思想防线。开展党风廉政建设专项教育活动，对班子成员、中层干部约谈3轮90人次。集体观看廉政纪录片4次，院机关各楼层滚动播放《作风建设永远在路上》教育片。在管人、管案、管车的重点环节，排查风险节点，制定防控措施，落实防控要求。针对违纪苗头，诫勉谈话4人次；对违反工作纪律的2名党员干部，作出全院通报批评、取消县级绩效考核奖励的处理。

（二）加强班子自身建设。扎实开展“三严三实”专题教育，不断巩固群众路线教育实践活动成果。坚持党组中心组理论学习制度，规范党组议事决策程序。班子成员带头办案，建立院领导交叉评查案件机制。43名党员到社区党组织报到，进一步完善联系群众工作机制。在班子民主生活会上坦诚开展批评与自我批评，增进班子团结，提高凝聚力和战斗力。

（三）加强思想作风建设。集中学习《中国共产党廉洁自律准则》和《中国共产党纪律处分条例》，要求全院干警严以修身，加强党性修养，坚定政治信念；严以律己，严守党的政治纪律和政治规矩，自觉做政治上的“明白人”；严以用权，真抓实干，严谨行使审判权执行权。对存在特权思想、违反警灯警报器使用规定的2名干警，作出全院通报批评的处理。以司法巡查、审务督查为载体，重点整治“庸懒慢拖”等人民群众反映强烈的问题，干警队伍呈现出良好的精神风貌。

（四）加强干部队伍建设。按照正规化、专业化、职业化要求，培养高素质法官队伍。加大人员调整和轮岗交流力度，选派1名年轻干警到广州市花都区法院挂职锻炼。8名优秀干警提拔到中层岗位，班子后备力量得到充实。提请人大常委会任命审判委员会委员2人、人民陪审员17人。引进硕士研究生3人，招录“政法干警”硕士研究生4人，招录通过司法考试的公务员3人。完成64人的法官等级和行政职级套改工作。1名干警获得最高人民法院表彰，1名获得省高院表彰。

（五）加强司法能力建设。一是加大业务培训力度，先后派遣18批54名干警到中山大学、复旦大学等高校“充电”，提高司法能力；邀请西南政法大学、贵州师范大学等学界专家到院举行专题讲座，为全院干警“补钙”，提升办案水平。二是加大调查研究力度，积极申报调研课题，选派理论功底深、调研能力强的干警充实调研队伍，分别中标省、州法院重点调研课题各一个，参加最高人民法院和中国法学会学术征文4次，公开发表调研文章11篇。三是加大信息建设力度，建成执行查控、远程接访、网上申诉信访等系统，4个人民法庭已经建成3个科技法庭；重视软件运用，采取有力措施全面推行办公自动化和无纸化办公，考勤签到、公文流转、文书签批、电子卷宗、在线学习和工作日志全部在网上实施，连续两年在全省法院信息化建设与应用考核中获得第三名、第二名的好成绩。四是加大审判管理力度，按照“数据真实、管理规范、监督有力、促进工作”的要求，绝对禁止虚假报结、虚增到位标的、数据“注水”等作假行为；根据审判流程管理系统提供的适时数据，依靠节点管控系统，结合上级法院各项质效考核指标，有针对性地开展工作，审判质量和效率得以大幅提升。

三、强化司法为民，实现审判职能延伸

（一）坚持便民诉讼。坚持司法为民宗旨，深入推进诉讼服务中心的标准化、规范化建设。认真落实立案登记制改革的要求，做到有案必立，有效杜绝“推案、拖案、不收案”现象。在立案大厅安装银联刷卡机，方便诉讼费用缴纳；启用网上立案系统，率先在全州法院通过网络诉讼服务平台审查立案；率先在全省法院开通的诉讼服务电话，并线接入12368人工语音平台，为当事人提供诉讼引导、法官联络等服务；安装大屏幕多功能查询终端，方便群众查询办案进度、法律咨询、纪检投诉。构建以院机关为中心，辐射全县的人民法庭、诉讼联络室、法官工作站、巡回审判点“庭室站点1+4”便民诉讼网络，培训人民陪审员、诉讼联络员、人民调解员300余人次。在未设人民法庭乡镇的群众工作中心设立诉讼材料受理窗口，保障群众诉求渠道畅通。为当事人办理“减缓免”诉讼费120.79万元，确保困难群众

和弱势群体打得起官司。

（二）维护社会稳定。自觉把法院工作融入县委工作大局，延伸审判职能，会同政法委、信访局妥善处理各类突发性事件、群体性纠纷；针对案件审理中发现的维稳隐患，如涉众型的黔创公司非法融资涉嫌犯罪案，及时向县委请示报告；接待涉诉涉访当事人387件541人次，报送各类预警信息87次、信访信息14期、涉法涉诉专报12期；排查稳控重点人员6件12人次，完成省法院交办的涉法涉诉信访案件2件；审查再审申请21件，决定再审4件。指导人民调解组织调解各类纠纷，有效防止矛盾升级和激化；积极参与社会治理，针对办案发现的问题，向相关部门提出建立健全规章制度、堵塞管理漏洞等方面的司法建议12条，目前已有9个单位书面回复采纳并加以落实。

（三）加强法制宣传。开展“庭审进校园”活动3次、“送法进校园”活动8次，选派15名业务庭长担任中小学法制副校长，为在校学生上好法制课。开展国家宪法日宣传活动，营造全民尊法守法氛围。开展“公众开放日”活动4次，增加法院透明度和亲民感。以巡回审判、以案说法、携案回访等方式加强法制宣传，引导群众学法用法，增强法制意识。在多彩贵州网开辟专栏的同时，还通过报刊电视、微博微信等媒体宣传法院工作和法治思想，全年微博直播庭审3次，刊发文字稿件100余篇，电视新闻报道34次。

（四）主动接受监督。加快审判流程、裁判文书、执行信息“三大公开平台”建设，接受县人大常委会关于司法公开的专项审议。开展“万名代表听千案”“人大代表法庭行”活动34次，受邀代表、委员195人次，主动接受权力机关监督和政协民主监督；召开新闻发布会2次、案情通报会6次、在中国裁判文书网发布生效法律文书1821份，公开接受社会监督和当事人监督；出台《关于进一步支持律师工作的会议纪要》，邀请检察机关及律师事务所参与案件质量评查，诚恳接受法律职业共同体的法律监督和业务监督。

在看到成绩的同时，我们也清醒地认识到，法院工作还存在不少问题和困难，主要表现在：一是执法办案任务繁重，案件数量持续上升，“案多人少”矛盾日益突出，法官压力越来越大；二是队伍结构及人才培养需要进一步优化，审判组织架构需要“扁平化”改革，办案激励机制需要创新，办案责任制需要落实；三是审判管理、政务管理的精细化、规范化水平有待进一步提升；四是个别干警服务意识淡薄，执行力、落实力不强，人民群众对法院工作满意度不高；五是信息化建设与省法院“逢审必录”的工作要求尚有一定差距，新建审判法庭项目后续建设资金缺口较大等等。面对这些问题和困难，我们将切实采取措施，积极争取支持，努力予以解决。

附：名词解释

1. 宽严相济：是我国的一项重要刑事司法政策，要求做到该严则严、当宽则宽、宽严适度，使执法办案活动既有利于震慑犯罪，又有利于促进社会和谐。

2. 非监禁刑：包括缓刑、管制、单处罚金等。适用非监禁刑体现了刑罚轻缓化、刑罚人道主义，促使被告人回归社会的刑罚理念。

3. 轻刑快审：是指对一些构成犯罪，但情节轻微、被告人又主动认罪的案件，压缩程序减少羁押时间，通过公、检、法三机关合力实现快审快结案。

4. 民商事裁判文书简化改革：系司法体制改革的组成部分，按照上级法院关于一审民商事裁判文书简化改革实施方案，针对案件适用简易程序，事实清楚、责任明确、争议不大等情形的一审民商事案件的裁判文书进行，实现繁案精写、简案简写，以提高司法效率。

5. 人民法庭优化设置改革：作为深化司法体制改革“关键的关键”，是根据上级法院关于优化人民法庭设置改革实施方案工作要求，把人民法庭的建设从粗放型管理向精细化治理转变，从规模化的非理性扩张到内涵式的科学发展转变，综合考虑管辖范围、行政区划、案件数量、地域面积、人口数量、交通条件、经济社会发展状况、司法资源的有效配置等因素，建立起以人民法庭为中心，巡回审判点为主干、便民诉讼服务点为支撑、司法联络员为纽带，辐射到村寨的便民诉讼网络，从而实现法庭优化设置与便利群众诉讼的无缝对接，为人民群众提供更加高效便捷的服务。

6. 裁执分离：是指作出裁决的机关与执行裁决的机关应当分离，即不能由同一机关既行使裁决权又行使执行权，从而体现权力的监督与制约，防止权力滥用侵害相对人合法权益，主要体现在房屋征收补偿决定的强制执行等方面。

7. 立案登记制：是一种案件受理制度，根据《最高人民法院关于全面深化人民法院改革的意见》提出的要求，改革案件受理制度，变立案审查制为立案登记制，对人民法院依法应该受理的案件，做到有案必立、有诉必理，保障当事人诉权。

8. “12368”诉讼服务平台：是最高人民法院确定的全国法院系统通用的司法信息公益服务号码。

9. 司法建议：通常指人民法院在审判工作中，以预防纠纷和犯罪的发生为目的，针对案件中有关单位和管理部门在制度上和工作上存在的问题，提出健全规章制度、完善科学管理的建议。

在瓮安县第十六届人民代表大会第五次会议上县人民检察院工作报告（摘录）

县人民检察院检察长　谭必刚

（2016年3月4日）

2015年工作回顾

一、全力推进平安建设，保障人民安居乐业社会安定有序

一年来，共受理批捕案件221件391人，批准和决定逮捕142件206人；受理起诉案件298件424人，依法提起公诉255件361人。在批捕起诉工作中，我院始终坚持重大复杂疑难案件提前介入。在我院办理的邓某某等19人涉嫌组织、领导传销活动，周某某等4人涉嫌非法经营等案件时，由于案件新型、案情复杂、涉案金额巨大，我院提前介入引导侦查，确保了案件的成功办理。

主动参与社会治理，充分发挥检察环节社会管理职能，最大限度化解矛盾，促进社会和谐。一是认真贯彻宽严相济刑事政策，做到该严则严，当宽则宽。在检察环节开展刑事和解9件9人，依法对一批未成年人犯罪作出附条件不起诉决定，取得了很好的社会效果。积极开展未成年人轻罪犯罪记录封存、回访帮教等工作，得到了上级检察院肯定。2015年4月，《检察日报》“法治中国”栏目派出记者到我县对未成年人轻罪犯罪记录封存工作进行了专题采访报道。二是坚持打防结合，注重修复受损社会关系。始终坚守经济发展和保护生态两条底线，联合有关单位共同制定了《轻微涉林刑事案件恢复生态暂行办法》，建立瓮安县轻微涉林刑事案件“生态复绿补偿”机制，并对6起轻微涉林刑事案件适用了该办法，督促当事人补植树木20余亩，在江界河放流鱼苗1万余尾，使生态恢复与打击犯罪实现“双赢”。三是努力畅通群众诉求，积极化解社会矛盾。认真贯彻落实县委、县政府关于创建“平安瓮安”的工作部署，结合检察工作职能，积极参加矛盾纠纷排查调处工作。2015年，我院认真办理群众来信来访案件，受理举报线索5件，在县群众工作中心涉法涉诉窗口值班116天，接待群众30人次，均按规定进行了处理和回复。

二、保持反腐败高压态势，依法查办和预防职务犯罪

坚决贯彻中央、省委和最高检关于反腐败斗争的决策部署，突出工作重点，依法严肃查办人民群众反映强烈的职务犯罪案件，突出查办涉及人民群众切身利益的职务犯罪案件。一年来，我院共立案查办贪污贿赂职务犯罪案件7件10人，均为大案，其中受贿案件3件3人，贪污案件3件6人，介绍贿赂案件1件1人，涉案金额267.97万元。查办了一批涉及农村危房改造、林地补偿、征地补偿款等民生领域的职务犯罪案件，涉及科级领导干部3人，另外，查办渎职侵权案件2件2人。积极配合县纪委等部门，先后对家电下乡补贴、小微企业补贴以及原老坟嘴乡边坡治理工程和新区建设工程开展调查，协助相关部门追回家电下乡补贴资金100余万元，收到了很好的社会效果。

深化职务犯罪预防，坚决遏制和减少腐败。紧密结合职务犯罪案件的发案特点和规律进行深入分析，有针对性地撰写了年度查办和预防职务犯罪综合报告，为党委、政府提供决策参考。努力从多方面开展职务犯罪预防工作，到重点工程开展专项预防5次；邀请相关单位、部门干部职工到我院警示教育基地接受警示教育26场500人次；深入到一些重点部门开展预防职务犯罪专题讲座8

次，召开预防职务犯罪联席会议2次并制定联席会议制度2个；到乡镇、企业开展预防宣传6次，发放宣传资料3000余份；组织县内重点企业召开检察长、董事长“两长座谈会”，出台了检察机关服务非公经济发展的措施。以查办的职务犯罪案件为素材，拍摄一部警示教育片—《权倾荣毁》并对广大干部进行预防职务犯罪宣传，取得了较好的预防效果。

三、全面强化法律监督，维护社会公平正义

进一步完善监督机制，坚持以日常监督为基础，以专项监督为重点，强化监督措施，增强监督实效，使诉讼监督工作取得新成效。

一是强化刑事诉讼监督。重点加强对漏捕、执行逮捕和侦查活动中违法行为的监督。对不应当立案而立案的监督侦查机关撤案5件5人，监督行政执法机关移送刑事案件1件1人，监督纠正漏捕10人、漏犯3人，向侦查机关发出纠正违法通知书21份、发出侦查违法通知书13份，改变侦查机关案件定性5件，变更强制措施1件1人；向审判机关发出纠正违法通知书2份；提前介入引导侦查9件10人，参与公安机关重大案件讨论10余次，参加现场勘查10余次；加强刑事审判活动的法律监督，向法院提出量刑建议121件148人。

二是强化民事行政诉讼监督。受理各类民事监督案件16件，向法院提出再审检察建议1件，提出纠正民事审判程序违法情形检察建议5件；向有关行政职能部门发出监督履行职责检察建议30份；向黔南州检察院提请抗诉的3件民事监督案件均获再审改判；从生态环境领域入手，探索建立检察机关在履行职责中发现行政机关违法行使职权或不行使职权行为的督促纠正制度；办理督促起诉案件60件，向有关部门发出督促起诉检察建议书7份，督促追回国有资产3932万元。

三是强化刑罚执行和监管活动监督。坚持羁押期限届满提示制度，全年共提示和催办即将到期案件1417件1664人次，无超期羁押案件发生。加强对监管场所的检察监督，对监管场所存在的违法行为和不规范执法问题书面提出纠正意见26件，开展羁押必要性审查3件3人，提出释放或变更强制措施3件3人。审查监管机关呈报减刑1018人、假释364人、保外就医23人，审查法院裁定减刑1105人、假释337人，审查决定机关决定保外就医28人，书面纠正“减假暂”呈报不当33人，确保了监管场所“减、假、保”工作依法有序开展。纠正法院适用法律条款错误案件2件，纠正刑期已满而法院未下执行通知书案件1件；办理监狱服刑人员又犯罪案件2件2人。依照相关法律法规，对监狱提请的24件124人“三类罪犯”减刑、假释案件，依法出庭参加庭审听证。依法加强对社区矫正工作检察监督，全年开展社区矫正例行监督检察2次，确保社区矫正工作平稳有序开展。

四、全面加强自身建设，提高公正廉洁执法水平

牢固树立“监督者更要接受监督”的理念，不断强化检察队伍的教育、管理和监督，全面提升检察队伍素质和能力。

一是认真组织开展“规范司法行为专项整治活动”。为贯彻落实党的十八届三中、四中全会精神，全面推进依法治国、深化司法体制改革，高检院决定2015年在全国检察机关组织开展为期一年的规范司法行为专项整治工作，集中整治检察环节司法不规范的突出问题，进一步端正司法理念、规范司法行为、改进司法作风、提升司法公信力和群众满意度。根据上级院的统一安排，我院在专项整治活动中，严格按照工作方案要求，对专项整治工作进行全面安排部署。在对照检查阶段，不怕揭短亮丑，通过设立网络信箱、发放征求意见函、召开律师座谈会、政法座谈会、“三员”座谈会等方式敞开大门听取社会各界意见建议；主动登门走访当地党委、政府、政法、公安、司法行政等单位广泛征求意见建议，采取科室自评、互评、案件质量评查小组评查等方式进行梳理查找。从办案程序、实体、卷宗装订、执法办案纪律等环节查找执法办案中存在的不规范现象。共征求到意见、建议15条，查找出执法不规范问题37类，经过梳理，涉及司法理念问题4个、司法作风问题1个、司法行为问题32个。在整改落实阶段，我院以铁的纪律、铁的制度、铁的措施，对梳理出来的问题建立台账，逐案进行严肃认真的整改落实，做到了整改落实见人、见事、见案件。通过规范司法行为专项整治工作，进一步提升了检察干警规范执法的意识和理念，使规范司法、公正司法、严格司法的法治思维和法治方式成为全体干警的价值追求。

二是主动争取县委对检察工作的领导和支持。始终坚持党对检察工作的绝对领导，自觉服从和服务于全县工作大局，主动向县委报告检察工作情况。2015年，县委认真落实省委《关于进一步支持人民检察院依法独立公正行使检察权的意见》，对我院在干部配备、人员招录、经费保障等方面给予了最大限度的支持和保障，为加强检察队伍建设，促进队伍专业化、职业化建设奠定了坚实的基础。

三是多渠道提升执法素能。以“道德讲堂”为依托，以“规范司法行为讲堂”“科长上讲堂”等活动为载体，加强检察业务技能培训，推进学习型检察院建设。选派干警参加各类培训120人次，先后邀请有关专家学者到我院作专题讲座3次，举办检察实务培训3次，检察长上党课3次，20余篇检察业务经验信息及调研文章被高检院、省、州检察院转发、采用。坚持科技强检，实现办案全程网上流转和监控，投入20余万元建成电子卷宗系统并上线运行，改变长期以来检察环节侦查卷宗孤本化现象，实现多用户同时阅卷，大大提高了办案效率和案件质量，有效保障律师阅卷权利，减少阅卷成本，提升了司法协同水平。建立案件质量评查机制，对所办结案件进行常态化评查，及时督促整改执法瑕疵，案件质量评查工作位居全州前列。

五、自觉接受人大和社会各界监督，保障检察权正确行使

一是主动报告工作，自觉接受监督。始终把各项工作置于党的绝对领导之下，自觉接受县人大及其常委会的监督、县政协民主监督和社会各界的监督。采取报告工作、通报情况、邀请视察等多种形式，主动接受监督。全年向县人大常委会报告工作2次，邀请人大代表、政协委员视察检察工作4次，向县人大常委会专题报告民事行政检察工作情况1次，对县人大常委会的审议意见全部进行整改落实。

二是主动加强联络，深化检务公开。加强与人大代表、政协委员的联系，由院领导带队到乡镇、部门走访联络人大代表、政协委员50人次，召开座谈会11次。大力推行案件信息公开，上网公开案件程序性信息421条，法律文书195份，发布重要案件信息12条。率先在全州检察系统开通门户网站和官方微博、微信。开展以“代表委员个性化联络”为主题的“检察开放日”活动，邀请各界干部、群众30余人“零距离”参与和监督检察工作。

2015年5月，我院被贵州省人民检察院授予“全省检察机关基层检察院建‘4+1’工程创建示范院”荣誉称号，成为黔南州唯一获此殊荣的基层检察院。2015年12月，我院被贵州省人民检察院推荐参加“全国先进基层检察院”评选活动。2015年，我院业务目标考核在全州检察机关名列前茅，其中侦监、民行、控申、监所、法警等部门在全州检察机关同业务目标考核中名列第一名。

工作中存在不足：检察职能作用发挥还不够充分，与人民群众的期待仍有差距；部分检察人员深入研究业务工作不够，专业化人才体系建设进展较慢；法律监督能力亟待提高；检察科技含量低，科技人才缺乏；案多人少的矛盾仍然存在；创新性开展工作的特色、亮点不多。

附件：名词解释

1. 规范司法行为专项整治活动：2014年12月26日下午，最高人民检察院召开全国检察机关规范司法行为专项整治工作电视电话会议，决定从现在起到明年底，在全国检察机关开展为期一年的规范司法行为专项整治工作。最高人民检察院检察长曹建明出席会议并作重要讲话。他强调，规范司法行为是全面推进依法治国对司法工作的基本要求。检察机关作为国家法律监督机关和司法机关，必须首先做到严格依照法定权限和程序行使权力。各级检察机关要进一步深入学习贯彻党的十八届三中、四中全会和习近平总书记系列重要讲话精神，认真贯彻全国人大常委会审议意见，进一步深化司法规范化建设，重点整治司法不规范“顽症”，不断提高规范司法的能力水平，确保检察权始终在法治轨道内规范正确运行。

2. 审查批准逮捕：是指检察机关对公安机关、国家安全机关、军队保卫部门和监狱提请批准逮捕的犯罪嫌疑人，审查是否批准逮捕的一种刑事诉讼活动。人民检察院根据审查情况对案件可作出批准逮捕、不批准逮捕或补充侦

查的决定。

3. 提起公诉：是指人民检察院对于已经侦查终结的刑事案件，经过审查认为犯罪嫌疑人的犯罪事实已经查清，证据确实、充分，依法应当追究刑事责任的，将犯罪嫌疑人移送人民法院，要求对其进行实体审判，予以定罪和判处刑罚的一种诉讼活动。

4. 宽严相济刑事政策：2004年12月22日，中央政法工作会议指出："正确运用宽严相济的刑事政策"。2006年"两高"报告明确规定我国现阶段实行"宽严相济"的刑事政策。2006年在党的十六届六中全会上《中共中央关于构建社会主义和谐社会若干重大问题的决定》亦提出了要实施宽严相济的刑事司法政策。宽严相济就是要求对待不同的犯罪行为人，坚持区别对待的策略思想，该宽的宽，该严的严，宽严适度，宽严有据。对主观恶性较小、犯罪情节轻微的初犯、偶犯和过失犯，对失足青少年，贯彻教育、感化、挽救方针，可捕可不捕的不捕，可诉可不诉的不诉，做到当宽则宽；对严重刑事犯罪严厉打击，依法快捕快诉，做到该严则严。

5. 职务犯罪大案：是指贪污贿赂5万元以上、挪用公款10万元以上的案件和渎职侵权重大、特大案件。《人民检察院直接受理立案侦查的渎职侵权重特大案件标准（试行）》具体规定了重大、特大案件的标准。如，国家机关工作人员滥用职权，致人死亡2人以上或者造成直接经济损失50万元以上的为重大案件，致人死亡5人以上或者造成直接经济损失100万元以上的为特大案件。

6. 职务犯罪要案：是指检察机关直接受理和立案侦查的县处级以上国家机关工作人员涉嫌贪污贿赂、渎职侵权等职务犯罪的案件。

7. 立案监督：是指人民检察院依法对侦查机关（包括公安机关、国家安全机关、监狱等）的刑事立案活动是否合法进行的专门法律监督。包括对应当立案而不立案的监督和对不应当立案而立案的监督。

8. 减、假、暂、保："减"即"减刑"：是对于被判处管制、拘役、有期徒刑、无期徒刑的犯罪分子，在执行期间确有悔改或者立功表现的，适当减轻其原判刑罚的制度。"假"即"假释"：是对被判处有期徒刑、无期徒刑的犯罪分子，在执行一定刑期之后，因其遵守监规，接受教育和改造，确有悔改表现，不致再危害社会，而附条件地将其予以提前释放的制度。"暂"即"暂予监外执行"：是指对有严重疾病需要保外就医的、怀孕或者正在哺乳自己婴儿的妇女以及生活不能自理、适用暂予监外执行不致危害社会的被判处有期徒刑的罪犯，批准其在一定期限内在监外服刑的制度。"保"即"保外就医"：是指被判处无期徒刑、有期徒刑或拘役的罪犯因患有严重疾病，经有关机关批准取保在监外医治。

9. "4+1"工程：是贵州省人民检察院根据高检院关于基层检察院建设的相关要求，开展的以执法规范化、队伍专业化、管理科学化、保障现代化与检察文化建设相结合的创建工作。其等次从低到高分别是先进院、模范院和示范院。2015年5月，我院被贵州省人民检察院授予"全省检察机关基层检察院建'4+1'工程创建示范院"荣誉称号。

在瓮安县第十六届人民代表大会第五次会议上2015年财政预算执行情况的报告（摘录）

县财政局局长　龙继锋

（2016年3月3日）

2015年财政预算执行情况

一、2015年财政预算完成情况

县十六届人民代表大会第四次会议批准的财政总收入205317万元，一般公共预算收入113115万元。基金预算收入130000万元。

（一）财政收入情况

1．财政总收入情况：财政总收入完成201479万元（不含退税517万元），完成目标任务的98.13%，同比增收25766万元，增长14.66%。国税部门完成45639万元，完成目标任务的91.28%，同比增收5988万元，增长15.10%；地税部门完成123680万元，完成目标任务的91.30%，同比增收18067万元，增长17.11%；财政部门完成32160万元，完成目标任务的162.03%，同比增收1711万元，增长5.62%。

2．一般公共预算收入情况：一般公共预算收入完成116192万元，完成县目标任务的102.72%，同比增收17831万元，增长18.13%。在一般公共预算收入中，税收收入完成83260万元，占一般公共预算收入的71.66%，同比增长25.45%；非税收入完成32932万元，占一般公共预算收入的28.34%，同比增长2.94%。

3．基金预算收入情况：基金预算收入完成127543万元，完成目标任务的98.11%，同比增收73243万元，增长134.89%。

4．国有资本经营预算收入情况：国有资本经营预算收入1000万元。

5．社保基金预算收入情况：社保基金收入84031万元，其中：企业职工基本养老保险基金收入39827万元，城镇职工基本医疗保险基金收入14802万元，城乡居民基本养老保险基金收入6763万元，居民基本医疗保险基金等收入22639万元。

（二）财政支出情况

1．财政总支出情况：财政总支出完成451940万元，完成预算的112.24%，同比增支118301万元，增长35.46%。

2．一般公共预算支出情况：一般公共预算支出完成324397万元，完成预算的118.98%，同比增支53078万元，增长19.56%。其中：一般公共服务支出35530万元，同比增长12.09%；国防支出886万元，同比增长116.10%；公共安全支出20191万元，同比增长5.33%；教育支出71869万元，同比增长19.90%；科学技术支出6678万元，同比增长39.82%；文化体育与传媒支出3991万元，同比增长24.56%；社会保障就业支出25032万元，同比增长9.31%；医疗卫生支出35022万元，同比增长31.08%；节能环保支出10438万元，同比增长27.57%；城乡社区服务支出9140万元，同比增长12.35%；农林水事务支出42072万元，同比增长24.65%；交通运输支出3201万元，同比减少1.05%；资源勘探电力信息等事务支出6621万元，同比增长49.39%；商业服务业等事务支出4158万元，同比增长316.22%；金融监管等事务支出149万元，同比减少11.83%；国土资源气象等事务支出2974万元，同比增长87.40%；住房保障支出45242万元，同比增长9.25%；粮油物资储备管理事务支出224万元，同比增长34.94%；其他支出778万元，同比增长90.22%；债务付息支出130万元，同比增长364.29%；债务发行费用支出71万元。

3．基金预算支出情况：基金预算支出完成127543万元，完成预算的98.11%，同比增支65223万元，增长104.66%。

4．国有资本经营预算支出情况：国有资本经营预算支出1000万元。

5．社保基金预算支出情况：社保基金预算支出58931万元，其中：企业职工基本养老保险基金支出18697万元，城镇职工基本医疗保险基金支出15220万元，城乡居民基本养老保险基金支出4619万元，居民基本医疗保险基金等支出20395万元。

（三）财政收支平衡情况

1．一般公共预算平衡情况：一般公共预算收入116192万元，上级补助收入215152万元，上年结余-1809万元，债务转贷收入69351万元，收入总计398886万元。

在上级补助收入中，税收返还性收入3314万元，一般性转移支付收入110712万元，专项转移支付收入101126万元。在一般性转移支付收入中，均衡性转移支付收入23294万元，革命老区及民族地区转移支付收入9771万元，县级基本财力保障机制奖补资金收入8695万元，结算补助收入1976万元，基层公检法司转移支付收入1948万元，农村义务教育转移支付收入8535万元，基本养老保险和低保等转移支付收入5064万元，新型农村合作医疗等转移支付收入10809万元，农村综合改革转移支付收入1490万元，产粮（油）大县奖励资金收入237万元，重点生态功能区转移支付收入2232万元，固定数额补助收入36661万元。

一般公共预算支出324397万元，上解支出4505万元，债务还本支出449万元，债务转贷支出68902万元,支出总计398253万元。

收支相抵，净结余633万元。

2．基金预算平衡情况：县级基金预算收入127543万元，上级补助收入2412万元，债务转贷收入135517万元，上年结余21万元，收入总计265493万元；支出总计265462万元。

收支相抵，净结余31万元。

3．国有资本经营预算平衡情况：国有资本经营预算收入1000万元，支出1000万元，收支平衡。

4．社保基金预算平衡情况：社保基金预算收入84031万元；社保基金预算支出58931万元，省、州统筹支出25100万元，支出总计84031万元。收支平衡。

上述数据待省、州决算批复下达后，可能还会有所调整。

二、2015年主要工作措施

（一）财政收入实现新突破

紧紧围绕工作目标，准确把握经济发展动态，进一步强化收入组织工作。一是按照税源增减因素和行业发展趋势,健全部门工作协调机制，协调解决征收矛盾和问题，将财源建设和组织收入任务落实到相关部门和乡镇，强化过程管理和检查考核，增强了征管责任意识和工作主动性，努力做到税收收入及时足额入库。二是进一步建立健全税源台账，完善税收监控体系，加强对重点行业、重点领域、重点税种的跟踪管理，建立税收收入监控、预测、预警机制。三是加强新开工项目跟踪反馈，紧盯项目工程进度、投资额、税款缴纳情况，确保新的经济增长点成为收入增长点。四是扎实开展财税清查。在全县范围内组织开展了财税收入专项清查工作，组织力量对建筑工程耗材增值税、商贸企业、小规模企业、漏征漏管户、低税户风险企业、房地产行业、建安行业进行税收清查，有效堵塞了税收漏洞。通过以上措施，总收入从2011年的7.50亿元增加到2015年的20.15亿元，一般公共预算收入从2011年的4.50亿元增加到2015年11.62亿元，基金收入从2011年的3.15亿元增加到2015年12.75亿元。五是坚持提升总量与优化结构并重，努力提高财政收入占GDP的比重、一般公共预算收入占财政总收入的比重、税收收入占一般公共预算收入的比重，有效促进县级可用财力持续稳定增长。税收收入从2011年的6.1亿元增加到2015年16.7亿元，年均增长29%；税收收入占一般公共预算收入的比重达到71.66%%，同比上升4个百分点。

（二）服务发展取得新成效

一是加大对实体经济投入。充分利用中央、省、州各项支持工业企业发展的措施政策，投入资金9467万元，对龙马磷业等高载能企业用电量进行补助扶持，对瓮安磷矿等企业稳增长实行以奖代补，支持浙江浦峰集团等企业技术改造升级，兑现金正大、芭田等企业投资奖励，进一步刺激工业项目建设和生产进度，促进工业经济持续健康发展。二是着力减税清费。不折不扣执行国家结构性减税政策，落实涉企收费清单制度，实现清单之外无收费，进一步减轻企业负担。全年累计“减、免、抵、退”税41487万元，取消了行政事业性收费项目19项，行政事业性收费同比减少738万元，下降19.55%。三是县级投入现代农业发展资金3000万元，支持全县7个省州级农业园区做大做强，推进富水桥绿色食品展示馆和返乡农民工创业园建设；拨付农业产业化经营龙头企业及品牌建设企业专项奖励资金310万元，扶持龙头企业发展；兑现茶叶种植户补助资金650万元，支持茶产业发展。四是投入城镇化建设资金42993万元，促进了北部新城、龙坑公园等片区改造，新建环西路南段、瓮南路、安平大道等城市道路，综合体育馆、猴场纪念馆、图书馆等建成投入使用，猴场古邑区成功申报国家AAAA级景区。五是投入交通建设资本金7800万元，四条高速公路全面建成通车；预算安排公路建设资金758万元、客车班线公交化改造补偿资金226万元，实现乡乡通油路、村村通公路、村村通客车。六是投入人才发展基金3000万元、小微企业补助资金1000万元、再就业资金1118万元、小额担保贷款财政贴息资金747万元，针对不同类别、不同群体，分别给予创业贷款贴息、创业培训指导、创业孵化扶持，鼓励“大众创业，万众创新”，大力推动省级创业型城市建设。

（三）社会民生得到新改善

坚持以保障民生为重点，进一步调整和优化财政支出结构，增加公共财政民生投入，促进社会事业全面发展。公共安全、教育、科学技术、文化体育与传媒、社会保障和就业、医疗卫生、环境保护、农林水事务、住房保障九项民生重点支出完成260535万元，同比增加40485万元、增长18.40%，占全县一般公共预算支出比重达80.32%。一是加大教育经费投入，促进教育均衡发展。全年教育支出71869万元，同比增长19.90%。落实义务教育经费保障机制和“两免一补”政策，进一步完善寄宿生生活费、困难学生生活补助和家庭困难学生资助体制，全年共发放各项资助、补助资金2659万元，拨付义务教育学生营养餐改善计划专项资金2716万元；瓮水中学、瓮安八小、瓮安六中等教育民生工程加快推进，支持农村薄弱学校改造，全面提高普通初中、高中整体办学水平，教育教学质量稳步提升。二是大力推进各项社会保障制度改革。提高城乡低保补助标准，城市最低生活保障标准和农村最低生活保障标准分别提高到440元/月·人、215元/月·人，全年共发放城乡低保资金3517万元，为10715名城乡低保对象提供了基本生活保障；拨付失地农民养老保险补助3003万元，解决了失地农民的后顾之忧；支持城乡居民基本养老保险改革，发放新型城乡养老保险金4619万元，确保49014名城乡居民老有所养；发放农村五保供养人员基本生活补助201万元；筹集医疗救助金1103万元，对农村五保、城市“三无”人员等特殊群体提高医疗报销比例或免费就医，实行医疗救助。三是积极推进医疗卫生体制改革。全年投入补助资金350万元，推进县级公立医院综合改革；投入乡镇卫生院建设补助资金416万元，对乡镇卫生计生院进行改造；投入国家基本药物制度补助资金796万元、基本公共卫生服务项目补助资金1962万元，实行国家基本药品零差价销售，基本药物制度覆盖城乡，基层医疗卫生服务体系逐步健全，有效缓解了“看病难，看病贵”的问题；新型农村合作医疗补偿资金支出达到17002万元，参合人数38.53万人，促进了我县新农合工作的持续健康发展。四是认真落实各项惠农政策。全年发放粮种补贴资金588万元、移民后期扶持补助资金262万元、退耕还林补贴911万元、农资综合直补和种粮直补资金5595万元、农机具购置补贴560万元、病死猪无害化处理补贴132万元。五是加快农村基础设施建设。投入资金7700万元，完成农村安全饮水工程项目和中小河流治理、病险水库除险加固等农村水利水电设施建设，农村人均有效灌溉面积达到0.93亩，解决了21793人饮水安全；统筹资金11000万元，建设扶贫项目25个，减少农村贫困人口13700人；拨付资金14214万元，动工建设保障性住房6370套；投入资金2225万元，完成农村危房改造2259户；投入异地扶贫搬迁工程资金2264万元，建成安置点2个，安置移民1786人；投资2616万元，组织实施“一事一议”财政奖补项目105个，硬化村内户外道路131km、硬化活动场所2300㎡、庭院硬化5900㎡、安装太阳能路灯680盏，项目覆盖全县13个乡镇、34个行政村、76个自然村寨，受益农户3603户15513人；整合资金95563万元，推进“四在农家·美丽乡村”六项行动计划实施，创建示范村19个，建设示范型村寨16个、提升型村寨19个、普及型村寨126个，完成示范村建设项目127个，受益农户27571户101751人。

（四）财税改革出现新进展

一是积极推行预决算及“三公经费”公开。按照《预算法》要求，2014年财政预算执行情况、2015年本级财政预算编制情况、全县“三公经费”执行情况通过政府网站向社会公开；86个部门通过政府网站公开了本单位预决算信息和“三公经费”预算，更好地保障公民的知情权、参与权和监督权。二是深化预算编制改革，构建“收入一个笼子、预算一个盘子、支出一个口子”的财政运行新机制，全面提升预算编制的信息化、科学化、精细化。三是推进县乡财政管理体制改革，印发了《瓮安县乡镇财政管理体制实施意见》，实行“县乡分税、划分收入、核定支出、基数上解、超收分成、自求平衡”的财政预算管理体制，对13个乡镇税源情况进行了摸底调查、统计分析，核实了各乡镇收支基数；对乡镇政府债务按照“锁定旧债、控制新债”和“谁使用，谁偿还、谁担保，谁负责”的原则，明确了偿债责任。四是加快国库集中收付改革。投入资金140余万元，全面完成了国库集中收付系统平稳向省国库集中支付一体化信息平台过渡，成功搭建了以财政局为核心，集清算银行、代理银行、预算单位于一体的国库集中支付管理系统网络平台，全面实现了网上申报、网上审批、网上支付、网上清算。全县85个预算单位全部纳入国库集中收付管理，并统一了财务集中核算软件，共建账套340套；84个财政全额拨款的行政事业单位全部纳入了工资统发系统。全年通过国库集中支付资金684265万元，其中直接支付25990笔，金额669385万元，占集中支付总额的97.83%；授权支付4798笔，金额14880万元，占集中支付总额的2.17%。五是开展财政预算绩效评价。分别对2015年度财政预算绩效管理、雍阳中学建设项目、2013—2014年度民贸民品贷款财政贴息项目、就业小额担保贷款财政贴息项目开展了绩效评价，并将绩效评价结果作为2016年度预算安排的重要依据，逐步建立“预算编制有目标、预算执行有监控、预算完成有评价、评价结果有应用”的涵盖所有财政性资金的预算绩效管理运行机制。六是开展盘活财政存量资金专项检查，对全县66家县级预算单位结余结转资金进行了清理，对2012年以前的专款作结余结转资金收回财政重新调整安排支出，对2014年以前结转的县级预算全部作结余资金收回财政作财力重新安排支出。

（五）财政监管得到新提升

一是监督力度不断强化。有效整合全县监督检查资源，规范财政监督行为。抽调财政局、审计局、监察局、农工局、水务局、教育局、住建局、民宗局、卫计局等部门人员组成联合检查组，对全县涉农资金、涉农补贴发放、危房改造、小微企业补助等社会关注度较高、与群众切身利益密切相关的项目资金使用管理情况实行常态监督检查；对全县所有行政事业单位“三公经费”执行情况进行了专项检查，对违规发放津补贴进行了清理清退；对132家行政事业单位及下属机构的“收支两条线”执行情况、对扶贫局等4家单位的会计信息质量情况、乡镇财政资金监管等情况开展了检查，严肃了财经纪律，确保了财政资金安全。二是财政监督机制不断完善。出台了《瓮安县县级国家机关和事业单位差旅费管理办法》《瓮安县财政资金管理办法》《瓮安县行政事业单位往来款清理暂行办法》《瓮安县财政资金拨付管理规定》《瓮安县财政内部监督检查办法》，消除制度上的缺陷和安全隐患。三是项目评审不断提高。对全县所有单位实施50万以下的工程项目进行预决算评审，全年共评审项目336个，送审金额2553.20万元，核减金额355.40万元，核减率13.92%。实现了从立项、执行到完工验收的全程监管，提高了财政资金使用效率。四是政府采购不断完善。全年组织实施政府采购项目697个，实际执行采购金额为43315万元，节约采购资金6455万元，节约率为12.96%。五是债务管理不断规范。对全县政府性债务进行了清理甄别并录入债务管理系统；建立了融资项目台账和债务管理台账，将政府债务偿还期限进行了划分，对政府性债务实行分类管理和限额管理；设立了偿债专户，县级预算安排偿债资金5亿元，按合同规定日期偿还到期债务；初步建立未来三年

PPP项目建设数据库，与深圳金砖城市国开先导基金公司签订了协议，设立了PPP项目财政引导基金。

（六）争资融资实现新跨越

2015年共争取上级转移支付资金21.52亿元，其中专项转移支付资金10.11亿元，一般性转移支付资金11.07亿元，保工资、保运转、保民生的能力进一步增强；得到融资资金37.76亿元，初步缓解了建设资金瓶颈;成功申报农村金融机构定向补贴和县域金融机构涉农贷款增量奖励项目，得到项目资金1137万元，引导金融机构增加信贷投放，加大对地方经济发展的支持力度，金融机构贷款余额达到87.29亿元，同比增长40.70%；积极争取省级地方政府债券置换资金，缓解县级偿债压力。

存在的困难和问题：支柱财源和新兴财源仍然不多，财政增收明显放缓；政策性减收因素增多，刚性支出持续攀升，收支矛盾进一步加剧；财政预算绩效管理不够精细，资金使用效益有待提高；债务规模持续膨胀，减债压力巨大。

附件：名词解释

一般公共预算收入：1994年我国实行分税制改革后，财政收入划分为中央固定收入、地方固定收入、中央与地方共享收入三部分。一般公共预算收入（习惯上称一般预算收入或地方财政收入）是指通过一定的形式和程序，有计划地筹措归地方支配的资金，由地方固定收入和中央与地方共享收入地方部分组成，具体又分为税收收入和非税收入两类。

基金预算收入：由财政部门组织、纳入预算管理、具有指定用途的各项收入，如地方教育附加收入、国有土地收益基金收入等。

非税收入：指一般公共预算收入中除税收收入以外的其他各项收入。具体包括：国有资产经营收益、行政性收费收入、罚没收入、海域场地矿区使用费收入、专项收入、其他收入等。

转移性收入：指上级政府对下级政府的补助。一般是根据人口、面积等社会经济指标以及一些由政府承担的社会经济活动，如教育、治安等的统一单位开支标准计算。主要是为了平衡各地区由于地理环境不同或经济发展水平不同而产生的政府收入的差距，以保证各地区的政府能够有效地按照国家统一的标准为社会提供服务。由税收返还、财力性转移支付和专项转移支付三部分构成。

税收返还性收入：中央基于宏观调控的需要，将集中的部分税收收入返还给地方，是财政转移支付的主要形式，是公共财政收入的重要来源。

财力性转移支付：是为弥补财政实力薄弱地区的财力缺口，由中央财政安排给地方财政的补助支出。财力性转移支付是缩小地区财政差距的重要手段，是财政转移支付的主要组成部分。主要包括：一般性转移支付、调整工资转移支付、民族地区转移支付、农村税费改革转移支付、年终结算财力补助等形式。

专项转移支付：是中央财政为实现特定的宏观政策及事业发展战略目标而设立的补助资金，重点用于各类事关民生的公共服务领域。地方财政需按规定用途使用资金。

一般转移支付：主要是对地方的财力补助，不指定用途，地方可自主安排支出。一般转移支付是政府间财政关系的重要组成部分，目的是缩小地区间财力差距，实现地区间基本公共服务能力均等化。此类转移支付不规定具体用途，由接受拨款的政府自主安排使用，目的是弥补财政实力薄弱地区的财力缺口，均衡地区间财力差距，实现地区间公共服务能力的均等化。一般转移支付资金按照公平、公正，循序渐进和适当照顾老少边穷地区的原则，主要参照各地标准财政收入和标准财政支出的差额及可用于转移支付的资金数量等客观因素，按统一公式计算确定。

一般公共预算支出：也称一般预算支出。指地方政府为履行职能需要，通过预算内资金安排用于维持政权运转及支持各项社会事业发展等方面的支出。

上解支出：下级财政部门将本年度的财政收入上解至上一级的财政部门。比如按照现行分税制体制要求，增值税采取中央和地方75%：25%的分成比例，在税款征收入库后，地方需要将属于中央的75%上解。

财政支出绩效评价：财政支出绩效是指财政支出活动所取得的实际效果。财政支出绩效评价是按照财政支出经济性、效率性和有效性的总体要求，运用科学、规范的绩效评价方法，制定统一的评价标准，对财政支出效益、管理水平、投入风险等方面的综合评价。

PPP项目：是指政府与私人组织之间，为了合作建设城市基础设施项目，或是为了提供某种公共物品和服务，以特许权协议为基础，彼此之间形成一种伙伴式的合作关系，并通过签署合同来明确双方的权利和义务，以确保合作的顺利完成，最终使合作各方达到比预期单独行动更为有利的结果。

在瓮安县第十六届人民代表大会第五次会议上 2015年国民经济和社会发展计划执行情况的报告（摘录）

县发展和改革局局长　洪　湖

（2016年3月3日）

2015年国民经济和社会发展计划执行情况

一、2015年国民经济和社会发展计划执行情况

（一）经济保持平稳较快发展

实现县生产总值（GDP）97.19亿元，完成全年目标的92.56%，同比增长14.6%；其中，第一产业完成17.8亿元，同比增长6.5%；第二产业完成36.35亿元，同比增长14.2%；第三产业完成43.04亿元，同比增长17.4%，三次产业结构比重为18：38：44。

1. 工业经济持续快速发展。一是完成工业总产值141.23亿元，同比增长34.2%，完成全年目标的80.7%；规模工业增加值（2000万元口径）实现41.93亿元，完成年全年目标的104.8%,同比增长13.8%；完成规模工业总产值104.25亿元，同比增长27.9%，完成全年目标的83.4%；累计实现工业用电量97573万千万时，同比增长10.84%。二是经济开发区建设成效显著。截止目前园区入驻企业148户，投产企业104户，2015年新入驻企业30家，其中投产19户；累计完成产值131.71亿元，同比增长12.90%。开发区金正大、芭田、浦峰、麒龙、创业园二期以及C5路、迎宾大道等一批基础设施及配套设施重点项目建设快速推进。

2. 农业经济健康稳定增长。全年完成农业总产值31.8亿元，完成全年目标的100.4%。一是粮食安全生产得到有效保障，实现粮食总产量18.48万吨。二是龙头企业及专业组织建设不断加强。全县龙头企业已发展到63家，其中：省级14家、州级32家、县级17家。龙头企业实现产值9.04亿元，占农业总产值的比重达26.68%，创利税5100万元，带动农户8.12万户；全年发展农民专业合作社40个，完成全年目标的133%，注册家庭农场32个；农民专业合作组织达228个，注册资金达3.56亿元。三是农业园区建设快速推进。我县抢抓省委、省政府实施“5个100工程”的契机，按照“以镇建园、以园促镇、镇园合一”的发展思路，狠抓园区建设，省级、州级农业园区已达7个，其中：省级4个，州级3个。园区累计投资达24.3亿元，产值达30.9亿元，销售收入达25.85亿元。

3. 服务业加速发展。一是房地产业有序发展。全县共有房开企业23家，完成房地产投资17.27亿元，房地产销售面积达94.07万平方米。2015年新开工的有润安南城国际、大地公司黔南商业城、麒龙城市广场、雍江商城、鸿泰观音山商业城等5个项目，总投资45亿元，本年完成投资8.6亿元。二是旅游业较快发展。草塘千年古邑旅游区2015年列为全省27个重点示范旅游景区，2015年1月荣获全省“十佳特色旅游城镇景区”，2015年3月评为国家AAAA级旅游景区称号，2015年10月评为“黔南州最具历史文化价值旅游古镇”，景区已完成老街立面改造、安防系统、核心建筑监控安装，景区商业地产、草塘大戏楼、旗山书院、黔山进士楼等亮丽工程已完成；朱家山景区森林宾馆二期建设项目正在实施，包含5

栋木屋主体建设、临时停车场等基础配套设施建设；江界河景区已完成招投标及前期定界勘踏工作，对景区内人行步道、扶栏进行了维修、加固。文化民生基础工程扎实推进。全民健身活动中心项目建设全面完成，总投资达5.06亿元规划建设的文体五馆已于9月建成投入使用；文化馆南部分馆、图书馆南部分馆主体已完工；投入2700万元的猴场会议会址纪念馆已建成，并提升改造实现对外开放。2015年8月21日承办了黔南州第四届运动会，展现了瓮安超强的办赛能力，使瓮安城市的知名度和美誉度得到大幅提升，推动我县全民健身事业的跨越性发展。2015年实现旅游总收入22.45亿元，同比增长26.1%。三是商贸物流业快速发展。大力健全现代物流网络体系，加快推进中港物流园项目建设，印发了《瓮安县关于促进商贸和现代物流业发展若干意见（试行）》，鼓励并支持物流企业落户运行，推动物流企业规模化、集约化发展。截至目前，我县有各类物流企业49户，物流企业已逐步延伸到乡镇、办事处、村。四是电子商务产业加快发展。出台《瓮安县关于加快推进电子商务发展的实施意见（试行）》；规划建设电子商务产业园区，促进集聚化发展，瓮安大地商业广场正在加快建设，目前主体工程已建设完毕。五是交通运输业、邮电通讯业、物资供销和仓储业、保险业、餐饮等服务行业同步协调发展。

4．投资与项目建设顺利推进。全年固定资产投资入统项目项目317个，总投资445.24亿元，本年完成投资147.56亿元，完成全年目标的90%，同比增长24.69%，其中：亿元入统项目43个，总投资363.59亿元，完成投资112.44 亿元，占固定资产投资的比重达76.2%。一是重大工程与重大项目快速推进。2015年，实施省、州重大工程和重点项目48个，总投资522.81亿元，2015年投资目标102.69亿元，全年完成投资131.94亿元，完成全年目标的128.48%。二是争资争项工作有序推进。共争取中央预算内投资项目76个，总投资9.93亿元，获中央预算内投资2.38亿元，省级配套0.17亿元，州级配套0.012亿元。

5．以交通为主的基础设施不断完善。一是交通基础设施取得重大突破。贵瓮高速、道安高速、安江高速3条高速公路已建成通车，我县境内高速公路通车里程达105公里。瓮马铁路已开工建设。省道改造有序推进，S205省道银坑水至茅坡公路完成总工程量的60%；S305省道草塘至银盏公路已建成通车。全年动工改造农村公路31条198.5公里，已改造完成19条98.6公里。二是水利基础设施快速推进。杜仲河水库已下闸蓄水；胜土水库工程已开工建设；总投资3754万元的瓮安河治理工程已完成总工程量的70%；总投资1165.93万元的农村饮水安全项目已全面完成，解决饮水人口21793人；总投资90万元的水土流失治理已全面完成，治理水土流失面积9平方千米。三是电力基础设施不断完善。220千伏果果坪变2号变扩建工程已经于2015年8月8日竣工投产；福泉至果果坪220千伏线路已开始基础施工；110千伏珠藏变电站场地平整工作基本完成；新建从110千伏江界河变至110千伏珠藏变电站输电线路；完成35千伏建中2#主变扩建工程；完成“美丽乡村，四在农家”小康电示范点的专项规划工作，2015年共投资1413万元，计划改造16条10千伏及以下线路单线工程，目前已完成珠藏、中坪片区内的8条线路施工，其余8条线路计划于2016年一季度全部完工。

6．城镇化建设水平不断提升。一是城市路网等公用服务设施不断完善。新建环西路南段、瓮南路、安平大道等城市道路；草兴街、环西北路、滨江路等已建成通车；清涟湖湿地公园建设项目已完成部分路基建设。二是棚户区改造、民生工程建设步伐不断加快。2015年上级下达我县棚户区改造任务3400套（户），其中，塔坡片区（一期）城市棚户区、老消防队片区城市棚户区改造项目已开工建设，乡镇城市棚户区（珠藏、中坪、玉山）改造项目100户和零星城市棚户区改造（房屋综合整治）项目1500户已基本建成；2015年保障性住房任务为6370套，均为公租房，已建成2838套，基本建成2503套，完成主体1029套；2015年下达农村危房改造任务2259户，已全部竣工，入住1948户；省、州下达小康房任务299户，已全部竣工。2015年城镇化率达49.58%。

7．扶贫攻坚工作取得新突破。2015年减少农村贫困人口1.37万人，完成目标任务的124.54%，天文镇乌江村、瓮水办事处茅坡村、银盏镇穿洞河村等9个三类贫困村出列，实现小河山乡、老坟乡、木槽乡3个贫困乡“减贫摘帽”。一是精准扶贫建档立卡信息化建设基本完成。对贫困人口管理系统外的5280人低保人口进行全覆盖补录，对全县的贫困人口按照“五个一批”的要求进行分类归档，完善脱贫计划，帮扶责任、帮扶计划和帮扶措施等相关信息。二是扶贫项目建设稳步推进。2014年省、州下达到我财政扶贫项目共17个（73个子项目），财政扶贫资金2462.1万元。开工建设73个，完工73个，完工率为100%。2015年省、州下达我县各类扶贫资金项目42个，资金达4141.1万元。批复建设项目26个，开工建设24个，完工17个，完工率达70.83%。

8．财政收入稳定增长。完成财政总收入20.15亿元，完成全年目标任务的98.13%，同比增长14.66%，其中，一般公共预算收入完成11.62亿元，完成全年目标任务的102.72%，同比增长18.13%。

9．招商引资工作快速推进。全县招商引资在建项目82个，总投资484.12亿元，招商引资到位资金157.5亿元，完成全年目标的84.04%，同比增长15.13%；完成招商引资签约引资额246.14亿元，完成全年目标任务的111.88%。

（二）各项社会事业协调发展

1．教育事业加快发展。瓮水中学工程有序推进，目前三栋教学楼基本完工，预计2016年3月可完工投入使用；4所薄弱学校改造基本完工，木老坪和高水2所幼儿园改扩建完工，建中幼儿园已开工建设；瓮安六中（思源学校）正在基础施工；瓮安八小已开工建设；县城留守儿童寄宿制学校已挂牌成立。各项教育指标均高于省的发展要求，学前三年入园率达87.4%；高中阶段毛入学率达92.5%。

2．卫生计生事业健康发展。医疗资源配置不断优化，现有医疗卫生机构382家，医务人员总数2027人，乡村医生314人、执业医师（含执业助理医师）823人、注册护士890人，每千人口拥有医师1.74人，千人护士达1.89人，全科医生数48人，万人全科医生1.02人，床位数2150张，千人床位达4.66张。卫生基础设施建设项目快速推进，在建项目有县中医院标准化建设、瓮水社区卫生服务中心、江界河镇中心卫生院建设，总投资13052万元，其中，中央资金2940万元，省级资金150万元，地方配套9962万元，建设规模达44610平方米，县中医院急诊大楼和瓮水社区卫生服务中心主体已完工；江界河镇中心卫生院正在进行基础施工；县妇幼保健院正在进行基础开挖。新型农村合作医疗健康发展，2015年应参合389528人，实际参合385253，参合率达98.90%，比2014年净增参合人数3527人；全县人口自然增长率3.97‰。

3．社会保障不断强化。职工养老保险、城乡居民养老保险、城镇基本医疗保险等工作稳步推进，参加城镇职工基本养老保险达4.37万人，完成全年目标的102.3%；城乡居民基本养老保险达24.48万人，完成全年目标的100.74%；参加城镇基本医疗保险达6.37万人，完成全年目标的108.33%，其中城镇职工医保参保3.9万人，完成全年目标的112.51%，城镇居民医保参保2.26万人，完成全年目标的104.42%。

4．社会救助工作稳步推进。总投资1400万元的老年养护楼和总投资240万元的瓮水街道社区日间照料中心已完成主体工程建设；珠藏敬老院已验收入住；江界河敬老院的改建部分已基本完工，新建部分主体已完工；天文敬老院主体已完工。城市最低生活保障标准和农村最低生活保障标准分别提高到440元/月·人、215元/月·人，全年共发放城乡低保资金3517万元，为10715名城乡低保对象提供了基本生活保障。全县共有五保供养对象864人，全年发放农村五保供养金201万元，农村五保户已全部纳入农村低保。

5．“十三五”规划编制顺利完成。科学编制《瓮安县国民经济和社会发展第十三个五年规划》，一是成立领导小组。为进一步加强我县“十三五”规划编制工作的组织领导，成立了瓮安县“十三五”规划编制工作领导小组，并聘请省级专家指导我县“十三五”规划编制工作。二是完成重大课题研究。按照中央、省、州“十三五”规划研究思路要求，结合我县资源优势及发展前景，按照基础设施主要构架和工业化、城镇化发展大局，高度整合、精心提炼了并完成了21个前期重大课题研究（其中综合类课题5个，专题类课题16个）。三是编制专项规划。围绕优势工业、文化旅游、生态建设与环境保护等方面提出了12个专项规划并编制完成。四是编制基本思路。编制了《“十三五”规划基本思路》，经政府常务会、县委常委会审核通过。五是编制“十三五”项目库。共储备“十三五”重大项目655个，总投资4874亿元。其中：交通类项目38个，总投资819.6亿元；水利类项目43个，总投资74亿元；文化旅游类项目70个，总投资480.3亿元；商贸物流类项目41个，总投资334.2亿元；产业发展类项目159个，总投资2719.4亿元；城镇建设类项目 107个，总投资298亿元；生态保护类项目21个，总投资19.8亿元；社会发展类项目141个，总投资112.7亿元；其他类项目35个，总投资16亿元。根据省、州对项目申报的要求，已上报包装打捆项目120个，总投资1589亿元。六是编制相关规划图。编制了《瓮安县特色农业发展“十三五”规划布局图》；并对《各乡镇政区规划图》《瓮安县土地利用总体规划图》《瓮安县林业生态红线区域图》进行了修编。七是编制《“十三五”规划纲要》。围绕中央和省委、州委《“十三五”规划建议》，按照县委《“十三五”规划建议》提出的指导思想、发展思路及目标，结合我县发展的阶段性特征，精心编制了《瓮安县“十三五”规划纲要》，充分征求了各乡镇、各部门以及人大、政协和社会各界的意见和建议，并经县委、县政府审核通过。

6. 全面深化改革快速推进。一是推进乡镇行政管理体制改革及配套措施完善。将全县13个乡镇（街道）党政内设机构进行整合，设立综合行政执法办公室，统一行使行政职权。对经清理下放的乡镇的202项经济社会管理权限的落实情况进行自查，对我县34家部门，共184项行政许可进行了全面清理。二是深化投融资体制改革。以促进“三农”发展为核心，完善县域金融体制机制、创新金融产品和服务方式为重点，制订出台《瓮安县创建农村金融产品和服务方式实施意见》《瓮安县创建金融信用县实施方案》，全面推进诚信瓮安建设，改善县域金融生态环境。制定《瓮安县2015年至2017年融资计划》。三是统筹城乡建设改革。坚持以人的城镇化为核心，进一步完善农业转移人口户籍、购房、就业创业、社会保障等优惠政策，把农业转移人口集聚到城镇。全县农业转移人口共进城购买商品房3461套，办理城镇居住薄769户，1159人，农业转移人口市民化进程加快。四是加强社会事业改革。统筹推进教育、医疗、社会保障、就业等民生领域改革，进一步促进了城乡公共服务均等化。出台《瓮安县教育教学成果奖励方案》，完善教师奖励机制。成立贵州城市职业学院瓮安校区。将公共服务向农村延伸，整合和优化城乡交通资源，投放公交车83辆，逐步实现城乡公交全覆盖。五是推进文化旅游业改革。设立瓮安县道德讲堂管理办公室，统筹总堂活动开展，指导、协调全县各级道德讲堂活动开展。积极推进全省旅游综合改革试点县建设，创新成立瓮安县旅游产业发展委员会。探索政府采购公共文化服务示范项目“幸福进万家 瓮水长歌文化精品乡村行”工作，建立文化产业创意基地，推广“瓮水长歌乡村行”等公共文化服务品牌。

全县环保、物价、科技、气象、质监、药监、残联、档案、邮政、通信、史志、民族（宗教）、人防、外事、对台、保险等各项工作都取得了新进展。

存在困难和问题：一是经济总量小，人均水平低。二是工业结构单一，磷及磷化工、煤及煤化工行业占经济总量的85%，受全国经济下行大环境影响，磷矿、煤炭、水泥等主要产品销量与价格双双下滑，企业生产经营困难。三是旅游业尚处于起步阶段，各景区知名度和形象宣传的力度、广度和深度还不够，旅游产业发挥效益尚需时日。四是受国际国内消费大环境影响，限额以上批发、零售企业营业额增长速度较低，消费对经济的拉动作用不明显。五是全县大多数中小企业积累少，实力弱，难以获得银行贷款支持，融资难、融资贵问题制约经济快速发展。

“十二五”期间我县国民经济和社会发展取得的显著成就

一、经济发展提速提质，综合实力显著增强

“十二五”期间全县地区生产总值年均增长16.5%，比“十一五”提高3.1个百分点，“十二五”期末达97.19亿元，是2010年的2.38倍；人均生产总值达24998元，是2010年的2.7倍；“十二五”期末，财政总收入达20.15亿元，年均增长28.2%，是2010年的3.47倍，其中一般公共预算收入达11.62亿元，年均增长28.01%，是2010年

的3.44倍；社会消费品零售总额达18.84亿元，年均增长20.36%，是2010年的2.53倍；金融机构人民币存贷款余额达119.03亿元和87.29亿元，年均增长达21.98%和40.27%，是2010年的2.7倍和5.43倍；进出口总额达255万美元。

二、项目建设保持快速推进，固定资产投资实现较快增长

建成了贵州金正大磷资源循环经济产业建设项目、瓮安县文真公司铝土矿精选及矿渣综合利用项目、瓮安县工业园区基础设施建设项目、贵州芭田生态工程有限公司磷化工循环经济产业项目、瓮安县富水桥绿色食品工业园区、瓮安县草塘千年古邑区建设项目、瓮安县体育场建设项目、瓮安县中医院标准化建设项目、瓮安县二中整体迁建项目、瓮安县物流商贸综合产业园及红色旅游文化风情、瓮安县返乡农民工创业园标准化厂房建设、瓮安大地·黔南商业广场、瓮安县锦美熙御印象商品房等一批重大工程与重大项目，并成功举办了全省项目观摩会。

“十二五”期间，项目建设主要涉及水利、交通、城镇基础设施建设、工业、农业、文化旅游、生态建设和环境保护等行业，累计完成固定资产投资472.32亿元，是“十一五”期间的11.3倍，年均增长达47.8%；共争取上级资金79.26亿元，其中，争取中央、省、州预算内资金10.15亿元。自2015年开展专项建设基金申报工作以来，我县共争取到专项建设基金项目7个，总投资27.94亿元，获专项建设基金1.98亿元。五年共引进招商引资到位资金541亿元，年均增长达66.85%，是“十一五”期间的17.45倍。

三、产业结构大幅优化，发展质量不断提升

三次产业结构比重由“十一五”期末的20:42:38调整到18:38:44。成功创建省级经济开发区，引进了金正大、芭田等一批优强企业，“煤电磷、煤电铝”一体化项目加快推进，以磷化工为支柱的特色工业体系基本形成，2015年全县规模工业总产值达141.23亿元，规模工业增加值达41.93亿元，分别是2010年的2.73倍和3.92倍。特色现代农业加快发展，农业基础不断夯实，建成7个省、州级现代高效农业示范园区和40万亩规模化优质农产品基地，形成茶、菜（辣椒）、果、畜四大主导产业，2015年，农业总产值达31.8亿元。第三产业较快发展，一批城市综合体、商业市场、物流园区加快建设，商贸物流、金融保险、科技信息、房地产、社区服务等成为新亮点；文化旅游业取得长足发展，建成草塘千年古邑区、朱家山国家森林公园、江界河国家级风景名胜区等一批文化旅游精品。

四、城镇基础设施加快完善，城镇化进程快速推进

大力推进新型城镇化建设，城镇综合承载能力显著增强，城乡面貌发生明显变化。城市不断扩容提质，县城建成区面积从2010年的9.12平方公里扩大到2015年的20平方公里。大力推进农业转移人口市民化，实现农业转移人口市民化19920人。新建或改扩建河西大道、环城西路、文峰路等城市干道，基本建成“四纵十八横”城市路网骨架，成功创建省级文明城市。房地产保持较快增长，完成房地产投资88.1亿元，实际销售面积达202.16万平方米。通过撤小并大、撤弱并强，调整乡镇空间布局，优化资源配置，小城镇建设成效显著，猴场镇被列入全省十大小城镇示范样板镇。实施农村禁止建设区划定和集中居住区规划，“四在农家·美丽乡村”六项行动计划成效明显，城乡居民居住条件进一步改善。全县城镇化率从2010年的32.5%提升到2015年的49.58%。

五、交通基础设施建设取得重大突破，各类发展条件不断改善

交通基础设施建设实现重大突破，马瓮、贵瓮、道瓮、江瓮高速公路相继建成通车，结束了瓮安不通高速公路的历史；新建或改扩建一批国省干线、县乡公路、通村公路和矿山专用公路，实现建制村100%通油路（水泥路），行政村100%通客车，开通城乡公交，群众出行便捷率大幅提升；开工建设瓮马铁路，乌江航运瓮安港顺利推进。重大水利工程建设取得新进展，杜仲河水库下闸蓄水，实现了瓮安中型水库零的突破，全县建成水库总蓄水量达到0.61亿立方米；农村人口人均有效灌溉面积达0.93亩，基本解决农村饮水安全问题。信息化基础设施建设加快，2G、3G、4G网络实现县城及乡镇的全覆盖；宽带（含无线宽带）、无线语音电话全覆盖；全县城乡广播、电视覆盖率达95%。

六、守住发展和生态两条底线，走绿色发展

之路

结合全省创建全国生态文明先行示范区和黔南州创建国家生态补偿机制试点示范区，着力加强生态建设和环境保护，有序推进主体功能规划实施，切实开展生态环保执法活动。重点实施了一批退耕还林、天然林保护、石漠化综合治理等重点生态建设项目，完成造林面积23.21万亩，石漠化综合治理面积84.05平方公里，治理水土流失面积52平方公里，森林覆盖率提高到52%，比2010年提高4个百分点。“十二五”期末全县城镇污水处理率达85.3%，城乡生活垃圾无害化处理率达87.4%，城市空气质量达标率为100%，集中式饮用水源地水质达标率为100%；全县工业固体废物综合利用率达到90%，单位工业增加值能耗降低率5.72%。

七、社会事业基础设施加快完善，人民生活质量不断提高

民生事业和社会治理全面发展，人民群众幸福指数不断提升。城乡居民人均可支配收入分别达24124元和8324元，年均增长为16.87%和15.56%，是2010年的2.18倍和2.06倍。大力实施扶贫攻坚，减少贫困人口5.93万人，实现贫困乡镇全部“摘帽”，贫困发生率下降到9%。劳动力实现稳定就业，城镇登记失业率始终控制在4.2%以内，“十二五”期末城乡三项基本医疗保险参保率达到95%以上。县级财政投入教育经费15亿元，全面实施教育“9＋3”计划，完成25所薄弱学校改造工程，新建或改扩建90余所幼儿园，整体迁建瓮安中学、瓮安职校、瓮安二中，新成立特殊教育学校、瓮安五中，学前三年毛入园率、义务教育巩固率、高中阶段毛入学率分别提高到87.4%、95.95%和92.5%。迁建县医院、县中医院，改扩建乡级卫生院，实现村级卫生室全覆盖，卫生基础设施不断完善，医疗卫生服务水平明显提高。完成保障性住房建设22510套，改造农村危房9369户，实施扶贫生态移民工程6804人。全面推行遗体火化和骨灰集中安葬。建成了全省一流、现代化综合性体育场馆。大力推进社会治理和治理能力现代化建设，形成的“5531”社会治理模式在全省推广。“十二五”期末全面小康实现程度达到95%。

八、改革开放不断深入推进，内生动力不断增强

深入贯彻落实中央关于全面深化改革和依法治国的决定，大力推进重点领域改革和创新体制机制，着力破解体制机制障碍，激发市场活力，释放改革红利。相对集中行政许可权获国家级先行先试改革试点，11项重大改革列入省级试点。乡镇行政管理体制配套改革、农村产权制度改革等初见成效。累计减少行政审批事项253余项，委托（下放）到乡镇202项；实施两轮乡镇行政区划调整，由23个乡镇调整为13个乡镇（街道）。放宽市场准入，市场主体达21710户，民营经济占全县GDP比重达54.55%。高标准举（承）办了中国（瓮安）国际投资贸易推介会、全国山地户外运动锦标赛、全州旅游发展大会、全州运动会等重大活动，大大提升了瓮安对外开放活跃度和投资开发吸引力。

中共瓮安县委办公室 瓮安县人民政府办公室关于印发《瓮安县出租汽车行业改革实施方案》的通知

瓮委办字〔2016〕18号

瓮安经济开发区党工委、管委会，县人武部，江界河风管处，各乡镇党委、街道办党工委，各乡镇人民政府、街道办事处，县委各部、办、委、局，县级国家机关各工作部门，各人民团体，省、州驻瓮企、事业单位：

《瓮安县出租汽车行业改革实施方案》已经县委、县政府研究同意，现予印发，请认真抓好贯彻落实。

中共瓮安县委办公室
瓮安县人民政府办公室
2016年4月25日

瓮安县出租汽车行业改革实施方案

为适应瓮安县公共客运交通发展需要，有效遏制非法营运，打破行业垄断，保护广大人民群众生命财产安全和社会公共利益，最大限度满足市民出行乘车需求，根据国家关于出租汽车行业改革的有关要求和《出租汽车经营服务管理规定》（交通运输部令2014年第16号）、《交通运输部关于全面深化交通运输改革的意见》（交政研发〔2014〕242号）、《贵州省城市公共交通条例》《贵州省出租汽车服务质量信誉考核办法》《黔南州出租车行业改革工作方案》《黔南州出租车行业改革准入退出机制》等精神，结合我县实际，特制定本方案。

一、改革的必要性和重要性

截止2016年4月底前，在我县注册且具有《道路运输经营许可证》的出租汽车公司有6家，共有出租汽车249辆，收取出租汽车经营权有偿使用费标准为1万元／8年·辆。随着四条高速公路的开通，一城四区拓展，城镇人口不断增加，我县现有的249辆出租汽车已无法满足市场需求，运力相对不足，导致出租汽车驾驶员拒载、选客、拼客、乱收费等现象时有发生，打车难的现象愈加突出。对出租汽车行业进行改革，实行经营权公开投放，从源头杜绝经营权炒作现象、有效解决市民出行乘车难问题，从而打破行业垄断，实现出租汽车市场化竞争，市场化运作、市场化调节，最终解决出租汽车市场经营混乱的局面。

二、改革的思路、原则和任务

（一）改革思路。出租汽车经营权许可给公司或个体经营者，但个体经营者需加盟公司管理，实现规模化、集约化、规范化、公司化管理；实行经营权无偿但有期限使用；放开数量管控，引导理性投放；理清经营权属关系；完善运营价格体系；改革出租汽车准入、服务、管理、退出机制；加强经营企业管理、强化从业人员管理、提升行业监管水平、优化服务和营运环境。

（二）改革原则。

1．坚持“全面放开、市场调节、依法监管”的原则；

2．坚持“便民利民、优质服务、社会监督”的原则；

3．遵循“公开透明、公正有序、协调发展”

的原则；

4. 遵循“市场运作、自负盈亏、公司管理”的原则。

（三）改革任务。进一步规范出租汽车管理体制和运营模式。实行出租汽车行业市场化资源配置，市场化运作的方式，打破行业垄断，促进出租汽车与互联网融合创新，提供安全便捷服务，缓解群众出行难打车难，确保出租汽车行业健康稳定发展，提升城市形象和人民群众幸福感、满意度。

三、投放许可的主要内容

（一）准入条件和办证程序

1. 公司准入条件和办证程序。

（1）在瓮安注册的出租汽车公司，且有企业法人资格，并取得《道路运输经营许可证》；

（2）有符合经营许可方案要求的30辆车以上；

（3）有健全的经营管理制度、安全生产管理制度和服务质量保障制度；

（4）有符合运营要求的固定的停车场地300平米以上；

（5）有合理可行的运营方案；

（6）有取得符合要求的从业资格证件的驾驶人员；

（7）有符合《贵州省城市出租汽车技术规范（试行）》规定的车辆；

（8）公司必须有安全教育培训的学习场地100平米以上；

（9）公司必须有专职的安全管理人员，按照标准配备50辆车1人，有专职的GPS动态监控人员2人以上；

（10）公司必须签订自负盈亏、诚实守信、依法经营的承诺书，风险自担。公司必须有抗风险、协调处理事务的能力，确保一旦发生道路交通事故后有能力先行出资垫付伤亡赔偿金（由公司、县道路运输管理局与银行签订支取协议，在受监管的银行账户保持50万元的存款）；

（11）法律法规规定的其他条件。

符合以上条件的可到瓮安县群众工作中心县道路运输管理局窗口申请办理《道路运输经营许可证》和《道路运输证》。在办理过程中需提交以下材料：

①《出租汽车经营申请表》，申请书；

②投资人（负责人）身份（资格）证件及其复印件、经办人的身份证明及其复印件和委托书、企业营业执照原件和复印件（加盖公章）；

③拟投入车辆承诺书（包括车辆数量、座位数、类型及等级、技术等级）；

④聘用或者拟聘用驾驶员从业资格证及其复印件、提供聘用驾驶员的劳动合同（聘用协议）或经营合同；

⑤出租汽车经营管理制度、安全生产管理制度和服务质量保障制度文本；

⑥经营场所、停车场地有关使用证明；

⑦车辆标识（颜色、顶灯）备案书、3G以上车载卫星定位系统安装和接入证明书；

⑧与县道路运输管理局签订的经营服务协议书（主要包括出租汽车车辆经营权的数量、使用方式、期限、出租汽车经营服务标准、出租汽车车辆经营权的变更、终止和延续、履约担保、违约责任、争议解决方式等）和自负盈亏经营承诺书；

⑨机动车登记证书及行驶证、驾驶员从业资格证及注册手续、身份证复印件；

⑩办理《道路运输证》时需提供车辆保险证明；

·银行存款凭证和存款支取协议书；

·法律法规规定的其他证件及资料。

2. 个体经营者准入条件和办证程序。

（1）允许个人按照国家相关标准出资购置新车加盟出租汽车公司，个人与所加盟公司签定合作协议，由所加盟公司向县道路运输管理局提出申请备案后方可投入运营；

（2）允许已加盟出租汽车公司的个体经营者在经营期限内依法变更，另行加盟其他有资质的出租汽车公司，或自行组建符合前述条件的出租汽车公司。重新加盟的个体经营者，必须由个人与原加盟公司依法解除合同，与新加盟公司重新签订合同或协议，由新加盟的公司向县道路运输管理局提出申请并经审查同意批复后方可重新投入运营，否则，不得擅自投入运营；

（3）个体经营者委托加盟公司管理的，经营中涉及第三方的法律责任由所加盟的出租汽车公司承担，个体经营者与所加盟公司的责任义务及加盟管理费、风险保证金等费用由个体经营者与公司在合同中约定。个体经营者必须服从公司的管理，车辆的颜色、标识、服务标准等必须与加盟管理的公司一致。个体经营者变更加盟公司的，必须更改车身颜色、标识等，所发生的费用自行承担；

（4）车辆必须安装3G以上车载卫星定位系统，并提供接入证明书；

（5）个体经营者必须与县道路运输管理局签定经营服务协议书和自负盈亏经营承诺书；

（6）机动车登记证书、行驶证（出租车客运）、驾驶员从业资格证（出租车客运）及注册手续、身份证复印件；

（7）车辆保险证明；

（8）法律法规规定的其他条件。

符合以上条件的可到瓮安县群众工作中心县道路运输管理局窗口申请办理《道路运输经营许可证》《道路运输证》。在办理过程中需提供以下材料：

①由所加盟公司提出的申请；

②《出租汽车经营申请表》；

③与加盟公司签定的协议（合同）和责任状复印件；

④机动车登记证书、车辆行驶证、从业资格证（出租客运）、身份证复印件；

⑤车身外观图片（规格9公分长，6.2公分宽〈必须与公司一致〉）；

⑥车辆3G以上卫星定位系统安装、接入证明书；

⑦车辆保险证明；

⑧与县道路运输管理局签订的经营服务协议和自负盈亏承诺书。

3. 出租汽车准入条件。

（1）新投入车辆必须符合《贵州省城市出租汽车技术规范（试行）》的规定，必须是新出厂的捷达牌、丰田牌等品牌的轿车，鼓励购置更高档次或电动、混动、天燃气等环保型出租汽车（今后城市发展需提升车辆档次的，重新确定投放车型）；

（2）出租汽车车型为三厢四开门车辆，发动机排量为1.3升（含1.3升）以上，核定乘坐人数为5人（含驾驶员）；

（3）车辆符合《机动车运行安全技术条件》（GB7258）要求，同时配置有符合国家有关标准及规定的制动防抱死装置（ABS）转向动力装置、驾驶座设置安全防范气囊包；

（4）燃气发动机专用装置的安装要符合《燃气汽车改装技术要求》（GB/T18437）；

（5）尾气排放符合现行国家标准和地方有关标准；

（6）新车出厂时有整车生产企业统一装配的计价器、专用标志顶灯、空车灯、智能车载系统等设备的专用线束和接口；

（7）前排座椅安装可高低调节的预紧式安全带，后排座椅安装三点式安全带，配有自锁、控锁设置；

（8）车辆必须安装3G以上内存的卫星定位系统；

（9）车辆必须按照最高额度参保（最高额度保险:目前的规定第三责任险100万元，车上人员险每人60万元，今后保险额度调整后按照最高额度参保）；

（10）符合其他有关法律、法规的规定和标准。

4. 驾驶员准入条件。

（1）取得C1以上准驾车型的机动车驾驶证三年以上；

（2）近三年内无重大以上且负同等以上责任的交通事故；

（3）持有州级道路运输管理机构核发的出租汽车驾驶员从业资格证；

（4）从业资格已在瓮安县道路运输管理局注册的；

（5）持有从业人员安全生产资格合格证，并参加每年一次的复训；

（6）未吸毒、未涉嫌犯罪以及未参与危害社会秩序；

（7）法律法规规定的其他条件。

出租汽车驾驶员在我县从事驾驶工作的，需到瓮安县群众工作中心县道路运输管理局窗口办理注册手续，并提交以下材料：

①《出租汽车驾驶员从业资格注册登记表》；

②身份证、驾驶证、从业资格证原件和复印件；

③承包经营或者公司聘用的提交与公司签定

的劳动合同或者聘用协议（经营合同）；

④法律法规规定的其他材料。

5. 设置首次投放控制条件。

为防止非理性投入，首次投放的出租汽车数量实行控制性投放。如首次申请数量过大，达到理论饱和量的90%，超过部分实行2个月的缓冲过渡期，以理论饱和量的90%确定首次投放对象。根据我县交通专项规划，按照县城区（含瓮安经济开发区〈银盏镇〉）总人口数20万人计算，测算出县城区总理论饱和量为500辆，减去原有的249辆，新增理论饱和投放量为251辆。乡镇区域内新增出租汽车经营的数量按照15辆/万人进行理论饱和量测算。过渡期满后，对出租汽车投放数量不作管控，实行市场调节。参加首次出租汽车经营的需符合下列条件：

（1）公司经营的由公司提出申请，个体经营的由加盟的公司提出申请（原出租汽车公司未清理完毕经营关系的不得参与新增运力）；

（2）提供有效且在瓮安县注册的瓮安籍出租汽车驾驶员从业资格证件原件和复印件；

（3）同一驾驶员不得在一家以上的公司同时提供资料。

（4）参加首次投放报名时间自2016年4月26日起至4月30日止。

（二）经营、服务与管理

1. 本次投放的出租汽车实行公司化管理，出租汽车可由公司统一购置，也可由个人按照标准和要求购车。出租汽车公司要认真落实出租汽车经营的各项制度和服务管理规定，若因管理不当出现纠纷或无理上访的，一切责任由公司承担；

2. 鼓励出租汽车采取电召服务、专用点候车等方式运营；

3. 出租汽车经营者应当按照有关规定维护、检测车辆，并建立车辆技术档案；

4. 出租汽车客运企业聘用驾驶人的，必须与驾驶人签订劳动合同，并按照规定为其缴纳社会保险；出租汽车客运以承包方式经营的，须将车辆承包给持有相应从业资格证的驾驶人并签订承包合同，驾驶人不得转包；

5. 出租汽车在许可的经营区域内从事经营活动，超出许可经营区域的，起讫点一端须在许可的经营区域内；

6. 出租汽车经营者应当保持车容车貌整洁、设施设备完善，保证营运车辆性能良好；

7. 出租汽车经营者或驾驶员不得将出租汽车交给未经从业资格注册的人员运营；

8. 经营者要不断提高服务质量、提升驾驶能力及行业素质，积极开展文明创建活动，完善多种形式预约服务，提升出租汽车行业的服务能力和水平；

9. 公司必须服从行业管理部门的管理，认真组织驾驶员的教育、培训工作；

10. 出租汽车经营过程中必须遵守《出租汽车经营服务管理规定》的相关规定，县道路运输管理局应当加强行业监管；

11. 为保障第三方利益，在运营期间，所有出租汽车保险必须以最高额度参保（按照目前的规定第三责任险100万元，车上人员险每人60万元，今后保险额度调整后按照最高额度投保）；

12. 新投入的出租汽车必须是新购置的车辆，经营权不得转让；

13. 按照实际出资情况，对企业内的出租汽车经营权和车辆产权进行清理，建立健全出租汽车"一车一档"制度，并将经营关系清理工作完成情况与出租企业新增运力挂钩。

（三）退出机制

1. 有下列条件之一的，取消公司经营资格。

（1）公司自愿提出取消经营的；

（2）公司未申请延续经营或者行业管理机构不同意延续经营的；

（3）考核等级在经营期限内有一半以上为B级的；

（4）经营者擅自停止、终止经营的；

（5）公司一年内未开展教育培训和未上报培训方案达两次以上的；

（6）非法转让出租汽车经营权的；

（7）公司在年度诚信考核时车辆数达不到30辆以上且在考核三个月后仍未补足30辆的；

（8）公司不按照最高额度参保的；

（9）法律法规规定其他需取消经营资格的。

2. 有下列条件之一的，取消个体经营资格。

（1）根据个体经营者个人意愿，自愿退出出租汽车经营市场的；

（2）经营者使用无从业资格证或者未按照规

定办理注册手续，驾驶人在驾驶出租汽车时发生死亡1人以上交通事故并负同等以上责任的；

（3）出租汽车发生交通事故致他人伤亡后逃逸的；

（4）法律法规规定其他需取消经营的。

3. 有下列条件之一的，取消出租汽车车辆经营资格。

（1）车辆未取得《道路运输证》或《道路运输证》失效并不进行整改的；

（2）车辆未按照相关规定、要求安装设备、统一喷绘颜色的；

（3）车辆未按照最高额度参保并经责令整改仍不符合要求的；

（4）车辆外观严重破损或运营时间超过6年的。

车辆被取消经营资格后，出租汽车经营公司（个体）要改回车身颜色，消除出租汽车标识、标志，并将《道路运输经营许可证》《道路运输证》交回县道路运输管理局，将车辆专用牌照交回县公安交警大队车管所。

4. 有下列条件之一的，取消驾驶出租汽车资格，三年内不得在瓮安县从事出租汽车驾驶工作。

（1）辱骂、殴打、敲诈勒索乘客情节严重的；

（2）以欺行霸市、强拉强运等方式扰乱城市公共交通秩序情节严重的；

（3）故意利用城市公共交通车辆堵塞交通情节严重的；

（4）聚众滋事影响社会公共秩序情节严重的；

（5）出租汽车发生交通事故致他人伤亡后逃逸的；

（6）违反经营协议，驾驶员每年不参加安全教育、培训超过三次的；

（7）驾驶员年度诚信考核等级为B级（不合格）的；

（8）驾驶员被列入“黑名单”的；

（9）法律法规规定其他不得驾驶出租汽车的。

四、有关事项说明

（一）许可年限：本次出租汽车许可年限为4年，在经营期内每年4月底前对公司、个体经营者的资质进行审查，凡不符合条件的一律终止经营，经营期届满后服务质量信誉考核良好的可逐年许可。

（二）经营区域：瓮安县行政区域内。

（三）票价：收费参照《瓮安县物价局关于规范县城出租汽车票价的通知》（瓮价字〔2010〕10号）规定执行，乡镇的票价有规定的按照物价部门规定执行，没有规定的以议价为主。

（四）经营权有偿使用费：出租汽车经营权投放不再收取经营权有偿使用费，对前期投放出租汽车收取经营权有偿使用费的按照剩余期限予以清退。

（五）投放数量：出租汽车经营权投放放开数量管控，不作数量上的控制。

（六）投放时间：2016年5月初开始投放。

（七）办证：县道路运输管理局根据县人民政府的批复，对符合前述条件的公司和个体经营者办理道路运输经营许可证、道路运输证。具体要求：公司资质符合要求；车辆技术状况符合规定；从业人员资质符合要求；资料齐全；机动车行驶证、道路运输经营许可证、道路运输证名称统一，实行证车绑定。

（八）2016年4月26日起，瓮安县群众工作中心县道路运输管理局窗口开始受理、审查、办理出租汽车经营许可。

五、其他

（一）在本方案实施前制定和出台的关于出租汽车投放的相关文件、会议纪要等内容与本方案要求不相符的，以本方案为准。

（二）本方案未列入相关准入退出机制规定的，以《黔南州出租车行业准入退出机制》为准。

在《瓮水犹氏文化志》首发式上的讲话（摘录）

范祖贵

2016年4月3日

经瓮安县地方志办公室同瓮水犹氏文化研究会商定，在中国传统节日——清明节到来之际，今天，我们在这里隆重集会，召开《瓮水犹氏文化志》编修工作总结会、举行《瓮水犹氏文化志》及《西樵山房文集点校本》编纂出版发行首发仪式。

在瓮水犹氏全体族人的共同努力下，历时两年，《瓮水犹氏文化志》终于同大家见面了。在此，我代表瓮安县地方志编纂委员会办公室向为本部志书付出艰辛的全体同志表示最崇高的敬意！向方志出版社和昆明鹰达印刷有限公司表示最衷心的感谢！

犹氏进住瓮水，自唐代开始，至今已有千年岁月。在漫长的历史长河里，以犹氏世袭的瓮水长官司，至1600年建瓮安县止，历任24任长官带领族人和地方各族各姓数以万计民众，发展家业、振兴地方、繁荣经济与文化、推动社会进步而劳作。直至新中国建立67年的今天，犹氏为黔中腹地的工农业发展、商贸繁荣、文化教育振兴、和谐社会建设做出了不可磨灭的贡献。神奇古老的瓮安大地，地覆天翻，日新月异，经济社会突飞猛进，文化事业快速发展，积淀厚重的地方历史文化，等等这些，与瓮水犹氏族人和瓮水犹氏文化密不可分。

国有史、地有志、家有谱。在这盛世编史修志修谱的大好时期，我们尝试着把家谱编纂成志书，这在全国没有复制品、没有可供借鉴的蓝本，把族谱编成志书，甚至于族谱文化志，可想而知，是非常艰难的。但目标已定，骑虎难下，决心必下，工作必做，成果必出。在犹氏族人的鼎力支持下，经过两年的艰辛努力，工夫不负有心人，我们盼望已久的新式族谱——《瓮水犹氏文化志》告竣面世，这难以用言语表达的时刻成果，不仅属于你们，而且也属于全县各族各姓氏民众和地方志主管部门，因为，他填补了我县地方文化，乃至全国地方志的一项空白。正如，今年的2月26日，我在北京出席“全国党史研究室主任会议”之后，及时到中国地方志指导小组办公室汇报瓮安的地方志工作后，副秘书长兼办公室副主任冀祥德同志所说：全国地方志事业，瓮安是知名的县，第一轮县志获全国一等奖，第二轮县志提前6年完成任务，就已经出版的二轮志书来看，瓮安的时限从1978年至2012年，跨度是最长的，是一部地方改革开放志，装帧设计和编纂出版质量是走在前列的，现已经在国家方志馆展出，向全国推广和宣传；瓮安又开门修史修志，敢于创新，推出地方历史文化，把犹氏族谱编纂成文化志书，难能可贵。

各位嘉宾，瓮安是黔中经济区交通大十字，是黔中经济区次中心城市。在这迈步“十三五”的时刻，让我们继续共同携手着力挖掘和传承瓮安历史文化，以“政治、大局、核心、看齐”五大意识为根本，紧扣“创新、协调、绿色、开放、共享”五大发展理念，为建设才智瓮安、兴业瓮安、大美瓮安、活力瓮安、和谐瓮安，推动瓮安工业大发展、城乡大统筹、农业大聚变、文旅大融合、环境大提升做出更大的贡献。谢谢！

后　记

2016年是“十三五”时期的开启之年，也是《瓮安年鉴》经历的第二个“五年计划”的第一年。2013年，瓮安县首次启动《瓮安年鉴》编辑工作，并于2013年公开出版发行《瓮安年鉴》（2012）卷，此后逐年印刷出版，至2017年共出版5卷。

《瓮安年鉴》是记录全县经济社会发展的综合性年史书籍，在资料收集、编纂中以重大事件、重要行业为主，以关键节点、经验典型为辅，充分发挥《瓮安年鉴》“摄像机”“记录仪”作用，准确、翔实、全景式地保存了经济社会和城乡发展中的重要变化和经验与教训，力求充分发挥志书资政、育人、教化作用。

《瓮安年鉴》（2016），在编纂委员会全体成员的高度重视下，在全县各级各部主要领导和分管领导的精心安排下，从资料收集、初稿撰写、修改、编辑、编纂、三审定稿到出版，均凝聚着全县各单位相关人员的汗水和智慧，凝聚着全体编辑人员最美好的精神品质和辛勤劳动。经过十个月不分星期天和节假日的劳作，现已终审定稿进入出版程序，在此我们一并向所有关心、支持、重视和付出辛劳的各位领导和史志工作者表示衷心的感谢！

由于经验不足，水平受限，加之人员少、工作量大，年鉴中不足和错误之处在所难免。诚请各级领导、专家和读者提出宝贵的意见和建议，帮助我们进一步提高和完善。

《瓮安年鉴》编辑部

2017年11月